最新重要判例250 刑事訴訟法

Article 11. The people shall not be prevented from enjoying any of the fundamental human rights. These fundamental human rights guaranteed to the people by this Constitution shall be conferred upon the people of this and future generations as eternal and inviolate rights.
Article 12. The freedoms and rights guaranteed to the people by this Constitution shall be maintained by the constant endeavor of the people, who shall refrain from any abuse of these freedoms and rights and shall always be responsible for utilizing them for the public welfare.
Article 13. All of the people shall be respected as individuals. Their rights to life, liberty, and the pursuit of happiness shall, to the extent that it does not interfere with the public welfare, be the supreme consideration in legislation and in other governmental affairs.

田口守一

弘文堂

はしがき

　刑事訴訟法の判例から、刑事手続の具体的な問題点を知ることができ、また、その問題と格闘してきた司法関係者の英知を学ぶことができる。判例を学ぶことで初めて刑事訴訟法を十分に理解することができよう。本書が対象とした判例は総計263件であるが、その中には重要な判示事項が複数あるため、同じ判例を2か所で取り上げたものが12件含まれている。したがって、本書が取り上げた判例は、実質的には251件となる。その他、本書の解説において紹介しまたは引用した判例が約350件あるので、本書で言及した判例の総数は約600件ということになる。これにより、少なくとも第1審手続きに関する主要な判例は、ほぼ取り上げることができたように思う。

　本書の第1の特色は、1つの判例の紹介と解説とを全て1頁に収めた点にある。そのため、解説は当該判例の位置付けと中心的な論点の紹介に絞り、参考文献も最小限に止めた。第2の特色として、本書における判例の選択と解説が単独の筆者によってなされている点を挙げることができよう。これにより、特に関連する判例の解説相互における論述の重複や論理の矛盾等を避けることができたように思う。もっとも、これによって判例の説明が分かりやすくなるとしても、他方で、判例の理解に偏りが生ずる虞もあろう。そこで、第3の特色あるいは努力目標として、本書の解説においては、可能な限り判例の客観的な紹介に努めることとした。ただ、判例によっては、やむなく筆者の立場から批判的な論評を加えざるを得なかったものもあるが、その場合でも、解説の最後に付記する程度に止めるように心掛けた。

　このような判例解説の執筆を思い立った動機は、刑事訴訟法の判例を学び始めると、いわば「木を見て森を見ない」という傾向に陥ることも多々あるように思われ、関連する判例を併行して読み比べることができるような書物が必要ではないかと考えたことにある。判例を理解するためには、判例をいわば1つの固まりとして捉えることが必要ではないかと思われる。本書をそのような目的で利用していただければありがたいと思うが、その他、手軽な判例辞典代わりに使っていただいてもよいかと思う。

　本書の執筆準備を始めたのは、実に10年以上も前に遡る。この間に、膨大な資料の収集を手伝ってくれたのは、小島淳氏（現名古屋大学准教授）、小川佳樹氏（現早稲田大学教授）、原田和往氏（現岡山大学准教授）、松田正照氏（現東洋大学専任講師）であった。彼らの助力がなかったら、本書が日の目を見ることは到底なかったであろう。記して感謝の意を表する。また、本書の出版がかくも遅延してしまったにもかかわらず、辛抱強く私の仕事を見守って下さった弘文堂の鯉渕年祐会長および鯉渕友南社長のご寛容に、心から御礼を申し上げる。最後に、本書は、北川陽子編集部長の長年にわたる励ましとその卓越した編集能力のおかげで出版まで至ることができた。改めて、深甚の謝意を表する次第である。

　2016年4月8日　花祭りの日に

　　　　　　　　　　　　　　　　　　　　　　　　　　　　田　口　守　一

凡　例

1　【判旨】欄で判例集等から直接に引用した部分は、「　　」で囲んだ。ただし、判旨で引用された判例の表記については、本書の判例表記に改めた。
2　法令・条文の引用については、大方の慣行によった。
3　判例、判例集、文献等の略称は、下記の略語表によった。

●判例

大判	大審院判決
最大判（決）	最高裁判所大法廷判決（決定）
最1小判（決）	最高裁判所第1小法廷判決（決定）
最2小判（決）	最高裁判所第2小法廷判決（決定）
最3小判（決）	最高裁判所第3小法廷判決（決定）
高判（決）	高等裁判所判決（決定）
地判（決）	地方裁判所判決（決定）

●判例集

刑録	大審院刑事判決録
刑集	最高裁判所刑事判例集
民集	最高裁判所民事判例集
高刑	高等裁判所刑事判例集
下刑	下級裁判所刑事裁判例集
下民	下級裁判所民事裁判例集
裁判集刑	最高裁判所裁判集刑事
東高時報	東京高等裁判所刑事判決時報
裁特	高等裁判所刑事裁判特報
判特	高等裁判所刑事判決特報
高検速報	高等裁判所刑事裁判速報集
刑月	刑事裁判月報
判時	判例時報
判タ	判例タイムズ

●単行本

条解	松尾浩也監修・松本時夫＝土本武司＝池田修＝酒巻匡編集代表『条解刑事訴訟法〔第4版〕』（弘文堂・2009）
大コメ	河上和雄＝中山善房＝古田佑紀＝原田國男＝河村博＝渡辺咲子編『大コンメンタール刑事訴訟法〔第2版〕』(1)〜(10)（青林書院・2010〜13）
逐条	松尾浩也編著『逐条解説　犯罪被害者保護二法』（有斐閣・2001）
注解	平場安治＝高田卓爾＝中武靖夫＝鈴木茂嗣『注解 刑事訴訟法〔全訂新版〕』(上)(中)(下)（青林書院・1982〜87）
注釈	伊藤栄樹＝亀山継夫＝小林充＝香城敏麿＝佐々木史朗＝増井清彦著者代表『注釈 刑事訴訟法〔新版〕』(1)〜(7)（立花書房・1996〜2000）
ポケット	小野清一郎＝栗本一夫＝横川敏雄＝横井大三『刑事訴訟法〔新版〕』(上)(下)〔ポケット註釈全書〕（有斐閣・1986）
演習	長沼範良＝酒巻匡＝田中開＝大沢裕＝佐藤隆之『演習 刑事訴訟法』（有斐閣・2005）
刑事実務ノート	河村澄夫＝柏井康夫編『刑事実務ノート』(1)〜(3)（判例タイムズ社・1994）
事例研究Ⅱ	井田良＝田口守一＝植村立郎＝河村博編『事例研究刑事法Ⅱ 刑事訴訟法〔第2版〕』（日本評論社・2015）
新刑事手続	三井誠＝馬場義宣＝佐藤博史＝植村立郎『新刑事手続』Ⅰ〜Ⅲ（悠々社・2002）
新実例	平野龍一＝松尾浩也編『新実例刑事訴訟法』Ⅰ〜Ⅲ（青林書院・1998）
評釈集	刑事判例研究会編『刑事判例評釈集』(1)〜(50)（有斐閣・1941〜2000）
別冊判タ9	『警察関係基本判例解説100』別冊判例タイムズ9号（判例タイムズ社・1985）
別冊判タ10〜12	『警察判例実務解説』別冊判例タイムズ10号：捜索・差押え編、11号：任意同行・逮捕編、12号：取調べ・証拠編（判例タイムズ社・1988〜92）

令状基本	新関雅夫ほか『増補 令状基本問題』(上)(下)(一粒社・1996、1997)
岡野古稀	曽根威彦=野村稔=石川正興=高橋則夫編『岡野光雄先生古稀記念・交通刑事法の現代的課題』(成文堂・2007)
小田中古稀	広渡清吾=大出良知=川崎英明=福島至編『小田中聰樹先生古稀記念論文集 民主主義法学・刑事法学の展望(上) 刑事訴訟法・少年法と刑事政策』(日本評論社・2005)
小野還暦	植松正=団藤重光=木村亀二=平野龍一編『小野清一郎博士還暦記念 刑事法の理論と現実(2)』(有斐閣・1951)
小野退官	小野慶二判事退官記念論文集刊行会編『刑事裁判の現代的展開—小野慶二判事退官記念論文集』(勁草書房・1988)
河上古稀	河上和雄先生古稀祝賀論文集刊行会編『河上和雄先生古稀祝賀論文集』(青林書院・2003)
小林・佐藤古稀	小林充先生佐藤文哉先生古稀祝賀刑事裁判論集刊行会『小林充先生・佐藤文哉先生古稀祝賀刑事裁判論集』(下)(判例タイムズ社・2006)
鈴木古稀	三井誠=中森喜彦=吉岡一男=井上正仁=堀江慎司編『鈴木茂嗣先生古稀祝賀論文集』(上)(下)(成文堂・2007)
曽根・田口古稀	高橋則夫=川上拓一=寺崎嘉博=甲斐克則=松原芳博=小川佳樹編『曽根威彦先生・田口守一先生古稀祝賀論文集』(上)(下)(成文堂・2014)
田宮追悼	廣瀬健二=多田辰也編『田宮裕博士追悼論集』(上)(下)(信山社・2003)
中山退官	原田國男=中谷雄二郎=川上拓一編『刑事裁判の理論と実務(中山善房判事退官記念)』(成文堂・1998)
松尾古稀	芝原邦爾=西田典之=井上正仁編『松尾浩也先生古稀祝賀論文集』(上)(下)(有斐閣・1998)
三井古稀	井上正仁=酒巻匡編『三井誠先生古稀祝賀論文集 現代刑事法学の到達点』(有斐閣・2012)
青柳	青柳文雄『刑事訴訟法通論〔5訂版〕』(上)(下)(立花書房・1976)
渥美	渥美東洋『全訂 刑事訴訟法〔第2版〕』(有斐閣・2009)
石井	石井一正『刑事実務証拠法〔第5版〕』(判例タイムズ社・2011)
井上	井上正仁『強制捜査と任意捜査〔新版〕』(有斐閣・2014)
江家	江家義男『刑事証拠法の基礎理論〔訂正版〕』(有斐閣・1952)
香城	香城敏麿『刑事訴訟法の構造』(信山社・2005)
鈴木	鈴木茂嗣『刑事訴訟法〔改訂版〕』(青林書院・1990)
高田	高田卓爾『刑事訴訟法〔2訂版〕』(青林書院・2012)
田口	田口守一『刑事訴訟法〔第6版〕』(弘文堂・2012)
田口・基本論点	田口守一『基本論点 刑事訴訟法』(法学書院・1989)
田口・拘束力	田口守一『刑事裁判の拘束力』(成文堂・1980)
田口・目的	田口守一『刑事訴訟の目的〔増補版〕』(成文堂・2010)
田宮	田宮裕『刑事訴訟法〔新版〕』(有斐閣・1996)
田宮・注釈	田宮裕『注釈 刑事訴訟法《付》刑事訴訟規則』(有斐閣・1980)
団藤	団藤重光『新刑事訴訟法綱要〔7訂版〕』(創文社・1967)
平野	平野龍一『刑事訴訟法』(有斐閣・1958)
平野・基礎理論	平野龍一『刑事訴訟法の基礎理論』(日本評論社・1987)
松尾	松尾浩也『刑事訴訟法』(上)(下)(弘文堂・1999)
三井	三井誠『刑事手続法』(1)〔新版〕・Ⅱ・Ⅲ(有斐閣・1997〜2004)
光藤	光藤景皎『口述刑事訴訟法』(上)〔第2版〕・(中)〔補訂版〕・(下)(成文堂・2000〜05)

●定期刊行物

警研	警察研究
刑雑	刑法雑誌
刑ジャ	刑法ジャーナル
警論	警察学論集
現刑	現代刑事法
研修	研修
J	ジュリスト
J重判	ジュリスト臨時増刊「重要判例解説」
争点	刑事訴訟法の争点【注：2013年刊の新シリーズは「争点」と記し、旧シリーズは各々「争点〔●版〕」と表記した】
判解	最高裁判所判例解説・刑事篇
判解民	最高裁判所判例解説・民事篇

判時	判例時報
判評	判例評論（判例時報）
判例セレクト	法学教室別冊
判タ	判例タイムズ
百	別冊ジュリスト判例百選
法教	法学教室
法時	法律時報
法セ	法学セミナー
論究J	論究ジュリスト

最新重要判例250　刑事訴訟法　―目　次―

第1章　捜　査

第1節　捜査の原則―任意捜査と強制捜査

101　任意捜査における有形力の行使―呼気検査事件 …… 2
102　強制処分の意義―エックス線検査事件 …… 3
103　捜査手段としての写真撮影―京都府学連事件 …… 4
104　捜査手段としてのビデオ撮影―パチンコ店ビデオ撮影事件（その1） …… 5

第2節　捜査の端緒

(1) 職務質問
105　職務質問に付随する有形力の行使―エンジンキー回転事件 …… 6
106　職務質問における留置き―エンジンキー取上げ・留置き事件（その1） …… 7

(2) 所持品検査
107　ボーリングバッグの所持品検査―米子銀行強盗事件 …… 8
108　内ポケットの所持品検査―大阪覚せい剤事件（その1） …… 9
109　自動車内の所持品検査―自動車内検索事件（その1） …… 10
110　ホテル客室での所持品検査―ホテル所持品検査事件 …… 11

(3) 検　問
111　集会参加者に対する検問―集会検問事件 …… 12

(4) 自動車検問
112　自動車検問―一斉検問事件 …… 13

第3節　逮捕・勾留

1　逮　捕

(1) 令状逮捕
113　現行犯逮捕と有形力行使―あわび密漁事件 …… 14
114　逮捕の必要―指紋押なつ拒否事件 …… 15

(2) 現行犯逮捕
115　現行犯人の明白性―京都現行犯逮捕事件 …… 16
116　現行犯逮捕の必要性―タクシー踏切侵入事件 …… 17
117　準現行犯逮捕―和光大学事件（その1） …… 18

(3) 緊急逮捕

118 緊急逮捕の合憲性―棕櫚の皮窃盗事件 …………………………………………………… *19*
119 「直ちに」の要件―非現住建造物放火事件 ……………………………………………… *20*

(4) 再逮捕

120 再逮捕(1)―東京再逮捕事件 ………………………………………………………………… *21*
121 再逮捕(2)―浦和再逮捕事件 ………………………………………………………………… *22*

(5) 逮捕に対する準抗告

122 逮捕に対する準抗告―往来危険罪等逮捕事件 …………………………………………… *23*

2 勾　留

(1) 逮捕の違法と勾留

123 違法逮捕と勾留―山狩り事件 ……………………………………………………………… *24*

(2) 勾留の場所

124 勾留場所の変更―職権移送事件 …………………………………………………………… *25*

(3) 一罪一勾留の原則

125 一罪一勾留の原則と常習犯(1)―再勾留適法事件 ………………………………………… *26*
126 一罪一勾留の原則と常習犯(2)―再勾留違法事件 ………………………………………… *27*

(4) 勾留手続

127 事件単位の原則―未決勾留日数算入事件 ………………………………………………… *28*

第4節　捜索・差押え

1　令状による捜索・差押え

(1) 令状要件とその効力

128 捜索場所の特定―大家宅捜索事件 ………………………………………………………… *29*
129 押収対象物の明示・特定―勤評反対スト事件 …………………………………………… *30*
130 令状による差押えの範囲―賭博メモ事件 ………………………………………………… *31*
131 令状による捜索の範囲(1)―同居人バッグ捜索事件 ……………………………………… *32*
132 令状による捜索の範囲(2)―宅配便捜索事件 ……………………………………………… *33*

(2) 差押えの必要性

133 差押えの必要性の審査―國學院大學映研フィルム事件 ………………………………… *34*
134 差押えの必要性―顧客名簿差押え事件 …………………………………………………… *35*

(3) 捜索・差押えの許容性

135 別件捜索差押え―モーターボート競走法違反事件 ……………………………………… *36*
136 承諾捜索―第三者宅捜索事件(その1) …………………………………………………… *37*

(4) 電磁的記録物の捜索・差押え

137 フロッピーディスクの包括的差押え―大阪前進社事件 ………………………………… *38*
138 フロッピーディスクの内容未確認差押え―オーム事件 ………………………………… *39*

(5) 報道機関に対する捜索・差押え等
- **139** 報道機関に対する差押え―TBS事件 ……………………………………… 40
(6) 令状の執行
- **140** 捜索に必要な強制力の行使―右手握持事件 ……………………………… 41
- **141** 捜索差押許可状の執行―宅急便事件 ……………………………………… 42
- **142** 令状呈示前の立入り―マスターキー入室事件 …………………………… 43
(7) 捜索差押えと準抗告
- **143** 捜索差押え時の写真撮影―写真撮影準抗告事件 ………………………… 44
- **144** 押収物の返還―名刺1枚差押え事件 ……………………………………… 45

2 令状によらない捜索・差押え
- **145** 令状によらない捜索差押え―被疑者不在無令状捜索事件(その1) …… 46
- **146** 逮捕の現場―ホテル客室無令状捜索事件 ………………………………… 47
- **147** 逮捕に伴う捜索・差押えの範囲(1)―被疑者連行後捜索事件 ………… 48
- **148** 逮捕に伴う捜索・差押えの範囲(2)―桐の箱捜索事件 ………………… 49
- **149** 第三者宅での「逮捕の現場」―第三者宅捜索事件(その2) …………… 50
- **150** 逮捕に伴う捜索・差押え―和光大学事件(その2) ……………………… 51

3 領 置
- **151** ごみの領置―パチンコ店ビデオ撮影事件(その2) ……………………… 52

第5節 科学的捜査と新たな捜査方法

(1) 写真撮影・ビデオ撮影
- **152** 速度違反車両の写真撮影―RVS速度監視装置事件 ……………………… 53
- **153** 監視ビデオ―山谷争議監視ビデオ事件 …………………………………… 54
(2) 体液の採取
- **154** 尿の強制採取―強制採尿事件 ……………………………………………… 55
- **155** 採尿令状による強制連行―エンジンキー取上げ・留置き事件(その2) … 56
(3) 採血・呼気採取
- **156** 血液の採取―酒酔い運転事件 ……………………………………………… 57
- **157** 呼気の採取―交通事故意識不明事件 ……………………………………… 58
(4) 通信傍受
- **158** 捜査機関による秘密録音―三里塚闘争事件 ……………………………… 59
- **159** 検証許可状による電話傍受―電話傍受事件(その1) …………………… 60
- **160** 電話傍受と強制処分法定主義―電話傍受事件(その2) ………………… 61
- **161** 私人の秘密録音―詐欺被害者録音事件 …………………………………… 62
(5) 新たな捜査方法
- **162** おとり捜査(1)―麻薬所持事件 …………………………………………… 63
- **163** おとり捜査(2)―覚せい剤所持事件 ……………………………………… 64

164	おとり捜査(3)―大麻所持事件	65
165	国際捜査―外国捜査官による取調べ事件	66
166	GPS捜査―広域窃盗団事件	67

第6節　被疑者の取調べ

1　在宅被疑者の取調べ

167	長時間取調べと実質的逮捕―富山事件	68
168	宿泊を伴う取調べ(1)―高輪グリーンマンション殺人事件	69
169	徹夜の取調べ―平塚事件	70
170	宿泊を伴う取調べ(2)―ロザール事件(その1)	71

2　身柄拘束被疑者の取調べ

(1)　取調受忍義務

| 171 | 別件逮捕・勾留(1)―都立富士高校放火事件 | 72 |

(2)　別件逮捕・勾留と余罪取調べ

172	別件逮捕・勾留(2)―蛸島事件	73
173	別件逮捕・勾留(3)―東京ベッド事件	74
174	余罪取調べ(1)―神戸まつり事件	75
175	余罪取調べ(2)―埼玉放火事件(その1)	76
176	余罪取調べ(3)―実体喪失事件	77

第7節　被疑者の防御権

1　被疑者の黙秘権

177	交通事故の報告義務と黙秘権―無免許飲酒運転事件	78
178	呼気検査と自己負罪拒否特権―呼気検査拒否事件	79
179	黙秘権の告知―埼玉放火事件(その2)	80
180	異状死の届出義務と自己負罪拒否特権―都立病院誤薬投与事件	81

2　被疑者の弁護権・接見交通権

181	接見交通権と接見指定権―杉山事件	82
182	取調べ予定と接見交通権―浅井事件	83
183	接見指定の合憲性―安藤・斉藤事件	84
184	初回接見―第2次内田事件	85
185	面会接見―定者事件	86
186	任意同行と接見交通権―町長収賄事件	87

第 8 節　捜査の終結

187 起訴後の余罪捜査と接見指定―起訴後勾留・起訴前勾留競合事件 ……………………… 88
188 被告人の取調べ―起訴後第1回公判期日前取調べ事件 ……………………………………… 89

第 2 章　公　訴

第 1 節　公訴総説

201 公訴提起と犯罪の嫌疑―沖縄ゼネスト事件 …………………………………………………… 92

第 2 節　検察官の訴追裁量

202 親告罪の一部起訴―強姦罪の暴行起訴事件 …………………………………………………… 93
203 一罪の一部起訴―公職選挙法違反事件 ………………………………………………………… 94
204 一部起訴の合理性―業務上過失傷害事件 ……………………………………………………… 95
205 告発の効力範囲―衆議院予算委員会偽証事件 ………………………………………………… 96
206 刑事免責―ロッキード丸紅ルート事件(その1) ……………………………………………… 97
207 訴因と裁判所の審判の範囲―横領後の横領起訴事件 ………………………………………… 98
208 かすがい外しの起訴―児童ポルノ製造事件 …………………………………………………… 99

第 3 節　訴訟条件

(1) 反則行為
209 反則行為該当性―速度違反事件 ……………………………………………………………… 100

(2) 公訴時効
210 起訴状謄本不送達と公訴時効停止効―被告人転居事件 …………………………………… 101
211 訴因不特定起訴と公訴時効停止効―登記簿不実記載事件(その1) ……………………… 102
212 被疑者逃亡と公訴時効の停止―公職選挙法違反事件 ……………………………………… 103
213 公訴時効の起算点―熊本水俣病事件 ………………………………………………………… 104
214 訴因変更請求と公訴時効の停止―出資法違反事件 ………………………………………… 105
215 犯罪行為の終了―競売手続進行事件 ………………………………………………………… 106
216 一時的海外渡航と公訴時効の停止―多数回海外渡航事件 ………………………………… 107

(3) 訴追裁量の控制
217 公訴権の濫用―チッソ川本事件 ……………………………………………………………… 108
218 違法捜査に基づく起訴―赤崎町長選挙違反事件 …………………………………………… 109
219 少年事件の成人後の起訴―原動機付自転車転倒事件 ……………………………………… 110

第4節　訴訟行為

220　被告人の訴訟能力—聴覚・言語障害者事件 …………………………… *111*

第5節　公訴の提起

(1) 被告人の特定
221　被告人の特定—氏名冒用事件 ……………………………………………… *112*

(2) 訴因の特定
222　訴因の特定(1)—白山丸事件 …………………………………………………… *113*
223　訴因の特定(2)—吉田町覚せい剤自己使用事件 ……………………………… *114*
224　訴因の特定(3)—暴行態様の概括的表示事件 ………………………………… *115*
225　訴因の特定(4)—包括一罪の概括的表示事件 ………………………………… *116*

(3) 余事記載
226　文書の引用—「外遊はもうかりまっせ」事件 ………………………………… *117*
227　余事記載—暴力団若頭補佐事件 ……………………………………………… *118*

第3章　公　判

第1節　裁判官・裁判員

(1) 裁判官
301　忌避(1)—チッソ川本事件 ……………………………………………………… *120*
302　除斥—前訴裁判関与事件 ……………………………………………………… *121*
303　忌避(2)—司法行政関与事件 …………………………………………………… *122*

(2) 裁判員
304　裁判員制度の合憲性—覚せい剤取締法違反事件 ……………………………… *123*

第2節　被告人・弁護人・被害者

(1) 被告人
305　氏名の黙秘権—監房番号弁護人選任届事件 ………………………………… *124*
306　保釈の許否と余罪—暴力行為処罰法違反恐喝事件 ………………………… *125*
307　法廷通訳—強盗致死事件 ……………………………………………………… *126*

(2) 弁護人
308　国選弁護人の辞任—4・28沖縄デー事件 ……………………………………… *127*
309　国選弁護人の選任—被告人固辞事件 ………………………………………… *128*
310　必要的弁護—弁護人出廷妨害事件 …………………………………………… *129*

311	弁護人の義務―有罪弁論事件	130

(3) 被害者
312	被害者特定事項の秘匿―暴力団幹部殺人事件	131

第3節　公判の諸原則

313	職権証拠調べの義務―八百長レース事件	132
314	迅速裁判―高田事件	133
315	傍聴人のメモ―レペタ事件	134
316	即決裁判手続の合憲性―パソコン横領事件	135
317	区分審理制度―3件区分審理事件	136

第4節　公判前整理手続

(1) 争点整理・証拠整理
318	公判前整理手続後の証拠調べ請求―弾劾証拠請求事件	137
319	公判前整理手続後の訴因変更―業務上過失致死事件	138
320	裁判所の釈明義務―広島女児殺害事件	139
321	争点確認措置―弁護士殺害事件	140

(2) 証拠開示
322	証拠開示(1)―備忘録開示事件	141
323	証拠開示(2)―保管メモ提示事件	142

第5節　公判手続

(1) 公判証拠開示
324	証拠開示(3)―訴訟指揮権に基づく証拠開示命令事件	143

(2) 証拠調べ手続
325	共同被告人の証人適格―手続きの分離・併合事件	144
326	幼児の証言能力―業務上過失傷害事件	145
327	遮へい措置とビデオリンク方式―傷害強姦事件	146

第6節　審判の対象

(1) 訴因の意義
328	訴因の意義―路面滑走事件	147

(2) 訴因変更の要否
329	縮小認定―焼酎喝取事件	148
330	犯罪態様の変化―公然わいせつ事件	149
331	過失態様の変化―クラッチ・ブレーキ事件	150

| 332 | 実行行為者の変更―口封じ殺人事件(その1) | 151 |
| 333 | 放火方法の変更―ガス自殺放火事件 | 152 |

(3) 訴因と争点

| 334 | 不意打ち認定―日航機よど号ハイジャック事件 | 153 |
| 335 | 故意の認定―警察官殺害事件 | 154 |

(4) 訴因と罪数

| 336 | 罪数の変化(1)―京花紙税逋脱事件 | 155 |
| 337 | 罪数の変化(2)―暴力団殴り込み事件 | 156 |

(5) 罰条変更の要否

| 338 | 罰条変更の要否―暴力行為等処罰に関する法律違反事件 | 157 |

(6) 訴因と訴訟条件

(a) 管　轄

| 339 | 訴因変更と事物管轄―地方裁判所移送事件 | 158 |

(b) 免　訴

| 340 | 訴因変更と告訴の追完―鍵持ち出し投棄事件 | 159 |
| 341 | 訴因変更と公訴時効―預り金横領事件 | 160 |

(7) 訴因変更の可否（公訴事実の同一性）

342	公訴事実の同一性(1)―背広の事件	161
343	公訴事実の同一性(2)―馬の事件	162
344	公訴事実の同一性(3)―条例違反事件	163
345	公訴事実の同一性(4)―収賄・贈賄事件	164
346	公訴事実の同一性(5)―覚せい剤使用事件	165

(8) 訴因変更の許否

| 347 | 訴因変更の許否―売春防止法違反事件 | 166 |
| 348 | 訴因変更の時期的限界―沖縄ゼネスト事件 | 167 |

(9) 訴因変更命令

349	訴因変更命令の形成力―公職選挙法違反事件	168
350	訴因変更命令の義務(1)―猟銃発砲事件	169
351	訴因変更命令の義務(2)―日大闘争事件	170

第4章　証拠法

第1節　証拠裁判主義

(1) 厳格な証明

| 401 | 厳格な証明―前科認定事件 | 172 |
| 402 | 共謀の立証―練馬事件(その1) | 173 |

(2) 自由な証明

| 403 | 自白の任意性―窃盗教唆贓物収受事件 | 174 |

| 404 | 訴訟法的事実—逆探知事件 | 175 |

(3) 証明の必要

| 405 | 証明の必要—裁判所に顕著な事実事件 | 176 |

第2節　自由心証主義

(1) 証明の程度

406	訴訟上の証明—交際のきっかけ事件	177
407	疫学的証明—千葉大チフス菌事件	178
408	証明の程度—爆発物郵送事件	179

(2) 情況証拠による事実認定

| 409 | 情況証拠による事実認定(1)—札幌児童殺害事件 | 180 |
| 410 | 情況証拠による事実認定(2)—大阪母子殺害放火事件 | 181 |

(3) 供述の信用性

| 411 | 犯人識別供述の信用性—傷害事件 | 182 |
| 412 | 被害供述の信用性—強制わいせつ事件 | 183 |

(4) その他

| 413 | 立証趣旨の拘束力—情状証拠提出事件 | 184 |
| 414 | 鑑定の拘束力—精神医学者鑑定事件 | 185 |

第3節　証拠の許容性

(1) 類似事実の立証

| 415 | 悪性格の立証(1)—和歌山毒カレー事件 | 186 |
| 416 | 悪性格の立証(2)—同種前科立証事件 | 187 |

(2) 科学的証拠

(a) 写真・写し・録音テープ

| 417 | 録画の証拠能力—渋谷暴動事件 | 188 |
| 418 | 現場写真の証拠能力—新宿騒乱事件 | 189 |

(b) ポリグラフ

| 419 | ポリグラフ検査—窃盗私文書偽造同行使詐欺事件 | 190 |

(c) 筆跡

| 420 | 筆跡鑑定—脅迫事件 | 191 |

(d) 声紋

| 421 | 声紋鑑定—判事補にせ電話事件 | 192 |

(e) 警察犬による臭気選別

| 422 | 警察犬による臭気選別—強姦致傷事件 | 193 |

(f) DNA型鑑定

| 423 | DNA型鑑定—足利幼女殺害事件 | 194 |

(3) 違法収集証拠の排除法則
(a) 排除法則
424 不任意自白に基づいて発見された証拠物―爆弾製造事件 …… 195
425 違法収集証拠の排除法則―大阪覚せい剤事件(その2) …… 196
426 違法逮捕に引き続く勾留質問調書―反復自白事件 …… 197
427 先行手続きの違法性の承継―寝室立入り事件 …… 198
428 捜査手順の違法と排除法則―靴下覚せい剤事件 …… 199
429 自動車内の検査と排除法則―自動車内検索事件(その2) …… 200
430 密接関連性(1)―大津覚せい剤事件(その1) …… 201
431 密接関連性(2)―大津覚せい剤事件(その2) …… 202

(b) 違法拘束中の自白の排除
432 違法拘束中の自白―違法現行犯逮捕事件 …… 203
433 宿泊を伴う取調べによる自白―ロザール事件(その2) …… 204

(4) 証拠禁止
434 刑事免責に基づく供述―ロッキード丸紅ルート事件(その2) …… 205

第4節　自白法則

1　自白の証拠能力

(1) 強制・拷問・脅迫による自白
435 強制・拷問・脅迫による自白―八丈島事件 …… 206

(2) 不当に長い抑留・拘禁後の自白
436 不当に長い抑留・拘禁後の自白―鞄盗難事件 …… 207

(3) 任意性に疑いのある自白
(a) 手錠自白
437 手錠を施したままの取調べによる自白―公職選挙法違反事件 …… 208
(b) 約束自白
438 約束による自白―収賄事件 …… 209
(c) 偽計自白
439 偽計による自白―切り違え尋問事件 …… 210
(d) 長時間の取調べによる自白
440 長時間の取調べによる自白―日石・土田邸事件 …… 211
(e) 黙秘権侵害による自白
441 黙秘権侵害による自白―覚せい剤取締法違反事件 …… 212
(f) 弁護権侵害による自白
442 接見制限と自白―余罪接見指定事件 …… 213

2　自白の証明力

(1) 自白の意義
443　公判廷の自白と補強証拠—食糧管理法違反事件 ……………………………… *214*
(2) 自白の補強証拠
444　補強の程度—強盗見張り事件 ……………………………………………………… *215*
445　補強の範囲(1)—三鷹事件 …………………………………………………………… *216*
446　補強証拠能力—未収金控帳事件 …………………………………………………… *217*
447　補強の範囲(2)—無免許運転事件 …………………………………………………… *218*
(3) 自白の信用性
448　自白の信用性(1)—鹿児島夫婦殺し事件 …………………………………………… *219*
449　自白の信用性(2)—草加事件 ………………………………………………………… *220*
(4) 共犯者の供述
450　共犯者の供述—練馬事件(その２) ………………………………………………… *221*
451　共犯者の自白—保険金騙取事件 …………………………………………………… *222*

第5節　伝聞法則

(1) 伝聞証拠の意義
452　精神状態の供述—「あの人すかんわ」事件 ……………………………………… *223*
453　伝聞証拠の意義—白鳥事件 ………………………………………………………… *224*
454　犯行計画メモ—山谷事件 …………………………………………………………… *225*
(2) 裁判官面前調書
455　裁判官面前調書—起訴前証人尋問事件 …………………………………………… *226*
(3) 検面調書（２号前段）
456　供述不能要件(1)—証言拒否事件 …………………………………………………… *227*
457　供述不能要件(2)—記憶喪失事件 …………………………………………………… *228*
458　供述不能要件(3)—退去強制事件 …………………………………………………… *229*
(4) 検面調書（２号後段）
459　検面調書の合憲性—被害者証言事件 ……………………………………………… *230*
460　特信情況—公職選挙法違反事件 …………………………………………………… *231*
461　実質的不一致供述—詳細調書事件 ………………………………………………… *232*
462　前の供述—証人尋問後の検面調書事件 …………………………………………… *233*
(5) ３号書面
463　国際捜査共助により得られた証拠—米国宣誓供述書事件 ……………………… *234*
(6) 検証調書
464　実況見分調書(1)—業務上過失致死事件 …………………………………………… *235*
465　実況見分調書(2)—犯行再現報告書事件 …………………………………………… *236*
466　鑑定書—私人の燃焼実験報告書事件 ……………………………………………… *237*

(7) 任意性
467 任意性の調査時期―公職選挙法違反事件 ……………………………………… 238

(8) 特信文書
468 特信文書―服役者書簡事件 ………………………………………………………… 239
469 業務文書―いかつり漁船操業事件 ………………………………………………… 240

(9) 再伝聞
470 再伝聞―横川事件 …………………………………………………………………… 241

(10) 同意書面
471 違法収集証拠への同意―被疑者不在無令状捜索事件（その２） …………… 242
472 同意の擬制―被告人退廷命令事件 ………………………………………………… 243
473 弁護人の同意―万引き事件 ………………………………………………………… 244

(11) 証明力を争う証拠
474 証明力を争う証拠―回復証拠提出事件 …………………………………………… 245
475 弾劾証拠の証拠能力―消防指令補聞込み状況書事件 ………………………… 246

第5章　裁　判

第1節　裁判総説

501 免訴判決の性質―プラカード事件 ………………………………………………… 248
502 免訴事由と無罪判決―横浜事件 …………………………………………………… 249

第2節　裁判の内容

(1) 事実認定
(a) 概括的認定
503 概括的認定(1)―有形力行使事件 ………………………………………………… 250
504 概括的認定(2)―口封じ殺人事件（その２） …………………………………… 251

(b) 択一的認定
505 択一的認定―被害者死亡時期不明事件 …………………………………………… 252
506 単独犯と共犯(1)―兄弟強盗事件 ………………………………………………… 253
507 単独犯と共犯(2)―窃盗事件 ……………………………………………………… 254

(2) 量　刑
508 余罪と量刑―郵便局員窃盗事件 …………………………………………………… 255

(3) 有罪判決の理由
509 有罪判決の理由―過失否認事件 …………………………………………………… 256

第 3 節　裁判の効力

(1) 裁判宣告の効力
510　無罪判決後の勾留—外国人覚せい剤取締法違反事件 *257*

(2) 内容的確定力
511　形式裁判の内容的確定力—偽装死亡事件 *258*
512　内容的確定力の範囲—登記簿不実記載事件（その2） *259*

第 4 節　一事不再理の効力

513　余罪と一事不再理効—廃油不法投棄事件 *260*
514　常習犯と一事不再理効—単純窃盗訴追事件 *261*

第 6 章　上訴・再審

第 1 節　上　訴

(1) 上訴一般
601　検察官上訴の合憲性—量刑不当上訴事件 *264*

(2) 控　訴
(a) 控訴理由
602　事実誤認の意義(1)—チョコレート缶覚せい剤事件 *265*
603　事実誤認の意義(2)—段ボール箱覚せい剤事件 *266*

(b) 控訴審の審判対象
604　控訴審の審判対象—新島ミサイル事件 *267*
605　新証拠の取調べ—前科調書取調べ請求事件 *268*
606　やむを得ない事由—道路交通法違反事件 *269*

第 2 節　再　審

607　再審理由(1)—白鳥再審事件 *270*
608　再審理由(2)—財田川事件 *271*

判例索引 *272*

最新重要判例 250 刑事訴訟法
第1章 捜査

101 任意捜査における有形力の行使——呼気検査事件

最3小決昭和51年3月16日（刑集30巻2号187頁・判時809号29頁・判タ335号330頁）　　参照条文　刑訴法197条1項

強制処分の意義、任意捜査における有形力の行使の限界。

●事実● 被告人Xは、日本酒5～6合などを飲んだ後、軽四輪自動車を運転し、物損事故を起こした。駆け付けた警察官A・BはXに呼気検査を受けるよう求めたが、これを拒まれたため、道交法違反の疑いで警察署へ任意同行を求めた。Xは取調べの際、免許証の提示要求には応じたが、呼気検査には応じなかった。連絡を受け到着したXの父が、呼気検査を受けるよう説得したが、Xは聞き入れなかった。しかし、母が来れば呼気検査に応ずる旨父に伝えたので、父は母を呼びに帰った。その後間もなくして、XはA・Bにマッチを貸してくれるよう頼んだが、拒まれた。すると、Xは「マッチを取ってくる」と言いながら、急に椅子から立ち上がって出入口の方へ小走りに行きかけたので、AはXが逃げるのではないかと思い、Xの左斜め前の位置に立ち、「風船をやってからでいいではないか〔呼気検査のために風船に呼気を吹き込むこと〕」と言って両手でXの左手首を掴んだ。Xは即座にこれを振り払い、Aの制服の襟首を掴んで、左肩章を引きちぎった上、右手拳で顔面を1回殴打するなど抵抗を続けたため、公務執行妨害罪の現行犯人として逮捕された。

第1審は、警察官Aの行為は任意捜査の限界を超え、違法であるとした。これに対し、第2審は、Aの行為は説得手段として相当な実力行使であったとしたので、被告人側が上告した。

●決定要旨● 「捜査において強制手段を用いることは、法律の根拠規定がある場合に限り許容されるものである。しかしながら、ここにいう強制手段とは、有形力の行使を伴う手段を意味するものではなく、個人の意思を制圧し、身体、住居、財産等に制約を加えて強制的に捜査目的を実現する行為など、特別の根拠規定がなければ許容することが相当でない手段を意味するものであって、右の程度に至らない有形力の行使は、任意捜査においても許容される場合があるといわなければならない。ただ、強制手段にあたらない有形力の行使であっても、何らかの法益を侵害し又は侵害するおそれがあるのであるから、状況のいかんを問わず常に許容されるものと解するのは相当でなく、必要性、緊急性なども考慮したうえ、具体的状況のもとで相当と認められる限度において許容されるものと解すべきである。」

●解説● 1　刑訴法が定める「強制の処分」（197条）の意義に関する重要判例であり、第1に、捜査における任意処分と強制処分を区別する基準を明示し、第2に、任意処分が適法であるための基準を提示した。もっとも、この第1の基準は、本件の具体的事案に即した結論を導くための前提命題に過ぎないことから、これを本決定の射程に含めることを疑問視する見解もある（三井(1)82頁等）。しかし、この前提命題は、本件の結論を導くために不可欠な法律判断であり、また、判例理論または判例法としては405条の狭義の判例に限定する必要もないから、この命題も判例と見てよいであろう。

2　ただ、判示の強制手段（強制処分も同義）の定義は洗練された文章とは言えない。すなわち、強制処分とは、①有形力の行使を伴う手段を意味するものではなく、②個人の意思を制圧し、③身体・住居・財産等に制約を加えて、④強制的に捜査目的を実現する行為等、⑤特別の根拠規定がなければ許容することが相当でない手段を意味するとした。しかし、①は消極文章であり、④は強制処分の言い換えであり、⑤も強制処分法定主義と同義である。結局、強制処分の定義としては、②と③が実質的な要件となろう。

こうして、強制処分とは、「個人の意思を制圧し、身体、住居、財産等に制約を加え〔る〕」処分ということになる。しかし、一方で、例えば通信傍受も強制処分とされるが（222条の2）、ここでは個人の意思を制圧しているわけではない。他方で、本件では「住居、財産等」が問題となったわけではない。そこで、強制処分をより一般的に定義すれば、「個人の意思に反して、その重要な利益を侵害する処分」となろう。判例の趣旨をこのように理解すれば、この基準は学説に言う重要利益侵害説（井上・後掲47頁参照）とほぼ同じとなろう。

3　もっとも、こうした一般化には異論もある。なぜなら、本件のような有形力行使の事案と通信傍受のような個人情報の取得事案とでは、侵害される個人法益には質的違いがあるとも言えるからである。現に、電話傍受を合憲とした平成11年判例【160】は、「個人のプライバシーを侵害する」としか言っていない。したがって、有形力行為事案に関しては「意思の制圧」基準が、個人情報の侵害事案に関しては「プライバシー侵害」基準が妥当するとの説も有力である（川出敏裕・小林・佐藤古稀(下)23頁等）。しかし、意思制圧基準は、結局捜査官の行為態様を基準とするほかないので、処分を受ける側の侵害利益の程度を基準とする判例の考え方にはそぐわないように思われる。

4　他方、任意処分の適法性に関する第2の基準は、第1の基準が個人の法益侵害を中心とするものであったのに対して、捜査側の利益と個人の利益との比較衡量を内容とするという点で違いがある。そして、この第2の基準の具体的比較衡量基準として、必要性、緊急性および相当性が基準となる。なお、本件における有形力の行使が任意処分における相当性の範囲内とされたのは、「片手を掴んだ」だけであることと「左斜め前の位置」に立ったことによるのであろう。なぜなら、その程度であれば被告人の進路を遮断していないとの評価が可能だからである。進路や退路の遮断があれば事情は異なることとなる。

●参考文献●　香城敏麿・判解昭51年度64、大澤裕・圁9版4、井上正仁・争点〔3版〕46

102　強制処分の意義——エックス線検査事件

最3小決平成21年9月28日（刑集63巻7号868頁・判時2009号160頁・判タ1336号72頁）

参照条文　刑訴法197条1項、218条1項

強制処分の意義、エックス線検査の強制処分該当性。

●**事実**●　本件は、宅配便を利用した覚せい剤の譲り受け事件につき、捜査機関が、宅配便荷物を宅配便業者から短時間借り受けて、空港税関においてエックス線検査を行った事案である。すなわち、警察官らは、かねてから覚せい剤密売の嫌疑で有限会社Aに対して内偵捜査を進めていたが、本件会社関係者が東京の暴力団関係者から宅配便により覚せい剤を仕入れている疑いが生じたことから、同社事務所に配達される予定の宅配便荷物のうち不審なものを借り出してその内容を把握する必要があると考え、上記営業所の長に対し協力を求めたところ承諾が得られたので、5回にわたり、同事務所に配達される予定の宅配便荷物各1個を同営業所から借り受けた上、K空港内税関においてエックス線検査を行った。その結果、1回目の検査においては覚せい剤とおぼしき物は発見されなかったが、2回目以降の検査においては、いずれも、細かい固形物が均等に詰められている長方形の袋の射影が観察された。なお、本件エックス線検査を経た上記各宅配便荷物は、検査後、上記営業所に返還されて通常の運送過程下に戻り、上記事務所に配達された。また、警察官らは、本件エックス線検査について、荷送人や荷受人の承諾を得ていなかった。

第1審・2審は、エックス線検査につき、内容物の具体的特定は不可能であるから、プライバシー侵害の程度は極めて軽度として強制処分該当性を否定し、また、犯罪の嫌疑は深まっており、他に有効な捜査方法があったとは言えない等から任意捜査としての許容性も認められるとした。最高裁は、エックス線検査を強制処分と解したが、エックス線検査の写真等を一資料として発付された捜索差押許可状により発見された覚せい剤等の証拠能力は肯定した。

●**決定要旨**●　「本件エックス線検査は、荷送人の依頼に基づき宅配便業者の運送過程下にある荷物について、捜査機関が、捜査目的を達成するため、荷送人や荷受人の承諾を得ることなく、これに外部からエックス線を照射して内容物の射影を観察したものであるが、その射影によって荷物の内容物の形状や材質をうかがい知ることができる上、内容物によってはその品目等を相当程度具体的に特定することも可能であって、荷送人や荷受人の内容物に対するプライバシー等を大きく侵害するものであるから、検証としての性質を有する強制処分に当たるものと解される。そして、本件エックス線検査については検証許可状の発付を得ることが可能だったのであって、検証許可状によることなくこれを行った本件エックス線検査は、違法であるといわざるを得ない。」

●**解説**●　1　強制処分の意義については、昭和51年判例【101】がその判断枠組みを定立したが、如何なる利益侵害が重要利益侵害であるかとの実質論はなお開かれた問題であった。本決定は、この点についてプライバシー侵害を重視して、強制処分の範囲を拡大した重要な判例である。

2　エックス線検査の強制処分該当性について、第1審・2審は、内容物の具体的特定は不可能だからプライバシー侵害は軽度と見たのに対して、最高裁は、内容物の具体的特定も可能な場合があるとした。しかし、特定性の程度は事案ごとに異なるので強制処分性の一般的根拠とは言えない。むしろ、エックス線検査という特殊機器を使った検査は、部分的情報であってもより秘匿性の高い個人情報を得られるという点が重要である。その点で、荷物の開披行為と荷物のエックス線検査とは同列のプライバシー侵害行為と見ることができる（増田・後掲388頁以下）。このような見方の背後には、個人のプライバシーを重視すべきであるとする価値観の転換があろう。

3　【101】は、有形力行使事案における強制処分の縮小傾向を表し、本決定は、個人情報侵害事案における強制処分の拡大傾向を表している。これらの推移は、【101】により、強制処分概念が有形力基準説から重要利益侵害説に移行したことに伴うものと言えよう。もっとも、有形力行使事案における強制処分の基準と個人情報侵害事案におけるそれとを区別する有力説もある（【101】解説参照）。しかし、本決定も【101】を前提としていると理解することができるので（増田・後掲383頁以下、井上・後掲70頁）、個人情報侵害事案についても【101】の判断枠組みを基本に考えてよい。

4　エックス線検査が強制処分とされたことから、その射程距離が問題となる。まず、エックス線検査機器という特殊機器に準ずるような機器は何か。米国の判例で、マリワナ栽培を探知するために屋外から「熱画像器」を使う行為を強制処分としたものがあり（Kyllo v. United States, 533 U.S. 27, 121 S. Ct. 2038 (2001)、洲見光男・アメリカ法2003-1-204以下）、参考になる。また、プライバシー侵害も強制処分となり得るとなれば、所持品検査の判例との整合性が問題となろう。この点、昭和53年判例【108】の「〔内〕ポケットに手を入れて取り出す行為」や平成7年判例【109】の車内徹底検索行為等は、プライバシー侵害の程度が大きく「捜索」の可能性が出て来る（増田・後掲388頁参照）。

5　なお、本決定は、排除法則における「重大な違法」を認めなかった理由について、エックス線検査の違法性が必ずしも大きくないことに加えて、本件覚せい剤等は、エックス線検査の結果以外の証拠も資料として提供された上で発付された捜索差押許可状によって発見されたことから、先行違法捜査と証拠とに関連性は認められるものの、重大な違法があるとまでは言えないとした。違法な強制処分であっても必ずしも重大な違法と評価されるとは限らないとされた注目すべき一事例である。

●**参考文献**●　増田啓祐・判解平21年度371、井上正仁・百9版70、笹倉宏紀・J平21年度重判208

103 捜査手段としての写真撮影——京都府学連事件

最大判昭和44年12月24日（刑集23巻12号1625頁・判時577号18頁・判タ242号119頁）

参照条文 刑訴法197条1項 憲法13条、35条

写真撮影の任意処分性。

●事実● 大学生である被告人Xは、昭和37年、京都府学連主催の大学管理制度改悪反対等を訴えるデモ行進に参加し、先頭集団の列外最先頭に立って行進していた。A巡査は、デモ行進の許可条件違反を現認し、その状況や違反者を確認するため、Xの属する集団先頭部分の行進状況を撮影した。そこでXは「どこのカメラマンか」と抗議したが、A巡査がことさらこれを無視する態度に出たところから憤慨し、持っていた旗竿でA巡査の下顎部を一突きし、よって全治約1週間の傷害を与えたため、公務執行妨害罪および傷害罪で起訴された。

第1審・2審とも、写真撮影は強制処分に当たらないとし、本件写真撮影を適法な職務行為とした。そこで、Xは、本件写真撮影が憲法13条ならびに令状主義を定めた憲法35条に反するとして上告した。最高裁は、上告を棄却して、以下のように判示した。

●判旨● 「何人も、その承諾なしに、みだりにその容ぼう・姿態（以下「容ぼう等」という。）を撮影されない自由を有するものというべきである。これを肖像権と称するかどうかは別として、少なくとも、警察官が、正当な理由もないのに、個人の容ぼう等を撮影することは、憲法13条の趣旨に反し、許されないものといわなければならない。しかしながら、個人の有する右自由も、国家権力の行使から無制限に保護されるわけでなく、公共の福祉のため必要のある場合には相当の制限を受けることは同条の規定に照らして明らかである。そして、犯罪を捜査することは、公共の福祉のため警察に与えられた国家作用の1つであり、警察にはこれを遂行すべき責務があるのであるから（警察法2条1項参照）、警察官が犯罪捜査の必要上写真を撮影する際、その対象の中に犯人のみならず第三者である個人の容ぼう等が含まれても、これが許容される場合がありうるものといわなければならない。

そこで、その許容される限度について考察すると、身体の拘束を受けている被疑者の写真撮影を規定した刑訴法218条2項〔現行法3項〕のような場合のほか、次のような場合には、撮影される本人の同意がなく、また裁判官の令状がなくても、警察官による個人の容ぼう等の撮影が許容されるものと解すべきである。すなわち、現に犯罪が行なわれもしくは行なわれたのち間がないと認められる場合であって、しかも証拠保全の必要性および緊急性があり、かつその撮影が一般的に許容される限度をこえない相当な方法をもって行われるときである。このような場合に行われる警察官による写真撮影は、その対象の中に、犯人の容ぼう等のほか、犯人の身辺または被写体とされた物件の近くにいたためこれを除外できない状況にある第三者である個人の容ぼう等を含むことになっても、憲法13条、35条に違反しないものと解すべきである。」

●解説● 1 本判決は、写真撮影という捜査手段につき、第1に、憲法13条から何人もみだりにその容ぼうを撮影されない自由を有すること、第2に、一定の要件の下では裁判官の令状がなくても写真撮影が許容される場合があることを認め、写真撮影についての基本的な判断枠組みを示した重要判例である。写真撮影が強制処分であるか任意処分であるかは明言していないが、条件付きの任意処分といういわば中間領域を認めたものと解することができ、その点で昭和51年判決【101】の先駆をなす判例と言えよう。

2 写真撮影が任意処分か強制処分かについての学説は分かれていた。①写真撮影は何ら有形力を行使するものではないから任意処分であるとする説は、有形力のみを基準とする点で不当である。②写真撮影はプライバシーを侵害する強制処分であるが、197条1項但書は刑訴法制定当時の古典的強制処分に関するものであり、写真撮影等の新たな強制処分は憲法31条の趣旨に合致すれば許容されるとする新強制処分説（田宮141頁）は、強制処分という人権侵害性の強い処分を判例法として認める点で無理がある。③同じく強制処分説でも、218条2項〔現行法3項〕、220条1項2号を類推適用して、実質的に逮捕できる状況にある場合に写真撮影を許容する説（光藤(上)169頁）は、逮捕を伴わない以上緊急検証を認めることになるとの批判が当てはまる。

3 これに対して本判決は、写真撮影を一律に強制処分であるとか任意処分であるとか言い切ってしまうのではなく（海老原・後掲493頁）、一定の要件の下で任意処分として許容されるとした。思うに、個人のプライバシーも住居の中と公道とではその程度に差異があり、公道でのプライバシーは保護の期待権が減少しているので、公道における写真撮影はなお任意処分に止まる場合があり得る。ただ、プライバシーの侵害がないわけではないので、写真撮影の必要性、緊急性、相当性が認められなければならない。こうして、侵害利益の態様によって任意処分と強制処分を区別し、重要なプライバシー権が侵害される場合を強制処分とする考え方（重要利益侵害説）が妥当であり、本判決もこのような考え方を基礎にしているものと思われる。

4 本判決が示した任意処分としての写真撮影の要件については、第1に、現行犯性の要件が問題となるが、その後の最高裁判例で、行為の現行犯性は必ずしも写真撮影に必要な要件ではないことが確認されているので（最2小判平20・4・15【104】）、現行犯性の要件はあくまで本判決の具体的事案に即した要件に止まり、一般的には必要性要件の一部ということになろう。第2に、相当性の要件については、例えば、たとえ公道上であっても夜間至近距離からのフラッシュ撮影等は相当な方法とは言えないであろう（海老原・後掲494頁）。

●参考文献● 海老原震一・判解昭44年度479、山中俊夫・百7版20、三井(1)114

104 捜査手段としてのビデオ撮影──パチンコ店ビデオ撮影事件（その1）

最2小決平成20年4月15日（刑集62巻5号1398頁・判時2006号159頁・判タ1268号135頁）

参照条文　刑訴法197条1項

任意処分の適法性要件。

●**事実**●　本件は、金品強取の目的で被害者を殺害して、キャッシュカードを強取し、現金自動預払機から現金を窃取する等した死体なき強盗殺人等の事案である。本件の捜査経過として、現金自動預払機から多額の現金が引き出され、あるいは引き出されようとした際の防犯ビデオに写っていた人物について捜査が進められた。

その過程で、被告人Xが本件に関わっている疑いが生じ、警察官は、前記防犯ビデオに写っていた人物と被告人との同一性を判断するため、Xの容ぼう等をビデオ撮影することとし、X宅近くに停車した捜査車両の中から、あるいは付近に借りたマンションの部屋から、公道上を歩いているXをビデオカメラで撮影した。さらに、警察官は、前記防犯ビデオに写っていた人物がはめていた腕時計とXがはめている腕時計との同一性を確認するため、Xが遊技していたパチンコ店の店長に依頼し、店内の防犯カメラによって、あるいは警察官が小型カメラを用いて、店内のXをビデオ撮影した。

本件ビデオ撮影による画像が、防犯ビデオに写っていた人物とXとの同一性を専門家が判断する際の資料とされ、その専門家作成の鑑定書等が、第1審において証拠として取り調べられた。そこで、このような捜査手段としてのビデオ撮影の適法性が争われた。なお、本件におけるごみの領置につき【151】参照。

●**決定要旨**●　「捜査機関においてXが犯人である疑いを持つ合理的な理由が存在していたものと認められ、かつ、前記各ビデオ撮影は、強盗殺人等事件の捜査に関し、防犯ビデオに写っていた人物の容ぼう、体型等とXの容ぼう、体型等との同一性の有無という犯人の特定のための重要な判断に必要な証拠資料を入手するため、これに必要な限度において、公道上を歩いているXの容ぼう等を撮影し、あるいは不特定多数の客が集まるパチンコ店内においてXの容ぼう等を撮影したものであり、いずれも、通常、人が他人から容ぼう等を観察されること自体は受忍せざるを得ない場所におけるものである。以上からすれば、これらのビデオ撮影は、捜査目的を達成するため、必要な範囲において、かつ、相当な方法によって行われたものといえ、捜査活動として適法なものというべきである。」

●**解説**●　1　捜査手段としての容ぼう等の写真撮影あるいはビデオ撮影に関する最高裁判例として昭和44年大法廷判決【103】と昭和61年判決（自動速度監視装置）【152】があるが、犯人の同一性確認のための撮影については本件が初めての最高裁判例である。

これまで下級審の裁判例として、犯人の同一性確認のための撮影を適法としたものとして、東京地判平成元年3月15日判時1310号158頁〔上智大学事件〕は、犯行目撃者に示す目的で被疑者の居宅に出入りする者を写真撮影した事案につき、「事案が重大であって、被撮影者がその犯罪を行なったことを疑わせる相当な理由のある者に限定される場合で、写真撮影以外の方法では捜査の目的を達することができず、証拠保全の必要性、緊急性があり、かつ、その撮影が相当な方法をもって行なわれているときには、適法な捜査として許される」とし、京都地決平成2年10月3日判時1375号143頁は、大学構内における乱闘の負傷者を犯人特定と証拠保全の目的で病院内で写真撮影した事案につき、「撮影がなされた目的、方法、態様、他の代替手段の有無等の捜査機関側の利益と、被撮影者が右の自由を侵害されることによって被る不利益とを、総合的に比較考量して判断されるべき」等としてきた。

2　本決定は、これまでの下級審の動向を踏まえ、犯人の同一性確認のための撮影が任意捜査として許容される場合があることを確認した。本決定も、【103】と同じく、ビデオ撮影が任意処分であることを明言はしてはいないが、昭和51年判決【101】を前提として、条件付きの任意処分としたものと言えよう。この点、被疑者のプライバシーは公道でも住居内でも変化はなく、住居内の撮影は、住居の平穏という憲法35条の保障する別の法益をも侵害しているがゆえに重要な利益の侵害となって強制処分と評価される、とする注目すべき指摘もある（酒巻・後掲20頁）。ただ、プライバシーと住居の平穏の区別はやや技巧的であり、住居の平穏を前提とした住居内のプライバシーは、より高度の法益性を帯びているために重要利益と評価されると理解しておけば足りるように思われる。

3　問題となるのはビデオ撮影の許容条件であるが、①犯罪の嫌疑、②捜査の必要性、③方法の相当性の3要件に整理されている。【103】における現行犯性の要件は独立した要件ではなく、必要性要件の一部であることが明らかとなった。また、緊急性の要件も同じく必要性の要件に収斂された。相当性の要件のうち、被疑者のプライバシーについて、パチンコ店が常に「他人から容ぼう等を観察されること自体は受忍せざるを得ない場所」かどうかは個別的検討を要する問題と思われるし、「眼鏡のブリッジ部分に超小型カメラをセットして腰にレコーダーを装着する」（鹿野・後掲291頁）という撮影方法が常に相当な方法と言えるかも、捜査比例の原則から検討を要する問題と言えよう。不相当の可能性として、例えば、深夜の赤外線撮影等の特殊な機能を用いた場合や、一日中尾行監視して記録するというような長時間にわたる場合等の指摘がある（鹿野・後掲309頁）。

4　被疑者のプライバシーの重要性は、エックス線検査事件【102】でも認識されている。したがって、捜査手段としてのビデオ撮影の今後の課題は、一定の撮影方法については令状を必要とする通信傍受と同様の立法論も検討すべきであろう（鹿野・後掲311頁参照）。

●**参考文献**●　鹿野伸二・判解平20年度289、酒巻匡・百9版20、宇藤崇・J平20年度重判208

105 職務質問に付随する有形力の行使——エンジンキー回転事件

最1小決昭和53年9月22日（刑集32巻6号1774頁・判時903号104頁・判タ370号70頁）

参照条文　警職法2条1項　道交法67条3項　刑法95条1項

職務質問のための有形力行使の限界。

●**事実**● 交通違反の取締りに当たっていたA巡査は、車両が赤信号を無視して交差点に進入したのを現認したため、その車両を停車させ、運転していた被告人Xに対し、違反事実の告知、免許証の提示要求を経て、さらに事情を聴取するため、パトカーまで任意同行を求めた。Xがこれに応じようとしなかったため、パトカーをXの車両の前方まで移動した上でさらにAが説得したところ、Xは下車した。Aはこの時、Xが酒臭を発していることを感知し、酒気帯びではないかとの疑いを持ったので、酒気の検知を勧告した。すると、Xは突如反抗的な態度を示し、「うら酒なんて関係ないぞ」と怒鳴りながら先に提示していた免許証をAから奪い取り、エンジンのかかっていた自己の車両に乗り込んで、ギア操作の上発進させようとした。そこで、Aと共に取締りに当たっていたB巡査は、運転席の窓から手を差し入れ、エンジンキーを回転してスイッチを切り、Xが運転するのを制止した。この措置に対しXは憤慨し、A・B両巡査に対して暴行を加え、傷害を負わせた。

Xは、Bの制止措置は不適法な職務執行行為であったと主張したところ、第1審はその主張を認め、公務執行妨害罪を不成立としてXを無罪としたが、第2審は、これを覆し、Bの措置を適法な職務行為として、公務執行妨害罪の成立を認めた。最高裁は、以下のように判示して、Xの上告を棄却した。

●**決定要旨**● 「〔上記のような事実関係の下では、BがXの車両の運転席の〕窓から手を差し入れ、エンジンキーを回転してスイッチを切った行為は、警察官職務執行法2条1項の規定に基づく職務質問を行うため停止させる方法として必要かつ相当な行為であるのみならず、道路交通法67条3項の規定に基づき、自動車の運転者が酒気帯び運転をするおそれがあるときに、交通の危険を防止するためにとった、必要な応急の措置にあたるから、刑法95条1項にいう職務の執行として適法なものであるというべきである。」

●**解説**● 1 職務質問に付随する有形力行使に関するリーディングケースとされてきたのは、職務質問中に突然逃げ出した者を、130m追跡して、腕に手をかけた行為を適法とした判例（最1小決昭29・7・15刑集8-7-1137）である。職務質問は犯罪の嫌疑に関わるものであり、司法警察活動に隣接しているので、有形力行使の限度については、任意処分における有形力の行使に関する昭和51年判例【101】の基準に従って、個人の意思を制圧しない限度で、必要性、緊急性および具体的状況の下で相当と認められる場合と解すべきであろう（堀籠・後掲412頁参照）。これらの要件を欠けば、わずかな有形力行使でも違法となる可能性がある。例えば、職務質問開始後10分ほどで、犯罪の嫌疑が比較的弱いにもかかわらず「右手首を摑んだ」行為につき、「行き過ぎの謗を免れない」とされた事例もある（東京高判昭49・9・30刑月6-9-960）。

2 以上に対して、職務質問の対象者が自動車の運転者である場合には特別の検討が必要である。本件で問題となった「エンジンスイッチを切る」という行為は、自動車にとっては進行を遮断することを意味する。歩行者の場合にその進行を「遮断」することは、任意処分である「停止」行為としては許されない。この点からすれば、「スイッチを切る」行為は違法となる可能性がある。しかし、自動車の場合にはいったん発車すれば、歩行者とは違って、停止させることは格段に困難となる。したがって、停止目的の達成からすれば、自動車と歩行者とでは事情が違うと言える。また、「スイッチを切る」行為は確かに自動車の進行は遮断するが、運転者自体の活動自体を遮断するものではない。その点でも、自動車と歩行者とでは同一に論じられない側面がある。したがって、あくまで自動車自体に対する遮断行為は、職務質問のための手段として適法と見ることができよう。

3 それでは、スイッチを切るだけでなく、エンジンキーを抜き取ることも許されるであろうか。判例は、覚せい剤使用の疑いのある被告人の車両が、積雪状態の国道上で停止させられたが、エンジンを空ぶかしするなどしたため、警察官が車両の窓から腕を差し入れ、エンジンキーを抜き取った事案につき、「被告人には……覚せい剤中毒をうかがわせる異常な挙動が見受けられ、かつ、道路が積雪により滑りやすい状態にあったのに、被告人が自動車を発進させるおそれがあったから、……被告人運転車両のエンジンキーを取り上げた行為は、警察官職務執行法2条1項に基づく職務質問を行うため停止させる方法として必要かつ相当な行為であるのみならず、道路交通法67条3項に基づき交通の危険を防止するために採った必要な応急の措置に当たる」（最3小決平6・9・16【106】【155】）とした。「エンジンキーの回転」と「エンジンキーの抜き取り」は、自動車の停止手段として共通性があるが、「抜き取り」行為の方が停止を確実とするので、それだけ強制的要素が強い。「抜き取り」行為が、返還を拒否する「取り上げ」に近いような場合には押収に等しくなり、許されない有形力行使となろう。

4 なお、道交法67条3項の危険防止の措置は、「薬物の影響……により、正常な運転ができないおそれがある状態」（同法66条）が認められる場合に採り得る。以上の2つの判例は、職務質問における停止行為としての正当化と道交法上の防止措置からの正当化との2面の正当化根拠を挙げているが、特に【106】の場合には、後者の正当化に実質的根拠があるように思われる。

●**参考文献**● 堀籠幸男・判解昭53年度407、中谷雄一郎・判解平6年度152、江口和伸・圖9版6

106 職務質問における留置き―エンジンキー取上げ・留置き事件(その1)

最3小決平成6年9月16日(刑集48巻6号420頁・判時1510号154頁・判タ862号267頁)　　参照条文　警職法2条1項

職務質問現場での長時間留置きの適否。

●**事実**●　被告人Xが駐在所に意味のよく分からない内容の電話をかけてきたことから、Xに覚せい剤使用の容疑があると判断した警察官が、午前11時過ぎ頃、Xの運転車両を発見し、停止を指示した。Xは蛇行しながら運転を続けたが、午前11時5分頃停止した。当時、付近の道路は、積雪により滑りやすい状態であった。Xは、職務質問に対し、目をキョロキョロさせ、落ち着きのない態度で、素直に質問に応ぜず、エンジンを空ぶかししたり、ハンドルを切るような動作をしたため、警察官は、Xの運転車両の窓から腕を差し入れ、エンジンキーを引き抜いて取り上げた。

午前11時25分頃、Xには覚せい剤取締法違反の前科が4犯あるとの無線連絡が入った。以後、数名の警察官が、午後5時43分頃までの間、順次、Xに対し、職務質問を継続するとともに、警察署への任意同行を求めたが、Xは拒否し続けた。その間Xはその場の状況に合わない発言をしたり、通行車両に大声を上げて近付こうとしたりした。午後3時26分頃、警察官がXの身体に対する捜索差押許可状および強制採尿令状の請求をし、午後5時2分頃令状が発付された。同43分頃から、Xの身体に対する捜索差押許可状の執行が開始された。午後6時32分頃Xを警察車両に乗せて病院まで連行し、午後7時40～52分頃に、病院において医師がカテーテルを使用してXの尿を採取した。

本決定には4つの論点が含まれており、①エンジンキーを取り上げた行為の適否(【105】解説参照)、②強制採尿令状により採尿場所まで連行することの適否(【155】参照)、③職務質問の現場に長時間留め置いた措置の適否(【106】)、および、④尿鑑定書の証拠能力である。このうち、留置きに関する判示は以下のとおりである。

●**決定要旨**●　X車両のエンジンキーを取り上げた行為は必要かつ相当な行為であったが、「その後Xの身体に対する捜索差押許可状の執行が開始されるまでの間、警察官がXによる運転を阻止し、約6時間半以上もXを本件現場に留め置いた措置は、当初は前記のとおり適法性を有しており、Xの覚せい剤使用の嫌疑が濃厚になっていたことを考慮しても、Xに対する任意同行を求めるための説得行為としてはその限度を超え、Xの移動の自由を長時間にわたり奪った点において、任意捜査として許容される範囲を逸脱したものとして違法といわざるを得ない。」しかし、その違法の程度は、未だ令状主義の精神を没却するような重大なものとは言えない。

●**解説**●　1　本件は、職務質問の現場における留置きに関する初めての最高裁判例であるが、まず、長時間の留置き行為の適否とその判断基準が問題となり、次いで、留置き行為が違法となる場合に、その違法の法的性質として、不相当な任意処分か違法な強制処分かが問題となる。

2　留置き行為の適法性の判断基準は、まずは、任意処分の適法性に関する昭和51年判例【101】に言う必要性、緊急性および相当性の基準に従って判断されることとなろう。本件では、覚せい剤使用の嫌疑が濃厚となっていたのであるから留置きの必要性と緊急性は認められるものの、約6時間半に及ぶ留置きが、説得行為の限度を超えて、被告人の自由を長時間にわたり奪ったとして、手段の相当性を欠くと判断された。

その後の下級審の裁判例を見ると、①約4時間の留置きを無車検走行の嫌疑が濃厚であったなどとして適法としたもの(東京高判平8・9・3高刑49-3-421)、②約3時間半の留置きにつき、格別強い嫌疑もなく、令状請求に耐えられるような状況になく、被告人の立ち去りの意思も明らかであるとして違法としたもの(東京高判平19・9・18判タ1273-338)、③約4時間の留置きにつき、職務質問の開始から約40分が経過した時点で強制採尿令状の請求手続に取りかかっていたことなどから違法とは言えないとしたもの(東京高判平22・11・8高刑63-3-4)等があり、いずれも本決定の射程距離内の判断と言えよう。もっとも、上記平成22年判決は、令状請求により「強制手続への移行段階」に入ったがゆえに長時間の留置きが許されるとするが、訴訟法的には令状請求できるだけの嫌疑の高さのゆえに処分の必要性と相当性がより認められやすくなったと言うべきであろう(白取祐司・J平23年度重判180頁参照)。

3　本件の留置きは「違法な任意捜査」とされたので、強制手段には当たらないことが前提となっている(中谷・後掲185頁、江口・後掲7頁参照)。これに対して、強制処分に当たらないかを検討すべきであったとする指摘もあるが(酒巻・後掲167頁)、本件事案において警察官の行使した有形力はさほど強いものではなかったことから、なお任意処分としての留置きと評価されたものと思われる。

4　本件の違法は、警察官の行使した有形力がさほど強いものではなかったこと、積雪等により運転阻止の必要性が高かったこと、被告人の説得が長時間に及んだのもやむを得なかった面があること等から、令状主義の精神を没却するような重大なものではないとされた。この場合、留置きが任意処分と解されたために重大な違法と評価されなかったわけではないことに注意すべきである。例えば、無令状の強制処分(検証)であっても、違法収集証拠の排除法則との関係では、直ちに重大な違法とはされていない(最3小決平21・9・28【102】参照)。判例法では、重大な違法か否かは、その処分が任意処分か強制処分かとは直接関係しないとされていることに注意すべきである。

●**参考文献**●　中谷雄一郎・判解平6年度152、酒巻匡・J平6年度重判167、江口和伸・圖9版6

107 ボーリングバッグの所持品検査——米子銀行強盗事件

最3小判昭和53年6月20日（刑集32巻4号670頁・判時896号14頁・判タ366号152頁）

参照条文 憲法35条 警職法2条1項

所持品検査の法的根拠とその要件。

● **事実** ● 銀行強盗事件が発生し、犯人が逃走中であることを無線で知った巡査部長Aは、部下Bを含めた4名を指揮して緊急配備検問を行っていたところ、深夜、タクシー運転手から「若い2人連れの男から乗車を求められたが乗せなかった。後続の白い車に乗ったかも知れない」との通報を受け、10分後にその方向から来た白い乗用車に乗っていた2人の男（XおよびY）が手配人相によく似ていたので、X・Yと運転手に職務質問をした。X・Yは黙秘し、バッグの開披要求にも断固として応じなかったので、Aらは警察署に同行したが、署内においても黙秘を続け、開披要求も拒絶し続けたため、Bが、Yの承諾のないままボーリングバッグのチャックを開けたところ、大量の紙幣が詰め込んであるのが見えた。そこで、引き続きアタッシュケースを開けようとしたが、鍵が掛かっていたため、ドライバーでそれをこじ開けたところ、その中にも大量の紙幣が入っており、被害銀行の帯封のしてある札束も発見された。そこで、A・BはX・Yを強盗容疑で緊急逮捕するとともに、ボーリングバッグ、アタッシュケース・現金・帯封等を差し押さえた。第1審・2審は共に被告人Xを有罪としたので、Xがさらに上告したところ、最高裁は以下のように述べてこれを棄却した。

● **判旨** ●「警職法は、その2条1項において同項所定の者を停止させて質問することができると規定するのみで、所持品の検査については明文の規定を設けていないが、所持品の検査は、口頭による質問と密接に関連し、かつ、職務質問の効果をあげるうえで必要性、有効性の認められる行為であるから、同条項による職務質問に附随してこれを行うことができる場合があると解するのが、相当である。所持品検査は、任意手段である職務質問の附随行為として許容されるのであるから、所持人の承諾を得て、その限度においてこれを行うのが原則であることはいうまでもない。しかしながら、職務質問ないし所持品検査は、犯罪の予防、鎮圧等を目的とする行政警察上の作用であって、流動する各般の警察事象に対応して迅速適正にこれを処理すべき行政警察の責務にかんがみるときは、所持人の承諾のない限り所持品検査は一切許容されないと解するのは相当でなく、捜索に至らない程度の行為は、強制にわたらない限り、所持品検査においても許容される場合があると解すべきである。もっとも、……捜索に至らない程度の行為であってもこれを受ける者の権利を害するものであるから、状況のいかんを問わず常にかかる行為が許容されるものと解すべきでないことはもちろんであって、かかる行為は、限定的な場合において、所持品検査の必要性、緊急性、これによって害される個人の法益と保護されるべき公共の利益との権衡などを考慮し、具体的状況のもとで相当と認められる限度においてのみ、許容されるものと解すべきである。」

● **解説** ● 1 本件に含まれた警察官の第1行為（ボーリングバッグのチャックを開ける行為）が、職務質問に伴う所持品検査として許されるかが問題である。警察官の第2行為（アタッシュケースをこじ開ける行為）は、緊急逮捕に伴う事前の捜索行為として許容されることが前提となっている。

2 本判決は、所持品検査の法的根拠とその要件を示したリーディングケースである。学説では、否定説がそれまでの通説であり、警職法2条からは所持品検査は基礎付けられないこと、昭和33年に所持品検査を盛り込んだ警職法改正案が否定された経緯があることなどがその理由とされた。肯定説としては、事態の非常例外性から判例の法形成機能を認める見解（田宮60頁）等があった。

本判決につき、所持品検査の法的根拠を警職法2条1項としたと解する見解もあるが、問題の中核は「職務質問に附随してこれを行うこと」にあるから、なぜ附随行為であれば許容されるかはもはや警職法2条1項からは導き出し得ない。その根拠は、所持品検査が犯罪の予防・鎮圧等を目的とする行政警察上の作用であることを前提として、そのような行政警察活動については判例による法形成機能として職務質問概念の拡張も許されるという点にあろう（これに対し、立法府の検討事項であるとするは、酒巻匡・法教357-78）。

3 本判旨が示した所持品検査に関する判断枠組みは、昭和51年判例【101】を前提としている。すなわち、【101】の強制処分基準からすれば、所持品検査について「捜索に至らない程度の行為は、強制にわたらない限り、所持品検査においても許容される場合がある」との結論が導かれ得るし、また、所持品検査にも権利侵害が伴うことから、「所持品検査の必要性、緊急性、これによって害される個人の法益と保護されるべき公共の利益との権衡などを考慮し、具体的状況の下で相当と認められる限度においてのみ、許容される」とする結論も【101】の任意処分基準と合致する。

4 所持品検査の許容限度としては、バッグの開披行為は捜索に近い行為であることから、本件のような「チャックを開披し内部を一べつ」する行為が限界事例となろう。施錠されたバッグの錠を開いて中を見る行為あるいは施錠されていなくともバッグの中に手を差し入れて在中物を取り出す行為などは所持品検査の許容限度を超えるとされる（岡・後掲218頁）。その後、平成15年判例【110】では「ファスナーの開いていた」所持品検査が適法とされ、さらに、平成21年判例【102】ではエックス線撮影による射影取得も強制処分とされていることからすれば、「チャックを開披し内部を一べつ」する行為の評価についても再検討が要請されることとなろう。

● **参考文献** ● 岡次郎・判解昭53年度198、渡邉一弘・囲8版10、笹倉宏紀・囲9版10

108 内ポケットの所持品検査——大阪覚せい剤事件（その1）

最1小判昭和53年9月7日（刑集32巻6号1672頁・判時901号15頁）

参照条文　憲法31条、35条　刑訴法1条、218条1項　警職法2条1項

所持品検査と捜索との限界。

●事実●　パトカーで警ら中の警察官AとBは、被告人X運転の自動車の脇に遊び人風の男3〜4名が立っており、Xと話しているのを目撃し、接近して行ったところ、不審な挙動が見られたことや、売春や薬物犯罪の多発地区という場所柄をも考慮して、職務質問すべくXの車を停止させ、運転免許証の提示を求めた。また、Xの態度や顔色から覚せい剤中毒者であるとの疑いを持ったので、さらに職務質問しようと降車を求めたところ、これにもXは素直に応じた。ところが、所持品の提示の要求にはXは応じようとしなかったが、応援の警察官が到着した後、渋々右側内ポケットから「目薬とちり紙」を取り出し、提出した。さらに、Aが他のポケットを服の上から触ったところ、上衣の左側内ポケットに「刃物ではないが何か堅い物」が入っているように感じられたので、その提示を求めたところ、Xは黙ったままであったので、「いいかげんに出してくれ」、「それなら出してみるぞ」と言ったところ、Xは何かぶつぶつ言って不服らしい態度を示していたが、上衣左側内ポケットに手を入れて取り出したところ、ちり紙の包みと注射針であった。検査の結果、それが覚せい剤であることが判明したので、Xを覚せい剤不法所持の現行犯として逮捕し、証拠物を差し押さえた。

第1審は、上記差押え物件は承諾なしでの捜索という違法な手続きにより収集された証拠であって、証拠能力が認められない等として被告人を無罪とした。第2審も、無罪部分についての検察官の控訴を棄却した。そこで、検察官がさらに上告したところ、最高裁は、原判決および第1審判決を破棄して差し戻した。

●判旨●　最高裁は、職務質問に附随する所持品検査について、最3小判昭和53年6月20日〔米子銀行強盗事件〕【107】を引用し、所持品検査は任意手段として許容され、所持人の承諾のない場合には、強制にわたらない限り、所持品検査の必要性、緊急性および具体的状況の下で相当と認められる限度において許容されるとしつつ、本件について、以下のように判示した。

「被告人の上衣左側内ポケットの所持品の提示を要求した段階においては、被告人に覚せい剤の使用ないし所持の容疑がかなり濃厚に認められ、また、同巡査らの職務質問に妨害が入りかねない状況もあったから、右所持品を検査する必要性ないし緊急性はこれを肯認しうるところであるが、被告人の承諾がないのに、その上衣左側内ポケットに手を差し入れて所持品を取り出したうえ検査した同巡査の行為は、一般にプライバシィ侵害の程度の高い行為であり、かつ、その態様において捜索に類するものであるから、上記のような本件の具体的状況のもとにおいては、相当な行為とは認めがたいところであって、職務質問に附随する所持品検査の許容限度を逸脱したものと解するのが相当である。」

●解説●　1　大阪覚せい剤事件判決は、違法収集証拠の排除法則を採用した判例として有名であるが、本件で前提となった所持品検査の適否に関する判示も重要である。そこで、ここでは所持品検査に関する判示部分を取り上げ、違法収集証拠の排除法則の判示部分については【425】で再度取り上げる。

2　本判決は、所持品検査の根拠と許容性基準に関して【107】を引用してこれを踏襲したが、所持品検査の適否に関しては逆の結論となった。【107】では、銀行強盗の容疑が濃厚であった者に対し、バッグのチャックを開披して内容を一べつしたに過ぎなかった。これに対して、本件では、覚せい剤事件の容疑が「かなり濃厚」という程度でありながら相手方の着衣の内ポケットから在中物を取り出して検査しており、【107】より一歩進んだ所持品検査の態様となっている（岡・後掲396頁参照）。

この点、「所持品検査は、被告人の承諾なく、かつ、違法な連行の影響下でそれを直接利用してなされたものであり、しかもその態様が被告人の左足首付近の靴下の脹らんだ部分から当該物件を取り出したものであることからすれば、違法な所持品検査といわざるを得ない」（最2小決昭63・9・16【428】）とした判例でも、取出し行為が違法判断の重要な根拠となっている。職務質問に附随する任意処分としての所持品検査にとって、在中物の取出し行為の有無はその適否にとって重要なポイントであり、その点が【107】と本件の結論を分けたと言えよう。

3　本判決は、本件所持品検査を任意手段としての所持品検査の許容限度を逸脱したものと判断した。これに対して、本件所持品検査を「捜索」と見る見解もあり（浅田・後掲11頁）、本件のような行為が「不相当な所持品検査」に止まるか、「違法な捜索」となるかが問題となる。この点、本判決は本件検査行為を「捜索に類するもの」とはしたが、「捜索」とまでは断定しなかった。しかし、判例では個人のプライバシー権がますます重視される傾向にあり（エックス線検査事件【102】参照）、今後の判例の動向が注目される。

4　ただし、排除法則との関係では、不相当な所持品検査か違法な捜索かの問題が、「重大な違法」の判断と直結するわけではない。本判例は、証拠排除の要件として「令状主義の精神を没却するような重大な違法」の有無を基準としたので、仮に違法な捜索と評価されても、直ちに証拠排除となるわけではないとされている（岡・後掲404頁）。今後は、重大な違法の基準と違法捜査抑制の基準の双方からの検討が必要と言えよう。

●参考文献●　岡次郎・判解昭53年度386、浅田和茂・囧7版10、原田國男・判解昭63年度334

109 自動車内の所持品検査——自動車内検索事件(その1)

最3小決平成7年5月30日(刑集49巻5号703頁・判時1537号178頁・判夕884号130頁)

参照条文 憲法35条
警職法2条1項

自動車内を対象とした所持品検査の限界。

●**事実**● パトカーで警ら中のA巡査は、午前3時10分頃、信号が青に変わっても発進しない普通乗用自動車を認め、停止を呼びかけたが発進したため、停止を求めながら追跡したが、2.7kmほど走行して停止した。Aは、運転していた被告人Xに対し職務質問を開始し、Xが免許証を携帯していないこと、無線通信による照会の結果、覚せい剤事犯の前歴があることが判明したので、所持品や自動車内を調べたいと説得したが、Xはこれに応じようとしなかった。
　駆け付けた警察官が、車内を覗くと、白い粉状の物が見えたので、B巡査部長が、Xに対し、検査のために立会いを求めると、Xが「あれは砂糖ですよ。見てくださいよ」などと答えたので、予試験を実施したが覚せい剤は検出されなかった。Bは、「車を取りあえず調べるぞ。これじゃあ、どうしても納得がいかない」などと告げ、他の警察官に対しては、「相手は承諾しているから、車の中をもう1回よく見ろ」などと指示した。そこで、警察官4名が、懐中電灯等を用い、座席の背もたれを前に倒し、シートを前後に動かすなどして、丹念に調べると、運転席下の床上に白い結晶状粉末の入ったビニール袋1袋が発見された。予試験を実施したところ、覚せい剤反応が出たので、Xを覚せい剤所持の現行犯人として逮捕した。Xが提出した尿の鑑定結果等を証拠として、Xは覚せい剤使用罪により有罪とされた。
　控訴審は、「本件検索は、その態様、実質においてまさに捜索に等しいものである」とし、本件ではXの任意の承諾は認められず、このように違法な逮捕状態を利用して行われた採尿手続も違法であるが、その違法の程度は、令状主義の精神を没却するほど重大ではないとして、証拠の証拠能力は肯定した。最高裁は、Xの上告を棄却したが、次のように判示した。

●**決定要旨**● 「警察官が本件自動車内を調べた行為は、被告人の承諾がない限り、職務質問に付随して行う所持品検査として許容される限度を超えたものというべきところ、右行為に対し被告人の任意の承諾はなかったとする原判断に誤りがあるとは認められないから、右行為が違法であることは否定し難い」。ただし、覚せい剤の所持または使用の嫌疑があり、所持品検査の必要性、緊急性が認められ、被告人の明示の異議もないなどから違法の程度は大きいとは言えない。

●**解説**● 1 本件は、所持品検査として自動車内を承諾なく調べた行為およびこれに基づき発見された覚せい剤の所持で現行犯逮捕した手続に違法があり、引き続いて行われた採尿手続も違法性を帯びるが、覚せい剤事犯の嫌疑があり、所持品検査の必要性、緊急性が認められ、また、採尿手続に強制は加えられていない等から、採尿手続の違法は未だ重大とは言えず、尿鑑定書の証拠能力は肯定できる、とされた事案である。ここでは、自動車内の所持品検査(検索)行為の適否を取り上げる。
　2 自動車内の検索は、自動車という私的空間への侵入と所持品への侵入という二重のプライバシー侵害を内容としている。自動車という私的空間への侵入については、車の外から車内を覗く行為まではなお相当性の範囲内の行為と言えよう。本件における車外から見えた「白い粉状の物」に対する検査までは適法と言ってよい。これに対して、懐中電灯を使ったり、シートを倒したり、シートを移動させたりする検索方法は、もはや相当性の範囲内の行為とは言えない。問題となるのは、本決定が「職務質問に付随して行う所持品検査として許容される限度を超えた」としているが、その違法の内実である。判例は、この点を明らかにしていないが、2つの可能性がある。1つは、任意処分としての所持品検査の相当性を欠くとするものであり、他は、本件原審のように「捜索に等しい」と見るかである。この点については、「本件行為についてみる限り、これが性質、態様において捜索と評価されるべき行為であることは否定できない」(今崎・後掲229頁)とされている。学説でも強制処分としての捜索であるとの指摘がある(酒巻匡・法教357-79)。いずれにせよ、本件検索行為を見る限り、もはや所持品検査の範疇を逸脱していることは否定できないであろう。
　3 ただ、本決定は「Xの任意の承諾はなかった」から違法であるとしているので、仮に任意の承諾があれば、このような検索行為も適法となることになる。この点、完全な自由意思による承諾があれば承諾捜索も許されるとする裁判例がある(福岡高判平5・3・8【136】)。本件では、Bは「車を取りあえず調べるぞ」等と言ったのに対してXは明示の異議を申し立てなかったことから、Bは「相手は承諾している」と言っているが、このような状況の下でXの承諾を認めることは困難であろう。また、Xの「あれは砂糖ですよ」といった発言から、どの範囲の所持品について承諾したのかという「承諾の範囲」も問題となるが、部分的な承諾を拡張解釈することは許されまい。
　4 本決定は、本件原審の判断と同じく、手続きの違法を認めたが証拠の排除はしなかった。そこには、捜索に相当するからと言って、直ちにそれが「重大な違法」となることを意味するものではないとの理解がある(今崎・後掲229頁)。違法収集証拠の排除法則(最1小判昭53・9・7【425】)では、重大な違法と排除相当性が認められる場合に証拠能力が否定されるといういわゆる相対的排除論が採用されており、手続きの違法判断と証拠排除は直結しないのが判例の立場である(本件尿鑑定書の証拠能力については【429】参照)。

●**参考文献**● 今崎幸彦・判解平7年度218、川崎英明・J平7年度重判166、加藤克佳・法セ497-69、津村政孝・法教182-88

110　ホテル客室での所持品検査——ホテル所持品検査事件

最1小決平成15年5月26日（刑集57巻5号620頁・判時1829号154頁・判タ1127号123頁）

参照条文　警職法2条1項　刑訴法1条

所持品検査の適法性要件。

●**事実**●　ホテルの客Aは、清涼飲料水を一度に5缶も注文したり、不可解な言動をしたりしていた。そこで、ホテル側からの要請で駆けつけた警察官らは、無銭宿泊の疑いのほか、薬物使用も念頭に置いて、職務質問を行うこととした。警察官らが、Aの部屋のドアが閉められるのを足を踏み入れて防止しようとしたところ、Aが殴りかかってきたので、警察官らはAの右腕を掴み、次いでその左腕を掴み、ソファーに座らせ、Aを押さえ付けた。この時、Aは右手に注射器を握っていたので、その手首付近を握ってこれを手放させた。警察官が無線でAの犯罪歴を照会したところ、Aには覚せい剤取締法違反の前歴のあることが判明した。

警察官は、同室内の床に落ちていた財布や注射針等を拾って付近のテーブル上に置いた。警察官が、財布について、「中を見せてもらっていいか」と尋ねたが、Aは返答しなかった。警察官らで説得を続けるうち、Aの頭が下がったのを見て、警察官は、Aが了解したものと判断し、二つ折りの財布を開いて、ファスナーの開いていた小銭入れの部分からビニール袋入りの白色結晶を発見して抜き出した。予試験を実施したところ、覚せい剤の陽性反応があった。そこで、Aを覚せい剤所持の現行犯人として逮捕し、その場でビニール袋入りの白色結晶1袋・注射筒1本・注射針2本等を差し押さえた。

●**決定要旨**●　「Aに対する覚せい剤事犯（使用及び所持）の嫌疑は、飛躍的に高まっていたものと認められる。また、こうした状況に照らせば、覚せい剤がその場に存在することが強く疑われるとともに、直ちに保全策を講じなければ、これが散逸するおそれも高かったと考えられる。そして、眼前で行われる所持品検査について、Aが明確に拒否の意思を示したことはなかった。他方、所持品検査の態様は、床に落ちていたのを拾ってテーブル上に置いておいた財布について、二つ折りの部分を開いた上ファスナーの開いていた小銭入れの部分からビニール袋入りの白色結晶を発見して抜き出したという限度にとどまるものであった。以上のような本件における具体的な諸事情の下においては、上記所持品検査は、適法に行い得るものであったと解するのが相当である。

なお、警察官らが約30分間にわたり全裸のAをソファーに座らせて押さえ続け、その間衣服を着用させる措置も採らなかった行為は、職務質問に付随するものとしては、許容限度を超えており、そのような状況の下で実施された上記所持品検査の適否にも影響するところがあると考えられる。しかし、……〔Aの行為は公務執行妨害罪の疑いがあり、警察官の行為は警職法5条の制止行為の余地もあり、Aの逮捕も考えられ、また、警察官に令状主義潜脱意図の証跡もないので、〕財布に係る所持品検査によって発見された証拠を違法収集証拠として排除することに結び付くものではないというべきである。」

●**解説**●　1　本決定の論点は2つあり、第1は、本件における所持品検査の適法基準と米子銀行強盗事件【107】におけるそれとの比較検討であり、第2は、本件所持品検査に伴う有形力行為の評価である。なお、本件所持品検査により発見された覚せい剤の証拠能力についてはここでは立ち入らない。

2　【107】において所持品検査が適法とされたのは、「チャックを開披し内部を一べつしたにすぎない」からであった。これに対して、本件所持品検査を適法とした認定事実は、「ファスナーの開いていた小銭入れの部分からビニール袋入りの白色結晶を発見して抜き出したという限度にとどまる」というものである。所持品検査の相当性基準は、「これによって害される個人の法益と保護されるべき公共の利益との権衡などを考慮し、具体的状況のもとで相当と認められる限度」（【107】）というもので、この判断基準自体に変わりはないが、その権衡の内容は時代とともに変わってきている。個人の法益がより重くなれば、公共の利益もより重い場合でなければ権衡を保つことができないからである。今日、承諾なくバッグのチャックを開披する行為が相当とされる可能性は少なくなっていると言えよう。

3　次に、全裸の被告人を約30分間押さえ続けた行為について、本件原審は、「職務質問に伴うものとして許容される限度を超えて行き過ぎがあったと言わざるを得ない。そうすると、そのような行き過ぎた身体拘束下に置かれた被告人に対する所持品検査も、その許容される限度を超えたものと評価せざるを得ない」が、その違法は重大とは言えないので証拠の証拠能力は認められるとした（東京高判平11・8・23判タ1024-289。なお、本件第1審は、この違法を重大な違法とした）。

これに対して本決定は、警察官の行為は警職法5条の制止行為の余地もあり、また公務執行妨害罪の現行犯逮捕も考えられる状況であったこと等から、職務質問とは別の根拠で正当化され得ることを示唆した（永井・後掲328頁参照）。しかし、被告人を押さえ続けた状態で所持品検査が行われたことは事実であるのに対し、制止行為も現行犯逮捕も現に行われたわけではなく、その可能性があったというに過ぎない。したがって、このような事情は、所持品検査の違法性の程度を重大ではないとするものと解するのが論理的であるように思われる。本件有形力の行使を所持品検査と切り離して構成する論理はあまりに技巧的なように思われる。

4　なお、本件で有形力行使が問題とされたのは、物理的な力が強過ぎたのではなく、全裸のまま押さえ続けた点であり、その点での国家機関の人間性への無配慮が問題とされたのであろう。国家の側の行動基準が相当性という形で問われている。

●**参考文献**●　永井敏雄・判解平15年度314、髙部道彦・J平15年度重判191

111 集会参加者に対する検問—集会検問事件

大阪高判平成2年2月6日（判タ741号238頁）　参照条文　刑法95条1項　警職法2条1項　警察法2条1項

> 集会参加者に対する所持品検査を目的とする検問の可否。

●**事実**● 労働組合の組合員である被告人Xは、集会およびデモ行進に参加するためバスで集会場に赴いたところ、所持品検査を目的とする検問を実施していた機動隊員と他の集会参加者が争っていたため、それを避けて土手を乗り越えて集会場に向かおうとしたところ、機動隊員に腕を摑まれるなどして阻まれた。これに憤慨したXは、機動隊員が持っていた木製警杖を奪い取り、これをその機動隊員に投げ付け、顔面に命中させて負傷させた。Xは、公務執行妨害罪および傷害罪で起訴されたが、負傷事実を争うとともに本件検問の違法性を主張し、公務執行妨害罪も不成立となると主張した。

第1審は、本件検問は適法な所持品検査の要件を欠くとして、公務執行妨害罪の成立を否定したが、傷害罪の成立を認め、Xを有罪とした。これに対して、双方が控訴し、検察官は、所持品検査の違法判断に関する事実誤認および法令の解釈適用の誤りを主張した。控訴審は、これらの控訴を棄却したが、特に検察官の控訴趣意に対して以下のような判断を示した。

●**判旨**● 相手方の承諾のない所持品検査が許容されるためには、所持品検査の必要性、緊急性が存することが必要であるが（米子銀行強盗事件【107】）、本件検問の実施に当たった機動隊員は、当初から相手を説得して任意の所持品検査を促すという態度ではなく、いきなり阻止線を張り検問隊形を作って集団の全員に対し所持品検査を行うというものであること、組合員らの乗ったバスを公園内に入れる許可も出ていたこと、組合員らの所持していたプラカードや旗竿に危険な細工は施されていなかったこと等からすると、本件においては所持品検査の必要性、緊急性は認められないところ、「警察官がその責務を遂行するに当たり、相手方の意思に反しない任意手段を用いるについては、必ずしもその権限を定めた特別の法律の規定を要せず、警察の責務の範囲を定めた警察法2条1項の規定を根拠として、これを行い得る場合があるとしても［最3小決昭55・9・22【112】］、本件で行われた相手方の承諾のない所持品検査のように、相手方の意思に反して、国民の権利を制限し、これに義務を課す場合には、その権限を定めた法律の規定が必要であり、同法2条1項の規定によってこれを根拠づけることはできないと解せられる。」

●**解説**● 1 所持品検査を目的とする検問については、まず、そもそも所持品検査の要件が備わっているかが問題となる。本判旨は、【107】が掲げた要件を検討し、本件では所持品検査の必要性および緊急性の要件が備わっていないとした。したがって、いわゆる相当性の要件を検討するまでもなく、本件所持品検査は違法であり、そのための検問行為も違法となるから、公務執行妨害罪は成立しないことになる。集会やデモに参加すること自体は不審事由ではないから、職務質問の要件は存在しないことになり、したがってその付随行為たる所持品検査もあり得ないことになる（ただし、本件について職務質問や所持品検査の必要性を肯定できるとの指摘もある。稲田・後掲9頁参照）。

2 それでは、所持品検査はあり得ないとして、所持品検査を目的とした検問（いわゆる一般検問）は許容されるであろうか。この点、本判旨が指摘するように、いわゆる交通検問については、【112】があり、そこでは検問の法的根拠として警察法2条1項が挙げられていた。そこで、このような法的構成が一般検問についても用いることができるかが問題となる。本判旨は、検察官主張のように、警察法2条1項を根拠とする警察活動があり得ることを認めつつも、承諾なき所持品検査についてはこの規定を根拠とすることはできない、とした。換言すれば、所持品検査の要件が備わっている場合にのみ、所持品検査目的の検問もあり得るのであって、交通検問の事案にならって、警察法2条1項を根拠として、いわば外観上の不審事由の有無に関わりなく、所持品検査を目的とする一般検問を行うことはできない、ということになる。

3 本判旨は、警察法2条1項を根拠とする交通検問は認めつつも、一般検問の根拠を警察法2条1項に求めることはできないとした。この点、交通検問について憲法31条を根拠にこれを認める憲法説（【112】解説参照）からは一般検問を認めることがあり得るのであろうか。思うに、憲法説からも個人自由の制約をもたらす警察活動についてはそれなりの強い必要性が前提とされるのは当然である。この点、所持品検査のための検問という構造は、交通検問に似ているが、交通検問の場合に見られるような今日の道路交通事情といった検問の必要性を、直ちに集会やデモについても認めることはできないであろう。したがって、憲法説からも所持品検査目的の一般検問まで直ちに承認することにはならない。結局、いわゆる一般検問は任意すなわち承諾を前提としてしか行うことができないことになる。事情によっては承諾の強制という論点が生じ得るであろうが、別論である。

4 関連して、公務執行妨害罪等の犯人が歩行中の集団に紛れ込んだ場合に、犯人検挙のために当該集団を停止させる行為については、これを適法な職務執行に当たるとした判例がある（最2小決昭59・2・13刑集38-3-295）。ただ、この場合は、司法警察権の行使としての犯人検挙のための捜査活動（刑訴法197条1項）が問題とされており、本件で問題となったような行政警察権の行使としての職務質問のための停止行為（警職法2条1項または警察法2条1項）の問題とは区別される。

●**参考文献**● 津村政孝・圖9版8、稲田伸夫・圖8版8、洲見光男・圖7版8

112 自動車検問——一斉検問事件

最 3 小決昭和55年 9 月22日（刑集34巻 5 号272頁・判時977号40頁・判タ422号75頁）

参照条文　警察法 2 条 1 項　警職法 2 条 1 項

交通違反の取締りを目的とする自動車一斉検問の法的根拠。

●**事実**●　警察官 A・B は、時期的に飲酒運転が多いことから、飲酒運転等交通違反の取締りを目的として、その取締りに適した場所で道路端に待機し、同所を一方から通行する車両全てに対し、不審事由等の有無に関わらず、赤色燈を回して停止を求めるという方法で自動車の一斉検問を行った。被告人 X は、B に停止を求められ、停車したが、免許証の提示を求められた際、酒臭を感知され、付近の派出所で任意の飲酒検知を受けた。その結果呼気 1 ℓ につき 0.25 mg 以上のアルコールが検知されたため、酒気帯び運転禁止違反で検挙された。

X は、本件自動車検問は、外観上不審事由のない自動車を停止させるもので、何らの法的根拠もなく実施された違法なものであるから、この検問が端緒となって収集された証拠は証拠能力がないと主張した。これに対し、第 1 審・ 2 審が共に当該自動車検問が警察法 2 条を法的根拠として行われたものとして適法である旨判示したため、X が上告した。最高裁は、以下のように述べて上告を棄却した。

●**決定要旨**●　「警察法 2 条 1 項が『交通の取締』を警察の責務として定めていることに照らすと、交通の安全及び交通秩序の維持などに必要な警察の諸活動は、強制力を伴わない任意手段による限り、一般的に許容されるべきものであるが、それが国民の権利、自由の干渉にわたるおそれのある事項にかかわる場合には、任意手段によるからといって無制限に許されるべきものでないことも同条 2 項及び警察官職務執行法 1 条などの趣旨にかんがみ明らかである。しかしながら、自動車の運転者は、公道において自動車を利用することを許されていることに伴う当然の負担として、合理的に必要な限度で行われる交通の取締に協力すべきものであること、その他現時における交通違反、交通事故の状況などをも考慮すると、警察官が、交通取締の一環として交通違反の多発する地域等の適当な場所において、交通違反の予防、検挙のための自動車検問を実施し、同所を通過する自動車に対して走行の外観上の不審な点の有無にかかわりなく短時分の停止を求めて、運転者などに対し必要な事項についての質問などをすることは、それが相手方の任意の協力を求める形で行われ、自動車の利用者の自由を不当に制約することにならない方法、態様で行われる限り、適法なものと解すべきである。」

●**解説**●　1　いわゆる交通検問には、緊急配備活動としての検問、警戒検問および一斉検問があるが、特に法的根拠が問題となるのは一斉検問である。本決定は、一斉検問の法的根拠および適法要件を示した最高裁の初めての判例である。

2　これまでの学説は、4 説に分かれる。①違法説は、端的に根拠条文はないとし、立法措置を待つしかないとするが、解釈論としてはかた過ぎる。②警職法 2 条 1 項説は、自動車の場合にはまず停止させなければ職務質問もできないとして、交通検問を職務質問の一形態とするが（大阪高判昭38・9・6 高刑16-7-526）、「職務質問の要件確認のための職務質問」を認めることとなって、解釈論的に困難がある。③警察法 2 条 1 項説は、同項が警察の責務として「交通の取締」を挙げていることを根拠とするから、純粋な任意処分としての交通検問だけを認めることになる。しかし、組織法である警察法を権限付与規定とみなす点には解釈論的な無理がある。④憲法説は、憲法31条を根拠として交通検問を認めつつ、判例による必要性と相当性の限定を加えようとする見解である。この説に対しては、下位規範を離れて、憲法に実質的内容を盛り込もうとする点、および裁判所に合理的な線引きを期待することは法的安定性を欠くとの批判がある（三井(1)106頁）。しかし、適切な法律的根拠が見出せない場合に上位規範を根拠とするのはむしろ当然であるし、裁判所への期待が法的安定性を欠くとも言えないであろう。他の学説に理論的難点がある現状では、憲法説が穏当な考え方と言えよう（ただ、これは次善の策であり、立法的措置が望ましい。田宮62頁、稲田・後掲13頁）。

3　本決定は、自動車検問の法的根拠について、上記②説を採用したものと言えようが、そのような理解には有力な異論もある。すなわち、判例が組織規範と根拠規範を区別していないといった理解は疑問であり、判例が警察法を引用したのは、一斉検問が「交通の取締」目的の範囲内の活動であることを確認しただけであり、相手方の任意の協力を求める検問であれば特別の根拠規定は不要であるとする（酒巻匡・法教286-57）。しかし、国家権力の行使と市民の自由とが緊張関係に立つ領域について特別の根拠規定を不要とすることは、任意処分という名目での行き過ぎた検問を制約する法的基準を欠くこととなり、妥当な見解とは思われない。

4　本決定は、同時に、警察法 2 条 2 項、警職法 1 条を引用し、かつ、自動車運転者の交通取締協力義務を措定した上で、一斉検問の適法要件として、(i)交通違反の多発する地域であること、(ii)短時分の停止であること、(iii)相手方の任意の協力を求める形で行われること、(iv)自動車利用者の自由を不当に制約することにならない方法・態様で行われることを掲げた。実質的にはほぼ妥当な要件と思われるが、上記④説からは判例の法創造機能として基礎付けられることとなろう。なお、このような要件の下では、強制力を用いて停車させることはできず、自動車の内部検査も許されないし、また、協力を拒んでも直ちに追跡することは原則として許されまい（渡部・後掲162頁参照）。

●**参考文献**●　渡部保夫・判解昭55年度149、原田和往・🔲 9 版12、稲田隆司・🔲 8 版12

113 現行犯逮捕と有形力行使——あわび密漁事件

最1小判昭和50年4月3日（刑集29巻4号132頁・判時779号127頁・判夕323号273頁）

参照条文 刑訴法212条、213条 刑法35条

犯行現認者の依頼に基づく追跡継続と現行犯逮捕、現行犯逮捕のための実力行使と刑法35条。

●**事実**● あわびの密漁を現認した漁業監視船しおかぜ丸から密漁船の追跡を依頼された第一清福丸の船員である被告人Xは、密漁船である大平丸を約3時間追跡した末、停船の勧告に応じようともせず、さらには船ごと突進したり、ロープを流してスクリューに絡ませようとするなどして抵抗を続けていた大平丸を捕捉しようとして同船に接触した際、大平丸を操舵中のAの手足を竹竿で叩き突くなどし、同人に対し全治約1週間を要する右足背部刺創の傷害を加えた。第1審はXを傷害の事実で有罪としたので、X側が正当防衛・自救行為等を主張して控訴したところ、第2審はXの行為は漁業権保全のための必要かつ相当な行為とは言い難く、正当防衛の範囲を逸脱していたとして有罪を維持した。そこで、Xが上告したところ、最高裁は、職権で原判決および第1審判決を破棄し、以下のような理由によりXに無罪を言い渡した。

●**判旨**● 「漁業監視船しおかぜ丸は、大平丸の乗組員を現に右の罪を犯した現行犯人と認めて現行犯逮捕をするため追跡し、第一清福丸も、しおかぜ丸の依頼に応じ、これらの者を現行犯逮捕するため追跡を継続したものであるから、いずれも刑訴法213条に基づく適法な現行犯逮捕の行為であると認めることができる。」

「現行犯逮捕をしようとする場合において、現行犯人から抵抗を受けたときは、逮捕をしようとする者は、警察官であると私人であるとをとわず、その際の状況からみて社会通念上逮捕のために必要かつ相当であると認められる限度内の実力を行使することが許され、たとえその実力の行使が刑罰法令に触れることがあるとしても、刑法35条により罰せられないものと解すべきである。これを本件についてみるに、前記の経過によると、Xは、Aらを現行犯逮捕しようとし、同人らから抵抗を受けたため、これを排除しようとして前記の行為に及んだことが明らかであり、かつ、右の行為は、社会通念上逮捕をするために必要かつ相当な限度内にとどまるものと認められるから、Xの行為は、刑法35条により罰せられないものというべきである。」

●**解説**● 1 本判旨には2つの論点が含まれている。第1は、現行犯人を現認した逮捕者から依頼された者の約3時間半に及ぶ追跡行為の継続の後の逮捕行為を現行犯逮捕とすることができるか、である。ここには、さらに2つの問題が含まれ、その1は、この場合に問題となる現行犯人は212条1項の狭義の現行犯人か、同2項の準現行犯人かであり、その2は、追跡継続の意義である。第2の論点は、逮捕に伴う実力行使の根拠とその要件である。

2 本判旨は、追跡後の逮捕を現行犯逮捕と認めたが、213条による逮捕として適法と言うのみで、212条1項の狭義の現行犯人か同条2項の準現行犯人かに論及していない。1項は「現に罪を行い、又は現に罪を行い終った者」として時間的密着性を要件としている。そこで、現認者から依頼されて約3時間半追跡した場合は、2項の「犯人として追呼されている」者ではないかとも思われる。しかし、「現行犯逮捕をするために犯人を追跡・追呼している者又はその依頼で逮捕する者」の場合は、「逮捕者にとって現行犯人であることが明らか」な場合（香城・後掲66頁）であって、「追呼されている」という事実からその者を犯人と認めて逮捕してよいとする2項の場合とは異なる。例えば、「誰か捕まえてくれ」という叫び声を聞いて捕えた場合も、叫んだ者の逮捕行為を助ければ1項逮捕、逮捕者自身の逮捕であれば2項逮捕ということになろう。

3 この場合、依頼されて追跡を継続した場合に1項の現行犯人が維持されると言い得るためには、現行犯人の要件は、逮捕の完了の時点まで続いていることを要せず、逮捕の開始の時点で備わっていれば足りることを前提とする。逮捕開始時点で現行犯人の要件が満たされている場合、その後犯人の抵抗・逃走等で時間が経過しても、「1個の逮捕行為が継続している限り、犯人と逮捕者との人的関係が継続」（香城・後掲64頁）しており、犯人の明白性が失われることはないからである。途中で犯人を見失った場合は、時間の経過の問題ではなく、1個の逮捕行為の継続とは言えないことになる（京都地決昭44・11・5【115】参照）。

4 逮捕に伴う有形力行使の可否についても、2つの場合を区別できる。1つは、逮捕行為それ自体における有形力行使つまり身体の拘束であり、これは法令（刑訴法213条）による権利行為として違法性が阻却される（刑法35条）ことは明らかである。これに対して、犯人の抵抗を排除するための実力行使は「逮捕のための行為」として逮捕行為それ自体とは区別され（香城・後掲67頁）、この場合は正当業務行為とされている。もっとも、抵抗の排除措置も、逮捕を認めた法令による行為と考えるべきとの説も有力である（川出敏裕・三井古稀525頁等）。なお、逮捕行為の妨害を予防するために第三者の自由を制限することも許される（東京高判昭53・5・31刑月10-4=5-883）。

有形力行使の要件として、本判旨は、逮捕のための必要性と相当性の二重の限定を付し、かつ、これらにつき社会通念を基準に判断すべきと述べ、本件有形力行使を、「社会通念上逮捕をするために必要かつ相当な限度内」とした。その限界については、犯罪の軽重・態様、犯人の凶器所持の有無、犯人と逮捕者の体格・人数等を考慮することとなろう（大野・後掲98頁参照）。なお、逮捕時の警察官の武器使用については、警職法7条があり、私人逮捕の場合にも参考になる。

●**参考文献**● 香城敏麿・判解昭50年度59、大野市太郎・別冊判夕11-96

114 逮捕の必要――指紋押なつ拒否事件

最2小判平成10年9月7日（判時1661号70頁・判タ990号112頁）　　参照条文　刑訴法199条　刑訴規則143条の3

逮捕の必要の意義。

●**事実**●　被告人Xは、我が国での永住許可を受けた外国人であり、その所有する建物に妻と共に居住していた。Xは、外国人登録証明書が汚損したため引替交付を申請したところ、外国人登録法14条1項に基づく外国人登録証明書、外国人登録原票および指紋原票への指紋押なつを求められたので、これを拒否した。これを知ったK警察署は捜査を開始し、5回にわたり、XにK警察署に任意出頭することを求めたが、Xは、勤務先に出勤するなどして、これに応じなかった。同時に、Xは、弁護士を通じて、指紋押なつを拒否した理由書および大学教授らの作成に係る、Xが逃亡する虞がないことを保証する保証書5通を提出した。K警察署は、Xを逮捕するため、Xの呼出し状況等に関する捜査報告書等の疎明資料を添えて裁判官に逮捕状を請求し、その発付を得て、Xを通常逮捕した。Xは、逮捕後、写真撮影と指紋採取等の後、取調べを受け、同日に送検され、検察官の取調べを受けて、同日に釈放された。

Xは、警察官の逮捕状請求とそれに基づく裁判官の逮捕状発付、逮捕状に基づく逮捕等がいずれも違法であったとして、国および・京都府に対して、国賠法1条1項に基づく損害賠償を求めた。第1審は、明らかに逮捕の必要性がなかったと断ずることはできないとして請求を棄却したが、控訴審は、逮捕の必要性が明らかになかったとして、請求を一部認容した。最高裁は、下記の理由から、本件の逮捕状の請求およびその発付は、適法にされたものであるとして、国賠法1条1項の適用上これが違法であると解する余地はない、とした。

●**判旨**●　「逮捕の必要について検討するに、本件における事実関係によれば、被上告人の生活は安定したものであったことがうかがわれ、また、K警察署においては本件逮捕状の請求をした時までに、既に被上告人が指紋押なつをしなかったことに関する証拠を相当程度有しており、被上告人もこの点については自ら認めていたのであるから、被上告人について、逃亡のおそれ及び指紋押なつをしなかったとの事実に関する罪証隠滅のおそれが強いものであったということはできないが、被上告人は、T巡査部長らから5回にわたって任意出頭するように求められながら、正当な理由がなく出頭せず、また、被上告人の行動には組織的な背景が存することがうかがわれたこと等にかんがみると、本件においては、明らかに逮捕の必要がなかったということはできず、逮捕状の請求及びその発付は、刑訴法及び刑訴規則の定める要件を満たす適法なものであったということができる。」

●**解説**●　1　「逮捕の必要」につき、法199条2項但書は、「明らかに逮捕の必要がないと認めるときは、この限りでない」として、逮捕状を発付しない場合を定めている。これを受けて、規143条の3は「明らかに逮捕の必要がないと認めるときは、逮捕状の請求を却下しなければならない」とした。この「明らかに逮捕の必要がない」との文言から、裁判官の判断は、「明らかに逮捕の必要がないか否か」について行われることになる。したがって、裁判官は明白に逮捕が不要だと認められる場合に限り却下の義務があることになり、それ以外の場合には、捜査機関の意向を尊重して逮捕状を発付しなければならないとされている（条解383頁）。つまり、必要があるか否か不明の場合は、必要があるとする捜査機関の意向が尊重されることになる。

2　それでは、如何なる場合に「明らかに逮捕の必要がない」と判断されることになるか。規143条の3は、「被疑者が逃亡する虞がなく、かつ、罪証を隠滅する虞がない等明らかに逮捕の必要がないと認めるとき」とする。問題となるのは、如何なる場合にこの要件が認められるかである。捜査機関の呼出しに対する不出頭について考えると、法199条2項但書は、軽微犯罪について、住居不定または正当な理由のない不出頭の場合に限って逮捕を認めている。その意味は、これらは逃亡または罪証隠滅の虞の「1つの有力な要素」（令状基本(上)111頁〔小林充〕）だからである。ただし、不出頭と言っても単に1～2回の呼出しに応じないというのでは足りず、5～6回、少なくとも3回くらい繰り返されて初めて逃亡または罪証隠滅の虞が推定できるとされている（小林・前掲112頁。同旨秋山・後掲28頁）。このような基準からすると、本件の被疑者は5回の不出頭を重ねているので、明らかに逮捕の必要がなかったとは言えないとした判旨も妥当なものである。

3　もっとも、逃亡または罪証隠滅の虞の認定基準は、逮捕の場合と勾留の場合とでは異なる。逮捕の場合は「明らかに逮捕の必要がない」かどうかを判断する要素となっているのに対し、勾留の場合は、この要素は「勾留の理由」となっており、罪証隠滅または逃亡を疑う「相当の理由」の存在が必要である（60条1項2号・3号）。したがって、逮捕の場合に比べて、勾留ではより厳しい認定となる。本件では、被疑者は逮捕の同日に送検され釈放されているが、勾留理由としての逃亡・罪証隠滅を疑う相当理由は認められなかったものと思われる。

4　なお、逃亡・罪証隠滅の虞が認定できないときは、明らかに逮捕の必要はないこととなる。このような場合は、そのまま公判請求して、裁判所が被告人を召喚し（57条）、それでも不出頭の場合は勾引（58条）するしかない。反対説は、それでは略式手続等の機会を奪うことになるとするが（大コメ(4)206頁〔渡辺咲子〕）、理論的には逮捕の必要はないと言わざるを得ない。

●**参考文献**●　久岡康成・J平10年度重判179、秋山実・研修607-21、堤和通・現刑1-6-81

115　現行犯人の明白性——京都現行犯逮捕事件

京都地決昭和44年11月5日（判時629号103頁）　　参照条文　憲法33条　刑訴法212条、213条

現行犯人の明白性の認定基準。

●**事実**●　被疑者Aは、午後8時55分頃、M方において、同人に対して「金を貸してくれ」と言い寄ったが断わられたためその場にあった裁ち鋏を相手に突き付け「心臓をぶち抜いてやろうか」と怒鳴り、同人を畏怖させ、金員を交付させようとしたが、Mが直ちに110番して警察に被害状況を急訴したため、犯行は未遂に終わった。

その間に、Aは逃走してしまった。Mから被害申告を受けた警察は直ちにパトカーに対して犯行場所への急行を指令したところ、これを受けたH警察署の司法巡査2名は、パトカーで午後9時5分頃M方に到着し、直ちにMから事情を聴取した。それによると、犯人は鴬色のジャンパーを着て酒臭がする30歳過ぎの男であると判明したので、同巡査らは犯人を発見すべく、直ちにパトカーで現場付近の巡回に出た。約10分後の午後9時15分頃、M方の東方約20mの路上において、Mから聴取した犯人の人相・年齢・服装とよく似た風体のAを発見したので直ちに職務質問を実施したが、Aは犯行を否認して自分は犯人ではない旨申し立てた。そこで、同巡査らはその場にMの同行を求めてAと対面させたところMからAが犯人に間違いない旨の供述が得られたので、その場でAを本件被疑事実を犯した現行犯人と認めて現行犯逮捕した。裁判所は、以下の理由から、本件現行犯逮捕手続には重大な違法があるとした。

●**決定要旨**●　「被疑者を現行犯人として逮捕することが許容されるためには、被疑者が現に特定の犯罪を行い又は現にそれを行い終った者であることが、逮捕の現場における客観的外部的状況等から、逮捕者自身においても直接明白に覚知しうる場合であることが必要と解されるのであって、被害者の供述によること以外には逮捕者においてこれを覚知しうる状況にないという場合にあっては、事後的に逮捕状の発布［発付］請求をなすべきことが要求される緊急逮捕手続によって被疑者を逮捕することの許されるのは格別、逮捕時より48時間ないし72時間内は事後的な逮捕状発布［発付］請求手続もとらず被疑者の身柄拘束を継続しうる現行犯逮捕の如きは、未だこれをなしえないものといわなければならない。」

「逮捕者である司法巡査とすれば犯行現場に居合わせて被疑者の本件犯行を目撃していたわけでなく、またその逮捕時において被疑者が犯罪に供した凶器等を所持しその身体、被服などに犯罪の証跡を残していて明白に犯人と認めうるような状況にあったというわけでもないのであって、被害者の供述に基づいてはじめて被疑者を本件被疑事実を犯した犯人と認めえたというにすぎないのである。」

●**解説**●　1　本決定は、上記要旨に続いて、「被疑者について緊急逮捕をなしうる実体的要件は具備されていたとは認められるけれども、現行犯逮捕ないしは準現行犯逮捕をなしうるまでの実体的要件が具備されていたとは認められない」としている。そこで、現行犯人の要件である、「現に罪を行い、又は行い終った者」（212条1項）の認定基準が問題となる。本決定は、「逮捕の現場における客観的外部的状況等から、逮捕者自身においても直接明白に覚知しうる場合であることが必要」として、逮捕者自身の現認性を指摘した。緊急逮捕の場合も十分な嫌疑は存するが、その判断はあくまで逮捕者の主観に委ねられているので（小田・後掲151頁）、事後的な裁判官による確認が求められる点に違いがある。

2　本件のように、通報を受けて警察官が現場に駆け付けて被疑者を逮捕する場合でも、3つの逮捕形態を区別することができる。第1は、警察官自身が現行犯人の明白性を現認できる場合で、この場合は警察官自身が現行犯逮捕をすることができる。例えば、喫茶店から被告人が暴れているとの電話があり、警察官が駆け付けたところ、喫茶店の内部は乱雑になっており、道路に出た被告人が「この家の親父は人を騙したので徹底的にやってやる」と言っていたような客観的状況があれば、まさに、「現に罪を行い終った者」に当たる（名古屋高判昭24・12・27判特4-60）。第2は、警察官が準現行犯逮捕をする場合で、本決定の言う、「被疑者が犯罪に供した凶器等を所持しその身体、被服などに犯罪の証跡を残して」いるような場合である（【117】解説参照）。

第3は、警察官としては緊急逮捕しかできない場合である。警察官が到着しても、「被害者の通報又は被疑者の自供等の供述証拠に基づいて、現行犯逮捕することは許されない」（小田・後掲153頁）。現行犯人の現認性も準現行犯逮捕の要件も備わっていないからである。本件事案は、被害者の「犯人に間違いない」旨の供述しかない場合であるから、まさに、現行犯逮捕も準現行犯逮捕もできない場合に当たる。

3　ただし、犯行現認者に「代わって」現行犯逮捕をすることは可能である。被害者が、たまたま現場を通りかかった警察官に犯人逮捕を求めた場合、当該警察官は犯行を現認していなくても、被害者に「代わって」犯人を現行犯逮捕することができる。被害者自身の逮捕に協力する場合と言えるからである。被害者の供述を資料として警察官が現行犯人の認定をしているのではない。なお、痴漢にあった娘から携帯電話で連絡を受けた父親が犯人を現行犯逮捕した事案で、娘と父親との共同逮捕を認めた事例がある（東京高判平17・11・16高検速報（平17）-214）。

4　なお、本決定は、違法逮捕に引き続く勾留請求を受けた裁判官は、将来再逮捕の可能性があるとしても、勾留請求を却下することができるとした（【121】【123】解説参照）。

●**参考文献**●　高田昭正・圕9版28、水谷規男・圕8版28、令状基本(上)151〔小田健司〕

116 現行犯逮捕の必要性──タクシー踏切侵入事件

大阪高判昭和60年12月18日（判時1201号93頁・判タ600号98頁）　　参照条文　国賠法1条1項　刑訴法213条

現行犯逮捕における逮捕の必要性要件の要否。

●事実● 原告Xは、タクシー乗務員であるが、警報機の鳴っている踏切への進入違反（道交法33条2項違反）を取締り中の警察官Aに告知された。Xは違反行為につき否認し、免許証の提示も拒否したが、車の移動については警察官の指示に従い、逃げる素振りも見せなかった。また、Xはタクシー会社の社名入り制服を着ており、写真が貼付され住所・氏名等の記載がなされた乗務員証を車内の見やすい位置に掲示していた。しかし、Aはこれらを確認せず、「免許証を見せないなら逮捕する」とXに告げて、Xを現行犯逮捕し、警察署に引致して、取り調べた上、数時間後に釈放した。Xは逮捕の必要性の不存在等を主張して国家賠償を請求した。

第1審は、現行犯逮捕にも逮捕の必要性は要求されるとし、逃亡や罪証隠滅の虞もなく、タクシー会社への照会や乗務員証の確認もせずに、単にXが違反事実を認めず免許証を提示しなかったというだけで現行犯逮捕に及んだのは違法であるとした。これに対して被告Y（京都府）が現行犯逮捕の場合には逮捕の必要性の要件は不要ないし寛やかに解されるべきである等として控訴したところ、控訴審は、以下のように述べてこれを棄却した。

●判旨● 「刑事訴訟法及び同規則には、逮捕の必要性を現行犯逮捕の要件とする旨の明文の規定が存しないことは、控訴人主張のとおりであるが、現行犯逮捕も人の身体の自由を拘束する強制処分であるから、その要件はできる限り厳格に解すべきであって、通常逮捕の場合と同様、逮捕の必要性をその要件と解するのが相当である。

なるほど、交通事件においては、同種事犯の適正・大量・迅速処理の必要や、交通事犯の発生状況、その取締状況および現場での取調べの現況などの特殊性があるが、「他方、交通法令違反事件は、日常生活に直結する問題であり、かつ、その罪質も軽微であることが少なくないのであるから、逃亡その他特別の事情がある場合のほか、現行犯逮捕を行わないようにすべきであることは、犯罪捜査規範〔216条（現行法219条）〕にも規定されているところである。

また、「取締りの日時、場所、取締り対象の差異によって交通事犯の発生状況及び取締り状況が異なることは当然であ」り、本件のように、「比較的閑散な道路における取締りにおいて、違反者が逃亡や罪証を隠滅するなどの行為を何らなしておらず、単に警察官の指摘した違反事実を否認し、免許証の提示を拒否したことのみをもって、住所、氏名を質すこともなく、他に人定事項の確認手段をとらないまま、直ちに現行犯として逮捕することは、逮捕の必要性の要件を充たしていないといわざるを得ない。」

●解説● 1 本判旨には2つの問題が含まれている。逮捕の必要性については、通常逮捕（199条2項但書）および緊急逮捕（211条による199条2項但書の準用）の場合は、「逮捕の必要」が法文上要件となっている。これに対して、現行犯逮捕の場合は明文規定がない。そこで問題は、第1に、現行犯逮捕の場合も逮捕の必要性が要件となるかであり、これを積極に解した場合に、第2に、その場合の逮捕の必要性の内容をどう考えるかである。

2 第1の逮捕の必要性要件の根拠について、本判旨は、「現行犯逮捕も人の身体の自由を拘束する強制処分であるから、その要件はできる限り厳格に解すべき」として、現行犯逮捕の場合にも逮捕の必要性が要件となるとした。人権保障の見地からの政策論であるが、政策論であれば本件被告側が主張したような消極論も採り得る。逮捕状発付に関する上記法文を現行犯逮捕の場合にも準用するという見解もあるが（梅田・後掲31頁等）、さらに準用の根拠が問題となろう。解釈論的根拠としては、軽微事犯の場合は、「犯人の住居若しくは氏名が明らかでない場合又は犯人が逃亡するおそれがある場合に限り」現行犯逮捕ができるとする刑訴法217条がその根拠となる。すなわち、軽微事犯につき現行犯逮捕をする場合には、「一般的な逮捕の要件中、罪証隠滅のおそれをもってする逮捕は許さず、逃亡のおそれ……をもってする逮捕のみを認めたもの〔である〕……。そうすると、逆に、一般事件の現行犯逮捕については、一般原則にもとづいて、罪証隠滅又は逃亡のおそれがなければなら〔ない〕」（小林・後掲160頁）と考えられるからである。

3 現行犯逮捕の場合にも逮捕の必要性が要件となるとして、第2に、その内容が問題となる。特に、本件のような交通法令違反事件について言えば、犯罪捜査規範219条は、「逃亡その他の特別な事情がある場合のほか、被疑者の逮捕を行わないようにしなければならない」としている。現行犯逮捕にも逮捕の必要性が要件になり、逃亡・罪証隠滅の虞が認められなければならないが、交通法令違反事件については特に厳格な認定が要求されることとなろう（梅田・後掲31頁、滝沢・後掲31頁参照）。

4 本件では、警察官は、口頭による運転者の住所や氏名の質問もしていない。このような事案では逃亡・罪証隠滅の虞を認定することは困難であろう。加えて、本判旨は、本件現場付近は夜間比較的交通量も少ない点を挙げ、「取締状況も即座に逮捕し処理しなければならないような状態ではなかった」として交通法令違反事件の特殊性も指摘している。逮捕の必要性が否定されたのもやむを得ないと言えよう。なお、信号無視事件で違反事実を否認し、運転免許証を携帯していないことから提示を拒み続けた等の事情の下で逃亡・罪証隠滅の虞があるとして現行犯逮捕の必要性が認められた事例がある（東京高判平20・5・15判時2050-103）。

●参考文献● 滝沢誠・百9版30、梅田豊・百8版30、令状基本(上)157〔小林充〕

117　準現行犯逮捕——和光大学事件（その１）

最３小決平成８年１月29日（刑集50巻１号１頁・判時1557号145頁・判タ901号145頁）　　参照条文　刑訴法212条２項

刑訴法212条２項の「罪を行い終ってから間がないと明らかに認められるとき」の意義。

● **事実** ●　被告人A～Cの３名は、和光大学構内における内ゲバ事件に関して、凶器準備集合および傷害の罪で起訴された。Aらは本件逮捕手続の違法を主張し、本件逮捕手続には準現行犯逮捕の要件を充足しない違法がある等と主張した。本件の逮捕手続は、以下のような経過であった。Aについては、本件凶器準備集合および傷害の犯行現場から直線距離で約４km離れた派出所で勤務していた警察官が、いわゆる内ゲバ事件が発生し犯人が逃走中であるなど、本件に関する無線情報を受けて逃走犯人を警戒中、本件犯行終了後約１時間を経過した頃、Aが通りかかるのを見つけ、その挙動や、小雨の中で傘もささずに着衣を濡らし靴も泥で汚れている様子を見て、職務質問のため停止するよう求めたところ、Aが逃げ出したので、約300m追跡して追い付き、その際、Aが籠手を装着しているのを認めた等の事情があったため、Aを本件犯行の準現行犯犯人として逮捕したというものである。また、B・Cについては、本件の発生等に関する無線情報を受けて逃走犯人を検索中の警察官らが、本件犯行終了後約１時間40分を経過した頃、犯行現場から直線距離で約４km離れた路上で着衣等が泥で汚れたBらを発見し、職務質問のため停止するよう求めたところ、Bらが小走りに逃げ出したので、数十m追跡して追い付き、その際、Bらの髪がべっとり濡れて靴は泥まみれであり、Cは顔面に新しい傷跡があって、血の混じった唾を吐いているなどの事情があったため、Bらを本件犯行の準現行犯犯人として逮捕した。最高裁は、Aらの上告につき、適法な上告理由に当たらないとしつつ、職権で以下の判断を示した。

● **決定要旨** ●　「本件の事実関係の下では、被告人３名に対する本件各逮捕は、いずれも刑訴法212条２項２号ないし４号に当たる者が罪を行い終わってから間がないと明らかに認められるときになされたものということができるから、本件各逮捕を適法と認めた原判断は、是認することができる。」

● **解説** ●　１　212条２項は、同項１～４号に該当する者が、「罪を行い終ってから間がないと明らかに認められるとき」（以下、「間がない」の要件）という２つの要件が備わっている場合に、現行犯人とみなすとした（準現行犯あるいは「みなし現行犯」）。そこで、如何なる場合に「間がない」の要件を認定することができるかが問題となる。また、１～４号の要件についても、その該当性判断のあり方および「間がない」の要件との関係が問題となる。

２　「間がない」の要件は、犯行と逮捕との時間的接着性および犯罪と犯人の明白性を意味する要件である。時間的接着性はむろん価値概念であるから、単純に時間経過の長短で判断できるものではない。犯罪との結び付きが推知できるのであれば、具体的事情により長短があり得る。強いて言えば、最大でも犯行から数時間を出ない程度、一般的には３～４時間以内などとされている（木田・後掲19頁）。先例では、放火未遂の犯行後犯人を捜索中の警察官が、犯行から40～50分が経過した頃、現場から約1100m離れた場所で逮捕行為を開始した準現行犯逮捕の適法性を肯定した事例等がある（最３小決昭42・９・13刑集21-7-904）。また、１～４号の要件も、犯罪と犯人の明白性を推知させる事情であるが、各号の事由と犯罪と犯人との結び付きは、１号が最も強く、４号は最も弱いという関係にある。しかし、複数の事由に重複して該当する場合は、それだけ結び付きが強まるから、時間的接着性の要求はそれに伴い緩和される関係にある（条解406頁）。

本件では、Aは２号（「明らかに犯罪の用に供したと思われる凶器その他の物」の所持）と４号（「誰何されて逃走」）に重複して該当し、B・Cも３号（「犯罪の顕著な証跡」）と４号（「誰何されて逃走」）に重複して該当していることを考慮すると、本件での約１時間あるいは約１時間40分の時間的間隔および約500mあるいは約４kmという場所的間隔も、「間がない」要件の範囲内と言えよう。

３　以上の２つの要件は、犯罪と犯人の明白性を客観的に担保するものであるから、逮捕者はこの客観的状況を直接知覚しなければならない。しかし、例えば、「包丁」を持っている事実を逮捕者が知覚してもそれが犯罪に用いられた凶器（２号）であるかどうかはそれだけでは分からない。事前に、例えば、「人が包丁で刺された」との情報を逮捕者が得ていた場合に初めて２号該当性を判断することが可能となる。このように、「間がない」の要件と各号該当性の認定をするためには、多くの場合、逮捕者が直接知覚した客観的事情以外の情報を判断資料として用いることが、法律の規定自体から導き出され得る。本件でも、例えば、「籠手」の装着はまさに逮捕時に逮捕警察官が現認した事実であるが、それが２号に該当する状況であることは、逮捕警察官が事前に無線情報によって、和光大学で内ゲバが発生したこと、乱闘があってけが人が出ていること、犯人は逃走中であること等の情報を得ていたからこそ、判断可能となった。

４　もっとも、「間がない」の要件と各号該当性を「総合的」に考慮するというアプローチが場当たり的あるいは恣意的な判断とならないためには、判断過程の明確化が必要である（洲見・後掲33頁）。そこに何らかの疑義が残るような場合は緊急逮捕に切り替えて、裁判官の確認を求めるべきであろう。

● **参考文献** ●　木田信之・判解平８年度１、洲見光男・圕９版32、多田辰也・圕８版32

118 緊急逮捕の合憲性——棕櫚の皮窃盗事件

最大判昭和30年12月14日（刑集9巻13号2760頁・判時67号7頁・判タ56号62頁）　参照条文　憲法33条　刑訴法210条

緊急逮捕規定の憲法33条適合性。

●**事実**●　被告人Xは徳島県内の山村に居住する者であるが、Xが他人の山林内で棕櫚の皮を盗むのを見たという者の知らせにより、司法巡査A・BがXの住居に行き任意出頭を求めた。しかし、Xが病気を理由にこれを拒否したので、さらに出頭を促したところ、Xは奥から「行けないから行けぬ」と叫んだ。そこで巡査は、「任意出頭してくれなければ緊急逮捕する」と告げ、表に出たところ、戸が閉められた。5分ほど後、再び戸が開き、Xが棒を持って出て来て、「逮捕するなら逮捕してみよ」と巡査Aに殴りかかった。Xは、結局組み伏せられ逮捕されたが、その間に巡査BはXに引っかかれて加療2週間を要する傷害を受けた。同日、緊急逮捕について、裁判所より逮捕状が発付された。

Xは、第1審で、他人の山林内に生育する棕櫚の皮を窃取したとの旧森林法83条違反（法定刑は3年以下の懲役または1000円以下の罰金）、公務執行妨害および傷害の罪により有罪の判決を受け、第2審もXの控訴を棄却した。これに対し弁護人は緊急逮捕を規定する刑訴法210条の違憲性を主張し上告した。上告棄却。

●**判旨**●　「刑訴210条は、死刑又は無期若しくは長期3年以上の懲役若しくは禁錮にあたる罪を犯したことを疑うに足る充分な理由がある場合で、且つ急速を要し、裁判官の逮捕状を求めることができないときは、その理由を告げて被疑者を逮捕することができるとし、そしてこの場合捜査官憲は直ちに裁判官の逮捕状を求める手続を為し、若し逮捕状が発せられないときは直ちに被疑者を釈放すべきことを定めている。かような厳格な制約の下に、罪状の重い一定の犯罪のみについて、緊急已むを得ない場合に限り、逮捕後直ちに裁判官の審査を受けて逮捕状の発行を求めることを条件とし、被疑者の逮捕を認めることは、憲法33条規定の趣旨に反するものではない」。

●**解説**●　1　緊急逮捕の合憲性は、刑事訴訟法制定当時から問題となっていたが、最高裁は本判例でその合憲性を確認した。しかし、本判旨は、「殆んど法文の繰返しに過ぎない。問題は有権的に解決されただけで、理論的に解明せられたとはいえない」（寺尾・後掲400頁）ともされ、学説の課題となってきた。しかし、そこには、緊急逮捕規定の成立史が影を落としている。憲法33条の「司法官憲」に検察官が含まれるとの当時の政府見解によれば、急速を要する場合は検察官が逮捕状を発付すれば済むはずであった。ところが、これはもっぱら裁判官を指すとされ、窮余の策として緊急逮捕規定が立案されたことから、「合憲性の厳密な論証はいわば原始的に不能である」（笹倉・後掲222頁）とすら言われる。

2　学説は、①違憲説、②令状逮捕の一種と見る説、③合理的逮捕とする説、④一種の緊急行為と見る説、⑤合憲説の諸理由が全体として根拠となるとする競合説等、多岐にわたる。しかし、緊急逮捕規定の必要性は確かであるものの、違憲説の論理に隙はない。いわく、(i)緊急逮捕が合憲であると言い得るためには、緊急逮捕を、現行犯逮捕の一種とするか、もしくは令状による逮捕であるとの理論構成を採らなければならない。(ii)犯行との時間的接着性を持たぬ緊急逮捕は如何にしても現行犯人逮捕に包摂することはできない。(iii)令状による逮捕説は、逮捕状が発せられない場合は、如何にしても逮捕状による逮捕とは説明できない。(iv)逮捕状が発せられた場合でも、逮捕の時点を標準として言えば、逮捕状によらない逮捕であり、逮捕状発付で補正的追完を認めれば、それは人権擁護機能の放棄である（平場安治『改訂刑事訴訟法講義』353頁）。他方で、緊急逮捕を違憲とすると、現行犯人の解釈が弛緩して、裁判官による審査のない身柄拘束がなされたり、任意同行や任意の留置きという名目での実質的には逮捕に当たる身柄拘束がなされるといった不当な脱法行為の虞も否定できない（酒巻匡「捜査に対する法的規律の構造(2)」法教284-62）。

3　そこで、合憲説は、違憲説の批判を乗り越えることができるかが問題である。近時、酒巻匡教授は、「緊急性と重大犯罪の高度の嫌疑の存在を勘案し、事後の迅速な令状審査を受けることで事前審査を欠く点を補完した、令状による逮捕の一種であ〔る〕」とした（酒巻・前掲63頁）。逮捕状が発せられない場合については、「令状による」とは、身柄拘束処分に対する裁判官の審査が存在する趣旨とした（同）。しかし、正確に言えば、裁判官の事後審査が予定された令状なき逮捕であることは否定できない。問題は、このような事後審査制度を含む緊急逮捕規定が合理的と言えるかと考えるほかあるまい。

上記学説の③～⑤の合憲説の基礎には、憲法の母法である合衆国憲法の考え方がある。合衆国憲法修正4条は「不合理な捜索及び逮捕または押収（unreasonable searches and seizures）」を禁止している。合理的な逮捕には令状は要らない。この点、緊急逮捕規定は、判旨が指摘するように、嫌疑の充分性、犯罪の重大性、逮捕の緊急性という実体的要件および裁判官の令状審査という手続的要件を定めている。裁判官の令状審査が加わっているのは、憲法規定がアメリカ法より厳格な定めとなっていることから、合理性のレベルを引き上げたものと言えよう。このような合憲説は合理的逮捕説と呼び得るが、一種の「立法的解釈論」（寺尾・後掲402頁）であることは否定できない。

4　上記のように、合憲性の厳密な論証が原始的に不能とすれば、やや強引な論理を展開する令状逮捕説によるか、やや立法論的な合理的逮捕説によるしかあるまい。この点は、より割り切った考え方である合理的逮捕説が明快であると考える。

●**参考文献**●　寺尾正二・判解昭30年度398、小野慶二・圖3版42

119 「直ちに」の要件——非現住建造物放火事件

大阪高判昭和50年11月19日（判時813号102頁・判タ335号353頁）　参照条文　刑訴法210条

刑訴法210条1項の「直ちに裁判官の逮捕状を求める手続をしなければならない」の意義。

●**事実**●　被告人Aは、昭和48年4月21日午前6時過ぎ頃発生した火災の直後に現場付近から逃げて行くところを目撃され、この逃げた男がAらしいとの情報を得た警察官が、同日午前11時18分頃手配の年齢・風体に酷似したAを発見したので職務質問をし、警察署まで任意同行した。警察署で問いただすと、Aは現場の2階の藁に火をつけたことを自供し、その他、面割り等から放火犯人に間違いないと思料されたので、同日午後1時20分頃同警察署内で非現住建造物放火の疑いで緊急逮捕された。

Aは、同日午後1時25分頃司法警察員Bに引致され、Bは権利告知の上、Aに弁解の機会を与えて弁解録取書を作成したが、直ちに裁判官の逮捕状を求める手続きは行わず、同日午後2時～2時30分の間Aを立ち合わせて火災現場の実況見分を行い、さらにAを同警察署で取り調べて供述調書を作成した。そして、同日午後8時になって、この供述調書等を資料として明記した逮捕状請求書により、緊急逮捕状の請求がなされた。その後、同日中に緊急逮捕状が発せられ、送検の上、勾留請求がなされ、勾留状が発せられた。

●**判旨**●　「憲法33条は、現行犯として逮捕される場合を除いては、何人も権限を有する司法官憲（具体的には裁判官）が発した逮捕令状によらなければ逮捕されないことを保障している。本件の逮捕は現行犯人逮捕にはあたらず、刑事訴訟法が規定する緊急逮捕の案件である。緊急逮捕は、現実の逮捕の時点ではまだ逮捕状が存しないが、刑事訴訟法210条の規定するところに従い逮捕後『直ちに』逮捕状を求める手続をし、逮捕に接着した時期において逮捕状が発せられることにより、全体として逮捕状にもとづく逮捕手続であるとの観察を受け、ここにはじめて右憲法の規定上是認されるものとなるのである。本件においては、前記したところによれば時間的関係等においてすでにこの『直ちに』の要件が欠けていることが明らかであるから、警察官は現行犯人でない被告人を逮捕状によらずして逮捕し拘禁したことになり、その違法性は重大である。その後逮捕状が発せられるには至っているが、性質上、このことにより逮捕状にもとづく逮捕、拘禁であると観察し直すことはできない。」

●**解説**●　1　「直ちに」という概念はむろん価値概念であるから、文字どおり「即刻」という短時間と解することも、「できる限り速やかに」というより緩やかな時間と解することも、いずれの解釈もなし得る。実務的には時間的ゆとりがあった方が好都合であることは当然だが、理論的基準が問題となる。

2　この厳格な解釈か緩やかな解釈かという問題は、実は、緊急逮捕の合憲性の議論と密接に関連しており、2つの考え方に区別できる。第1は、緊急逮捕の段階で、逮捕の緊急性と重大犯罪についての十分な嫌疑との要件が具備されていれば逮捕は合憲であると考えれば、逮捕状請求手続は憲法問題ではないことになり、「直ちに」の緩やかな解釈も理論的に可能となる。これに対して、第2は、上記の要件が備わっていても、さらに、逮捕後「直ちに」逮捕状請求手続が取られるべきことが刑訴法上定められていることが加わって初めて合憲となると考えると、逮捕状請求手続は憲法問題であり、「直ちに」についても厳格な解釈が要求されることになる。いわゆる逮捕状逮捕説からすれば、例えば、「緊急逮捕は、とくに厳格な要件のもとにはじめて合憲性を認められる……〔。〕逮捕状が現実の逮捕行為に接着した時期に発せられることにより逮捕手続が全体として逮捕状にもとづくもの〔となる〕」（最1小決昭50・6・12判時779-124〔団藤重光裁判官補足意見〕）などとされる。したがって、逮捕状請求手続は逮捕後即刻行われなければならないことになる。これに対して、憲法の母法である合衆国憲法修正4条を根拠とする合理的逮捕説からは、令状請求は憲法問題ではないことになり、「直ちに」の緩やかな解釈も可能となる（秋山・後掲168頁以下）。

3　しかし、日本の憲法はアメリカ法より厳しい内容のものであるから、令状請求手続を定めることにより合理性のレベルを引き上げることで初めて憲法上の合理性を備えることができると考える合理的逮捕説が妥当であり、「逮捕後直ちに裁判官の審査を受けて逮捕状の発行を求めることを条件と〔する〕」とした判例（最大判昭30・12・14【118】）の考え方にも適合していると考える。そうすると、この合理的逮捕説からも「直ちに」は厳格に解釈されるべきことになる。

4　もっとも、いわゆる内ゲバ事件で被疑者3名を緊急逮捕した約6時間後に逮捕状請求をした場合につき、目撃者らの供述証拠の作成など緊急逮捕の要件を判断すべく必要最小限度の疎明資料を整理するために時間を要したとして適法とされた例（広島高判昭58・2・1判時1093-151）もある。厳格に解すると言っても、逮捕の時刻・事件の内容あるいは裁判所との位置関係等、具体的状況を考慮して判断すべきことは当然である。本件では、緊急逮捕から約6時間半後に逮捕状請求手続が取られているが、その間、実況見分や被疑者取調べがなされており、この手続き遅延は上記のどの立場からも違法とされよう。特に、疎明資料に被疑者の供述調書を含める実務があるとすれば、それは嫌疑の十分性の要件の後知恵を認めることになりかねない。なお、緊急逮捕が「直ちに」の要件に反して違法とされた場合の勾留請求に及ぼす影響については【120】解説参照。

●**参考文献**●　宮下正彦・別冊判タ11-77、令状基本(上)166

〔秋山規雄〕

120 再逮捕(1)——東京再逮捕事件

東京地決昭和47年4月4日（刑月4巻4号891頁・判時665号103頁・判夕276号286頁）　　参照条文　刑訴法199条、207条

適法逮捕・勾留が先行した場合における再逮捕・再勾留の許否。

●**事実**●　被疑者Aは、爆弾使用等5件の爆発物取締罰則違反の事実で、昭和47年1月7日に逮捕、同月9日から20日間勾留され、勾留期間満了日の同月28日に釈放された。しかし、その後の捜査から上記5件のうちの1件についてAが実行行為者である嫌疑が濃厚になったとして、再逮捕された。ところが、勾留請求を受けた裁判官が、「Aに対する同一被疑事実による勾留は、やむを得ない事由があるとすべきときであっても、また、その回数を1回に限らないとしても、勾留期間は通じて20日間を超えることができないと解すべき」ところ、本件はすでに20日間の勾留を経ているとして、再度の勾留請求を却下した。これに対して、検察官が準抗告を申し立て、「今回の勾留は前回の勾留の継続ではなく、全く別個の決定に基づく勾留であるからその期間の計算などは全て新規に行なわれる」べきであると主張した。準抗告裁判所は、以下の判断を示し、原裁判を取り消した。

●**決定要旨**●　「同一被疑事件について先に逮捕勾留され、その勾留期間満了により釈放された被疑者を単なる事情変更を理由として再び逮捕・勾留することは、刑訴法が203条以下において、逮捕勾留の期間について厳重な制約を設けた趣旨を無視することになり被疑者の人権保障の見地から許されないものといわざるをえない。しかしながら同法199条3項は再度の逮捕が許される場合のあることを前提にしていることが明らかであり、現行法上再度の勾留を禁止した規定はなく、また、逮捕と勾留は相互に密接不可分の関係にあることに鑑みると、法は例外的に同一被疑事実につき再度の勾留をすることも許しているものと解するのが相当である。そしていかなる場合に再勾留が許されるかについては、前記の原則との関係上、先行の勾留期間の長短、その期間中の捜査経過、身柄釈放後の事情変更の内容、事案の軽重、検察官の意図その他の諸般の事情を考慮し、社会通念上捜査機関に強制捜査を断念させることが首肯し難く、また、身柄拘束の不当なむしかえしでないと認められる場合に限るとすべきであると思われる。このことは、先に勾留につき、期間延長のうえ20日間の勾留がなされている本件のような場合についても、その例外的場合をより一層限定的に解すべきではあるが、同様にあてはまるものと解され、また、かように慎重に判断した結果再度の勾留を許すべき事案だということになれば、その勾留期間は当初の勾留の場合と同様に解すべきであり、先の身柄拘束期間は後の勾留期間の延長、勾留の取消などの判断において重視されるにとどまるものとするのが相当だと思われる。」

●**解説**●　1　1個の被疑事実について、逮捕・勾留を繰り返すことはできない（再逮捕・再勾留禁止の原則）。もっとも、この原則には例外があることは、再逮捕について、法律が再度の逮捕状の請求を認めていることから明らかである（199条3項、規142条1項8号）。法律は、逮捕状の請求・発付があり得ることを規定しているに過ぎないが、逮捕状の発付が可能であれば再逮捕も可能ということになるからである。先の逮捕状請求が却下されたり、発付された逮捕状が期間経過で失効した場合の再度の逮捕状請求には特に問題はない。問題となるのは、先の逮捕状で実際に逮捕が執行された場合の再逮捕である。この場合も、先行した逮捕が適法な場合と違法逮捕とされた場合（浦和地決昭48・4・21【121】参照）とが考えられる。本件は、適法逮捕が先行した場合である。

2　他方、再勾留に関する明文規定はない。したがって、再逮捕が許容される場合があるとしても、再勾留は許されないという解釈もあり得ないわけではない。その場合には、再逮捕の時間制限の中で起訴・不起訴の決定をしなければならないこととなるが、このような解釈は実務の現状と調和し得ない（山崎・後掲39頁等）。この点、本決定は、現行法上再勾留を禁止した規定はなく、また、逮捕と勾留は相互に密接不可分の関係にあることから、再勾留も例外的に許されるとした。再逮捕・再勾留が例外的に許される場合があることを認めるのが通説である（山崎・後掲38頁、伊藤・後掲37頁）。

3　問題は、どのような場合に再逮捕・再勾留が許されるかであるが、①新証拠や逃亡・罪証隠滅の虞等の新事情の出現により再逮捕の必要性があり、②犯罪の重大性その他諸般の事情から、被疑者の利益と対比してもやむを得ない場合で、③不当な蒸し返しと言えないときなどとされている（田宮94頁）。本決定は、網羅的に、(i)先行勾留期間の長短、(ii)捜査の経過、(iii)事情変更の内容、(iv)事案の軽重、(v)検察官の意図その他諸般の事情から、(vi)社会通念上捜査機関に強制捜査を断念させることが首肯し難く、(vii)拘束の不当な蒸し返しでないと認められる場合という判断基準を掲げたが、あくまで例外基準であることを忘れるべきではない。

4　例外的に再逮捕が許される場合があるとして、その場合の再勾留の期間についても、見解の相違がある。本件原裁判は、再勾留が認められるとしても、先の勾留期間と合算して20日間を超える再勾留は例外なく認められないとした（同旨、梅田豊・囲7版39頁）。これに対して、本決定は、再勾留の期間は当初の勾留の場合と同じであるとした。これは両極の見解であるが、その中間で、10日間より短縮した勾留状を発するべきではないかといった提言もなされている（田宮94頁、三井(1)32頁）。いずれにせよ、再逮捕・再勾留は重大犯罪で緊急やむを得ない高度の必要性があるときに限って許容されるとの例外基準を、厳しく適用することが肝要である。

●**参考文献**●　伊藤栄二・囲9版36、山崎学・囲8版38、大澤裕＝佐々木正輝「再逮捕・再勾留」法教332-79

121　再逮捕(2)—浦和再逮捕事件

浦和地決昭和48年4月21日（刑月5巻4号874頁）　　参照条文　刑訴法210条1項、199条、207条

先行逮捕が違法な場合の再逮捕の許否。

●**事実**●　被疑者Aは、昭和48年4月16日午後1時20分、強盗致傷の被疑事実により自宅で緊急逮捕され、午後3時30分に警察署に引致された。同日午後9時、裁判所に緊急逮捕状の請求が行われたが、上記緊急逮捕は直ちに裁判官の逮捕状を求める手続きを取らなかったという理由により請求が却下された。そのため、翌日午前1時30分、Aを代用監獄（代用刑事施設）である留置所から出し、所持品を還付して、釈放手続が取られた。しかし、Aは、警察署の電話室の長椅子に宿直用の毛布を与えられ、そこで宿泊し、その際、警察官より「釈放する」旨を告げられたこともなく、Aも自由に帰宅する状態になったことを認識していたとは窺われなかった。他方で、その間、同署の司法警察員は、Aに対する同一の被疑事実について改めて通常逮捕状を請求してその発付を得た。そして、同日午後1時35分、これに基づき同署前路上においてAを再逮捕した。その後、検察官が勾留請求を行ったが却下されたため、準抗告が申し立てられた。

●**決定要旨**●　「緊急逮捕に基づく逮捕状の請求が『直ちに』の要件を欠くものとして却下されたもののなお逮捕の理由と必要性の存する場合には『直ちに』といえると考えられる合理的な時間を超過した時間が比較的僅少であり、しかも右の時間超過に相当の合理的理由が存し、しかも事案が重大であつて治安上社会に及ぼす影響が大きいと考えられる限り、右逮捕状請求が、却下された後、特別の事情変更が存しなくとも、なお前記した再逮捕を許すべき合理的な理由が、存するというべく、通常逮捕状に基づく再逮捕が許されるものといわなければならない。」

本件においては、「本件の緊急逮捕に基づく逮捕状発付の請求が『直ちに』されたものでないとしてもその超過時間は比較的僅少であると認められ、またその間被疑者は逃亡中の他の共犯者を緊急に逮捕するべくその割り出しのための取調べを受けていたものであつて、捜査機関には制限時間の趣旨を潜脱する意思は勿論なく、右時間超過には一応の合理的理由の存したことが窺われる。しかも、本件は5人の共犯者による4人の被害者に対する強盗致傷の事案で重大であり、社会に及ぼす影響も大きいと考えられる。然れば、本件通常逮捕状の発付は適法というべ〔き〕」である。

●**解説**●　1　先の逮捕が違法とされ勾留請求も却下された場合、検察官の取るべき途は3つあるとされる。第1は、手続き違反の程度が軽微であるとして、そのまま勾留請求をする、第2は、いったん被疑者を釈放した上で、緊急逮捕なり通常逮捕なりをする、そして、第3は、被疑者を釈放して在宅事件に切り替える（大澤裕＝佐々木正輝「再逮捕・再勾留」法教332-95）。第3は問題がないとして、第1の場合の勾留請求および第2の場合の再逮捕と勾留請求の適否が問題となる。

2　先の逮捕が違法な場合でも、再逮捕に合理的理由があり、不当な蒸し返しでないときは許されるとするのが多数説である（佐々木・後掲139頁）。この点につき、先の逮捕が違法とされて身柄の釈放手続を取った直後に緊急逮捕した事案につき、再逮捕を適法とした例があるが（京都地決昭44・11・5【115】）、そこでは、「被疑者の身柄拘束手続に対する司法的抑制の見地と被疑者の勾留を必要とする実質的理由という見地とのからまりあい具合の如何によっては、本件のような再度の勾留請求であってもこれを認容することの許されなければならない事例もありうる」との考え方が示された。問題は、如何なる場合に再逮捕が認容されるかであるが、【115】は、①犯罪の嫌疑等、逮捕の実体的要件も存しないのに逮捕したような場合は認められないが、②緊急逮捕が許される場合に現行犯逮捕をしたという違法の場合は、その違法のゆえに先の勾留請求が却下されたことで「司法的抑制という目的もすでに達成」されているから、再逮捕が認められるとした。このように逮捕手続きの選択を誤ったという手続き問題の違法については、違法の軽微性を認め、再逮捕を許容する見解が多い。

3　これに対して、犯罪の嫌疑が薄い場合の逮捕や逮捕に伴う制限時間を遵守しなかった場合等は、その違法は重大であるとされ再逮捕を求めるべきでないとされている（小林・後掲209頁）。この間にあって、本件事案のように、緊急逮捕の「直ちに」逮捕状を求める手続きを取らなかった違法をどのように評価するかについては、見解が分かれている。本決定要旨は、(i)超過時間が比較的僅少であり、(ii)時間超過には相当の合理的理由があり、(iii)事案が重大であることから、事情変更が存しなくても、再逮捕は許されるとした。これに対して、消極説は、「直ちに」要件違反の違法の程度は低いとは言えず、事情の変更がなくても改めて逮捕できるとするのは合理性がなく、実際上逮捕が不当に繰り返される危険がある、とする（三井(1)33頁）。「直ちに」の要件の重要性を考えると（【119】解説参照）、本件の約7時間半後の令状請求の違法は決して軽微とは言えないのではなかろうか。

4　なお、本件の再逮捕のための逮捕状発付は適法とされたが、これによる逮捕手続は違法とされ、勾留却下に対する準抗告は棄却されている。その理由は、緊急逮捕状の請求が却下された場合には被疑者は「直ちに」釈放されなければならないが（210条）、本件では被疑者は直ちに釈放されていないという重大な瑕疵があり、その違法は再逮捕手続をも違法としたからである。

●**参考文献**●　佐々木真郎・別冊判タ11-137、令状基本(上)208

〔小林充〕

122 逮捕に対する準抗告——往来危険罪等逮捕事件

最1小決昭和57年8月27日（刑集36巻6号726頁・判時1051号158頁・判タ477号94頁）

参照条文　刑訴法199条、429条

逮捕に対する準抗告の可否。

●**事実**● 被疑者Xは、電汽車往来危険・威力業務妨害の被疑事実により、逮捕状によって逮捕された。これに対してXは、裁判官による逮捕状の発付およびそれに基づく逮捕処分の違法性を主張して準抗告を申し立てた。準抗告審は、「逮捕状の発付及び逮捕の処分は、刑事訴訟法429条1項各号が規定する準抗告の対象となる裁判に該当しない」として、これを棄却したが、さらに敷衍して「因に、法が逮捕について準抗告による不服申立の方法を認めていない理由は、逮捕に続く勾留において逮捕前置主義を採用しており、逮捕から勾留請求手続に移るまでの時間が比較的接着していることから、勾留の手続において裁判官の司法審査を受けるうえ、この勾留の裁判に対して準抗告が許されている以上、さらにそれ以前の逮捕段階で準抗告を認める必要性に乏しいからであり、逮捕について準抗告が許されないとしても、憲法に規定する刑事手続上の人権保障の趣旨に反するものではない」と判示した。これに対して、Xは、原決定の取消しおよび逮捕状の執行取消しの決定を求め、特別抗告を申し立てた。最高裁はこれを棄却して、次のように判示した。

●**決定要旨**● 「逮捕に関する裁判及びこれに基づく処分は、刑訴法429条1項各号所定の準抗告の対象となる裁判に含まれないと解するのが相当であるから、本件準抗告棄却決定に対する特別抗告は、不適法である。」

●**解説**● 1 逮捕に違法があった場合の事後的救済策としては、①勾留裁判において逮捕の違法を理由に勾留請求を却下し、あるいは②勾留に対する準抗告審で違法逮捕を認定して勾留取消しをなし、③違法逮捕を理由として公訴提起の無効を問題とし、④違法逮捕・勾留中の被疑者の自白の証拠能力を否定し、さらには⑤別訴として違法逮捕を理由に国家賠償を請求する等が考えられる。しかし、これらは全て違法逮捕の終了後でなければ取り得ない手続きである。そこで、逮捕それ自体に対する準抗告の可否が問題となる。しかし、429条には「勾留……に関する裁判」は掲げられているが、「逮捕に関する裁判」は挙げられていない以上、逮捕に対する準抗告はなし得ないとするのが従来の通説的見解であり、本決定もこれを確認している。このような解釈は、法文の自然な解釈であることは当然であるが、事態をより実質的に考察した解釈を施す必要があるのではないか、という問題である。

2 例えば、(i)逮捕状発付後、逮捕要件が消滅した場合、(ii)逮捕後、勾留請求前に逮捕要件が消滅した場合、(iii)逮捕手続に瑕疵がある場合等が問題となる。上記(i)の場合は本来令状を返還すべきであるし、(ii)・(iii)の場合は被疑者を釈放すべきである。このような場合に逮捕状が放置され、あるいは逮捕が継続されることに対して不服申立てができないという事態には問題がある。特に(i)の場合に、例えば、被疑者のアリバイがはっきりしたにもかかわらず、逮捕を経て勾留請求段階に至らなければ不服申立てができないというのはやはり問題である。

しかし、通説・判例は消極説である。本決定は、消極の結論のみを示したが、その根拠については、(a) 429条1項2号の文理として、逮捕に関する裁判を挙げていないこと、(b)現行犯逮捕の場合には「裁判」はないので不服申立ての途はなく均衡を失すること、(c) 逮捕による身柄拘束期間は比較的短いので人権侵害もそれほど重大ではないこと、(d)勾留請求の段階で逮捕手続に関する司法審査を受けることができるという代替手段があること、が判例の根拠であろうとされている（木谷・後掲244頁）。これに対して、積極説は、弾劾的捜査観からは、逮捕は取調べ目的ではなく、身柄保全のために行われる、つまり、逮捕は「勾留のための引致」であり、また、429条の文理としても「勾留の裁判」ではなく「勾留……に関する裁判」となっているから、これに逮捕に関する裁判を含めることも可能であると主張する（田宮裕『捜査の構造』168頁）。

3 むろん、消極説が現行法に忠実な文理解釈であるのに対して、積極説はいわば目的論的解釈であることは否定できない。この点、端的に、被疑者が現に逮捕された場合は消極説でよいが、逮捕状の有効期間は原則として7日であり（規300条）、身柄拘束前の期間内に被疑者のアリバイがはっきりしたような場合には、逮捕状発付に対する不服申立てを認める余地はあるとの指摘もある（三井・後掲102頁）。こうして、逮捕に対する不服申立てに明白な実益がある場合があることも否定できない以上、積極説の存在意義は失われていない。

4 ただ、逮捕に対する準抗告を認めるとしても、逮捕の実体要件に関して犯罪の嫌疑のないことを理由とする主張も可能か。この点、勾留に関する準抗告を認めた429条2項は420条3項を準用しているので、犯罪の嫌疑のないことを理由とする準抗告はできないとされている（通説）。また、判例は、逮捕状発付後、その執行前の段階で、逮捕理由である犯罪の相当な嫌疑の有無に関する判断の違法を理由とする国家賠償請求も許されないとしている（最2小判平5・1・25民集47-1-301）。そうであれば、逮捕に対する準抗告を認めたとしても、犯罪の嫌疑に関する主張は認められないことになる。しかし、有力少数説は、実体問題は公判に任せる趣旨だから、公判前であればこのような理由をもってする勾留に対する準抗告も許容されるとする（田宮・前掲87頁、松尾(上)89頁等）。そうであれば、逮捕の場合は公判はさらに先のことであるから、逮捕の実体要件の欠如が明白であれば、これを準抗告で主張することも認めるべきであろう。

●**参考文献**● 木谷明・判解昭57年度242、田中開・｜5版256、三井誠・法教29-97、田口守一・別冊判タ11-148

123　違法逮捕と勾留——山狩り事件

東京高判昭和54年8月14日（刑月11巻7＝8号787頁・判時973号130頁・判タ402号147頁）

参照条文　警職法2条2項
刑訴法210条、203条、205条

> 任意同行が実質的な逮捕行為に当たる場合の勾留請求の当否。

●**事実**●　午後3時24分頃に窃盗事件が発生し、犯人は盗難車両で逃走し、その2～3時間後に警察官A・Bが行っていた検問を突破し、車を乗り捨てて最寄りの山林に逃げ込んだ。午後8時5分頃、付近の駅で張込み中の警察官C・Dが、手配人相・服装が酷似した被告人Xを発見し、そのズボンが濡れていて足元の方は泥で汚れていたこと等から、山の中を逃げ回った検問突破者に違いないと考えて、これを駅待合室に任意同行し職務質問を開始した。その際Xは犯行を否認していたが、所持品中の失効した運転免許証や出所証明書によりXの身元やXが1週間前に刑務所を出所したばかりであることが判明した。

午後8時30分頃にA・Bが駆け付け、Xを検問突破者であると確認したので、事情聴取をしていたDは、最寄りの駐在所にXを任意同行して質問を継続した。Xはなお否認を続けたので、県警から応援に来ていたEは、午後10時半頃、緊急逮捕は未だ困難だが取調べは継続すべきと判断して、駐在所の都合や取調べの便宜、Xの利益等を考慮して、本人の同意を得た上で付近の警察署にXを同行しようと考えた。そこで、Xの意向を確認したところ、自棄的ではあったが、「どこにでも行ってよい」旨の供述を得たので、午後11時頃、覆面パトカーを用い、警察官E・FでXを挟む形で車両後部にXを乗せ、前部には運転手のほか助手席にAが乗るという布陣で警察署へと向かった。取調べ中、午前0時を回った時点で、Xが「逮捕しているなら留置場で寝かせて欲しい、そうでないのなら帰らせてもらいたい」旨を申し出て椅子から立ち上がるという挙動があったが、結局取調官がこれを制止した。その後、被疑者否認のまま逮捕状が発付され、午前2時18分頃に執行、翌日、検察官送致を経て勾留請求がなされた。

●**判旨**●　このような事実の経過によると、駐在所に同行するまでの過程は警職法2条2項の任意同行に該当するが、覆面パトカーに乗せてからの同行は、Xの一見同意とも取れる発言はあったにせよ、「その場所・方法・態様・時刻・同行後の状況等からして、逮捕と同一視できる程度の強制力を加えられていたもので、実質的には逮捕行為にあたる違法なもの」である。しかし、逃走したとされる車にXが事件のわずか2～3時間後に乗っていたこと、検問を突破したこと、出所後日数も経っておらず、有効な免許証も持たないXが盗難車両に乗っていたこと等からすると、「右実質的逮捕の時点において緊急逮捕の理由と必要性はあったと認めるのが相当であり、他方、右実質的逮捕の約3時間後には逮捕令状による通常逮捕の手続がとられていること、右実質的逮捕の時から48時間以内に検察官への送致手続がとられており、勾留請求の時期についても違法の点は認められないことを合わせ考えると、右実質的逮捕の違法性の程度はその後になされた勾留を違法ならしめるほど重大なものではない」。

●**解説**●　1　任意同行が実質逮捕と評価されるかどうかという前提問題については、一般には、同行の態様（同意の有無、有形力の有無等）、同行から逮捕までの時間、被疑者の属性（暴力団員等）、同行後の取調べの態様（場所、時間等。この点については【165】以下の解説参照）、その他捜査状況等から総合的に判断されることになろう（北村・後掲31頁参照）。いずれにせよ、任意同行が逮捕行為に当たり違法であると判断された場合、勾留は認められるか。実務は、逮捕前置主義（207条）は適法な逮捕を前提としているとして、先行した逮捕手続が違法な場合には勾留請求を却下し得るとしている。

2　しかし、逮捕と勾留はもともと別個の訴訟行為であるから、先行逮捕手続が違法な場合に勾留請求を却下し得るより実質的な根拠を考えてみなければならない。以下の3点が指摘されている。①逮捕手続が違法であれば身柄は釈放されているはずで、もともと勾留請求はできないこと、②現行法は逮捕につき準抗告を認めていないので、勾留裁判がその機能を果たすこと、③もともと逮捕は、被疑者を裁判官の下に引致するための前手続的な意味を持つから、逮捕と勾留は一括して審査されるべきことである（三井(1)20頁）。なお、逮捕と勾留をそれぞれ独立した処分と理解しても、先行捜査手続の違法は後行手続に影響を及ぼすことは判例も認めている（最2小判昭61・4・25【427】）ことに注意しなければならない。

3　本判旨では、本件任意同行は、「逮捕と同一視できる程度の強制力を加えられていたもので、実質的には逮捕行為にあたる違法なもの」との評価を与えつつ、しかし、その違法は勾留を違法ならしめるほど重大なものではない、とされた。これまでの実務においても、任意同行が違法な場合の違法の程度については、（i）実質的な身柄拘束の時点で緊急逮捕が可能であったか否か、（ii）その時点から起算して逮捕の制限時間内に勾留請求がなされていたかが主な判断基準とされてきた（髙部・後掲35頁、松田・後掲35頁参照）。本件でもこの2つの判断基準が用いられており、実務の大勢に従っている。

4　もっとも、緊急逮捕の要件は具備していたが任意同行をした本件では、その違法は勾留を却下するほど重大ではないとされたが、同じく、緊急逮捕が可能であったが現行犯逮捕をした事案で、裁判官の司法審査を受けなかったのは重大な違法であり、この逮捕手続の違法を司法的に明確にしておく必要があるとして勾留請求を却下した裁判例もある（京都地決昭44・11・5【115】）。再逮捕の可能性も含めた個別事情に違いがあったのであろう。

●**参考文献**●　髙部道彦・圈9版34、松田岳士・圈8版34、北村滋・別冊判タ11-30

124 勾留場所の変更——職権移送事件

浦和地決平成4年11月10日（判タ812号260頁） 参照条文 刑訴法64条 刑訴規則80条

裁判所による勾留の場所を変更することの可否。

●事実● 本件では、被告人がみだりに営利の目的をもって、向精神薬を含有する医薬品ネルボン錠を有償譲渡したという麻薬及び向精神薬取締法違反の事案により、平成4年10月19日付で公訴提起されたものであるが、被告人は起訴後も代用監獄であるK警察署留置場に勾留されており、この勾留場所を拘置所に変更することの可否が問題となった。

なお、本件は、「刑事収容施設及び被収容者等の処遇に関する法律」（平成17年法律第50号）（以下、「刑事収容法」）の施行前の旧監獄法時代の事件であり、本決定も旧監獄法時代の用語を用いている。すなわち、旧監獄法1条3項は、「警察官署ニ附属スル留置場ハ之ヲ監獄ニ代用スルコトヲ得」と規定していた。いわゆる「代用監獄」である。この点、刑事収容法15条も「刑事施設に収容することに代えて、留置施設に留置することができる」と規定して、いわゆる「代用刑事施設」を認め、名称は変わったが旧制度を存続させた。したがって、新法下でも同じ論点が存在している。そこで、以下の決定要旨では旧法の用語をそのまま引用するが、解説では新法の用語を用いることとする。

●決定要旨● 「起訴後の被告人の勾留場所については、実務上拘置所を原則とする運用がなされており、従って、起訴後も引き続き代用監獄に勾留するには、その必要性及び相当性につき、それらを基礎づける特段の事情を要すると考えられる。

そこで、右特段の事情につき検討するに、検察官は、被告人には多数回にわたる同種余罪があり、その余罪捜査においては、関係者の供述の比較対照、裏付け吟味の必要及び関係書類・証拠物等を被告人に示しての確認などを実施する必要を主張する。しかしながら、勾留場所を浦和拘置支所に変更することによって、今後の捜査に対して若干の支障が生じることは予想されるものの、余罪の罪質や右の捜査予定等を勘案すると、被告人を代用監獄に勾留を継続する必要性は必ずしも高度のものとは認められない。

また、起訴後の被告人に対する余罪取調べは、その対象となる事実につき逮捕・勾留されているものではない以上、あくまで任意に被告人がこれに応ずる場合に許容されるものであると解されるところ、本件については、検察官は余罪につき逮捕・勾留する予定はないことを明らかにしており、また、弁護人作成の『移監に関する上申書』及び『移監上申の理由書』と各題する書面によれば、被告人は、取調官から執拗に威迫的言動を受けた旨を弁護人に訴えているかのようにも窺えるのであって、右訴えの存すること自体が被告人の意に反する取調べが行われている蓋然性を指し示しているということができる。しかも、本件の第1回公判期日は平成4年12月15日に指定されており、現段階においても第1回公判までは、なお相当の日時があるのであって、長期間にわたり、右のような状況下に被告人を置くことには疑問があり、従って、その相当性も認められないといわざるを得ない……ので、職権により、被告人の勾留場所を、勾留状記載のK警察署留置場から、浦和拘置支所に変更することとする。」

●解説● 1 本件に含まれた問題は3つある。第1は、勾留の場所として代用刑事施設を用いることの意義、第2は、裁判官は勾留場所の変更を職権で行うことができるか、第3は、被疑者に勾留場所の変更請求権があるか、である。

2 代用刑事施設を用いることの意義については、拘置所が全国で180か所ほどであるのに対し、警察留置場は約1300か所も設けられており、捜査の必要からは被疑者・被告人の身柄は捜査機関の近くにあった方がよいことから、勾留場所の決定は裁判官の裁量とする考え方（裁判官裁量説）と、捜査機関の下での身柄拘束は自白強要の虞があるので原則として拘置所とすべきとする考え方（代用刑事施設例外説）がある。下級審も、「捜査上の必要性、被疑者または被告人の利益等を比較考量したうえ、裁判官の裁量によって決定すべきもの」（東京地決昭47・12・1刑月4-12-2030）とするものと、「勾留場所は原則として拘置監たる監獄とすべきものであり、特段の事由が認められる場合に限って例外的に代用監獄たる警察署付属の留置場を指定しうるものと解すべき」（大阪地決昭46・12・7判時675-110②事件）とに分かれていた。もっとも、被告人については拘置所とするのが一般的であり、したがって代用刑事施設を用いるのは例外となる。

3 勾留状に記載された勾留場所から他の施設に移すこと（移送。以前は「移監」と呼んだ）もできるが、それには裁判官の同意が必要である（規80条1項、法207条1項、規302条1項）。そこで、裁判官の同意は実質上勾留場所の変更の裁判と言ってよいとか、職権による勾留取消し・執行停止ができることから（87条、95条）、裁判官は、職権で、移送命令を発することができるとする積極説が有力であったところ、「勾留に関する処分を行う裁判官は職権により被疑者又は被告人の勾留場所を変更する旨の移監命令を発することができる」（最3小決平7・4・12刑集49-4-609）とする判例で論争に決着がつけられた。なお、勾留は事件単位で行われるのが原則であるから、余罪捜査の必要性を代用刑事施設使用の理由とするのは、よほどの特段の事情がある場合に限られよう。

4 残る問題は、被疑者に移送請求権が認められるかであるが、これは、認められなかった場合に準抗告が許されるかという形でさらに問題となる。上記平成7年決定は、被疑者の申立ては職権発動を促すものであるから不服申立てはできないとした。ただ、勾留取消請求権（87条）があるのであれば、より小さな請求である移送請求権も認められるべきとの有力な主張もある（三井(1)26頁等参照）。

●参考文献● 島伸一・圏8版36、多田辰也・圏7版36

125　一罪一勾留の原則と常習犯(1)―再勾留適法事件

福岡高決昭和42年3月24日（高刑20巻2号114頁・判時483号79頁・判タ208号158頁）

参照条文　刑訴法60条、208条、312条1項

● 保釈中の者が常習犯の一部を犯した場合に勾留することの可否。

●**事実**●　被告人Xは、昭和41年11月14日、暴力行為等処罰に関する法律1条の3（常習傷害）の公訴事実で勾留中のまま起訴され、第1回公判期日前の同年12月23日に保釈された。ところが、Xは、保釈中の昭和42年1月31日に再び傷害事件を起こし、これにより現行犯逮捕、同年2月3日に常習傷害で勾留された。検察官は、同月10日に至り、Xの常習傷害の当初訴因にこの保釈中の傷害の事実を追加する旨の請求を行い、裁判所もこれを許可した。その後、弁護人から再度の勾留を不当として取消請求がなされ、原審裁判所はこれ認容して、次のように判示して勾留を取り消した。

「本件のような包括一罪にあっては、保釈中に犯した罪が最初の起訴にかかる常習傷害罪の一部と認定されるまでは、捜査の必要上、保釈中に犯した罪について再逮捕、再勾留することが可能であるとしても、検察官において保釈中に犯した罪を最初の起訴にかかる常習傷害罪の一部であると認定し、訴因の追加を請求した以上は、包括一罪も一罪であることには変りないのであるから、一罪一勾留の原則を否定することはできず、本件のように一罪とされた事実についてすでに保釈が許されている以上その一部についてさらに被告人の身柄の拘束を継続することはできないものと言わざるを得ない。……結局検察官において訴因の追加を請求したとき再度の勾留状は失効し、検察官は直ちに被告人を釈放しなければならない。」

この決定に対し、検察官から抗告がなされ、福岡高裁は次のように判示して、原決定を取り消した。

●**決定要旨**●　「一罪一勾留の原則から検討するに、勾留の対象は逮捕とともに現実に犯された個々の犯罪事実を対象とするものと解するのが相当である。したがって、被告人或いは被疑者が或る犯罪事実についてすでに勾留されていたとしても、さらに他の犯罪事実について同一被告人或いは被疑者を勾留することが可能であって、その場合に右各事実がそれぞれ事件の同一性を欠き刑法第45条前段の併合罪の関係にあることを要しない。それらの各事実が包括的に一罪を構成するに止まる場合であっても、個々の事実自体の間に同一性が認められないときには、刑事訴訟法第60条所定の理由があるかぎり各事実毎に勾留することも許されると解するのが相当である。けだし、勾留は主として被告人或いは被疑者の逃亡、罪証隠滅を防止するために行われるものであって、その理由の存否は現実に犯された個々の犯罪事実毎に検討することが必要であるからである（刑事訴訟法第60条第1項参照）。」

●**解説**●　1　一罪一勾留の原則（一罪一逮捕・勾留の原則と同じ）における「一罪」とは、実体法上の一罪を言うとするのが通説である。ところが、常習犯も実体法上は一罪であるが、個々の行為は独立した犯罪と言えることから、勾留された常習犯の一部が後に発覚して新たに勾留された場合（仙台地決昭49・5・16【126】参照）、あるいは保釈中に当該常習犯の一部を新たに行って勾留された場合（本件）における勾留の適法性が問題となる。

2　常習犯における「一罪」の基準について、2つの捉え方が可能である。第1は、常習犯も実体法上は一罪であることから、実体法上の一罪を基準とする考え方（実体法上一罪説）、第2は、常習犯を構成する個々の犯罪事実を単位とする考え方（単位事実説）である。このうち、単位事実説については、数個の犯罪事実が当初から判明している場合に、その数個の犯罪事実について順次勾留が繰り返されるという危険がある。この点、本決定は慎重な運用でこの危険を避けようとしているが、単位事実説からはそのような勾留の蒸し返しが理論的に可能となる点が問題である。したがって、少なくとも単位事実説は採用できない。

3　他方、実体法上一罪説を形式的に適用して再勾留を許さないとすれば、身柄拘束の必要性は保釈の取消しによって対処すべきこととなろう。しかし、保釈中に犯した新たな犯罪を保釈取消しに直接援用することはできない（田中・後掲45頁）。そこで、実体法上一罪説の実質的根拠を、検察官の同時処理義務に求め、同時処理が不可能であった場合は、例外的に新たな勾留が許されるとする実体法上一罪説を実質的に理解する説が主張された（多数説）。しかし、同時処理の可能性も緩やかに判断される虞があり、そうなると単位事実説に接近することになろう。そこで、勾留前に犯した事実が発覚した場合には、同時処理が可能であったとみなすとする提言がある（三井(1)31頁）。これによれば、一罪一勾留の原則の例外は、ほぼ勾留手続後に犯した犯罪の場合に限られることになろう。

4　ただ、一般に、先の勾留が満了した後にも、一定の事情変更等の要件が認められれば同一事実につき再逮捕・再勾留が許容される場合がある（【120】【121】解説参照）。そこで、勾留前に犯した常習犯の一部の事実が発覚した場合に、再度の勾留を全く許さないとするのは実質的妥当性を欠くのではないかとの問題がある。先の勾留手続以前の行為については一切例外を認めないとすることは、現行法上一定の場合に再逮捕・再勾留が認められていることとの整合性からは疑問がある（田中・後掲45頁）。この場合も例外的な再勾留の余地を残しておくべきであろう（【126】解説参照）。

5　なお、本件で、例外的に再勾留を認めるとなると、208条1項の公訴提起を訴因変更と読み替えた上で、2個の勾留が併存することになるので、これを1つに修正する必要が生ずる。この点は、いずれかの勾留を取り消すか、いずれの勾留も取り消して訴因変更後の事実全部に対する新たな勾留状を発するかにより調整することになろう。

●**参考文献**●　田中康郎・匝8版44、吉村弘・匝7版44

126 一罪一勾留の原則と常習犯(2)――再勾留違法事件

仙台地決昭和49年5月16日（判タ319号300頁）　　参照条文　刑訴法87条、199条　刑訴規則142条

常習犯と一罪一勾留の原則および再逮捕・勾留の可否。

●事実●　被疑者は、昭和49年2月18日、S警察署に賭博被疑事件で逮捕され引き続き勾留され、同年3月7日賭博開張図利、常習賭博（常習賭博については昭和48年2月3・4・14日の賭博の事実）でT簡裁に起訴され、その後、昭和48年2月1日の常習賭博事件につき取調べを受け、同49年4月1日保釈を許可された後は、任意捜査により昭和48年2月および同年5月初め頃の常習賭博事件の取調べを受け、昭和49年4月12日および同月27日、いずれも常習賭博としてT簡裁に訴因の追加請求がなされた。

　一方、本件常習賭博（昭和48年5月19日の賭博の事実）については、昭和49年1月4日にWの供述により被疑者の氏名は判明しないもののその事件および共犯者がS警察署に判明し、同年4月27日、Wの供述に基づき本件被疑者が判明し、被疑者は、逮捕され、同年5月12日に勾留された。ところが、逮捕請求書中の規142条1項8号所定の記載欄には、被疑者が本件以前に前記逮捕勾留がなされた旨の記載がされていなかった。そこで、本件勾留の裁判に対し、弁護人から勾留取消しの申立てがなされた。裁判所は、以下の理由から、本件勾留を取り消した。

●決定要旨●　「本件常習賭博は、昭和48年5月19日になされたものであり、前記起訴にかかる常習賭博と一罪をなすものであり、その逮捕勾留中に同時に捜査を遂げうる可能性が存したのである。（本件は昭和49年1月4日にS警察署に認知されており、直ちに捜査を行ええ［ママ］ば本件被疑者を割り出すことは充分可能であつたのであり、事件自体が全く認知されていなかつた場合とは異なるのである。）従って本件逮捕勾留は、同時処理の可能性のある常習一罪の一部についての逮捕勾留であるから、一罪一勾留の原則を適用すべきである。」

　「本件逮捕勾留は一罪一勾留の原則により適法視しえないものであるが、本件は常習賭博中の一部の事件である関係上、1個の犯罪事実につき再度の逮捕勾留がなされた場合に該当すると思料されるので、再逮捕勾留の適否が問題となる。刑訴法199条3項、刑訴規則142条1項8号は、……不当な逮捕のむし返しを防ぐという司法抑制の実効性を確保するための措置であり、この記載を欠くことにより裁判官の判断を誤らせる虞を生じさせるものであるから、右記載を欠く逮捕状請求にもとづく逮捕状は違法無効であり、逮捕の前置を欠くことになるのでその勾留も違法とすべきである。」

　「本件において実質的に再逮捕状の発付につきその司法審査を誤る可能性が存したかどうかであるが……被疑者は……未取調の事件につき任意捜査に応じて取調を受けているのであり、本件につき一般的な逮捕要件としては格別、再逮捕の必要性が存するかどうかについては多大な疑問が残〔る〕」。

●解説●　1　本件の論点は、第1に、本事案に一罪一勾留の原則を適用すべきか、第2に、常習犯についての再逮捕・再勾留の許否である。そして、本決定は、「本件逮捕勾留は、一罪一勾留の原則に反して違法であるとともに、再逮捕と解釈してもその手続上および実質上の要件を欠き違法無効なものである」として、本件勾留を取り消した。

　2　常習犯についての逮捕・勾留に関して一罪一勾留の原則を適用する際には、個々の犯罪を基準とするか（単位事実説）、実体法上は一罪であることを基準とするか（実体法上一罪説）という考え方の対立があったが、実体法上一罪説が多数説である。しかし、実体法上一罪説の実質的な根拠は検察官の同時処理義務にあることから、同時処理不能の場合には一罪一勾留の原則は適用されないことになる。したがって、保釈中に常習犯の一部が行われた場合には、再勾留が可能となる（福岡高決昭42・3・24【125】）。

　これに対して、勾留手続前の行為については、同時処理可能とみなされることになる。本決定も、本件常習賭博事件について同時処理が可能であったとしている。したがって、実体法上一罪説からは再勾留は認められないことになる。ところが、本決定は、さらに再逮捕・再勾留として適法となるか否かという観点からも検討している。つまり、再勾留の要件が備わっていれば、一罪一勾留の原則からは認められないとしても、例外として再逮捕・再勾留が認められる可能性があることを前提としている。正確に言えば、勾留手続以後の行為には一罪一勾留の原則はそもそも不適用なのであるが、勾留手続以前の行為についてはその例外が問題となることになろう。

　3　そもそも全く同一の被疑事実について再勾留が許されることがあるとすれば（東京地決昭47・4・4【120】）、常習犯における別個の事実について再勾留を認めないのでは実質的妥当性を欠くとの指摘もある（田中康郎・圖8版45頁。また、東京地決の例と区別して扱う理由はないとするのは、河原・後掲43頁）。そこで、再勾留が許容される条件が問題となるが、一般に、新証拠や逃亡・罪証隠滅の虞等の新事情の出現による再逮捕の必要性がまず指摘される（【120】解説参照）。本件事案では、被疑者は任意捜査に応じて取調べを受けており、「再逮捕の必要性が存するかどうかについては多大な疑問」が残るとされている。また、それ以前に、法199条3項、規142条1項8号の手続き違反から逮捕・勾留が違法とされたが、これらの点には異論がなかろう。

　4　なお、本決定における第1論点と第2論点の関係は必ずしも明らかではないが、一罪一勾留の原則にも例外があり得るので、第2論点でその例外を検討したものと理解することができよう。すなわち、一罪一勾留の原則には、同時処理不能の場合以外にも例外があり得ることが確認されている。

●参考文献●　河原俊也・圖9版42

127　事件単位の原則——未決勾留日数算入事件

最3小判昭和30年12月26日（刑集9巻14号2996頁・判時69号3頁・判タ57号41頁）　　参照条文　刑法21条　刑訴法336条

勾留における事件単位の原則の例外。

●**事実**●　検察官は、被告人Xに対する4個の詐欺および1個の横領の各事実につき、昭和27年7月12日静岡地裁に公訴を提起し、さらに横領の事実につき同年9月30日に同裁判所に公訴を提起した。裁判所は、この6個の公訴事実を併合審理した上、これらの公訴事実全部を有罪と認め、Xを懲役3年とした。これに対して控訴審は、上記4個の詐欺事実のうち3個の詐欺事実および2個の横領事実を有罪と認め、Xを懲役2年とし、第1審における未決勾留日数中100日を本刑に算入する旨の言渡しをするとともに、上記4個の詐欺事実のうちの残りの1個の詐欺事実、すなわちXがAを欺罔して砲金8貫7百匁位を騙取したとの点については、犯罪の証明がないとして、主文で無罪の言渡しをした。

ところが、本刑に算入されたXの勾留は、昭和27年7月4日、静岡地裁の裁判官が発した勾留状によって勾留され、原判決の宣告の日まで及んだのであるが、この勾留状記載の被疑事実の要旨は、Xが無罪の言渡しを受けた詐欺事実だけであって、Xが有罪とされた3個の詐欺事実および2個の横領事実については、勾留状は発せられていなかった。この点、本刑に算入することのできる未決勾留日数は、当該公訴事実につき発せられた勾留状による勾留日数に限るとする大審院判例（大判大9・3・18刑録26-195）に反するのではないかが問題となった。

●**判旨**●　「検察官が同一被告人に対し数個の被疑事実につき公訴を提起した場合、それが1個の起訴によると、またはいわゆる追起訴によると、さらにまた各別個の起訴によるとを問わず、そのうち1つの公訴事実についてすでに正当に勾留が認められているときは、検察官は他の公訴事実について勾留の要件を具備していることを認めても、それについてさらに勾留の請求をしないことがあるのは、すでに存する勾留によって拘束の目的は達せられているからであって、このような場合、数個の公訴事実について併合審理をするかぎり、1つの公訴事実による適法な勾留の効果が、被告人の身柄につき他の公訴事実についても及ぶことは当然であるから裁判所が同一被告人に対する数個の公訴事実を併合して審理する場合には、無罪とした公訴事実による適法な勾留日数は他の有罪とした公訴事実の勾留日数として計算できるものと解するを相当とする。されば本件において原判決が無罪とした公訴事実につき発せられた勾留状の執行により生じた未決勾留日数の一部を他の有罪の言渡をした公訴事実の本刑に算入する旨言い渡したことをもって違法ということはできない。所論引用の大審院判例［前掲］は前示の趣旨に反する限り変更すべきものであるから所論は採用できない。」

●**解説**●　1　勾留は事件ごとに行われる。したがって、A事件につき勾留されている者をB事件で勾留することができる（勾留の競合、二重勾留）。勾留に関する事件単位の原則である。そして、未決勾留日数の算入は、事件単位で行われる。たとえ同一被告人の数個の犯罪事実が裁判所に係属した場合でも、手続きの併合がなされず、別の訴訟手続で審理される別個に発せられた勾留状による勾留が未決勾留日数に算入されることはない（吉川・後掲462頁）。

2　ところが、A事件で勾留して、その間にB事件の捜査を行うことは通常行われているが、この場合、B事件についても勾留されているとは限らない。これらの事件の全てについて勾留状を請求することは、多くの場合手続きを煩瑣ならしめるだけであり、また、かえって身柄拘束期間を長くする虞もあることから、その中の一部の犯罪事実（通常は最初に発覚して検挙された犯罪事実である場合が多い）について勾留を行うに止め、その余の犯罪事実については重ねて勾留しないという実務上の慣例がある（吉川・後掲457頁）。むろん、理論的には重ねて勾留することも可能であるが、そのようにすることは稀とされている（同463頁）。

3　そこで、本件のように、A事件の勾留中に、その他の事件の勾留をしないで捜査が進行し、これらの事件が併合審理されたところ、勾留状に記載されたA事件だけが無罪となった場合に、事件単位で考えれば、A事件の未決勾留日数をその他の事件の本刑に算入することはできないはずである。ところが、本判旨は、このような実務慣行を前提として、A事件の「勾留の効果が、被告人の身柄につき他の公訴事実についても及ぶ」として、A事件の未決勾留日数を、有罪となった他の事件の勾留日数として計算することを認めた。事件単位の原則を、被告人に利益な方向で緩やかに解釈したものと言えよう。このような考え方は、A事件の勾留中にB事件の取調べがなされ、A事件は不起訴となったがB事件が起訴されて無罪となった場合の刑事補償について、A事件の勾留に対する刑事補償を認めた判例にも共通している（最大決昭31・12・24刑集10-12-1692。ただし、現在では、不起訴となった事件の勾留について、いわゆる被疑者補償の可能性がある）。

4　ただ、本判旨が「勾留の効果が、被告人の身柄につき他の公訴事実についても及ぶ」とした意味は「ややあいまい」（光藤・後掲53頁）である。A事件で勾留して、その間にB事件の捜査を行うことができるとしても、B事件の取調べを目的としたA事件の勾留はいわゆる別件逮捕勾留の問題につながるからである。本件のような類似の財産犯の場合には問題は少ないであろうが、罪種が異なれば事件単位の原則に戻るべきであろう。また、A事件の解明にB事件の取調べが必要であるといった関係がない限り、A事件の勾留期間を、B事件を理由に延長したり、また、A事件で勾留されている被疑者について、B事件の捜査を理由に接見指定したり、あるいは保釈請求を却下したりすることはできない。

●**参考文献**●　吉川由己夫・判解昭30年度455、光藤景皎・圓3版52

128 捜索場所の特定——大家宅捜索事件

最3小決昭和30年11月22日（刑集9巻12号2484頁・判タ56号58頁）

参照条文　刑訴法102条2項、107条、218条1項、219条

令状記載における捜索場所の特定記載の程度。

●事実● 被告人Xは、警察官の行った捜索差押許可状による捜索の執行に際して、同許可状を奪い取って毀棄し、また、警察官の顔面を殴ったりなどして、公文書毀棄、傷害および公務執行妨害の罪で起訴された。問題となったのは、本件捜索差押許可状は覚せい剤取締法違反事件につき発付されたものであるが、被疑者として「〔氏名〕不詳、年令30才位の女」とし、捜索場所として「京都市下京区三の宮通り七条上る下三の宮292、通称大家ことA方家屋内並附属建物全般」と記載されていた。弁護人は、本件捜索差押許可状はA方居宅を捜索場所とするが、Aは以前はX方に同居していたものの、当時は居住していなかったのであり、また102条2項に言う、「押収すべき物の存在を認めるに足りる状況」がいつ生じたのか不明であり、したがって、本令状でX方を捜索したのは違法と言うべきであり、公務執行妨害罪は無罪とすべきなどと主張した。

●決定要旨● 「刑訴法所定の差押令状又は捜索令状における押収又は捜索すべき場所の表示は、合理的に解釈してその場所を特定し得る程度に記載することを必要とするとともに、その程度の記載があれば足りると解するを相当とする。本件について……みるとAはXの実母Kの内縁の夫であって、A夫婦は2階に、X夫婦は階下に居住し、いわゆる同居の関係にあったこと、及び大家というのは、右Aの俗称であって、前記場所によって大家ことA方家屋といえば、本件令状記載の家屋を指すこと明らかである。

　従って被告人が本件家屋の世帯主であり、仮りに所論A夫婦が、本件の捜索差押の日から1ヶ月前に他に転居していたとしても、本件令状記載の差押又は捜索すべき場所は特定していると認めるのを相当とする。」

●解説● 1　憲法35条1項は、捜索は、「捜索する場所」を明示した令状によるべきことを要求し、これを受けて刑訴法は、捜索差押許可状には「捜索すべき場所、身体、若しくは物」を記載すべき旨を定めている（219条1項）。しかし、捜査の初期段階では、捜索すべき場所を明確に記載するが困難な場合がある。そこで、場所表示が明確でないまたは誤りのある記載がなされた令状について、その有効性が問題となる。

　本件弁護人は、本件令状では住居の占有者の氏名を特定して明示しながら、その人が明らかに占有者でない場合、被捜索者の氏名が明らかに被捜索者と違うような令状の執行は違法であるとし、Xはすでにかなり以前から世帯主であったにもかかわらず、X以外の者が依然として占有しているとしたまま発せられた捜索令状は無効であると主張した。

　2　本決定は、捜索すべき場所の特定の程度につき一般的な判断基準を示すとともに、本事案に即して同居人の通称をもって住居を表示することも場所の特定に欠けるものではないとの常識的な判断を示した。この判例に先立って、最高裁は、「差押令状又は捜索令状の有効要件としての押収又は捜索すべき場所の表示は、合理的に解釈してその存在を客観的に特定し得る程度であることをもって必要にして充分とする。例えば、一の家屋内における押収又は捜索を許可せる令状は、その家屋の所在場所の同一性を識別し得る程度に、処分を受くべき場所を表示してあれば足りるのであって、この要件さえみたされていれば、必ずしもその家屋の借家人、現在の使用者又は占有者の氏名を記載する必要はないわけである。従って、かりにこのような氏名の表示を欠き、又は表示に若干の誤りがあったとしても、令状の記載事項の合理的解釈により、その場所が明らかに特定されるような場合には、その場所について押収又は捜索を行っても違法ではない」とする通達を出していた（昭24・12・10最高裁刑二第18756号刑事局長通達。吉川・後掲343頁参照）。本決定は、ほぼこの通達を踏襲したものとなっている。

　3　もっとも、本件ではたまたまAはすでに転居していたが、仮に現に同居しており、2階と1階で別個の居住状態であった場合には、本決定がそのまま妥当するとは限らないであろう。もともと捜索は、当該場所についての管理権の侵害であるから、捜索令状の個数は管理権の数を基準とし、単一の管理権が及ぶ範囲内の場所については1個の捜索令状で足りるが、管理権が異なる場所については別個の捜索令状の発付が必要となる。例えば、マンションの各部屋は管理権者が別であることは明らかであるから、各部屋ごとの令状が必要である（令状基本（下）219頁〔小林充〕）。したがって、2階と1階で別個の管理権を考えるべきこととなれば、別個の令状が必要となろう。ただ、家族関係や間借りの居住形態等から場合によっては1通の令状で足りることも考えられよう（古川・後掲28頁）。また、場所の記載が明らかに明確を欠く場合、例えば「差し押さえる物件が隠匿保管されていると思料される場所」というような記載は、違法か少なくとも妥当性を欠くことになる（小林・前掲219頁）。

　4　なお、本決定は、被疑者の表示については特に判断を示していないが、当然に有効であることを前提としているものと思われる。上記の刑事局長通達でも、「被疑者（被告人を含む。以下同じ）が明らかでなく、且つその人相、体格その他被疑者を特定するに足りる事項さえも明らかでない場合には、令状には、被疑者が不詳である旨を記載すれば足りる」とされていた（規155条3項は、その旨を定めている）。

●参考文献● 吉川由己夫・判解昭30年度340、古川定昭・別冊判タ10-26

129　押収対象物の明示・特定——勤評反対スト事件

最大決昭和33年7月29日（刑集12巻12号2776頁・判時156号6頁）　　参照条文　憲法33条　刑訴法219条

捜索差押許可状における罪名記載の適否と押収対象物の明示・特定の程度。

●**事実**●　勤評反対スト行為が、地方公務員法に違反するとして捜査が開始され、東京都教育会館内の都教組・日教組各本部において捜索差押えがなされた。裁判官の発付した捜索差押許可状には、「罪名」として「地方公務員法違反被疑事件」、「捜索すべき場所」として住所の記載の後に「教育会館内東京都教職員組合本部」、「差押えるべき物」として、「会議議事録、斗争日誌、指令、通達類、連絡文書、報告書、メモその他本件に関係ありと思料される一切の文書及び物件」と記載されていた。被疑者側は、憲法35条は、令状が「正当な理由に基づいて発せられた」ことの明示を要求しており、そのためには「罪名」だけでなく「適用法条」を記載する必要があること、また、差押え目的物の記載は概括的に過ぎ、憲法35条の特定・明示の要請に反するなどと主張した。

●**決定要旨**●　「憲法35条は、捜索、押収については、その令状に、捜索する場所及び押収する物を明示することを要求しているにとどまり、その令状が正当な理由に基いて発せられたことを明示することまでは要求していないものと解すべきである。されば、捜索差押許可状に被疑事件の罪名を、適用法条を示して記載することは憲法の要求するところでなく、捜索する場所及び押収する物以外の記載事項はすべて刑訴法の規定するところに委ねられており、刑訴219条1項により右許可状に罪名を記載するに当つては、適用法条まで示す必要はないものと解する。

そして本件許可状における捜索すべき場所の記載は、憲法35条の要求する捜索する場所の明示として欠くるところはないと認められ、また、本件許可状に記載された『本件に関係ありと思料せられる一切の文書及び物件』とは、『会議議事録、斗争日誌、指令、通達類、連絡文書、報告書、メモ』と記載された具体的な例示に附加されたものであつて、同許可状に記載された地方公務員法違反被疑事件に関係があり、且つ右例示の物件に準じられるような闘争関係の文書、物件を指すことが明らかであるから、同許可状が物の明示に欠くるところがあるということもできない。」

●**解説**●　1　本件に含まれた第1の問題は、憲法35条が捜索差押許可状の記載事項として捜索する場所、押収する物の明示を要求していることは明らかであるが、加えて正当な理由に基づいて発せられたことを明示する必要もあるか、そして正当な理由として罪名のみならず適用法条も記載されなければならないかである。第2は、押収物の明示の程度の問題である。

2　憲法35条が国民の住居、書類および所持品の安全を保障するために、捜索差押許可状に捜索場所および押収物の特定明示を要求した。これに対して、逮捕に関する憲法33条では「犯罪を明示する令状」が要求されている。この違いは、住居、書類および所持品の安全を保障するためには、捜索場所および押収物を特定明示することこそ肝要であり、もしその特定明示を欠くときは、罪名・適用法条・被疑事実をどのように精密に記載しようとも、同条の保障は全く空文に帰するからである（栗田・後掲560頁）。すなわち、憲法35条の保障は、犯罪の明示によってではなく、場所および物の特定明示によってこそ担保されるのである。したがって、令状は正当な理由に基づいて発せられなければならないが、そのために罪名や適用法条を記載することは憲法の要求するところではない。この点、刑訴法は罪名の記載を要求しているが、罪名と適用法条とは別個の観念とされており（例えば、256条2項・4項）、したがって適用法条の記載までは要求されていないことになる。

3　他方、押収物の特定明示を要求する趣旨は、裁判官の判断を慎重に行わせ、捜査機関に許可された権限の範囲を周知させ、かつ、被処分者に受忍すべき差押処分の範囲を知らせる点にあるとされるが（秋山・後掲234頁）、本件で問題となった「その他本件に関係ありと思料せられる一切の文書及び物件」との記載も、例示物件に準ずる本件闘争関係（地方公務員法37条1項違反の争議行為——いわゆる勤務評定反対闘争）の一切の文書および物件を指示するものであることは明白であり、押収物の特定明示を要求する趣旨に反するとは言えない。もっとも、その限界は微妙であり、例えば、公職選挙法違反被疑事件に関し、「本件犯罪に関係ある文書帳冊その他の関係文書（頒布先メモ、頒布先指示文書、同印刷関係書類等）及び犯罪に関係ありと認められる郵送関係物件（封筒印鑑等）」との表示が違法とされた例がある（東京地決昭33・6・12判時152-20。栗田・後掲563頁参照）。この例では、括弧内の部分を除いて読むと、「文書帳冊その他の関係文書、郵送関係物件」という広範囲のものを「犯罪に関係ある」という抽象的説明で限定しようとしたものであるが、その限定作用は「極めて薄弱不十分である」とされた。例示列挙が括弧内に入ったことで、その限定機能が失われたと言えようか。

4　もっとも、本件は、目的物の特定が完全になされている場合の罪名の表示につき罰条の記載が不要である旨判断した判例であって、目的物の特定が概括的である場合に、その特定を図るために罰条の記載が必要かという問題は未だ残っていると言えよう（坂井・後掲36頁）。実務では、「……本件に関係ある」といった概括的表示を付加する場合には、「被疑事実」を記載した別紙を添付する実務が行われているとの指摘もある（同）。そうであれば、とりわけ特別法違反の場合には罰条を記載することで、目的物の特定性の程度を高めることを考えてよいであろう。

●**参考文献**●　栗田正・判解昭33年度555、令状基本(下)234〔秋山規雄〕、坂井孝行・別冊判夕10-33

130 令状による差押えの範囲——賭博メモ事件

最1小判昭和51年11月18日（判時837号104頁）　　参照条文　憲法35条1項　刑訴法218条1項、219条1項

差押許可状記載の目的物に別罪証拠も含まれることの可否。

●**事実**● 恐喝被疑事件に関する被疑者Yについての捜索差押許可状には、差し押さえるべき物として、「一、暴力団を標章する状、バッチ、メモ等、二、拳銃、ハトロン紙包みの現金、三、銃砲刀剣類等」と記載されていた。同令状による捜索を行った司法警察員は、A連合名入りの腕章や法被、組員名簿等と共に、被告人Xが賭博場を開帳するたびに一定の客の名前や寺銭その他の計算関係を記していたメモ196枚も差し押さえた。Xは、このメモ等を証拠にして賭博場開帳図利罪および賭博罪の事実で起訴された。第1審は、有罪判決を下したが、Xは、この賭博メモの収集手続が違法であるとして控訴したところ、第2審は、証拠収集手続の違法を認め、この証拠を排除してXを無罪とした。最高裁は、以下のように判示して、第2審判決を破棄した。

●**判旨**● 「捜索差押許可状には、前記恐喝被疑事件に関係のある『暴力団を標章する状、バッチ、メモ等』が、差し押えるべき物のひとつとして記載されている。この記載物件は、右恐喝被疑事件が暴力団であるA連合A組に所属し又はこれと親交のある被疑者らによりその事実を背景として行われたというものであることを考慮するときは、A組の性格、被疑者らと同組との関係、事件の組織的背景などを解明するために必要な証拠として掲げられたものであることが、十分に認められる。そして、本件メモ写しの原物であるメモには、A組の組員らによる常習的な賭博場開帳の模様が克明に記録されており、これにより被疑者であるYと同組との関係を知りうるばかりでなく、A組の組織内容と暴力団的性格を知ることができ、右被疑事件の証拠となるものであると認められる。してみれば、右メモは前記許可状記載の差押の目的物にあたると解するのが、相当である。

　憲法35条1項及びこれを受けた刑訴法218条1項、219条1項は、差押は差し押えるべき物を明示した令状によらなければすることができない旨を定めているが、その趣旨からすると、令状に明示されていない物の差押が禁止されるばかりでなく、捜査機関が専ら別罪の証拠に利用する目的で差押許可状に明示された物を差し押えることも禁止されるものというべきである。そこで、さらに、この点から本件メモの差押の適法性を検討すると、それは、別罪である賭博被疑事件の直接の証拠となるものではあるが、前記のとおり、同時に恐喝被疑事件の証拠となりうるものであり、A連合名入りの腕章・ハッピ、組員名簿等とともに差し押えられているから、同被疑事件に関係のある『暴力団を標章する状、バッチ、メモ等』の一部として差し押えられたものと推認する

ことができ、記録を調査しても、捜査機関が専ら別罪である賭博被疑事件の証拠に利用する目的でこれを差し押えたとみるべき証跡は、存在しない。」

●**解説**●　**1** 本件でまず問題となったのは、恐喝事件に関する捜索差押許可状に記載された差押目的物に「賭博メモ」が含まれるかであり、次に、これを積極に解した場合に、「賭博メモ」が別罪である賭博事件の証拠であることとの関係が問題となる。

　2 本件原審は、「賭博メモ」は、賭博の状況ないし寺銭等の計算関係を記録した賭博特有のメモであり、恐喝事件に関係があるものとは到底認められないとして、その差押えは令状に記載されていない物に対してなされた違法なものであり、これは令状主義に反する重大な違法であるとした。これに対して、本判旨は、賭博メモも本件恐喝事件の「背景」事情に含まれるから令状記載物件に該当するとした。

　令状記載物件は被疑事件と関連性を有するものでなければならないのは当然であるが、一般に、関連性の程度は、直接証拠、間接証拠、情状に関する証拠の順に弱くなり、それにつれて差押えの必要性も小さくなるとされている（令状基本〔下〕212頁〔島田仁郎〕）。本件で問題となった「賭博メモ」は一種の情状に関する証拠であるが、本件恐喝事件が暴力団が関係するという組織的背景を持った事件であるとすれば、被疑事件との関連性を認めることも一概に否定はできない。したがって、本件メモが、事実関係を解明するのに役立つ限り、除外されると解すべき必然性はない（的場・後掲53頁）。ただ、関連性の程度は相当程度に弱いものであるから、差押えの必要性の判断は慎重に行われなければならない。

　3 本判旨は、「賭博メモ」の令状該当性を認めたが、さらに論を進め、「捜査機関が専ら別罪の証拠に利用する目的で差押許可状に明示された物を差し押えることも禁止される」とした。ここでは、恐喝事件の証拠として適法に差し押えられたように見えても、その目的次第で、差押えが違法となることも含意されている。本件「賭博メモ」は、恐喝事件の証拠であるが同時に賭博事件の証拠でもあるところ、賭博事件の証拠に用いられたことから、「やや割り切れない疑問」が残るとする指摘もなされている（秋山・後掲247頁）。

　4 本判旨は、「専ら別罪の証拠に利用する目的」につき、そのような証跡は存在しないとしたが、その認定過程は明らかでない。この点は、捜査機関の主観的意図だけでなく、「捜索・差押えに係る被疑事件の捜査の状況（身柄措置、起訴の有無）」（栗本英雄・別冊判タ10-29）あるいはその公判手続状況等も考慮すべきであろう。この点は、いわゆる別件捜索差押え問題（広島高判昭56・11・26【135】）に関わるが、別罪証拠については、任意提出させるか、別個の令状を取るのが基本であろう。

●**参考文献**●　安井哲章・圉9版52、的場純男・圉8版52、令状基本〔下〕243〔秋山規雄〕

131　令状による捜索の範囲(1)―同居人バッグ捜索事件

最1小決平成6年9月8日（刑集48巻6号263頁・判時1516号162頁・判タ868号158頁）

参照条文　刑訴法102条、218条、219条

> 場所に対する捜索差押許可状により、そこに同居する者の携帯物に対する捜索を行うことの可否。

●事実●　警察官Pらは、被告人Aの内妻Bを被疑者とする覚せい剤取締法違反被疑事件につき、A・Bの居住するマンションの一室を捜索場所とする捜索差押許可状の発付を得て、証拠隠滅工作の暇を与えないよう、在室者が扉を開けた時に踏み込むべく張り込んでいた。しばらくすると、Aが扉を開けたので、Pらは居室内に踏み込んで、不在であったBの代わりにAを立会人として、居室内の捜索を実施した。その際、Pらは、Aが右手にボストンバッグを持っていたので、再三それを任意提出するよう求めたが、Aがこれに応じなかったので、やむを得ず抵抗するAの身体を制圧して強制的にそれを取り上げ、その中を捜索した。すると、その中から覚せい剤が発見されたため、PらはAを覚せい剤営利目的所持の現行犯として逮捕した。同罪で起訴されたAに対し、第1審は、本件捜索差押許可状の効力は捜索場所に居住し、かつ捜索開始時にその場所に在室している者の携帯するバッグにも及ぶとして、その中から発見された覚せい剤の証拠能力を認めて有罪判決を下し、第2審もこの判断を支持した。そこで、Aが上告したところ、最高裁は、職権により次のように判示した。

●決定要旨●　「〔本件〕警察官は、Aの内妻であったBに対する覚せい剤取締法違反被疑事件につき、B及びAが居住するマンションの居室を捜索場所とする捜索差押許可状の発付を受け……、右許可状に基づき右居室の捜索を実施したが、その際、同室に居たAが携帯するボストンバッグの中を捜索したというのであって、右のような事実関係の下においては、前記捜索差押許可状に基づきAが携帯する右ボストンバッグについても捜索できるもの解するのが相当である……。」

●解説●　1　法は、捜索空間の単位として「身体」、「物」および「住居その他の場所」を区別しており（102条、222条1項、219条）、場所と身体はその保護法益に違いがあるから、場所に身体は包摂されない。したがって、「場所」に対する捜索令状により、その場所にいる人の「身体」の捜索はできないはずである。そこで、「場所」に対する捜索令状で、そこに居住する人の「携帯物」を捜索し得るか、また、居住する者が被疑者の「同居人」であった場合はどうか、が問題となる。

2　捜索令状が「場所」に対するものである場合に、当該場所を管理する者の管理権が及ぶ範囲に存在する家具、備品等の「物」も捜索対象となることには問題はない。この点、そこに居合わせた人の携帯物については、たまたま人が所持していても、なおその場所に存在する物とみなすことができる場合であって、身体の法益を独立して保護する必要の少ない場合には、「場所」令状を根拠にして人の携帯物を捜索の対象にするという結論自体には異論は少ないであろう。本決定は、①捜索場所の居住者は、差押え目的物を所持しているとの疑いを抱かせるので、捜索する必要性が大きく、②携帯バッグは、例えば上着のポケット内など身体に密着させて所持する物の捜索と異なり、身体の捜索を伴わないので権利侵害の程度が小さく、③当該バッグは未だ捜索場所から離脱していないので、捜索場所にある物と同一視して捜索場所に含ませても不合理でないとして携帯物の捜索を認めた（小川・後掲114頁。河村・後掲49頁も同旨）。なお、本件において令状の名宛人Bは、ボストンバッグを携帯していたAの内妻であり、AはBの管理権が及んでいる物を携帯していることがあり得るから、Bの管理権が及んでいる場所に対する令状でその場に居たAの携帯品についても捜索できることが当然の前提となっている。

3　ところで、以上は、携帯物の捜索を身体に対する捜索とは区別する考え方である。この点、携帯物も身体の一部と理解すると、上述のように「身体」は「場所」に包摂されないのが原則である。ただ、捜索の途中にその場にあった物を携帯物ないし着衣に隠匿したと認められ、または、そのように疑うに足りる合理的な理由がある場合には、場所に対する捜索の一環としてこの意味での身体の捜索もできると考えるべきであり（令状基本(下)232頁〔島田仁郎〕）、その旨の裁判例もある（東京高判平6・5・11高刑47-2-237）。むろん、身体の捜索があり得るとしても、身体検査にまでは及び得ないことは言うまでもない（東京地八王子支決昭62・10・3判タ705-267）。これに対し、身体は場所に包摂されないが、場所の捜索に伴う必要な処分（222条1項、111条1項）として身体捜索ができるとする見解もある（井上337頁。川出敏裕・圖7版49頁等も同旨）。しかし、場所の捜索のための必要な処分として、より重大な法益侵害である身体捜索が許容されるとする点には、なお疑問が残る。やはり、身体と携帯物を区別するアプローチに従っておくこととする。

4　なお、本件では同居人の携帯物が問題であったが、たまたま居合わせた第三者の占有物と認められる物については、当然捜索することはできない（京都地決昭48・12・11刑月5-12-1679）。この場合、その第三者について、「押収すべき物の存在を認めるに足りる状況」（102条2項）があったとしても、令状の名宛人の管理権が及んでいない限り、捜索はできない。102条2項は、令状発付の要件を定めたもので、捜査官にその判断を委ねたものではないと解すべきだからである。

●参考文献●　小川正持・判解平6年度110、宇藤崇・圖9版46、河村博・圖8版48

132　令状による捜索の範囲(2)―宅配便捜索事件

最1小決平成19年2月8日（刑集61巻1号1頁・判時1980号161号・判タ1250号85頁）

参照条文　刑訴法102条、218条、219条

捜索中に配達された宅配便を捜索することの可否。

●事実●　被告人Xに対する覚せい剤取締法違反被疑事件につき、警察官が、捜索場所を被告人方居室等、差し押さえるべき物を覚せい剤、覚せい剤使用器具類、覚せい剤取引関係文書類等とする捜索差押許可状に基づき、X立会いの下で上記居室を捜索したところ、注射器、チャック付きビニール袋、電子計量器等が発見された。この捜索中、宅配便の配達員によってXを依頼主兼受取人とする荷物が配達され、Xは、玄関で、受取伝票に署名してこれを受け取った。警察官は、その荷物を開封するようにXを説得したが、Xは、当初、心当たりのない荷物であり開封したくないと拒んでいたが、最終的には「見るんなら見ればいいべ」と発言した。そこで、警察官が荷物を開封したところ、中から覚せい剤が発見されたため、Xを覚せい剤所持罪で現行犯逮捕し、逮捕の現場で上記覚せい剤を差し押さえた。

●決定要旨●　「警察官が、Xに対する覚せい剤取締法違反被疑事件につき、捜索場所をX方居室等、差し押さえるべき物を覚せい剤等とする捜索差押許可状に基づき、X立会いの下に上記居室を捜索中、宅配便の配達員によってXあてに配達され、Xが受領した荷物について、警察官において、これを開封したところ、中から覚せい剤が発見されたため、Xを覚せい剤所持罪で現行犯逮捕し、逮捕の現場で上記覚せい剤を差し押さえたというのである。所論は、上記許可状の効力は令状呈示後に搬入された物品には及ばない旨主張するが、警察官は、このような荷物についても上記許可状に基づき捜索できるものと解するのが相当であるから、この点に関する原判断は結論において正当である。」

●解説●　1　本件は、捜索差押許可状による捜索活動の途中に、被疑者宛ての宅配便が配達された事案であるが、第1審は、承諾を得た所持品検査の問題と見てその適法性を認めた。しかし、本件事案では承諾の任意性に疑問があるとして、第2審では、令状による捜索の可否が正面から問題とされた。しかし、本件事案で重要な前提事実は、被疑者が配達された宅配便を受領していることである。これにより、当該荷物の管理権は宅配業者から被疑者に移転したことになり、その点で捜索令状の対象空間に付属する物となったことは明らかである。したがって、問題は、令状審査時点あるいは令状呈示時点では捜索場所に存在しなかった物も捜索対象となるかである。

2　裁判官による令状審査時点において、裁判官が当該捜索差押許可状の請求を審査する場合、令状の有効期間内（通常は7日間。219条1項、規300条）において捜索すべき場所に差し押さえるべき物が存在する蓋然性があるか否かを審査するものと言ってよい。この有効期間内であれば、捜査官は任意の時点で捜索を開始できるので、捜索実施中に他の場所から持ち込まれ、被告人が所持・管理するに至った物についても当該令状で捜索を行うことは当然許され、住居権等の侵害の問題は生じないと考えられる（入江・後掲6頁）。その実質的な理由は、本件第2審が判示したように、執行の途中で被疑者が捜索場所で所持・管理するに至った物について捜索差押えを行ったとしても、新たな居住権・管理権の侵害が生ずるわけではないから、令状主義潜脱の問題は生じないという点にあろう。

3　本件上告趣意は、捜索差押許可状の被疑者に対する呈示行為の後に、他から搬入された物品には令状の効力は及ばないと主張したので、令状呈示により捜索対象が限定されることになるかも問題となる。この点、上述のように、令状は有効期間内において任意の時点で捜索執行を開始できるので令状執行開始時点には意味はないこと、あるいは、令状呈示時点で捜索場所に存在する物に限定されるという明文の根拠はないこと等の指摘がなされているが、根本的には、令状呈示制度の趣旨に遡って考えてみる必要があろう。判例は、「捜索差押許可状の呈示は、手続の公正を担保するとともに、処分を受ける者の人権に配慮する趣旨に出たもの」（最1小決平14・10・4【142】）とするが、その意味は、令状の執行を受ける者に対して、裁判の内容を知らせる機会を与え、手続きの明確性と公正を担保するとともに、裁判に対する不服申立ての機会を与えることにあるのであって（入江・後掲7頁）、それ以上に、捜索差押許可状の効力を令状呈示時点に存在する物に限定することで「捜索の枠そのものを狭めるというような趣旨を読み込むことは困難」（小島・後掲135頁）と言えよう。

4　本決定は、「原判断は結論において正当」と結論しているが、その意味するところは、①原判決は、本件荷物の中に「覚せい剤等が入っている蓋然性があった」と認定して、あたかも差押え目的物が存在する蓋然性の存在が必要であるかのような判示をしているが、捜索に当たってはそのような要件は必要でないこと、②原判決は、荷物の開披行為を「必要な処分」（222条1項、111条1項）としているが、捜索の執行に不可欠な行為を必要な処分と解する必要はないことを、示唆しているとされる（入江・後掲8頁）。

5　なお、本件とは異なり、仮に被疑者が宅配便の受領を拒否した場合には、捜索場所の管理権に包摂されることはないので捜索・差押えをすることはできない。むろん、警察官が受領することも違法である（入江・後掲11頁）。別途令状を要する（緑・後掲49頁）。ただ、依頼主も被疑者であるとすれば、依頼主として業者に対して何の指示もない場合には、業者が荷物を捜査機関に任意提出することは可能と言えよう。

●参考文献●　入江猛・判解平19年度1、緑大輔・圇9版48、池田公博・J平19年度重判200、小島淳・J1418-132

133 差押えの必要性の審査——國學院大學映研フィルム事件

最3小決昭和44年3月18日（刑集23巻3号153頁・判時548号22頁・判タ232号344頁）

参照条文　刑訴法99条、218条、430条

> 準抗告を受けた裁判所による差押えの必要性を審査することの可否。

●事実●　警察官Aは簡裁裁判官発付の捜索差押許可状に基づき、新宿騒擾事件に参加した被疑者Xが撮影されている國學院大學映画研究会作成の映画フィルム等を同研究会部室において差し押さえた。同研究会代表者が、差押えを許可した裁判および差押処分の取消しを求めて、430条に基づき準抗告を申し立てたところ、東京地裁は、差押えを許可した裁判自体に関してはすでに差押えが完了しているため取消しを求める利益を有しないとしてこれを棄却したが、差押処分の取消しの申立てについては、上記映画フィルムの内容がXとの関係においてはさほど立証に役立つものとは考えられず、第三者が適法に撮影し所持している映画フィルムを押収するほど必要性が強くなく、差押えによる利益と映画研究会に与える不利益とを比較衡量すると、強制としての差押えまでは許されない旨判示し、簡裁の差押処分を取り消した。そこで、検察官が、差押えの必要性に関する判断は捜査官の裁量に委ねられており、裁判官が必要性の判断をすることは捜査に関与することになって法の建前を破るのみならず、実際問題としても裁判官には判断できないなどとして特別抗告したところ、最高裁は、単なる訴訟法違反の主張であり特別抗告の理由に当たらないとしてこれを棄却し、括弧書きで以下のような判断を示した。

●決定要旨●　「刑訴法218条1項によると、検察官もしくは検察事務官または司法警察職員は『犯罪の捜査をするについて必要があるとき』に差押をすることができるのであるから、検察官等のした差押に関する処分に対して、同法430条の規定により不服の申立を受けた裁判所は、差押の必要性の有無についても審査することができるものと解するのが相当である。そして、差押は『証拠物または没収すべき物と思料するもの』について行われることは、刑訴法222条1項により準用される同法99条1項に規定するところであり、差押物が証拠物または没収すべき物と思料されるものである場合においては、差押の必要性が認められることが多いであろう。しかし、差押物が右のようなものである場合であっても、犯罪の態様、軽重、差押物の証拠としての価値、重要性、差押物が隠滅毀損されるおそれの有無、差押によって受ける被差押者の不利益の程度その他諸般の事情に照らし明らかに差押の必要がないと認められるときにまで、差押を是認しなければならない理由はない。したがって、原裁判所が差押の必要性について審査できることを前提として差押処分の当否を判断したことは何ら違法でない。」

●解説●　1　本決定は、捜査官がした差押えに関する処分に対しては、準抗告審裁判所は、差押えの必要性の有無についても審査できるとした。問題となるのは、第1に、裁判所の差押えの必要性に関する審査権の有無、第2に、この審査権は令状裁判官の場合にも等しく当てはまるか、第3に、審査基準の内容である。

2　差押えの必要性に関する裁判所の審査権については、逮捕状の場合と違って、明文規定がない。逮捕状については、199条2項で「明らかに逮捕の必要がないと認めるときは」令状を発しないことが明文で規定されているが（規143条の3も参照）、差押えについては学説の対立があった。消極説の根拠としては、必要性の判断は検察官の裁量であること、捜査の流動性から必要性の判断は捜査機関のみがよくなし得ること、昭和28年刑訴法改正で逮捕についてのみ必要性の審査義務が課せられたことが指摘されている（木藤・後掲114頁）。しかし、令状主義の採用により捜査に対する司法的抑制が重要となっていることからすれば、差押えについても逮捕の場合と同じく裁判所による必要性の審査権を認める積極説が有力であり、本決定は積極説を採用して学説の対立に決着をつけた。

3　本決定は準抗告審の審査権を認めたものであるが、その趣旨は令状裁判官の審査の場合にも同じく妥当するかが、まず問題となる。この点、本決定は、準抗告審の事案に即した判断を示しただけで、令状裁判官の審査権についても等しく妥当するものと理解されている（桑田・後掲43頁）。それは、本決定が、必要性審査の根拠を218条1項に求めていること、また、「明らかに差押えの必要がない」として審査基準につき199条2項と同様の表現をとっていることから、令状裁判官の審査権をも認める趣旨とされ、これが通説とされている（木藤・後掲114頁）。

4　本決定は、必要性の判断基準として、「明らかに差押えの必要がないと認められるとき」との基準を示したが、この基準は原審の比較衡量論とは異なるとされている。令状裁判官の審査の場合は、捜査の初期段階であるから、被押収者側の利益と捜査官側の利益を比較衡量するのは困難であり、必要性はまず捜査機関が判断し、その上で明らかに必要性がないときに裁判官の判断でこれを却下するという判断構造と言えるからである。したがって、この基準は原審の比較衡量論より捜査官側の裁量の余地を広く認める基準ともされている（木藤・後掲114頁）。

もっとも、本決定は、あくまで準抗告審である本件原審の判断を追認したものである。準抗告審では、差し押さえられた証拠と事件との関係、証拠としての価値、被押収者の不利益等の詳細な点検も可能となり、いわゆる比較衡量が可能な場合もあろう。したがって、「明らかに差押えの必要がない」との判断基準も、手続きの発展段階に応じて、その判断内容に違いが生ずる余地も認めておく必要があるように思われる。

●参考文献●　桑田連平・判解昭44年度39、木藤繁夫・別冊判タ9-113、河上和雄・別冊判タ10-11

134 差押えの必要性――顧客名簿差押え事件

東京地決平成10年2月27日（判時1637号152頁）　参照条文　刑訴法218条、219条、430条

差押えの必要性の判断基準。

●**事実**●　司法警察員が、捜索差押許可状に基づき、インターネット接続会社（プロバイダ）を捜索し、本件顧客管理データ等の物件を差し押さえた。捜索差押許可状請求の被疑事実の要旨は、「氏名不詳の被疑者は、……本件会社の会員であるが、……同会社の管理するサーバーコンピュータのディスクアレイ内に、わいせつ画像の画像データの含まれた……ホームページのデータを記憶、蔵置させて、インターネットに接続可能なパソコンを有する不特定多数の者が……わいせつな画像を再生、閲覧可能な状態を作り出し、もって、わいせつな図画を公然陳列した」というものである。そして、本件ホームページを開設した被疑者は、その氏名は不詳であるが、ホームページおよび電子メールの各アドレスに「morokin」のアカウントを使用する者であると認められた。

本件差押えで問題となった顧客データは、本件会社とインターネットによる通信サービスの契約を結んだ会員のうち、アダルトのジャンルを選択したホームページ開設希望者428名の氏名、住所、電話番号等からなるデータが記録されたフロッピーディスク1枚であったが、その差押処分に対して取消しを求める準抗告が申し立てられた。準抗告審は、以下の理由から申立てを容認し、本件差押処分を取り消した。

●**決定要旨**●　「本件会社は、本件被疑事実の被疑者ではない上、利用者のプライバシー保護が強く要請される電気通信事業法上の特別第二種電気通信事業者であるから、本件会社に対する捜索差押の適法性を判断するにあたっては、捜索差押の必要性と並んで利用者のプライバシー保護を十分に考慮する必要がある。」

「そこで、本件捜索差押について検討すると、本件捜索差押許可状の差し押さえるべき物は、……包括的であるところ、その記載の適否はともかく、具体的差押処分にあたっては、差押えの必要性を厳格に解する必要がある。本件顧客管理データは、本件会社とインターネットによる通信サービスの契約を結んだ会員のうち、アダルトのジャンルを選択したホームページ開設希望者428名の氏名、住所、電話番号等からなるデータであり、差し押さえるべき物のうち『顧客名簿』に該当するものとして差し押さえられたものと認められる。このうち、『morokin』のアカウントを使用して本件ホームページを開設した被疑者に関するものについては、本件被疑事実との関連性、差押えの必要性は明らかであるが、その余の会員に関するデータについては、アダルトホームページの開設希望者に限定したところで、本件被疑事実との関連性を認めがたく、差押えの必要性は認められないというべきである。」

●**解説**●　1　準抗告審における差押えの必要性の審査権限については、國學院大學映研フィルム事件【133】が積極説を採ったので、本件準抗告審が差押処分の必要性について審査した点に問題はない。その上で、本件で問題となるのは、差押え対象物と被疑事実の関連性および差押えの必要性の判断である。

2　差押え対象物として99条1項に言う「証拠物」とは有体物であり、その有体物の一部（例えば、1冊の日記帳の中の特定日の記載）が被疑事実と関連性を持つ場合は、その有体物が不可分の物である限り、当該有体物自体（日記帳1冊）が差押えの対象物となるという点について異論はない。問題は、多量の情報が記録されているフロッピーディスクの場合であるが、1個のフロッピーディスクという有体物が不可分である以上、その中に犯罪関連情報が含まれている限り、当該フロッピーディスクの関連性は否定できないこととなろう。この点、本決定は、関連性の判断対象を記録データごとに判断しているが、あくまで有体物を差押え対象とする通説からは疑問のある判断となる。本件フロッピーディスクの関連性は肯定すべきであろう（北村・後掲56頁、髙﨑・後掲57頁）。

なお、必要なデータをプリントアウトした紙媒体や必要なデータをコピーした電磁的記録物を差し押さえることが適当であるとの指摘もあるが、このような紙媒体やコピーした電磁的記録物が令状記載の差押え対象物と言えるかという理論的な問題もある（北村・後掲57頁）。この点を立法的に解決したのが電磁的記録物に関する新たな差押え制度を導入した平成23年刑訴法改正であった。これにより、電磁的記録を他の記録媒体に複写し、印刷し、または移転した上、当該他の記録媒体を差し押さえることも可能となった（110条の2）。しかし、本件は法改正前の事案であることに注意すべきであろう。

3　差押えの必要性についての判断要素として、【133】が掲げた「差押物の証拠としての価値」や「差押物が隠滅毀損されるおそれ」等は差押えの必要性の判断に固有の要素であり、他方、「差押によって受ける被差押者の不利益の程度」は、捜査の利益との比較衡量の問題と言え、前者は差押えの必要性（狭義）の問題、後者は差押えの相当性の問題と分析できる（髙﨑・後掲56頁）。本件フロッピーディスクに狭義の必要性があることは明らかであるが、利用者のプライバシー保護の利益と捜査の利益との比較衡量を内容とする相当性については判断が分かれ得る。本決定は、利用者の利益が捜査の利益を上回るものと判断したが、別の評価もあり得よう（同57頁は、相当性を肯定する）。

4　本決定は、関連性の有無に関する判断についてはやや勇み足が見られるが、必要性の判断には諸利益の比較衡量を内容とする相当性の問題が重要であり、場合によって必要性（広義）が認められない場合もあり得ることを示した事例として意義がある。また、とりわけ電磁的記録という大容量の情報を扱う媒体についての差押えのあり方という新しい問題を指摘した点にも、意義を認めるべきであろう。

●**参考文献**●　髙﨑秀雄・百9版56、北村篤・百8版56

135 別件捜索差押え―モーターボート競走法違反事件

広島高判昭和56年11月26日（判時1047号162頁・判タ468号148頁）　参照条文　刑訴法218条

A罪の証拠を発見するために、軽微なB罪の捜索差押許可状により捜索差押えを実行することの可否。

●**事実**●　多数の会社作業員による競艇レースのノミ行為が発覚し、これには被告人Xも加担していたが、Xについては特に事情聴取はなされていなかった。とところが、その後、会社の給与紛失事件が発生し、この件についてXに業務上横領の疑いがかけられた。そこで、捜査官は、上記モーターボート競走法違反事件についてXを被疑者とし、捜索すべき場所をX方居室、差し押さえるべき物を「本件を立証するメモ、ノート類、日記帳、通信文、預金通帳、スポーツ新聞」とする捜索差押許可状を請求し、その発付を得てX方の捜索を行った。その結果、モーターボート競走法違反事件に関する証拠物は発見されなかったが、その際に、捜査官がXの不審な挙動を理由に所持品検査をし、その隠し持っていた預金通帳等を発見して、これを任意提出させて領置した。Xは業務上横領罪で起訴され、この預金通帳等を証拠として有罪とされた。なお、上記ノミ行為によるモーターボート競走法違反事件については、逮捕・勾留されたが起訴はされなかった。Xは、上記預金通帳等の押収手続が違法であるとして控訴したところ、控訴審は、事実誤認を理由に原判決を破棄し、Xを無罪とし、判決理由の中で次のような判断を示した。

●**判旨**●　「問題のモーターボート競走法違反被疑事件は、Xに対する被疑事実の内容、Xの関与の態様、程度、当時の捜査状況からみて、多数関係者のうち特にX方だけを捜索する必要性が果してあったものかどうか、記録を検討してみてもすこぶる疑問であるばかりでなく、……右捜索に際し、Xが預金通帳3冊を所持しているのを発見したが、これが右被疑事件を立証する物とは認めなかった（したがって……捜索差押調書の捜索差押の経過欄には、『室内を捜索したが、目的物を発見するに至らなかった。』旨記載されている。）のに、これをその場でXより提出させて領置していること、Xは右被疑事件について逮捕、勾留されたが起訴されなかったことなどを併せ考えると、右X方の捜索は警察当局において、本件業務上横領事件の証拠を発見するため、ことさらX方を捜索する必要性に乏しい別件の軽微なモーターボート競走法違反事件を利用して、捜索差押令状を得て右捜索をしたもので、違法の疑いが強いといわざるを得〔ない。〕」

●**解説**●　1　別件捜索差押えとは、本件についての証拠を発見する目的で、軽微な別件についての捜索差押許可状を得て、捜索差押えをなすことである。判例は、別件差押えについて、「捜査機関が専ら別罪の証拠に利用する目的で差押許可状に明示された物を差押えることも禁止されるものというべきである」（最1小判昭51・11・18【130】）としている。これは「別件差押え」に関する判示であるが、同じことは本件事案のような「別件捜索」についても妥当する（渡辺・後掲64頁）。

2　別件捜索は、本件事案のように、別件令状による本件捜索の場合のほか、別件について逮捕し、逮捕に伴う捜索が本件についての証拠を発見する目的で行われる場合にも問題となる（洲見・後掲65頁）。裁判例としては、逮捕に伴う捜索についての別件捜索が違法とされたものがあり、①「監禁等被疑事件とは無関係の覚せい剤取締法違反の証拠物件の発見を主目的とした捜索が、その令状もなく、意図的になされた」ことから、このような「捜索が違法でないということはできない」とされた事例（広島高岡山支判昭56・8・7【147】）、②暴行の逮捕状逮捕に伴う捜索として、覚せい剤を発見した手続きにつき、その捜索手続が必要な範囲を超えた違法なものとされた事例（札幌高判昭58・12・26【148】）等がある。

3　本判旨は、本件における捜索を別件捜索として違法としたが、別件差押えを認めているわけではない。捜索が違法であるがゆえに、捜索中に行われた任意提出と領置という押収手続も違法となると理解している。しかし、事案は、被告人が背広姿で幼児を長時間抱えているのが不審に思われて持ち物の提示を求められ、通帳等を任意提出したものである。これまでの判例でも、場所に対する捜索差押許可状により同居人の携帯バッグについて捜索できるとされている（最1小決平6・9・8【131】）。したがって、本件でも、被告人の所持品の検査は、警職法上の所持品検査ではなく、捜索活動の一環として実施されたと見ることができるように思われる（米山・後掲139頁は、所持品検査ではなく捜索と見るのが妥当とする）。そうすると、本件通帳の押収も別件差押えと評価することになろう。

4　本判旨は、本件預金通帳の証拠能力を肯定したが、その理由として、預金通帳に対する押収手続は被告人の任意提出という手続きによったものであり、令状主義の精神を没却するような重大な違法があるとまでは言えないとした。しかし、これを別件差押えと評価すれば、その違法は重大であり、証拠排除を考えるべきであったろう。もっとも、本件捜索差押許可状には「預金通帳」も記載されていたのであるから、別件被疑事実の証拠となる蓋然性も否定できないとの指摘もある（渡辺・後掲65頁）。【130】も、別罪証拠の性格を有する物であっても、被疑事実の証拠にもなり得る物であれば、差押えはできるとしている。しかし、本件では、預金通帳は被疑事実の証拠とは認められなかったのであるから、やはり令状の「差し押さえるべき物」への該当性も否定せざるを得ないであろう。

●**参考文献**●　渡辺修・圀9版64、洲見光男・圀8版64、米山耕二・別冊判タ10-137

136 承諾捜索—第三者宅捜索事件(その1)

福岡高判平成5年3月8日（判夕834号275頁）　　参照条文　刑訴法197条1項

承諾捜索の許否。

●**事実**● 被告人Xは、暴力団の総長であったが、X方で内妻と一緒に生活していたK女の身の上に同情し、父親代わりとしてその面倒を見るようになっていた。その後、警察に、Xが覚せい剤を売り捌くとの匿名電話があったことから、警察官らがX宅の張込みをした。某日、Kの引っ越し先から、Xがペーパーバッグを抱えるようにして出て来たので、職務質問をしたところ、Xは、バッグを抱えて全力で走り出したが、警察官に取り押さえられた。警察官らは、Kに対し、話を聞くためにK方に入ってよいかどうかを尋ねたところ、Kがこれを承諾したので、Xらと共にK方に入った。そして、K方台所入口付近において、バッグの中身を確認してもよいかと尋ねたところ、Xは、「勝手にしない。しょんなかたい。もう往生した」と言った。そこで、その中を見たところ新聞紙包みの覚せい剤1kgを発見した。警察官が、Kに対し、「他に覚せい剤を隠していないか。あったら出しなさい」と告げると、Xは急に大声で「K見せんでいいぞ」などと怒鳴ったが、Kが「いいですよ。室内を捜して下さい」と答えたので、警察官らが手分けしてK方を捜索したところ、台所流し台の下に新聞紙に包まれているポリ袋入り覚せい剤2kgを発見した。そこで、警察官らは、XおよびKを本件覚せい剤の営利目的による共同所持の現行犯人として逮捕し、これらの覚せい剤を差し押さえた。なお、本件における逮捕に伴う無令状捜索・差押えについては【149】参照。

●**判旨**● 「承諾に基づく住居等に対する捜索については、……住居等の捜索が生活の平穏やプライバシー等を侵害する性質のものであることからすれば、捜索によって法益を侵害される者が完全な自由意思に基づき住居等に対する捜索を承諾したと認められる場合には、これを違法視する必要はないと考えられる。しかし、住居等に対する捜索は法益侵害の程度が高いことからすれば、完全な自由意思による承諾があったかどうかを判断するに当たっては、より慎重な態度が必要であると考えられる。そこで、この点を本件についてみると、……Kは当時20歳前の女性であったこと、また、KがA警部から捜索への承諾を求められる直前には、それまで父親代わりとしてKの面倒を見てくれていたXが、数名の警察官らに連れられてK方に来ていた上、Xが持っていたペーパーバッグの中から覚せい剤も発見されていたこと、しかも、当時Xと一緒にK方に入って来た警察官の人数は決して少ない数ではなかった上、その最高責任者であるA警部から、「他に覚せい剤を隠していないか。あったら出しなさい」と告げられた上で、K方に対する捜索についての承諾を求められていたことを併せ考えると、KがA警部の申し出を拒むことは事実上困難な状況にあったと考えざるを得ない。そうすると、……Kの承諾が完全な自由意思による承諾であったと認めるのは困難であって、A警部らによるK方の捜索がKの承諾に基づく適法な捜索であったということはできない。」

●**解説**● 1 財産権は放棄可能な権利であるから、被処分者の同意・承諾があれば任意捜査が可能となる（所持品検査につき最3小判昭53・6・20【107】、自動車につき最3小決平7・5・30【109】）。これが基本であるから、理論的には、承諾があれば住居に対する承諾捜索も許される。しかし、住居の捜索となると、被処分者の被る不利益も大きいので、通常は任意の承諾はあり得ないことから、住居の承諾捜索は任意捜査として行うべきではないとされてきた。犯罪捜査規範も「人の住居……につき捜索をする必要があるときは、住居主……の任意の承諾が得られると認められる場合においても、捜索許可状の発付を受けて捜索をしなければならない」と規定し、このような行為を禁止している（犯罪捜査規範108条）。

2 しかし、承諾捜索は、理論的に許容されるばかりでなく、実際的にも許容される場合がある。例えば、被害者的立場にある者が積極的に捜索を承諾する場合には、「相手側が当該承諾の行われる意味を十分に理解し、これを拒絶できる立場にあることを知ったうえで、自らの自由な意思に基づき真意から承諾を与えたときは、その承諾に基づく捜索もできると解すべきである」（村瀬・後掲284頁）とされる。ただ、家宅捜索によって被る不利益は多大であることから、被害者宅の場合のような「家宅捜索を承諾するだけの特段の積極的事情」がない限り承諾捜索は認めるべきではない（同286頁）。

3 本判旨は、「完全な自由意思」による承諾を前提に住居に対する承諾捜索を認めた点に意義があるが、本事案については、「完全な自由意思による承諾であったと認めるのは困難」として承諾捜索を否定した。承諾の真意性は、承諾者の主観面よりもその場の客観的状況を基準として判断すべきであるから、判旨の判断が妥当である。先例として、17歳の娘が、6名の麻薬取締官から「一応部屋を探させて貰ってもよいか」と聞かれたのに対して、「どうぞ見て頂戴」と答えたことから家宅捜索をした事例があるが（最大判昭36・6・7【145】）、意思決定の自由があったか疑わしい（村瀬・後掲285頁）。

4 なお、関連して、承諾留置についても類似した議論があり、承諾留置につき、何時でも自由に帰れる状態にあるという場合まで強制処分に当たるとしなければならない理由は、少なくとも理論的には存在しない（井上10頁）との指摘もあるが、この場合は、真に任意の承諾があっても、人間の尊厳という放棄し得ない権利に関わるので、任意捜査としても許されないと考えるべきであろう。

●**参考文献**● 令状基本[下]283〔村瀬均〕

137 フロッピーディスクの包括的差押え——大阪前進社事件

大阪高判平成3年11月6日（判タ796号264頁）　参照条文　刑訴法99条1項、218条1項、222条1項

捜査機関によるフロッピーディスクの包括的差押えの適法性。

●**事実**● 中核派の活動家である被告人Xは数名の者と共謀して、警察関係等の自動車を割り出し、その所有者・使用者の情報を得るために、多数の自動車登録事項等証明書交付請求書を偽造・行使したという有印私文書偽造・行使罪の疑いで起訴された。この事件の捜査の過程において、捜索差押許可状に基づき、中核派が拠点としていた前進社関西支社内にあった271枚のフロッピーディスクが全て差し押さえられた。
　第1審は、差押え当時これらのフロッピーディスクに被疑事実に関係する事項が記載されていると疑うに足りる合理的な事由があり、出力に関し前進社の関係者に協力を求めれば記載内容を改変される虞があったこと等により現場でディスクの内容を確認することは実際上極めて困難であったとして、差押えの適法性を肯定し、271枚のうちの6枚に証拠能力を認め、Xに有罪判決を下した。これに対してXは、フロッピーディスクの中には、市販のアプリケーションソフトないし公開されたソフト類等の被疑事実と無関係なフロッピーディスクが大量に存在することも明白であったこと、およびその見分けが極めて容易であったとして差押えを違法として控訴したが、控訴審は、以下の理由でこれを棄却した。

●**判旨**● 「捜査機関による差押は、そのままでは記録内容が可視性・可読性を有しないフロッピーディスクを対象とする場合であっても、被疑事実との関連性の有無を確認しないで一般的探索的に広範囲にこれを行うことは、令状主義の趣旨に照らし、原則的には許されず、捜索差押の現場で被疑事実との関連性がないものを選別することが被押収者側の協力等により容易である〔な〕らば、これらは差押対象から除外すべきであると解するのが相当である。しかし、その場に存在するフロッピーディスクの一部に被疑事実に関連する記載が含まれていると疑うに足りる合理的な理由があり、かつ、捜索差押の現場で被疑事実との関連性がないものを選別することが容易でなく、選別に長時間を費やす間に、被押収者側から罪証隠滅をされる虞れがあるようなときには、全部のフロッピーディスクを包括的に差し押さえることもやむを得ない措置として許容されると解すべきである。」

●**解説**● 1　本判決は、電磁的情報を記録したフロッピーディスクの包括的差押えを適法とした判例である。その後、最高裁から同趣旨の判例が出ており、実質的に本判決の考え方が追認されている（最2小決平10・5・1【138】）。電磁的記録媒体の差押えについても、その内容をディスプレイに表示しあるいはプリントアウトして（111条の必要な処分として可能）、必要な情報を選別して差し押さえることが、令状主義の原則から望ましいことは当然である（小津・後掲55頁）。しかし、電磁的記録媒体については、それ自体に可視性・可読性がなく、改変が容易であることから被処分者の協力が不適当な場合もあり、また大容量の情報の分析に時間がかかることもあり、通常の有体物についての関連性の確認とは異なる事情がある。
　2　本判決は、被疑事実との関連性を確認しないで差押えをすることは、令状主義の趣旨に照らして原則的には許されないが、一定の場合には、全部のフロッピーディスクを包括的に差し押さえることもやむを得ない、とした。一定の場合とは、①フロッピーディスクの一部に被疑事実に関連する記載が含まれていると疑うに足りる合理的な理由があり、②現場で関連性のないものを選別することが容易でなく、長時間を費やす間に罪証隠滅をされる虞があるとき、である。本件では、捜索現場で全てのフロッピーディスクの内容を確認するには多大な時間を要するのみならず、捜索に当たって警察官がドアを開けるよう求めたのに無視されたので、扉のノブを破壊したがなおも開扉せず、警察官らが内部に立ち入った時は、すでに浴槽等に水溶紙が大量に処分されるなどの罪証隠滅工作がなされた形跡があった等の状況から、フロッピーディスクに関しても罪証隠滅が行われる可能性があった。したがって、本件におけるフロッピーディスクの包括的差押えは「常識的な判断」（小津・後掲55頁）と評されている。
　3　しかし、その理論的根拠については、本判旨は立ち入った言及はしていない。この点については、「関連性は、必ずしも媒体の情報内容を確認しなければ判断できないものではなく、犯罪の内容、被処分者と当該犯罪との関係、当該捜索差押現場の状況等に照らして、当該犯罪の証拠が当該媒体に記録されていると疑うに足りる合理的な理由がある場合には、一応関連性がありと推認しうる」（新実例Ⅰ261頁〔小川新二〕）。同旨、令状基本(下)332頁〔井上弘通〕）との見解が判旨の考えに近いように思われる。ただ、上記の「合理的な理由」の判断構造は必ずしも明らかとは言えない。この点については、【138】において、より立ち入った分析がなされることになる。
　4　さらに理論的問題の1つとして、本判決は、被処分者の不利益の認定はしていないが、それが差押えを違法とすることがあるとは考えていないと思われる。この点、本判決につき、被処分者の受ける不利益よりも捜査の必要を優先させたとの見方もあるが（山田・後掲193頁）、本件における問題点は被疑事実との関連性の有無であり、関連性の存在を前提とした上での被処分者の利益と捜査の利益との比較衡量による差押えの相当性の問題とは区別すべきであろう（東京地決平10・2・27【134】参照）。

●**参考文献**●　山田道朗・J1024-192、小津博司・J148-54

138　フロッピーディスクの内容未確認差押え―オーム事件

最2小決平成10年5月1日（刑集52巻4号275頁・判時1643号192頁・判夕976号146頁）

参照条文　刑訴法99条1項、218条1項、222条1項

> フロッピーディスクの内容を確認することなく差し押さえることの可否。

●**事実**●　オーム真理教のアジトで使用されていた自動車につき、教団の信徒である被告人がその使用の本拠地等について虚偽の申請をして自動車登録ファイルに不実の記録をさせ、これを備え付けさせたという電磁的公正証書原本不実記録、同供用罪を犯したのではないかとの疑いを抱いた警察は、差し押さえるべき物として「組織的犯行であることを明らかにするための磁気記録テープ、光磁気ディスク、フロッピーディスク、パソコン一式等」とする旨の記載がある捜索差押許可状の発付を受け、それに基づいて上記アジトよりパソコン1台、フロッピーディスク合計108枚等を差し押さえた。この際、教団側はデータ内容の確認に関する任意の協力を申し出ていたが、教団では記録された情報を瞬時に消去するコンピューターソフトが開発されているとの情報を得ており、以前に他の支部の捜索をした際に押収したパソコンのデータを消去されたこともあったため、捜査官はこの申出を拒み、内容を確認することなく包括的に上記パソコン等を差し押さえた。これに対し教団側は、捜索差押処分の取消しを求めて準抗告を申し立てたが、準抗告審は、本件差押え物件と被疑事実との関連性を認め、申立てを棄却した。そこで、特別抗告が申し立てられたが、最高裁は申立てを棄却しつつ、本件差押手続の適法性につき職権で以下のように判示した。

●**決定要旨**●　「原決定の認定及び記録によれば、……差し押さえられたパソコン、フロッピーディスク等は、その組織的背景及び組織的関与を裏付ける情報が記録されている蓋然性が高いと認められた上、申立人らが記録された情報を瞬時に消去するコンピュータソフトを開発しているとの情報もあったことから、捜索差押えの現場で内容を確認することなく差し押さえられたものである。

令状により差し押さえようとするパソコン、フロッピーディスク等の中に被疑事実に関する情報が記録されている蓋然性が認められる場合において、そのような情報が実際に記録されているかをその場で確認していたのでは記録された情報を損壊される危険があるときは、内容を確認することなしに右パソコン、フロッピーディスク等を差し押さえることが許されるものと解される。」

●**解説**●　**1**　本決定は、一定の状況の下で、フロッピーディスクの内容を確認することなくこれを差し押さえることが許されるとした。その一定の状況とは、①フロッピーディスクの中に被疑事実に関する情報の記録されている蓋然性が認められること、②その場で実際に記録されているか確認していたのでは記録された情報を損壊される危険がある、ということである。

表現は異なるが、大阪前進社事件【137】と同趣旨の判断と言えよう。

2　上記①の蓋然性要件と②の危険性要件について、まず問題となるのは、蓋然性概念と関連性概念との関係である。蓋然性とは「いまだ関連性の疎明までには至らない程度の疎明」を意味するとされる（村瀬・後掲55頁）。したがって、蓋然性だけでは未だ関連性の疎明があったとは言えないことは当然である（池田・後掲88頁）。そこで、次に、①の蓋然性要件と②の危険性要件との関係が問題となる。この点については、蓋然性という基準はいわば実体要件であり、これに対して危険性という基準はいわば手続き要件であり、この両者の要件が具備されるときに関連性を推認することが許されるとしたものと考えられる（田口守一・法教347-122）。フロッピーディスクの内容を直接確認した場合でも、被疑事実との関連性はあくまで推認でしかない場合も想定されることからすれば、蓋然性が認められる場合に、一定の手続き状況を要件として関連性を推認することも十分にあり得る判断と言えよう。例えば、被処分者が激しい妨害行為をしたため、多数の簿冊をその内容を精査することなく差し押さえた事案につき違法があったとは言えないとした判例（最2小判平9・3・28判時1608-43）も、この意味での関連性を認めたものと理解することができる。

3　なお、学説では、関連性判断はあくまで内容確認を前提とするという原則を維持しつつ捜査目的を達成しようとするアプローチとして、現場での確認作業が困難な場合に、その作業を捜査本部で行うために対象物を「搬出」することは、差押えに「必要な処分」（111条1項）として可能であるとする理論も有力に主張されている（酒巻匡「捜索・押収とそれに伴う処分」刑雑36-3-86・95）。しかし、いわゆる「搬出」に当たって差押えに伴う目録交付、不服申立て等の権利保障が認められないなどの問題も残る（池田・後掲93頁、村瀬・後掲55頁、平木・後掲55頁）。この点、本決定の事案では、差押手続に伴う押収品目録の交付も行われていたと言うから（池田・後掲84頁）、判例が必要な処分説を採っていないことは確かであろう。

4　本決定の射程距離について、関連情報部分の選別に長時間を要する場合や技術上の理由で選別が困難な場合も、本決定に言う②の要件に含まれるかが問題となる。これを肯定する見解もあるが、本事案のような情報損壊の危険がない場合をも本決定の射程内に含めるには慎重さが求められよう。そのような場合には、捜査員を増やすとか専門的知識を有する補助者を付ける等の方法（池田・後掲89頁）も検討される必要があろう。捜査員の人員不足や専門家不足等の事情を、②の証拠隠滅の危険性と同列に置くことはできないからである。フロッピーディスクの内容を確認しない包括的差押えが、本事案以外のどの範囲で許容されるかは、今後検討すべき課題である。

●**参考文献**●　池田修・判解平10年度78、平木正洋・囲9版54、村瀬均・囲8版54

139 報道機関に対する差押え——TBS事件

最2小決平成2年7月9日（刑集44巻5号421頁・判時1357号34頁・判タ736号83頁）

参照条文　憲法21条　刑訴法218条

報道機関に対する捜査機関の差押処分の許容性。

●**事実**● TBSが暴力団組長Xらの了承を得て取材・放映した番組の中で、Xらが事務所で債務者を脅迫するなどして債権回収を図るというシーンがあったが、警察はこれを端緒にXらの暴力行為等処罰に関する法律違反および傷害の被疑事件に関する捜査を開始した。Xらを逮捕・勾留した後、司法警察員が裁判官の差押許可状に基づき、TBS本社内で29巻のビデオテープを差し押さえた。このテープは全てマザーテープであったが、うち25巻については準抗告係属中に還付された。TBS側の準抗告の申立てに対して、東京地裁は、還付済みのものについては申立ての利益がないという理由で、また、還付されていなかった4巻については、本件の差押えが違憲・違法ではなかったという理由で、準抗告を棄却した。これに対して、TBS側がさらに特別抗告したが、最高裁は、以下のような理由から、本件の取材ビデオテープの差押処分は憲法21条に違反しないとして、これを棄却した。

●**決定要旨**●「報道機関の報道の自由は、表現の自由を規定した憲法21条の保障の下にあり、報道のための取材の自由も、憲法21条の趣旨に照らし十分尊重されるべきものであること、取材の自由も、何らの制約を受けないものではなく、公正な裁判の実現というような憲法上の要請がある場合には、ある程度の制約を受けることがあることは、いずれも博多駅事件決定〔最大決昭44・11・26刑集23-11-1490〕の判示するところである。そして、その趣旨からすると、公正な刑事裁判を実現するために不可欠である適正迅速な捜査の遂行という要請がある場合にも、同様に、取材の自由がある程度の制約を受ける場合があること、また、このような要請から報道機関の取材結果に対して差押をする場合において、差押の可否を決するに当たっては、捜査の対象である犯罪の性質、内容、軽重等及び差し押さえるべき取材結果の証拠としての価値、ひいては適正迅速な捜査を遂げるための必要性と、取材結果を証拠として押収されることによって報道機関の報道の自由が妨げられる程度及び将来の取材の自由が受ける影響その他諸般の事情を比較衡量すべきであることは、明らかである〔最2小決平元・1・30刑集43-1-19〔日本テレビ事件〕参照〕。」

本件においては、差し押さえられた取材ビデオテープは、軽視できない悪質な被疑事件の全容を解明する上で重要な証拠価値を持っており、他方、このテープが被疑者らの協力によりその犯行場面等を撮影収録したものであり、このテープを編集したものがすでに放映済であること、被疑者らにおいてその放映を了承していたことなどからすると、このテープに対する捜査機関の差押処分は適正迅速な捜査の遂行のためやむを得ないものであり、申立人が受ける不利益は受忍すべきものである。（反対意見がある。）

●**解説**● 1 本決定の引用する博多駅事件決定は、①報道機関の取材の自由も、報道の自由と共に憲法21条の下で尊重されるべきこと、②その取材の自由も、公正な裁判の実現の要請からある程度の制約を受けることがあること、③報道機関のビデオテープの押収の可否は、公正な裁判の要請と報道および取材の自由等との比較衡量によるべきことを明らかにし（前掲最大決昭44・11・26）、また、日本テレビ事件判決では、その趣旨は適正迅速な捜査の遂行の要請がある場合にも当てはまることも明らかとなった（前掲最2小決平元・1・30）。これにより、取材の自由と公正な刑事裁判の実現の要請との比較衡量という判断枠組みは、判例法として定着したものとなっている。

2 問題となるのは、比較衡量の判断要素である。上記の判例をまとめてみると、(i)犯罪の性質・態様・軽重、(ii)取材したものの証拠としての価値、(iii)公正な刑事裁判を実現するための必要性〔博多駅事件〕または適正迅速な捜査を遂げるための必要性〔日本テレビ事件〕、(iv)報道機関の取材の自由が妨げられる程度、(v)報道の自由に及ぼす影響の度合い、(vi)その他諸般の事情の6要素に収斂される。本件についても、この6要素の比較衡量が問題となる。

3 これを本決定について見ると、(a)本件は、悪質な傷害、暴力事件であって決して軽微な事案ではなく、(b)本件ビデオテープは、犯罪事実の立証にとって必須あるいは不可欠と言うほどではないが、事案解明にとって重要な証拠であり、(c)本件のテープは、全ていわゆるマザーテープであるが、すでに放映を済ませていたのであって、放映が不可能となるというものではなく、将来の取材の自由が妨げられる虞があるかの問題であり、さらに、(d)本件事案は、暴行が繰り返し行われていることを現認しながら、犯罪者の協力により撮影を続けたものであって、そのような取材を報道のための取材の自由の一態様として保護しなければならない必要性は疑わしいなどとされた。特に、(d)の点から「取材の自由が妨げられる程度が著しく低い結果、全体として、適正な捜査を遂げるための必要性が、取材の自由・報道の自由への不利益を上回る」ものと評価された（山田・後掲130頁）。

4 本決定の先例性につき、本件差押えを認めることで将来害される取材の自由は、本件で行われたような不当な取材方法に限られないとの指摘もあるが（白取・後掲47頁）、本件比較衡量で決定的に重要であったのは、犯罪者の協力により犯行現場を取材したという特異な点にあったのであるから、本件の先例的意義も、これに類する取材事案に限られると見るべきであろう。その意味で、本件の先例的意義は大きくないと思われる。

●**参考文献**● 山田利夫・判解平2年度119、渡辺咲子・圄9版44、白取祐司・圄8版46

140 捜索に必要な強制力の行使——右手握持事件

東京地判昭和63年11月25日（判時1311号157頁・判タ696号234頁）　参照条文　刑訴法218条、111条1項、222条1項

捜索現場に居合わせた被告人の指を無理にこじ開ける行為の適否。

●**事実**●　被告人Xに対する覚せい剤取締法違反事件について、Xを被疑者とし、被疑事実を覚せい剤の所持、捜索場所をXの住居、差し押さえるべき物件を被疑事実に関係ある取引メモ、連絡メモ、住所録、電話番号控、小分け道具類とする捜索差押許可状の発付を受け、警察官5名がX方に向かった。警察官らは、許可状をXに示して捜索差押えを行う旨を告げた上、Xを立会人として、捜索を開始したが、Xの落ち着きのない態度に不審を抱き、所持品を見せてもらいたい旨Xに告げたところ、Xは顔面蒼白となり、着用していたズボンの右後ろポケットに右手を入れて何かを取り出す仕草をし、右手を固く握りしめたまま後ずさりをするようにして隣室の6畳間へ移動した。これを見た警察官らは、直ちにXに対して手に持っている物を出すよう口々に説得しながらXに近寄った。これに対し、Xは、6畳間南側の腰高窓に近付き、右手を上に振り上げて握っていた物を窓から外に投げ捨てようとする動作に出た。そこで、警察官らはXの振り上げていた右腕を摑んでこれを下に降ろすとともにXの両腕を押さえ込み、右手を開いて握っている物を呈示するよう引き続き説得したが、Xはこれを拒否して右手を固く握りしめたまま開こうとしなかったばかりか、大声を出して泣き叫び、押さえている警察官の手を振りほどこうとして必死になって暴れて抵抗を続けた。そこで、警察官がXの右手首を摑み、Xの右手指を小指から順次1本ずつはがすようにして手を開けたところ、掌中から、ビニール袋入りの覚せい剤様の白い結晶が見つかった。予試験の結果、覚せい剤であることが判明したので、Xを覚せい剤所持の現行犯人として逮捕するとともに、上記覚せい剤1袋を差し押さえた。

●**判旨**●　「刑訴法が、捜索状の方式として捜索すべき場所と人の身体とを明確に区別していること、及び、場所という一定の空間と人格を有する人の身体とは強制処分を行う際に自ずから差異があることなどからして、特定の場所を捜索の対象とする捜索令状によって、その場所に現在する人の身体に対しても当然に捜索を行うことができるとまでは解することができないものの、当該捜索場所に対する捜索の目的を遺漏なく達成する必要があるので、捜査官において、捜索場所に現在する人が捜索の目的物（差し押さえるべき物）を所持していると疑うに足りる十分な状況があり、直ちにその目的物を確保する必要性と緊急性があると認めた場合には、場所に対する捜索令状によりその人の身体に対しても強制力を用いて捜索をすることができるものと解すべきである。」

●**解説**●　1　本判旨は、捜索の目的を達成する必要がある場合に、一定の要件が備わっていれば、人の身体に対して強制力を用いて捜索することができるとして、警察官の「被告人の右手指を小指から順次1本ずつはがすようにして手を開けた」行為を適法とした。本件のような事情の下での捜索活動を適法とする結論には大きな異論はないと思われるが、その理論的根拠およびその限界が問題となる。

2　捜索目的での人の身体に対する強制力の行使は、身体に対する捜索にほかならない。そこで、場所に対する捜索差押許可状によりその場に居た人の身体を捜索できるかが、まず問題となる。積極説は、住居に対する侵害は、副次的にせよ、人の身体に対する侵害を伴うと考え、消極説は、身体に対する侵害は、場所に対する侵害とはその性質を異にするとする。ただし、消極説においても、身体に捜索の目的物を隠匿することが認められる場合あるいはそのように疑うに足りる合理的な理由がある場合には、必要かつ社会通念上相当な範囲内で身体の捜索ができるとする（平野・後掲84頁）。裁判例として、捜索のために部屋に立ち入った時慌てて何かをポケットにしまいこんだと見られる学生に対し、ポケットから物を取り出させた行為につき「警察官の目のまえで具体的に物を隠すような行為に出た以上……やむをえない許された措置」とした事案がある（東京地決昭44・6・6刑月1-6-709）。この基本的な考え方の対立については、消極説が妥当であり、本判旨も同じ考え方に立脚している。

3　消極説から問題となるのは、一定の場合に身体の捜索が許される理論的根拠である。2つの考え方があり得よう。第1は、捜索行為そのものの効力として一定の場合に身体に対する捜索が許容されるとし、第2の考え方は、捜索のための「必要な処分」（111条1項、222条1項）としての身体捜索は可能であるとするものである。この点については、必要な処分説が有力であるが（小山・後掲50頁参照）、判例は必ずしも必要な処分説に立脚せず（最1小決平6・9・8【131】参照）、また、そもそも場所に対する捜索のための必要な処分として、より重大な法益侵害を含む身体捜索が許されるかにはなお疑問が残る。

4　また、捜索目的物を所持する合理的な疑いの判断基準も問題となる。目的物を隠匿する行為の現認までは必要でないにしても、目的物を所持する高度の蓋然性の存在は要求されよう。また、捜索効力説と言っても、身体の捜索が無制約に許されるわけではなく、相当性の範囲内という限界がある。比例原則が適用される一場面と言えよう（女性被疑者の下着を脱がせて捜索した行為を違法とした事例として、東京地八王子支決昭62・10・3判タ705-267）。

5　なお、本件で発見された覚せい剤は、むろん令状記載物件ではないが、当該証拠の発見手続が適法であれば、法禁物所持の現行犯逮捕および逮捕に伴う差押えも適法となる点に問題はない。

●**参考文献**●　小山雅亀・圄6版50、平野和春・別冊判タ10-83

141 捜索差押許可状の執行――宅急便事件

大阪高判平成6年4月20日（高刑47巻1号1頁・判タ875号291頁）

参照条文　刑訴法110条、111条、222条

捜索差押許可状の執行に当たり、警察官が身分を偽ることの適否および令状呈示の時期。

●事実● 警察官7人が、覚せい剤取締法違反事件について発せられた捜索差押許可状を所持し、平成4年8月6日、午前8時30分頃被告人X方に赴いた。玄関扉が施錠されていたことから、チャイムを鳴らし、屋内に向かって「宅急便です」と声を掛けた。Xは、宅急便の配達人が来たものと信じ、玄関扉の錠を外して開けたところ、警察官らは、直ちに、「警察や。切符出とんじゃ」等と言いながら、屋内に入った。警察官の1人は、X方住居のほぼ中央で全体を見渡せる位置にある4畳半間まで入り込んでから、午前8時35分頃、Xに捜索差押許可状を呈示した。警察官らは、これを待ってX方の捜索に取り掛かり、本箱中に置かれていたカメラケースの中にビニール袋入り覚せい剤白色結晶1袋、ちり紙に包まれた注射筒1本および注射針2本を発見し、差し押さえた。Xは、第1審有罪判決に対し、欺罔手段による玄関扉の開扉、令状呈示なき立入りは令状主義に反するとして控訴したが、大阪高裁は、控訴を棄却して、次のように判示した。

●判旨● 「本件は、覚せい剤取締法違反の被疑事実により覚せい剤等の捜索差押を行ったものであるところ、その捜索場所は、当該事件の被疑者であるXの住居であるうえ、Xは、覚せい剤事犯の前科2犯を有していることに照らす、Xについては、警察官が同法違反の疑いで捜索差押に来たことを知れば、直ちに証拠隠滅等の行為に出ることが十分予測される場合であると認められるから、警察官らが、宅急便の配達を装って、玄関扉を開けさせて住居内に立ち入ったという行為は、有形力を行使したものでも、玄関扉の錠ないし扉そのものの破壊のように、住居の所有者や居住者に財産的損害を与えるものでもなく、平和裡に行われた至極穏当なものであって、手段方法において、社会通念上相当性を欠くものとまではいえない。
　次に、捜査官は、捜索現場の室内に立ち入る場合、それに先立ち令状を適式に提示する必要があるが、令状の提示にはある程度時間を要するところ、門前や玄関先で捜査官が令状を提示しているていでさえも、その隙をみて、奥の室内等捜査官の目の届かぬところで、その処分を受ける者の関係者等が、証拠隠滅行為に出て捜索の目的を達することを困難にすることがあり、そのようなおそれがあるときには、捜索差押の実効を確保するため令状提示前ないしはこれと並行して、処分を受ける者の関係者等の存否および動静の把握等、現場保存的行為や措置を講じることが許されるものと解される。」

●解説● 1 本件では、捜索差押許可状の執行に当たって、捜査官が身分を詐称して住居に立ち入る行為および令状呈示前の立入り行為の適否が問題となった。本決定は、「必要な処分」（111条）につき、①令状の執行処分を受ける者らに証拠隠滅工作に出る余地を与えず、②できるだけ妨害を受けずに円滑に捜索予定の住居内に入って捜索に着手でき、③捜索処分を受ける者の権利を損なうことがなるべく少ないような社会的に相当な手段方法を取ることが要請されるとし、その上で、宅急便の配達を装って玄関扉を開けさせた行為は社会通念上相当性を欠くものとまでは言えず、令状呈示前の立入り行為も社会的に許容される範囲内のものとした。

2 問題は、捜査官がその身分を詐称するという欺罔行為によって住居に立ち入る行為は、いわば被処分者の錯誤を利用する行為であり、「必要な処分」として相当と言えるかである。また、令状の呈示（110条）は、令状の執行開始前の呈示が原則であるが、例外として、処分を受ける者が不在の場合とか処分を受ける者が暴れるなどして自らその権利を放棄したと見られる場合等には執行開始後の令状呈示も許されるとの指摘がある（山室・後掲51頁）が、本件のような証拠隠滅の虞がある場合の事前立入りもこれに準ずるかが、問題となる。

3 先例として、「合鍵」を使って入室し、証拠物発見の後に令状を呈示した事案がある。すなわち、被疑者が拳銃を所持しているとの情報があり、証拠隠滅も予想されたため、合鍵で扉を開け室内に入ったところ、被疑者が覚せい剤はそこだと答えて傍らのバッグに手を掛けようとしたので、それを制してバッグを取り上げ、中の拳銃、実包、覚せい剤様のものを発見した後に令状呈示をした行為を適法とした（大阪高判平5・10・7判時1497-134）。この先例では証拠発見の後の令状呈示が適法とされているが、本件は捜索前の立入り後の令状呈示の事案であり、より早期の令状呈示がなされており、判例法としては適法判断が容易な事案であった。なお、この点はその後最高裁によって確認されている（最1小決平14・10・4【142】参照）。

4 「必要な処分」の相当性については、(i)対象犯罪の性質、(ii)証拠隠滅の可能性、(iii)被疑者の態度、(iv)処分行為の態様について、有形力行使の有無、(v)被処分者に与える法益侵害の程度等を総合して判断するほかあるまい。判旨は、本件捜査官による欺罔行為を「平和裡に行われた至極穏当なもの」と評したが、上記判断要素を総合考慮すると、この判断も妥当だったと思われる。また、令状呈示前の立入り行為の相当性については、立入り行為の態様も考慮して判断されることとなろう。本件における本来の捜索活動は令状呈示の後に行われていることから、本件立入り行為が令状呈示前に行われた点も許容範囲内の執行方法と言えよう。

5 なお、「必要な処分」については、携帯物の捜索差押えに関する最1小決平成6年9月8日【131】、強制連行に関する最3小決平成6年9月16日【155】、検証令状による電話傍受に関する最3小決平成11年12月16日【159】等参照。「必要な処分」論に関する判例法の全貌は未だ明らかでない。

●参考文献● 山室惠・圊7版50、宮城啓子・J平6年重判171

142　令状呈示前の立入り—マスターキー入室事件

最 1 小決平成14年10月 4 日（刑集56巻 8 号507頁・判時1802号158頁・判タ1107号203頁）

参照条文　刑訴法110条、111条、222条

令状呈示に先立ってマスターキーで入室する措置の適否。

●**事実**●　警察官らは、被告人Xに対する覚せい剤取締法違反被疑事件につき、Xが宿泊しているホテル客室に対する捜索差押許可状およびXの着衣携帯品に対する捜索差押許可状の発付を受け、ホテルに赴いた。警察官らは、当初、ホテルの従業員を装って「シーツ交換に来ました」などと部屋の外から声を掛け、Xにドアを開けさせようとしたが、Xが「そのようなものは頼んでない」などと言ってドアを開けようとしなかった。そこで、警察官らは、ホテルの支配人に協力を求め、ドアを開錠するためのマスターキーを借り受けた上、来意を告げることなく、施錠された客室のドアをマスターキーで開けて室内に入ると、ベッドに横たわっていたXに対し、「警察や、Xやろ、ガサや」などと声を掛け、その直後に捜索差押許可状を呈示して、捜索を開始した。その結果、注射器やビニール袋入り覚せい剤が発見されたので、これを差し押さえた。Xは、覚せい剤所持等で起訴された。Xは、捜索差押許可状の執行手続が違法であると主張したが、第 1 審・第 2 審とも、本件捜索差押許可状の執行手続は適法であるとして、Xを有罪とした。最高裁は、Xの上告を棄却しつつ、職権で以下の判断を示した。

●**決定要旨**●　「警察官らは、被疑者に対する覚せい剤取締法違反被疑事件につき、被疑者が宿泊しているホテル客室に対する捜索差押許可状を被疑者在室時に執行することとしたが、捜索差押許可状執行の動きを察知されれば、覚せい剤事犯の前科もある被疑者において、直ちに覚せい剤を洗面所に流すなど短時間のうちに差押対象物件を破棄隠匿するおそれがあったため、ホテルの支配人からマスターキーを借り受けた上、来意を告げることなく、施錠された上記客室のドアをマスターキーで開けて室内に入り、その後直ちに被疑者に捜索差押許可状を呈示して捜索及び差押えを実施したことが認められる。

以上のような事実関係の下においては、捜索差押許可状の呈示に先立って警察官らがホテル客室のドアをマスターキーで開けて入室した措置は、捜索差押えの実効性を確保するために必要であり、社会通念上相当な態様で行われていると認められるから、刑訴法222条 1 項、111条 1 項に基づく処分として許容される。また、同法222条 1 項、110条による捜索差押許可状の呈示は、手続の公正を担保するとともに、処分を受ける者の人権に配慮する趣旨に出たものであるから、令状の執行に着手する前の呈示を原則とすべきであるが、前記事情の下においては、警察官らが令状の執行に着手して入室した上その直後に呈示を行うことは、法意にもとるものではなく、捜索差押えの実効性を確保するためにやむを得ないところであって、適法というべきである。」

●**解説**●　1　111条の「必要な処分」の範囲については、執行の目的を達するため必要であり、かつ社会的にも相当と認められる処分に限られる（条解225頁）。本決定は、マスターキーを使用して入室した措置および令状呈示前の立入り行為を適法とした。これまで、関連する下級審裁判例が蓄積されてきたが、最高裁としては初めての判断である。

2　本件のようにドアが施錠されている場合の措置として、①マスターキーあるいは合鍵を使用して開扉する方法のほか、②捜査官の身分を隠す欺罔行為を用いて開扉させる方法（本件でも、ホテルの従業員を装ってドアを開けさせようとしているが、この点は争点とはならなかった。なお、大阪高判平 6・4・20【141】参照）、③錠や扉を破壊する方法が考えられる（加藤・後掲50頁）。①の合鍵を使った事案に関して、警察官が来意を告げずにいきなり合鍵でドアを開錠して立ち入った行為を適法とした例（東京高判平 8・3・6 高刑49-1-43）、けん銃所持の被疑事件につき、合鍵によって開錠し、鎖錠を切断した行為を適法とした例（大阪高判平 5・10・7 判時1497-134）等がある。本件は、証拠隠滅の虞があった事案であり、その方法も特に財産的損害を与えるものではないので、適法とした判断は妥当と言えよう。

3　これに対し、錠や扉の破壊については、勝手口ドアのガラスを破った行為を適法とした例もあるが（大阪高判平 7・11・1 判時1554-54）、窓ガラスを割って侵入した行為につき、覚せい剤が差押え対象物件となっていないなどから、これを違法とした例（東京高判平15・8・28判例集等未登載〔永井・後掲216頁〕）あるいは鍵の提供を無視して金庫の錠を破壊した行為を違法とした例（東京地判昭44・12・16下民20-11=12-913）等がある。このような破壊事例については、本決定の射程外の問題と言えよう。

4　本決定は、令状の呈示時期につい、立入り後の令状呈示を適法とした。本件で、「合鍵でドアを開けること」と「令状を呈示することなく入室すること」とは表裏一体の関係にあり、前者の合理性が肯定されれば、後者の合理性も肯定される関係にあると言えよう（永井・後掲213頁）。なお、「必要な処分」は、令状呈示後に可能となり、令状呈示前の立入りは事前呈示原則の例外の問題であるとの指摘もあるが（宮城・後掲172頁）、「必要な処分」における令状の執行とは、令状の執行それ自体に限らず、その前提となる執行のための不可欠な行為も含む趣旨である（条解225頁）。したがって、立入りなどの捜索の前提行為も令状執行の着手にほかならず（菊池・後掲51頁）、令状の執行についての「必要な処分」と考えることができるので、やはり、この点は110条ではなく111条の問題と言うべきであろう。

●**参考文献**●　永井敏雄・判解平14年度203、菊池浩・圕 9 版50、加藤克佳・圕 8 版50

143 捜索差押え時の写真撮影——写真撮影準抗告事件

最2小決平成2年6月27日（刑集44巻4号385頁・判時1354号160頁・判タ732号196頁）

参照条文　刑訴法218条1項、430条1項・2項

捜索差押えの際にした写真撮影の適法性とこれに対する準抗告の可否。

●**事実**● 被疑者をXとする建造物侵入罪の捜査過程において、Xの知人A方居室を捜索場所とする捜索差押許可状に基づく捜索・差押えが実施された。捜索差押許可状記載の「差し押えるべき物」として列記されていた物は、「(1)本件犯行を計画したメモ類、(2)被疑者の生活状況を示す預貯金通帳、領収証、請求書、金銭出納帳、日記帳」であり、司法警察員はX名義の預金通帳等を差し押さえたが、その際、司法警察員は居室内にあった印鑑、ポケット・ティッシュ、電動ひげそり機、背広をあるいは床に並べた上あるいはそのまま接写する方法により、写真撮影した。ところが、これらの対象物は令状記載の「差し押えるべき物」には該当しないものであった。そこで、Xが、①差押裁判の取消し、および②ネガおよび写真の廃棄または返還等をそれぞれ求めて準抗告を申し立てた。これに対して原決定は、①についてはすでに差押処分がなされており申立ての利益を欠く、②については捜索差押えに付随するものとして許容される証拠物の証拠価値の保存ないし令状執行手続の適法性の担保のための撮影の範囲を逸脱しており違法であるが、ネガおよび写真の廃棄、返還については、430条・426条の文理に照らして不適法なものとし、いずれも棄却した（なお、ネガ・写真について所有権があるわけではないので正確には返還ではなく引渡とすべきで、下記決定も引渡としている）。そこで、特別抗告を申し立てたところ、最高裁はこれを棄却したが、職権で上記②について次のように判示した。

●**決定要旨**● 「裁判官の発付した捜索差押許可状に基づき、司法警察員が申立人方居室において捜索差押をするに際して、右許可状記載の『差し押えるべき物』に該当しない印鑑、ポケット・ティッシュペーパー、電動ひげそり機、洋服ダンス内の背広について写真を撮影したというのであるが、右の写真撮影は、それ自体としては検証としての性質を有すると解されるから、刑訴法430条2項の準抗告の対象となる『押収に関する処分』には当たらないというべきである。したがって、その撮影によって得られたネガ及び写真の廃棄又は申立人への引渡を求める準抗告を申し立てることは不適法であると解するのが相当であるから、これと同旨の原判断は、正当である。」（補足意見がある。）

●**解説**● 1 捜索差押えの際に、住居等の模様を強制処分として写真撮影するためには検証許可状を必要とすること、また、捜索差押手続の適法性の担保および差押物件の証拠価値の保存のためにその発見状態を写真撮影することは、捜索差押えに付随する検証行為として捜索差押許可状により許容されていることも、一般に承認されている（本決定の藤島昭裁判官の補足意見、東京地判平元・3・1判時1321-160）。さらに、430条では検証が準抗告の対象に含まれていないことも明らかである。そこで、捜索差押許可状に列記されている物件以外の物を撮影した場合で、捜索差押手続に付随したものとは言えない違法な写真撮影がなされた場合に、その救済手段が問題となる。本件では、写真の証拠能力や民事賠償請求ではなく、写真撮影そのものからの救済手段が問題となった。

2 これまでの下級審裁判例では、違法な写真撮影に対する準抗告を肯定する傾向にあったが（大谷・後掲89頁）、本件原決定はこれを消極に解した。本決定は、消極説に立つことを明言して、この問題に決着をつけた。この結論は、実務家の間では当然の解釈とされている。その根拠は、「本来検証であるものに準抗告を認めることは、現行刑訴法の解釈としてはとり得ない」（渡邉・後掲75頁）と言うに尽きる。430条が押収を挙げているのは、「物の占有を奪われるという財産上の不利益を被った者を特別に保護する趣旨」と理解されている（大谷・後掲96頁。その他、渡邉・後掲75頁、髙﨑・後掲75頁、井上455頁も同旨）。この立場からは、検証に対する準抗告の可否は立法政策の問題となる。

3 これに対して学説では、「プライバシー保護という観点から当初の立法趣旨を一歩踏み出した解釈」（大谷・後掲96頁）が有力である。本決定の藤島裁判官補足意見は、「写真撮影という手段によって実質的に日記帳又はメモが差し押さえられた」と観念できるときは、準抗告の対象とし、さらに426条2項によりネガおよび写真の廃棄または引渡しを命ずることができるとする考え方を示唆していた（積極説として、後藤昭「捜索差押の際の写真撮影」法時58-7-101がある）。なお、同じ積極説でも、情報の押収との理論構成が筋であるとして、それが押収と言える場合に準抗告による救済を主張する見解もある（井上459頁）。今後は、積極説をさらに深化させることが必要であろう。

4 なお、(i)メモや日記帳の内容の撮影といったケースは、本決定の射程外である（大谷・後掲95頁）。ただ、本件の写真撮影は物の外形のみで実質上の押収ではないとされたが、内容の撮影との限界は必ずしも明らかではない。今後の判例の判断が注目される。また、(ii)捜索差押え現場の写真撮影が、捜索差押えの付随行為に止まっているか、捜索差押えから独立した情報取得を目的とした検証行為となっているかの問題も、本決定の射程外である。本件原決定は、本件写真撮影を違法と評価したが、本決定はこの点に踏み込んでいない（捜索差押えの際になされた写真撮影の一部が違法とされた例として、高松高判平12・3・31判時1726-130参照）。この点も今後の検討課題である。

●**参考文献**● 大谷直人・判解平2年度83、渡邉一弘・圓9版74、髙﨑秀雄・圓8版74、田中開・争点108

144 押収物の返還——名刺1枚差押え事件

最2小決平成4年10月13日（刑集46巻7号611頁・判時1439号158頁・判タ802号114頁）

参照条文　刑訴法123条1項、430条2項

司法警察員の押収物の返還行為に対する準抗告の適否。

●**事実**●　司法警察職員は、被疑者Xの恐喝被疑事件に関して、暴力団会長であるY方を捜索場所とする捜索差押令状に基づき、Y方の捜索差押えを実施した。その際、Yの立会いはなく、同居の親族であるYの妻および偶然居合わせたZが立ち会った。司法警察職員は、Yの名刺1枚を差し押さえ、押収品目録をZに交付した（押収品目録の「被差押人等」欄にはZと記載されていた）。これに対してYの代理人弁護士から準抗告が申し立てられ、裁判所は、当該名刺は、本件被疑事実との実質的な関連性が希薄である上、証拠としての価値に照らして明らかに差押えの必要性がなかったとして、本件差押処分を取り消す決定をした。この決定を受けた警察では、上記被疑事件の捜査に関係していた司法警察員が、この名刺をZに「還付」した。これに対して、再び、Yの代理人弁護士から、当該名刺は、その所有者であるYに返還すべきであるとして、上記「還付処分」に対する準抗告が申し立てられた。これに対する本件原決定は、この準抗告を棄却したが、その理由は、本件名刺については、所有者から被還付者に請求すれば容易に返還を受けられるから還付処分の取消しを求める申立ての利益がない、というものであった。そこで、特別抗告が申し立てられ、この原決定とZに対する還付処分を取り消し、名刺をYに返還せよ、との主張がなされた。最高裁は、特別抗告を棄却し、次のように判示した。

●**決定要旨**●　「本件は、司法警察職員のした差押処分が違法として取り消されたため、司法警察員において当該差押物を被押収人に返還したところ、右物件の所有者からこれに対して刑訴法430条2項の押収物の還付に関する処分として準抗告を申し立てたものである。しかし、同法222条1項の準用する同法123条1項にいう還付は、押収物について留置の必要がなくなった場合に押収を解いて原状を回復する処分であるのに対し、司法警察員の右行為は、差押処分の取消しにより押収の効果が消滅した後にその占有を移転するものにすぎないから、同法430条2項の準抗告の対象となる押収物の還付に関する処分には当たらないと解するのが相当である。したがって、本件準抗告の申立ては不適法であり、これが適法であることを前提とする本件抗告の申立ても不適法である。」

●**解説**●　1　本件の第1の準抗告に問題はない。この準抗告により本件押収処分が違法として取り消され、これに基づいて当該押収物が返還された。ところが、この返還行為に対して第2の準抗告が申し立てられた。問題はこの第2の準抗告の適否であり、①差押処分が取り消された場合に、当該押収物を返還する行為は「押収物の還付」（430条2項）に当たるか否か、②それが還付処分に当たらないとしても、警察官が誤って還付として返還した場合に「還付に関する処分」として準抗告が認められるべきか、が論点となる。

2　本決定は、「還付は、押収物について留置の必要がなくなった場合に、押収を解いて原状を回復することをいう」（最3小決平2・4・20刑集44-3-283）とする先例を踏襲した上で、「司法警察員の右行為は、差押処分の取消しにより押収の効果が消滅した後にその占有を移転するものにすぎない」とした。これまでの下級審裁判例では、このような返還行為も還付に当たるとするものと、当たらないとするものとがあって対立していた（井上・後掲121頁）。最高裁は、本決定で、上記の返還行為は還付処分には当たらないことを初めて判示し、その上で、上記の返還行為は「430条2項の準抗告の対象となる押収物の還付に関する処分」にも当たらないことを明言した。

3　その根拠としては、(i)文理解釈として、430条2項の準抗告の対象は限定列挙と解すべきであり、「還付に関する処分」に還付に準ずる事実行為全般を対象に含めると解するのは相当でない、(ii)実質的理由として、差押処分が取り消されれば、当該差押物を留置する法律上の根拠を失い、その反射的効果として当然に返還しなければならないのであって、そこに返還行為の処分性は認められないので準抗告を認める余地はない、(iii)準抗告を認めなくとも、後日に民事上の損害賠償等によっても補い得るから、準抗告を認める必要性もないとされる（井上・後掲127頁以下）。ただ、早期の返還に利益を認めるべき場合もあろうから、処分性や必要性の全面的否定にはやや疑問が残る（津村・後掲209頁）。本決定の根拠としては、やはり(i)を中心に理解すべきであろう。

4　なお、本決定は、本件準抗告を不適法としたものであり、それ以外の論点は射程外となるが、第1に、本件特別抗告は、受還付者は所有者であると主張して準抗告を申し立てている点についても、これまでの下級審裁判例には対立があった。上記平成2年決定では、受還付者を実体的権利者と解する説が退けられ、被押収者説が採用されているが、それは、「被押収者以外の実体的権利者に返還するのが相当と認められる場合であっても、被押収者に還付しなければならない」ものと理解されている（山田利夫・判解平2年度35頁）。民事上の実体的権利者の確定が困難な場合があるからである。特別抗告の主張は、この点でも判例法に反していることになる。第2に、押収処分が取り消された場合に、押収物の返還を求める申立てが許されるかという点についても、これまで積極・消極の裁判例があったところ、近時、実務の大勢は消極説とされている（井上・後掲123頁）。この点、本決定の考え方は消極説に親しむものの、これも本決定の射程外の論点である。

●**参考文献**●　井上弘通・判解平4年度115、津村政孝・J平4年度重判208

145 令状によらない捜索差押え——被疑者不在無令状捜索事件（その1）

最大判昭和36年6月7日（刑集15巻6号915頁・判時261号5頁）　参照条文　憲法35条　刑訴法210条、220条

> 被疑者不在の間になされた無令状捜索差押えにおける「逮捕する場合」の意義。

●事実●　麻薬取締官ら4名は、麻薬不法所持の現行犯として逮捕したAの自供に基づき、Aに麻薬を譲渡した疑いのある被告人Xを緊急逮捕するために、昭和30年10月11日午後9時30分頃X宅に赴いたが、Xは不在であった。しかし、麻薬捜査官らは、留守番をしていたXの娘B（当時17歳）に対し、部屋を探させてもらいたい旨を告げたところ、Bが「どうぞ見て頂戴」と言ったので、X宅の捜索を開始し、箪笥等から麻薬やAに譲渡された麻薬の包み紙として使用された雑誌等を発見し、これを差し押さえた。その後、なお捜索を続行中、午後9時50分頃Xが帰宅したのでこれを緊急逮捕した。控訴審は、本件捜索差押えは、緊急逮捕着手前に行われているから違法であり、また、Bの承諾も有効なものではないとして、麻薬等の証拠能力を否定し、麻薬所持につきXを無罪とした。最高裁大法廷の法廷意見（8名の多数意見。少数意見は6名）は、220条の意義について以下のような判示をし、原判決を破棄した。なお、【471】参照。

●判旨●　「『逮捕する場合において』と『逮捕の現場で』の意義であるが、前者は、単なる時点よりも幅のある逮捕する際をいうのであり、後者は、場所的同一性を意味するにとどまるものと解するを相当とし、なお、前者の場合は、逮捕との時間的接着を必要とするけれども、逮捕着手時の前後関係は、これを問わないものと解すべきであって、このことは、同条1項1号の規定の趣旨からも窺うことができるのである。従って、例えば、緊急逮捕のため被疑者方に赴いたところ、被疑者がたまたま他出不在であっても、帰宅次第緊急逮捕する態勢の下に捜索、差押がなされ、且つ、これと時間的に接着して逮捕がなされる限り、その捜索、差押は、なお、緊急逮捕する場合その現場でなされたとするのを妨げるものではない。」

●解説●　1　本件では、被疑者を逮捕する前に、捜索差押えがなされたため、220条1項本文に言う「逮捕する場合」と同項1号に言う「逮捕の現場で」の意義が問題となった。この点については、①現実に逮捕したことを要する、②逮捕に着手したことを要する、③被疑者が現場に存在し、かつ少なくとも逮捕の直前・直後であることを要する、④被疑者が現場に存在しなくとも、時間的に接着して逮捕がなされればよい、⑤逮捕し得る状況にあれば足り、結果的に逮捕に着手したか否かを問わない、とする5説がある（小林・後掲277頁）。このうち、①と②は、捜査実務で一律に逮捕を先行させるべきとは言えないことから合理性に欠け、⑤は、「逮捕の現場で」の文理から離れ過ぎている。これに対して、③は、被疑者が帰宅するか否かといった偶然の要素に支配されることもなく、また、これによっても捜査上重大な支障が生ずることはないと解されるので、妥当な見解とされている（小林・後掲277頁。多数説）。

2　しかし、本判旨は、④を主張した。この多数意見に対しては、横田喜三郎裁判官の、「同じ捜索差押の行為でありながら、被疑者が間もなく帰宅したという偶然の事実が起これば、適法なものになり、そうした事実が起こらなければ、違法なものになるというのは、あきらかに不合理である」との反対意見が問題の核心を衝いている。加えて、条文の文理解釈からも、「逮捕する場合」は幅のある概念で、逮捕が捜索差押に先行することを要求する趣旨ではないと解釈し得るとしても、「『逮捕の現場で』の『現場』は、物事が現に行われている又は既に行われた場所を意味する狭い概念であるから、同項2号の解釈に関する限りは、逮捕が捜索差押に先行すること又は両者が同時に行われることを要求している」（栗田・後掲146頁）との疑問がある。同項1号は、もともと被疑者不在を前提にした捜索規定であり、判旨が前提要件の異なる1号を根拠の1つに挙げたのは説得的でなかった。しかし、本判旨は、捜査が難しい麻薬事件であったこと、捜索場所が被疑者宅であったこと、逮捕までの時間が捜索開始から約20分と比較的短時間であったこと等を総合的に考慮して④を主張したものであろう。

3　ただ、同時に、本判旨は、捜索差押調書および鑑定書の証拠能力につき、「被告人及び弁護人がこれを証拠とすることに同意し、異議なく適法な証拠調を経たものである……から、右各書面は、捜索、差押手続の違法であったかどうかにかかわらず証拠能力を有する」とも言っている。本判旨が、このような補充的理由を加えたのは、暗に捜索手続を違法とする意見にも一理あると考えていることを物語っているように思われる。この点、少数意見の中には、違法手続による証拠であっても、被告人の同意があれば証拠能力を認めることができるとの主張もある。この考え方は、違法収集証拠の排除法則と共通する点が多いとされている（栗田・後掲147頁）。

4　最高裁は、その後の判例で、緊急逮捕手続に先行して逮捕の現場でなされた捜索手続を肯定するに際して、本判旨を引用している（最3小判昭53・6・20【107】）。しかし、【107】は被疑者がその場に存在する事案であって、本件とは異なる。本判決の先例性については厳しく制約する必要があろう。本判決につき、捜査関係者からも、「被疑者が不在の場合には、逮捕に伴う令状によらない捜索差押は、余程の事情がなければ許されないとするのが本判決の本意である」との理解も示されている（佐藤・後掲143頁）。

●参考文献●　栗田正・判解昭36年度141、佐藤英彦・別冊判タ10-141、令状基本(下)275〔小林充〕

146 逮捕の現場——ホテル客室無令状捜索事件

東京高判昭和44年6月20日（高刑22巻3号352頁・判時575号85頁・判タ243号262頁）

参照条文　憲法35条
　　　　　刑訴法220条

逮捕に伴う無令状捜索・差押えにおける「逮捕の現場」の範囲。

●事実● 在日米軍の軍人である被告人Xは、日本に向かう飛行機の中で知り合ったベトナム人Aと共に、横浜市内のホテルの同室に宿泊していた。この2人が大麻らしきものを吸っていたという通報を受けた捜査官は、午後3時10分頃、ホテル5階の待合所でAを職務質問し、大麻たばこ1本の所持を発見したので、直ちに現行犯逮捕し、Aの要求により米国海軍憲兵隊の到着を待って、午後3時45分頃から、Aおよび同憲兵2名の立会いの下、Aらが宿泊していた同ホテル7階714号室の捜索を行った。同室者であるXは、外出していて不在であった。そして、上記捜索により洗面用具入れが見つかり、Aはそれがxの所持品である旨を述べたが、その中からXの名前の入った書類等のほかに大麻たばこ発見されたので、捜査官はこれを差し押さえた。その後、午後5時30分頃、Xが帰って来たので、大麻たばこ所持の容疑でXを緊急逮捕した。原審は、本件の捜索手続には違法があるとしてXを無罪としたが、控訴審は、以下の理由からこれを破棄して、Xを有罪とした。

●判旨● 「思うに、刑事訴訟法第220条第1項第2号が、被疑者を逮捕する場合、その現場でなら、令状によらないで、捜索差押をすることができるとしているのは、逮捕の場所には、被疑事実と関連する証拠物が存在する蓋然性が極めて強く、その捜索差押が適法な逮捕に随伴するものである限り、捜索押収令状が発付される要件を殆ど充足しているばかりでなく、逮捕者らの身体の安全を図り、証拠の散逸や破壊を防ぐ急速の必要があるからである。従って、同号にいう『逮捕の現場』の意味は、前示最高裁判所大法廷の判決［最大判昭36・6・7【145】］からも窺われるように、右の如き理由の認められる時間的・場所的且つ合理的な範囲に限られるものと解するのが相当である。」

本件「大麻たばこ7本に関する捜索押収についてみると、……本件捜査の端緒、XとAとの関係、殊に2人が飛行機の中で知り合い、その後行動を共にし、且つ同室もしていたこと、右のような関係から同たばこについても或いは2人の共同所持ではないかとの疑いもないわけではないこと、Aの逮捕と同たばこの捜索差押との間には時間的、場所的な距りがあるといってもそれはさしたるものではなく、また逮捕後自ら司法警察員らを引続き自己とXの投宿している相部屋の右714号室に案内していること、同たばこの捜索差押後Xも1時間20分ないし1時間45分位のうちには同室に帰って来て本件で緊急逮捕されていることおよび本件が検挙が困難で、罪質もよくない大麻取締法違反の事案であることなどからすると、この大麻たばこ7本の捜索差押をもって、直ちに刑事訴訟法第220条第1項第2号にいう『逮捕の現場』から時間的・場所的且つ合理的な範囲を超えた違法なものであると断定し去ることはできない。」

●解説●
1　本件ホテル7階714号室の洗面所での大麻たばこの差押えは、適法な差押えと言えるか。Aの逮捕はホテル5階で行われたのであるから、問題は、714号室が「逮捕の現場」（220条1項2号）と言えるか否かである。なお、本件捜索は逮捕からやや時間が経っているので「逮捕する場合」（同1項柱書）と言えるかも問題となり得るが、米国海軍憲兵隊の到着を待っていたという事情があるので、重大な問題点とは言えないであろう。

2　「逮捕の現場」の範囲については、無令状捜索・差押えの根拠に関する緊急処分説と相当説とでは異なった理解がなされている。前者は、現場における証拠存在の蓋然性と証拠破壊の防止の必要性を根拠とするので、被疑者の直接の支配下にある場所の範囲とされる。これに対して、後者は、現場における証拠存在の蓋然性を根拠とするので、その範囲は同一管理権の及ぶ範囲とされる（小林・後掲275頁）。判例は、「逮捕の現場」については、ごく簡潔に「場所的同一性を意味するにとどまる」とのみ判示した（【145】）。

本判旨は、無令状捜索・差押えの根拠については緊急処分説と相当説の双方の根拠を総合しているが、5階の待合所での逮捕の現場に、7階の客室714号室を含めていることからすれば、実質的に相当説の考え方に近いと言えよう。この点、緊急処分説からは、714号室は含まれないのは明らかであるが、相当説から考えた場合でも、5階待合所はホテル経営者の管理権に属するので、その管理権の及ぶ範囲となるとホテル全体となるが、客室は宿泊客の管理権に属しかつ宿泊客の管理権が優先保護されるから、経営者の管理権は及ばない。したがって、相当説からも、714号室を「逮捕の現場」と見ることは困難であり（今崎・後掲59頁）、本判旨を相当説から説明することも無理と言わなければならない。

3　ところで、本件原審は、仮に本件捜索が「逮捕の現場」でなされたとしても、本件バッグは被疑者A以外の者の所持品であり、102条2項（222条1項）の「押収すべき物の存在を認めるに足りる状況のある場合」の要件に適合しないので、捜索差押えはできない、ともしていた。この論点について、「逮捕の現場」性を肯定した控訴審は当然触れていないが、捜索の現場における102条2項の適用問題については、福岡高判平成5年3月8日【149】参照。

4　本判旨は、714号室が「逮捕の現場」に含まれるとする種々の理由を列挙しているが、いずれも説得的でなく、本判決の先例としての価値については、疑問視する見解が多い（井上・後掲59頁、今崎・後掲59頁等）。なお、逮捕された場所が第三者の場所であった場合の「逮捕の現場」についても【149】参照。

●参考文献● 井上和治・圀9版58、今崎幸彦・圀8版58、令状基本（下）275〔小林充〕

147 逮捕に伴う捜索・差押えの範囲(1)——被疑者連行後捜索事件

広島高岡山支判昭和56年8月7日（判タ454号168頁）　参照条文　憲法35条　刑訴法218条、219条、220条、221条

逮捕理由とは異なる別件証拠の捜索・差押えの適否。

●事実●　被告人Xは、監禁、恐喝未遂等の罪で逮捕状の発付を受け指名手配されていたところ、警察官PらがY方に隠れ住んでいたXを探知し、情婦Sと同衾中で逃げ場を失い隠れていたXを逮捕し、N警察署に連行した。警察官は、上記Sを立会人として、逮捕に伴う捜索を開始し、けん銃2丁、実包11～12発と共に天秤、ポリシーラー（ポリ袋の接着に使用する器具）、ポリ袋入り覚せい剤粉末が発見されたため、右覚せい剤粉末等を含む合計267点を収集し、上記Sから任意提出を受け、これを領置した。

ところで、上記覚せい剤取締法違反の証拠物の発見は、もっぱら覚せい剤事犯の捜査を担当する警察官の応援を得てなされたものであるが、弁護人は、覚せい剤の捜索は令状に基づかない捜索であって違法であり、違法収集証拠として証拠排除されるべきであると主張した。原審は、本件捜索を適法としたが、控訴審は以下の判断を示した。

●判旨●　「Xに対する現行犯逮捕の理由と必要性が認められ、また逮捕に伴う捜索も必至の状況にあったものであるが、既に、Xの身柄はN署に連行されていたため、右Y方での即時の逮捕はできなかったものの、当時N署でXの身柄の確保はなされていたのであるから、早急に身柄をY方に連れ戻し、右容疑で逮捕手続（その内容は、右覚せい剤粉末の不法所持罪の（準）現行犯で逮捕する旨の告知であろう）をとれば、少なくとも準現行犯として十分逮捕できたと思われる。そうすれば、右Pらが、Y方でなした前記の覚せい剤取締法違反の証拠物件の発見を主目的とした捜索と押収は、右逮捕に伴うものとして適法に実施できたものと思われる。しかし実際においては、右被告人に対する現行犯（以下、準現行犯を含む）逮捕の手続がなされないまま、しかも、前示のX逮捕の監禁等被疑事件とは無関係の覚せい剤取締法違反の証拠物件の発見を主目的とした捜索が、その令状もなく、意図的になされたのであるから、たとえ、右の捜索が、右X逮捕に伴う監禁等被疑事件の証拠物の捜索と並行してなされた形態が認められ、かつ、右覚せい剤等の捜索に緊急かつ必要性が認められるにしても、現行法上、緊急逮捕のごとき緊急執行としての捜索は認められておらず、憲法35条、刑訴法218条、219条等の規定の趣旨からしても、また、不当な便乗捜索を禁圧するためにも、かつまた本件では、容易に前示の現行犯逮捕の手続を履行できたことなどからして、前示のPら警察官らによる覚せい剤等の証拠物件の捜索が違法でないということはできない。」

●解説●　1　逮捕の現場での捜索・差押えは、当該逮捕に係る被疑事実に関する証拠物件についてのみ許され、他の犯罪事実に関するものにまで行うことは許されない（金築・後掲165頁、小林・後掲282頁等）。本判旨も、監禁・恐喝事件の逮捕状に伴う捜索につき、「覚せい剤等の捜索に緊急かつ必要性が認められるにしても、現行法上、緊急逮捕のごとき緊急執行としての捜索は認められて〔いない〕」として、この旨を確認している。

2　もっとも、「被疑事実に関する証拠」の範囲について判例は、別件の証拠の性格を有する物であっても、逮捕事実の証拠にもなり得る物であれば、捜索し差し押さえることは差し支えないとしている（最1小判昭51・11・18【130】）。しかし、逮捕事実の内容、現場の状況等から見て、現場に逮捕事実に関連する証拠の存在する可能性が極めて低く、捜索の必要性も認められないのに、もっぱら別件の証拠を発見する目的で、逮捕に伴う捜索という形を藉りて捜索を行ったときは、いわゆる別件捜索として違法となる（広島高判昭56・11・26〔モーターボート競争法違反事件〕【135】、札幌高判昭58・12・26〔桐の箱捜索事件〕【148】等）。【130】も、「捜査機関が専ら別罪の証拠に利用する目的で差押許可状に明示された物を差し押えることも禁止されるものというべきである」としている。本件では、「監禁等被疑事件とは無関係の覚せい剤取締法違反の証拠物件の発見を主目的とした捜索が、その令状もなく、意図的になされた」ことから、このような「捜索が違法でないということはできない」とされた。

3　もっとも、問題は、この違法捜索の効果にある。本判旨は、被疑者を捜索現場に連れ戻して逮捕すれば、適法な捜索が可能であったとするが、証拠存在の蓋然性のある場所に事後的に連行してその場所で逮捕するという手続きでは、「逮捕する場合」という捜索の時間的限界を逸脱し、逮捕に伴う無令状の捜索・差押えを許容した制度の脱法行為となりかねない。学説でも、「アパートの一室で逮捕した時点においては同室の捜索をなさず、いったんその場所を引揚げてしばらくしてから同室の捜索・差押えをなすこと〔は〕許されない」（小林・後掲281頁）との指摘があるが、同じ批判が本判旨にも妥当しよう。原点に戻って、裁判官の令状を求める手続きを取るべき事案であったと言えよう。

4　本判旨は、被告人を連れ戻せば逮捕でき、適法に捜索できたことなどから、本件捜索の違法は重大と言うほどのものではないとして、覚せい剤の証拠能力を認めた。しかし、上述のように、法規からの逸脱の度合いが実質的には小さい（金築・後掲166頁）と評価してよいかは、検討の余地があろう。なお、任意提出を受けて領置すれば違法性が遮断されるのではなく、違法が重大でないとされたために、領置も適法とされたものと理解すべきであろう。

●参考文献●　金築誠志・別冊判タ10-164、令状基本(下)275
〔小林充〕

148 逮捕に伴う捜索・差押えの範囲(2)―桐の箱捜索事件

札幌高判昭和58年12月26日（刑月15巻11=12号1219頁・判時1111号143頁・判タ544号265頁）

参照条文 憲法35条
刑訴法220条

逮捕事実以外の証拠物の捜索の適否。

●事実● A子から暴行の被害申告を受けた警察官らは、逮捕状の発付を受け、被告人Xのアパートに赴いてその室内にB子と共にいたXを暴行の被疑事実で通常逮捕し、逮捕に伴う強制処分として室内の捜索を行った。そして、暴行事件に関する証拠物は発見されなかったが、逮捕の直後、Xが直前まで寝ていた布団の枕元にあった桐箱および紙袋の中から粉末の入ったビニール小袋等が発見された。警察官らは、Xの同意を得て同粉末を検査し覚せい剤の陽性反応が出ることを確認した上で、Xを覚せい剤所持の現行犯人として重ねて逮捕するとともに、上記ビニール小袋等を覚せい剤取締法違反被疑事件の証拠物として差し押さえた。

●判旨● 本件捜索を行った警察官は、「暴行被疑事件に関してXが記載したメモ、日記、わび状の類が存在すると思われたほか、右暴行事件の背景事情に関連してXの内妻B子による覚せい剤使用の嫌疑が見込まれ、注射器等も存在すると思われたので、暴行事件の証拠として、メモ、日記、わび状、注射器等を発見、収集する目的で捜索を行つた旨供述するが」、暴行の動機、態様からすると、「メモ、日記類などの存在を期待しうる状況にあったかどうか疑わしく、また、Bが使用した注射器等も、暴行事件に関する証拠として収集すべき実際上の必要性があったかどうか甚だ疑問であり」、捜索は、居間、寝室、玄関、便所に及び、押入れを開けたり、ストーブまわりを調べたり、「『ぬいぐるみの犬』の飾り物」を壊して中を調べる等の状況であったこと、「警察官らは本件暴行被疑事件の捜査を通じA子らからの事情聴取によりBがXから覚せい剤を渡されるなどしていたとの嫌疑を抱いていた形跡のあることなどを考えると、警察官らは右暴行事件によるXの逮捕の機会を利用し、右暴行事件の逮捕、捜査に必要な範囲を越え、余罪、特にX又はBによる覚せい剤の所持、使用等の嫌疑を裏付ける証拠の発見、収集を意図していたものと認められる」。

刑訴法220条1項2号による「捜索、差押は、逮捕の原由たる被疑事実に関する証拠物の発見、収集、及びその場の状況からみて逮捕者の身体に危険を及ぼす可能性のある凶器等の発見、保全などに必要な範囲内で行われなければならず、この範囲を越え、余罪の証拠の発見、収集などのために行なうこと」は許されないから、「警察官らが右覚せい剤粉末を発見した後、Xを覚せい剤所持の現行犯人として逮捕し、かつ、右被疑事件に関する証拠物として覚せい剤粉末を差押えたとしても、それは違法な捜索の過程中に発見、収集された証拠物であるとの評価を受けることを免れない」。

●解説● 1 まず、本件における覚せい剤粉末等に関する捜索手続の適否が問題となる。通説・判例は、逮捕に伴う無令状捜索・差押えは、逮捕理由となった被疑事件に関係する証拠に限られるとしてきた。例えば、酒気帯び運転で現行犯逮捕し、車内から匕首が発見された事案について、「逮捕に付随して令状なしに捜索し、差し押えることのできるものは右犯罪の証拠物等に限られるから、付随的な強制処分として全く別個の犯罪である銃砲刀剣類所持等取締法違反の証拠物の捜索、差押をすることは許されない」（東京高判昭46・3・8高刑24-1-183）などとしてきた。

異説として、実体要件（犯罪の嫌疑の存在、証拠の特定、証拠存在の蓋然性）を確認するために令状要件があるのだから、すでにその要件が充足している緊急の場合には、例外が認められ、また、適法な逮捕行為によって場所のプライバシーは合法的に開かれているので、別罪証拠の発見は合法的であるとする見解もある（渥美130頁等参照）。しかし、実体要件の判断を捜査機関に委ねることには疑問があり、別罪証拠の捜索・差押えを目的とした逮捕を助長する虞も生ずるから、この考え方はあくまで立法論と見るべきであろう。

2 本判旨もほぼ通説・判例の立場に立脚している。本件における捜索は、例えば、「『ぬいぐるみの犬』の飾り物」の中に暴行事件の証拠があるとは通常考えられないから、暴行事件に関する証拠の取集活動としては「甚だ疑問」とされたのも当然であろう。むろん、通常の捜索活動として被疑者の身体の周辺をまず捜索し、たまたま覚せい剤を発見したのであれば、法禁物所持罪での現行犯逮捕も適法となったであろう（廣瀬・後掲55頁）。本件では、逮捕理由となった被疑事件とは無関係の別罪証拠の捜索が意図的になされた点に違法性がある。

3 もっとも、別罪証拠であっても逮捕理由となった被疑事件と関係する証拠であれば、その捜索・差押えは適法となる（最1小判昭51・11・18【130】）。したがって、本件における覚せい剤事犯に関する証拠が、暴行事件の背景事情として関係する証拠と言えるかが問題として残る。しかし、別罪証拠の場合には、別件捜索・差押えの疑いも生じてくるので、その判断は厳格になされる必要がある（令状基本(下)212頁〔島田仁郎〕）。この点、覚せい剤粉末等が暴行事件に関係する証拠と見るのは疑問とした本判旨の判断は相当であったと言えよう。

4 なお、本判旨は、本件捜索を違法としたが、覚せい剤の捜索は、暴行事件による逮捕に伴う捜索として適法に開始されたこと、枕元の桐の木箱は「被告人の身体にごく近接する範囲内を一通り捜索しただけで容易に発見することができたもの」であることから、その瑕疵は実質的に重大なものとは言えないとして、覚せい剤の証拠能力は肯定した。

●参考文献● 廣瀬健二・囲5版54、田口守一・別冊判タ10-115

149 第三者宅での「逮捕の現場」——第三者宅捜索事件（その2）

福岡高判平成5年3月8日（判夕834号275頁）　参照条文　憲法31条、35条　刑訴法1条、102条2項、197条、220条

被疑者以外の住居での逮捕に伴う捜索・差押えの範囲。

●**事実**● 被告人Xは、暴力団の総長であったが、K女の身の上に同情し、父親代わりとしてその面倒を見るようにしていた。その後、警察に、Xが覚せい剤を売り捌くとの匿名電話があったことから、警察官らがX宅の張込みをした。平成2年6月2〜3日、Xが自動車の助手席にKを乗せ、Kの引っ越し先に行き、XおよびKが車のトランクから荷物を取り出してK方に運び込んだ。そして、Xがペーパーバッグおよび携帯電話機を抱えるようにしてK方から出て来たので、職務質問をしたところ、Xは、突然路上に携帯電話機を投げ捨て、バッグを右脇に抱えて全力で走り出した。警察官が停止を求めたところ、Xは、バッグを隣家の敷地内に向かって放り投げたが、警察官に取り押さえられた。警察官らは、Kに対し、話を聞くためにK方に入ってよいかどうかを尋ねたところ、Kがこれを承諾したので、Xらと共にK方に入った。そして、K方台所入口付近において、バッグの中身を確認してもよいかと尋ねたところ、Xは、「勝手にしない。しょんなかたい。もう往生した」と言った。そこで、警察官がXの承諾があったものと判断して、その中を見たところ新聞紙包みの覚せい剤1kgを発見した。警察官が、Kに対し、「他に覚せい剤を隠していないか。あったら出しなさい」と告げると、Xは急に大声で、「K見せんでいいぞ」などと怒鳴ったが、Kが、「いいですよ。室内を捜して下さい」と答えたので、K方を捜索したところ、台所流し台の下に新聞紙に包まれているポリ袋入り覚せい剤2kgを発見した。そこで、警察官らは、XおよびKを本件覚せい剤の営利目的による共同所持の現行犯人として逮捕し、これらの覚せい剤を差し押さえた。なお、本事案の承諾捜索については【136】参照。

●**判旨**●「『逮捕の現場』は、逮捕した場所との同一性を意味する概念ではあるが、被疑者を逮捕した場所でありさえすれば、常に逮捕に伴う捜索等が許されると解することはできない。すなわち、住居に対する捜索等が生活の平穏やプライバシー等の侵害を伴うものである以上、逮捕に伴う捜索等においても、当然この点に関する配慮が必要であると考えられ、本件のように、職務質問を継続する必要から、被疑者以外の者の住居内に、その居住者の承諾を得た上で場所を移動し、同所で職務質問を実施した後被疑者を逮捕したような場合には、逮捕に基づき捜索できる場所も自ずと限定されると解さざるを得ないのであって、K方に対する捜索を逮捕に基づく捜索として正当化することはできないというべきである。」

●**解説**●　**1**　被疑者が、被疑者以外の者の住居で逮捕された場合における「逮捕の現場」（220条1項2号）の解釈については、第1に、逮捕に伴う無令状捜索・差押えが許容される根拠との関係が問題となる。この点については、緊急処分説は、逮捕現場における証拠存在の蓋然性と証拠破壊の危険性を根拠とし、相当説は、証拠存在の蓋然性を根拠とする（東京高判昭44・6・20【146】参照）。前説からは、「逮捕の現場」は被疑者の事実的支配の及ぶ範囲となり、相当説からは、令状による捜索の場合と同じく同一管理権の及ぶ範囲とされてきた。第2に、222条1項で準用されている102条2項が、「被疑者以外の者」の住居における捜索について、「押収すべき物の存在を認めるに足りる状況」の存在を要件としているので、この準用規定の解釈が問題となる。

2　相当説から考えると、逮捕の現場が被疑者以外の者の住居である場合には、被疑者以外の者の同一管理権の及ぶ範囲で捜索が可能となるはずだが、準用されている102条2項は、捜索差押許可状発付の要件であると同時に「現に捜索をなすにあたっての要件」でもあると解されるので（条解426頁等）、同項から、「押収すべき物の存在を認めるに足りる状況」の存在が問題となるはずである。このような理解からすれば、本判旨が、102条2項の要件を検討することなく、被疑者以外の者の住居での捜索を否定したのは、当然、不当であることになる（三好・後掲61頁等参照）。しかし、この考え方には、第1に、被疑者以外の者の住居で被疑者を逮捕した場合には、必ずしもこの第三者宅に被疑者の犯罪に関する証拠存在の蓋然性が認められるとは限らない、第2に、102条2項の要件は本来令状裁判官の判断事項であるが、なぜ、この場合に捜査官にその判断が委ねられるかが明らかでない、との基本的な疑問が残る。

3　これに対して、緊急処分説からすれば、逮捕の現場が被疑者以外の者の住居である場合には、当然、被疑者の事実的支配の及ぶ範囲でのみ捜索が可能となり、その範囲は通常102条2項の要件が認められる範囲より限定されるので、もはや同項の適用を問題とする必要はないこととなろう。なお、被疑者宅での逮捕の場合と、被疑者以外の者の住居で逮捕した場合とでは、「逮捕の現場」の範囲は異なり、前者を相当説で考えることができるとしても、後者の場合には緊急処分説で理解すべきであるとする、「二分論的アプローチ」が主張されているが（井上正仁・争点80頁以下。なお、井上331頁参照）、この見解からも同じ結論が導かれることとなろう。

4　もっとも、緊急処分説から検討した場合、本件における「台所流し台下」の捜索が、被疑者の事実的支配の及ぶ範囲内でなかったとは言えないと思われるので、本判旨には、やはり疑問が残る。

●**参考文献**●　三好幹夫・圕9版60、笹倉宏紀・圕8版62、田口守一「逮捕に伴う無令状捜索・差押えの許容範囲」信大法学論集25-27

150 逮捕に伴う捜索・差押え──和光大学事件(その2)

最3小決平成8年1月29日(刑集50巻1号1頁・判時1557号145頁・判タ901号145頁)　参照条文　刑訴法212条、220条

刑訴法220条の「逮捕の現場」の意義。

●事実●　被告人A~Cは、和光大学構内における内ゲバ事件に関して、凶器準備集合、および傷害の罪で起訴された。被告人らは準現行犯逮捕されたものであるが、逮捕に伴う捜索・差押えの違法を主張した(準現行犯逮捕の適法性については【117】参照)。事実の経過は以下のようであった。

Aが腕に装着していた籠手およびB・Cがそれぞれ持っていた所持品(バッグ等)は、いずれも逮捕の時に警察官らがその存在を現認したものの、逮捕後直ちには差し押さえられず、Aの逮捕場所からは約500m、B・Cの逮捕場所からは約3kmの直線距離があるM警察署にAらを連行した後に差し押さえられているが、Aが本件により準現行犯逮捕された場所は店舗裏搬入口付近であって、逮捕直後の興奮さめやらぬAの抵抗を抑えて籠手を取り上げるのに適当な場所でなく、逃走を防止するためにも至急Aを警察車両に乗せる必要があった上、警察官らは、逮捕後直ちに同車両で出発した後も、車内において実力で籠手を差し押さえようとすると、Aが抵抗してさらに混乱を生ずる虞があったため、そのままAをM署に連行し、約5分かけてM署に到着した後間もなくその差押えを実施した。また、B・Cが本件により準現行犯逮捕された場所も、道幅の狭い道路上であり、車両が通る危険性等もあった上、警察官らは、逮捕場所近くの駐在所でいったんBらの前記所持品の差押えに着手し、これを取り上げようとしたが、Bらの抵抗を受け、さらに実力で差押えを実施しようとすると不測の事態を来すなど、混乱を招く虞があるとして、やむなく中止し、その後手配によって来た警察車両にBらを乗せてM署に連行し、その後間もなく、逮捕の時点から約1時間後に、その差押えを実施した。

●決定要旨●　「刑訴法220条1項2号によれば、捜査官は被疑者を逮捕する場合において必要があるときは逮捕の現場で捜索、差押え等の処分をすることができるところ、右の処分が逮捕した被疑者の身体又は所持品に対する捜索、差押えである場合においては、逮捕現場付近の状況に照らし、被疑者の名誉等を害し、被疑者らの抵抗による混乱を生じ、又は現場付近の交通を妨げるおそれがあるといった事情のため、その場で直ちに捜索、差押えを実施することが適当でないときには、速やかに被疑者を捜索、差押えの実施に適する最寄りの場所まで連行した上、これらの処分を実施することも、同号にいう『逮捕の現場』における捜索、差押えと同視することができ、適法な処分と解するのが相当である。」

●解説●　1　220条は、「逮捕の現場」での捜索・差押えを許容しているが、捜索・差押えの対象により2つの問題が区別される。第1は、「逮捕の現場」という空間にある物の捜索・差押えが問題となる場合である。この場合は、令状によらない捜索・差押えが許される根拠に関するいわゆる相当説と緊急処分説のいずれに立脚するかにより、捜索範囲に違いが生ずることになる。第2は、「逮捕の現場」における被逮捕者の身体および所持品の捜索・差押えが問題となる場合である。この場合には、相当説と緊急処分説とでその処分範囲に違いは生じず、その論点は、「逮捕の現場」から離れた場所での捜索・差押えが許容されるかである。

2　上記の論点に関するこれまでの下級審判例の動向は、「逮捕の現場」で捜索・差押えを実施することが可能であったにもかかわらず警察署等まで連行して実施した場合は違法とされ、これに対して、「逮捕の現場」には群衆が集まって被疑者の名誉が害されたり、交通に混乱が生じたりする虞があるために警察署等に連行して実施したような場合は適法とされてきた(木口・後掲29頁以下参照)。しかし、その理論構成は難問であった。法律は「逮捕の現場」での捜索・差押えを許容しているとすれば、「警察署」も「逮捕の現場」と説明するほかないと考えられたからである。

3　しかし、逮捕した場所からかなり離れた警察署内を「逮捕の現場」とするのは「文理的に困難」(井上・後掲63頁)と言うほかない。そこで本決定は、差押えに適する最寄りの場所に連行した上でその処分を行うことは、「その最寄りの場所が逮捕の現場自体と評価できるか否かを必ずしも問題にするまでもなく」(木口・後掲33頁)許容されるとの新たなアプローチを示した。それは、最寄りの場所での捜索・差押えが、「『逮捕の現場』における捜索、差押えと同視することができ〔る〕」という同視可能論であった。その論理は、強制処分を実施するにあたり必要な附随的行為をすることができる(大澤裕・法教192-101)とすれば、処分に適した場所まで連行することは適法であり、したがって、連行後の捜索・差押えの実施は許されるとするものである。捜索・差押えに必要な附随的行為ができるとの点は、捜索・差押えに「必要な処分」(111条1項)ができるとの点からも根拠付けが可能であろう(長井・後掲61頁)。もっとも、逮捕の現場ではないことが明確になったのであるから、同視可能論は一種の立法論的解釈であることは否定できまい。

4　本決定による、「逮捕の現場」から離れた場所における捜索・差押えの許容条件は、被疑者の名誉の侵害、抵抗による混乱、交通の妨げの虞といった逮捕現場での捜索・差押えを困難にする事情が存在すること、および、「速やかに」、「適当な最寄りの場所」に連行することである。許容条件の存否は、いずれも具体的事案ごとに判断するほかない。

●参考文献●　木田信之・判解平8年度1、井上宏・圃9版62、長井圓・圃8版60

151　ごみの領置——パチンコ店ビデオ撮影事件（その2）

最2小決平成20年4月15日（刑集62巻5号1398頁・判時2006号159頁・判タ1268号135頁）　　参照条文　刑訴法221条

刑訴法221条の「領置」の意義。

●**事実**●　金品強取の目的で被害者を殺害して、キャッシュカード等を強取し、同カードを用いて現金自動預払機から多額の現金を窃取したなどとする死体なき強盗殺人等の捜査経過において、被害者が行方不明になった後に現金自動預払機により被害者の口座から多額の現金が引き出された際の防犯ビデオに写っていた人物が被害者とは別人であったことが明らかとなった。そこで、被告人Xが本件に関わっている疑いが生じ、警察官は、前記防犯ビデオに写っていた人物とXとの同一性を判断するため、Xの容ぼう等をビデオ撮影することとし、X宅近くに停車した捜査車両の中と借りたマンションの部屋から、公道上を歩いているXをビデオカメラで撮影した。さらに、警察官は、前記防犯ビデオに写っていた人物がはめていた腕時計とXがはめている腕時計との同一性を確認するため、Xが遊技していたパチンコ店の店長に依頼し、店内の防犯カメラによって、あるいは警察官が小型カメラを用いて、店内のXをビデオ撮影した。また、警察官は、Xおよびその妻が自宅付近の公道上にあるごみ集積所に出したごみ袋を回収し、その中身を警察署内において確認し、前記現金自動預払機の防犯ビデオに写っていた人物が着用していたものと類似するダウンベスト・腕時計等を発見し、これらを領置した。前記の各ビデオ撮影による画像が、防犯ビデオに写っていた人物とXとの同一性を専門家が判断する際の資料とされ、その専門家作成の鑑定書等ならびに前記ダウンベスト・腕時計等は、第1審において証拠として取り調べられた。このうち、ダウンベスト・腕時計等の領置手続に関して、以下の判断が示された（本件ビデオ撮影については【104】参照）。

●**決定要旨**●　「ダウンベスト等の領置手続についてみると、X及びその妻は、これらを入れたごみ袋を不要物として公道上のごみ集積所に排出し、その占有を放棄していたものであって、排出されたごみについては、通常、そのまま収集されて他人にその内容が見られることはないという期待があるとしても、捜査の必要がある場合には、刑訴法221条により、これを遺留物として領置することができるというべきである。また、市区町村がその処理のためにこれを収集することが予定されているからといっても、それは廃棄物の適正な処理のためのものであるから、これを遺留物として領置することが妨げられるものではない。」

●**解説**●　1　本件は、ごみ袋の領置手続に関する初めての最高裁判例である。論点は、①排出されたごみ袋は221条の「遺留物」に含まれるか、②捜査機関によるごみ袋の領置と市町村のごみ処理との関係である。

これまでの下級審裁判例として、捜査員において、被告人がごみ集積場に投棄したビニール袋を拾得して持ち帰り、内容を見分してその中からDNA鑑定の前提となる資料を発見した行為に違法がないとしたものがあるが（東京高判平8・5・9高刑49-2-181）、立ち入った検討はなされてこなかった。

2　排出されたごみ袋が221条の「遺留物」に当たるかについては、これまで、「遺留物」とは、遺失物（占有者の意思によらないで、その占有を離れ、未だ誰の占有にも属さない物）よりも広い概念であり、自己の意思によらず占有を喪失した場合に限らず、自己の意思によって占有を放棄した物も含むとされてきた（大コメ(4)578頁〔池上政幸＝河村博〕）。この場合、占有の放棄は、排出者による事実上の管理支配関係が失われているかが基準となるが、仮に自宅の目の前であっても公道上であれば管理支配関係は失われており、これに対して自宅の敷地内に置いた場合は未だ管理支配関係は失われていないと言えよう（鹿野・後掲320頁）。本件においてXおよびその妻は自宅付近の公道上のごみ集積所にごみ袋を出したのであるから、占有の放棄があったとの認定は妥当であった。それ以外の場合、例えば、公道上のごみ集積場ではあるが、排出者の所有するごみペールにごみ袋が入っている場合や集合住宅のごみ集積場につき管理者がいる場合などは本決定の射程外であるが、差押えの対象となる場合もあり得よう。

3　本件では、市町村によるごみの収集が予定されていても、ごみ袋を遺留物として領置することが妨げられるものではないとされた。これも、通常のごみ袋を前提とした判断であり、市町村による資源ごみ回収の対象となり得る古紙等の事例については本決定の射程外と言えよう。資源ごみについては、その持ち去り行為が規制されている場合もあり（東京高判平19・12・10高刑60-4-1等参照）、その場合は市町村の利害関係と捜査の必要性との利益衡量の問題となろう。

4　なお、本決定は、ごみ袋について、「他人にその内容が見られることはないという期待」の存在を認めている。この点、押収物（領置物も含まれる）に対する「必要な処分」（222条、111条2項）として、ごみ袋の開披、内容物の見分、内容物の検査等が可能となるが、それはこのような一種のプライバシー権の侵害を認めたものということになる。しかし、必要な処分であれば如何なる処分も許されるわけではないであろう。例えば、高価な目的物の破壊や全量消費を伴う必要な処分の場合等（鹿野・後掲314頁参照）は、別途129条の検証に必要な処分あるいは168条の鑑定に必要な処分を検討すべきこととなろう。本件の捜査官によるごみ袋の中身の確認およびダウンベスト・腕時計等の発見は、111条2項の必要な処分の必要性と相当性の範囲内の行為として適法と言えよう。

●**参考文献**●　鹿野伸二・判解平20年度289、宇藤崇・J平20年度重判208

152 速度違反車両の写真撮影—RVS速度監視装置事件

最2小判昭和61年2月14日（刑集40巻1号48頁・判時1186号149頁・判タ591号31頁）

参照条文　憲法13条、14条、21条、31条、35条、37条

自動速度監視装置による速度違反車両運転者および同乗者の容ぼうの写真撮影の合憲性。

●事実●　被告人は、深夜、普通乗用車を運転していたが、最高速度60km毎時と指定された道路を、123km毎時で進行した事実、同じく134km毎時で進行した事実、さらに最高速度50km毎時と指定された道路を121km毎時で進行した事実の3つの事実につき、道交法違反で起訴された。ところで、本件違反は、警察官があらかじめ設置した自動速度監視装置（RVS）によって感知測定され、かつ写真撮影されたものであった。この自動速度監視装置は、設定速度を超過した車両がセンサー上を通過すると、カメラとストロボが作動して当該車両を前方から写真撮影する装置であるが、本件では運転者のほか同乗者も撮影されていた。なお、本件でのこの装置の設定速度は指定最高速度を40〜50km超過した速度となっていた。被告人は、プライバシー権を保障した憲法13条違反、集会・結社の自由を保障した同21条違反、特定車両のみを対象とする点での同14条違反、その場で弁解の機会を与えない点での被告人の防御権を保障した同31条・35条・37条違反等を主張したが、第1審・2審は、これらの争点を全て消極に解し、被告人を有罪とした。最高裁は、被告人の上告を棄却しつつ、以下の判断を示した。

●判旨●　「憲法13条、21条違反をいう点は、速度違反車両の自動撮影を行う本件自動速度監視装置による運転者の容ぼうの写真撮影は、現に犯罪が行われている場合になされ、犯罪の性質、態様からいつて緊急に証拠保全をする必要性があり、その方法も一般的に許容される限度を超えない相当なものであるから、憲法13条に違反せず、また、右写真撮影の際、運転者の近くにいるため除外できない状況にある同乗者の容ぼうを撮影することになっても、憲法13条、21条に違反しないことは、当裁判所昭和44年12月24日大法廷判決〔京都府学連事件【103】〕の趣旨に徴して明らかであるから、所論は理由がなく、憲法14条、31条、35条、37条違反をいう点は、本件装置による速度違反車両の取締りは、所論のごとく、不当な差別をもたらし、違反者の防禦権を侵害しあるいは囮捜査に類似する不合理な捜査方法とは認められないから、所論はいずれも前提を欠き、適法な上告理由に当たらない。」

●解説●　1　自動速度監視装置としては、RVS型のほかオービスⅢ、松下レーダー方式等があるが、オービスⅢに関する下級審判例が本件とほぼ同じ論点につきその適法性を認めていたところ（東京簡判昭55・1・14判時955-21）、最高裁が本判決で初めて自動速度監視装置の合憲性を確認した。

2　本判旨は、自動速度監視装置による写真撮影が憲法13条に反しない理由として、【103】の示した3つの判断基準、つまり、写真撮影につき、現に犯罪が行われもしくは行われて間がないときで、証拠保全の必要性・緊急性があり、かつ、撮影が一般的に許容される限度を超えない相当な方法で行われるときに許容されるとする基準に従った判断を示し、①自動速度監視装置による写真撮影が行われるのは、現に速度違反の犯罪が行われているときであり、②違反車両は直ちに現場を走り去ってしまい犯罪の痕跡は全く残らないため、証拠保全の必要性と緊急性があり、③撮影方法も、運転者を眩惑させてその運転に危険を及ぼしたり、撮影のために特別な負担を負わせたりすることがなく、通常容認される相当なものであるとして、憲法13条に違反しないとした（松浦・後掲20頁）。さらに、同乗者の撮影についても、【103】が、「犯人の身辺または被写体とされた物件の近くにいたためこれを除外できない状況にある第三者である個人の容ぼう等を含むことになっても、憲法13条、35条に違反しない」としていたので、この判例を引用している。

3　弁護人の主張は、(i)同乗者との人間関係についての情報の入手により国民の集会・結社の自由が侵害される、(ii)特定の車両に限るのは不合理な差別に当たる、(iii)違反者の防御権が侵害される、(iv)警告が不十分であって、おとり捜査に類似するなどとするものであった。各主張については、(i)一斉検問による交通取締りだけでなく各種捜査活動の場合でも、交通関係等が判明することはあるのであって、この場合に限られない、(ii)撮影対象から漏れたものが絶対的に取締りの対象にならないというものではないし、捜査手段あるいは捜査機器の性質から対象が限定されることも一般にあり得ることで、不合理な差別には当たらない、(iii)違反の現場や直後に弁解の機会が与えられないことは、犯罪捜査一般についてあり得ることであり、例えば緊急避難的事情といったことは後日に述べることも可能である、(iv)警告が必要であるとしても、「自動速度取締機設置路線」の警告板が設けられており、それで足りると考えられること等が指摘されている（松浦・後掲21頁）。また、犯行の機会を提供するものですらないので、おとり捜査に当たらないことは明白であるとの指摘もある（井上475頁）。

4　ただ、本判旨の理由付けは簡潔であり、例えば、設定速度がより制限速度に近い低い数値でも適法となるのか、あるいは交通の危険が直ちには発生し難いような場所に設置しても適法となるのか、さらには、どのような事前警告が必要となるかなどは必ずしも明らかではない。もっとも、【103】は、条例違反という形式犯的な犯罪の写真撮影を認めており、判例を出発点とする限り重大犯罪に限定できるか疑問であるとの指摘もある（井上475頁。同旨、堀金・後掲155頁）。

●参考文献●　松浦繁・判解昭61年度18、堀金雅男・別冊判タ12-153、井上463

153 監視ビデオ―山谷争議監視ビデオ事件

東京高判昭和63年4月1日(東高時報39巻1=4号8頁・判時1278号152頁・判夕681号228頁)　参照条文　憲法13条　刑訴法218条、220条、197条

> 犯罪発生の予測される現場での監視ビデオ撮影の適法性。

●**事実**●　東京都台東区の山谷地区派出所前の路上に駐車中であった警察車両に対する器物損壊事件の証拠として、その犯行状況等を内容とするビデオテープが提出されたが、それは当該犯行の1年以上前に当該路上の電柱に取り付けられ、その路上の状況を俯瞰的に撮影すべく設置されたテレビカメラで撮影・録画されたものであった。弁護人は、当該ビデオテープは、京都府学連事件【103】の示した要件を満たすことなく違法に撮影・録画されたものであり証拠能力がないと主張した。原審は、【103】の趣旨からすると、(1)現に犯罪が発生する以前であっても当該場所で犯罪が発生する相当高度の蓋然性があり、(2)あらかじめ証拠保全の手段・方法を取っておく必要性・緊急性があり、(3)その撮影・録画が一般的に許容される限度を超えない相当な方法で行われる場合には写真撮影が許容されるとし、この基準から、(i)当該場所では週に数回争議団による無許可示威行進が行われていた、(ii)同争議団と暴力団との間で対立抗争があり、人身傷害に至る衝突事件が起きていた、(iii)集団による犯罪行為であるため、個々の行為および行為主体の特定に著しい困難があった、(iv)通行人を常に特定できるほどの至近距離に設置されていたわけではない、(v)録画も原則として画像が永久に保存されることのないような態様でなされていたなどを理由に当該テープの証拠能力を肯定した。これに対して被告人側が控訴したところ、高裁は、以下のような理由で、控訴を棄却した。

●**判旨**●　「たしかに、その承諾なくしてみだりにその容貌等を写真撮影されない自由は、いわゆるプライバシーの権利の一コロラリーとして憲法13条の保障するところというべきであるけれども、右最高裁判例【103】は、その具体的事案に即して警察官の写真撮影が許容されるための要件を判示したものにすぎず、この要件を具備しないかぎり、いかなる場合においても、犯罪捜査のための写真撮影が許容されないとする趣旨まで包含するものではないと解するのが相当であって、当該現場において犯罪が発生する相当高度の蓋然性が認められる場合であり、あらかじめ証拠保全の手段、方法をとっておく必要性及び緊急性があり、かつ、その撮影、録画が社会通念に照らして相当と認められる方法でもって行われるときには、現に犯罪が行われる時点以前から犯罪の発生が予測される場所を継続的、自動的に撮影、録画することも許されると解すべきであ〔る〕。」

●**解説**●　1　犯罪の発生が予測される場所に捜査目的で監視ビデオを設置することを、適法とした判例である。その論点は、①【103】との関係、②①との関係で現行犯性の要件に限定されないという立場からの撮影を認めた場合に、将来の犯罪の予防・鎮圧を目的とする行政警察活動としての防犯ビデオによる撮影との限界、③将来発生すると予測される犯罪についての捜査活動の可否である。

2　本判旨は、【103】の現行犯性の要件に関する限定説を明白に否定して、非限定説によることを明言し、「犯罪が発生する相当高度の蓋然性」がある場合の撮影を許容した。この点は、その後の判例で、強盗殺人事件等につき犯人と被告人の同一性確認のために被告人の容ぼう等をビデオ撮影した事案を適法と判断するに当たって、現行犯性の要件は求められていない(最2小決平20・4・15【104】)。現行犯性の要件は、【103】の具体的事案についてのものであって、判例法としては非限定説であることは確認されている。

3　本判旨が、「犯罪が発生する相当高度の蓋然性」という要件を掲げ、将来の犯罪を撮影対象としたからと言って、それが行政警察活動となるわけではない(上垣・後掲23頁)。むろん、犯罪が未だ発生していない段階での監視ビデオの設置は、将来の犯罪の予防・鎮圧を目的とする行政警察活動の性質を持つのであるから、その適法性がまず問題となろう。例えば、犯罪が多発し、暴動等が発生していたことから、防犯目的で街頭にテレビカメラ15台を設置してそれらの防止を図ってきた事案について、そのうちの1台につき撤去命令が出された事例もある(大阪地判平6・4・27判時1515-116)。この点、将来の犯罪に向けた警察活動は、犯罪捜査ではなく、犯罪の予防・鎮圧を目的とする行政警察活動と見る見解もあるが、実務においては、例えば尾行活動等、将来の犯罪に向けた捜査活動は一般に広く行われている。理論的にも、本判旨が掲げた「犯罪が発生する相当高度の蓋然性」要件の下での将来の犯罪に関する捜査活動を肯定することは可能と言えよう(中島・後掲23頁、最3小決平11・12・16【159】参照)。

4　問題となるのは、「犯罪が発生する相当高度の蓋然性」要件の当否である。この点について、放火事件の捜査として、被告人方玄関の撮影につき、「犯罪発生の相当高度の蓋然性が認められる場合にのみ許されるとするのは相当ではな〔い〕」とした事例がある(東京地判平17・6・2判時1930-174)。この事例では、犯罪の嫌疑についても「被告人が罪を犯したと考えられる合理的な理由の存在をもって足りる」ともしており(なお、【104】は、犯罪の嫌疑につき合理的な理由を要件とした)、監視ビデオの要件が緩和されている。しかし、それでは行政警察活動としての防犯ビデオとの質的違いが失われることとなって疑問である(亀井源太郎・J重判平18年度187頁は、被告人の「狙い撃ち」撮影は相当性を欠くとする)。捜査の必要性および相当性の判断における慎重さが求められる。

●**参考文献**●　中島宏・囮9版22、上垣猛・囮8版22、宇藤崇・囮7版22

154 尿の強制採取——強制採尿事件

最1小決昭和55年10月23日（刑集34巻5号300頁・判時980号19頁・判タ424号52頁）

参照条文　憲法31条　刑訴法99条　覚せい剤取締法19条、41条の2第1項3号

捜査手段としての強制採尿の許否と必要な令状の種類と形式。

●**事実**●　昭和52年6月28日午前10時頃覚せい剤譲渡の被疑事実で逮捕された被告人Xは、両腕に静脈注射痕様のものがあり、その言語・態度にも不審な点が多く、覚せい剤使用が強く疑われた。そこで、A警察署の警察官BはXに再三尿の任意提出を求めたが、Xがこれを頑強に拒み続けたため、翌日午後4時頃A署側は強制採尿もやむなしと判断し、身体検査令状および鑑定処分許可状の発付を得た。その令状に基づき、鑑定受託者の医師CはXに自然排尿の意思のないことを確認した後、警察官数名によりA署医務室のベッド上に押さえ付けられた状態のXの尿道にカテーテルを挿入して、約100ccの尿を採取した。覚せい剤自己使用の事実で起訴されたXは第1審で有罪とされたので、控訴した。第2審は、本件強制採尿手続を違法としたが、これを重大な違法とは認めず、控訴を棄却した。そこで、Xが上告したところ、最高裁は職権で、以下のような判断を示した。

●**決定要旨**●　「尿を任意に提出しない被疑者に対し、強制力を用いてその身体から尿を採取することは、身体に対する侵入行為であるとともに屈辱感等の精神的打撃を与える行為であるが、右採尿につき通常用いられるカテーテルを尿道に挿入して尿を採取する方法は、被採取者に対しある程度の肉体的不快感ないし抵抗感を与えるとはいえ、医師等これに習熟した技能者によって適切に行われる限り、身体上ないし健康上格別の障害をもたらす危険性は比較的乏しく、仮に障害を起こすことがあっても軽微なものにすぎないと考えられるし、また、右強制採尿が被疑者に与える屈辱感等の精神的打撃は、検証の方法としての身体検査においても同程度の場合がありうるのであるから、被疑者に対する右のような方法による強制採尿が捜査手続上の強制処分として絶対に許されないとすべき理由はなく、被疑事件の重大性、嫌疑の存在、当該証拠の重要性とその取得の必要性、適当な代替手段の不存在等の事情に照らし、犯罪の捜査上真にやむをえないと認められる場合に、最終的手段として、適切な法律上の手続を経てこれを行うことも許されてしかるべきであり、ただ、その実施にあたっては、被疑者の身体の安全とその人格の保護のため十分な配慮が施されるべきものと解するのが相当である。

そこで、右の適切な法律上の手続について考えるのに、体内に存在する尿を犯罪の証拠物として強制的に採取する行為は捜索・差押の性質を有するものとみるべきであるから、捜査機関がこれを実施するには捜索差押令状を必要とすると解すべきである。ただし、右行為は人権の侵害にわたるおそれがある点では、一般の捜索・差押と異なり、検証の方法としての身体検査と共通の性質を有しているので、身体検査令状に関する刑訴法218条5項〔現行法6項〕が右捜索差押令状に準用されるべきであって、令状の記載要件として、強制採尿は医師をして医学的に相当と認められる方法により行わせなければならない旨の条件の記載が不可欠であると解さなければならない。」

●**解説**●　**1**　強制採尿の可否については、下級審判例が分かれていたところ（消極説として本件原審である名古屋高判昭54・2・14判時939-128、積極説として東京高判昭54・2・21判時939-132等）、最高裁は、本決定において初めて積極説を採ることを明らかにした。否定説は、このような採証方法は人格の尊厳を著しく害するとした（前掲名古屋高判昭54・2・14）。これに対して本決定は、強制採尿の被疑者に及ぼす身体的精神的不利益と捜査の必要性との比較衡量から、①捜査上真にやむを得ないと認められる場合であること、②適切な法律上の手続きを経ること、③実施に当たって、被疑者の身体の安全とその人格の保護のために十分な配慮を施すことという3要件の下で強制処分としての許容性を肯定した。

2　強制採尿の手続きについては、これまで、身体検査令状説、鑑定処分許可状説および併用説があったが、通説・実務は併用説に立ってきた（上記高裁判例はいずれも併用説に立脚していた）。ただ、併用説は、内部検査は鑑定処分としつつ、直接強制を必要とする場面では、鑑定処分は直接強制ができないので（172条は225条で準用されていない）、身体検査令状によるとしてきたが、行為の性質を鑑定処分としながら、直接強制の場面で身体検査令状を持ち出すのは理論的に一貫しないとの批判があった。

3　そこで、本決定は、2つの新判断を示した。第1に、強制採尿の法律的性質を捜索・差押えであるとした。従来は、差押えの対象には生存している人間の身体は含まれず、体内にある体液は身体の一部との理解が一般的であった。これに対して、「体内の尿は、いつでも体外に排出できる態勢にある廃棄物であって、いわば体腔内に隠匿された異物に近く、身体の一部でないと考えれば差押の対象とすることに支障は少ない」（稲田・後掲177頁）として、尿も捜索・差押えの対象となり得るとされた。第2に、しかし、被疑者の人権を侵害する虞がある点で一般の捜索・差押えと異なり、身体検査に準ずる配慮が必要であり、218条5項（旧法）を準用して、一定の条件の記載が不可欠であるとした。いわば条件付き捜索差押許可状である。

4　上記のいわゆる強制採尿令状は、その後、実務に定着しているが、体内の尿を無価値な物と評価してよいか、条件付き捜索差押令状は新たな強制処分令状を判例によって立法したことにならないか等の基本的問題を抱えていることは否定できない。したがって、本決定の射程は、差し当たり強制採尿の場面に限られるものと解しておくべきであろう。

●**参考文献**●　稲田輝明・判解昭55年度166、井上78、川﨑英明・百9版66

155 採尿令状による強制連行——エンジンキー取上げ・留置き事件(その2)

最3小決平成6年9月16日 (刑集48巻6号420頁・判時1510号154頁・判タ862号267頁)

参照条文 刑法99条、102条、218条、219条、222条

強制採尿令状による採尿場所への強制連行の可否。

●**事実**● 警察官らは、警察署に意味不明の電話をかけてきた被告人Xに対し職務質問をするため、Xの運転する車両を停止させた。Xは空ぶかしをしたり、落ち着かない態度を示したり等の不審な挙動に出ており、覚せい剤の自己使用が強く疑われた。そこで、警察官はXの運転する車両のエンジンキーを引き抜いて取り上げ、任意同行を求めたが、Xがこれを拒み続けたので、結局、6時間半以上Xをその場に留め置くこととなった。その後、強制採尿令状の発付を受けて、その場から車で30分ほどの距離にある病院までXを連行し、その病院においてXに対する強制採尿を実施した。第1審は、採尿場所への連行は111条1項の「必要な処分」に当たるとしたので、Xが控訴したところ、第2審は、強制採尿令状の執行のため連行も当然に予定されており、許容される旨判示した。そこで、Xが上告したところ、最高裁は、職権で以下のように判示した。なお、本件エンジンキーの取上げおよび留置きについては【106】参照。

●**決定要旨**● 「身体を拘束されていない被疑者を採尿場所へ任意に同行することが事実上不可能であると認められる場合には、強制採尿令状の効力として、採尿に適する最寄りの場所まで被疑者を連行することができ、その際、必要最小限度の有形力を行使することができるものと解するのが相当である。けだし、そのように解しないと、強制採尿令状の目的を達することができないだけでなく、このような場合に右令状を発付する裁判官は、連行の当否を含めて審査し、右令状を発付したものと見られるからである。その場合、右令状に、被疑者を採尿に適する最寄りの場所まで連行することを許可する旨を記載することができることはもとより、被疑者の所在場所が特定しているため、そこから最も近い特定の採尿場所を指定して、そこまで連行することを許可する旨を記載することができることも、明らかである。」

●**解説**● 1 いわゆる強制採尿令状により被疑者を採尿場所まで強制連行することが許されるかに関して、下級審判例は積極説に立っていたが、その根拠については3説に分かれていた。①強制採尿令状に含まれる当然の内容としてまたは令状の附随的な効力として連行できるとする説(令状効力説)、②強制採尿令状が捜索差押許可状の一種であることから、捜索・差押えの際の「必要な処分」の内容に含まれるとする説(必要な処分説)、③強制採尿令状に強制連行を許可する旨の条件を記載した場合に連行できるとする説(令状記載説)である。学説では積極説と消極説があった。消極説は、身柄の連行は採尿自体とは異質の不利益処分であり、逮捕状より要件が緩和された令状によって身柄拘束ができることになる等を理由とする。積極説は、上記の下級審判例の議論とほぼ同じ状況であった。

2 その間にあって、本決定は、令状効力説を採ることで、この対立に決着をつけた。その基本的な考え方は、「強制処分に通常予想される必要かつ相当な限度において、強制処分の附随的効力として許容される」(村瀬・後掲320頁、中谷・後掲170頁等)というものである。本決定は、根拠として、(i)そのように解しないと、強制採尿令状の目的を達することができないこと、(ii)令状裁判官は連行の当否を審査していることを指摘した。しかし、目的は手段を正当化しないことは論を俟たない(酒巻匡・J平6年度重判167頁)から、前者は根拠とは言えない。したがって、判例の実質的な根拠は、強制連行が司法審査を経ているという点にあると見るべきであろう。

こうして事前の司法審査を義務付けたのは、連行の許否は、身体の拘束を相当とするか否かの判断であるため裁判官の事前審査を要するとの考えからであろう。そうであれば、審査の結果として連行が許可されたことを令状に記載することが自然だが、本決定は、その旨を「記載することができる」としている。それは、司法審査を経ていることを明らかにする趣旨から記載することを認めたに過ぎないとされている(中谷・後掲174頁)。それゆえ、記載がなくても司法審査を経ていれば連行できることになるが、それでは、現場捜査官に連行の判断を委ねるのと変わりはなく、司法審査を義務的とした趣旨と一貫しないのではなかろうか。この点は、捜査機関による恣意的な身柄拘束という令状主義の潜脱を防止するためにも事前の司法審査と令状記載を必要的とする令状記載説の方が筋が通るように思われる。なお、その後の実務では令状記載が一般的となっている。

3 司法審査の審査対象は、第1に、連行の実体的要件、すなわち、採尿場所へ任意に同行することが事実上不可能であるか否かであり、第2は、捜査機関の用意した場所が、「採尿に適する最寄りの場所」と言えるか否かである(中谷・後掲172頁)。この点、令状効力説でも、比例原則が働くことは当然であるから、例えば、極端に遠距離の病院である場合には、連行が不相当とされることもあり得る(村瀬・後掲321頁)。司法審査が連行に関する一定の司法的な抑制機能を果たすことになる。

4 また、令状の効力として、その目的を達成するためのあらゆる附随的処分が当然に認められるわけではない。例えば、被疑者が第三者宅に逃げ込み、第三者も立入りを承諾しない場合には、令状の効力によりその住宅に強制的に立ち入ることができるわけではない(井上148頁)のも当然である。

●**参考文献**● 中谷雄二郎・判解平6年度152、松田岳士・圈9版68、令状基本(下)316〔村瀬均〕

156 血液の採取——酒酔い運転事件

仙台高判昭和47年1月25日（刑月4巻1号14頁）　参照条文　憲法31条、35条　刑訴法223条、225条1項、168条1項

失神状態の被疑者からの血液採取の適法性。

●**事実**●　被告人Xは清酒2合5勺を飲んだ後、Aを助手席に乗せて自動車を運転中、前方不注視により先行車に自車を接触させ自車を横転させ、Aを死亡させた。Xはその際自分も顔面等を負傷し、失神したまま付近の救急病院に搬入された。その病院の医師Bは、看護婦に命じてXから注射器を用いて約5g（2ml）の血液を採取させた後、Xに対する治療を行った。この治療行為の終了する直前にXは意識を回復したが採血には気付かず、もとよりXに採血の承諾を求めることもなかった。Xは業務上過失致死および酒酔い運転の事実で起訴されたが、第1審は上記採血手続の重大な違法を認定し、鑑定書を証拠から排除し、酒酔い運転についてXを無罪とした。そこで、検察官が、採血量が生体に影響を与える程度に至っていないこと、緊急治療における患者の黙示の承諾が推定されることなどを主張して控訴したところ、控訴審は以下のような理由でこれを棄却した。

●**判旨**●　「たとえ採血が治療の際に行われ僅か約5グラムすなわち2ミリリットルという少量で身体の健康にどれほどの影響も及ぼさない程のものにすぎなかったにしても捜査官としては任意の承諾のもとに血液の提出を受けえない以上医師Bに対して刑事訴訟法第223条に基づく鑑定の嘱託をなし同法第225条第168条第1項による鑑定処分許可状を求める手続を践むべき場合であったことは否み難い。この点につき原判決は同法第218条の身体検査令状によるべき場合であったというが同条の身体検査はあくまで検証としてすなわち身体の外部から五官の作用によって為しうる程度のものに限られるべきで軽度であるにせよ身体に対する損傷を伴い生理的機能に障害を与えるおそれのある血液の採取はいささか検証の限度を超えると思われ特別の知識経験を必要とする医学的な鑑定のための処分としての身体検査によるのが相当と思料されるのでこの点については原審と見解を異にするのであるが、いずれにせよ裁判官の発する令状によることの必要な捜査活動と解する点において軌を一にするのである。」

「採血という人身に対する直接の侵犯を伴う場合とは類を異にする家宅捜索の如き場合にあってすら犯罪捜査規範第108条は任意の承諾が得られると認められる場合においてもなお令状発付を受けて捜索しなければならない旨定めているように、令状主義の制約を潜脱する名目に堕る虞れの著しい暗黙の承諾を首肯するに足る根拠もなく所論の如く安易に推定すべきでな〔い。〕」

●**解説**●　1　血液採取は強制処分であって、裁判官の令状を要するとする点には争いはないが、令状形式については見解に対立がある。

①捜索差押令状説は、強制採尿に関する最1小決昭和55年10月23日【154】を採血にも適用し、医師による採血の条件を必要的とする。しかし、尿はいずれ排出される無価物であるとしても、血液は人の生命・健康の維持に不可欠な身体の構成要素であり、採取対象の性質に違いがある。また、その取得のためには、医師等が注射針を用いて血管から採取し、軽度とは言え身体に対する損傷ないし痕跡を伴うのであって、採取方法にも違いがある。したがって、捜索差押令状説は適当ではない。②身体検査令状説は、218条1項の身体検査令状による検証の一種として、血液採取もこれに含まれるとする。被疑者がこれを拒んだ場合は、222条・139条により捜査官がそのまま血液採取ができるとする。しかし、検証としての身体検査は身体の外表の検査に限られ、だからこそ捜査機関に直接強制が認められている。軽度であれ身体に損傷・痕跡を残すのは検証とは言えない。③鑑定処分許可状説は、223条により捜査官から鑑定の嘱託を受けた者が、225条1～3項による鑑定処分許可状により血液採取ができるとする。上記2説の難点を避け得る考え方であり、本判旨はこの立場に立っている。

2　問題は、被疑者が採血を拒否した場合の強制採血の可否である。対象者が被告人であれば、172条により、鑑定人は裁判官に強制採血を請求し、裁判官が139条に準じて（鑑定人が立ち会って）直接強制をすることができる。しかし、被疑者の場合は、225条が172条を準用していないので、このままでは直接強制はできないことになる。そこで、多数説は、鑑定処分許可状のほかに218条1項の身体検査令状を得て、222条で準用される139条により直接強制を行い、鑑定人がこれに立ち会って鑑定をするとする（併用説）。

この併用説に対しては、行為の性質を鑑定処分としながら、直接強制の場面で身体検査令状を持ち出すのは理論的に一貫しないとの批判があるが、この点は、鑑定と検証を性質の異なる処分とするのではなく、鑑定は検証の特別形態と解することで、検証についての直接強制は鑑定にも及ぶと構成し得る（井上129頁参照）。なお、鑑定処分許可状だけで直接強制ができるとの説もあり、225条により168条1項が準用されている以上は172条の類推適用も可能であるとするが（小林・後掲372頁）、立法論と言うべきであろう。

3　なお、本判旨が、黙示の承諾を否定したのも適切な判断であった。もっとも、被疑者が採血に任意に承諾した場合には任意捜査として可能とされているが（小林・後掲369頁）、採血を権利放棄の対象とする点には疑問が残るので、やはり鑑定処分許可状を必要とするとすべきであろう。なお、流出血液の採取は任意処分としてできる（福岡高判昭50・3・11刑月7-3-143等）。また、救急搬送された患者の尿から覚せい剤が検出された場合、判例は、警察への通報は医師の守秘義務違反とはならないとしている（最1小決平17・7・19刑集59-6-600）。

●**参考文献**●　令状基本(下)369〔小林充〕

157 呼気の採取――交通事故意識不明事件

福井地判昭和56年6月10日（刑月13巻6＝7号461頁・判時1052号159頁）

参照条文　刑訴法197条1項　旧道交法67条2項［現行法67条3項］

意識不明の被疑者から令状なしに呼気を採取することの許否。

●**事実**●　被告人Xは飲酒した上で自動車を運転し、制限速度違反により自動車を電柱に衝突させ、同乗者2名を負傷させた。この衝突の際にX自身も負傷し、意識不明の状態で付近の病院に収容され、治療を受けていた。病院に駆け付けた警察官AはXの呼気から酒臭を感じ、酒酔い運転の疑いを抱いたので、医師の了解を得た上で、呼気採取器の先に飲酒検知管を取り付け、その先端をXの口先に置いて、依然意識不明状態にあるXから呼気1ℓを採取した。その後、Xは、酒気帯び運転および業務上過失致傷の事実で起訴されたが、弁護人は、本件呼気採取は道交法67条2項［現行法67条3項］に反する違法なものであると主張した。

●**判旨**●　「道路交通法の右の規定は、警察官において酒気を帯びた者が車両等を運転するおそれのある状態を認めた場合に、危険防止のための応急措置をとるについて、その判断資料を得る必要上設けられているものであって（同法67条2項、3項参照）、酒酔い運転や酒気帯び運転の犯罪捜査について、その捜査方法を限定する趣旨を含むものではないのであるから、本件については、別に右呼気検査が犯罪捜査一般において認められる任意捜査の枠内のものといえるか否かを検討する必要がある。

そこで、本件呼気検査の経緯及びその方法についての前記認定の事実によってみると、右の呼気採取は被告人の酒臭によって生じた酒酔い運転の罪の嫌疑に基づいて行なわれ、医師の了解のもと、被告人の自然の呼吸にともなって排出される呼気を短時間採取したというものであって、その間、被告人の身体に有形力が加えられたり、医師の治療行為が阻害されたことはなく、これによって被告人の健康状態に何らの悪影響を及ぼすおそれがないのは勿論、被告人の名誉を侵害するような形態をともなうものでもなかったこと、本件事故発生時から呼気採取時までには既に1時間30分以上の時間が経過しており、被告人の体内のアルコール濃度は時間の経過とともに急速に消失していくおそれがあるため、早急に検査を実施する必要があったこと、本件の呼気採取方法は、風船によるものに比して、呼気以外の外気が混入しやすいため、呼気中アルコール濃度がより低く判定される可能性はあっても、高く判定される可能性は通常存しないものと考えられるので、その結果が被告人にとって不利に働く危険性はないといえること、以上の諸点が明らかであり、これらを総合勘案してみると本件呼気採取は、任意捜査として許される範囲内のものと認めるのが相当と考えられる。」

●**解説**●　1　体内のアルコール保有の有無を検査するための呼気採取は、被採取者の同意を得て、その協力の下で任意捜査として行われるのが原則である。この点が、承諾があっても任意捜査としては疑問の残る血液採取の場合との違いである（仙台高判昭47・1・25【156】参照）。他方、道交法67条2項［旧法］は、危険防止の措置として、酒気帯び運転の虞があると認められるときは、アルコール調査のため呼気検査をすることができる旨を定めている（なお、道交法上の呼気検査は供述を得ようとするものではないから憲法38条1項に違反するものではない。最1小判平9・1・30【178】）。弁護人は、引き続き車両を運転する虞のない場合には道交法67条2項の呼気検査はできないというものであった。本判旨は、道交法上の措置と犯罪捜査としての呼気検査とを区別して、後者が一定の条件下で任意捜査として許容される場合があるという当然のことを、まず指摘した。

2　問題は、被疑者が失神中で同意が得られない場合でも、任意捜査として行うことが許されるかである。第1説は、有形力の行使に当たらず、被採取者の利益侵害もないので、必要性、緊急性等の相当性を考慮するまでもなく、常に適法な任意捜査として許されるとする（福岡高判昭56・12・16判時1052-159①事件）。第2説は、呼気の自然採取は、被採取者のプライバシーなどの一定の利益侵害の要素を含むので、必要性、緊急性を考慮し、具体的状況の下で相当と認められる限度で任意捜査として適法に行い得るとする（浦和地越谷支判昭56・11・6判時1052-159②事件）。そして、第3説は、呼気採取は身体検査の性質を有するから、同意がない以上、令状が必要であるとする。

3　本判旨は、第2説の立場に立つ。本判旨が指摘した任意捜査の条件は、①犯罪の嫌疑があり、②被告人の身体に対する有形力が加えられたりせず、その健康状態に悪影響を及ぼす虞もなく、③被告人の名誉を侵害する形態でもなく、また、④早急に検査を実施する必要があり、⑤呼気検査の方法が被告人に不利に働く危険性もない等を指摘して、本件呼気採取を任意捜査として許容される範囲内のものとした。妥当な判断と思われる。なお、この場合に、黙示の同意を推定するという考え方もあり得ようが、同意については事前かつ明示の同意が必要と解すべきであるから、適当ではない（原田・後掲95頁）。

4　なお、失神中の被疑者からの指紋の採取は、体液の一種の自然採取として身体検査に当たり、身柄を拘束されていない場合には、身体検査令状によるべきであろう（原田・後掲96頁）。また、毛髪・唾液・爪・体臭・汗を採取する場合は、鑑定処分許可状によるべきであろう。これらの強制的採取は、身体検査令状との併用説による（令状基本（下）374頁〔井上弘通〕）。

●**参考文献**●　森岡安廣・判タ832-7、原田國男・別冊判タ9-94、坂明・別冊判タ10-127

158　捜査機関による秘密録音——三里塚闘争事件

千葉地判平成3年3月29日（判時1384号141頁）　参照条文　刑訴法197条1項

警察官が相手方不知の間に会話を録音する行為の適法性。

● 事実 ●　中核派構成員である被告人Xは、土地収用委員会委員であるAを辞職させるため、A宅に電話をかけて脅迫したとして職務強要罪で起訴された。公判において、検察官は、脅迫電話の音声が録音されているカセットテープ、および、脅迫事件の後に三里塚闘争会館の捜索差押えの際に警察官が小型マイクをネクタイに装着するなどして立会人であるXを含む中核派活動家の音声を密かに録音したテープ等を証拠として提出した。これらの録音テープにつき弁護人は、プライバシー侵害、令状主義違反という重大な違法に基づいて収集されたものであり証拠排除されるべきであると主張した。裁判所は、以下のような理由から本件秘密録音は適法であるとして、Xを有罪とした。

● 判旨 ●　「一般に、対話者の一方当事者が相手方の知らないうちに会話を録音しても、対話者との関係では会話の内容を相手方の支配に委ねかつ秘密性ないしプライバシーを放棄しており、また、他人と会話する以上相手方に対する信頼の誤算による危険は話者が負担すべきであるから、右のような秘密録音は違法ではなく、相手方に対する信義とモラルの問題に過ぎないという見方もできよう。

しかし、それは、相手方が単に会話の内容を記憶にとどめ、その記憶に基づいて他に漏らす場合に妥当することであって、相手方が機械により正確に録音し、再生し、さらには話者（声質）の同一性の証拠として利用する可能性があることを知っておれば当然拒否することが予想されるところ、その拒否の機会を与えずに秘密録音することが相手方のプライバシーないし人格権を多かれ少なかれ侵害することは否定できず、いわんやこのような録音を刑事裁判の資料とすることは司法の廉潔性の観点からも慎重でなければならない。

したがって、捜査機関が対話の相手方の知らないうちにその会話を録音することは、原則として違法であり、ただ録音の経緯、内容、目的、必要性、侵害される個人の法益と保護されるべき公共の利益との権衡などを考慮し、具体的状況のもとで相当と認められる限度においてのみ、許容されるべきものと解すべきである。」

● 解説 ●　1　秘密録音は3つの形態に区別できる。①会話の両当事者の同意を得ない秘密録音（通信傍受と同じ）、②会話の一方当事者による秘密録音（当事者録音）、③会話の一方当事者の同意を得て第三者が行う秘密録音（同意録音）である。また、それぞれにつき、録音者が私人の場合と捜査官の場合とがある。本件は、捜査官による当事者録音の事案である（私人の場合については最3小決平11・12・16【160】参照）。

当事者録音の適法性については（基本的に同意録音も論点は共通である）、4つの学説がある。(i)秘密録音はおよそ適法なものであるとする無限定合法説、(ii)話者のプライバシー権保護の立場から原則として違法とする原則違法説、(iii)原則適法としつつも、録音されないことについて相手方に合理的な期待を認めてよい場合等は例外的に違法となるとする留保付き合法説、(iv)(iii)とは逆に、原則違法としつつ、正当な理由があり、会話にプライバシーをそれほど期待し得ないような状況がある場合には、例外的に許容されるとする利益衡量説である（稻田雅洋・判解平12年度157頁参照）。今日では、(iii)または(iv)が有力とされている。本判決は(iv)に立つ。

2　他方で、本判決と同じく、電話による脅迫事件において、令状により捜索・差押えを行う際に立ち会った被疑者との会話の秘密録音に関して(iii)の考え方に立つ東京地判平成2年7月26日判時1358号151頁は、「対話者は相手方に対する関係では自己の会話を聞かれることを認めており、会話の秘密性を放棄しその会話内容を相手方の支配下に委ねたものと見得るのであるから、右会話録音の適法性については、録音の目的、対象、手段方法、対象となる会話の内容、会話時の状況等の諸事情を総合し、その手続に著しく不当な点があるか否かを考慮してこれを決めるのが相当である」とする。(iii)では、秘密録音は基本的に適法であることを前提にして、それが違法になる場合とは如何なる場合かを考える。これに対して(iv)は、基本的に違法であるが、この違法性を阻却する場合かどうかを考える。

3　両判例とも秘密録音を適法とする結論は同じであるが、秘密録音によって侵害される法益に関する理解の違いがアプローチの違いを生んでいる。この点については、話者のプライバシー権の主要な内容の秘密性は会話の相手方に委ねられているから、完全な意味でのプライバシー権の侵害はなく強制処分とまでは言えないが、話者のプライバシーへの期待も保護に値するので、秘密録音に正当な理由があり、会話のプライバシーをそれほど期待し得ない状況でなされる場合などに限定して許される、と考えるべきであろう（井上13・223頁参照）。この考え方は、任意と強制に関する判例法（最3小判昭51・3・16【101】）の基準と整合的である。したがって、(iii)のように、秘密録音により話者のプライバシーが一定程度侵害されているにもかかわらずこれを適法と評価した上で、違法な場合を検討するという方法論は上記判例法の判断枠組みとも整合しないと思われる。

4　こうして、秘密録音の適法性の判断枠組みとして、本判決の考え方が妥当である。また、任意捜査としての適法性について、被疑者の犯行を疑う相当の理由があり、録音過程に不当な点は認められず、被告人の法益を侵害する程度が低く、また、秘密録音によらなければ有力証拠の収集が困難であるという公益上の必要性を指摘して、本件秘密録音を相当と認めた具体的判断も適当であったと言えよう。

● 参考文献 ●　岩尾信行・圄9版24、稻田雅洋・圄8版24

159 検証許可状による電話傍受──電話傍受事件(その1)

最3小決平成11年12月16日(刑集53巻9号1327頁・判時1701号163頁・判タ1023号138頁)

参照条文 憲法13条、21条2項、31条、35条

> 検証令状による電話傍受の合憲性。

●**事実**● 被告人Xおよび共犯者Yらは、Xが暴力団事務所のA電話で受けた覚せい剤購入の注文につき、同じマンション内の別のB電話に連絡し、Yらがそれに応じて待ち合わせ場所に赴いて覚せい剤を客に交付し覚せい剤密売を行ったという覚せい剤取締法違反等を理由に逮捕、起訴された。この事件の捜査の際、捜査機関は検証令状に基づいて検証としての電話傍受を実施した。弁護人は、本件当時電話傍受を捜査の手段として許容する法律上の根拠はなかったとして刑訴法197条1項但書に規定する強制処分法定主義違反および憲法(13条、21条2項、31条、35条)違反を主張して上告した。このうち、憲法違反の主張に対して、最高裁は、以下のように判示した。なお、強制処分法定主義違反の点(決定要旨後段)については【160】参照。

●**決定要旨前段**● 「電話傍受は、通信の秘密を侵害し、ひいては、個人のプライバシーを侵害する強制処分であるが、一定の要件の下では、捜査の手段として憲法上全く許されないものではないと解すべきであって、このことは所論も認めるところである。そして、重大な犯罪に係る被疑事件について、被疑者が罪を犯したと疑うに足りる十分な理由があり、かつ、当該電話により被疑事実に関連する通話の行われる蓋然性があるとともに、電話傍受以外の方法によってはその罪に関する重要かつ必要な証拠を得ることが著しく困難であるなどの事情が存する場合において、電話傍受により侵害される利益の内容、程度を慎重に考慮した上で、なお電話傍受を行うことが犯罪の捜査上真にやむを得ないと認められるときには、法律の定める手続に従ってこれを行うことも憲法上許されると解するのが相当である。」

●**解説**● 1 捜査手段としての通信傍受については、平成11年8月に、「犯罪捜査のための通信傍受に関する法律」(以下、「通信傍受法」)および電気通信の傍受を強制処分とした刑訴法改正(222条の2)が成立し、以後、検証許可状による電話傍受を行うことはできなくなった。したがって、本決定は過去の問題を扱うものである。しかし、電話傍受に関する憲法判断は、そのまま通信傍受法の憲法判断に読み替えることが可能であるから、その点で実質的に先例性を有しているし、また、「電気通信の傍受」以外の傍受(例えば、会話傍受)について検証許可状で行うことができるかは未解決の問題であるから、検証許可状についての一般論を展開した本判例には、その点でも先例としての意義を認めることができる(会話傍受については、安村勉・争点92頁等参照)。

2 本決定は、電話傍受は、個人のプライバシーを侵害するものであるから強制処分に当たること、および一定の要件下では、捜査手段として憲法上全く許されないものではないこと、を判示した。その一定の要件として、①犯罪の重大性、②嫌疑の十分性、③通話の蓋然性、④捜査の補充性、⑤真にやむを得ない場合であること、および、⑥適正手続を挙示した。つまり、①〜⑤の要件を満たす⑥の手続きが可能である場合に、電話傍受の合憲性が認められるとした。

3 電話傍受に関する憲法論は、通信傍受法に関する憲法論と共通する。通信傍受を違憲とする見解も2つの説に区別できる(池田・後掲226頁)。第1説は、憲法13条・21条2項・31条・35条の憲法規範から、およそ傍受令状に関する立法は憲法に違反するとし(小田中聰樹=川崎英明=村井敏邦=白取祐司『盗聴立法批判』58頁等)、第2説は、現行刑訴法上の各種令状は電話傍受を許可する令状としては適合性を欠き、検証許可状により電話傍受を行うことは違憲であるとするもの(井上正仁『捜査手段としての通信・会話の傍受』155頁等)である。前者では、権利侵害の重大性のほか、令状における対象特定の困難性、関係通話の選別聴取の不可避性等が指摘される。これに対し、後者では、通信の秘密やプライバシーの保護も捜査権の行使の要請に基づく内在的制約があることを認め、一定の場合に憲法35条・31条に適合した法律上の手続きを経て電話傍受を行うことは許されるが、現行刑訴法上の検証許可状により電話傍受を行うことは憲法に適合したものとは言えないと主張する。本決定は、結論は異にするが、判断枠組みとしては第2説と同じ考え方に立脚するものと言えよう。

4 憲法論で特に問題となるのは、傍受対象の特定性の問題である。傍受対象を被疑事件に関する通話に限定することの可否については【160】で検討することとし、ここでは、将来行われる犯罪行為の特定性の問題に触れておこう。将来発生する犯罪事実について令状を発付することができるかについては、これまで消極説が通説とされ、電話傍受の場合でもあくまで過去の特定犯罪の捜査が目的とされ、付随的に将来の犯罪の捜査の端緒が得られる場合があるに過ぎないと理解されてきた(令状基本(上)34頁〔村瀬均〕)。本件原審でもあくまで過去の犯罪の実態解明のために電話傍受が必要とされていたので(池田・後掲237頁)、理論的には消極説を前提とするものと思われる。

もっとも、この理解は捜査実態からは乖離している。確かに、刑訴規則156条1項しかなかった時代には、未発生の犯罪を対象とする令状は予定されていなかったが、立法論としては、近い将来に特定の犯罪が行われる蓋然性が高い場合に令状を発付することは可能と言うべきであり(井上・前掲155頁)、通信傍受法はこの積極説の考え方に立脚していると思われる。

●**参考文献**● 池田修=飯田喜信・判解平11年度220、安村勉・百9版72、椎橋隆幸・百8版72

160 電話傍受と強制処分法定主義──電話傍受事件(その2)

最3小決平成11年12月16日(刑集53巻9号1327頁・判時1701号163頁・判タ1023号138頁)

参照条文 刑訴法128条、129条、197条、218条、219条

検証令状による電話傍受の合法性。

●事実● 本件は、【159】と同じ覚せい剤事犯についての検証許可状による電話傍受の事案である。本件で裁判官が発付した検証令状には、①検証すべき内容として、A電話およびB電話を使用した「覚せい剤取引に関する通話内容に限定する」との但書が付され、②検証期間について「平成6年7月22日から同月23日までの間(ただし、各日とも午後5時00分から午後11時00分までの間に限る)」とし、③検証方法については、「地方公務員2名を立ち会わせて通話内容を分配器のスピーカーで拡声して聴取するとともに録音する。その際、対象外と思料される通話内容については、スピーカーの音声遮断及び録音中止のため、立会人をして直ちに分配器の電源スイッチを切断させる」と各記載されていた。弁護人は、刑訴法197条1項但書に規定する強制処分法定主義違反、および、憲法違反を主張して上告した。このうち、強制処分法定主義違反の点について最高裁は、以下のように判示した。なお、憲法違反の点(決定要旨前段)については【159】参照。

●決定要旨後段● 「本件当時、電話傍受が法律に定められた強制処分の令状により可能であったか否かについて検討すると、電話傍受を直接の目的とした令状は存していなかったけれども、次のような点にかんがみると、前記の一定の要件[【159】参照]を満たす場合に、対象の特定に資する適切な記載がある検証許可状により電話傍受を実施することは、本件当時においても法律上許されていたものと解するのが相当である。」
(1)電話傍受は、検証としての性質をも有すること、(2)裁判官は、事前に審査することが可能であること、(3)検証許可状の「検証すべき場所若しくは物」(刑訴法219条1項)の記載に当たり、傍受すべき通話、傍受対象となる電話回線、傍受方法、傍受期間をできる限り限定することにより、「傍受対象の特定という要請を相当程度満たすことができる」こと、(4)身体検査令状に関する218条5項[現行法6項]は、「条件の付加が強制処分の範囲、程度を減縮させる方向に作用する点において、身体検査令状以外の検証許可状にもその準用を肯定し得る」から、裁判官は、第三者の立会い等の適当と認める条件を付することができること、(5)傍受すべき通話に該当するかどうかが明らかでない通話の傍受は、129条所定の「必要な処分」に含まれると解し得る。
「もっとも、検証許可状による場合、法律や規則上、通話当事者に対する事後通知の措置や通話当事者からの不服申立ては規定されておらず、その点に問題があることは否定し難いが、電話傍受は、これを行うことが犯罪の捜査上真にやむを得ないと認められる場合に限り、かつ、前述のような手続に従うことによって初めて実施され得ることなどを考慮すると、右の点を理由に検証許可状による電話傍受が許されなかったとまで解するのは相当でない。」(反対意見がある。)

●解説● 1 本決定要旨後段における問題は、(i)電話傍受の性質として検証の性質を持つか、(ii)検証許可状に適切な記載をすることが可能であるか、(iii)該当性判断傍受が129条の「必要な処分」に含めることが可能かである。

2 (i)は、電話傍受は、通話内容を聴覚により認識して、それを記録するという点で、五官の作用によって対象の存否・性質・内容等を認識・保全する検証としての性質をも有する、とされた。検証概念に、会話の存在ではなくその意味内容の把握を主目的とする電話傍受を含めることが適当かについては議論の余地があるが、これは概念規定の問題であり決定的論点とまでは言えない。

3 (ii)は、令状記載要件を規定した219条1項、身体検査令状への条件記載を認めた218条5項[現行法6項]の準用および検証に必要な処分を定めた129条の「柔軟な解釈」(池田・後掲230頁)により可能であるとされた。すなわち、219条1項の「検証すべき場所若しくは物」という令状の記載事項として、電話傍受の特性に応じて、傍受すべき通話、対象となる電話回線、傍受実施の方法・場所、その期間を記載することができるとした上、これらを可能な限り限定することにより、傍受対象の特定という要請に応え得るものとされた。また、捜索差押許可状への条件記載は強制採尿に関する最1小決昭和55年10月23日【154】の先例があるところ、この理は検証許可状にも当てはまるものとされ、電話傍受に第三者を立ち会わせて対象外通話の遮断措置を取らせるという条件を付加し、傍受による権利侵害の最小化を図った。これらの記載内容は、強制採尿令状の場合よりもより厳格かつ具体的なものとなっているが、それは通信の秘密ないし個人のプライバシーという侵害される権利の重大性を考慮したためと解されている(同228頁)。

4 (iii)は、129条所定の「必要な処分」に含まれるとされたが、この点について反対意見は「電話傍受に不可避的に伴う選別的な聴取は、検証のための『必要な処分』の範囲を超えるものであり、この点で、電話傍受を刑訴法上の検証として行うことには無理がある」とした(同旨、井上正仁『捜査手段としての通信・会話の傍受』100頁等)。多数意見は、検証許可状への条件記載等による権利侵害の最小化が図られている点を評価して「必要な処分」に含み得るとしたが、意見の分かれるところであろう。

5 なお、本決定は、事後通知や不服申立て手続の不存在にも論及したが、少なくとも適正手続の厳格さを緩めたことは否めない。だからこそ、新たな通信傍受法を立法する必要があったことを忘れるべきではないであろう。

●参考文献● 池田修=飯田喜信・判解平11年度220、田口守一「検証令状による電話傍受の合憲性・合法性」現刑25-80

161 私人の秘密録音——詐欺被害者録音事件

最２小決平成12年７月12日（刑集54巻6号513頁・判時1726号170頁・判タ1044号81頁）　参照条文　刑訴法317条

相手方の同意を得ないで録音したテープの証拠能力。

●事実●　被告人Xは、広告の企画・制作を業とする会社を経営する者であるが、取引先の広告代理店を経営するAに対し、架空の広告主から折込広告の依頼があるかのように装い、Aの会社がこの依頼を受け、Xの会社がその下請けをし、後日広告主から広告代金がAの会社に支払われるなどの虚偽の説明をして、下請け代金としてAから額面合計5000万円余りの小切手を詐取したとして起訴された。

公判において、Xが欺罔行為および詐欺の故意を争ったことから、Xと被害者Aの供述の信用性が争点となった。Aは、広告代金の支払いがなくXの説明に不審の念を抱いたため、弁護士の助言を受けて、広告代金の支払い等に関しXと電話で話した会話を密かに録音していたことから、その録音テープがAの証言を裏付ける証拠として取り調べられた。弁護人は、相手方の同意を得ないで会話を録音することはプライバシーの侵害として違法であるとして、その証拠能力を争った。

第１審は、後日トラブルに至った場合の証拠とすべく自衛行為の一環として録音されたこと等の事情から、本件の録音は違法ではないとして、この録音テープの証拠能力を認め、原審もその判断を維持した。弁護人は、録音テープを証拠として用いることは憲法に反するとともに、最３小決昭和56年11月20日刑集35巻8号797頁〔判事補にせ電話事件〕が、秘密録音が合法とされる要件として、相手側が未必的に録音されることを容認していたこと、録音者側に業務上の正当理由があること等の限定を加えているが、本件ではそのような要件が満たされないので、判例に違反するなどと主張した。最高裁は、職権で、以下の判断を示した。

●決定要旨●　「本件で証拠として取り調べられた録音テープは、被告人から詐欺の被害を受けたと考えた者が、被告人の説明内容に不審を抱き、後日の証拠とするため、被告人との会話を録音したものであるところ、このような場合に、一方の当事者が相手方との会話を録音することは、たとえそれが相手方の同意を得ないで行われたものであっても、違法ではなく、右録音テープの証拠能力を争う所論は、理由がない。」

●解説●　１　秘密録音には３つの形態があるが、本件は私人による当事者録音の事案である。そして、秘密録音の適法性については、①無限定合法説、②原則違法説、③留保付き合法説、④利益衡量説の４つの学説がある（【158】解説参照）、かつては、原則として適法とする③説が有力であったが、現在では、会話の内容を記憶しているのと録音されるのとには質的な違いがあり、会話の自由はプライバシー権の重要な一部をなすと考えられており、特に④説が有力になっている（稗田・後掲158頁）。

２　私人による秘密録音と捜査官による秘密録音（千葉地判平3・3・29【158】参照）とでは論点に違いが生ずる。捜査官による場合には、憲法・刑訴法上の規制が及ぶことになり、強制処分か任意処分か、任意処分と解した場合にはその限界が問題となる。これに対して、私人による場合には、その許容性は民法上の違法判断という性質を持つことになる（小川・後掲230頁）。したがって、違法収集証拠の排除法則との関係では、違法捜査の抑制基準は関係してこないが、司法の廉潔性基準とは関係してくることになろう。

３　私人による秘密録音の適法性については、会話当事者のプライバシーや自由な表現に対して及ぼす脅威の程度をどのように評価するかにより、「自分の話した言葉に対する権利や録音されないことに対する期待自体に法的保護の対象としての価値を認めるか否か」（稗田・後掲167頁）が基本問題である。この点については、話者のプライバシー権の主要な内容の秘密性は会話の相手方に委ねられているから、完全な意味でのプライバシー権の侵害はないとしても、話者のプライバシーへの期待も法的保護の対象と考えるべきで、秘密録音に正当な理由があり、会話のプライバシーをそれほど期待し得ない状況でなされた場合には許される（井上13・223頁参照）とする考え方が適切であろう。私人間の秘密録音は本来はモラルの問題であるが、克明な記録とその開示を可能とする録音機器の発達はプライバシー保護の必要性を高めたからである。

４　先例としての上記昭和56年決定は、被告人が、検事総長と称して当時の首相に電話をかけたとして官職詐称の罪で起訴されたいわゆる「判事補にせ電話事件」である。同決定は、「たとえそれ〔録音すること〕が相手方の同意を得ないで行われたものであっても、違法ではないと解すべきである」との判断を示したが、その前提として新聞記者が報道目的で録音したこと、また、相手方が録音を未必的ではあるが容認していたといった事情を認定していた。本件では、昭和56年決定が認定したような特殊事情はないので、昭和56年決定とは事案が異なると言えよう。

５　本件は、いわば典型的な私人間の秘密録音のケースであり、詐欺の被害を受けた者が被告人の説明に不審の念を抱いて秘密録音をしたもので、一種の自衛行為と評価でき、偽計その他不当な手段は用いられておらず、また、録音されないことについての期待が強く求められる事案ではないから、適法の判断に問題はないであろう。本決定の理論的基礎については、②説に立つものでないことは確かであるが、それ以外のどの説に近い立場を採っているかは明らかでない（稗田・後掲169頁、小川・後掲230頁）。

●参考文献●　稗田雅洋・判解平12年度153、小川佳樹・早稲田法学77-4-225、山名京子・J平12年度重判180

162 おとり捜査(1)——麻薬所持事件

最1小決昭和28年3月5日（刑集7巻3号482頁）　　参照条文　旧麻薬取締法53条　刑訴法337条、338条4号

おとり捜査の実体法的・訴訟法的効果。

●**事実**●　かねてよりA・B（捜査当局の「おとり」）から麻薬の入手方の依頼を受けていた被告人Xは、被告人Yに頼んで麻薬である塩酸ジアセチルモルヒネ約676gを入手してもらい、その引渡しを受けた。X・Yは共に麻薬不法所持容疑で逮捕され、起訴された。弁護人は、本件は犯意を持たないX・Yに犯意を誘発させたおとり捜査であり、直ちに逮捕され麻薬も押収されることが運命付けられている以上、X・Yの行為には法益侵害の危険性はないと主張したが、第1審は、本件の場合は抽象的危険犯であり、また、たとえ違法なおとり行為によって犯意を誘発された場合でもX・Yの犯罪行為が適法になったり、放任されたりすることにはならないのでX・Yの行為は違法性を阻却されず、その行為に及ぶか否かは被告人の全く自由な意思決定によるものであるから、他人にその責任を転嫁することもできない以上、特別の犯罪阻却事由のない限り被告人は当該犯罪の責めを負う、として有罪判決を下した。

原審は、X・Yの行為は、「おとり」によって新たに犯意を生じた結果実行されたものではなく、むしろ「おとり」によって単にその犯意が強められたに過ぎない場合であるとして、原判決を維持した。これに対しX・Yが上告したところ、最高裁は、以下のように述べて上告を棄却した。

●**決定要旨**●　「他人の誘惑により犯意を生じ又はこれを強化された者が犯罪を実行した場合に、わが刑事法上その誘惑者が場合によっては麻薬取締法53条〔旧法。犯罪捜査に当たっての譲受けの免責規定〕のごとき規定の有無にかかわらず教唆犯又は従犯として責を負うことのあるのは格別、その他人である誘惑者が一私人でなく、捜査機関であるとの一事をもってその犯罪実行者の犯罪構成要件該当性又は責任性若しくは違法性を阻却し又は公訴提起の手続規定に違反し若しくは公訴権を消滅せしめるものとすることのできないこと多言を要しない。」

●**解説**●　1　本決定は、おとり捜査の法的効果に関するリーディングケースとされる。本決定は、おとり捜査があっても、実体法上犯罪が不成立となったり、訴訟法上も、公訴提起が無効となったりするものではないとする。ただ、本件は、原審の認定によれば、おとりによって単にその犯意が強められたにすぎない事案である。したがって、「他人の誘惑により犯意を生じ」と論及した部分は厳密には傍論に過ぎないが、本決定は後の判例でも引用され、おとり捜査の法的効果に関する判例の基本的理解を示すものとして重要である。

2　おとり捜査の実体法上の効果に関して、法律が犯罪捜査に当っての譲受けの免責規定を設けている場合であっても（現行法では、麻薬及び向精神薬取締法58条等）、捜査官が教唆犯等として処罰される余地のあることに触れ、おとり捜査が違法となり得ることを示唆している点は重要である。おとり捜査を全面的に許容してはいないからである。これに対して、本決定は、「誘惑者が一私人でなく、捜査機関であるとの一事を以てその犯罪実行者の犯罪構成要件該当性又は責任性若しくは違法性を阻却」することはないとした。誘惑者が捜査官か私人かで刑責が左右される合理的な理由は見いだせないとの理解は伝統的な刑法理論からは当然の判断と言えよう。おとり捜査であっても、行為者は、本件第1審が判示したように、「全く自由な意思決定」によって行為したと言うべきだからである（【161】解説参照）。もっとも、その後、犯意誘発型のおとり捜査は、行為の時から国家に処罰適格が欠け、可罰的責任が欠如するので無罪となるとする新たな無罪説も主張されている（鈴木茂嗣・小野退官19頁、宇藤崇・法学論叢133-2-39／133-6-75参照）。犯罪論体系の構成いかんによってはこのような立論の余地もあるが、ここでは、あくまで訴訟法的処理がふさわしいとの立場を維持しておく。

3　本決定は、おとり捜査の訴訟法上の効果に関しても、「公訴提起の手続規定に違反し若しくは公訴権を消滅せしめる」ことを否定した。この点については、国は処罰適格を失い免訴となるとする考え方（鈴木63頁等）、捜査手続の違法を理由に公訴提起の手続きが無効であるとして公訴棄却となるとする考え方（田宮70頁）もある。この点については、その後、公訴権濫用論について、極限的な場合とは言え公訴の無効があり得ることが認められている（最1小決昭55・12・17【217】）ことからすれば、犯意誘発型で違法性が極度に高い場合には、公訴棄却、免訴といったドラスティックな処理もあり得よう（多和田隆史・判例平16年度286頁）。本決定のおとり捜査の訴訟法的効果に関する判示は、事案が機会提供型であり、また、公訴権濫用論の判例が出る前のことでもあり、その射程距離は限定的に理解すべきであろう。

4　とりわけ、違法なおとり捜査の訴訟法的効果として、違法なおとり捜査によって得られた証拠は違法収集証拠として証拠能力が否定されるとする考え方（令状基本(上)44頁〔池田修〕等）は、より現実的な訴訟法的効果と言うべきであろう。いわゆる違法収集証拠の排除法則（最1小判昭53・9・7【108】【425】）においては、「令状主義の精神を没却するような重大な違法」が排除基準となっているが、違法なおとり捜査については将来の違法な捜査の抑制という観点では共通するものであり（山上・後掲15頁）、証拠排除の可能性を認めることは可能と言うべきである。犯意誘発型はむろんのこと機会提供型のおとり捜査であっても常軌を逸した手段が用いられたような場合がこれに当たる。

●**参考文献**●　鈴木茂嗣・圓3版30、田宮裕・別冊判タ9-103、新実例Ⅰ8〔山上圭子〕

163 おとり捜査(2)——覚せい剤所持事件

東京高判昭和57年10月15日（判時1095号155頁）　参照条文　憲法31条　刑訴法197条、338条4号

犯意誘発型のおとり捜査と機会提供型のおとり捜査。

●事実● Aは、覚せい剤不法所持の現行犯として逮捕され、暴力団組員の被告人Xから買い受けた旨を供述した。そこで、その真偽を確かめるため、捜査官が、Aに組事務所に電話をかけさせ、覚せい剤50gの取引を申し込ませたところ、相手がこれに応じ、相手より取引場所・時刻の指定を受けた。そこで、捜査官が指定された時刻にAを取引場所まで同行し、張込みを行っていたところ、Xが現われ、ポケットから何かを取り出し付近の草むらに隠したので、その場でXを職務質問し、その隠した物を確認したところ、覚せい剤らしき白色結晶入りの袋が5袋入った紙袋であることが判明した。Xは覚せい剤所持の現行犯として逮捕され、起訴された。

第1審は、覚せい剤所持につきXを有罪とした。そこで、Xは控訴し、本件捜査はおとり捜査であって違法であり、338条4号により公訴棄却の判決が下されるべきであると主張した。高裁は以下のように述べて、控訴を棄却した。

●判旨● 「被告人がいわゆるおとり捜査により検挙されたことは否定しがたいが、……被告人は……以前から覚せい剤を密売のため所持することを反覆的、継続的に行なっていたと推認され、今回の場合もAの譲り受けの申し込みは、覚せい剤所持の犯意のなかった者にその犯意を誘発させたというのではなくかねてからよい客があれば覚せい剤を売ろうとして所持の犯意を有していた者に、その現実化及び対外的行動化の機会を与えたに過ぎないというべきである。

また、……〔本件におけるような〕捜査方法の当否については、覚せい剤の弊害が大きく、その密売ルートの検挙の必要性が高いのに、検挙は通常『物』が存在しないと困難である実情にも鑑みると、T署の捜査員が取調べ中のAの自発的申し出に基づき、Aの供述の裏づけをとる一方で、Aとつながる密売ルートの相手方の検挙の端緒を得ようとしたことは当該状況下においては捜査上必要な措置であったと認められ、これが公訴提起手続を無効にするほど、適正手続等の条項に違反した、違法ないしは著しく不当な捜査方法であったとは認められない。」

●解説● 1 おとり捜査に関するリーディングケースとされる最1小決昭和28年3月5日【162】以来、実務は、おとり捜査を2つの類型に分け、犯意誘発型のおとり捜査は、捜査機関が行為者に犯意を発生させて犯罪を実行させる類型であり、機会提供型のおとり捜査は、すでに犯意を有している行為者に犯行の機会を提供する類型であるとし、前者は許されないが、後者は任意捜査として許容されるとしてきた。本判決もこのような実務の傾向を踏襲したものである。

2 その理論的根拠については諸説があるが（多和田・後掲277頁以下参照）、おとり捜査は、正しい情報に基づき犯罪行為を回避する国民の人格的自律権を侵害することで、「正義の実現を指向する司法の廉潔性に反する」（最3小決平8・10・18〔反対意見〕【164】解説参照）ものであるから、正当な理由のない限り許容されないものと言えよう。このような観点から考えると、犯意誘発型のおとり捜査および機会提供型であってもおとり捜査の必要性がなかったり常軌を逸した手段が用いられて相当でない場合には、おとり捜査も違法となる。これに対して、機会提供型のおとり捜査であって、おとり捜査の必要性が認められかつそこで用いられた捜査手法に相当性が認められる場合には、正当な理由に基づくおとり捜査として許容される。このような機会提供型のおとり捜査の場合には、「従前からその犯意を有していた者にその現実化、行動化の機会を与えたにすぎない」（東京高判昭62・12・16判タ667-269）のであって、「覚せい剤取引に関する行動はその正常かつ自由な意思決定に基づいて行われたもの」（東京高判昭60・10・18刑月17-10-927）と理解でき、行為者の自由意思に基づく犯罪行為であることには変わりはないからである。本判旨も「犯意を有していた者に、その現実化及び対外的行動化の機会を与えたに過ぎない」として、この考え方を踏襲している。

3 本件で問題とされたのは、おとり捜査という捜査方法を用いる必要性についてである。判旨は、「覚せい剤の弊害が大きく、その密売ルートの検挙の必要性が高い」として捜査の必要性を強調した。この点、上記平成8年決定における反対意見は、「必要性については、具体的な事件の捜査のために必要か否かを検討すべきものであって、……特定の犯罪類型について一般にその捜査が困難であることを理由としてその必要性を肯定すべきではない。もし、そのような一般的必要性によりおとり捜査の適否を決するとすれば、重大な犯罪に関しては無制限におとり捜査を認めることにもなりかねず、憲法、刑事訴訟法の理念に反することとなるからである」と述べていることに注目すべきである。覚せい剤事犯であれば常におとり捜査が許容されるのではなく、当該事案についておとり捜査の必要性が認められなければならない。本判旨が、「当該状況下においては捜査上必要な措置であった」としているのも、その趣旨であったと思われる。ただし、おとり捜査が適法であるためには捜査の必要性のみならずそこで用いられた捜査手法の相当性も求められる。本件は、覚せい剤取引の電話をかけたというに止まるものであるから、相当性に問題はないと言えよう。

4 なお、本判旨は、「公訴提起手続を無効にするほど、適正手続等の条項に違反した、違法ないしは著しく不当な捜査方法であったとは認められない」との表現を用いているが、「著しく不当な捜査方法」の場合には公訴提起が無効となる場合も理論上はあり得ることを示唆しているように思われる。

●参考文献● 佐藤隆之・圖7版26、寺崎嘉博・圖6版24、多和田隆史・判解平16年度262

164 おとり捜査(3)―大麻所持事件

最1小決平成16年7月12日（刑集58巻5号333頁・判時1869号133頁・判夕1162号137頁）　参照条文　刑訴法197条

おとり捜査の許容性。

●事実●　被告人Aは、大麻の営利目的所持等の罪により懲役6年に処せられたイラン人であり、捜査協力者であるBは、刑務所で服役中にAと知り合った者であるが、その弟がAの依頼に基づき大麻樹脂を運搬したことにより処罰されたことから、Aに恨みを抱くようになり、麻薬取締官に対し、Aが日本に薬物を持ち込んだ際は逮捕するよう求めていた。Aは、平成12年2月26日頃、Bに対し、大麻樹脂の買い手を紹介してくれるよう電話で依頼した。Bから連絡を受けた麻薬取締官は、Bの情報によっても、Aの住居や立ち回り先、大麻樹脂の隠匿場所等を把握できず、他の捜査手法によって証拠を収集し、Aを検挙することが困難であったため、おとり捜査の実施を決め、BがAに対し麻薬取締官を買い手として紹介することとし、BからAに対しホテルに来て買い手に会うよう連絡した。ホテルで、麻薬取締官は、Aに対し、何が売買できるかを尋ねたところ、Aは、今日は持参していないが、東京に来れば大麻樹脂を売ることができると答えた。麻薬取締官は、自分が東京に出向くことは断わり、Aの方で大阪に持って来れば大麻樹脂2kgを買い受ける意向を示した。そこで、Aがいったん東京に戻って翌日に大麻樹脂を持参し、改めて取引を行うことになった。その際、麻薬取締官は、東京・大阪間の交通費の負担を申し出たが、Aは、ビジネスであるから自己負担で東京から持参すると答えた。翌日、Aが、東京から大麻樹脂約2kgを同ホテルに運び入れたところ、あらかじめ捜索差押許可状の発付を受けていた麻薬取締官の捜索を受け、現行犯逮捕された。

●決定要旨●　「本件において、いわゆるおとり捜査の手法が採られたことが明らかである。おとり捜査は、捜査機関又はその依頼を受けた捜査協力者が、その身分や意図を相手方に秘して犯罪を実行するように働き掛け、相手方がこれに応じて犯罪の実行に出たところで現行犯逮捕等により検挙するものであるが、少なくとも、直接の被害者がいない薬物犯罪等の捜査において、通常の捜査方法のみでは当該犯罪の摘発が困難である場合に、機会があれば犯罪を行う意思があると疑われる者を対象におとり捜査を行うことは、刑訴法197条1項に基づく任意捜査として許容されるものと解すべきである。

これを本件についてみると、上記のとおり、麻薬取締官において、捜査協力者からの情報によっても、被告人の住居や大麻樹脂の隠匿場所等を把握することができず、他の捜査手法によって証拠を収集し、被告人を検挙することが困難な状況にあり、一方、被告人は既に大麻樹脂の有償譲渡を企図して買手を求めていたのであるから、麻薬取締官が、取引の場所を準備し、被告人に対し大麻樹脂2kgを買い受ける意向を示し、被告人が取引の場に大麻樹脂を持参するよう仕向けたとしても、おとり捜査として適法というべきである。」

●解説●　1　本決定は、おとり捜査の意義を、初めて正面から取り上げ、おとり捜査の法的性質およびその許容条件を明確にしたものであり、今後の薬物犯罪等の捜査にとって重要な意味を持つ判例である。

2　おとり捜査を、一定の許容条件の下で、197条1項に基づく任意捜査として許容されるとした根拠については、まず、おとり捜査の違法性の実質が問題となる（多和田・後掲277頁）。学説上、①人格的自律権等に対する侵害とする説、②捜査の公正に対する侵害とする説、③国家による犯罪の創出等とする説が示されている。この点、おとり捜査の違法性は、個人の法益侵害の観点と国家行為の規範違反の観点の両面から捉えることが必要であり、正しい情報を得て犯罪行為を回避する人格的自律権を侵害することで、「正義の実現を指向する司法の廉潔性に反する」（最3小決平8・10・18 LEX/DB28080113〔大野正男・尾崎行信裁判官の反対意見〕参照）ものとして、正当な理由のない限り許容されないものと言えよう。いずれにせよ、おとり捜査は「原則として違法な活動である」（酒巻匡「おとり捜査」法教260-107）がゆえに、それが許容されるためには一定の許容条件が求められることになる。

3　本決定は、おとり捜査の許容条件を掲げた。(i)おとり捜査の対象犯罪として、「少なくとも、直接の被害者がいない薬物犯罪等」としたが、「等」には銃器犯罪や売春犯罪等が考えられる（多和田・後掲289頁）。なお、おとり捜査は、将来に対する犯罪に関する任意捜査として許容される（同288頁）。もっとも、将来の犯罪の捜査と言っても、嫌疑の存在は必要であるから、実際には過去の犯罪が前提となる場合が多いであろう。(ii)通常の捜査方法では摘発が困難であるという捜査の必要性および補充性が必要である。(iii)対象者は「機会があれば犯罪を行う意思があると疑われる者」であり、いわゆる機会提供型のおとり捜査であることも必要である。さらに、本決定は、(iv)麻薬取締官が取引場所を準備したり、大麻樹脂の持参を仕向けたことを指摘した上で適法判断をしていることから、捜査手法の相当性の判断も加えていると言えよう。この点については、第1に、機会提供型のおとり捜査であっても、その捜査手法が常軌を逸した不相当なものであった場合には、違法なおとり捜査と評価される可能性があり、また、第2に、捜査手段の相当性はその必要性と相関関係にある（新実例 I 11頁〔山上圭子〕参照）ことに注意すべきである。

4　こうして、本判例は、犯意誘発型と機会提供型というおとり捜査に関するこれまでの二分説を基本的に支持し、また、巧妙化する薬物犯罪に対する捜査方法としておとり捜査に積極的な評価を与えたものと言えよう（多和田・後掲292頁）。

●参考文献●　多和田隆史・判解平16年度262、後藤昭・圖9版26、甲斐行夫・圖8版26、大澤裕・J平16年度重判190

165 国際捜査—外国捜査官による取調べ事件

最1小判平成23年10月20日（刑集65巻7号999頁・判時2171号128頁・判タ1384号136頁）

参照条文　刑訴法
321条1項3号

> 外国の捜査官が作成した供述調書の証拠能力および国際捜査の評価基準。

●**事実**●　本件は、中国から日本に留学してきた被告人が、(1)共謀の上、中国人留学生の居室に押し入り現金等を強取した、住居侵入・強盗事件、(2)共謀の上、日本語学校の校舎内に侵入して現金等を盗んだ、建造物侵入・窃盗事件、(3)共謀の上、中国人留学生の居室に侵入して現金等を盗んだ、住居侵入・窃盗事件、(4)共謀の上、電器店から携帯電話機1台等を騙し取った、詐欺事件、(5)中国人と共謀の上、被害者方に押し入り、同人方の一家4人全員を殺害して金品を強取するとともに、その死体を海中に投棄して犯跡を隠蔽した、住居侵入・強盗殺人・死体遺棄事件、(6)交際していた中国人女性に対し、暴行を加えて負傷させた傷害事件のうち、(5)のいわゆる「福岡市一家殺人事件」に関する事案である。この事件は、被告人、共犯者甲および乙の3名による犯行であったが、甲および乙は、事件直後中国に帰国し、中国の裁判所で1名は死刑、他は無期懲役に処せられた。そのため、共犯者甲および乙の供述確保は、日中両国の協力の下で進められた。なお、「刑事に関する共助に関する日本国と中華人民共和国との間の条約」は平成20年の発効であり、平成15年に発生した本件における国際捜査共助は「国家間の国際礼譲」に基づく要請（第1審判決）として行われた。共犯者甲および乙の取調べは、中国の捜査機関によって行われたが、中国の刑訴法には被疑者の黙秘権を保障する規定がなかったことから、その供述調書の証拠能力が問題となった。

●**判旨**●　「前記(5)の事実については、中国の捜査官が同国において身柄を拘束されていた共犯者である甲及び乙を取り調べ、その供述を録取した両名の供述調書等が被告人の第1審公判において採用されているが、所論は、上記供述調書等について、その取調べは供述の自由が保障された状態でなされたものではないなどとして、証拠能力ないし証拠としての許容性がないという。そこで検討するに、上記供述調書等は、国際捜査共助に基づいて作成されたものであり、前記(5)の犯罪事実の証明に欠くことができないものといえるところ、日本の捜査機関から中国の捜査機関に対し両名の取調べの方法等に関する要請があり、取調べに際しては、両名に対し黙秘権が実質的に告知され、また、取調べの間、両名に対して肉体的、精神的強制が加えられた形跡はないなどの原判決及びその是認する第1審判決の認定する本件の具体的事実関係を前提とすれば、上記供述調書等を刑訴法321条1項3号により採用した第1審の措置を是認した原判断に誤りはない。」

●**解説**●　1　外国に対して捜査を要請する国内法上の根拠としては、197条の任意捜査の一方法として可能であると解されている。実際には、国際捜査共助により得られた証拠の証拠能力の有無という形で問題となる。先例として、日本にない手続きによって確保された証拠が問題とされたが事例があるが（ロッキード丸紅ルート事件【206】【434】等）、本件では、日本の制度と相容れない制度の下で確保された証拠が問題となる。ここでは、証拠能力の前提となる外国の証拠収集手続に対する評価基準の問題を取り上げておこう（証拠能力については最3小決昭54・10・16【467】参照）。

2　中国の捜査機関による被疑者の取調べについては、黙秘権が保障されていない点が問題となる。中国の刑訴法では、「被疑者は、捜査員の質問に対して、ありのままに答えなければならない」（中国刑訴法93条［2012年改正前］。なお、2012年改正でも黙秘権の明文化は見送られた）とする真実供述義務が課されている（三浦・後掲183頁）。ところが、本件では、①日本の捜査機関から取調べ等の要請があり、②検察官を含む日本の捜査官が立ち会い、③日本側の要請に基づき被疑者には供述拒否権が告知され、④質問内容はあらかじめ日本側が作成した質問事項に基づいて行われ、取調べの間、被疑者に対して肉体的・精神的強制が加えられた形跡はなかった。⑤ただ、日本側の求めに反して、取調べは片手錠で行われたが、供述には任意性は認められるとされている（なお、片手錠の事案につき、東京高判昭44・3・27判時557-278等は、任意性が否定されないとしている）。

3　取調べの適法性の判断基準として、中国の法制度を基準とするか、具体的な取調べ手続を基準とするかが問題となるが、「抽象的に黙秘権を認めない法制度下であっても、実質的に供述の自由が保障された取調べ」（三浦・後掲200頁）も可能であることからすれば、本件で具体的な取調べ形態が基準とされたことは適切であったと言えよう。他方で、制度論が問題となる例として、オーストラリアにおける電話傍受につき「我が国の憲法及び刑訴法の精神に照らして」証拠能力を肯定した裁判例があるが（大阪高判平8・7・16判時1585-157）、これは電話傍受を合憲とした判例（最3小決平11・12・16【159】【160】）から追認できるものの、同時に証拠能力が肯定された令状による「会話傍受」については、たとえオーストラリア法では合法的であっても、「我が国の憲法及び刑訴法の精神に照らして」もそう言えたかには疑問が残るように思われる。

4　本件は、具体的事実関係を前提とする事例判例である。321条1項3号の「特信情況」の判断は優れて個別判断になじむものであるから、制度という抽象的基準ではなく、実質的な取調べという具体的基準を適用したことは無論妥当な判断であり、今後の国際捜査に対する1つの評価基準として示唆的である。ただ、上記の会話傍受の例などでは、日本法との制度的違いが大きな意味を帯びることも否定できないであろう（太田・後掲158頁）。

●**参考文献**●　三浦透・判解平23年度176、笹倉宏紀・論究J4-195、太田茂・刑ジャ32-154、池田公博・J平23年度重判190

166　GPS捜査——広域窃盗団事件

大阪地決平成27年6月5日（判時2288号138頁）　　参照条文　刑訴法197条1項

GPS捜査の適否。

●**事実**●　本件は、一連の広域窃盗事件の捜査の中で実施されたGPS（全地球測位システム）捜査によって得られた証拠の採否に関する決定である。捜査機関は、平成25年5月23日から同年12月4日頃までの間、被告人らの自動車やバイク合計19台に対し、令状の発付を受けることなく、GPS端末を取り付け、その位置情報を断続的に取得しつつ追尾を行う捜査を実施した。GPS端末は、自動車の下部に磁石によって取り付けられていたが、そのバッテリーは3〜4日程度で充電が必要なため、その都度、GPS端末を本体ごと取り換えられていた。この交換作業は、管理権者の承諾なくして商業施設の駐車場等の私有地で実施されることもあった。弁護人は、GPS捜査はプライバシー権を侵害する強制処分であり、無令状で行われた本件捜査は違法であり、これによって得られた証拠は排除されるべきであると主張した。裁判所は、以下の判断を示して、本件捜査の違法を認め、検察官請求証拠の一部を却下した。

●**決定要旨**●　(1)「本件GPS捜査は、尾行や張り込みといった手法により、公道や公道等から他人に観察可能な場所に所在する対象を目視して観察する場合と異なり、私有地であって、不特定多数の第三者から目視により観察されることのない空間、すなわちプライバシー保護の合理的期待が高い空間に対象が所在する場合においても、その位置情報を取得することができることに特質がある。本件においても、コインパーキングや商業施設駐車場のみならず、ラブホテル駐車場内に所在した対象のGPSの位置情報が複数回取得されて〔おり〕、……プライバシー保護の合理的期待が高い空間に係る位置情報を取得したものといえる。」

(2)「検察官は、本件GPS捜査は尾行等を機械的手段により補助するものに過ぎない旨主張するが、尾行等に本件GPSを使用するということは、少なくとも失尾した際に対象車両の位置情報を取得してこれを探索、発見し、尾行等を続けることにほかならず、失尾した際に位置情報を検索すれば、対象が公道にいるとは限らず、……プライバシー保護の合理的期待が高い空間に所在する対象車両の位置情報を取得することが当然にあり得るというべきである。……そうすると、本件GPS捜査は、……目視のみによる捜査とは異質なものであって、尾行等の補助手段として任意捜査であると結論付けられるものではなく、かえって、内在的かつ必然的に、大きなプライバシー侵害を伴う捜査であったというべきである。」

(3)「GPS端末の取付け、取外しの際に、……本件では警察官は、少なくともラブホテル駐車場内には立ち入ったというのであり、施設の構造や性質上、管理権者の包括的承諾があったといえるか疑義も生じ得るところである。」

(4)　したがって、本件GPS捜査は、対象車両使用者のプライバシー等を大きく侵害することから、強制処分に当たるものと認められる……。そして、本件GPS捜査は、携帯電話機等の画面上に表示されたGPS端末の位置情報を、捜査官が五官の作用によって観察するものであるから、検証としての性質を有するというべきである。そうすると、検証許可状によることなく行われた本件GPS捜査は、無令状検証の誹りを免れず、違法であるといわざるをえない。」

●**解説**●　1　本件において、大阪地裁第7刑事部は、GPS捜査を強制処分と決定したが、同地裁第9刑事部は、本件事案の別の被告人事件について、GPS捜査は、通常の張込みや尾行等の方法と比して特にプライバシー侵害の程度が大きいものではなく、強制処分に当たらないとの決定を出している（大阪地決平27・1・27判時2288-134）。GPS捜査が任意処分か強制処分かをめぐって、同一事件に対する2つの刑事部の見解が分かれた。

2　本決定は、①GPS捜査はプライバシー権を侵害するとするが、プライバシー権の侵害が被疑者の重要な利益の侵害として強制処分と評価できるとする点については、すでに、宅配便荷物に対するエックス線検査を強制処分とした最3小決平成21年9月28日【102】の考え方に通ずるものがあろう（最3小決平11・12・16【159】【160】も参照）。②また、GPS捜査を尾行の機械的手段による補助に過ぎないとする主張を斥けて、失尾した場合にも追跡できる点から、尾行とは異質な捜査であるとする。この点については、コントロールド・デリバリー等で用いられるbeeper（電子信号発信器）による追跡捜査とも質を異にすると言えよう（大野正博・曽根・田口古稀（下）512頁）。③さらに、私有地への承諾のない侵入行為も認められるなどとして、④結論として、GPS捜査を強制処分と評価した。その上で、検証令状なくしてGPS捜査をしたことから、違法収集証拠の排除法則により、関連証拠を証拠排除した。

3　本決定は、現代の情報化社会におけるプライバシー保護の要請を踏まえたものであり、GPSによる追跡は捜索に当たるとした合衆国判例（United States v. Jones, 132 S. Ct. 945（2012）、緑大輔・アメリカ法2013-2-356、大野・前掲490頁）とも通ずる考え方と言えよう。また、合衆国では、逮捕に伴って押収した携帯電話内の情報の捜索には令状を要するとした判例（Riley v. California, 134 S. Ct. 2473（2014）、池亀尚之・アメリカ法2015-1-144）もある。この点については、本決定も、「位置情報等は、一定期間、データファイルとして保存されており、これをダウンロードして利用することもできた」とも認定している。これは、蓄積された過去の情報への侵入を意味するので、現在の位置情報の収集とも異なり得る。新たな問題が示唆されている。

4　他方、大阪地裁第9刑事部はGPS捜査を任意処分としているので、GPS捜査の法的規律は今後の検討課題と言わなければならない。なお、GPS情報は、携帯電話からも取得できるが、裁判所の令状を要するとされている（電気通信事業における個人情報保護に関するガイドライン（総務省告示）26条）。

●**参考文献**●　黒川享子・法時87-12-117

167 長時間取調べと実質的逮捕——富山事件

富山地決昭和54年7月26日（判時946号137頁・判タ410号154頁）　　参照条文　刑訴法198条1項

長時間取調べによる実質的逮捕と勾留の許否。

●**事実**● 被疑者Xは、昭和54年7月23日午前7時15分頃、自家用車で自宅を出たところ警察官から停止を求められ、「事情を聴取したいことがあるので、とにかく同道されたい」旨同行を求められた。Xが自車で付いて行く気配を見せると、Xには警察車両に同乗してもらい、Xの車は警察官が代わって運転するとの説明があったのでXは警察車両に同乗して同日午前7時40分頃警察署に到着した。取調室において、直ちに取調べが開始され、昼食・夕食時に各1時間など数回の休憩を挟んで翌24日午前0時過ぎ頃まで断続的に続けられた。その間、取調室には取調官のほかに立会人1名が配置され、休憩時にも同人が常に被疑者を看視し、被疑者は一度も取調室から外に出ることはなく、便所に行く時も立会人が同行した。他方、捜査官は同日午後10時40分通常逮捕状の請求をなし、その発付を得て、翌24日午前0時20分頃これを執行した。そして、同日午後3時30分検察官に送致され、検察官は同日午後5時15分勾留請求をした。翌25日、裁判官は、「先行する逮捕手続に重大な違法がある」との理由で上記請求を却下した。これに対する準抗告の申立てが本件である。

●**決定要旨**● 「当初被疑者が自宅前からT警察署に同行される際、被疑者に対する物理的な強制が加えられたと認められる資料はない。しかしながら、同行後の警察署における取調は、昼、夕食時など数回の休憩時間を除き同日午前8時ころから翌24日午前零時ころまでの長時間にわたり断続的に続けられ、しかも夕食時である午後7時ころからの取調は夜間にはいり、被疑者としては、通常は遅くとも夕食時には帰宅したいとの意向をもつと推察されるにもかかわらず、被疑者にその意思を確認したり、自由に退室したり外部に連絡をとったりする機会を与えたと認めるに足りる資料はない。

右のような事実上の看視付きの長時間の深夜にまで及ぶ取調は、仮に被疑者から帰宅ないし退室について明示の申出がなされなかったとしても、任意の取調であるとする他の特段の事情の認められない限り、任意の取調とは認められないものというべきである。従って、本件においては、少なくとも夕食時である午後7時以降の取調は実質的には逮捕状によらない違法な逮捕であったというほかはない。」

「本件においては逮捕状執行から勾留請求までの手続は速かになされており実質逮捕の時点から計算しても制限時間不遵守の問題は生じないけれども、約5時間にも及ぶ逮捕状によらない逮捕という令状主義違反の違法は、それ自体重大な瑕疵であって、制限時間遵守によりその違法性が治ゆされるものとは解されない、けだし、このようなことが容認されるとするならば、捜査側が令状なくして終日被疑者を事実上拘束状態におき、その罪証隠滅工作を防止しつつ、いわばフリーハンドで捜査を続行することが可能となり、令状主義の基本を害する結果となるからである。」

「以上の事実によれば、本件逮捕は違法であってその程度も重大であるから、これに基づく本件勾留請求も却下を免れないものというべきである」。

●**解説**● 1　本決定は、①任意同行に引き続く長時間の取調べを実質的逮捕に当たると認定し、②48時間以内に送致があっても勾留は許されないとした。①については、実質的逮捕とする判断基準および任意処分の違法判断に関する判例の傾向との関係、②については、制限時間内の勾留請求を容認する判例との関係が問題となる。

2　任意同行に引き続く長時間の取調べが実質的に逮捕に当たるかについては、(i)同行を求めた時刻・場所、(ii)同行の方法・態様、(iii)同行を求める必要性、(iv)被疑者の属性、(v)同行後の取調べ時間・場所・方法、その間の監視状況、(vi)被疑者の対応状況、(vii)捜査官の主観的意図、(viii)逮捕状の準備の有無等の諸状況を総合考慮して客観的に判断するものとされている（田村・後掲15頁）。本件では、特に(v)のうち、「夕食時である午後7時」という時刻および「事実上の看視」状況という客観的事情が重視されて、実質的逮捕とされたように思われる。

3　他方、最高裁判例は、宿泊を伴う長時間の取調べの適否について、強制手段に至っているかどうかだけでなく、「社会通念上相当と認められる方法ないし態様及び限度」において許容されるかを問題とし（最2小決昭59・2・29【168】）、徹夜にわたる長時間の取調べについても、「任意捜査として許容される限度を逸脱したものであったとまでは断ずることができ〔ない〕」（最3小決平元・7・4【169】）などとする。さらに、職務質問の際の長時間の現場留置きについて「任意捜査として許容される範囲を逸脱した」（最3小決平6・9・16【106】）とした例もある。このように、最高裁判例の傾向としては、任意処分の限界を問題とするアプローチが有力であるが、被疑者の自由拘束の程度により、強制処分の有無が問題となる場合もあり得ることを確認しておく必要があろう。なお、勾留請求の許諾との関係では、無令状の強制処分の違法と任意処分の限界逸脱の違法とに、一般的に違法の程度に違いがあるわけではないことに注意すべきであろう。

4　本決定は、勾留請求が制限時間内に行われても、「令状主義違反の違法は、それ自体重大な瑕疵」として勾留を認めなかった。この点、実質的逮捕の時点で緊急逮捕の要件を満たしていた場合に、制限時間内の勾留請求につき、勾留を認めた裁判例もある（東京高判昭54・8・14【123】）。本件は贈収賄事件とのことであるが（粟野・後掲38頁）、緊急逮捕の要件が備わっていたか否かは不明である。

●**参考文献**●　田村政喜・圕9版14、津村政孝・圕8版14、粟野友介・別冊判タ11-36

168　宿泊を伴う取調べ(1)——高輪グリーンマンション殺人事件

最2小決昭和59年2月29日（刑集38巻3号479頁・判時1112号31頁・判タ524号93頁）　参照条文　刑訴法198条1項

宿泊を伴う取調べと自白の任意性。

●**事実**●　東京都内のマンションに居住するホステスの殺人事件につき、以前に被害者と同棲していたことのある被告人Xが捜査の対象となった。Xは、自ら警察署に出頭し、アリバイの弁明をしたが、裏付け捜査の結果そのアリバイが虚偽であることが判明し、昭和52年6月7日早朝任意同行を求め、Xを取り調べたところ、同日午後10時頃犯行を認めるに至った。午後11時過ぎに一応の取調べを終えたが、Xから、今日は寮に帰りたくないのでどこかの旅館に泊めてほしい旨の答申書の提出を受け、近くの民間宿泊施設に宿泊させた。同月8～10日も、近くのホテルに宿泊させ、ホテル周辺に警察官が張り込んで監視した。ホテルからは警察が用意した自動車で送り迎えをして取調べを続行した。なお、宿泊代金は、4泊のうち3泊分は警察が支払った。しかし、決め手となる証拠が十分でなかったため、6月11日にいったんは釈放されたものの、8月23日に逮捕され、当初は否認していたが、同月26日に自白し、殺人罪で起訴された。公判では自白の任意性が争点となった。

●**決定要旨**●　「任意捜査の一環としての被疑者に対する取調べは、右のような［最3小決昭51・3・16【101】を引用］強制手段によることができないというだけでなく、さらに、事案の性質、被疑者に対する容疑の程度、被疑者の態度等諸般の事情を勘案して、社会通念上相当と認められる方法ないし態様及び限度において、許容されるものと解すべきである。」

「被告人を4夜にわたり捜査官の手配した宿泊施設に宿泊させた上、前後5日間にわたって被疑者としての取調べを続行した点については、……被告人は、捜査官の意向にそうように、右のような宿泊を伴う連日にわたる長時間の取調べに応じざるを得ない状況に置かれていたものとみられる一面もあり、その期間も長く、任意取調べの方法として必ずしも妥当なものであったとはいい難い。」

しかしながら、被告人は上記答申書を出しており、また、取調べや宿泊についてこれを拒否したりした証跡はなく、結局、「被告人に対する右のような取調べは、宿泊の点など任意捜査の方法として必ずしも妥当とはいい難いところがあるものの、被告人が任意に応じていたものと認められるばかりでなく、事案の性質上、速やかに被告人から詳細な事情及び弁解を聴取する必要性があったものと認められることなどの本件における具体的状況を総合すると、結局、社会通念上やむを得なかったものというべく、任意捜査として許容される限界を越えた違法なものであったとまでは断じ難いというべきである。」

したがって、被告人の自白については、その任意性を肯定し、証拠能力があるものとした原判決は、結論において相当である。（少数意見がある。）

●**解説**●　1　身柄を拘束されていない被疑者の取調べが違法となる態様として、①取調べに強制的要素があるために、それが実質的に逮捕状態と評価される場合と、②取調べに強制的要素までは認められないが、取調べ方法が相当と言えない場合とがある。本件では、4泊5日にわたるホテル等への宿泊を伴う取調べについて、取調べ方法の相当性が問題とされた。

2　強制処分と任意処分に関するリーディングケースである【101】は、任意捜査においても、強制手段に至らない程度の有形力の行使は、「必要性、緊急性などをも考慮した上、具体的状況のもとで相当と認められる限度において許容される」場合があるとした。この判断枠組みは、その後、多くの事例について判例法上定着してきた。本件は、その判断基準が「取調べ」についても適用されることを明らかにしたものとして大きな意義がある。ただ、この点については、利益衡量を内容とする相当性基準を、取調べの任意性という「意思の自由」が問題となる領域にまで持ち込むことを疑問とする有力な見解もある（酒巻匡「任意取調べの限界について」神戸法学年報7-292）。しかし、判断枠組み自体の問題とその判断枠組みの基準をどこまで厳格に判断するかの問題とは区別して考えるべきであろうし、「意思決定の自由度」にも様々な程度があり得るので（堀江・後掲17頁）、必ずしも比較衡量になじまないとも言えないであろう。

3　無論、長時間の取調べが実質逮捕と評価されれば、令状なき逮捕として違法となる。裁判例として、午前8時頃から翌日の午前0時頃までの長時間の取調べにつき、その一部を実質的な逮捕としたもの（富山地決昭54・7・26【167】）、捜査官と共に被疑者を2夜にわたりホテルに宿泊させた取調べは、実質的に逮捕と同視すべき状態に置いたものとしたもの（東京地決昭55・8・13判時972-136）等がある。他方、9泊10日に及ぶ宿泊を伴う取調べを、事実上の身柄拘束に近いとしつつも任意捜査として違法としたものもある（東京高判平14・9・4【170】）。本決定でも、実質的逮捕には当たらないとの黙示的判断が前提となっている（堀江・後掲17頁）。

4　本決定の少数意見は、被告人の自由な意思決定は著しく困難であり、任意捜査として違法であったとする。法廷意見と少数意見を分けたのは、被疑者の主観面の評価であった。被疑者の宿泊意思につき、答申書等から相当性を肯定する形式説とそれを額面どおりには受け取らない実質説とが対立するが、被疑者の心理それ自体より取調べ態様という客観面こそ重要であり、実質説が妥当であろう。いずれにせよ、本件は、3対2の小差であり、限界事例と言えよう（龍岡・後掲184頁）。

●**参考文献**●　龍岡資晃・判解昭59年度169、堀江慎司・圐9版16、原田國男・圐8版16、飯柴政次・別冊判タ11-39

169 徹夜の取調べ――平塚事件

最3小決平成元年7月4日（刑集43巻7号581頁・判時1323号153頁・判タ708号71頁）

参照条文　刑訴法197条1項、198条1項

徹夜の取調べが任意捜査として許容される限度。

●**事実**●　被告人Xは、同棲していたAの他殺死体が発見され、捜査が開始された日の午後11時頃、任意同行を求められ、警察署に出頭した。Xは自ら捜査への協力を約束し、それに基づいて徹夜の取調べを受け、翌日午前9時半頃にA殺害・金品窃取につき自白した。しかし、その後も取調べは継続され、ついにXは強盗の意思を認める供述をした。その供述に基づき、Xは同日午後9時半頃強盗殺人等の容疑で通常逮捕され、後に起訴された。通常逮捕までの期間中、取調べに費やされた時間は、食事時の20～30分の休憩を含め、合計22時間に及んでいた。第1審、原審共に取調べを適法とし、強盗の意思に関する捜査段階でのXの自白の任意性・信用性を肯定し、Xを強盗殺人で有罪とした。そこでXは、長時間の取調べの違法性およびその間に得られた自白の証拠能力等を争い、上告した。最高裁は上告を棄却したが、職権で本件取調べの適法性につき次のように判断した。

●**決定要旨**●　任意同行から逮捕までの間になされた本件取調べは、198条に基づく任意捜査として行われたものであるが、「任意捜査の一環としての被疑者に対する取調べは、事案の性質、被疑者に対する容疑の程度、被疑者の態度等諸般の事情を勘案して、社会通念上相当と認められる方法ないし態様及び限度において、許容される」ところ、「本件任意取調べは、被告人に一睡もさせずに徹夜で行われ、更に被告人が一応の自白をした後もほぼ半日にわたり継続してなされたものであって、一般的に、このような長時間にわたる被疑者に対する取調べは、たとえ任意捜査としてなされるものであっても、被疑者の心身に多大の苦痛、疲労を与えるものであるから、特段の事情がない限り、容易にこれを是認できるものではなく、ことに本件においては、……自白をした段階で速やかに必要な裏付け捜査をしたうえ逮捕手続をとって取調べを中断するなど他にとりうる方途もあった……。……もし本件取調べが被告人の供述の任意性に疑いを生じさせるようなものであったときには、その取調べを違法とし、その間になされた自白の証拠能力を否定すべきものである。」

しかし、(1)Xから進んで取調べを願う旨の承諾を得ており、(2)警察官において、強盗の犯意についての自白を強要するため取調べを続け、あるいは逮捕の際の時間制限を免れる意図のもとに任意取調べを装って取調べを続けたのではなく、被告人の自白が、虚偽を含んでいると判断されたため、取調べを続けたのであり、(3)被告人が取調べを拒否して帰宅しようとしたり、休息させてほしいと申し出た形跡はなかったなどの特殊な事情に加え、「本件事案の性質、重大性を総合勘案すると、本件取調べは、社会通念上任意捜査として許容される限度を逸脱したものであったとまでは断ずることができず、その際になされた被告人の自白の任意性に疑いを生じさせるようなものであったとも認められない。」（反対意見がある。）

●**解説**●　1　本件は、任意同行から逮捕まで約22時間に及ぶ徹夜の取調べがなされたという事案である。徹夜の取調べを避けるべきであることについては、犯罪捜査規範165条3項も「取調は、やむを得ない理由がある場合のほか、深夜に行うことを避けなければならない」と規定している。むろん、深夜の現行犯逮捕の場合等に取調べを要することは当然であるから、その限界が問題となる。

2　徹夜の取調べの適否は、強制捜査との区別と任意捜査の相当性の限度という2つの側面から問題となる。前者は、有形力を用いた事案（最3小決昭51・3・16【101】）や長時間の看視付き取調べの事案（富山地決昭54・7・26【167】）等で問題となる。本決定は、本件取調べを任意捜査と理解している。それは、取調べに関する被疑者の承諾の存在や休息の申出がなかったこと等から、強制捜査の要素である被疑者の意思に反するものではなかったとされたためと思われる。

3　任意捜査の相当性については、高輪グリーン・マンション殺人事件【168】が先例となり、本決定もその判断基準を踏襲している。徹夜の取調べに関する事案として、被疑者が今夜中に全部を自白してしまった方が気分も楽になるからとの希望があったという事案につき、取調べを適法としたものがある（名古屋高金沢支判昭32・12・26裁特4-24-684）。被疑者の承諾ないし希望を判断要素として重視する姿勢は、【168】と同じである。本決定も、被告人の取調べに積極的に応ずるという態度を重視しているが、その意味で【168】と共通すると言えよう（出田・後掲213頁）。

4　本決定の反対意見は、「自白をした段階で、最小限度の裏付け捜査を遂げて直ちに逮捕手続をとり、取調べを中断して被告人に適当な休息を与えるべきであった」とし、許容される限度を超え違法であるとした。先例として、午後9時過ぎから翌朝午前4時頃まで、仮眠や休憩を与えなかった徹夜の取調べを違法としたものがあるが（大阪高判昭63・2・17高刑41-1-62）、これらは被疑者の身体的疲労を判断要素としている。本決定も、自白が得られた段階で逮捕して取調べを中断する等他に取り得る手段もあったことは認めつつも、被疑者の自白に虚偽が含まれていたこと等から捜査の続行を許容限度を逸脱したとまでは言えないとした。いずれにせよ限界事例と言うべきである。身柄を拘束されていない被疑者の取調べの適正化も大きな課題である。

●**参考文献**●　井田孝一・判解平元年度198、指宿信・囧9版18、三浦正充・別冊判タ12-28

170 宿泊を伴う取調べ(2)―ロザール事件(その1)

東京高判平成14年9月4日（東高時報53巻1=12号83頁・判時1808号144頁）　　参照条文　刑訴法197条、198条

9泊10日に及ぶ宿泊を伴う取調べの適否。

●**事実**●　被告人X女は、フィリピン国籍を有する外国人であるが、本件被害者方に同棲していた。平成9年11月10日午前8時30分頃、ベッドで血まみれになった被害者が発見され、捜査が開始された。警察官らは、同日午前9時50分頃、被害者と同棲中であり、死体の第一発見者でもあったXを重要参考人としてさらに詳しく事情聴取するため警察署に任意同行した。任意同行以降、連日、朝は午前9時ないし10時過ぎから、夜は午後8条30分ないし11時過ぎまで取調べが行われた。夜間はXを帰宅させず、最初の2日はXの長女が入院していた病院に、これに次ぐ2日間は警察官宿舎の女性警察官用の空室に、その後の5日間はビジネスホテルに宿泊させた。ホテルでは、室外のロビーに女性警察官を複数配置して、いずれもXの動静を監視した。Xは、警察署内ではもちろん、宿泊先の就寝中も含めて常時監視されており、トイレに行くにも監視者が同行し、10日間外部から遮断された状態であった。ホテルの宿泊費用は警察が負担し、警察署との往復には警察車両が使われた。Xは、11月19日になって、本件犯行を認めて上申書を作成し、同日通常逮捕され、21日に勾留され、勾留延長を経て同年12月10日殺人罪で起訴された。なお、本件自白の証拠能力については【433】参照。

●**判旨**●　「本件においては、Xは、参考人として警察署に任意同行されて以来、警察の影響下から一度も解放されることなく連続して9泊もの宿泊を余儀なくされた上、10日間にもわたり警察官から厳重に監視され、ほぼ外界と隔絶された状態で一日の休みもなく連日長時間の取調べに応じざるを得ない状況に置かれたのであって、事実上の身柄拘束に近い状況にあったこと、そのためXは、心身に多大の苦痛を受けたこと、Xは、上申書を書いた理由について、ずっと取調べを受けていて精神的に参ってしまった、朝から夜まで取調べが続き、殺したんだろうと言い続けられ、耐えられなかった、自分の家に帰してもらえず、電話などすべて駄目で、これ以上何もできないと思ったなどと供述していること、Xは、当初は捜査に協力する気持ちもあり、取調べに応じていたものと思われるが、このような長期間の宿泊を伴う取調べは予想外のことであって、Xには宿泊できる可能性のある友人もいたから、Xは少なくとも3日目以降の宿泊については自ら望んだものではないこと、また、宿泊場所については、警察はXに宿泊できる可能性のある友人がいることを把握したのに、真摯な検討を怠り、警察側の用意した宿泊先を指示した事情があること、厳重な監視については、捜査側はXに自殺のおそれがあったと説明するが、仮にそのおそれがあったとしても、任意捜査における取調べにおいて本件の程度まで徹底して自由を制約する必要性があるかは疑問であること等の事情を指摘することができるのであって、他方、本件は殺人という重大事件であり、前記のように重要参考人としてXから事情を緊急、詳細に聴取する必要性が極めて強く、また、通訳を介しての取調べであったため時間を要したこと、Xは自宅に帰れない事情があったことなどの点を考慮するとしても、本件の捜査方法は社会通念に照らしてあまりにも行き過ぎであり、任意捜査の方法としてやむを得なかったものとはいえず、任意捜査として許容される限界を越えた違法なものであるというべきである。」

●**解説**●　1　9泊10日に及ぶホテル宿泊を伴う取調べという本件捜査方法は、「任意捜査として許容される限界を越えた違法なもの」とされた。言い換えれば、本件ホテル宿泊は、被告人の意思に反し、またその身柄拘束が実質的逮捕の状態にあったとまでは言えないことが前提となっている。

2　本判決も、宿泊を伴う取調べに関する最2小決昭和59年2月29日〔高輪グリーンマンション殺人事件〕【168】の判断枠組みを前提としている。その上で、本件捜査方法を違法と判断した、その判断構造が問題となる。【168】は、強制処分の意義に関する最3小決昭和51年3月16日〔呼気検査事件〕【101】をさらに前提としているが、これによれば、任意処分でも「何らかの法益侵害」はあるから、その法益侵害と捜査の必要性との比較衡量によって任意処分の相当性の判断がなされることになろう。この場合に注意すべき点の第1は、被告人が取調べを受けることを結局は承諾していたとしても、そこにはなお「何らかの法益侵害」があり、捜査の必要性との比較衡量が可能ということである。第2に、任意処分の相当性に関する比較衡量においては、被告人の法益という処分客体の問題だけでなく、国家行為の適正さという処分主体の問題も同時に比較衡量の要素に含まれてくるという点である。本件でも、宿泊先の指定に関する被告人の意思の軽視や警察比例の原則から見て不釣り合いな厳重な監視といった捜査手法については、国家行為の適正さが問題となり得よう。

3　本件での比較衡量は、被告人側の事情として、①事実上の身柄拘束状態、②心身の苦痛、③宿泊希望の不存在、④警察による宿泊先の指示、⑤警察による厳重な監視があり、捜査側の事情としては、①事件の重大性、②捜査の必要性、③通訳の必要性等がある。本件では、一方で、殺人という重大事件であり、被告人から事情を聴取する必要性が高かったが、他方で、特に身柄拘束状態の期間の長さおよび厳重な監視状態の要素が重視されて、違法判断が導かれたと言えよう。なお、本判決は、本件違法手続による取調べによって得られた自白の証拠能力についても重要な判断を示している（【433】参照）。

●**参考文献**●　平田元・団9版162、大澤裕＝川上拓一・法教312-75

171　別件逮捕・勾留(1)—都立富士高校放火事件

東京地決昭和49年12月9日（刑月6巻12号1270頁・判時763号16頁・判タ321号204頁）

参照条文　憲法31条　刑訴法198条、317条、319条

別件逮捕・勾留に関する別件基準説の考え方。

●**事実**●　昭和48年10月8日、都立富士高校で出火があり、捜査当局は放火の線で捜査を進めていたところ、目撃証言や身辺調査結果等から被告人Xに対する嫌疑を抱くに至った。ところが、捜査の過程で、Xについて警察官の制服制帽の窃盗事件の嫌疑が生じたため、Xに任意同行を求め、同種余罪を含めた窃盗の自白を得、その居室から盗品も発見されたので、11月12日、Xを窃盗の疑いで通常逮捕し、勾留した（第1次逮捕・勾留）。この期間中、午前中の窃盗事件の取調べと並行して午後および夜間に放火事件の取調べを行ったところ、Xは11月20日に放火について自白した。Xは、11月22日に窃盗で起訴されたが、同月24日には放火で逮捕され、同月26日に勾留され（第2次逮捕・勾留）、一時持病の痔疾が悪化して勾留の執行が停止された後、12月28日に現住建造物放火で起訴されるに至った。裁判所は、別件逮捕・勾留中の放火に関する自白の証拠能力を否定した。本件はその証拠決定である（現住建造物放火・窃盗被告事件に対する第1審判決は、現住建造物放火につき無罪、窃盗につき執行猶予付き有罪であった。これに対する検察官の控訴は棄却され、放火に関する無罪が確定した）。

●**決定要旨**●　「未だ令状の発付されていない重い甲事件（以下、本件という。）を捜査する手段として、軽微な乙事件（以下、別件という。）についての逮捕勾留を利用する捜査方法は、一般に、別件逮捕勾留……と呼ばれるが、……右のような身柄拘束の許否は、当然のことながら、別件について逮捕勾留の要件があるか否かによって決せられるべきである。したがつて、別件による逮捕勾留の実質的要件が満たされていない場合は、そもそも被疑者をこれにより逮捕勾留することのできないことは当然であるが、右要件が満たされる限り、右身柄拘束の期間内に、捜査官が併せて本件についての捜査をする意図を有するからといつて、そのことだけで、別件による逮捕勾留が許されなくなるということはない。もつとも、別件について、形式的には一応逮捕勾留の要件があるように見える場合でも、捜査官が、これをもっぱら本件の捜査に利用する意図であって、ただ別件に藉口したに過ぎないような場合には、ひるがえって、別件による逮捕勾留の必要性ないし相当性が否定され、結局、右のような理由による身柄拘束それ自体が許されないこととなる。

しかし、別件による身柄拘束が認められる場合でも、右被疑者について、どの程度……本件の取調べをすることができるかという点は……自ら次元を異にする問題である。

刑訴法198条1項によると、逮捕された被疑者は、捜査官の出頭要求や取調べに対し、これを拒んだり、出頭後自己の意思により退去したりすることが許されない（すなわち、いわゆる取調受忍義務がある）とされているが、右は、原則として、被疑者が逮捕された事実について取調べを受ける場合に妥当する規定であると解すべきであり、被疑者が、右事実と関係のない別個の事実（いわゆる余罪）の取調べを受ける場合には、原則として右のような取調受忍義務はなく、在宅の被疑者の場合と同様、捜査官の出頭要求を拒み、あるいは出頭後何時でも退去して自己の居房に引上げることができると解される」。

●**解説**●　1　本決定は、本件別件逮捕を適法としつつ、余罪取調べを違法とした事例であるが、ここでは、別件逮捕・勾留に関するいわゆる別件基準説を採用した裁判例として取り上げる。ただし、本決定は、余罪取調べの限界につき、いわゆる取調受忍義務肯定説と事件単位説を基準として自白の証拠能力を否定した事例でもあることに注意しておきたい。

2　別件逮捕・勾留の適否につき、別件基準説は、令状請求の基礎となった被疑事実（別件）自体により判断すべきで、他の重大事件の捜査のためにこの身柄拘束を利用する意図があるかどうかは、その適法性に直接影響しないとし、これに対して本件基準説は、別件被疑事実に関する逮捕要件の充足と言うよりも、隠された重大事件（本件）による身柄拘束の実質を持つと言えるかどうかによって判断すべきだとする。両説とも令状主義を前提とするから、いずれも捜査の事前抑制のための基準であることには変わりはないが、前者は請求のあった別件について逮捕要件の審査をするのに対して、後者は、それに加えて本件についてまで審査するという違いがある。捜査実務は別件基準説によっているとされてきた。

3　本決定も、別件基準説によっているが、その理由には立ち入っていない。事実上の理由として、令状審査の段階では、別件についての審査しかできない場合が多いという事情もあろう。ただ、この点は、本件基準説に立脚した場合でも令状審査の段階では多くの場合別件に関する審査しかできないであろうから、決定的な理由とはなり得ない。むしろ、本決定も指摘するように、「別件について身柄拘束の要件が充足されているにもかかわらず、捜査機関の意図や目的によって身柄拘束が許されなくなるのは不合理だ」（椎橋隆幸「別件基準説を見直そう」研修598-13）との理解が根底に存するように思われる。ただし、別件が極めて軽微な事件の場合には、このような議論だけでは不十分であろう。

4　この点、別件基準説に立脚する本判旨も、「別件について、形式的には一応、逮捕勾留の要件があるように見える場合でも、捜査官が、これをもっぱら本件の捜査に利用する意図であって、ただ別件に藉口したに過ぎないような場合」には、逮捕・勾留の必要性ないし相当性が否定されるとしていることが注目される。現に、殺人を本件とする事件につき、日本刀1振の不法所持で別件逮捕した事案につき、「別件逮捕は必要性の点でその実質的要件を欠いた違法のそしりを免れ〔ない〕」とした事例がある（福岡高判昭52・5・30判時861-125〔有田事件〕）。ここでは、別件基準説と本件基準説は事実上重なり合っているように見える。

●**参考文献**●　本件控訴審判決について、坂村幸男・J昭53年度重判203

172 別件逮捕・勾留(2)―蛸島事件

金沢地七尾支判昭和44年6月3日（刑月1巻6号657頁・判時563号14頁・判タ237号272頁）

参照条文 憲法33条、34条、38条

別件逮捕・勾留に関する本件基準説の考え方。

●事実● 昭和40年7月5日午後2時頃、A（当時10歳）に対する殺人事件が発生し、犯行現場の状況から土地勘のある者の犯行と推定した捜査当局は、蛸島町内の不良グループについて捜査を進めたところ、大工見習いの被告人Xのアリバイが曖昧であった。そこで、8月30日に至って、Xに対し、別件であるレコード盤4枚の窃盗事実等で逮捕状の発付を得た上、翌31日に逮捕し、9月2日には勾留状の発付を得た。その間、本件殺人・死体遺棄事件について追及したところ、9月6日に至って、殺人・死体遺棄を自白したので、その自白を証拠資料として殺人・死体遺棄事件に対する逮捕状の発付を得、9月9日に通常逮捕し、勾留し、さらに勾留延長がなされた。Xは、殺人、死体遺棄、窃盗の各事実について起訴されたが、裁判所は、本件を違法な別件逮捕・勾留であるとして自白の証拠能力を否定し、窃盗についても犯罪の証明がないとして、Xを無罪とした（確定）。

●判旨● 「被疑者の逮捕・勾留中に、逮捕・勾留の基礎となった被疑事実以外の事件について当該被疑者の取調べを行うこと自体は法の禁ずるところではないが、それはあくまでも逮捕・勾留の基礎となった被疑事実の取調べに附随し、これと併行してなされる限度において許されるにとどまり、専ら適法に身柄を拘束するに足るだけの証拠資料を収集し得ていない重大な本来の事件（本件）について被疑者を取調べ、被疑者自身から本件の証拠資料（自白）を得る目的で、たまたま証拠資料を収集し得た軽い別件に藉口して被疑者を逮捕・勾留し、結果的には別件を利用して本件で逮捕・勾留して取調べを行つたのと同様の実を挙げようとするが如き捜査方法は、いわゆる別件逮捕・勾留であって、見込捜査の典型的なものというべく、かかる別件逮捕・勾留は、逮捕・勾留手続を自白獲得の手段視する点において刑事訴訟法の精神に悖るものであり（同法60条1項、刑事訴訟規則143条の3参照。）また別件による逮捕・勾留期間満了後に改めて本件によって逮捕・勾留することが予め見込まれている点において、公訴提起前の身柄拘束につき細心の注意を払い、厳しい時間的制約を定めた刑事訴訟法203条以下の規定を潜脱する違法・不当な捜査方法であるのみならず、別件による逮捕・勾留が専ら本件の捜査に向けられているにもかかわらず、逮捕状あるいは勾留状の請求を受けた裁判官は、別件が法定の要件を具備する限り、本件についてはなんらの司法的な事前審査をなし得ないまま令状を発付することになり、従って、当該被疑者は本件につき実質的には裁判官が発しかつ逮捕・勾留の理由となっている犯罪事実を明示する令状によることなく身柄を拘束されるに至るものと言うべく、結局、かかる別件逮捕・勾留は令状主義の原則を定める憲法33条並びに国民の拘禁に関する基本的人権の保障を定める憲法34条に違反するものであると言わなければならない。」

●解説● 1 本判決は、別件逮捕・勾留の違法の本質を、①逮捕・勾留が自白獲得の手段とされていること、②別件による身柄拘束期間満了後に本件で逮捕・勾留することは、身柄拘束の時間的制限を定める刑訴法の規定を潜脱することになること、③別件逮捕・勾留がもっぱら本件捜査の目的に向けられているのに、本件について裁判官が司法審査を行い得ないまま令状が発せられ、被疑者が実質的には本件について令状なくして身柄拘束されることになっているのは令状主義に反することに求めた。

2 この考え方は、別件基準説が、理論的には別件についての身柄拘束の要件論であったのに対して、別件による身柄拘束期間における本件についての取調べへと「視座の転換」（松尾浩也『刑事訴訟の原理』192頁）を図ったものであり、以後の本件基準説への理論的基礎を提供したものとされている（佐藤・後掲42頁）。無論、別件基準説においても、とりわけ別件についての逮捕の必要性の要件において、別件逮捕の要件充足を否定することも不可能ではないが（東京地決昭49・12・9【171】参照）、本判旨も指摘するように「別件が法定の要件を具備する限り」逮捕の必要性を否定することは実際には困難であろう。そのような中でこの本件基準説は学説の多くの支持するところとなっている（酒巻匡・圖7版42頁、長沼範良・圖9版38頁、佐藤・後掲42頁）。

3 最高裁の判例として、正面から本件基準説を採用したものは未だないが、狭山事件判決（最2小決昭52・8・9刑集31-5-821）は、「第1次逮捕・勾留中に『別件』のみならず『本件』についても被告人を取調べているとしても、それは、……『別件』について当然しなければならない取調べをしたものにほかならない」ので、第1次逮捕・勾留が、「専ら、いまだ証拠の揃っていない『本件』について被告人を取調べる目的で、証拠の揃っている『別件』の逮捕・勾留に名を借り、その身柄の拘束を利用して、『本件』について逮捕・勾留して取調べるのと同様な効果を得ることをねらいとしたもの」とは言えないとして、事件そのものは違法な別件逮捕・勾留の事案ではないとされたが、違法な別件逮捕・勾留の判断があり得ることが示唆されていると言えよう（長沼・前掲39頁）。なお、帝銀事件（最大判昭30・4・6刑集9-4-663）にも同じ論点が含まれていた。

4 さらに、本判決は、別件逮捕・勾留中の本件自白の証拠能力につき、憲法に違背する「重大な瑕疵を有する手続において収集された自白については、証拠収集の利益は適正手続の要請の前に一歩退ぞけられ、その証拠能力を否定されるべきもの」として、自白の証拠能力を否定した。違法収集証拠の排除法則を自白に適用した注目すべき先例である。

●参考文献● 佐藤隆之・圖8版40、原田國男・争点〔3版〕60

173 別件逮捕・勾留(3)──東京ベッド事件

東京地判昭和45年2月26日（刑月2巻2号137頁・判時591号30頁・判タ249号89頁）

参照条文　憲法33条、34条、38条

別件逮捕・勾留に関する本件基準説と自白の証拠能力。

●事実● 被告人Xは、東京都内麻布のベッド製造会社への連続放火未遂事件の容疑者とされていたところ、午前1時頃雪の中をオーバーも着ないで徘徊していたXを警官が尾行していると、たまたまXが他家の庭先に入ったのを現認したので、Xを住居侵入の現行犯として逮捕した。捜査当局は、住居侵入の事実に約3年半前の時計の窃盗の事実を加えて勾留請求し、勾留状の発付を得て（第1次勾留）、もっぱら放火事件について取調べを行い、放火についての自白を得た。住居侵入・窃盗に関する勾留は延長されたが、勾留延長の初日に、Xを放火未遂事件で逮捕し、勾留の上取調べを続行した（第2次勾留）。さらに勾留延長を請求したところ、裁判所は、「別件勾留中に終始放火事件についての取調べがなされている」との理由で延長請求を却下した。そこで、検察官は、放火1件、同未遂7件につき公訴を提起した。なお、住居侵入および窃盗については不起訴とされた。裁判所は、以下の理由から、本件自白の証拠能力を否定し、Xを無罪とした（確定）。

●判旨● 「いわゆる別件逮捕・勾留による捜査、いいかえれば、ある重要犯罪について、証拠関係が不十分なため直ちに逮捕・勾留の令状の発付を求め得ないのに、捜査機関が当初より右の重要事件の捜査に利用する目的で、その事件とは直接関連性もなく事案も軽微で、それ自体では任意捜査でもこと足りるような被疑事実を捉えて、まず、これによって逮捕・勾留の令状を求めて身柄を拘束し、その拘束期間のほとんど全部を、本来のねらいとする事件についての取調べに流用するような捜査方法は、当初より令状による司法的事前抑制を回避しようとの意図があり、また他罪の令状による強制処分を利用して本命としている犯罪の捜査を実行し、被疑者から自白を獲得したうえこれに基づいて本命たる被疑事実についての逮捕・勾留の令状を得ようという見込み捜査の内容を含んでおり、被疑者の身柄拘束は、形式的には他事実に原因しているけれども、実質的にはその身柄拘束はもっぱら本命たる被疑事実の捜査に向けられているのであつて、かような捜査方法は、不当な見込捜査であって、逮捕の理由となった犯罪を明示する令状を保障した憲法33条、抑留・拘禁に関する保障を定めた同法34条の各規定をかいくぐるものであり、また憲法および刑事訴訟法において認められた捜査権行使の方法・手段の範囲を逸脱するものとして許されない」。本件は、別件の住居侵入・窃盗被疑事実に名を藉りて被告人を勾留した違法な捜査方法であり、甲事実による身柄拘束を利用して乙事実を捜査するいわゆる余罪捜査は原則として許されず、このような違法な手段方法で得られた証拠の利用は法の全く予想していないことであり、したがって違法な身柄拘束中に得られた被告人の自白調書を証拠として用いることはできない。

●解説● 1 本件は、別件逮捕・勾留は憲法33条、34条を潜脱するものであり許されないとし、違法な別件逮捕・勾留中の自白を排除して無罪を言い渡した事例である。判旨は、本件基準説を打ち出した蛸島事件【172】に続いて、本件基準説の考え方を詳しく論じた点において、また、自白の証拠能力について違法収集証拠の排除法則の考え方を適用した事例として、昭和40年代の判例法上重要な地位を占める裁判例である。

2 本判旨は、軽微な別件で逮捕・勾留して重要な本件の取調べを行うことは、令状による司法的抑制を回避して、実質的には本件捜査に向けた身柄拘束であると指摘するが、その際、本件取調べが完全な任意取調べであればこれを認めてもよいとする考え方に対して、「現実問題として、捜査官側で一人の身柄拘束者に事件毎に取調べ方法をかえることは、まずないであろうし、甲事実で身柄を拘束されている者が、乙事実取調べの際には完全な任意取調べであるからとして自からを処することもほとんど考えられない」との疑問を提起し、違法の本質を身柄拘束に求めている点にも注意したい。後の令状主義潜脱説に通ずる考え方と言えよう。

3 本判旨は、また、許容される余罪取調べの限界にも論及し、「甲事実の取調べ中にたまたま被疑者自からがすすんで乙事実を自白した場合（この場合その自白の真偽を確認し、令状を求め得る程度の証拠収集までは並行的に余罪捜査をすることが許されるであろう）」とか、乙事実が甲事実に比較し、より軽微であるとか、同種事犯であるとか、密接な関連性がある事犯である」場合には、余罪取調べも許されるとする。とりわけ、被疑者が進んで自白した場合の余罪取調べについては、本判旨の言う、「裁判所に課せられた司法的抑制機能をくぐり、被疑者の防禦権を実質的に阻害することにならない場合」か否かを慎重に吟味する必要があろう。

4 本判旨における自白排除の考え方も重要である。違法な別件逮捕・勾留中に得られた自白について自白の任意性を問題としてきた従前の考え方に対して、本判旨は、違法手続を理由とする自白の排除を認めている。違法収集自白に違法収集証拠の排除法則の考え方を適用する裁判例の嚆矢と言えよう。本判旨とほぼ同じ考え方の裁判例として、別件による身柄拘束状態を利用した違法な取調べがなされたとして、その間に得られた被告人の自白の証拠能力につき、違法に収集された証拠であって証拠能力を欠くとして自白を証拠排除した旭川土木作業員殺人事件（旭川地決昭48・2・3刑月5-2-166）がある。なお、違法拘束中の任意の自白の証拠能力についての違法現行犯逮捕事件【432】、宿泊を伴う取調べによる自白の証拠能力についてのロザール事件【170】【433】参照。

●参考文献● 松本一郎・圓新版38、石川才顕・J昭45年度重判166

174 余罪取調べ(1)——神戸まつり事件

大阪高判昭和59年4月19日（高刑37巻1号98頁・判タ534号225頁）　参照条文　刑訴法198条1項

別件逮捕・勾留中の余罪取調べに関する令状主義潜脱説の考え方。

●**事実**●　昭和51年5月に開催された神戸まつりでは、暴徒と化した群集が、警備関係者・警察施設への投石、通行車両の損壊・放火等の行為を繰り返し、ついには警察輸送車両を押し続けて報道関係者1名を轢死させる事件まで発生させるに至った。捜査当局は、この轢死事件を中心に捜査を進め、X・Yを被疑者として特定するに至ったが、殺人（本件）で逮捕状を請求することが困難であったため、タクシーに対する暴力行為等処罰法違反の容疑（別件）で両名を逮捕・勾留した。その身柄拘束期間中に、殺人や公務執行妨害等について取調べが行われ、それぞれにつき自白が得られたので、いずれについても公訴が提起された。原審は、殺人については、X・Yの自白調書の証拠能力を否定して両名を無罪とした。これに対し検察官が控訴したところ、控訴審は、本件の取調べは違法であるとしてこれを棄却した。

●**判旨**●　「もっぱらいまだ逮捕状・勾留状の発付を請求しうるだけの証拠の揃っていない乙事実（本件）について被疑者を取り調べる目的で、すでにこのような証拠の揃っている甲事実（別件）について逮捕状・勾留状の発付を受け、同事実に基づく逮捕・勾留に名を借りて、その身柄拘束を利用し、本件について逮捕・勾留して取り調べるのと同様の効果を得ることをねらいとして本件の取調べを行う、いわゆる別件逮捕・勾留の場合、別件による逮捕・勾留がその理由や必要性を欠いて違法であれば、本件についての取調べも違法で許容されないことはいうまでもないが、別件の逮捕・勾留についてその理由又は必要性が欠けているとまではいえないときでも、右のような本件の取調べが具体的状況のもとにおいて実質的に令状主義を潜脱するものであるときは、本件の取調べは違法であって許容されないといわなければならない。」

「そして別件（甲事実）による逮捕・勾留中の本件（乙事実）についての取調べが、……実質的に令状主義の原則を潜脱するものであるか否かは、①甲事実と乙事実との罪質及び態様の相違、法定刑の軽重、並びに捜査当局の両事実に対する捜査上の重点の置き方の違いの程度、②乙事実についての証拠とくに客観的な証拠がどの程度揃っていたか、③甲事実についての身柄拘束の必要性の程度、④甲事実と乙事実との関連性の有無及び程度、ことに甲事実について取り調べることが他面において乙事実についても取り調べることとなるような密接な関連性が両事実の間にあるか否か、⑤乙事実に関する捜査の重点が被疑者の供述（自白）を追求する点にあったか、客観的物的資料や被疑者以外の者の供述を得る点にあったか、⑥取調担当者の主観的意図がどうであったか等を含め、具体的状況を総合して判断するという方法をとるほかはない。」

●**解説**●　**1**　本判旨は、(i)別件逮捕・勾留（以下、単に「逮捕」とする場合がある）を、別件逮捕がその要件を欠いて違法な場合と、「別件の逮捕・勾留についてその理由又は必要性が欠けているとまではいえない」場合とを区別した上で、後者につき本件の取調べが「実質的に令状主義の原則を潜脱する」ときは違法となるとし、(ii)令状主義潜脱の基準となる判断要素を6点にわたって挙示した上での総合判断の方法による、とした。それまでの裁判例は別件基準説と本件基準説という判断枠組みを問題としてきたのに対して、本判旨は余罪（本件）取調べを問題とし、令状主義の潜脱を基準とした点に特色がある。

2　もっとも、いわゆる令状主義潜脱論にも2つのアプローチがあり得る。第1は、別件逮捕の身柄状態を利用して本件取調べを行うことの問題点は、取調べの適否の問題ではなく、身柄拘束の適否の問題であるとし、別件身柄拘束状態を利用して本件取調べを行うときは令状主義が潜脱されていることから身柄拘束が違法となり、その結果として本件取調べも違法となると考える。第2は、別件逮捕は別件基準説により適法であるとしても、その間の取調べは、取調受忍義務と事件単位の原則を前提とするので、余罪（本件）取調べは原則として違法となり、取調受忍義務のある事件単位原則からの逸脱こそが、令状主義を潜脱していると考える。前者は、本件基準説を前提とする令状主義潜脱説、後者は別件基準説を前提とする令状主義潜脱説と言えよう。本判旨は、明言はしていないが、前者の見解に近いように思われる。

3　本判旨とほぼ同一の見解を示した裁判例として、鹿児島夫婦殺し事件がある（福岡高判昭61・4・28刑月18-4-294）。この事案でも、殺人の本件に対して、軽微な詐欺等の別件による逮捕・勾留が問題となったが、「別件（甲事実）の逮捕・勾留についてその理由又は必要性が認められるときでも、右のような本件（乙事実）の取調が具体的状況のもとにおいて憲法及び刑事訴訟法の保障する令状主義を実質的に潜脱するものであるときは、本件の取調は違法である」として自白の証拠能力を否定して無罪としたが、令状主義潜脱の判断基準として本判旨の判断基準を引用している。

4　別件逮捕に関わる問題も、令状審査の段階で令状発付の可否が問題となる場合と、取調べの段階において本件取調べの適否が問題となる場合とがある。ただ、令状審査の段階では、別件基準説に立った場合は無論のこと、本件基準説に立つとしても、令状を発付せざるを得ない場合が多いと思われる。したがって、別件逮捕問題の問題意識が取調べ段階で表面化したのが令状主義潜脱説と言えよう。その点、本判旨は、取調べをめぐる客観状況に令状主義潜脱の有無に関する判断基準を求めている点からすると、本件基準説の考え方に近いように思われる。

●**参考文献**●　石川才顕・百5版36、川出敏裕・百6版34

175 余罪取調べ(2)―埼玉放火事件(その1)

浦和地判平成2年10月12日（判時1376号24頁・判タ743号69頁）　参照条文　刑訴法60条、198条

別件逮捕・勾留の適法性とその間の余罪取調べの適法性との関係。

●**事実**● 捜査機関は、現住建造物放火犯として放火の被害者から警察に身柄を引き渡されたパキスタン人Xにつき、放火の事実に関しては逮捕・勾留に足る嫌疑がないと判断し、明白な嫌疑のあった不法残留罪でひとまずXを現行犯逮捕した。その後勾留されたが（第1次逮捕・勾留）、この勾留期間中、不法残留に関する取調べは勾留3日目までに終了し、その後はもっぱら放火についての取調べが行われた。その結果、Xが放火を自白したため、不法残留罪による起訴の後、Xを放火の疑いで逮捕・勾留した（第2次逮捕・勾留）。この期間中、再び自白調書が作成され、Xは放火についても起訴された。公判では、Xが一貫して放火に関する起訴事実を否認したため、Xの自白調書の証拠能力が問題となった。裁判所は、以下の理由から自白調書の証拠能力を否定した上、現住建造物放火罪に関してXに無罪を言い渡した。

●**判旨**● 典型的な別件逮捕・勾留は、「未だ重大な甲事件について逮捕する理由と必要性が十分でないため、もっぱら甲事件について取り調べる目的で、逮捕・勾留の必要性のない乙事件で逮捕・勾留した場合」をいうが、「違法な別件逮捕・勾留として許されないのは……典型的な別件逮捕・勾留の場合だけでなく……、『未だ重大な甲事件について被疑者を逮捕・勾留する理由と必要性が十分でないのに、主として右事件について取り調べる目的で、甲事件が存在しなければ通常立件されることがないと思われる軽微な乙事件につき被疑者を逮捕・勾留する場合』も含まれると解する。」このような逮捕・勾留は「令状主義を実質的に潜脱し、一種の逮捕権の濫用にあたる」。本件の第1次逮捕・勾留はこの類型に該当し、この身柄拘束には令状主義を潜脱する重大な違法があるので、この身柄拘束中およびこれに引き続く第2次逮捕・勾留中に作成された自白調書はすべて証拠能力を欠く。

仮に、検察官の主張するように本件別件逮捕・勾留が適法であるとしても、「適法な別件逮捕・勾留中の本件についての取調べが無条件に許容されることにはならない。」

刑訴法198条1項の解釈として、「法が、逮捕・勾留に関し事件単位の原則を採用した趣旨からすれば、被疑者が取調べ受忍義務を負担するのは、あくまで当該逮捕・勾留の基礎とされた事実についての場合に限られ」、余罪の取調べをしようとするときは、「取調べを受けるか否かについての被疑者の自由が実質的に保障されている場合」に限りこれを適法とすることができる。本件では、余罪に関しても取調べ受忍義務があることを前提に取り調べており、「第1次逮捕・勾留中になされた本件放火に関する取調べは、明らかに許される余罪取調べの限界を逸脱した違法なものであり、これによって作成された自白調書は証拠能力を欠き、また、その後の第2次逮捕・勾留は、右証拠能力のない自白調書を資料として請求された逮捕状、勾留状に基づく身柄拘束であって、違法であり、従ってまた、その間に作成された自白調書も証拠能力を欠く」。

●**解説**● 1　本判旨は、その前段で、違法な別件逮捕・勾留（以下、単に「逮捕」とする場合がある）を2類型に分類し、第1類型の典型的な別件逮捕は、逮捕の必要性のない別件逮捕であり、第2類型は、逮捕の必要性がないとは言えない別件につき、主として本件取調べの目的で逮捕する場合であるとする。第1類型の別件逮捕が違法であることは言うまでもないので、問題は第2類型の別件逮捕を違法とする理由ということになる。ところが、本判旨は、その後段で、本件別件逮捕が適法である場合であっても、余罪（本件）取調べが違法となる場合があるとする。そこで、本判旨前段と後段の関係も問題となる。

2　本判旨は、第2類型の別件逮捕について、形式的には別件に基づくものではあるが、実質的には本件に基づくものであり、令状主義を実質的に潜脱し、一種の逮捕権の濫用に当たるとした。ここで用いられている令状主義の潜脱や逮捕権の濫用という考え方は、まさに本件に着目し、本件基準説の発想を従前の裁判例の枠内にできる限り取り込もうとした試み（酒巻・後掲42頁、長沼・後掲40頁）と言えよう。しかし、本判旨は、同時に、「逮捕・勾留の理由も必要性も十分にある別件についての身柄拘束が、たまたま被疑者に重大な罪（本件）の嫌疑があるが故に許されなくなるというのも不当な結論」とするので、そこにはなお別件基準説的な考え方も残っていると言うべきであろう。

3　本判旨は、本件別件逮捕を違法とし、その身柄拘束中の自白の証拠能力を否定しているので、論理的には、さらに進んで余罪取調べの適否を検討する必要はないはずである。しかし、本判旨は、本件別件逮捕を適法とした場合でも、本件余罪取調べは違法であって、これにより得られた自白の証拠能力は否定されるという「二段構えの判示」（酒巻・後掲41頁）を行っている。そこでは、余罪取調べの限界について、198条1項を「取調べの対象となる事実について逮捕又は勾留されている場合」と解釈する取調受忍義務肯定説と事件単位説が基準とされている。しかし、理論的には、①取調受忍義務肯定説は、被疑者の黙秘権保障と調和が困難であり、②事件単位説による取調べの限界画定も、取調べ目的の逮捕・勾留を認めることとなって、現行法と調和し得ない考え方との批判が可能であろう。

4　ただ、本判旨後段は、「仮に」という前提での余罪取調べ論であるから、判決理由としてはいわば傍論に属し、本筋は前段の別件逮捕論にあると見るべきであろう。しかし、上述のように、本判旨の別件逮捕論には、なお別件基準説的な考え方も含まれており、本来の本件基準説とは異なると思われる。

●**参考文献**●　長沼範良・百9版38、酒巻匡・百7版40

176 余罪取調べ(3)―実体喪失事件

東京地決平成12年11月13日（判タ1067号283頁）　参照条文　刑訴法198条、207条、208条、317条

勾留期間の一部に関する別件勾留の違法性。

●事実● 平成11年6月25日に、強盗致傷事件（A事件）が発生し、警察は、同年7月8日に犯人の特徴に酷似した中国人風の被告人Xに職務質問を行い、旅券不携帯の事実（B事件）で現行犯逮捕し、勾留した。Xには不法入国の事実（C事件）も疑われたため、B事件と併せて取調べが行われた。B事件に関する勾留が延長され、この間にB事件・C事件との関係で作成された供述調書は1通のみであったが、7月24日に至りA事件について自白したため、それ以降警察官調書2通、捜査報告書等が作成された。Xは、B事件の勾留満了日である7月29日に、処分保留で釈放されると同時に、勾留中に発覚した偽造有印公文書行使（D事件）の事実で逮捕され、勾留された。この間にA事件の取調べも行われ警察官調書1通が作成された。Xは、D事件の勾留満了日の8月9日に、D事件で起訴された。その後、8月30日に至り、XはA事件で逮捕・勾留され、勾留延長の後、9月20日にA事件で起訴された。弁護人は、Xの自白は、違法な別件逮捕・勾留中またはその影響下で得られたものであり証拠能力を欠くと主張した。

●決定要旨● 「B事件による勾留期間の延長後は、被告人に対して……、ほぼ連日、相当長時間に及ぶ取調べが続けられており、しかも、その大半がA事件の取調べに費やされていたのに対し、C事件に関しては、被告人を若干取り調べた点を除けば、捜査本部が積極的に捜査を行った形跡がなく、同月24日までに、不法入国による立件が絶望的となるような状況に陥っていたこと、さらに、被告人は、A事件について、頑強に否認を続けて、自白した後も、取調べに抵抗を続けていたことがうかがわれるのである。」

「そして、B事件による勾留期間延長からD事件による逮捕までの間の右のような捜査のあり方からすると、右期間中におけるA事件の取調べは、B事件による逮捕勾留期間中に許された限度を大きく超えているのに対し、本来主眼となるべきB事件ないしC事件の捜査は、ほとんど行われない状況にあったというべきであるから、右勾留期間延長後は、B事件による勾留としての実体を失い、実質上、A事件を取り調べるための身柄拘束となったとみるほかはない。したがって、その間の身柄拘束は、令状によらない違法な身柄拘束となったものであり、その間の被告人に対する取調べも、違法な身柄拘束状態を利用して行われたものとして違法というべきである。」

「B事件による勾留期間延長からD事件による逮捕までの間の被告人取調べの違法は、憲法及び刑訴法の所期する令状主義の精神を没却するような重大なものであり、かつ、右取調べの結果得られた供述調書を証拠として許容することが、将来における違法な捜査の抑制の見地からも相当でないと認められる以上、右期間中に得られた被告人の供述調書……並びに捜査報告書……の証拠能力はすべて否定されるべきものと解するのが相当である。」

●解説● 1 別件逮捕・勾留問題に関する令状主義潜脱説は、違法判断の対象が身柄拘束の全体となるのか、それともその一部であることもあり得るのかという点が必ずしも明確でなかった。本決定は、「勾留期間延長後は、B事件による勾留としての実体を失い、実質上、A事件を取り調べるための身柄拘束となった」として、勾留延長後の身柄拘束を違法とした。これによって、錯綜していた別件逮捕・勾留をめぐる裁判例の流れに一定の筋道がつけられたと評されている（佐藤・後掲43頁）。

2 この考え方は川出敏裕教授の唱導によるものである。すなわち、起訴前の身柄拘束期間の趣旨につき、「その期間は、逮捕・勾留の理由とされた被疑事実について、被疑者の逃亡および罪証湮滅を阻止した状態で、起訴・不起訴の決定に向けた捜査を行うための期間である。したがって、……その期間中は、その理由とされる被疑事実についての捜査を原則として行い、できるだけ早く被疑者の処分を決定しなければならない」から、「身柄拘束の途中で身柄拘束の理由とされた被疑事実（別件）についての捜査が完了した場合には、その時点で身柄拘束の継続の必要性が失われ、それ以後の身柄拘束は違法となる」（川出『別件逮捕・勾留の研究』282頁）とし、この場合には「別件による身柄拘束としての実体が失われ、身柄拘束自体が本件によるものと評価されることになる」（同284頁）とする。また、本件の中谷雄二郎裁判長にも、「勾留がもっぱら本件の取調べに利用されたと評価されるような状態に至れば、その時点から、第1次勾留は別件による勾留としての実体を失い、身柄拘束自体が違法となるとともに、被疑者取調べも違法となる」（新刑事手続I 318頁〔中谷〕）とする論文があった。本判旨は、まさにこの実体喪失説を採用したものである。

3 これまでの令状主義潜脱説は、捜査官に令状主義潜脱の意図が認められる場合は遡って身柄拘束の全体を違法としてきたと言えよう。しかし、令状主義潜脱の有無を、検察官の主観的意図だけを基準とせず、捜査の客観的状況から判断すべきとするいわば客観的令状主義潜脱（田口守一・法教345-179）からすれば、令状主義潜脱説と実体喪失説は接近することになろう。いずれの説も、本件の取調べが直ちに令状主義を潜脱するのではなく、本件に関する司法審査を潜脱した違法な身柄拘束を利用した取調べであるがゆえに、取調べも違法となると見る。なお、別件逮捕・勾留が適法であっても、別件に関する捜査の終了後の長時間の本件取調べを、令状主義を実質的に潜脱するものとして違法とした裁判例がある（福岡地判平12・6・29判タ1085-308）。

●参考文献● 佐藤隆之・圕8版40、津村政孝・J平13年度重判187

177　交通事故の報告義務と黙秘権——無免許飲酒運転事件

最大判昭和37年5月2日（刑集16巻5号495頁・判時302号4頁・判タ131号90頁）　参照条文　憲法38条　旧道路交通取締法24条、28条　旧道路交通取締法施行令67条

交通事故の報告義務と憲法38条1項。

●**事実**●　被告人Xは、昭和33年10月11日午前1時頃、無免許の上に酒気を帯びて乗用車を運転し、制限速度40kmのところを約60kmで走行し、自転車に乗った被害者に追突し、被害者を救護することなく、また警察官への報告もせず、事故現場から逃走した。被害者は約3時間後に死亡した。Xは、重過失致死、無免許運転、救護義務・報告義務違反の罪で起訴され、第1審・2審とも有罪とされた。Xは上告し、道路交通取締法施行令67条2項〔旧法〕が定める交通事故の報告義務につき、「事故の内容」には刑事責任を問われる虞のある事項も含まれるから、報告義務を定める部分は、自己に不利益な供述を強要するものであって、憲法38条1項に違反し無効であると主張した。なお、道交法施行令67条2項〔旧法〕は、「前項〔同条1項〕の車馬又は軌道車の操縦者（操縦者に事故があった場合においては、乗務員その他の従業員）は、同項の措置〔救護・安全のための措置〕を終えた場合において、警察官が現場にいないときは、直ちに事故の内容及び同項の規定により講じた措置を当該事故の発生地を管轄する警察署の警察官に報告し……なければならない」と規定していた。最高裁大法廷は、この主張を退けて以下の判断を示した。

●**判旨**●　「〔道路交通取締〕法の目的に鑑みるときは、〔道路交通取締法施行〕令同条は、警察署をして、速に、交通事故の発生を知り、被害者の救護、交通秩序の回復につき適切な措置を執らしめ、以って道路における危険とこれによる被害の増大とを防止し、交通の安全を図る等のため必要かつ合理的な規定として是認せられねばならない。しかも、同条二項掲記の「事故の内容」とは、その発生した日時、場所、死傷者の数及び負傷の程度並に物の損壊及びその程度等、交通事故の態様に関する事項を指すものと解すべきである。したがって、右操縦者、乗務員その他の従業者は、警察官が交通事故に対する前叙の処理をなすにつき必要な限度においてのみ、右報告義務を負担するのであって、それ以上、所論の如くに、刑事責任を問われる虞のある事故の原因その他の事項までも右報告義務ある事項中に含まれるものとは、解せられない。また、いわゆる黙秘権を規定した憲法38条1項の法意は、何人も自己が刑事上の責任を問われる虞ある事項について供述を強要されないことを保障したものと解すべきことは、既に当裁判所の判例〔最大判昭32・2・20【305】〕とするところである。したがって、〔道路交通取締法施行〕令67条2項により前叙の報告を命ずることは、憲法38条1項にいう自己に不利益な供述の強要に当らない。」
（補足意見がある。）

●**解説**●　1　交通事故の届出義務を合憲とした本大法廷判決は、その後の各種報告義務に関する判例でもたびたび引用されるリーディングケースである。交通事故の報告義務の合憲性については、それまで学説および下級審判例が両説に分かれていたが、本判決は合憲説を採り、論争に終止符を打ったものである（田原・後掲129頁）。

2　交通事故の報告義務に関する法制度は、本件事案の発生後の昭和35年に大きく改正された。すなわち、昭和23年制定の道路交通取締法は、「道路交通法」となり、同時に報告義務に関する道路交通取締法施行令の規定も道路交通法に移された。新道路交通法72条1項後段は「事故の内容」という施行令の用語を捨てて、報告すべき事項を「当該交通事故が発生した日時及び場所、当該交通事故における死傷者の数及び負傷者の負傷の程度並びに損壊した物及びその損壊の程度」に限定した。昭和37年の本大法廷判決は、この新法の文言を引用している。

3　本判旨は、道路交通取締法施行令に言う「事故の内容」を狭く解し、当該交通事故が「発生した日時及び場所、その死傷者の数及び負傷の程度並に物損壊及びその程度」に限るとして現行法と同じ表現を用い、その中には操縦者の氏名、住所、免許証番号のごときは含まれないとした。そして、憲法38条1項は、自己が刑事上の責任を問われる虞のある事項について供述を強要されないことを保障したものであるところ、上記のように限定された「事故の内容」の報告は、憲法38条1項に言う「自己に不利益な供述の強要」には当たらないとした。このような限定解釈の論拠は、法の目的が、「道路における危険防止及びその他の交通の安全を図ること」にあり、あくまでその目的達成のための報告義務に過ぎないという点にあろう（田原・後掲130頁）。

4　その後、道路交通法72条1項の報告義務を合憲とする際にも（最3小判昭45・7・28刑集24-7-569）、さらに、運転者が暴行の犯意の下に車両の運転により人の死傷の結果を発生させた者に報告義務を課しても違憲ではないとする際にも（最3小判昭50・1・21刑集29-1-1）、本判決が引用されている。こうして本判旨は次第に拡張される傾向にあるとされるが（松尾・後掲239頁）、とりわけ故意の交通事犯にまで拡張することには問題があろう。

5　より根本的な問題としては、たとえ行政手続上の義務であっても捜査の端緒となることは確かであるから、なお黙秘権侵害の疑いが残る点である。本件の補足意見は、事故の態様を具体的に報告することは、犯罪発覚の端緒を与えることになり、不利益な供述を強要することに当たらないと断定することには躊躇せざるを得ないが、公共の福祉の要請を考慮すると、黙秘権がこの程度の制限を受けることもやむを得ないとした。この考え方が十分な説得力を持つかどうかが、検討されるべき問題点と言えよう（最3小判平16・4・13【180】参照）。

●**参考文献**●　田原義衛・判解昭37年度124、松尾浩也・憲法2版238

178 呼気検査と自己負罪拒否特権——呼気検査拒否事件

最1小判平成9年1月30日（刑集51巻1号335頁・判時1592号142頁・判タ931号131頁）

参照条文　憲法38条1項、旧道交法67条2項［現行法67条3項］、120条1項11号［現行法118条の2］

> 呼気検査拒否行為を処罰する道交法上の規定と憲法38条1項。

●**事実**● 被告人Xは、飲酒無免許で貨物自動車を運転し、交通検問を実施していた警察官に停止させられ、その際、道交法67条2項および同法施行令26条の規定に基づき呼気検査に応ずるよう求められたが、これを拒んだ。そこで、道交法120条1項11号［現行法118条の2］の呼気検査拒否罪（検知拒否罪）の現行犯として逮捕され、無免許かつ酒気帯び運転のほか、呼気検査拒否罪で起訴された。Xは、呼気検査は本来行政目的で実施されるべきところ、本件のように当初から酒気帯び運転の検挙すなわち刑事手続を主目的とした呼気検査については呼気検査拒否罪は適用されるべきではないと主張したが、第1審はXに有罪判決を下し、第2審も第1審の判断を維持した。そこで、Xは、呼気検査を刑罰をもって強制する道交法120条1項11号は自己負罪拒否特権を規定した憲法38条1項に違反するとして上告したところ、最高裁は以下のような理由でこれを棄却した。

●**判旨**● 「憲法38条1項は、刑事上責任を問われるおそれのある事項について供述を強要されないことを保障したものと解すべきところ、右〔道交法120条1項11号の規定する呼気〕検査は、酒気を帯びて車両等を運転することの防止を目的として運転者らから呼気を採取してアルコール保有の程度を調査するものであって、その供述を得ようとするものではないから、右検査を拒んだ者を処罰する右道路交通法の規定は、憲法38条1項に違反するものではない。このことは、当裁判所の判例〔最大判昭32・2・20【305】、同昭47・11・22刑集26-9-554〔川崎民商事件〕］の趣旨に徴して明らかである。」

●**解説**●
1　呼気検査の制度は、酒気帯び運転が、運転者だけでなく、他の交通に対しても危険な行為であるため、その者が身体に保有しているアルコールの程度を知ることが重要であることから設けられたものであり、道路における危険防止を目的とする一種の行政手続であるが、呼気検査の結果、政令で定める程度（呼気1ℓにつき0.25mg）以上のアルコール濃度が検出された場合には、道交法による運転中止が求められるばかりでなく、酒気帯び運転罪の捜査に移ることになり、実質的には酒気帯び運転罪の捜査としての機能をも営むがゆえに、憲法38条1項の観点からの問題性が生じてくる（三好・後掲47頁）。

2　呼気検査が憲法38条1項に違反するかについては、①前提として、行政手続にも憲法38条1項の保障が及ぶかという問題があり、その上で、②憲法38条1項の保障により拒絶できるのは「供述」に限られるかという問題が含まれている。

論点①の行政手続と憲法38条1項との関係については、本判旨引用の川崎民商事件判決が、憲法38条1項は、「純然たる刑事手続においてばかりでなく、それ以外の手続においても、実質上、刑事責任追及のための資料の取得収集に直接結びつく作用を一般的に有する手続には、ひとしく及ぶ」が、所得税法上の検査は、もっぱら所得税の公平確実な賦課徴収を目的とする手続きであって、刑事責任の追及を目的とする手続きではなく、刑事責任の追及のための資料の取得収集に直接結び付く作用を一般的に有するものでなく、検査制度に必要性と合理性があるから、憲法38条1項に違反しないとした。これに対して、本件呼気検査は、刑事責任の追及のための資料の取得収集に直接結び付く作用を一般的に有する手続きと言えるから（三好・後掲48頁）、呼気検査の手続きが行政手続であるからと言って、直ちに憲法38条1項の保障が及ばないということにはならない。

3　本件固有の問題は論点②の供述の意義にある。本判旨引用のする【305】は、いわゆる氏名の黙秘権に関して、氏名を黙秘したために弁護人選任届が不適法とされた事例につき、憲法38条1項の法意は、「何人も自己が刑事上の責任を問われる虞ある事項について供述を強要されないことを保障した」点にあり、したがって「氏名のごときは、原則としてここにいわゆる不利益な事項に該当するものではない」とした。ただ、ここに言う、「刑事上の責任を問われる虞ある事項」が「供述」に限られるかは必ずしも明らかでなく、これまで限定説が通説であったが、非限定説もあった（三好・後掲50頁）。本判旨は、呼気検査は「運転者らから呼気を採取してアルコール保有の程度を調査するものであって、その供述を得ようとするものではない」から、憲法38条1項に違反するものではないとしたので、限定説の採用を明言したことになる。非限定説の考え方を貫くと、被疑者の所持品や書類等の押収まで拒絶できることとなり、そうするとかえって自白偏重の傾向を生み出しかねないとの理由からも、限定説が妥当と言えよう。

4　こうして、呼気検査の本質が、運転者の口から強制的に供述を取るというものではなく、あくまでも「呼気」という物的あるいは非供述的な証拠を採取するものであるとの点が、本判旨の合憲判断の考え方と言えよう。この考え方からすれば、呼気検査の際に実施される直立歩行等の検査のほか、血液や尿の採取、指紋足跡の採取、身体測定等の物的あるいは非供述的な証拠の採取も同様に被疑者の供述の取得ではなく、したがって、これらについても憲法38条1項違反の問題は生じないことになる。

●**参考文献**● 三好幹夫・判解平9年度42、中野目善則・百8版70、前田雅英・警論66-4-143

179 黙秘権の告知——埼玉放火事件(その2)

浦和地判平成2年10月12日(判時1376号24頁・判タ743号69頁)　参照条文　刑訴法30条、319条

外国人被疑者に対する黙秘権告知のあり方。

●**事実**● 捜査機関は、現住建造物放火の被害者自らが、放火の犯人であるXを拘束し、その身柄を警察に引き渡した。警察は、放火の事実に関しては逮捕・勾留に足る嫌疑がないと判断するとともに、明白な嫌疑のあった不法残留罪でひとまずXを現行犯逮捕した。その後勾留されたが(第1次逮捕・勾留)、この勾留期間中、不法残留に関する取調べは勾留3日目までに終了し、その後はもっぱら放火についての取調べが行われた。その結果、Xが放火を自白したため、不法残留罪を起訴した後、Xを放火の疑いで逮捕・勾留した(第2次逮捕・勾留)。この期間中、再び自白調書が作成され、Xは放火についても起訴された。公判では、Xが一貫して放火の事実を否認したため、Xの自白調書の証拠能力が問題となった。裁判所は、自白調書の証拠能力を否定した上、現住建造物放火に関してXに無罪を言い渡した。その際、本件被疑者の取調べについて、外国人である被疑者に対する黙秘権の告知のあり方が問題となり、裁判所は判決理由で以下の判断を示した。なお、本件における別件逮捕・勾留の問題については【175】参照。

●**判旨**●「Xは、パキスタン人であって、ウルドゥ語を生活言語としており、日本語や英語は全く理解しないだけでなく、……その知的レベルは低く、自国の法律制度にも通じていない。もちろん、被告人は、日本の法律制度(刑事裁判の仕組み)については全く無知……であった」。
「Xは、取調べを受けるにあたって、黙秘権という権利があることは告げられておらず、言いたくないことは言わなくてよいという権利があるとは知らなかった旨供述している。これに対し、Xの取調べを担当したJ及びQは、通訳人を介して、言いたくないことは言わなくてよいという権利があると告げた旨供述し、……これらの点からすると、捜査官が、Xの取調べを開始するにあたり、形式的には、黙秘権の告知を履践したと認めるべきであろう。
しかし、右告知が、Xに対し黙秘権の意味を理解させ得るようなものであったかどうかは、自ずから別個の問題である。そもそも、……法律的素養に乏しい民間人を通訳人として使用せざるを得ない捜査官としては、まずもって通訳人自身に対し、黙秘権とか弁護人選任権など、憲法及び刑事訴訟法で保障された被疑者の基本的な諸権利の意味を説明し、少なくとも一応の理解を得た上で通訳に当たらせるのでなければ、かかる通訳人に、右各権利の告知を適切に行わせることは到底不可能であると思われる。しかるに、本件捜査にあたった捜査官の言動からは、右のような点に関する問題意識は全く窺うことができない。……本件における捜査官の黙秘権告知の方法は、被疑者に対し黙秘権行使の機会を実質的に保障するという観点からは、著しく不十分であ

ったといわなければならない。」

●**解説**● 1 「黙秘権の本質は、個人の人格の尊厳に対する刑事訴訟の譲歩にある」とは平野龍一博士の言葉だが(平野『捜査と人権』94頁)、刑事訴訟の文明度の指標でもある。判例は、黙秘権の告知は、憲法38条1項の内容に含まれないとするが(最大判昭23・7・14刑集2-8-846、最3小判昭25・11・21刑集4-11-2359)、法律上の義務(198条2項)であるから、その重要性に変わりはない。特に、日本語を理解しない外国人被疑者に対する黙秘権告知の重要性は明らかである。

2 198条2項に言う「告げる」とは、当然相手方に権利の内容を理解させることを含む趣旨である。一方的に「告げる」だけでは意味がない。通常は、198条2項の「自己の意思に反して供述をする必要がない」という程度の告知で足りるであろうが、法制度は無論のこと、文化や習慣も異なる外国人の場合には、適切に権利の意味、内容を説明することが求められ、当該被疑者・被告人の知識の程度、理解力等に応じて、およそ供述の義務がないこと、供述を拒否しても、そのことによって不利益を受けることがないこと等、この権利の実体を理解できるように工夫して告げなければならない(出田・後掲6頁)。

3 本判旨も、「かかる被疑者に対し、最小限度、日本国憲法及び刑事訴訟法の保障する被疑者の諸権利(黙秘権、弁護人選任権)の告知を十全に行い、被疑者による右権利の行使を実質的に保障する責務があることは当然というべきであるが、更に、……能力・素養の十分でない通訳人に対しては、通訳人としての責務……について注意を促して、これを自覚させ、また、少なくとも供述調書の読み聞けの段階については、これを録音テープに収めるなどして、後日の紛争に備えるくらいの対策が要求されて然るべき」であるにもかかわらず、本件においては、捜査官側の配慮は甚だ不十分であったとした。

4 本件における黙秘権の告知は、実質的には不十分なものであったとされた。黙秘権の告知が相手方に権利の内容を理解させることを含む趣旨であるとすれば、黙秘権の形式的な履践にはあまり意味がないことになろう。裁判例として、警察官による黙秘権の不告知の事実は、供述の任意性判断に重大な影響を及ぼすとしたものがあるが(浦和地判平3・3・25【441】。小川佳樹・囲9版160頁参照)、不告知の事実から、告知に期待される心理的圧迫感の軽減がなかったことが推認できる、という考え方であろう。この論理は、黙秘権の不告知の場合でも告知が不十分な場合でも同じく妥当するであろう。判例は、被疑者の取調べに際して黙秘権を告知しなかったからと言って、その取調べに基づく供述が任意性を欠くものと速断することはできないとするが(前掲最3小判昭25・11・21等)、特に外国人被疑者の場合にはより慎重な判断が求められる。

●**参考文献**●　出田孝一・判タ896-4

180 異状死の届出義務と自己負罪拒否特権——都立病院誤薬投与事件

最3小判平成16年4月13日（刑集58巻4号247頁・判時1861号140頁・判タ1153号95頁）

参照条文　憲法38条1項
医師法21条　旧医師法33条

異状死体に関する医師の届出義務と憲法38条1項。

●事実●　医師法21条は「医師は、死体又は妊娠4月以上の死産児を検案して異状があると認めたときは、24時間以内に所轄警察署に届け出なければならない」としている（違反者には5000円以下の罰金〔旧医師法33条。罰金等臨時措置法により2万円。現行の医師法33条の2では50万円以下〕）。本件は、都立病院の看護師2名が点滴の際に生理食塩水と間違えて消毒液を注入したことにより患者を死亡させた事件に関して、この死体を検案した担当医の医師と同病院の院長Xが、共謀による医師法21条違反として起訴された事件である。第1審・2審がXを有罪としたのに対して、Xは、担当医には刑事責任（監督過失）を問われる可能性があったのであるから、異状死の届出義務は「何人も、自己に不利益な供述を強要されない」とする憲法38条1項に違反し、したがってXに対しても同条違反を問うことはできない、と主張した。

●判旨●　「本件届出義務は、警察官が犯罪捜査の端緒を得ることを容易にするほか、場合によっては、警察官が緊急に被害の拡大防止措置を講ずるなどして社会防衛を図ることを可能にするという役割をも担った行政手続上の義務と解される。そして、異状死体は、人の死亡を伴う重い犯罪にかかわる可能性があるものであるから、上記のいずれの役割においても本件届出義務の公益上の必要性は高いというべきである。他方、憲法38条1項の法意は、何人も自己が刑事上の責任を問われるおそれのある事項について供述を強要されないことを保障したものと解されるところ〔最大判昭32・2・20【305】参照〕、本件届出義務は、医師が、死体を検案して死因等に異状があると認めたときは、そのことを警察署に届け出るものであって、これにより、届出人と死体とのかかわり等、犯罪行為を構成する事項の供述までも強制されるものではない。また、医師免許は、人の生命を直接左右する診療行為を行う資格を付与するとともに、それに伴う社会的責務を課するものである。このような本件届出義務の性質、内容・程度及び医師という資格の特質と、本件届出義務に関する前記のような公益上の高度の必要性に照らすと、医師が、同義務の履行により、捜査機関に対し自己の犯罪が発覚する端緒を与えることにもなり得るなどの点で、一定の不利益を負う可能性があっても、それは、医師免許に付随する合理的根拠のある負担として許容されるものというべきである。

以上によれば、死体を検案して異状を認めた医師は、自己がその死因等につき診療行為における業務上過失致死等の罪責を問われるおそれがある場合にも、本件届出義務を負うとすることは、憲法38条1項に違反するものではないと解するのが相当である。」

●解説●　1　本判旨は、これまでの判例における各種報告義務の合憲性の判断方法に類似した面を有しつつも、そのいずれとも異なる「総合的な判断」という新しいアプローチによって合憲性を肯定した点に特色がある。

2　本判旨は、①本件届出義務は、あくまで行政手続上の義務であること、②届出の対象事項は異状死の届出であって、届出人と死体との関係などの犯罪行為を構成する事項までは含まれないこと、③医師免許にはそれに伴う社会的責務が課せられていること、④犯罪捜査の端緒を得るだけでなく、被害の拡大防止措置を講ずるなどの公益上の高度の必要性があることに照らすと、届出義務に伴う一定の不利益も合理的根拠のある負担として許容されるとする。このうち、①の行政手続論については、行政手続であっても憲法38条1項は問題となり得るし（最大判昭47・11・22刑集26-9-554〔川崎民商事件〕参照）、④の公益上の必要性論もそれだけで憲法38条1項に関する結論を導くことはできない。本判旨の実質的な論拠は②と③にあると言えよう。

3　届出事項の制限から合憲性を導く論理は、交通事故の報告義務の対象となる「事故の内容」を限定的に解釈した判例（最大判昭37・5・2【177】）と同じである。しかし、この判例については、交通事故の報告が捜査の端緒となる可能性が高いにもかかわらず、これを「不利益な供述」に当たらないとする論理には無理があっただけでなく、たとえ届出事項を限定するとしても、医療過誤が明白な場合の届出は、事実上、医師にとって自首に等しい（川出・後掲10頁）との批判が可能であろう。

4　医師免許に伴う社会的責務論については、先例として、麻薬取扱いの有資格者には記帳義務が課せられているが、その者は、「麻薬取締法規による厳重な監査を受け、その命ずる一切の制限または義務に服することを受諾している」とした判例（いわゆる「事前放棄の理論」。最2小判昭29・7・16刑集8-7-1151）が参考になるが、これは「一種の擬制の理論」（芦澤・後掲216頁）と言うべきであるのみならず、医師の社会的責務が直ちに自己負罪拒否特権の制約を正当化できるとするのは論理に飛躍がある（川出・後掲10頁）。届出義務の正当化の問題と、自己負罪拒否特権の制約の正当化とは、別の問題と言うべきである。

5　本判旨は、各論拠の「総合的な判断」によって合憲性を肯定したとされているが（芦澤・後掲217頁）、各論拠の問題点は残されたままと言うべきであろう。そうすると、医師による異状死の届出は憲法38条1項にいう「不利益な供述」に該当することは否定し難いこととなり、届出義務には違憲の疑いが残ると言わざるを得ない（川出・後掲11頁）。

●参考文献●　芦澤政治・判解平16年度190、川出敏裕・法教290-4、小川佳樹・J平16年度重判187

181 接見交通権と接見指定権——杉山事件

最1小判昭和53年7月10日（民集32巻5号820頁・判時903号20頁・判タ372号67頁）

参照条文　憲法34条、刑訴法39条1項・3項　国賠法1条1項

①弁護人からの接見申立てに対し捜査機関が取るべき措置、②指定書の不所持を理由になされた接見拒否の適法性。

●事実● 弁護士Sは、威力業務妨害等の嫌疑で逮捕されて代用監獄（代用刑事施設）に留置された被疑者Xについて連絡を受け、Xと接見すべく捜査本部に電話したが、指定書持参の要否をめぐり当時接見指定の権限を有していて捜査主任官であった警察官Aと言い合いになった。その後Aは、Sが捜査本部まで来れば具体的指定書を交付して接見の日時等を指定する旨留置先の警察官Bに電話連絡した。これに対して、Sは捜査本部を経由せずに留置先警察署を訪れたが、BはAの指定書がないことを理由に接見を拒否した。Sはこうした運用が39条違反であるとして取調室のXと強引に面会しようとしたが、Bに制止され、軽い傷害を負った。その後もBはAからの指定がないことを理由に接見を拒み続け、数時間後、ようやくAが捜査本部からやって来て場所・時間等を指定し、接見が実現した。Sは後に大阪府を相手に接見交通権侵害を理由として国賠法1条1項に基づき損害賠償を請求したところ、第1審・原審共にSの請求を認容した。そこで、大阪府が上告したところ、最高裁は、上告された部分についての原審判断を破棄し、差し戻したが、同時に以下の判断を示した。

●判旨● 「憲法34条前段は、何人も直ちに弁護人に依頼する権利を与えられなければ抑留・拘禁されることがないことを規定し、刑訴法39条1項は、この趣旨にのっとり、身体の拘束を受けている被疑者・被告人は、弁護人又は弁護人となろうとする者（以下「弁護人等」という。）と立会人なしに接見し、書類や物の授受をすることができると規定する。この弁護人等との接見交通権は、身体を拘束された被疑者が弁護人の援助を受けることができるための刑事手続上最も重要な基本的権利に属するものであるとともに、弁護人からいえばその固有権の最も重要なものの1つであることはいうまでもない。」
「捜査機関は、弁護人等から被疑者との接見の申出があったときは、原則として何時でも接見の機会を与えなければならないのであり、現に被疑者を取調中であるとか、実況見分、検証等に立ち会わせる必要がある等捜査の中断による支障が顕著な場合には、弁護人等と協議してできる限り速やかな接見のための日時等を指定し、被疑者が防禦のため弁護人等と打ち合わせることのできるような措置をとるべきである。」
「これを本件についてみると、……当時、被疑者と弁護人等との接見をあらかじめ一般的に禁止して許可にかからしめ、しかもSの接見要求に対して速やかに日時等の指定をしなかった捜査本部のAの措置は違法といわざるをえない」が、Bは現に被疑者を取調べ中であり、また指定権の行使が制限されていたことなどにより、Bが捜査主任官Aからの指定がないことを理由に接見を拒んでも違法とは言えない。

●解説● 1　本判旨は3段からなり、第1段では接見交通権の重要性を指摘し、第2段で接見指定の要件を示し、第3段でこれを本件に適用している。

2　第1段では、①刑訴法39条1項が、憲法34条前段の「趣旨にのっとり」規定されたものであり、②「身体を拘束された被疑者が弁護人の援助を受けることができるための刑事手続上最も重要な基本的権利に属する」とともに、③「弁護人からいえばその固有権の最も重要なものの1つ」であるとした。学説も、接見交通権は、被告人・被疑者の権利であると同時に弁護人の権利でもある（注釈(1)265頁〔植村玄郎〕）としてきたが、弁護人の接見交通権は、弁護人の独立行為権（41条）のうちの固有権に属する（条解88頁）ものとして、被疑者・被告人が権利放棄しても弁護人の接見交通権が失われることはない。本判旨は、このような接見交通権の法的構造を明らかにした点において重要な意義がある。

3　第2段では、第1段を受けてあくまで自由な接見交通が原則であることを確認しつつ、接見指定の要件として「現に被疑者を取調中であるとか、実況見分、検証等に立ち会わせる必要がある等捜査の中断による支障が顕著な場合」との基準を示し、最高裁として初めて接見指定の要件を明確に判示した。これまで、接見指定の要件に関しては、被疑者の身柄を利用した捜査の必要に限られるとする限定説と捜査全般の必要を言うとする非限定説が対立してきたが、本判旨は、限定説を採用したものと言えよう。ただし、本件が現に被疑者を取調べ中であったという事案を前提とした判示であって非限定説を排斥したものではないとする理解もある。また、具体的な指定要件を満たすときは、「弁護人等と協議してできる限り速やかな接見のための日時等を指定し、被疑者が防禦のため弁護人等と打ち合わせることのできるような措置をとるべきである」として、これを怠れば捜査機関の措置が違法となり得る場合があることを明らかにした（時岡・後掲277頁）点は重要である。

4　第3段では、本件接見指定の手続が問題となったが、いわゆる一般的指定の是非および具体的指定書持参の要否については、必ずしも明確な判示はなされていない（時岡・後掲276頁）。しかし、事前の一般的禁止措置については消極的な態度が窺える。なお、本件接見拒否が違法とは言えないとされたが、指定手続の適否とは関わりなく、現に当該被疑者を取調べ中であったとすれば、接見指定の要件は満たされていたことになる。

●参考文献● 時岡泰・判解民昭53年度267、久岡康成・J昭53年度重判197、中西武夫・別冊判タ9-187

182 取調べ予定と接見交通権——浅井事件

最3小判平成3年5月10日（民集45巻5号919頁・判時1390号21頁・判タ763号150頁）

参照条文 刑訴法39条1項・3項

① 「捜査のため必要があるとき」の意義、② 捜査機関の接見指定の方法。

●事実● 代用監獄（代用刑事施設）に勾留中の被疑者Xの弁護人に選任されたAは、当該警察署に赴き、接見の申出をした。これに応対した警備係長Bは、Aに指定書の持参の有無を確認した上、主任検察官Cに電話で問い合わせ、Cより「地検で指定書の交付を受け、持参しない限り接見をさせるわけには行かない」旨の指示を受けたので、それに基づいてAの接見申出を拒否した。申出の当時、Xは取調べを受けてはいなかったが、それより約20分後に取調べの予定があった。ただ、取調担当官はその後Aが指定書を持参して接見を要求すべく来署することを予想し、それにより取調べが中断されることを恐れてXの取調べを見合わせ、結局その日はこれを行わなかった。Aが弁護権侵害を理由に国家賠償を請求したところ、第1審は一般的指定処分自体を違法とし、Cの具体的な指定措置も違法としたが、原審は具体的な指定のみを違法とした。この最後の点について国側が上告したところ、最高裁は次のように判断してこれを棄却した。

●判旨● 39条3項による指定が可能な「捜査の中断による支障が顕著な場合には、捜査機関が、弁護人等の接見等の申出を受けた時に、現に被疑者を取調べ中であるとか、実況見分、検証等に立ち会わせているというような場合だけでなく、間近い時に右取調べ等をする確実な予定があって、弁護人等の必要とする接見等を認めたのでは、右取調べ等が予定どおり開始できなくなる場合も含むものと解すべきである。」

これらの場合には、捜査機関は、弁護人等と協議の上、取調べ等の終了予定後の日時を指定することが可能であるが、その場合でも、弁護人等ができるだけ速やかに接見等を開始することができ、かつ、その目的に応じた合理的な範囲内の時間を確保することができるように配慮すべきである。そこで、弁護人等から接見等の申出を受けた捜査機関は、取調べ等の予定の有無を確認して具体的な指定要件の存否を判断し、「弁護人等の申出の日時等を認めることができないときは、改めて接見等の日時等を指定してこれを弁護人等に告知する義務がある」。

「捜査機関が右日時等を指定する際いかなる方法を採るかは、その合理的裁量にゆだねられているものと解すべきであるから、電話などの口頭による指定をすることはもちろん、弁護人等に対する書面（いわゆる接見指定書）の交付による方法も許されるものというべきであるが、その方法が著しく合理性を欠き、弁護人等と被疑者との迅速かつ円滑な接見交通が害される結果となるようなときには、それは違法なものとして許されない」。

本件では、間近い時にXを取り調べる予定があり、Cが接見指定をしようとしたこと自体は違法ではない。しかし、Aと協議し、時間を調整する等の義務に背き、一方的にAに往復約2時間を費やして接見指定書を取りに来させようとした等の点で、当該措置は指定の方法等において著しく合理性を欠き、違法である。（補足意見がある。）

●解説● 1 本判旨は、杉山事件【181】を踏襲し、「接見交通権が憲法上の保障に由来する」ことを確認した上で、接見指定のあり方をさらに深化させた。第1に、指定要件には取調べの予定がある場合も含まれるとし、第2に、指定方法が著しく合理性を欠くときは違法となるとし、第3に、本件指定方法を違法とした。

2 本判旨は、指定要件の基準については、「間近い時に右取調べ等をする確実な予定」がある場合にも、接見指定が許されるとした。これは接見指定に関する限定説を否定したものと見る見解もあるが（安村・後掲77頁）、そもそも【181】も予定される捜査処分の場合にも接見指定が可能であることを認めたものと理解できるので（井上・後掲43頁）、限定説を採用した【181】の趣旨を敷衍したものに過ぎないと言えよう（その後、最2小判平3・5・31判時1390-33〔若松事件〕も、この解釈を確認している）。むしろ、注意すべきことは、本判旨は、単に取調べの予定があるというのではなく、「間近い時」（時間的接着性）と「確実な予定」（確実性）という二重の要件を加味して、捜査機関が指定権を濫用することがないよう歯止めを掛けたことである（佐藤・後掲326頁）。つまり、取調べ予定があっても、その予定時刻を若干遅らせることが常に捜査の中断による支障が顕著な場合に結び付くとは限らない。本件補足意見が、単に被疑者の取調べ状況から形式的に即断することなく、指定権の行使は条理に適ったものでなければならないと指摘したことは、真に事の核心を衝いている。

3 実務においては、あらかじめ、「捜査のため必要があるので、被疑者と弁護人等との接見又は書類等の授受に関し、その日時・場所及び時間を別に発すべき指定書のとおり指定する」と記載した書面（一般的指定書）を交付しておき、弁護人から接見要求があったときに、具体的な日時・場所および時間を記載した指定書（具体的指定書）を交付し、具体的指定書を持参しない限り接見を拒否するという手続きが取られ、紛糾をもたらした。下級審判例では、このような一般的指定方式は、原則と例外を逆転させるものとして違法とするものが続出した（鳥取地決昭42・3・7下刑9-3-375等）。

4 本判旨は、具体的指定書交付の方式も合理的裁量の問題としつつも、その方法が著しく合理性を欠くときは違法となるとした。問題は、一般的指定という形式ではなく、具体的な指定方式の合理性にある。その後、一般的指定書を廃止し、通知書という手続きに改められているが、具体的指定手続の合理性が問題であることに変わりはない。

●参考文献● 佐藤歳二・判解民平3年度313、安村勉・圏7版76、井上正仁・圏6版40

183 接見指定の合憲性——安藤・斉藤事件

最大判平成11年3月24日（民集53巻3号514頁・判時1680号72頁・判タ1007号106頁）

参照条文 憲法34条、37条3項、38条1項 刑訴法39条

刑訴法39条3項と憲法34条前段・37条3項・38条1項。

●**事実**● 昭和62年12月、恐喝未遂事件で勾留中の被疑者Xに接見しようとした弁護士Aが、留置係の警察官に接見を拒否されまたは検察官に接見指定書の受領・持参を要求されるなどして、前後9回にわたり接見を妨害されたため、2度にわたり準抗告を申し立て、福島地裁郡山支部から検察官の処分を取り消す旨の決定を得たが、検察官がその後も方針を変えなかったため、その後弁護人に加わった弁護士Sと共に福島地検郡山支部に赴き、接見指定書を受領した上で、Xに接見をした。

AとSは、違法に接見を妨害されたとして国家賠償請求をしたところ、第1審の福島地裁は、請求を容認して損害賠償の支払いを命じたが、控訴審の仙台高裁は、これを取り消した。そこで、AとSが上告し、上告理由の中で、刑訴法39条3項が違憲であると主張したため、この論点について事件は最高裁大法廷に回付された。

●**判旨**● 「刑訴法39条1項が、……被疑者と弁護人等との接見交通権を規定しているのは、憲法34条の右の趣旨にのっとり、身体の拘束を受けている被疑者が弁護人等と相談し、その助言を受けるなど弁護人等から援助を受ける機会を確保する目的で設けられたものであり、その意味で、刑訴法の右規定は、憲法の保障に由来するものであるということができる」。

「憲法は、刑罰権の発動ないし刑罰権発動のための捜査権の行使が国家の権能であることを当然の前提とするものであるから、被疑者と弁護人等との接見交通権が憲法の保障に由来するからといって、これが刑罰権ないし捜査権に絶対的に優先するような性質のものということはできない。そして、捜査権を行使するためには、身体を拘束して被疑者を取り調べる必要が生ずることもあるが、憲法はこのような取調べを否定するものではないから、接見交通権の行使と捜査権の行使との間に合理的な調整を図らなければならない。憲法34条は、身体の拘束を受けている被疑者に対して弁護人から援助を受ける機会を持つことを保障するという趣旨が実質的に損なわれない限りにおいて、法律に右の調整の規定を設けることを否定するものではないというべきである。」

「〔刑訴法39条3項は〕刑訴法において身体の拘束を受けている被疑者を取り調べることが認められていること……などにかんがみ、被疑者の取調べ等の捜査の必要と接見交通権の行使との調整を図る趣旨で置かれたものである。」

「このような刑訴法39条の立法趣旨、内容に照らすと、捜査機関は、弁護人等から被疑者との接見等の申出があったときは、原則としていつでも接見等の機会を与えなければならないのであり、同条3項本文にいう『捜査のため必要があるとき』とは、右接見等を認めると取調べの中断等により捜査に顕著な支障が生ずる場合に限られ、右要件が具備され、接見等の日時等の指定をする場合には、捜査機関は、弁護人等と協議してできる限り速やかな接見等のための日時等を指定し、被疑者が弁護人等と防御の準備をすることができるような措置を採らなければならないものと解すべきである。」

以上から、刑訴法39条3項の接見制限は、弁護人の接見申出を全面的に拒むことを許すものではなく、単に接見日時を別の日時にするなどに過ぎず、また、「捜査のため必要があるとき」も捜査に顕著な支障が生ずる場合に限られ、しかも、指定要件を具備する場合には、できる限り速やかな接見等のための日時等を指定しなければならないのである。このような点から見れば、刑訴法39条3項本文の規定は、憲法34条前段の弁護人依頼権の保障の趣旨を実質的に損なうものではないと言うべきである。

●**解説**● 1 本判決は、最高裁が、刑訴法39条3項の合憲性について初めて判断を示したものであり、接見交通権と接見指定権の憲法上の位置付けを明らかにした上で、接見指定権が憲法に反しないとした。大法廷の裁判官全員一致の判決であり、また、これまでの小法廷の判例を集大成したものでもあり、これによって、判例上は、接見交通権の理論的課題は解決され、今後の問題はその運用に移ったと言えよう。

2 本判決は、接見交通権が憲法に由来する権利であることを確認したが、同時に、「刑罰権ないし捜査権に絶対的に優先する」ものとはせず、「接見交通権の行使と捜査権の行使との間に合理的な調整を図らなければならない」とした。その理論構造は、接見交通権は、憲法34条により直接保障されるのではなく、あくまで憲法に「由来するもの」と位置付けることにより、「憲法34条前段は、いわば刑訴法39条3項による制限を内在させた接見交通権を保障している」（田中＝成瀬・後掲78頁）としたものと見ることができよう。

3 こうして刑訴法39条3項は、接見交通権と捜査権との調整規定として憲法に反しないこととなった。しかし、あくまで調整規定なのであるから、捜査機関は、弁護人から接見の申出があったときは、原則としていつでも接見の機会を与えなければならず、接見指定の要件が具備する場合でも、速やかな接見のための日時等を指定しなければならないとの基本準則が導かれた。このような判例の考え方に沿って、その後、検察官の接見指定の方法も、指定書によるほか、適宜口頭、電話、ファクシミリによる弁護人事務所への送付など弾力的運用が図られているようである（大坪・後掲264頁）。

4 なお、本判旨は、刑訴法198条1項但書につき、被疑者に取調べのために出頭し、滞留する義務を肯定するような判示を含むが、これは憲法38条1項に関するいわば傍論に過ぎず、出頭滞留義務ないし取調受忍義務を肯定する意味までは含まれていないと見るべきであろう。

5 その他、本判旨は、刑訴法39条3項が憲法37条3項・38条1項に反するとの主張も排斥している。

●**参考文献**● 大坪丘・判解民平11年度250、田中開＝成瀬剛・百9版76

184　初回接見——第2次内田事件

最3小判平成12年6月13日（民集54巻5号1635頁・判時1721号60頁・判タ1040号113頁）

参照条文　憲法34条
刑訴法39条　国賠法1条

> 逮捕直後の初回の接見申出を受けた場合における、捜査機関の取るべき措置。

●事実●　Xは、平成2年10月10日午後3時53分頃、東京都公安条例違反の容疑で現行犯逮捕され、午後4時10分頃、T警察署に引致された。弁護士Uは、午後4時35分頃にT署の玄関口に出て来た捜査主任官Kに対して、Xとの即時の接見を申し出たところ、Kは、Xは取調べ中なのでしばらく接見を待ってほしい旨の発言を繰り返した。P巡査部長は、午後4時45分頃、取調べを開始した。Kは、午後5時10分頃、T署の玄関口において、現在Xは取調べ中であるから接見をしばらく待ってほしい旨述べた。Kは、午後5時28分頃、P巡査部長に対し、Xの取調べを一時中断して食事をさせた後、再び取調べをするように指示した。午後5時45分頃、Kは、Xは取調べ中なので接見させることができない、接見の日時を翌日午前10時以降に指定する旨を告げた。なおPは、午後6時10分頃実況見分の応援に出たため、それ以降の取調べは深夜に及ぶ虞があるとして、その日はXの取調べは行われなかった。

本件接見指定につき、Uが損害賠償を請求したところ、第1審は請求を一部容認したが、控訴審がこれを破棄したため、さらに上告したところ、最高裁は、以下の判断を示して、原判決を破棄自判し、第1審判決の限度で損害賠償請求を容認した。

●判旨●　「弁護人を選任することができる者の依頼により弁護人となろうとする者と被疑者との逮捕直後の初回の接見は、身体を拘束された被疑者にとっては、弁護人の選任を目的とし、かつ、今後捜査機関の取調べを受けるに当たっての助言を得るための最初の機会であって、直ちに弁護人に依頼する権利を与えられなければ抑留又は拘禁されないとする憲法上の保障の出発点を成すものであるから、これを速やかに行うことが被疑者の防御の準備のために特に重要である。したがって、右のような接見の申出を受けた捜査機関としては、前記の接見指定の要件が具備された場合でも、その指定に当たっては、弁護人となろうとする者と協議して、即時又は近接した時点での接見を認めても接見の時間を指定すれば捜査に顕著な支障が生じるのを避けることが可能かどうかを検討し、これが可能なときは、留置施設の管理運営上支障があるなど特段の事情のない限り、犯罪事実の要旨の告知や被疑者の引致後直ちに行うべきものとされている手続及びそれに引き続く指紋採取、写真撮影等所要の手続を終えた後において、たとい比較的短時間であっても、時間を指定した上で即時又は近接した時点での接見を認めるようにすべきであり、このような場合に、被疑者の取調べを理由として右時点での接見を拒否するような指定をし、被疑者と弁護人となろうとする者との初回の接見の機会を遅らせることは、被疑者が防御の準備をする権利を不当に制限するものといわなければならない。」

これを本件について見ると、(1)Xの取調べが予定されていたと評価できるので、Kが接見指定をしようとしたこと自体は直ちに違法と断定することはできないが、(2)短時間取調べを中断し、または夕食前の取調べの終了を少し早め、もしくは夕食後の取調べの開始を少し遅らせることによって、右目的に応じた合理的な範囲内の時間を確保することができたし、(3)このように接見時間をやり繰りすれば、捜査への支障が顕著なものになったとは言えないから、(4)午後5時頃以降、夕食前もしくは遅くとも夕食後に接見させるべき義務があったのであり、(5)したがって、Kが午後5時45分頃に至って一方的に接見の日時を翌日に指定した措置は、Xが防御の準備をする権利を不当に制限したものであって、39条3項に違反する。

●解説●　1　接見指定は、総論から、各論の時代に入った。具体的指定の適法性は、①39条3項本文の「捜査のため必要があるとき」の要件が満たされているか、②接見指定の内容が同項但書に言う、被疑者が防御の準備をする権利を不当に制限するものでないか、③接見指定の方法が合理的と言えるか、が問題となるところ（川出・後掲80頁）、本件では、②と③が問題となった。

2　接見指定の要件については、物理的限定説（被疑者の身柄を現に必要としているときに限定される）、準限定説（取調べを開始しようとしているとき等も含む）および非限定説（捜査全般から捜査に支障のあるとき）があるところ、判例は準限定説を採っている。本判決は、これまでの判例と同じ基準を前提に、やや慎重な言い回しながらも、捜査機関が接見指定をしようとしたこと自体については違法としなかった。

3　他方、接見指定の要件が認められる場合でも、捜査機関は、弁護人と協議してできる限り速やかな接見のための日時を指定し、被疑者が防御の準備をすることができるような措置を取らなければならない（浅井事件【182】、安藤・斉藤事件【183】）。さらに、接見指定の方法についても、「その方法が著しく合理性を欠く」ときは違法となる（【182】）。本判決は、以上を前提として、捜査機関に、即時または近接した時点で接見させるというきめ細かな対応をすることを求め、漫然と取調べの終了予定後に接見の日時を指定することは許されないとした。このような配慮を欠き、弁護人選任の機会も与えないまま取調べを継続することは、憲法34条の保障を実質的に無意味にすることにもなりかねないからである（矢尾・後掲547頁、川出・後掲81頁）。

4　本判決の射程距離として、捜査に顕著な支障が生ずる場合に接見指定ができるという枠組み自体に変更はない。したがって、逮捕直後の初回の接見であれば、捜査に顕著な支障が生ずる場合であっても、接見を許さなければならないとしたものではない（吉村・後掲81頁）。

●参考文献●　矢尾渉・判解民平12年度522、吉村典晃・百9版80、川出敏裕・百8版78

185 面会接見——定者事件

最3小判平成17年4月19日（民集59巻3号563頁・判時1896号92頁・判タ1180号163頁）

参照条文　刑訴法39条　国賠法1条

接見施設のない検察庁における接見の申出に対して検察官の取るべき措置。

●事実●　被疑者X（当時17歳）は、非現住建造物等放火の容疑で逮捕され、代用監獄である警察留置場において勾留されることとなったが、弁護人Jからの準抗告に基づき、勾留場所は少年鑑別所となった。Jは、Xが広島地検で取調べのため待機中であることを知り、平成4年3月5日午後2時20分頃、A検事に電話をし、Xとの接見を申し出た。Jは、Xに対し、勾留場所が少年鑑別所に変更されたことをできるだけ早く伝えて元気付けようと思い、接見を急いでいた。

A検事は、同日午後2時30分頃、Jに電話をし、広島地検の庁舎内での接見は、同庁舎内には接見のための設備がないのでできない旨、およびXについては接見指定をしておらず、接見設備のある場所での接見はいつでも自由にできるので、Xとの接見交通には何らの支障がない旨を述べた。Jは、広島地検へ出向き、同日午後2時35分頃、Xとの接見を申し出たが、A検事は接見を認めなかった。Jは、事務官に対し、取調べまで時間があるはずなので今すぐに会わせてほしい旨、および接見の場所はXが今待機中の部屋でもよいし、本執務室でもよいなどと申し入れたが、Xに会うことは許されなかった。

Jが、接見拒否の違法を理由に慰謝料を請求したところ、第1審および控訴審は請求を容認した。最高裁は国側の上告受理申立てを受理し、検察官の過失は認められないとして原審を破棄しつつ、以下の判断を示した。

●判旨●　「広島地検の庁舎内には、弁護人等と被疑者との立会人なしの接見を認めても、被疑者の逃亡や罪証の隠滅を防止することができ、戒護上の支障が生じないような設備のある部屋等は存在しないものというべきであるから、A検事がそのことを理由に被上告人からの接見の申出を拒否したとしても、これを直ちに違法ということはできない。

「しかしながら、……検察官が上記の設備のある部屋等が存在しないことを理由として接見の申出を拒否したにもかかわらず、弁護人等がなお検察庁の庁舎内における即時の接見を求め、即時に接見をする必要性が認められる場合には、検察官は、例えば立会人の居る部屋での短時間の『接見』などのように、いわゆる秘密交通権が十分に保障されないような態様の短時間の『接見』（以下、便宜『面会接見』という。）であってもよいかどうかという点につき、弁護人等の意向を確かめ、弁護人等がそのような面会接見であっても差し支えないとの意向を示したときは、面会接見ができるように特別の配慮をすべき義務があると解するのが相当である。そうすると、……捜査に顕著な支障が生ずる場合は格別、そのような場合ではないのに、検察官が、上記のような即時に接見をする必要性の認められる申出に対し、上記のような特別の配慮をすることを怠り、何らの措置を執らなかったときは、検察官の当該不作為は違法になると解すべきである。」

●解説●　1　本件は、接見設備がない検察庁内における接見という新しい問題につき、①接見に適した設備のある部屋が存在しない場合には接見を拒否することができるが、同時に、②「面会接見」という新たな概念を打ち出し、検察官に面会接見のための特別の配慮義務を認めた判例である。

2　被疑者が検察庁の庁舎内に居る場合についての接見交通に関する規定はない（裁判所の構内に居る場合については、規30条参照）。検察庁の庁舎によっては、接見室があるところがあり、また、接見室のない庁舎内においても接見がなされた事例があるとのことである（森・後掲250頁）。これに対し、本判決は、接見設備のある部屋が存在しない場合に検察官は接見を拒否できるとした。この点、39条2項は、被疑者の逃亡や罪証隠滅の虞または戒護上の支障のある物の授受を防ぐために必要な措置を規定することができるとしているが、接見交通は適法な身柄拘束を前提としているので、この規定は接見交通の内在的制約と見ることができ、本件のような接見拒否も、法的には同条項を根拠とすることができよう（川出・後掲169頁参照）。なお、「接見設備のある部屋」の有無について、本判決は、検察官の判断の容易性を求めた。現場における即時の判断のためには必要な基準と言えよう。

3　本判決は、検察官が接見を拒否する場合でも、即時の接見の必要性が認められ、また接見の秘密性が保障されない接見につき弁護人の同意がある場合に、検察官に「面会接見」の配慮義務を認めた。その根拠として、「〔刑訴法39条の〕趣旨が、接見交通権の行使と被疑者の取調べ等の捜査の必要との合理的な調整を図ろうとするものであること」（安藤・斉藤事件【183】参照）を挙げている。その趣旨は、接見交通権が重要な基本的権利である（杉山事件【181】参照）ことから、検察官にできる限りの配慮義務を課したものと言えよう。ただ、それが法的義務であるためには、面会接見の「権利性」が前提となる（川出・後掲171頁）。この点は、39条1項の接見交通権と207条1項・80条の一般接見との中間で、いわば39条の接見を80条の枠内で行う接見としてその権利性を認めることができよう。

4　面会接見の要件は、即時接見の必要性、弁護人の同意かつ捜査に顕著な支障がないことである。したがって、例えば、捜査機関が犯行現場に被疑者を連行しているときでも、この要件が満たされれば面会接見を認めるべき場合もあり得よう（渡辺・後掲196頁）。その態様に関しては、検察官などを立ち会わせたことに裁量権の逸脱は認められず、また、捕縄の端を刑務官が把持していたことも配慮義務に違反しないとされた事例がある（名古屋高判平19・7・12判時1997-66）。

●参考文献●　森義之・判解民平17年度236、川出敏裕・刑ジャ1-165、渡辺修・J平17年度重判194

186　任意同行と接見交通権——町長収賄事件

福岡高判平成5年11月16日（判時1480号82頁・判夕875号117頁）　　参照条文　憲法34条　刑訴法30条、39条

任意取調べ中の被害者との接見交通権。

●事実●　町長であるXは、昭和63年11月13日午前7時頃、警察官に任意同行を求められ、派出所において収賄容疑で取調べを受けた。Xの妻から連絡を受けた弁護士Aは、午前9時過ぎにT警察署に電話をかけてXとの面会に行く旨を伝え、正午頃、T署に赴いた。部屋でしばらく待たされた後、Aは、B刑事課長にXとの面会を求めたが、Bは、面会の段取りをしたので連絡を待つようにと言うのみであった。さらにその後、午後1時1分頃、取調べの進行状況の確認して戻って来たBに対してXの面会の意思について尋ねたところ、担当者から返事が来ることになっているが返事がいつになるか分からないとの回答であったため、AはT署を退去した。原審は、弁護権の侵害により精神的苦痛を被ったということを理由とするAの国家賠償請求を認容した。これに対して、被告（県）は控訴を申し立てたが、福岡高裁はこれを棄却した。

●判旨●　「被疑者の弁護人又は弁護人を選任することができる者の依頼により弁護人となろうとする者（以下『弁護人等』という。）は、当然のことながら、その弁護活動の一環として、何時でも自由に被疑者に面会することができる。その理は、被疑者が任意同行に引き続いて捜査機関から取調べを受けている場合においても、基本的に変わるところはないと解するのが相当であるが、弁護人等は、任意取調べ中の被疑者と直接連絡を取ることができないから、取調べに当たる捜査機関としては、弁護人等から右被疑者に対する面会の申出があった場合には、弁護人等と面会時間の調整が整うなど特段の事情がない限り、取調べを中断して、その旨を被疑者に伝え、被疑者が面会を希望するときは、その実現のための措置を執るべきである。任意捜査の性格上、捜査機関が、社会通念上相当と認められる限度を超えて、被疑者に対する右伝達を遅らせ又は伝達後被疑者の行動の自由に制約を加えたときは、当該捜査機関の行為は、弁護人等の弁護活動を阻害するものとして違法と評され、国家賠償法1条1項の規定による損害賠償の対象となるものと解される。

これを本件についてみるに、Aは、昼休みの時間帯にT署に赴き、Xとの面会を申し出たものであるが、B刑事課長からその旨の連絡を受けたC警部及び現にXの取調べに当たっていたD警部補は、捜査の都合を理由に、右申出があったことを速やかにXに伝達しないまま取調べを継続し、他方、Aと直接折衝に当たったB刑事課長は、具体的な面接時間の調整を図るなどAの弁護活動に配慮した対応をせず、取調べ中の捜査官からの連絡を待つようにと一方的に通告する態度に終始した。加えて、本件でXが同行された場所は、被疑者側の誰にも知らされておらず、したがって、Aは、T署から車で10分以上掛かる別の場所でXの取調べが行われていることを知らないまま、その場で直ちに面会できることを期待してB刑事課長と交渉に当たっていたという経緯があり、以上のような具体的状況の下では、B刑事課長及びC警部の行為は、社会通念上相当と認められる限度を超えて弁護人等の弁護活動を阻害した違法があるものと認められる。」

●解説●　1　本判決は、接見交通権が任意取調べにも及ぶことを明らかにした初めての司法判断である。任意同行に基づく任意取調べにおける弁護人の接見交通権については、刑訴法に明文規定はない。したがって、その法的根拠が問題となる。

2　任意取調べ中の被疑者につき、弁護人が面会を求めた場合に、捜査機関にはその面会を実現させるよう配慮する義務があるか。配慮義務を否定する見解は、身柄不拘束の被疑者の取調べでは、被疑者は何時でも退去して（198条1項但書）、弁護人の援助を受けることができるとするが、任意退出が事実上困難であるだけでなく、被疑者は弁護人の面会申出を知るすべはないので、現実的な理論とは言えない。本判旨は、弁護人は「何時でも自由に被疑者に面会することができる」とするので、身柄不拘束の被疑者にも弁護人との面会権があるとの理解に立脚していると思われる。これに対して、面会権は被疑者のみならず弁護人にとっても弁護権の重要な一内容であるから、「当面被疑者の意思を問うことなく、まずその面会の場を設定するのが筋」（杉田・後掲83頁）とし、判旨が、弁護人の面会申出を被疑者に伝え、「被疑者が面会を希望するときは、その実現のための措置を執るべきである」とする伝達義務を媒介にした法的構成は「如何にも迂遠」と評する見解があるが、妥当な指摘と思われる。

3　接見交通権（39条1項）は、被疑者の権利であると同時に弁護人の権利でもある。身柄不拘束の被疑者については、本件第1審判決のように、30条1項を引用することもできよう。いずれの場合も接見交通権は弁護人の権利でもある。問題となるのはその法的性質であるが、弁護人の独立行為権（41条）に属する固有権と見るべきであろう（条解88頁。杉山事件【181】は、接見交通権は弁護人の最も重要な固有権とした）。この点、接見交通権の法的性質を代理権の一種と捉えれば、被疑者の意思に反して権利行使はできないこととなろう。しかし、これを弁護人の固有権と理解するときには、被疑者の意向とは関係なく、弁護人の接見交通権から、直接、面会の機会を与える措置を取る義務があることになろう。

4　なお、裁判例として、弁護人が任意取調べ中の被疑者との面会を取調べを理由に拒否された事案につき、この間に作成された供述調書の証拠能力を被疑者の防御権侵害を理由に否定したものがある（函館地決昭43・11・20判時563-95）。

●参考文献●　杉田宗久・百9版82、佐藤博史・百8版82、上口裕・百7版78

187 起訴後の余罪捜査と接見指定——起訴後勾留・起訴前勾留競合事件

最1小決昭和55年4月28日（刑集34巻3号178頁・判時965号26頁・判タ415号114頁）

参照条文 憲法34条、37条3項
刑訴法39条1項・3項

起訴後勾留と起訴前勾留が競合している場合における、接見指定権行使の適否。

●**事実**● 被告人は、昭和55年3月15日、A収賄被告事件について勾留のまま起訴され、次いでB収賄被告事件について逮捕・勾留され、同年4月7日に起訴された。さらにその後、C収賄被疑事件について逮捕され、同月10日に勾留され、現に勾留中であった。A・B各被告事件およびC被疑事件のいずれについても被告人の弁護人である者が同月16日に接見を申し入れたところ、検察官は、C被疑事件について捜査の必要があるとして、刑訴法39条3項に基づき接見の時間を指定した。

弁護人は、上記接見指定の取消しを求めて準抗告を申し立てたが棄却されたので、起訴後の被告人は余罪で逮捕・勾留されていても刑訴法39条3項の「公訴提起前」の要件に欠け、これに違反した接見指定は憲法34条・37条3項に反し、最高裁判例にも反するとして、最高裁に特別抗告を申し立てた。最高裁は、以下のように、抗告趣意のうち判例違反の点については抗告を棄却し、さらに、なお書きで判示をした。

●**決定要旨**● 「所論引用の判例〔最3小決昭41・7・26刑集20-6-728〕は、被告人が余罪である被疑事件について逮捕、勾留されていなかった場合に関するもので、余罪である被疑事件について現に勾留されている本件とは事案を異にし適切でなく」、その他の点についてはいずれも刑訴法433条の抗告理由に当たらない。

「なお、同一人につき被告事件の勾留とその余罪である被疑事件の逮捕、勾留とが競合している場合、検察官等は、被告事件について防禦権の不当な制限にわたらない限り、刑訴法39条3項の接見等の指定権を行使することができるものと解すべきである〔る〕」。

●**解説**● **1** 本件は、被告人の収賄事件をめぐって逮捕・勾留が繰り返され、一部の事実について公訴提起がなされたため、被告人の勾留と被疑者の勾留とが競合する状況の下で、検察官が接見指定権を行使し、その適否が問題となった事案である。被告人の余罪すなわち被疑事件について取調べができることは言うまでもないとされてきたが（最大判昭30・4・6刑集9-4-663）、それは、事件単位の原則があること、被告事件と余罪との併合処理が被告人にも不利益とは限らず、また訴訟経済にも益するからであろう。しかし、この場合、被疑者は同時に被告人でもあるから、被疑者に対する接見指定は、被告人の権利を制約する虞がある。

2 被告人の余罪については、その被疑事件について身柄拘束がある場合とない場合とを区別して検討する必要がある。本件特別抗告は、被告人の余罪について身柄拘束がなかった場合について、「およそ、公訴の提起後は、余罪について捜査の必要がある場合であっても、検察官等は被告事件の弁護人……に対し、〔刑訴法〕39条3項の指定権を行使しえない」とした昭和41年決定を引用した。本決定は、引用判例は事案を異にするとしたが、被疑事件について身柄拘束のない場合にはそもそも接見指定権の発生する余地はなく、昭和41年決定はいわば当然の判示であった（金築・掲91頁）。ただ、同決定が、「およそ、公訴の提起後は」との表現を用いていることには注意すべきであろう。そこには、特に公訴提起後の被告人と弁護人との接見交通権の高い地位に対する考慮が窺われるからである（井上正仁「起訴後の余罪捜査と接見指定」研修450-4参照）。

3 被告人勾留と被疑者勾留とが競合する場合には、逮捕勾留中の被疑者取調べ論がそのまま妥当するようにも見える。しかし、この場合も被疑者は同時に被告人なのであるから、被疑者取調べによって被告人の防御権が侵害されることは避けなければならない。被疑者に対する捜査権と被告人の防御権が緊張関係に立つことになる。この点について、刑訴法は被告人について完全に自由な弁護人との秘密交通権を認めている以上、被告人・被疑者の防御権を優先させ、被告人の地位と抵触する指定権は否定されるべきとの学説（刑事実務ノート(3)57頁〔石松竹雄〕）もあるが、本決定は指定権の行使を認めた。

4 ただ、その指定権は、被疑者・被告人の防御権保障の観点から、二重の限定を受けたものと言えよう。第1に、「被告事件について、防御権の不当な制限にわたらない限り」でのみ指定権を行使できるという被告人の防御権保障の観点からの限定であり、被告事件の防御上接見交通が必要であるような場合には、接見交通権が優先されることになろう（井上・前掲11頁、清水・後掲85頁参照）。例えば、被告事件の公判準備のため緊急に接見する必要がある場合には、被疑事件の取調べを中断する等して接見させなければならない（金築・掲98頁）。第2に、指定権を行使できる場合であっても、「捜査のため必要があるとき」の解釈については、「捜査の中断による支障が顕著な場合」に限られ（最1小判昭53・7・10【181】）、また初回の接見については、たとえ比較的短時間であっても接見を認める措置を取るべきであり（最3小判平12・6・13【184】）、さらに場合によりいわゆる面会接見の配慮をする義務もある（最3小判平17・4・19【185】）などの被疑者の防御権保障の観点からの限定も当然に前提となるからである。結局、余罪についての被疑者取調べの緊急の必要性が認められる場合に初めて指定権を行使できると言えよう。

●**参考文献**● 金築誠志・判解昭55年度87、清水真・圓9版84、飯田喜信・圓8版84

188 被告人の取調べ――起訴後第1回公判期日前取調べ事件

最3小決昭和36年11月21日（刑集15巻10号1764頁・判時281号30頁）　参照条文　刑訴法197条1項、198条1項

> 起訴後における、捜査官による被告人取調べの適否。

●**事実**●　本件は、銀行帰りの客をねらって金員を窃取しようとしたという窃盗未遂事件であるが、起訴前までは犯行を否認していた被告人Xが、起訴後第1回公判期日の前日に検察官の取調べに対して自白し、その検察官面前調書の証拠能力が争われた事案である。

第1審は、起訴後第1回公判期日前のXの取調べによって作成された検面調書を証拠として採用した。原審においてXは、捜査機関による被告人の取調べは許されないとして争ったが、裁判所は、「公訴の維持に必要な限度における捜査は公訴提起後といえどもこれを為しうることは勿論である。但し公訴提起後においては検察官の証拠の収集は専ら任意捜査に限るべく強制捜査に属するものはすべて公判廷における訴訟行為を通じてなされなければならない。……所論の各供述調書はいずれも……任意の供述を録取したものであることは……明らかで……されば所論の各供述調書には証拠能力がありこれを証拠に採用することは別段違法ではない」とした。これに対しXは、本件取調べは被告人勾留中のものであるから任意捜査ではなく強制捜査である、と主張して上告した。最高裁は、本件上告を棄却したが、括弧内で以下の判断を示した。

●**決定要旨**●　「刑訴197条は、捜査については、その目的を達するため必要な取調をすることができる旨を規定しており、同条は捜査官の任意捜査について何ら制限をしていないから、同法198条の『被疑者』という文字にかかわりなく、起訴後においても、捜査官はその公訴を維持するために必要な取調を行うことができるものといわなければならない。なるほど起訴後においては被告人の当事者たる地位にかんがみ、捜査官が当該公訴事実について被告人を取り調べることはなるべく避けなければならないところであるが、これによつて直ちにその取調を違法とし、その取調の上作成された供述調書の証拠能力を否定すべきいわれはなく、また、勾留中の取調べであるのゆえをもつて、直ちにその供述が強制されたものであるということもできない。本件において、第一審判決が証拠に採用している所論被告人の検察官に対する昭和35年9月6日付供述調書は、起訴後同年9月7日の第一回公判期日前に取調がなされて作成されたものであり、しかも、右供述調書は、第一審公判において、被告人およびその弁護人がこれを証拠とすることに同意している。したがつて、原判決には所論のような違法は認められない。」

●**解説**●　1　被告人を当該被告事件について捜査機関が取り調べることができるかについては、それまで下級審の裁判例は積極説と消極説に分かれていたところ、本決定により、判例は積極説で統一された。

2　もっとも判例の積極説の理解の仕方には対立がある。①積極説を正面から採用したと見る見解（植村・後掲202頁等）、②本件事案が第1回公判期日前に取調べがなされたものであることから、第1回公判期日前に限定して肯定した判例と見る見解（熊谷弘ほか編『捜査法大系』Ⅰ273頁〔田宮裕〕等）、③本件事案が、被告人から申出があって取調べがなされた事案であることから、原則的に消極説に立ちつつ、被告人から申出があった場合に限り許容したものと見る見解（松尾（上）187頁等）に分かれている。ただ、その後、本決定について、「捜査官が当該公訴事実について被告人を取り調べることはなるべく避けなければならないことを判示してはいるが、それ以上に、起訴後作成された被告人の捜査官に対する供述調書の証拠能力を肯定するために、必要とされる具体的な要件を判示しているとは解せられない」（最2小決昭57・3・2裁判集刑225-689）とする判例があることからすれば、最高裁の判例としては開かれた問題となっていると言えよう。

3　しかし、積極説の理解の仕方によって運用に大きな違いが生ずるのであるから、この点は重要な問題である。この点、学説も積極説と消極説に分かれているが、少なくとも、198条は「被疑者」に限られており、公訴の提起があった後は本条の適用はないとする消極説（団藤重光『条解刑事訴訟法』(上)364頁）が排斥されていることは明らかである。これに対して、積極説のうち、①197条の任意取調べとして許容されるとする全面的積極説、②第1回公判期日前に限るとする制限的積極説、あるいは③原則として消極説に立ちつつも、被告人からの申出がある場合は許されるとする例外的許容説のいずれに立脚するかが問題となる。理論的には、被告人の当事者としての地位から、原則として消極説に立ちつつ、例外的に被告人の取調べを許容する見解が妥当と思われるが、その許容条件については、原則的に積極説に従いつつ、その許容条件を厳格に解する見解と大きな違いはないこととなろう（井戸田侃編集代表『総合研究被疑者取調べ』489〜491頁〔田口守一〕参照）。

4　以上は、その後の下級審判例の傾向とも結果的には一致するであろう。例えば、(ⅰ)被告人の実質的防御権を侵害しない限度において許されるとし（大阪高決昭48・3・27刑月5-3-236）、(ⅱ)第1回公判期日前に限られるとし（大阪高判昭50・9・11判時803-24）、(ⅲ)被告人が自ら申し出るか、被告人には出頭拒否または出頭後いつでも退去できることを十分に知った上で取調べに応じた場合に限られるとし（大阪高判昭43・12・9判時574-83、大阪高判昭43・7・25判時525-3）、(ⅳ)原則として、取調べには弁護人の立会いが必要である（東京地決昭50・1・29刑月7-1-63）等としている。これらは、被告人の取調べ条件を厳格に解する積極説と言えるが、消極説に立ちつつ例外的に許容する説からも基礎付けが可能であろう。

●**参考文献**●　吉川由己夫・判解昭36年度286、植村立郎・別冊判タ9-201

最新重要判例 250 刑事訴訟法
第 2 章　公訴

201 公訴提起と犯罪の嫌疑——沖縄ゼネスト事件

最１小判平成元年６月29日（民集43巻６号664頁・判時1318号36頁・判タ704号160頁）

参照条文　刑訴法248条、338条　国賠法１条

> 無罪判決が確定した場合における公訴提起の違法性の有無の判断資料。

●**事実**● 被上告人は、沖縄ゼネストの際に警察官を殺害したとして起訴され、警察官を炎の中から引きずり出して顔を踏み付け脇腹を蹴った行為が、殺人の実行行為か消火行為かが争われたが、控訴審で無罪となった。被上告人は、この無罪判決を受けて、国家賠償を求めた。第１審・控訴審共に、検察官の公訴提起行為は違法であったと認定したので、国側が上告した。最高裁は、以下の判断を示し、原判決を破棄して、差し戻した。

なお、本件は、結審間近の訴因変更が認められなかった事例でもある（福岡高那覇支判昭51・４・５【348】参照）。

●**判旨**● 「刑事事件において無罪の判決が確定したというだけで直ちに公訴の提起が違法となるということはなく、公訴提起時の検察官の心証は、その性質上、判決時における裁判官の心証と異なり、右提起時における各種の証拠資料を総合勘案して合理的な判断過程により有罪と認められる嫌疑があれば足りるものと解するのが当裁判所の判例〔最２小判昭53・10・20民集32-7-1367〔芦別事件〕〕であるところ、公訴の提起時において、検察官が現に収集した証拠資料及び通常要求される捜査を遂行すれば収集し得た証拠資料を総合勘案して合理的な判断過程により有罪と認められる嫌疑があれば、右公訴の提起は違法性を欠くものと解するのが相当である。したがって、公訴の提起後その追行時に公判廷に初めて現れた証拠資料であって、通常の捜査を遂行しても公訴の提起前に収集することができなかったと認められる証拠資料をもって公訴提起の違法性の有無を判断する資料とすることは許されないものというべきである。」

「しかるに、原審は、……公訴の提起後その追行時に公判廷に初めて現れたA証言、B証言等の証拠によって事後的に判明した事情をもって前記C供述、D写真等の証拠価値を否定し、本件公訴の提起についての違法性の有無を判断している。」

●**解説**● 　**1**　公訴提起に犯罪の嫌疑が要件となるかという問題は、実務上は、主に、無罪判決後に公訴提起行為の違法を主張する国家賠償請求訴訟で問題とされてきた。刑訴理論において、検察官が犯罪の嫌疑なくして起訴したとしても、その起訴は有効であるとしたのは、平野龍一博士であった（平野24頁参照）。犯罪の嫌疑を要求すると、嫌疑の有無と実体審理とが二重になり、嫌疑がなければ無罪とすればよく、また、嫌疑を要求すると捜査が糾問的となるとした。いわゆる弾劾的訴追観の主張である。実務家からは、例えば、犯罪の嫌疑は、起訴便宜主義（248条）あるいは冒頭陳述規定（296条）から当然に必要となるが、実体判決請求権説から、嫌疑がない場合は無罪とすればよいので、犯罪の嫌疑は訴訟条件ではないとする見解も表明された（香城・後掲69頁）。しかし、多くの学説はこれに従わず、「有罪判決の得られる見込みを前提要件とする」（高田106頁）とし、また「犯罪の確実な嫌疑」（松尾(上)149頁）を必要とする、あるいは「高度の嫌疑」（鈴木127頁）を必要とするとし、今日の通説となっている。

2　最高裁判例でリーディングケースとされてきたのは、本判旨が引用する芦別事件判決であり、同判決は、「起訴時あるいは公訴追行時における検察官の心証は、その性質上、判決時における裁判官の心証とは異なり、起訴時あるいは公訴追行時における各種の証拠資料を総合勘案して合理的な判断過程により有罪と認められる嫌疑があれば足りる」とした。本判旨もこれを踏襲し、「合理的な判断過程による有罪と認められる嫌疑」があれば足りるとした（最２小判平２・７・20民集44-5-938も同旨）。逆に言えば、その程度の嫌疑もない公訴の提起は違法となる。その上で、本判旨は、「有罪と認められる嫌疑」の有無を判断する資料は公訴提起時の資料によるものとし、公訴提起後に初めて現れた証拠資料であって、公訴の提起前に収集することができなかった証拠資料をもって判断することは許されないとした。

3　判例の論理は、①違法性の判断基準について、結果違法説ではなく、職務行為基準説を採用する。結果違法説とは、無罪判決が確定すれば結果的に公訴提起は妥当でなかったことになるから当然に違法となるとする説であり、職務行為基準説とは、客観的に犯罪の疑いが十分にあり、有罪を期待し得るだけの合理的根拠がある限り、たとえ無罪となっても違法性はないとする説である。また、②職務行為基準説の下で、違法内容について、検察官に違法目的がある場合に限るとする違法限定説、あるいは、証拠評価等に到底その合理性が認められない重大な瑕疵がある場合に限るとする一見明白説などの考え方ではなく、有罪を期待し得るだけの合理的根拠が欠如しているにもかかわらずあえて公訴提起をした場合とする合理的理由欠如説を採用したものとされている（小田中・後掲83頁）。さらに、③本判例により、合理的理由欠如の判断を下すための資料範囲について、判断時基準説ではなく、公訴提起時基準説が採用された。

4　なお、以上の基準から違法な嫌疑なき起訴があった場合における当該訴訟内の効果については、判例の立場は明らかではない。下級審判例で、少なくとも理論上は嫌疑なき起訴の場合に公訴棄却もあり得るとするものがある（例えば、東京地判昭42・７・27下刑9-7-924等）。理論的には、狭義の公訴権濫用論とは区別された非典型的訴訟条件の欠如を理由として形式裁判を言い渡すことも可能と考えるべきであろう（鈴木・基本問題112頁等参照）。

●**参考文献**●　寺崎嘉博・J平元年度重判181、小田中聰樹・百７版82、香城敏麿・百６版68

202 親告罪の一部起訴——強姦罪の暴行起訴事件

東京地判昭和38年12月21日（下刑5巻11=12号1184頁）　　参照条文　刑法176条、177条、180条1項、208条、235条

> 告訴のない親告罪の一部につき公訴を提起することの可否。

●**事実**●　被告人Xは、住居侵入・窃盗・強盗強姦未遂・強姦致傷・暴行の事実に基づき、起訴された。このうち、暴行の事実は、Yを強いて姦淫する手段としてYの口に布を押し込んだ、別の機会にZに対し強いてわいせつの行為をした際にその手段としてZの口に手を突っ込んだというものであるが、いずれも親告罪である強姦罪、強制わいせつ罪について告訴が得られなかったので、検察官が暴行罪で起訴したものである。東京地裁は以下のように述べて、公訴の一部を棄却した。

●**判旨**●　「問題の解明のかぎは、右各罪を親告罪とした趣旨をどこまで貫くのが妥当であるかということにある」。
　「強姦罪または強制わいせつ罪を構成する事実の一部分が非親告罪である暴行罪に該当するものとして、この暴行の事実について審理判決をすることになると、被告人の刑事責任の量と質を確定するため、その暴行の動機・目的・態様・結果など行為の個性を明らかにせざるを得」ず、「右暴行と不可分の関係にある被告人の強姦または強制わいせつの意思ないし行為を、したがって被害者のこれら被害の事実をも、公判廷において究明し、これを判決において公表することとなるのが通常である。そうなると、強姦罪または強制わいせつ罪の被害者の意思、感情、名誉などを尊重してこれを親告罪とした法の趣旨をほとんど没却することになるので、明らかに不当である……。このことは、刑法第180条第1項が強姦罪や強制わいせつ罪の未遂罪、すなわち、強姦または強制わいせつの意図をもって暴行または脅迫をしただけの場合をも、親告罪としていることに照らしても明らかであるといえよう。」
　他方、刑法は強姦等の致死傷罪を非親告罪としており、強姦等と科刑上一罪の関係にある非親告罪については告訴が不要と解釈されているところ、「前者は、その犯罪が被害法益の重要性や犯人の悪性の強さなどから、被害者の意思、感情、名誉などの尊重よりも優越した処罰の必要性をもつためであり、後者の非親告罪は、本来強姦罪などの構成部分ではなく、強姦などの被害者の告訴の対象に含まれていない事実であるうえに、強姦などの事実との結びつきがうすいため、その審判によっては被害者の名誉などをそこなう程度が少なく、反面これをも訴追できなくては不当に犯人を利することになることによるもの」と解されるから、本件判示との矛盾はない。「したがって、法の趣旨……は、かような例外の要請に乏しい強姦罪または強制わいせつ罪の構成部分である単純暴行の事実のみについて公訴を提起する場合にも、告訴を必要とする」ものである。

●**解説**●　1　強姦罪につき告訴がない場合に、強姦の手段である暴行のみを起訴することができるか。かつて、これを消極に解する判例（最2小判昭27・7・11刑集6-7-896）があったが、その後、最大判昭和28年12月16日刑集7巻12号2550頁が、数人が共同して婦女に暴行を加え姦淫した場合に、告訴が取り消されても、強姦の手段のみを暴力行為等処罰に関する法律1条違反の罪として処罰することは違法ではない、とした。これによって、前掲昭和27年判例は変更されたことになるが、いずれも共犯の事例であり、その後共犯が非親告罪とされたので（刑法180条1項）、これらの判例の事案が問題となることはなくなった。他方、単独犯についての判例法は明らかではない。
　2　この点、前掲昭和28年判例が、「検察官が、……〔暴行〕罪として起訴した以上、裁判所は、その公訴事実の範囲を逸脱して、職権で親告罪である強姦罪の被害者が姦淫された点にまで審理を為し、……当該強姦罪については告訴がないか又は告訴が取消されたとの理由をも明示して、公訴を棄却する旨の判決を為し、これを公表するがごときこと（そして、かくのごときは、却って被害者の名誉を毀損し、強姦罪を親告罪とした趣旨を没却すること勿論である。）の許されないことというまでもない」とした論理からすれば、単独犯の場合でも暴行起訴が適法となる可能性があり、本件検察官も、「暴行罪の訴因に対し、これが強姦罪ないし強制わいせつ罪の一部か否かにまで立ち入って審理するのは、かえって親告罪の趣旨に反し違法である」と主張していた。近時の学説でも、姦淫事実が判明しているのに被告人の罪を問わないのは妥当でないこと、被告人が公訴棄却を求めて姦淫事実を主張するのは不合理であること、暴行訴因の下で訴因外の姦淫事実の審理を行うべきでないことなどを理由とした適法説が有力に唱えられている（川出・後掲326頁等）。
　3　しかし、本判決は、審理の過程で姦淫の事実が明らかとなる可能性が高く、強姦を親告罪とした法の趣旨に反するので、起訴は違法であるとして、違法説に立った。学説でも違法説が通説である。適法説については、第1に、特に量刑審理の場合および否認事件の場合には、姦淫事実に触れない審理は困難であろう（大澤＝今崎・後掲72頁参照）。第2に、訴因対象説の下において、暴行訴因について強姦の審理を行うことができるかについては、形式裁判で手続きを打ち切るためには訴因外事実の審判も訴因説と矛盾はしない可能性があろう（【207】解説参照）。また、第3に、姦淫審理が避けられない場合には、被害者保護措置を十分に講ずるべきである。以上から、違法説が妥当と言えよう。
　4　なお、違法説に従って公訴棄却とする場合、従来は、強姦に告訴が欠如していることを理由としてきたが、親告罪については被害者の処分権が優越するにもかかわらず検察官がその訴追裁量権を逸脱して起訴したことを理由とすべきであろう（演習207頁〔酒巻匡〕）。

●**参考文献**●　川出敏裕・鈴木古稀(下)326、大澤裕＝今崎幸彦「検察官の訴因設定権と裁判所の審判範囲」法教336-72

203 一罪の一部起訴——公職選挙法違反事件

最1小決昭和59年1月27日（刑集38巻1号136頁・判時1105号32頁・判タ519号76頁）
参照条文 刑訴法247条、248条、312条

一罪の一部起訴の可否、裁判所の審判の範囲、訴因変更を促す義務の有無。

●**事実**● 現職衆議院議員であった被告人Xは、次期の総選挙に立候補した際、最終的には票につなげる目的で、後援会名簿への署名を集めるために各地の後援会幹部に対して足代を供与させ、引き続き署名者全員に対して1人当たり原則2000円を供与させて票を買い、実際の金銭の授受に当たった運動員らに対しても足代を供与させる目的で、実弟Yと共謀の上、自らの私設秘書に対して買収資金を交付した、同じ目的で義弟Zおよび私設秘書らに買収資金を交付したなどとする公選法221条1項5号の事実で起訴された。

第1審はこれら各訴因に沿ってXを有罪とし、Xの控訴を受けた原審もこれを維持した。Xがこれを不服として上告したところ、最高裁は上告趣意がいずれも適法な上告理由に当たらないとしてこれを棄却したが、理由中で以下のように述べた。

●**決定要旨**● 「選挙運動者たるYに対し、Xが公職選挙法221条1項1号所定の目的をもって金銭等を交付したと認められるときは、たとえ、XY間で右金銭等を第三者に供与することの共謀がありYが右共謀の趣旨に従いこれを第三者に供与した疑いがあったとしても、検察官は、立証の難易等諸般の事情を考慮して、Xを交付罪のみで起訴することが許される」し、「このような場合、裁判所としては、訴因の制約のもとにおいて、Xについての交付罪の成否を判断すれば足り、訴因として掲げられていないYとの共謀による供与罪の成否につき審理したり、検察官に対し、右供与罪の訴因の追加・変更を促したりする義務はないというべきである。」（補足意見がある。）

●**解説**● 1　犯罪事実の一部起訴がなされる理由は多様である。①立証の難点や法律上の問題点を慮った場合、②特別予防に配慮した場合、③迅速な裁判や争点の解消を意図した場合等である（杉田・後掲91頁）。本件のような選挙違反事件に関する、いわゆる百日裁判事件においては、迅速裁判の要請から訴因を交付罪に絞って起訴することも多い。一部起訴が許容される根拠は、起訴便宜主義（248条）にある。検察官は犯罪事実の全てを不起訴とすることができるのであれば、その一部を不起訴とすることも可能なはずだからである。本決定要旨の前段は一部起訴を正面から認めたリーディングケースとされる判例である。

2　しかし、一部起訴が適法であっても、これを受けた裁判所が犯罪事実の全体を審判することができるのであれば、一部起訴をする意義は半減する。したがって、一部起訴が意味を持つのは、当事者主義に基づく訴訟対象説の訴訟構造においてである。しかし、犯罪事実の一部のみを訴因とすることが実体的真実とあまりに乖離する場合には、裁判所が検察官に釈明を求めたり、訴因変更を勧告あるいは命令することができる。ただ、裁判所には原則として訴因変更命令の義務はないし（最3小決昭43・11・26【350】）、また、訴因変更命令にも形成力はない（最大判昭和40・4・28【349】）のであるから、実体的真実とのある程度の乖離は判例自身が容認していると言ってよい。このような前提の下で、本決定要旨の後段は、裁判所は起訴された訴因についてのみ判断すれば足り、訴因化されていない事実を審理したり、訴因変更を促したりする義務はない、とした。一部起訴を承認する以上当然の判示である。

3　問題は、供与罪が成立する場合に交付罪が成立するか、すなわち罪数問題である。判例は、大審院以来一貫して消極に解してきたが、最大判昭和41年7月13日刑集20巻6号623頁および最1小判昭和43年3月21日刑集22巻3号95頁において積極説に転じた。その際、供与の罪を共謀した者の間で、買収を目的とする金銭を交付した場合に、交付罪を構成するとしても、供与という目的行為が行われたときは、いったん成立した交付の罪は後の供与罪に吸収され別に問擬することを得なくなる、とされた。そこで、問題となるのは、ここに言う「吸収」の意味であった。とりわけ上記昭和43年3月判例において、両罪の吸収関係の意味について意見が分かれ、多数意見（犯罪吸収説）は、吸収関係を実体法上の問題としたが、これに対して反対意見（処罰吸収説）は、供与罪が無罪の場合に交付罪がこれに吸収されることはないとしたが、そこでは両罪の関係が処罰上の吸収関係と捉えられていた（木谷・後掲22頁参照）。

本決定でも谷口正孝裁判官の補足意見は、「右吸収関係は、法条競合の場合における一般法、特別法等の関係とは異り、具体的場合において当該被告人について、2つ以上の罪が成立し、そのうちの1つの罪の可罰性が他の罪のそれを評価し尽している場合の右2つ以上の罪の関係をいうものと理解している。その限りにおいては処罰吸収関係をいうものである」としている。これによれば、供与罪が成立する可能性があっても、交付罪の処罰が可能となるので、交付罪の一部起訴の適否について供与罪の成否を検討する必要はないことになる。しかし、本決定が処罰吸収関係説に立脚するものかは必ずしも明らかではない。この点は、最大判平成15年4月23日【207】で解明されることになる。

4　本件事案は処罰吸収関係にある罪についての一部起訴であったが、そうであれば、仮に犯罪吸収関係にある罪についての一部起訴があった場合には、その一部起訴は適法と言えるかが問題となる。例えば、盗品等関与罪の訴因について、被告人側から窃盗本犯の主張があった場合等では、不可罰的事後行為が訴因とされた可能性があるため、裁判所は窃盗本犯についての判断を避けることはできないであろう（【207】解説参照）。

●**参考文献**● 木谷明・判解昭59年度16、杉田宗久・圖8版90、後藤昭・圖5版108

204 一部起訴の合理性——業務上過失傷害事件

名古屋高判昭和62年9月7日（判夕653号228頁）　参照条文　刑訴法248条、312条、378条3号・4号

一部起訴の合理性、訴因と裁判所の審判の範囲。

●**事実**●　被告人Xは、前方不注視の過失により歩行者に自車を衝突させ、全治3か月の傷害を負わせたとして、業務上過失傷害罪の訴因で起訴された。原審では、上記傷害の事実に加え、被害者がその傷害に基づき事故より約11時間後に死亡したという事実が判明した。そこで、原審は、公訴事実記載の全治3か月の傷害を認めることができないとして、検察官に業務上過失致死の訴因への変更を促したが、検察官はこれに応じなかった。これを受け、原審は366条後段によりXに無罪を言い渡した。これに対し、検察官が控訴したところ、控訴審は、以下のような判決理由の食い違いを指摘して原判決を破棄した上、自判して過失傷害罪を認定した。

●**判旨**●　「専権的に訴追権限を有する検察官が、審判の直接的対象である訴因を構成・設定するにあたって、被告人の業務上の過失行為と被害者の死亡との間の因果関係の立証の難易や訴訟経済等の諸般の事情を総合的に考慮して、合理的裁量に基づき、現に生じた法益侵害のいわば部分的結果である傷害の事実のみを摘出して、これを構成要件要素として訴因を構成して訴追し、その限度において審判を求めることも、なんら法の禁ずるところではないし、審判を求められた裁判所としては、検察官が設定し提起した訴因に拘束され、その訴因についてのみ審判すべき権限と義務を有するにすぎないのであるから、その審理の過程において、取り調べた証拠によって訴因の範囲を越える被害者が死亡した事実および被告人の過失行為と被害者の死亡との間に因果関係の存することが判明するに至ったとしても、裁判所の訴因変更命令ないし勧告にもかかわらず、検察官において訴因変更の措置を講ぜず、なお従前からの業務上過失傷害の訴因を維持する以上、裁判所は、右訴因の範囲内において審判すべきは当然であって、右訴因として提起された業務上過失傷害の公訴事実が証拠上肯認し得るのであるならば、違法性ないし有責性を阻却すべき事由があれば格別、しからざる限り、右公訴事実（訴因）につき被告人にその刑責を問うべきは勿論である。

そうすると、……一方では本件公訴事実（訴因）に沿う傷害の事実を認定説示しながら……、他方では『公訴事実記載の……傷害を認めることができない』と説示する原判決には、その理由にくいちがいがあるものと言うほかな〔い〕。」

●**解説**●　1　本判旨は、一部起訴の許容性について、基本的に最1小決昭和59年1月27日【203】を踏襲している。ただし、【203】は、一部起訴の際の考慮事情として、「立証の難易等諸般の事情を考慮し」とだけ述べていたが、本判旨は、やや踏み込んで、「立証の難易や訴訟経済等の諸般の事情を考慮して、合理的裁量に基づき」としている。ただ、一部起訴が検察官の合理的裁量に基づくとの判示から、立証の難易や訴訟経済等の事情が考慮されたとしても、その考慮が合理的とは言えない場合には、一部起訴は認められないとの含意まで読み取ることができるかは明らかではない。

2　本件の事案に即して言えば、一部起訴された訴因と実体的真実との乖離が合理的裁量の範囲内か、が問題となる。この点、合理的な一部起訴と言い得るか多分に疑問が残るとする見解（杉田・後掲91頁）と、被害者は、受傷後10時間以上は生存していたのであり、常識的に見て、いったんは致傷罪が成立したと考えることに不自然さはないとする見解（木谷・後掲101頁）に分かれているが、因果関係の立証の難易も問題となっており、なお検察官の合理的裁量の範囲内と言えようか。

これに対し、被害者が即死またはこれに近い状態で死亡したような場合にまで、致傷罪による起訴を認めることは実体的真実との乖離が大き過ぎる（木谷・後掲101頁）。これは、犯罪事実の小さな部分のみを起訴して検察審査会の審査を逃れるという名目的な起訴の場合も同じである（松尾(上)182頁、三井II158頁等参照）。仮に検察官の訴追裁量が合理的とは言えない場合、一部起訴をどのように処理すべきであろうか。

3　この場合に、裁判所としては、検察官に対し、訴因に関し釈明を求め（規208条）、場合により訴因の追加・変更を促すことは可能であろう（杉田・後掲91頁）。問題は、検察官が訴因変更に応じない場合である。この点に関して、より広い事実で起訴すべきであった場合に公訴棄却とするのは不合理であり、実体的真実との乖離が著しい場合には訴因変更命令も義務となるとする有力説もある（川出敏裕・鈴木古稀(下)324頁参照）。ただ、判例は訴因変更命令の形成力を認めないので（最大判昭40・4・28【349】）、訴因変更がなければ原訴因は維持されたままである。他方、この場合に、公訴権濫用論を考える見解もあるが、判例（最1小決昭55・12・17【217】）を基準とすれば、「公訴の提起自体が職務犯罪を構成するような極限的な場合」でなければ公訴権濫用とはならない。そうすると、例えば、検察官が被告人から賄賂を収受して被告人に有利となる一部起訴に止めたような極限的な場合に限られることになって（杉田・後掲91頁）、現実的なアプローチとは言えない。

4　このような実体的真実との乖離が著しく、検察官による一部起訴の訴因設定がもはや合理的とは言えない場合には、刑訴法の原則である実体的真実の解明に反する起訴として公訴棄却として手続きを打ち切るべきであろう。真実に即した事実について再訴追をするか否かは、検察官の裁量と言うべきである。

●**参考文献**●　杉田宗久・百8版90、三浦守・百7版86、木谷明・百6版100

205　告発の効力範囲——衆議院予算委員会偽証事件

最3小判平成4年9月18日（刑集46巻6号355頁・判時1436号3頁・判夕798号76頁）

参照条文　刑訴法238条
議院証言法6条1項、8条

告発の効力範囲、訴追裁量の合理性。

●**事実**●　被告人は、いわゆる「ロッキード全日空ルート事件」に関して、全日空の代表取締役として衆議院予算委員会において証言をなした者であるが、その際に偽証をしたとして告発された。問題となった証言は2つあり、①DC10型機の発注に関して、いわゆる大庭オプションにつき、「オプション契約の事実は全く知らなかった」旨の陳述と、②ロッキード社からの裏金を簿外資金とした点に関して「現金を受領簿外資金としたことはない」旨の陳述である。同委員会から東京地検に提出された告発状では、上記①は適示されていたが、②は適示されていなかった。しかし、検察官は、①だけでなく②についても、「議院における証人の宣誓及び証言等に関する法律」（以下、「議員証言法」）違反の偽証罪として公訴提起をした。第1審および原審が、この公訴提起を適法として両事実について被告人を有罪としたため、被告人側は告発の効力範囲を争って上告した。

●**判旨**●　「議院証言法6条1項の偽証罪について同法8条による議院等の告発が訴訟条件とされるのは、議院の自律権能を尊重する趣旨に由来するものであること［最大判昭24・6・1刑集3-7-901参照］を考慮に入れても、議院等の告発が右偽証罪の訴訟条件とされることから直ちに告発の効力の及ぶ範囲についてまで議院等の意思に委ねるべきものと解さなければならないものではない。議院証言法が偽証罪を規定した趣旨等に照らせば、偽証罪として一罪を構成すべき事実の一部について告発を受けた場合にも、右一罪を構成すべき事実のうちどの範囲の事実について公訴を提起するかは、検察官の合理的裁量に委ねられ、議院等の告発意思は、その裁量権行使に当たって考慮されるべきものである。そして、議院証言法6条1項の偽証罪については、1個の宣誓に基づき同一の証人尋問の手続においてされた数個の陳述は一罪を構成するものと解されるから［大判大4・12・6刑録21-2068、同昭16・3・8刑集20-5-169参照］、右の数個の陳述の一部分について議院等の告発がされた場合、一罪を構成する他の陳述部分についても当然に告発の効力が及ぶものと解するのが相当である。

したがって、本件告発の効力が大庭オプション関係の陳述のみならず簿外資金関係の陳述についても及ぶとした原判決は、結論において正当である。」

●**解説**●　1　本判旨には4つの判断が含まれている。(i)偽証罪の罪数について、1個の宣誓に基づく数個の陳述は一罪を構成すること、(ii)議院証言法で告発が訴訟条件とされているのは、議院の自律権能の尊重に由来すること、しかし、(iii)告発の効力は一罪の全てに及ぶこと、(iv)一罪の事実のどの範囲を起訴するかは検察官の合理的裁量に委ねられていること、である。

2　まず、実体法上の罪数問題について、本判旨引用の大判大正4年12月6日は、刑法上の偽証罪に関する判例であり、議院証言法の事案としては初例となる。偽証罪は各陳述単位ではなく、1回の尋問手続が単位となる（判例・通説。井上・後掲98頁参照）。

3　告訴と告発は、訴訟法上同列の扱いを受けている（刑訴法241条・242条・261条等）。刑訴法238条は、告訴の主観的不可分について規定しているが、客観的不可分の規定はない。しかし、1個の犯罪事実の一部に対する告訴・告発（またはその取消し）は、全部に及ぶとする告訴・告発の客観的不可分の原則が認められることに異論はない。したがって、議院証言法上の偽証罪についても、一罪を構成する数個の虚偽の陳述の一部に対する告発は、その全体に対して効力を有することになる。

問題は、議院の自律権能の尊重から告発が訴訟条件とされていることから、客観的不可分の原則に例外が認められるかである。告訴の客観的不可分の原則には例外が認められている。科刑上一罪において、各罪が被害者を異にしている場合、例えば、1通の文書で数名の名誉を毀損したような場合には1人の告訴は他の部分には及ばないし（名古屋高判昭30・6・21裁特2-13-657等）、親告罪と非親告罪のうち非親告罪に限定した告訴の場合も一部の告訴は他に及ばないとされてきた（浦和地判昭44・3・24刑月1-3-290）。科刑上一罪を構成する罪の被害者が同一の場合には、客観的不可分の原則の適用が認められている（東京高判昭45・12・3刑月2-12-1257等）。ただし、科刑上一罪につき一般的に可分性を認める見解もある（鈴木68頁）。

そこで、このような客観的不可分の原則の例外が告発の場合にも認められるかであるが、(a)議院の自律権が刑事処分の内容まで制約するとは考えられず、(b)議院の委員会が優れた調査能力を持っているからとして例外を認める説は、検察の捜査能力を制約する能力までを前提とする点で妥当でなく、(c)告訴・告発の客観的不可分の原則の例外を認めるには法律上の根拠が必要であること、(d)告訴の場合に例外が認められるのはあくまで科刑上一罪の場合であって、単純一罪についても例外を認めるものではないこと等から、客観的不可分の原則の例外を認めるべきではなかろう（龍岡＝大谷・後掲85頁等参照）。判旨(c)と(d)の判断は妥当である。

4　こうして、一罪を構成すべき事実のうち、どの範囲の事実について公訴を提起するかは、検察官の合理的裁量に委ねられ、告発状で適示された告発権者の意思は訴追裁量の中で考慮されることになる。告発権者の告発内容の限定に合理的理由が認められる場合には、検察官の訴追も一部の起訴に止まることもあり得よう。

●**参考文献**●　龍岡資晃＝大谷直人・判解平4年度62、井上宏・圓8版98、指宿信・J重判平4年度190

206 刑事免責――ロッキード丸紅ルート事件（その1）

最大判平成7年2月22日（刑集49巻2号1頁・判時1527号3頁・判タ877号129頁）

参照条文 憲法38条1項 刑訴法1条、146条、226条、248条、317条

刑事免責を付与して得られた嘱託証人尋問調書の証拠能力。

●事実● いわゆる「ロッキード丸紅ルート事件」に関し、検察官は、被告人Hほか2名に対する贈賄等を被疑事実として、刑訴法226条に基づき、当時米国に在住していたKらに対する証人尋問を国際司法共助として嘱託されたい旨裁判官に請求した。その際、検事総長は、本件証人の証言した事項について証人らを起訴猶予とするよう東京地検検事正に指示した旨の宣明書および東京地検検事正の起訴猶予とする旨の宣明書が出されていた。裁判官は、米国の管轄司法機関に対し、Kらに対する証人尋問を嘱託した。

これを受けた米国カリフォルニア州連邦地裁は、証人尋問を開始したが、Kらは、日本国において刑事訴追を受ける虞があることを理由に証言を拒否し、前記各宣明によって日本国の法規上適法に刑事免責が付与されたか否かが争われることになった。連邦地裁判事は、日本国において公訴を提起されることがない旨を明確にした最高裁判所のオーダーまたはルールが提出されるまで本件嘱託証人尋問調書の伝達をしてはならない旨の裁定をした。そこで、検事総長が改めてその旨の宣明をするとともに、最高裁も、検事総長の上記確約が将来にわたり日本国の検察官によって遵守される旨の宣明をした。これによって、Kらに対する証人尋問調書が順次日本国に送付された。最高裁大法廷は、被告人らの犯罪事実は、本件嘱託証人尋問調書を除いても他の証拠によって優に認定できるとして、上告を棄却しつつ、以下の判断を示した。なお、本件嘱託証人尋問調書の証拠能力については【434】参照。

●判旨● 「我が国の憲法が、その刑事手続等に関する諸規定に照らし、このような制度［刑事免責制度］の導入を否定しているものとまでは解されないが、刑訴法は、この制度に関する規定を置いていない。この制度は、前記のような合目的的な制度として機能する反面、犯罪に関係のある者の利害に直接関係し、刑事手続上重要な事項に影響を及ぼす制度であるところから、これを採用するかどうかは、これを必要とする事情の有無、公正な刑事手続の観点からの当否、国民の法感情からみて公正感に合致するかどうかなどの事情を慎重に考慮して決定されるべきものであり、これを採用するのであれば、その対象範囲、手続要件、効果等を明文をもって規定すべきものと解される。しかし、我が国の刑訴法は、この制度に関する規定を置いていないのであるから、結局、この制度を採用していないものというべきであり、刑事免責を付与して得られた供述を事実認定の証拠とすることは、許容されないものといわざるを得ない。」

「このことは、本件のように国際司法共助の過程で右制度を利用して獲得された証拠についても、全く同様であって、これを別異に解すべき理由はない。」

●解説● 1 刑事免責は、共犯等の関係にある者のうちの一部の者に対して刑事免責を付与することによって自己負罪拒否特権を失わせて供述を強制し、その供述を他者の有罪立証の証拠としようとする制度である。本件での第1の論点は、検事総長等の不起訴宣明の確約を刑事免責と見ることができるかであり、第2は、事実上刑事免責の効果を持った嘱託証人尋問調書につき証拠能力を認めることができるかである。

2 本判決は、検事総長等の不起訴宣明により事実上刑事免責が付与され、これによりKらの証言が得られたものと認定した。しかし、刑訴法248条の不起訴処分にはその後の起訴を不適法とする効果はないとするのが判例である（最2小判昭32・5・24刑集11-5-1540等）。しかし、本件は国際司法共助の一環として行われた手続きであり、外国の手続きが日本の憲法ないし刑訴法の基本理念に反しない限りこれを受け入れるものとされている（例えば、最2小決平12・10・31【463】参照）。したがって、外国において事実上刑事免責の効果を持った証人尋問調書については、日本の憲法および刑訴法の観点から検討を加えてみる必要がある。

3 本判決は、日本の憲法は刑事免責制度を否定しているとまでは言えないことは認めている。しかし、これを刑訴法上どのように評価すべきかが問題として残る。これまで、不起訴宣明を公訴権の放棄と見て刑事免責と同視またはこれと同じ実質を持つものとする見解および刑事免責の付与を違法とする見解があったが、本判決は、そのいずれも採らなかった。本判決は、刑事免責制度が刑事手続上重要な事項に影響を及ぼす制度であることから、これを採用するのであれば明文をもって規定すべきものとして、刑事免責は立法事項であって、日本の刑訴法はこの制度を採用していないとした。

4 その上で、本判決は、刑事免責制度の立法論に言及し、「これを採用するのであれば、その対象範囲、手続要件、効果等を明文をもって規定すべきもの」とした。平成27年刑訴法改正案により、証人尋問開始前および開始後の免責請求規定（刑訴法157条の2・157条の3）の創設が提案されており、これが成立すれば、日本の刑訴法にも刑事免責に関する規定が存在することとなるので、今後は、証人に対して刑事免責を合法的に付与できるようになる。そうなると、今後このような事案は生じなくなろうが、刑事免責が憲法に反しないとした本判例の先例としての意義は失われないであろう。

5 なお、本判決は、刑事免責規定の不存在を理由に、証人尋問調書の証拠能力を否定したが、規定の不存在を理由とする証拠能力の否定は、証拠能力に関する新たな判断枠組みを示したものとされている（龍岡＝小川＝青柳・後掲61頁）。この点については【434】参照。

●参考文献● 龍岡資晃＝小川正持＝青柳勤・判解平7年度1、多田辰也・圀9版150、田口守一・圀8版148

207　訴因と裁判所の審判の範囲——横領後の横領起訴事件

最大判平成15年4月23日（刑集57巻4号467頁・判時1829号32頁・判タ1127号89頁）

参照条文　刑訴法256条
刑法252条、253条

> 横領後の横領行為のみが起訴された場合における裁判所の審判の範囲。

●**事実**●　被告人Xは、平成4年4月30日、業務上占有するA所有のG町の土地を、B株式会社に対し代金1億324万円で売却し、同日、その所有権移転登記手続を了して横領した等の訴因で起訴された。ところが、Xは、上記各売却に先立ち、昭和55年4月11日、Xが経営するD株式会社を債務者とする極度額2500万円の根抵当権を設定してその旨の登記を了し、その後、平成4年3月31日、Dを債務者とする債権額4300万円の抵当権を設定してその旨の登記を了していた。そこで、Xは、委託により占有する他人の土地にほしいままに抵当権を設定すれば横領罪が成立するから、その後の売却行為は不可罰的事後行為として処罰の対象にならないと主張した。第1審・2審は、不可罰的事後行為の主張を排斥して、後行行為について横領罪の成立を認めたため、Xが上告した。

●**判旨**●　最高裁大法廷は、(1)委託を受けて他人の不動産を占有する者が、これにほしいままに抵当権を設定してその旨の登記を了した後、これについてほしいままに売却等による所有権移転行為を行いその旨の登記を了したときは、後行の所有権移転行為について横領罪の成立を肯定することができ、先行の抵当権設定行為が存在することは同罪の成立自体を妨げる事情にはならない、とした上で、以下の判断を示した。

(2)「このように、所有権移転行為について横領罪が成立する以上、先行する抵当権設定行為について横領罪が成立する場合における同罪と後行の所有権移転による横領罪との罪数評価のいかんにかかわらず、検察官は、事案の軽重、立証の難易等諸般の事情を考慮し、先行の抵当権設定行為ではなく、後行の所有権移転行為をとらえて公訴を提起することができるものと解される。」

(3)「そのような公訴の提起を受けた裁判所は、所有権移転の点だけを審判の対象とすべきであり、犯罪の成否を決するに当たり、売却に先立って横領罪を構成する抵当権設定行為があったかどうかというような訴因外の事情に立ち入って審理判断すべきものではない。このような場合に、被告人に対し、訴因外の犯罪事実を主張立証することによって訴因とされている事実について犯罪の成否を争うことを許容することは、訴因外の犯罪事実をめぐって、被告人が犯罪成立の証明を、検察官が犯罪不成立の証明を志向するなど、当事者双方に不自然な訴訟活動を行わせることにもなりかねず、訴因制度を採る訴訟手続の本旨に沿わないものというべきである。」

●**解説**●　1　判旨(1)は、実体法の問題として、抵当権の設定登記により横領罪が成立する場合であっても、その後の所有権移転登記による横領罪の成立は妨げられないとしていわゆる横領後の横領罪の成立を認め、判例変更をしたため、大法廷判決となった。

2　判旨(1)は、手続法の問題である判旨(2)と(3)にとって重要な前提判断となっている。一部起訴が可能であり、かつ裁判所には訴因外事実に関して審理する義務はないことは最1小決昭和59年1月27日【203】ですでに認められていたが、一部起訴の訴因が、起訴されなかった犯罪が成立すればおよそ犯罪として成立しない場合にも適法な起訴となるかは、【203】からは明らかではなかった。

この点、判旨(2)は、訴因外の先行横領行為の存否に関わりなく後行横領行為が犯罪として成立する（判旨(1)）ことを前提として、後行横領行為の一部起訴を適法とした。すなわち、後行横領行為は、先行横領行為が存在すれば後行横領行為はこれに吸収されて犯罪として成立し得ないという不可罰的事後行為ではなく、先行横領行為の存在に関わりなく犯罪として成立するが、先行横領行為が処罰される場合は、後行横領罪の処罰はこれに吸収されるに過ぎないという共罰的事後行為であることが前提となっている。逆に、【203】をこれと整合的に解釈すれば、公選法上の供与罪と交付罪の罪数関係も、犯罪吸収関係ではなく、処罰吸収関係にあったことととなろう。

3　判旨(3)は、以上のようにして一部起訴が適法な場合は、裁判所も、訴因とされなかった先行横領行為につき審判する必要がないことを確認したものである。この点は、【203】のほか、裁判所の訴因変更命令義務を原則として否定した最3小決昭和43年11月26日【350】、裁判所の訴因変更命令の形成力を否定した最大判昭和40年4月28日【349】等の当然の帰結とされている。しかし、そうであれば、不可罰的事後行為のような場合は、裁判所は、訴因外事実の審判に立ち入る必要があろう。例えば、盗品等関与の訴因について、窃盗本犯の主張があれば、裁判所は、窃盗罪について審理することは否定されないし、むしろ審理しなければならない（川出・後掲322頁）。その結果、窃盗罪が認められるのであれば、一部起訴は不可罰的事後行為を起訴したものとして不適法となろう。

4　したがって、基本的には、裁判所は一部起訴の訴因に拘束されるが、検察官の訴因設定の適法性が問題となる場合には、裁判所は、訴因外事実の審判を行う権利と義務がある。この点、判旨(3)は、訴因外の犯罪事実をめぐって、被告人が犯罪成立の証明をすることは「不自然な訴訟活動」としたが（福崎・後掲291頁参照）、訴訟条件の存否をめぐって被告人が訴因外事実の犯罪成立を証明することは、必ずしも不自然な訴訟活動とは言い切れないと思われる（川出・後掲317頁）。

●**参考文献**●　福崎伸一郎・判解平15年度277、田口守一・囮9版90、川出敏裕・鈴木古稀(下)313、大澤裕=今崎幸彦「検察官の訴因設定権と裁判所の審判範囲」法教336-72

208 かすがい外しの起訴——児童ポルノ製造事件

東京高判平成17年12月26日（判時1918号122頁）　参照条文　刑訴法248条　刑法54条

かすがい行為を除外した訴因設定の合理性。

●**事実**● 被告人は、児童の性交の姿態等を撮影して児童ポルノを製造したとして、児童ポルノ製造罪（児童買春、児童ポルノに係る行為等の処罰及び児童の保護等に関する法律7条3項）で、地方裁判所に起訴されたが、これとは別に、同児童に対する別件の児童淫行罪（児童福祉法34条1項6号・60条1項）で、家庭裁判所にも起訴されていた。児童淫行罪と児童ポルノ製造罪が、別々の裁判所に起訴されたのは、以下の事情からであった。①一定期間の数回にわたる児童淫行罪は包括的一罪の関係にあること、②その一部の児童淫行罪の行為を撮影して児童ポルノ製造罪を犯す場合には、両罪の罪数関係は観念的競合の関係にあるとされてきたこと、③したがって、その一部の児童淫行罪がかすがいの役割を果たして、数回の児童淫行罪と児童ポルノ製造罪は、全体として一罪となること、④児童淫行罪の管轄は家裁にあり（旧少年法37条2項）、児童ポルノ製造罪の管轄は地裁にあったが、全体として一罪となれば両罪とも家裁に起訴されるべきところであった。⑤ところが、検察官は、かすがいとなるべき児童淫行罪を訴因から外すことにより、それ以外の児童淫行罪を家裁に、児童ポルノ製造罪を地裁に起訴した。そこで、このようなかすがい外しの起訴の適否が問題となった。

●**判旨**●「かすがい現象を承認すべきかどうかは大きな問題であるが、その当否はおくとして、かかる場合でも、検察官がかすがいに当たる児童淫行罪をあえて訴因に掲げないで、当該児童ポルノ製造罪を地方裁判所に、別件淫行罪を家庭裁判所に起訴する合理的な理由があれば、そのような措置も是認できるというべきである。一般的に言えば、検察官として、当該児童に対する児童淫行が証拠上明らかに認められるからといって、すべてを起訴すべき義務はないというべきである〔最1小決昭59・1・27【203】、最大決平15・4・23【207】〕。そして、児童淫行罪が児童ポルノ製造罪に比べて、法定刑の上限はもとより、量刑上の犯情においても格段と重いことは明らかである。そうすると、検察官が児童淫行罪の訴因について、証拠上も確実なものに限るのはもとより、被害児童の心情等をも考慮して、その一部に限定して起訴するのは、合理的であるといわなければならない。また、そのほうが被告人にとっても一般的に有利であるといえる。ただ、そうした場合には、児童ポルノ製造罪と別件淫行罪とが別々の裁判所に起訴されることになるから、所論も強調するように、併合の利益が失われたり、二重評価の危険性が生じて、被告人には必要以上に重罰になる可能性もある。……そこで、児童ポルノ製造罪の量刑に当たっては、別件淫行罪との併合の利益を考慮し、かつ、量刑上の二重評価を防ぐような配慮をすべきである。そう解するのであれば、かすがいに当たる児童淫行罪を起訴しない検察官の措置も十分是認することができる。」

●**解説**● 1　かすがい現象とは、例えば、戸外で2人を殺害すれば併合罪となるところ、住居に侵入して2人を殺害した場合には牽連犯となって科刑上一罪となるが、この場合に住居侵入罪が2個の殺人罪を一罪とする、いわばかすがいの役割を果たしていることを言う。この現象は判例でも認められてきたが（最1小決昭29・5・27刑集8-5-741頁等）、以前は、かすがい現象による処断刑の軽減が問題とされてきた（田宮裕・刑法①3版I 210頁参照）。これとは逆に、検察官が、住居侵入を起訴しないで2つの殺人罪のみを起訴すれば両罪は併合罪となる。そこで、このような「かすがい外し」の起訴の適否と、これによる処断刑の加重が問題となる。

2　犯罪事実の一部起訴の許容性は本判旨引用の判例から明らかであるが、その訴追裁量は合理的なものでなければならない（最3小判平4・9・18【205】）。かすがい外しの起訴も、その訴追裁量に合理性が認められる限り、訴追行為としては一般的には許容されるものと考えられている。本件についても、児童淫行罪の一部のかすがい外しについては、被害児童の心情保護および被告人の利益などが理由となっていることから、訴追裁量の合理性を認めることができよう。

3　問題は処断刑である。ここには2つの論点が含まれている。第1は、そもそも裁判所は起訴されなかったかすがい行為を審判し得るかである。この点、裁判所は、検察官の訴因設定の適法性を審査するために訴因外の事実の審査をすることもできる（【207】【514】解説参照）。したがって、不当なかすがい外しであると被告人側から主張があれば、訴因外事実であるかすがい部分の審査も行うことができよう（小島・後掲534頁参照）。第2は、無論処断刑それ自体である。この場合、住居侵入を起訴した場合の処断刑を超える宣告刑は禁止されるとの提言もあるが（香城298頁、川出・後掲330頁等）、それを条件として訴追裁量を適法とすることは理論的に困難である。訴訟理論としては、かすがい外しの起訴も原則として適法であり、これを認める以上はその処断刑を前提にした量刑を認めざるを得ない。ただ、宣告刑を導く過程でかすがい外しに合理性が認められないことが明らかになった場合には、訴追裁量の逸脱を問題とする余地はあろう（三井II 158頁参照）。

4　なお、児童淫行罪と児童ポルノ作製罪は、その後、最1小決平成21年10月21日刑集63巻8号1070頁により併合罪とされたので、今後、両罪についてはかすがいの問題は生じないこととなった。また、平成20年少年法改正により37条が削除されたため、両罪が別々に起訴されることもなくなった。

●**参考文献**●　川出敏裕・J平18年度重判188、事例研究〔2版〕II 516頁〔小島淳〕

209 反則行為該当性——速度違反事件

最1小判昭和48年3月15日（刑集27巻2号128頁・判時701号119頁・判タ292号352頁）

参照条文　道交法118条、125条、130条

非反則行為として通告手続を経ないで起訴された事実が、反則行為に該当すると判明した場合と公訴提起の効力。

●事実● 被告人Xは、昭和46年7月9日午後10時19分頃、東京都墨田区内の道路において、法定最高速度（60km毎時）を超える100km毎時で普通乗用自動車を運転したとして公訴を提起された。第1審判決は、公訴事実どおりの事実を認定したのに対し、原判決は、超過速度の点を争う弁護人の事実誤認の主張を容れ、第1審判決を破棄した上、法定最高速度である60km毎時を超える80km毎時で普通乗用自動車を運転したとの事実を認定し、Xを罰金2万円に処した。これに対してXが量刑不当で上告したところ、最高裁は、適法な上告理由に当たらないとしつつ、職権で以下の判断を示した。

●判旨● 「原判決の適法に確定した被告人の右所為は、道路交通法118条1項3号（昭和46年法律第98号による改正前のもの）の罪にあたる行為であるから、同法125条1項、別表（昭和46年法律第96号による改正前のもの）により、同法9章（125ないし132条）にいう『反則行為』に該当し、かつ、記録によれば、被告人は、同法125条2項各号に掲げる例外事由がないと認められるから、同章にいう『反則者』に該当するものといわなければならない。

ところで同法130条は、反則者は、同条各号に掲げる場合を除いて、当該反則行為について法127条1項または2項後段の規定による反則金の納付の通告を受け、かつ、同法128条1項に規定する期間が経過した後でなければ、当該反則行為について、公訴を提起されないと規定しているから、もしかかる手続を経ないで公訴が提起されたときは、裁判所は、公訴提起の手続がその規定に違反したものとして、刑訴法338条4号により、判決で公訴を棄却しなければならないものである。そして、このことは、反則金を納付した者は、当該通告の理由となった行為について、公訴を提起されないと定めている道路交通法128条2項の趣旨を考慮にいれるときは、本件のように、起訴状の公訴事実によれば反則行為に該当しないが、公判審理の結果反則行為に該当することが判明した場合についても同様であると解すべきである。記録によれば、本件について同法130条各号の場合でないのに、同条に掲記されている手続が行なわれていないことは明らかである。そうすると、原審が、被告人は法定の最高速度を20キロメートル毎時こえる速度で運転したものと認定した以上は、第1審判決を破棄して、公訴を棄却すべきであったにもかかわらず、審理をすすめて被告人に罰金刑を科したのは、法令の適用を誤ったものであり、この誤りは判決に影響を及ぼし、原判決を破棄しなければ著しく正義に反するものと認める。」

●解説● 1 交通反則通告制度は、昭和42年に設けられたから、本件当時、道交法違反の罪のうち反則行為については、交通反則通告手続を経なければ、公訴の提起はできず、この条件を欠いた公訴は、刑訴法338条4号により公訴棄却となる。なお、旧道交法118条1項は、「次の各号のいずれかに該当する者は、6月以下の懲役又は5万円以下の罰金に処する」とし、同項3号は、「第68条（最高速度の遵守）の規定に違反した者」とし、同法125条1項は、反則行為を定め、第9章は、「反則行為に関する処理手続の特例」を定めていた。

2 訴訟条件の存否が問題となる時期として、起訴状記載の訴因を基準としてすでに訴訟条件の欠缺が問題となる場合と、審理の過程で新たな犯罪事実が判明しこれを基準とすると訴訟条件が欠けることとなる場合とがある。この後者の場合でも、訴因変更が問題となる時点で訴訟条件が欠ける場合と、遡って起訴時点で訴訟条件が欠けることとなる場合とがある。判例は、詐欺の訴因が横領に変更され、変更時点で横領の公訴時効が完成している事案について、起訴時点で横領の公訴時効が未完成であれば訴訟条件は具備しているとした（最2小決昭29・7・14【341】）。訴訟条件の存否を起訴時点で判断する立場（起訴時点基準説）である。本件の場合も、反則行為に該当するのであれば、起訴時点で通告手続を経ていないという訴訟条件の欠缺があることになる。

3 問題は、反則行為の認定につき、訴因変更手続を要するかである。訴訟条件の存否の判断に関する訴因基準説からは、訴因変更手続が必要となり、裁判所の心証基準説からは訴因変更手続は不要となる。この点、「判例および実務の基本線」（本吉・後掲38頁）は、当初は起訴状の訴因を基準とするが、証拠調べが進むと裁判所の心証が基準となるとされる。この立場からすれば、訴因変更を経ずに裁判所の認める事実を基準として形式裁判をすることができる。これを免訴について明らかにしたのが、最1小判昭31・4・12刑集10巻4号540頁であり、名誉毀損を行為の1年1か月後に起訴し、裁判所が公訴時効が1年である侮辱罪と認めるときは、起訴時点で公訴時効が完成しているとして、訴因変更手続を経ることなく免訴とした。本判例は公訴棄却についてこれを明らかにした（本吉・後掲39頁）。

4 もっとも、訴因基準説においても、少なくとも検察官の訴追意思に反しない限り縮小認定は可能と考えるべきあろう（田口326頁参照）。したがって、この立場からも、訴因変更手続を経ることなく公訴棄却とすることが可能となる。仮に、検察官があくまで旧訴因を維持する場合には、現訴因について無罪とするほかない。この結論に対しては、「非現実的」（大久保・後掲107頁）との批判があるが、検察官が無罪を避けたいのであれば、訴因変更して再訴すればよい。

●参考文献● 本吉邦夫・判解昭48年度35、大久保太郎・固5版106

210 起訴状謄本不送達と公訴時効停止効——被告人転居事件

最2小決昭和55年5月12日（刑集34巻3号185頁・判時967号132頁・判タ417号100頁）

参照条文 刑訴法254条1項、271条2項、339条1項1号

起訴状謄本の不送達と公訴時効停止の効力。

●**事実**● 被告人Xは、昭和45年4月11日午後8時頃、東京都内において酒酔い状態で普通貨物自動車を運転中、前方注視を怠ったことにより衝突事故を起こし、2名に傷害を負わせた。検察官は、同年5月19日、Xを道交法違反および業務上過失傷害の罪で東京地裁に起訴した。当時、Xは埼玉県内の飯場住まいであったが、捜査官の取調べでは横浜市旭区の実家を自己の住居として供述し、起訴状にもその旨記載された。しかし、Xは、起訴当時は横浜市南区に転居しており、さらに昭和45年中には約5か月間出国しており、加えて同52年3月20日頃には横浜市港北区に転居し、転居の都度住民登録していたが、家族とは疎遠であった。起訴状を受理した東京地裁は、起訴状記載の住所宛てに起訴状謄本および第1回公判期日の召喚状を送達をし、その送達を完了した旨の郵便送達報告書が戻って来たものの（家族が受領したものと思われる）、第1回公判期日にXは出頭せず、改めて指定した公判期日への召喚状は転居先不明で不送達となった。そこで、検察庁にXの所在捜査を依頼し、約6年半を経た昭和52年6月13日になって検察官からXの実際の住居地の通知を受けたので、翌7月に公判期日を開いたが、起訴状謄本不送達の事実が判明したため、同年9月8日、公訴棄却の決定がなされ、同月13日にこれが確定した。そこで、検察官は、同年11月30日、改めてXを前記事実につき東京地裁に起訴した。

弁護人は、271条2項に基づき起訴状謄本不送達によって公訴提起の効力が遡って失われる場合には、公訴時効の停止に関する254条1項の規定の適用はなく、したがって公訴時効が完成しているとして、337条4号による免訴を主張した。第1審・2審とも、この主張を容れなかったので、最高裁に上告した。

●**判旨**● 「刑訴法254条1項の規定は、起訴状の謄本が同法271条2項所定の期間内に被告人に送達されなかったため、同法339条1項1号の規定に従い決定で公訴が棄却される場合にも適用があり、公訴の提起により進行を停止していた公訴時効は、右公訴棄却決定の確定したときから再びその進行を始めると解するのが相当であり、これと同趣旨の原判断は相当である。」

●**解説**● 1 本件の公訴時効の期間は、酒酔い運転につき3年、業務上過失傷害につき5年であるから（250条5号・4号［現行法250条2項5号・4号］）、再度の起訴が犯行日から起算してこの期間を超えていることは明らかであるが、検察官は、254条1項に基づき、最初の起訴により公訴時効は停止したとの理解で、再度の起訴を行った。したがって、問題は、起訴状謄本不送達による公訴棄却の場合にも254条1項の適用があるかである。

2 問題の原因は、昭和28年刑訴法改正にあった。改正前の254条1項には但書があり、「但し、271条2項の規定により公訴の提起がその効力を失ったときは、この限りではない」と規定しており、また、339条1項1号の規定がなかったため、起訴状謄本の不送達の場合は271条2項により公訴の提起は遡って効力を失い、何らの裁判をすることなく事件は裁判所の係属を離れ、時効停止の効力も失うと解されていた（大野・後掲94頁）。そこで、昭和28年改正法は、①339条1項1号の規定を新設するとともに、②254条1項但書を削除した（ただし、271条2項の規定はそのまま残された）。そこで、改正法につき2つの解釈が対立することとなった。

3 第1説は、法改正の経緯を重視し、254条1項但書が削除されたことから、271条2項の規定により公訴提起がその効力を失ったときも、公訴時効の停止効は残るとした（積極説）。この説によれば、起訴状謄本不送達による公訴棄却の場合にも254条1項の適用があり、公訴の提起により時効はその進行を停止し、公訴棄却の裁判が確定した時から進行を開始する。254条1項但書の削除の理由は、政府案では、公訴時効を停止させることにあった（松尾・圏5版69頁）。理論的には、起訴状謄本不送達の場合は送達の瑕疵に止まり、公訴の提起自体に瑕疵はないから、公訴棄却決定が確定するまでは、訴訟係属も公訴時効停止の効力も存続し、遡及的に失効することはないと説明される（大野・後掲95頁）。

4 これに対して、第2説は、271条2項の規定を重視し、同項は、「さかのぼってその効力を失う」と規定しているので、公訴時効停止効もないとしなければ意味がないとする（消極説。松尾(上)196頁、鈴木106頁等）。254条1項但書の削除は、271条2項で、「さかのぼってその効力を失う」と規定している以上、公訴時効停止効も失われることから、重畳的な規定を削除したのみであり、また、逃亡しているわけではない被告人にとっては（逃亡している場合については、255条参照）、被告人不知の間に、公訴時効が停止することになって不都合であるとする。

5 以上の対立の中で、下級審の裁判例は積極説に固まりつつあったところ（龍岡・後掲106頁）、最高裁も本決定で積極説を採用した。ただ、起訴後7年の空白を経た後、有罪を言い渡し、犯人必罰の理念が貫かれた反面、時効制度の趣旨がなにがしかのダメージを受けたことは否定できない（松尾・後掲69頁）。時効制度は、被告人の法的安定性をも考慮した制度と言うべきであるから、積極説による、「被告人が起訴されたことを知っているかどうかは、公訴時効停止の問題とは理論的には無関係」（大野・後掲95頁）との断定には疑問が残る。将来的には、判例法としても消極説の検討がなされるべきであろう。

●**参考文献**● 龍岡資晃・判解昭55年度100、大野市太郎・圏7版94、松尾浩也・圏5版68

211 訴因不特定起訴と公訴時効停止効——登記簿不実記載事件(その1)

最3小決昭和56年7月14日（刑集35巻5号497頁・判時1013号3頁・判タ448号54頁）

参照条文 刑訴法254条、256条、338条

訴因不特定の起訴と公訴時効停止の効力。

●**事実**● 被告人Xらは、マンションの建築代金の支払いに窮し、昭和47年10月6日頃、未だ所有権を得ていないマンションにつき虚偽の登記をし、これを担保に資金繰りをしようと企てた。この行為につき、同50年12月26日、公正証書原本不実記載・同行使の罪により公訴が提起された（旧起訴）。ところが、表示登記と保存登記のそれぞれにつき別個の公正証書原本不実記載・同行使罪が成立すべきところ、旧起訴状では、表示登記に用いる書類をもって保存登記をした旨の訴因記載がなされていた。そのため裁判所は、「全体として、その訂正ないし補正の許される余地のないほど訴因が不特定である」として、同51年11月18日、公訴棄却の判決を下し、同判決はその頃確定した。

その後、昭和53年6月28日に至り、検察官は、公訴事実第1として表示登記に関する不実記載・同行使罪（「甲罪」）、公訴事実第2として保存登記に関する不実記載・同行使罪（「乙罪」）を改めて再起訴した（新起訴）。ところが、新起訴は犯行時から約5年8か月経過していたため、旧起訴により公訴事実の進行が停止していたとすれば新起訴は時効期間（5年）満了前の起訴となり、時効停止がなかったとすると時効完成後になるという関係にあった。第1審は、旧起訴には、公訴提起の不存在と目される程度の重大な瑕疵があって公訴時効停止の効力がなく、したがって、すでに公訴時効が完成しているとして免訴とした。第2審は、旧起訴は甲罪を起訴したものと見られるとして、公訴時効の停止効を認め、破棄差戻しとした。これに対して、Xが上告したのが本件である。なお、本件における確定裁判の内容的確定力に関しては【512】参照。

●**決定要旨**● 「刑訴法254条が、公訴時効の停止を検察官の公訴提起にかからしめている趣旨は、これによって、特定の罪となるべき事実に関する検察官の訴追意思が裁判所に明示されるのを重視した点にあると解されるから、起訴状の公訴事実の記載に不備があって、実体審理を継続するのに十分な程度に訴因が特定していない場合であっても、それが特定の事実について検察官が訴追意思を表明したものと認められるときは、右事実と公訴事実を同一にする範囲において、公訴時効の進行を停止する効力を有すると解するのが相当である。本件についてこれをみると、……右起訴状公訴事実に記載された犯行の日時、場所、方法及び不実登記の対象となる建物は、すべて本件公訴事実第一のそれと同一であること、その結果としてなされた不実登記の内容も、建物の所有名義を偽るという点で両者は共通していること、さらに、旧起訴審において、検察官が、公訴事実中『保存登記』とあるのは『表示登記』の誤記であるとの釈明をし、その旨の訴因補正の申立をし

ていることなどを総合考察すると、旧起訴によって検察官が本件公訴事実第1と同一性を有する事実につき公訴を提起する趣旨であったと認めるに十分であるから、これにより右事実に関する公訴時効の進行が停止されたとする原審の判断は、正当である。」（反対意見がある。）

●**解説**● 1 公訴時効の停止効が発生するためには、公訴提起が適法であることを要しないことは、254条1項から明らかである。しかし、不適法な公訴提起の全てに時効停止効があるとは言えない。「当該事件」（254条1項）の特定ができなければ時効停止の対象も特定できないからである。例えば、公訴事実の特定しない公訴提起や339条1項2号に該当する公訴提起等には時効停止効がないとの指摘がなされてきた（団藤重光『法律実務講座刑事編(4)』752頁〔曽我部正実〕）。

2 本決定は、訴因が不特定の場合でも、「それが特定の事実について検察官が訴追意思を表明したものと認められるとき」は、公訴時効停止の効力を有するとした。例えば、詐欺罪か恐喝罪かが不明で訴因不特定とされた場合でも、一定の日時・場所において財物を領得したという事実について検察官が訴追意思を表明したと認めることができる場合には、その事実について公訴時効の進行停止の効力を認めても不合理ではない（木谷・後掲189頁）とする考え方と言えよう。

3 問題は、訴因が不特定とされた場合に、「特定の事実」についての検察官の訴追意思をなお認め得るかである。本決定は、「公訴事実を同一にする範囲において、公訴時効の進行を停止する」ともしている。これまで、時効停止効の客観的範囲に関して、公訴事実説（通説）と訴因説との対立があったが、公訴事実説を採ったことになる。ここでは、訴因よりも公訴事実が判断基準とされており、検察官の訴追意思の存否についても公訴事実が基準とされている。

4 ただし、同じ訴因不特定であっても、公訴事実自体の特定が可能である場合と、不可能な場合とが考えられる。学説では、単に行為を共通にするに過ぎない犯罪事実にまで時効停止の効果が及ぶとするのは疑問とする指摘もある（鈴木123頁）。この点、併合罪関係にある2個の犯罪のいずれが起訴されたのか不明という場合には、通常は、「検察官の訴追意思」を認定することも困難ではなかろうか。本件事案について、旧起訴における訴追意思を表示登記に関する事件と認定することが妥当であったか検討を要する。また、公訴棄却の後、直ちに再起訴しなかった訴追側の不手際を救済する必要があるのかも検討すべきである。なお、反対意見は、前訴裁判の公訴事実不特定判断に内容的確定力を認め、時効停止効を認めないものである（【512】解説参照）。

●**参考文献**● 木谷明・判解昭56年度177、田口守一・J昭56年度重判198

212 被疑者逃亡と公訴時効の停止――公職選挙法違反事件

仙台高判昭和60年12月16日（判時1195号153頁）　参照条文　刑訴法255条、250条　刑訴規則166条

刑訴法255条1項後段に言う「犯人が逃げ隠れている」場合における公訴時効停止効の始期。

●**事実**● 被告人Xは、昭和51年12月5日施行の衆議院議員総選挙に際し、A候補を当選させる目的で、同年11月24日頃、Bに15万円を供与するとともに買収資金として100万円を交付したとして、同59年8月17日に起訴された。ところが、Xは、選挙違反が摘発され受供与者のBらが逮捕されるに至ったため、昭和51年12月16日夜に自宅を出て逃走し、その後、ホテルや温泉旅館を転々として宿泊し、また、偽名を使って東京都内のマンション等を転々として隠れ住んでいて、Xの妻もその所在を把握していなかったところ、同54年11月5日にXに対する第1回目の公訴提起があり、これが公訴棄却とされて以来、合計26回に及ぶ公訴提起と公訴棄却が繰り返され、本件の公訴提起はその第27回目に当たるものであった。そして、Xは、昭和59年10月11日に検察庁に出頭した、という事情があった。弁護人は、本件の公訴時効は（供与罪・交付罪の公訴時効は3年）、昭和54年11月24日頃までに完成しているとして免訴の主張をした。第1審は、本件における公訴時効の進行について、255条1項による時効停止を認め、公訴時効は完成していないとしてXを有罪としたので、弁護人は、さらに控訴を申し立てた。控訴審は、弁護人の量刑不当の控訴を容れて原判決を破棄したが、公訴時効停止の点についてはその主張を斥け、以下の判断を示した。

●**判旨**● 「被告人の本件公訴事実についての公訴時効の進行は、刑事訴訟法255条1項により、被告人が逃げ隠れしていた期間、すなわち逃亡した日の翌日である昭和51年12月17日から福島地方検察庁に出頭した日の前日である昭和59年10月10日までの間停止していたことになるのであり、したがって、被告人の本件公訴事実に対する公訴時効は、本件公訴が提起された昭和59年8月17日までにはいまだ完成していないことが明らかであるから、原裁判所が被告人に対し免訴の判決をすることなく、有罪の判決を言い渡したのはまことに正当であり、原判決に所論のような訴訟手続の法令違反はない。」

●**解説**● 1 通説・判例は、起訴状謄本が不送達であった場合にも、254条1項により公訴時効の停止効は発生すると解するので、本件の検察官も、公訴提起を繰り返すことで、公訴時効の完成を阻止してきたと思われる。この点、起訴状謄本が不送達であった場合には、「公訴の提起は、さかのぼってその効力を失う」（271条2項）ことから、公訴時効の停止効も発生しないとする少数説も有力である（最2小決昭55・5・12【210】参照）。本件では、公訴提起と公訴棄却が繰り返されているが、被告人を単なる所在不明と見て254条1項の問題としたのか、255条1項の「犯人が逃げ隠れている」場合であっても公訴時効の停止効の始期は起訴状謄本が送達できなかった時であるとして公訴提起を繰り返したのかは明らかではない。しかし、裁判所は、逃亡中の全期間について時効停止効を認めた。

2 「犯人が逃げ隠れている」場合の時効停止制度は、訴追を免れるために逃げ隠れしている者に時効の利益を与えるのは不合理であることによる。したがって、このような意図を持たない場合、例えば、自分が現に捜査の対象となっていることを知らないまま、新しい職業に就くため住居を移転したような場合には、同条項に該当しないことになる（条解507頁）。255条1項後段の場合には、起訴状謄本を送達しようとしてもできなかったことが要件とされるのであって、この点は、同項前段に言う「国外にいる場合」とは異なる。国外にいる場合は、そのことだけで、公訴時効はその国外にいる期間中進行を停止することを規定したものであって、起訴状の謄本の送達ができなかったことは前提要件となっていない（最3小判昭37・9・18刑集16-9-1386）。犯人が逃げ隠れている場合には、有効に起訴状の謄本の送達ができなかったことを証明しなければならない（255条2項、規166条）。

3 問題は、犯人が逃げ隠れている場合における時効停止効の期間である。通説は、現実に犯人が逃げ隠れている期間中時効は停止すると解する。したがって、犯人が逃げ隠れを始めた時点が停止効の始期となる。もっとも、上述のように、「逃げ隠れている」場合は、「国外にいる」場合と違って、逃げ隠れていたことと送達不能との間に因果関係があることが必要となる。したがって、逃げ隠れていても、例えば、犯人の親族を介して送達が可能な期間は、これから除外されることになろう（条解508頁）。そうなると、「逃げ隠れている期間」（255条1項）であっても、正確には、逃げ隠れているため送達不能の期間に時効は停止すると解される。本件では、被告人の所在は被告人の妻も把握していなかったというから、本判旨も、逃げ隠れていた全期間に停止効を認めたものであろう。

4 少数説からは、犯人が逃げ隠れているために起訴状の送達ができない場合にも、遡って時効停止効が消滅することの不合理を避けるために255条1項が設けられており（注解㊥276頁〔鈴木茂嗣〕）、逃げ隠れている期間であっても、公訴提起以前の期間は含まれないとする（同282頁〔鈴木〕）。この立場からは、公訴提起以前には送達不能の判断はできないこととなる。実際、本件事案で、第1回の公訴提起まで約3年間逃げ隠れているが、そのまま起訴がなければ直後に時効が完成するところ、起訴により遡及的に3年前から時効停止となるとの構成は、やや技巧的である。公訴時効がそれ以上進行しないように、その完成直前に起訴がなされたとすると、それまでは公訴時効は進行していたと見るのがやはり自然ではなかろうか。この問題は、再検討の必要があるように思われる。

●**参考文献**●　田口守一・法セ388-95

213 公訴時効の起算点——熊本水俣病事件

最3小決昭和63年2月29日（刑集42巻2号314頁・判時1266号3頁・判タ661号59頁）

参照条文　刑法54条、211条
刑訴法250条、253条

> 観念的競合の関係にある業務上過失致死傷罪の公訴時効の起算点。

●**事実**● いわゆる「熊本水俣病事件」につき、チッソ株式会社社長Xと同工場長Yが、工場排水を水俣川河口海域に排出し、これによって汚染された魚介類を摂取したA〜Gの7名を水俣病に罹患させて死傷させたとして、業務上過失致死傷罪で起訴された。公訴時効に関係する事実経過は、以下のとおりである。

昭和33年9月〜同35年6月、過失行為（排出行為）。同34年7月14日、A死亡。同34年9月12日、B出生（胎児性傷害）。同34年11月27日、C死亡。同34年11月28日、D死亡。同34年12月5日、E死亡。同35年8月28日、G出生（胎児性傷害）。同46年12月16日、F死亡。同48年6月10日、G死亡。同51年5月4日、公訴提起。

第1審は、いわゆる時効的連鎖説から、A〜Eを被害者とする罪についてはすでに公訴時効が完成しているとして免訴とし、F・Gを被害者とする罪についてのみ有罪とした。この判決に対して被告人X・Yのみ控訴したところ、第2審も基本的に第1審を是認したので、被告人がさらに上告した。

●**決定要旨**● (1)「Gの出生は昭和35年8月28日であり、その死亡は昭和48年6月10日であって、出生から死亡までの間に12年9か月という長年月が経過している。しかし、公訴時効の起算点に関する刑訴法253条1項にいう『犯罪行為』とは、刑法各本条所定の結果をも含む趣旨と解するのが相当である」。
(2)「Gを被害者とする業務上過失致死罪の公訴時効は、当該犯罪の終了時である同人死亡の時点から進行を開始するのであって、出生時に同人を被害者とする業務上過失傷害罪が成立したか否か、そして、その後同罪の公訴時効期間が経過したか否かは、前記業務上過失致死罪の公訴時効完成の有無を判定するに当たっては、格別の意義を有しないものというべきである。」
(3)「観念的競合の関係にある各罪の公訴時効完成の有無を判定するに当たっては、その全部を一体として観察すべきものと解するのが相当であるから［最1小判昭41・4・21刑集20-4-275参照］、Gの死亡時から起算して業務上過失致死罪の公訴時効期間が経過していない以上、本件各業務上過失致死傷罪の全体について、その公訴時効はいまだ完成していないものというべきである。」

●**解説**● 1　決定要旨(1)は、253条1項に言う「犯罪行為」には「結果を含む」とした。それまで、公訴時効の起算点について、行為時説（三井Ⅱ122頁）と結果発生時説（通説）とがあったが、本決定は、結果発生時説を採ることを宣言した。行為時説を採ると、未遂犯処罰規定がない結果犯の場合、結果発生時点ですでに時効完成という事態も考えられ不都合だからである。

2　決定要旨(2)は、業務上過失傷害罪の公訴時効と同致死罪の公訴時効との関係について、いったん業務上過失傷害罪が成立して公訴時効が完成した場合には、その後被害者の死亡により再度公訴時効が進行するのは不当であるとの主張を否定したものである。例えば、進行が遅いタイプの病気に感染させた場合、時効完成説によれば、軽微な症状の時点で時効が完成することになり、その後病状が深刻化した時点で刑事責任をもはや問い得ないというのは正義に反する（金谷＝永井・後掲175頁）と考えられるからである。

3　問題は、観念的競合事件の公訴時効の起算点である。これには3説があった。第1説は、観念的競合事件はその全部を一体として観察すべきであるとする（一体説）。それまでの判例の立場であり、例えば、選挙運動の事前運動と供与罪は一体として観察し、事前運動の時効が先に完成することはないとする（前掲最1小判昭41・4・21）。第2説は、学説の立場であって、観念的競合は本来数罪であって、その公訴時効は個別に進行すると見る（個別説）。第3説は、牽連犯に関する判例の立場であって（大判大12・12・5刑集2-922等）、牽連犯について時効期間を一体的に考えると、手段行為の公訴時効は目的行為が行われない限り完成しないことになるので、手段行為の時効期間内に目的行為が行われた場合にのみ一体的に考えるとする（時効的連鎖説）。以上3説の中で、本件第1審・2審は、時効連鎖説に従い、本件でFとGを被害者とする罪には時効的連鎖が認められるが、A〜Eを被害者とする罪とは連鎖関係がないので、後者には時効の完成が認められるとした。

4　最高裁は、決定要旨(3)において、一体説を踏襲することを明言した。その論拠は、①科刑上一罪は手続き上も一括して取り扱うべきであり、②順次結果が発生している以上、社会的影響が消滅することはなく、最終結果が発生してから微弱化していくと考えるべきであり、また、③順次結果が発生している以上、証拠は保持されるはずである等にあるとされる（金谷＝永井・後掲181頁）。公訴時効制度の理論的基礎に関する、いわゆる総合説を根拠とする論拠と言えよう。もっとも、判例は牽連犯については時効的連鎖説を採っていることから、結果が順次発生する観念的競合事件について一体説を採ることが判例法として整合するかとの問題は残るように思われる。

5　なお、一体説からすれば、本件につき全体として時効は完成していないことになるが、本件では、第1審判決に対して検察官が控訴を申し立てなかったので、免訴とされた部分は当事者間において攻防の対象から外されたとして（最大決昭46・3・24【604】参照）、結果的に、A〜Eを被害者とする罪については時効完成の判断が確定している。

●**参考文献**● 金谷利廣＝永井敏雄・判解昭63年度137、亀井源太郎・囻9版94、中谷雄二郎・囻8版96、田口守一・J昭63年度重判169

214　訴因変更請求と公訴時効の停止——出資法違反事件

最3小決平成18年11月20日（刑集60巻9号696頁・判時1954号158頁・判タ1227号190頁）

参照条文　刑訴法254条、312条

> 誤ってした併合罪関係にある事実についての訴因変更請求と公訴時効停止の効力。

●**事実**●　検察官は、平成10年11月13日、出資法5条2項違反の事実1件について被告人Xを起訴したが、出資法5条2項違反の行為が反復累行された場合には包括一罪になるとの見解に基づいて、同年12月10日の訴因変更請求書で、当初の訴因に平成9年11月28日〜同10年7月23日の間に犯したとする出資法5条2項違反の事実20件を追加する内容の訴因変更請求をした。裁判所は、同11年2月19日の公判期日において、弁護人に異議がないことを確認して訴因変更を許可し、以後、訴因変更後の公訴事実について審理が重ねられたが、同15年9月16日の公判期日において、当初の訴因と追加分の訴因との間には公訴事実の同一性がないから、訴因変更許可決定は不適法であるとして、職権で訴因変更許可取消決定をし、追加分の訴因に係る証拠について証拠の採用決定を取り消す決定をした。そこで、検察官は、同年10月9日、訴因変更許可取消決定により排除された事実を公訴事実として改めて起訴した。

第1審は、訴因変更請求を公訴の提起に準ずるものとして254条1項前段を類推適用するのは相当と言えず、本件訴因変更請求には公訴時効の進行を停止する効力がなく、新たに起訴された公訴事実については公訴提起の時点ですでに公訴時効の期間が経過していたとして、Xを免訴した。これに対して検察官が控訴を申し立て、原審は、訴因変更許可決定がされた段階で、本件訴因変更請求に254条1項前段が準用されて公訴時効の進行が停止し、訴因変更許可取消決定がされた時点から再び公訴時効が進行を始めたものと解されるから、新たに起訴された公訴事実について公訴時効は完成していないとして、第1審判決を破棄した上で自判し、Xに有罪を言い渡した。

●**決定要旨**●　「本件出資法5条2項違反の各行為は、個々の制限超過利息受領行為ごとに一罪が成立し、併合罪として処断すべきものであるから〔最1小判平17・8・1刑集59-6-676参照〕、検察官としては、前記訴因変更請求に係る事実を訴追するには、訴因変更請求ではなく追起訴の手続によるべきであった。しかし、検察官において、訴因変更請求書を裁判所に提出することにより、その請求に係る特定の事実に対する訴追意思を表明したものとみられるから、その時点で刑訴法254条1項に準じて公訴時効の進行が停止すると解するのが相当である。したがって、前記訴因変更請求に係る事実について公訴時効が完成していないとした原判断は結論において正当である。」

●**解説**●　1　254条1項前段は、時効は公訴の提起によって進行を停止する、とする。この公訴時効停止効の客観的範囲は、起訴された事実と公訴事実の同一性の関係の認められる事実に及ぶとされているので（最3小決昭56・7・14【211】）、併合罪関係の罪には時効停止効は及ばない。本件では、当初起訴された罪と併合罪関係にある罪が訴因追加された事案であるから、その罪について公訴時効が停止することはない。

2　その上で、併合罪関係にある罪が誤って訴因追加されたという特別な事案について、254条1項の準用を認めることができるかが問題となる。本件第1審判決はこれを否定し、原審はその準用を認め、本決定は原審の結論を追認した。準用の根拠は、「検察官の訴追意思」にある。【211】は、訴因不特定の起訴であっても、それが特定の事実について検察官の訴追意思の表明と認められるときは、時効の停止効が認められるとした。そうであれば、公訴提起以外の方法で訴追意思が表明された場合にも時効の停止を認める余地がある（池田・後掲174頁）。この点、公訴提起と訴因変更請求は検察官の訴追意思を表明する行為として同質性があるので、本件の訴因変更請求も訴追意思の表明と捉えることができよう（井上・後掲439頁、池田・後掲174頁、小島・後掲207頁）。

3　こうして、本決定は、訴因変更時点での公訴時効の停止効を認めたが、254条1項後段にいう時効の再進行の時点については触れていない。先例として、併合罪関係にある罪が誤って訴因追加された場合の措置について、訴因の撤回説等の考え方もあったが、訴因変更許可決定を取り消す決定をする説が唱えられ、判例の採用するところとなった（最1小判昭62・12・3刑集41-8-323）。312条の訴因の撤回の許可決定ではないので、公訴事実の同一性による制約はないことが理論的根拠となっている。これからすれば、訴因変更許可決定の取消し決定によって時効は再び進行を開始すると理解すべきであろう。

4　本決定は、訴因変更請求一般についてではなく、「訴因変更請求書」による訴追意思の確実な表明を前提としている。したがって、例えば、口頭の訴因変更請求まで同列には論じられない。また、本件は、出資法違反行為の反復累行を包括一罪と見るか併合罪と見るかという罪数評価問題を背景とする特別な事案であって、その射程距離はかなり限定されるであろう。

5　なお、公訴時効完成の有無の判断時点は起訴時基準説とされている（最2小決昭29・7・14【341】）。本決定は、原審の訴因変更許可決定の時点ではなく、訴因変更の請求時点での公訴時効停止効を認めたが、一見すると訴因変更時説を採ったようにも見える。しかし、本件は、あくまで、訴因変更請求書の提出という厳格な方式による手続きの性質から、これを検察官の訴追意思の表明と見て、追起訴に準ずるものとしたに過ぎない。その点で、起訴時基準説の判例との整合性は、なお保たれていると言えようか。

●**参考文献**●　井上弘通・判解平18年度422、池田公博・J1396-171、小島淳・J平19年度重判206

215　犯罪行為の終了――競売手続進行事件

最3小決平成18年12月13日（刑集60巻10号857頁・判時1957号164頁・判タ1230号96頁）

参照条文　刑法96条の3　刑訴法253条

犯罪が既遂となった時点と犯罪行為の終了時点との関係。

●**事実**●　被告人Xは、株式会社甲の代表取締役であり、被告人Yは甲社の財務部長、被告人Zは甲社の関連会社の株式会社丙の代表取締役であったが、Xら3名は、共謀の上、平成7年10月31日付けで裁判官により競売開始決定がされた本件会社所有に係る土地・建物につき、その売却の公正な実施を阻止しようと企て、同年12月5日、裁判所執行官が現況調査のため、本件土地・建物に関する登記内容、占有状況等について説明を求めた際、Yにおいて、執行官に対し、虚偽の事実を申し向けるとともに、これに沿った内容虚偽の契約書類を提出し、執行官をして誤信させて、現況調査報告書にその旨記載させた上、同月27日、これを裁判官に提出させた。

その後、裁判官から本件土地・建物につき評価命令を受けた、情を知らない評価人は、上記内容虚偽の事実が記載された現況調査報告書等に基づき、不当に廉価な不動産評価額を記載した評価書を作成し、平成8年6月5日、裁判官に提出した。これを受けて、情を知らない裁判官は、同年12月20日頃、本件土地・建物につき、不当に廉価な最低売却価額を決定し、情を知らない同裁判所職員において、平成9年3月5日、上記内容虚偽の事実が記載された本件土地・建物の現況調査報告書等の写しを入札参加希望者が閲覧できるように同裁判所に備え置いた。

Xらは、平成12年1月28日、本件土地・建物につき、偽計を用いて公の入札の公正を害すべき行為をした旨の競売入札妨害の事実で起訴されたが、弁護人の主張は、同罪は即成犯であり、犯罪が既遂になった時点で犯罪は終了し、本件では、評価人から裁判官へ評価書が提出された時点から公訴時効が進行を開始しており、起訴時点では同罪の3年の公訴時効が完成しているというものであった。

●**決定要旨**●　「被告人Yにおいて、現況調査に訪れた執行官に対して虚偽の事実を申し向け、内容虚偽の契約書類を提出した行為は、刑法96条の3第1項の偽計を用いた『公の競売又は入札の公正を害すべき行為』に当たるが、その時点をもって刑訴法253条1項にいう『犯罪行為が終った時』と解すべきものではなく、上記虚偽の事実の陳述等に基づく競売手続が進行する限り、上記『犯罪行為が終った時』には至らないものと解するのが相当である。そうすると、上記競売入札妨害罪につき、3年の公訴時効が完成していないことは明らかであるから、同罪につき、公訴時効の成立を否定した原判決の結論は正当である。」

●**解説**●　1　競売入札妨害罪の公訴時効期間は3年と短いため、本件のように、執行官に虚偽の事実を申し向けるなどした事案で、その時点で競争入札妨害罪が既遂になり、犯罪行為も終了し、同時に公訴時効が進行を開始すると解すると、競売手続が進行中であるにもかかわらず、公訴時効が完成してしまうことになる。したがって、本件で公訴時効の完成を否定した結論の妥当性は認められるが、問題はその理論的根拠である。公訴時効制度が手続法上の制度であることからこれを刑事政策的に考える途もあり得るが（松田・後掲522頁）、犯罪行為の終了という問題は、やはり実体法上の解釈論を基礎とすべきであろう。

2　公訴時効の起算点につき、253条1項は、時効は、犯罪行為が終った時から進行するとする。犯罪行為の終了については、犯罪が即成犯、状態犯または継続犯であるかによって違いが生ずる。即成犯であれば、法益侵害が発生すると同時に犯罪が終了する（例えば、殺人罪）。この場合は結果発生により法益が消滅する。本件の競争入札妨害罪は、妨害結果の発生後も、競売入札の公正に対する侵害状態が継続しているので、即成犯とは言えない。

3　状態犯は、法益侵害の発生と同時に犯罪は終了するが、法益侵害の状態が続くものを言う（例えば、窃盗罪）。もっとも状態犯であっても、例えば傷害罪の場合に、長期間にわたって暴行を加えたとすれば、その途中で結果が発生しても、最後に暴行を加えた時点が犯罪行為の終了時点となる。判例も、例えば不動産侵奪罪について、整地だけでなく、侵奪行為の一部と見られる最終の造成行為が終わった時を犯罪行為の終了時点としている（福岡高判昭62・12・8判時1265-157）。本件の競争入札妨害罪も、妨害行為により犯罪は既遂となるが、競売入札の公正が害される状態は続いている。したがって、これを状態犯と見ることもできそうであるが、そうすると、即成犯と同じく犯罪行為は既遂時点で終了していることとなる。

4　状態犯と継続犯の区別については、構成要件に該当する事実が継続的・持続的に生じていれば継続犯であり（例えば、監禁罪）、そうでなければ状態犯とされている（山口厚『刑法〔3版〕』30頁）。競売入札妨害罪は手続き全体の公正な状態を保護法益とする犯罪であるから、虚偽情報が手続きに反映された状態が継続する限り構成要件に該当する事実の継続があると言えよう（樋口・後掲160頁）。判例は、253条1項に言う「犯罪行為」には結果も含まれるとするから（最3小決昭63・2・29【213】）、構成要件的結果の発生が続いている限り、犯罪行為は終了しないことになる。構成要件的結果の継続と違法状態の継続とは区別されるから、状態犯における違法状態は【213】に言う「犯罪行為」には含まれない。

5　本決定は、結論のみ示してその理論的根拠を示していないが、競争入札妨害罪が既遂になっても、構成要件的結果が継続する継続犯として、競売手続が続く限り犯罪は終了せず、手続きの公正を害する状態が解消されて初めて犯罪行為は終了し、公訴時効が進行を始めるという考え方と思われる（松田・後掲515頁）。

●**参考文献**●　松田俊哉・判解平18年度484、林美月子・J平19年度重判165、樋口亮介・J1377-156

216 一時的海外渡航と公訴時効の停止——多数回海外渡航事件

最1小決平成21年10月20日（刑集63巻8号1052頁・判時2068号161頁・判タ1314号144頁）　　参照条文　刑訴法255条

犯人の一時的海外渡航と公訴時効停止の効力。

●事実● 被告人Xは不動産仲介業者であるが、被害者から土地購入造成費用名目で金員を騙し取ったという詐欺で起訴され、第1審・2審とも有罪とされた。ところで、弁護人は、上告趣意において、以下の理由から、公訴時効の成立による免訴の主張をした。すなわち、本件詐欺行為の犯行終了日は平成11年9月21日であり、それが公訴時効の起算点となり、公訴が提起されたのは同19年7月31日であるから詐欺の公訴時効期間の7年を超える期間が経過していた。しかし、Xは、不動産仲介業等を営む傍らで、中国からの研修生の募集・面接をする仕事をしており、その関係で中国との往来が多く、本件犯行後公訴提起までに、56回出国し、その通算日数は324日に及んでいた。そこで、検察官は、この一時的な海外渡航の間は時効の進行が停止するから公訴時効は完成していないとして起訴した。しかし、立法当時とは海外渡航の事情が大きく変化した現在では、少なくとも1回の渡航期間が10日程度の海外渡航は「国外にいる場合」に該当しないと解釈すべきであり、そうすると、本件公訴提起時に公訴時効はすでに完成していることになり、免訴の判決をすべきであるとする。これに対して最高裁は、適法な上告理由に当たらないとしつつ、職権で以下の判断を示した。

●決定要旨● 「犯人が国外にいる間は、それが一時的な海外渡航による場合であっても、刑訴法255条1項により公訴時効はその進行を停止すると解されるから、被告人につき公訴時効は完成しておらず、これを前提とする原判決の判断に誤りはない。」

●解説● 1　255条1項は、「犯人が国外にいる場合」に公訴時効が停止することを定めているが、これに一時的な海外渡航も含まれるか。「含まれる」とする説（停止説）と「含まれない」とする説（不停止説）とがある。これまでの多数説は不停止説であったが、本決定は停止説を採った。

2　不停止説は、「犯人が国外にいる場合」の時効停止制度の立法趣旨が、この場合にも、255条1項後段と同じく起訴状謄本の送達が困難であることにあった点を根拠として、国外旅行の場合は、住所が国内にあって起訴状謄本の送達が可能である以上、一時的な海外渡航は「犯人が国外にいる場合」に含まれず、公訴時効は停止しないとする。起訴状の送達については、基本的に民訴法の規定が準用され、補充送達や差置送達も可能である（54条、規63条1項但書）ことから、公訴時効の停止が認められる理由として、起訴状の送達が困難であることのみを理由とするならば、一時的な海外渡航の場合には時効停止の必要はないことになる（ポケット(上)592頁〔横井大三〕、注解(中)280頁〔鈴木茂嗣〕等）。

3　これに対して、停止説は、255条1項の立法趣旨はともかく、その文理解釈として前段の「国外にいる場合」にも同項後段の「起訴状謄本の送達……ができなかった」との要件が前提となるとの解釈には無理があること、また、仮に起訴状謄本の送達が問題となるにしても、それは被告人本人に送達されるべきものであるから、被告人が国外にいる場合にはやはり無理があること、さらに、犯人が国外にいる以上はその目的が何であれ日本国の捜査権が実際上及びにくい状況にあることに変わりはないことから、単に国外旅行中の場合であっても「国外にいる場合」に当たるとする（大コメ(5)139頁〔吉田博視〕）。

4　これまでの重要関連判例として、最3小判昭和37年9月18日刑集16巻9号1386頁がある。現実に起訴状の送達が不可能だった事案（密出国のケース）であって本件とは異なるものの、最高裁は、「〔255条1項〕前段の『犯人が国外にいる場合』は、同項後段の『犯人が逃げ隠れている』場合と異なり、公訴時効の進行停止につき、起訴状の謄本の送達……ができなかったことを前提要件とするものでないことは、規定の明文上疑いを容れないところであり、また、犯人が国外にいる場合は、実際上わが国の捜査権がこれに及ばないことにかんがみると、犯人が国内において逃げ隠れている場合とは大いに事情を異にするのであって、捜査官において犯罪の発生またはその犯人を知ると否とを問わず、犯人の国外にいる期間、公訴時効の進行を停止すると解することには、十分な合理的根拠がある」とした。文理解釈論と捜査論から停止説が導かれている。

5　本決定は、理由は示されていないが、一時的な海外渡航の場合であっても公訴時効の進行が停止するとした。基本的に、上記昭和37年判例を踏襲したものと言えよう。文理解釈として、255条1項の「犯人が国外にいる場合」には、同項後段の「起訴状謄本の送達……ができなかった」との要件は求められておらず、また、一時的な海外渡航を除外するような限定もないこと、また手続論として、犯人が国外にいる場合には捜査権が及ばない場合があること、さらに、「一時的な海外渡航」を除外するとした場合には、一時的なものと一時的でないものの区別が極めて困難であることなどが理由となっていると言えよう。とりわけ、最後の「一時的」基準の曖昧さは、「致命的といえる重大問題」とされている（鹿野・後掲459頁）。

6　本件弁護人は、「10日程度」の海外渡航は除かれるべきと主張したが、「1か月」とする提案（鯰越・後掲172頁）もある。この点を解釈論で乗り越えることは困難である。海外渡航が一般的となっている今日、例えば、海外渡航に逃避の意思を要件とするなどの立法的手当てを検討することも、今後の課題かもしれない（原田・後掲212頁）。

●参考文献● 鹿野伸二・判解平21年度449、鯰越溢弘・判評635-23、原田和往・J平21年度重判211

217 公訴権の濫用——チッソ川本事件

最1小決昭和55年12月17日（刑集34巻7号672頁・判時984号37頁・判タ428号69頁）

参照条文　刑訴法1条、248条、411条
刑訴規則1条　検察庁法4条

検察官の訴追裁量の逸脱と公訴提起の効力。

●**事実**●　水俣病患者である被告人Kは、被害補償交渉を求めてチッソ株式会社本社に赴いた際、これを阻止しようとした同社従業員等に全治1～2週間等の傷害を負わせたとして傷害罪で起訴された。第1審で、弁護人は、本件は憲法14条違反の起訴である等として公訴無効を理由とする公訴棄却の申立てをした。しかし、第1審はこれを認めずKを有罪としたが、罰金5万円、執行猶予1年という異例の刑を宣告した。これに対してKが控訴したところ、控訴審は、Kに対する訴追は如何にも偏頗不平等であり、刑訴法248条違反として同法338条4号で公訴を棄却した。これに対して検察官が上告したのが、本件である。

●**決定要旨**●　(1)「検察官は、現行法制の下では、公訴の提起をするかしないかについて広範な裁量権を認められているのであって、公訴の提起が検察官の裁量権の逸脱によるものであったからといって直ちに無効となるものでないことは明らかである。たしかに、右裁量権の行使については種々の考慮事項が刑訴法に列挙されていること（刑訴法248条）、検察官は公益の代表者として公訴権を行使すべきものとされていること（検察庁法4条）、さらに、刑訴法上の権限は公共の福祉の維持と個人の基本的人権の保障とを全うしつつ誠実にこれを行使すべく濫用にわたってはならないものとされていること（刑訴法1条、刑訴規則1条2項）などを総合して考えると、検察官の裁量権の逸脱が公訴の提起を無効ならしめる場合のありうることを否定することはできないが、それはたとえば公訴の提起自体が職務犯罪を構成するような極限的な場合に限られるものというべきである。」

(2)　本件起訴については、チッソ株式会社の側の違法行為と被告人側の違法行為につき、捜査権ないし公訴権の発動の状況に不公平があったとされるが、「すくなくとも公訴権の発動については、犯罪の軽重のみならず、犯人の一身上の事情、犯罪の情状及び犯罪後の情況等をも考慮しなければならないことは刑訴法248条の規定の示すとおりであって、起訴又は不起訴処分の当不当は、犯罪事実の外面だけによっては断定することができないのである。このような見地からするとき、審判の対象とされていない他の被疑事件についての公訴権の発動の当否を軽々に論定することは許されないのであり、他の被疑事件についての公訴権の発動の状況との対比などを理由にして本件公訴提起が著しく不当であったとする原審の認定判断は、ただちに肯認することができない。まして、本件の事態が公訴提起の無効を結果するような極限的な場合にあたるものとは、原審の認定及び記録に照らしても、とうてい考えられないのである。したがって、本件公訴を棄却すべきものとした原審の判断は失当であって、その違法が判決に影響を及ぼすことは明らかである。」

(3)「しかしながら、……記録に現われた本件のきわめて特異な背景事情に加えて、……Kを含む患者らとチッソ株式会社との間に水俣病被害の補償について全面的な協定が成立し……、また、Kが右公害によって父親を失い自らも健康を損なう結果を被っていることなどをかれこれ考え合わせると、原判決を破棄して第1審判決の執行猶予付きの罰金刑を復活させなければ著しく正義に反することになるとは考えられず、いまだ刑訴法411条を適用すべきものとは認められない。」

●**解説**●　1　本決定の論点は、①検察官の起訴裁量を逸脱した公訴提起が無効となることがあるか、②公訴提起を無効とする要件は何か、③本件の公訴提起を無効として公訴棄却とすることは著しく正義に反するか、の3つである。

2　いわゆる公訴権濫用論については、消極説もあったが、検察官の起訴裁量も完全な自由裁量ではなく、法の趣旨に従って適正公平な起訴裁量の義務を負うものであって、そのコントロールは当該訴訟手続の中でチェックすべきとする積極説の方が理論的に優ることから、本決定が公訴権濫用論を肯定したこと自体には異論は少ない（渡部・後掲412頁）。

3　本決定は、公訴が無効となる場合として、「たとえば公訴の提起自体が職務犯罪を構成するような極限的な場合に限られる」とした。このような限定的な基準の背後には、不当起訴の是正はできる限り検察官による自発的な行動に基づくべきであって、裁判所によるチェックは例外措置であるとの考え方がある（渡部・後掲420頁）。しかし本決定も、刑訴法248条、検察庁法4条、刑訴法1条、刑訴規則1条2項等を根拠条文としている以上、これらの基本法規違反も「極限的な場合」に含まれ、明白な軽微事犯の起訴、明らかに可罰的違法性のない起訴、裁量の不当が極端な起訴等も（鈴木茂嗣・J昭55年度重判226頁）含まれるとすべきである。本決定について、「公訴権濫用論の終焉」が語られることもあるが、むしろ、本決定により、公訴権濫用論は総論の時代から各論の時代に入ったと見るべきであろう。

4　本決定は、本件起訴を著しく不当とした原審の判断を「ただちに肯認することができない」とした。それは、水俣公害事件に対し公訴権が発動されなかったことが不当であるとしても、そのことから直ちに被告人に対する公訴権の発動が不公平であったということにはならないとしたものである。しかし、原審の判断は違法とされたが、「原判決を破棄しなければ著しく正義に反する」とは考えられないとして、原審の公訴棄却は維持されることとなった。結果として「原判決をして語らしめうるだけのことを語らしめよう」（渡部・後掲435頁）という裁判となった。

●**参考文献**●　渡部保夫・判解昭55年度392、鯰越溢弘・固9版88、川崎英明・固8版88

218　違法捜査に基づく起訴——赤碕町長選挙違反事件

最 2 小判昭和56年 6 月26日（刑集35巻 4 号426頁・判時1006号22頁・判タ444号55頁）

参照条文　憲法14条　刑訴法338条

共犯者が不当に有利な扱いを受けた場合と被告人に対する捜査の合憲性。

●事実●　被告人Xは、島根県赤碕町長選挙に立候補して当選したAの選挙運動員であり、かつ同選挙の選挙人であったが、Aの長男Bから選挙運動を依頼され、その報酬として現金 3 万円の供与を受けたとする受供与・受饗応等の公選法違反の事実で起訴された。弁護人は、町長らが社会的名士のゆえに積極的に捜査もされず、不起訴となったのは、法の下の平等に反し公訴権の濫用に当たると主張したが、第 1 審はこれを容れず、Xを有罪とした。これに対して原審は、本件の捜査に当たった警察が、Xと対向的な共犯関係に立つ疑いの強いAを、何ら合理的な理由がないのに捜査上不当に有利に取り扱ったために、Xは差別されたことになって憲法14条に違反するとし、このような差別的捜査に基づく起訴は、公訴提起を含む検察段階の措置に不当な差別や裁量権の逸脱がなくても憲法31条に違反するから、刑訴法338条 4 号を準用ないし類推適用すべきであるとして、第 1 審判決を破棄した上、公訴棄却とした。これに対して検察官が上告したところ、最高裁は、以下の理由から上告を容れて原判決を破棄した。

●判旨●　「被告人自身に対する警察の捜査が刑訴法にのっとり適正に行われており、被告人が、その思想、信条、社会的身分又は門地などを理由に、一般の場合に比べ捜査上不当に不利益に取り扱われたものでないときは、かりに、原判決の認定するように、当該被疑事実につき被告人と対向的な共犯関係に立つ疑いのある者の一部が、警察段階の捜査において不当に有利な取扱いを受け、事実上刑事訴追を免れるという事実があったとしても……、そのために、被告人自身に対する捜査手続が憲法14条に違反することになるものでないことは、当裁判所の判例〔最大判昭23・10・6 刑集2-11-1275、同昭23・5・26刑集2-5-517、同昭33・3・5 刑集12-3-384、最 2 小判昭26・9・14刑集5-10-1933、最 3 小判昭30・5・10刑集9-6-1006、最 2 小判昭33・10・24刑集12-14-3385〕の趣旨に徴して明らかである。なお、原判決によると、本件公訴提起を含む検察段階の措置には、被告人に対する不当な差別や裁量権の逸脱等はなかったというのであるから、これと対向的な共犯関係に立つ疑いのある者の一部が、警察段階の捜査において前記のような不当に有利な取扱いを受けたことがあったとしても、被告人に対する公訴提起の効力が否定されるべきいわれはない〔最 1 小決昭55・12・17【217】、最 1 小判昭41・7・21刑集20-6-696参照〕。」

●解説●　1　本判旨は 2 つの論点に触れている。 1 つは、捜査が差別的で憲法14条違反となるのはどのような場合か、もう 1 つは、捜査が違法な場合における公訴提起の効力である。ただ、後者は本判旨では傍論である。本判決はあくまで捜査の判例であるが、本件原審は後者の論点を取り上げた。

2　本判旨は、本件捜査手続が憲法14条に違反するものではないとして 6 個の判例を引用している。特に重要なのは昭和23年10月 6 日判決であるが、これは共犯者間で量刑に差異があった事案につき、「犯情の差異により、共同被告人の 1 人を他の被告人より重く処罰しても憲法14条に違反しない」としたものである。これらの判例を要約して、被告人に対する刑責の有無・大小は、被告人自身の犯した罪のいかんによって判断されるべきであり、共犯者等の中により有利な処分を受けている者があるということから、被告人に対する処罰が憲法14条に違反することにはならないとする点で、判例の見解は一貫している（木谷・後掲166頁）。

3　問題は、本件で憲法14条違反とならないとされる理由である。もともと、憲法上禁止されるのは不合理な差別である（最大判昭48・4・4 刑集27-3-265）。したがって、共犯者等の一部を有利に扱う捜査が被告人に対する不合理な差別となるかどうかである。 3 つの考え方がある。①共犯者等の手続きと被告人の手続きとの比較をおよそ否定する説、②共犯者等に対する手続と被告人に対する手続きとを具体的に比較する説、③当該罪に対する一般の犯罪者に対する手続きと被告人の手続きを比較する説である。①は、平等条項の適用自体を否定するに等しく適当でない。②は本件原審が立脚した説であり、③は本判旨の立場である。③は、いわば①と②の中間に位置するが、「一般の場合との比較」という方法論を提示した点に特色がある。ただ、「一般の場合との比較」という概念は抽象的であるから、その内容は今後の課題と言えよう。

4　本判旨は、最後に、適法捜査を前提として、違法捜査に基づく公訴の効力に触れている。本判旨が引用する昭和41年 7 月21日判決は、警察官による暴行陵虐の行為があったとしても、そのために公訴提起の手続きが憲法31条に違反し無効となるものではないとした（いわゆる「ウイップラッシュ（鞭打ち）傷害事件」）。捜査手続の違法は公訴提起の効力に影響を与えないというのが、伝統的な判例の立場である。しかし、最 2 小判昭44年12月 5 日刑集23巻12号1583頁は、捜査手続の違法は「必ずしも公訴提起の効力を当然に失わせるものでない」とする微妙な表現を用いた。捜査手続の違法と公訴の効力の問題は未だ開かれた問題と言えよう。

●参考文献●　木谷明・判解昭56年度158、田宮裕・圏 5 版62、田口守一・別冊判タ9-107

219 少年事件の成人後の起訴——原動機付自転車転倒事件

最3小決平成25年6月18日（刑集67巻5号653頁・判時2193号144頁・判タ1392号74頁）

参照条文 刑訴法248条、338条 少年法42条

犯行時未成年であった者の被疑事件を成人後に起訴した場合の公訴提起の効力。

●**事実**● 本件は、事件当時16歳の少年であった被告人Aが、原動機付自転車の後部にBを乗せて運転中に転倒事故を起こし、乗車していた被害者Bが高次脳機能障害の後遺症を伴う傷害を負ったという事案であるが、Bの記憶が事故の後遺症により回復せず、またAが「運転者はBである」と否認するなどしたため、検察官への事件送致までに約2年11か月を要した上、いったんは嫌疑不十分を理由に不起訴処分とされ家裁に送致されないままAは成人に達した。しかしその後、Bからの検察審査会への審査申立てを契機に補充捜査が行われ、事件が再起され、公訴時効完成の8日前に、業務上過失傷害被告事件として公訴提起された。弁護人は、不当な捜査の遅延によって家裁の審判を受ける権利が奪われ、少年法42条の全件送致主義に違反して不起訴としながら事件を再起したものであり、本件公訴提起は、少年審判制度の趣旨を没却して違法・無効であると主張した。第1審・2審がこれを容れず、Aを有罪としたので、さらに上告がなされた。

●**決定要旨**● 「一般に、少年の被疑事件については、捜査機関は、少年法42条1項の趣旨を踏まえ、適切な見通しを持った迅速な事件処理に心掛ける必要があることはいうまでもない。しかし、本件においては、被告人が否認する一方、長期間にわたり被害者の供述が得られない状況が続いたこと、鑑定等の専門的捜査が必要であったこと、捜査の途中で目撃者の新供述を得るなどして捜査方針が変更されたことなど、運転者を特定するまでに日時を要する事情が存在し、当初、事件送致を受けた検察官が、家庭裁判所へ送致せずに不起訴処分にしたのも、被告人につき嫌疑が不十分であり、他に審判に付すべき事由もないと判断した以上、やむを得ないところである。捜査等に従事した警察官及び検察官の各措置には、家庭裁判所の審判の機会が失われることを知りながら殊更捜査を遅らせたり、不起訴処分にしたり、あるいは、特段の事情もなくいたずらに事件の処理を放置したりするなどの極めて重大な職務違反があるとは認められず、これらの捜査等の手続に違法はない〔最2小判昭44・12・5刑集23-12-1583、同昭45・5・29刑集24-5-223参照〕。また、被告人が成人に達した後、検察審査会への審査申立てを機に、検察官が、改めて補充捜査等を行い、被告人に嫌疑が認められると判断した上、事件を再起してした本件公訴提起自体にも違法とすべきところはない。

したがって、本件公訴提起が無効であるとはいえないとした原判決は正当である。」

●**解説**● 1 本決定の論点は、①本件における手続きの遅延は違法であるか、②検察官は少年事件を不起訴処分にできるか、③検察官による不起訴処分後の再起手続は適法であるか、である。

2 本決定は、本件における手続き遅延に違法はないとする理由として、被告人の否認、被害者の記憶喪失、不起訴処分の介在等多くの点を指摘し、そこには「極めて重大な職務違反」があるとは認められないとした。この判断基準は、本決定要旨引用の先例に基づいている。昭和44年判決は、19歳3か月の少年の事件につき、実況見分調書の不備等のため捜査に11か月を要したため成人となったという事案につき、「捜査官において、家庭裁判所の審判の機会を失わせる意図をもってことさら捜査を遅らせ、あるいは、特段の事情もなくいたずらに事件の処理を放置しそのため手続を設けた制度の趣旨が失われる程度に著しく捜査の遅延をみる等、極めて重大な職務違反が認められる場合においては、捜査官の措置は、制度を設けた趣旨に反するものとして、違法となることがある」とした（昭和45年判決も同旨）。これらは、成人年齢が切迫しており、かつ争いのない事件につき、主に捜査側の事情により遅延が生じた事案である。その点で本件と異なるが、本決定はその判断枠組みを用いた（原田・後掲37頁、石山・後掲235頁）。その上で、本件事案の警察官・検察官の措置に違法はないとしたが、判例に照らすまでもなく、違法ではないと言うこともできよう（大久保・後掲189頁）。

3 少年法42条1項は、検察官が、捜査の結果「犯罪の嫌疑があるものと思料するとき」は、事件を家裁に送致するとする全件送致主義を採っている。検察官の起訴猶予も刑事政策的観点から行われるが、少年については専門的な調査機構を持ち少年を専門的に扱う家裁が行う方がより妥当と考えられたからである（田宮裕＝廣瀬健二編『注釈少年法〔3版〕』421頁）。「犯罪の嫌疑があるものと思料するとき」であるから、嫌疑がない場合および嫌疑不十分の場合は狭義の不起訴処分とすることができる。もっとも、本件検察官は、嫌疑不十分を理由に不起訴処分としているが、結果的には嫌疑が認められたのであるから、事件の見通しを誤ったとも言える（石山・後掲235頁）。しかし、それも上記2判例の基準に照らせば、重大な職務違反とまでは言えないことは明らかであろう。

4 不起訴処分には一事不再理効はないので、必要があれば再起して再捜査し、嫌疑が認められれば起訴できるのであって、憲法39条に違反するものではないとするのが判例である（最2小判昭32・5・24刑集11-5-1540）。本決定は、この点を確認したに過ぎないが、検察審査会への審査申立てと補充捜査による嫌疑の確認といった事情の変更を指摘しているので、恣意的な再起ではないことも含意されているように思われる。

●**参考文献**● 大久保隆志・J平25年度重判188、原田和往・法教別冊付録402-37、石山宏樹・論究J11-232

220 被告人の訴訟能力——聴覚・言語障害者事件

最3小決平成7年2月28日（刑集49巻2号481頁・判時1533号122頁・判タ885号160頁）　参照条文　刑訴法314条

刑訴法314条1項に言う「心神喪失の状態」と公判手続停止の意義。

●事実● 被告人Xは、事務所荒らしおよび車上狙いによる窃盗11件で起訴された。しかし、Xは、聴覚・言語障害者であり、学校教育・手話教育を十分に受ける機会がなかったために、手話を会得しておらず、文字も分からず、Xと意思を疎通するには、身振り・手振りでするほかなく、およそ言語を獲得しているかも疑問であり、抽象的な概念や仮定話法については、そもそも理解する素地を欠いている疑いがあるという点から、Xの訴訟能力が問題となった。第1審は、Xとの意思疎通は困難であり、通訳人を介しても黙秘権の告知が不可能であるなどとして、338条4号により公訴棄却とした。控訴審は、Xに黙秘権を告知することが不可能で訴訟能力に疑問があるとしたが、手続きの公正を確保するため、314条1項を準用して公判手続を停止すべきであるとした。最高裁は、Xの上告を棄却しつつ、職権により以下の判断を示した。

●決定要旨● 「刑訴法314条1項にいう『心神喪失の状態』とは、訴訟能力、すなわち、被告人としての重要な利害を弁別し、それに従って相当な防御をすることのできる能力を欠く状態をいうと解するのが相当である。
　原判決の認定するところによれば、被告人は、耳も聞こえず、言葉も話せず、手話も会得しておらず、文字もほとんど分からないため、通訳人の通訳を介しても、被告人に対して黙秘権を告知することは不可能であり、また、法廷で行われている各訴訟行為の内容を正確に伝達することも困難で、被告人自身、現在置かれている立場を理解しているかどうかも疑問であるというのである。右事実関係によれば、被告人に訴訟能力があることには疑いがあるといわなければならない。そして、このような場合には、裁判所としては、同条4項により医師の意見を聴き、必要に応じ、更にろう（聾）教育の専門家の意見を聴くなどして、被告人の訴訟能力の有無について審理を尽くし、訴訟能力がないと認めるときは、原則として同条1項本文により、公判手続を停止すべきものと解するのが相当であり、これと同旨の原判断は、結局において、正当である。」
　千種秀夫裁判官の補足意見。
　「裁判所は、訴訟の主宰者として、被告人の訴訟能力の回復状況について、定期的に検察官に報告を求めるなどして、これを把握しておくべきである。そして、その後も訴訟能力が回復されないとき、裁判所としては、検察官の公訴取消しがない限りは公判手続を停止した状態を続けなければならないものではなく、被告人の状態等によっては、手続を最終的に打ち切ることができるものと考えられる。」

●解説● 1　本件には2つの論点が含まれている。1つは、314条1項の「心神喪失の状態」の意義であり、他は、その場合における手続き的対応のあり方、である。

2　被告人には訴訟能力が必要である。訴訟能力のない者がした訴訟行為は無効である。訴訟能力の概念につき、本決定は、「被告人としての重要な利害を弁別し、それに従って相当な防御をすることのできる能力」としたが、これは訴訟能力を、「一定の訴訟行為をなすに当り、その行為の意義を理解し、自己の権利を守る能力」（最2小決昭29・7・30刑集8-7-1231）とした先例を踏襲したものである。
　心神喪失の概念は、刑法上は、「精神ノ障礙ニ因リ事物ノ理非善悪ヲ弁識スルノ能力ナク又ハ此ノ弁識ニ従テ行動スル能力ナキ状態」（大判昭和6・12・3刑集10-682）とされているが、訴訟法上は、訴訟能力の観点から目的論的に理解され、被告人が上記の訴訟能力に欠ける状態にあるときを「心神喪失の状態」とみる。なお、心神喪失を刑法上の概念にならって精神障害と解すると、本件原審のように聴覚障害者には314条1項を「準用」することとなろうが（福島・後掲114頁）、訴訟法上の概念であることからすれば、本件の場合も、直截に314条1項の心神喪失概念に含めて理解してよいであろう（川口・後掲130頁、長沼・後掲163頁）。なお、先天性の重度聴覚障害者であって、精神的能力および意思疎通能力に重い障害を負っている被告人につき、訴訟能力が著しく制限されているが、これを欠いているものではないとした事例もある（最1小判平10・3・12刑集52-2-17）。

3　本決定は、公判手続が停止した後のことには触れていない。しかし、「原則として」公判手続を停止すべきものとしているので、手続き打切りの余地を残したものと思われる（川口・後掲137頁）。この点、千種秀夫裁判官の補足意見は、裁判所は訴訟の主宰者として、被告人の訴訟能力が回復しないときには、「手続を最終的に打ち切ることができる」とした。学説でも、手続き打切りを支持する見解が多数である（福島・後掲115頁、渡辺・後掲119頁、長沼・後掲163頁等）。その裁判については、検察官の公訴取消しを待って公訴棄却（339条1項3号）とする説、迅速裁判違反として免訴とする説、338条4号を準用して公訴棄却とする説等がある。

4　その後の下級審裁判例で、殺人事件の被告人が、重篤な統合失調症のため意思疎通が困難であるとして公判手続が停止されて17年が経過した事案について、本件の千種裁判官補足意見を引用しつつ、「被告人に訴訟能力の回復の見込みがなく、公判手続再開の見込みがないにもかかわらず、検察官が公訴を取り消さない場合、裁判所が公判手続を打ち切ることは、訴訟手続の主宰者である裁判所の責務である」として、338条4号を準用した上、314条1項但書に言う被告人に対し公訴棄却の裁判をすべきことが明らかな場合として、公訴棄却とした事例がある（名古屋地岡崎支判平26・3・20判時2222-130。なお、同判決は、名古屋高判平27・11・16LEX/DB25541868により破棄差戻しとなった）。

●参考文献● 川口政明・判解平7年度125、福島至・⑨版114、渡辺咲子・⑧版118頁、長沼範良・J平7年度重判162

221 被告人の特定——氏名冒用事件

最3小決昭和60年11月29日（刑集39巻7号532頁・判時1177号141頁・判タ580号58頁）　参照条文　刑訴法256条

正式裁判手続において他人の氏名を冒用した場合判決の効力。

●**事実**●　被告人Aは、昭和59年6月16日、窃盗未遂の現行犯人として逮捕されたが、その際、本名を名乗れば実刑は避けられないものと考え、以前服役中に知り合い、約10年間同居し、その身上関係等を熟知していたB女の氏名を冒用し、取調べの警察官に対し、Bの本籍・生年月日・生いたち、前科の内容等を正確に詳述した。警察官は、犯歴照会を行ってその供述内容の符合を確認し、また、アパートの管理人の事情聴取で居住を確認したため、AがBであることに何らの不審も抱かなかった。検察官も、疑問を抱くことなく、Aを簡裁に逮捕求令状起訴した。保釈されていたAは、簡裁から召喚状の送達を受け、公判期日に出頭し、審理は即日結審し、第2回公判期日において、懲役10か月、執行猶予3年の判決がなされた。

昭和60年1月10日、Aは別件の窃盗等で緊急逮捕されたが、その際も知人C女の氏名を詐称したが、供述内容等が不自然であったため、指紋照会等を行った結果、Aの本名が判明するに至り、上記窃盗未遂事件での氏名詐称も判明した。その結果、Aは、昭和53年6月5日、窃盗罪により懲役8か月と懲役10か月とされ、その刑の執行を受け終わったのは同54年11月5日であることが判明した。そこで、検察官は、Aが執行猶予の言渡し前5年以内に他の罪につき刑の執行を受けたことが発覚したとして、刑法26条3号により、刑の執行猶予言渡しの取消請求をしたところ、地裁は同請求を容認し、高裁もこれを支持した。

弁護人は、検察官は執行猶予の取消請求権を失っているなどの主張のほか、被告人を定める基準については、民事訴訟の分野では表示説が通説であるとされ、また刑事訴訟においても基本的には表示説によって決すべきものであり、最3小決昭和50年5月30日（後掲）で他人の氏名を冒用して交付を受けた略式命令が冒用者に効力を生じないという決定があり、表示説を採っている。よって、B名義の判決はAに及ばないので、原決定は前記判例に反するものであるなどと主張して抗告した。最高裁は、抗告を棄却しつつ、判決の効力に関する抗告趣意について、以下の判断を示した。

●**決定要旨**●　「本件抗告の趣意一の1は、判例違反をいうが、所論引用の判例は事案を異にして本件に適切でなく、適法な抗告理由に当たらない。なお、本件取消請求の対象である執行猶予の判決の効力が申立人に及ぶとした原審の判断は正当である。」

●**解説**●　1　被告人が、他人の氏名・住所を冒用したため、他人の氏名・住所で手続きが進行してしまった場合、被告人の特定は一応なされているので手続き自体は無効とは言えないが、それが判決にまで至ってしまった場合に、判決の効力は、冒用者と被冒用者のいずれに生ずるのかが問題となる。

2　被告人を特定する基準として、①表示説（起訴状記載の被告人を被告人とする）、②行動説（実際に被告人として行動した者を被告人とする）、③意思説（検察官が実際に起訴しようと思った者を被告人とする）、④実質的表示説（表示説を基本としながら、起訴状の表示は合理的に解釈されなければならないので、その資料として検察官の釈明および被告人の行動も参考にする）があったが、通説は実質的表示説（平野70頁）とされている。

3　もっとも、手続き態様によって判断基準も異なってくる。通常公判の場合は、例えば、甲が勾留されており、検察官が甲を起訴したことが明らかな場合は（規164条1項2号参照）、乙という表示に関わらず、被告人は甲である。したがって、起訴状の乙という記載を甲に訂正することができる。通常略式手続（在宅略式）の場合は、被告人としての行動がないので、被冒用者を被告人とするほかない。これに対して、逮捕されたまま略式命令を受けるという逮捕中待命方式（在庁略式）の場合には、現に逮捕された者がいるので、冒用者である被逮捕者が被告人となる（大阪高判昭52・3・17刑月9-3=4-212等）。また、逮捕されていない者に対する略式手続である三者即日処理方式の場合には、被冒用者が被告人とされる（最3小決昭50・5・30刑集29-5-360）。

本件抗告趣意は、上記昭和50年決定を判例として引用したが、同判例で問題となった手続き態様は、出頭した交通違反者に対し、警察官の取調べ、検察官の略式命令請求、裁判所の略式命令とその謄本の送達を即日に行う方式による略式命令につき、「被告人が他人の氏名を冒用して交付を受けた略式命令は、冒用者である被告人に対して効力を生じない」としたものである。この方式は、逮捕されていない被告人に対する非公開の書面審理という略式手続の一態様であり、これに対して、本件事案は、正式裁判手続で現に被告人として行動している被告人に関する事案であるから、事案が異なるとしたのも当然であろう。

4　本件では、Aは、身柄拘束のまま起訴され、公判廷に出頭して審理を受け、判決の宣告を受けている。被告人として行動した者はAのみであり、検察官が起訴しようとし、裁判所が判決を言い渡そうとした者もAのみであり、Bは起訴状や判決書等の記載に現れたに過ぎないので、純粋な表示説に立脚しない限り、冒用者であるAに本判決の効力が及ぶとする結論には異論がないと思われる（池田・後掲286頁）。最高裁が正式裁判手続による裁判の効力が誰に及ぶかについて判断した初めての例である。

なお、検察官は、被冒用者のBの前科調書から本件執行猶予判決の記載を抹消する措置を採っているが、Bに裁判の効力は及んでいないのであるから、このような事実上の措置で足りるとされている（同291頁）。

●**参考文献**●　池田修・判解昭60年度275、水谷規男・⊟9版112、三好幹夫・⊟8版116

222 訴因の特定(1)──白山丸事件

最大判昭和37年11月28日（刑集16巻11号1633頁・判時322号2頁）　　参照条文　刑訴法256条3項

犯行の日時・場所・方法に関する訴因特定の程度。

●**事実**● 本件は、いわゆる「白山丸事件」の1つであって、被告人Xは、中国への密出国の罪（出入国管理令60条2項・71条違反）で起訴された。すなわち、Xは、昭和27年4月頃まで熊本県水俣市に居住していたが、その後所在が分からなくなっていたところ、昭和33年7月8日中国発の引揚船白山丸で同月13日鶴舞港に入港した。Xに対する公訴事実は、「被告人は、昭和27年4月頃から昭和33年6月下旬までの間に、有効な旅券に出国の証印を受けないで、本邦より本邦外の地域たる中国に出国したものである」というものであった。

Xは、上記公訴事実の記載は、犯行の日時につき6年余の期間内とし、場所につき単に「本邦から」とし、その方法につき具体的表示がないことから、256条3項に違反すると主張した。第1審は、この主張を斥けてXを有罪とし、第2審もXの控訴を棄却した。

●**判旨**● 「刑訴256条3項において、公訴事実は訴因を明示してこれを記載しなければならない、訴因を明示するには、できる限り日時、場所及び方法を以て罪となるべき事実を特定してこれをしなければならないと規定する所以のものは、裁判所に対し審判の対象を限定するとともに、被告人に対し防禦の範囲を示すことを目的とするものと解されるところ、犯罪の日時、場所及び方法は、これら事項が、犯罪を構成する要素になっている場合を除き、本来は、罪となるべき事実そのものではなく、ただ訴因を特定する一手段として、できる限り具体的に表示すべきことを要請されているのであるから、犯罪の種類、性質等の如何により、これを詳らかにすることができない特殊事情がある場合には、前記法の目的を害さないかぎりの幅のある表示をしても、その一事のみを以て、罪となるべき事実を特定しない違法があるということはできない。

これを本件についてみるのに、……本件密出国のように、本邦をひそかに出国してわが国と未だ国交を回復せず、外交関係を維持していない国に赴いた場合は、その出国の具体的顛末〔に〕ついてこれを確認することが極めて困難であって、まさに上述の特殊事情のある場合に当るものというべく、たとえその出国の日時、場所及び方法を詳しく具体的に表示しなくても、起訴状及び右第1審第1回公判の冒頭陳述によって本件公訴が裁判所に対し審判を求めようとする対象は、おのずから明らかであり、被告人の防禦の範囲もおのずから限定されているというべきであるから、被告人の防禦に実質的障碍を与えるおそれはない。それゆえ、所論刑訴256条3項違反の主張は、採ることを得ない。」（補足意見がある。）

●**解説**● 1 密出国した者が第2次世界大戦後に引揚船で帰国したという事件が多数起訴され、それらは出国時期が短いもので1年、長いもので6年以上という幅のある日時の特定をしていたので、多くの裁判所で訴因の特定が問題となった。白山丸事件は、訴因の特定に関するリーディングケースである。

2 これらの事件について、訴因の特定に関する下級審の判断は、①その期間内に同種行為が2回以上行われた疑いがあって公訴事実が特定されているとは言えないとして公訴棄却としたもの、②密出国が1回で、2回以上の疑いのない限り訴因は特定しているとしたもの、③特定された帰国に対応する出国行為を起訴したものであるから訴因の特定があるとしたもの等に分かれていた（川添・後掲234頁、時国・後掲95頁）。しかし、①は、本件の具体的事案にそぐわず、③は、2回以上の密出国行為があったかのごとき前提の下に特定方法を考えている点およびその特定方法が抽象的観念的である点に問題があり、結局、本判決は、基本的に②の考え方を採ったものとされている（川添・後掲235頁）。

3 本判決は、まず、犯罪の日時・場所・方法は、これらが犯罪を構成する要素になっている場合を除いては、罪となるべき事実そのものではなく、罪となるべき事実を特定し、訴因を明示する手段として、できる限り具体的に表示されるべきことを前提とする。その上で、犯罪の日時・場所・方法について幅のある表示以上に詳らかにすることのできない特殊事情がある場合には、審判対象の限定と被告人に防御範囲を示すという訴因制度の目的を害さない限度において、日時・場所・方法について幅のある表示があるというだけでは、罪となるべき事実が特定されていない違法があるとは言えないとした。

4 本判決は、訴因特定の理論的根拠には触れていないが、調査官解説では、審判対象と被告人の防御範囲の限定がなされているかにつき、公訴事実の趣旨を、検察官の冒頭陳述による釈明を考慮して、上記の期間内に行われた1回のみの密出国行為を対象として起訴したものであるから、訴因は特定しているとする（川添・後掲235頁）。この点、奥野健一裁判官の補足意見は、被告人が本邦に帰国した事実に対応する出国の事実すなわち「右帰国に最も接着、直結する日時における出国の事実を起訴したものと解すべきである。然らば、右帰国に対応する出国の事実は理論上ただ1回あるのみであって、2回以上あることは許されないのであるから、本件公訴事実たる出国の行為は特定されて〔いる〕」としていた。これは、上記③の考え方と言えるが、②の考え方との差異は微妙である。いずれにせよ、出国行為の1回性が訴因特定の要件とされている点では共通している。

5 本判決により、幅のある訴因が問題となった場合には、(i)犯罪の日時・場所・方法が犯罪を構成する要素になっているか否か、(ii)幅のある表示以上のことができない特殊事情があるか否か、(iii)幅のある表示が訴因制度の目的を害していないか否か、が検討されるべきことになる。

●**参考文献**● 川添万夫・判解昭37年度229、時国康夫・冏3版94

223 訴因の特定(2)―吉田町覚せい剤自己使用事件

最1小決昭和56年4月25日（刑集35巻3号116頁・判時1000号128頁・判タ441号110頁）

参照条文 刑訴法256条3項

覚せい剤自己使用罪における訴因の特定。

●**事実**● 被告人Xは、昭和54年10月3日に別件で逮捕されたが、覚せい剤自己使用の疑いが生じたため、同月5日に任意提出された被告人の尿を鑑定したところ、覚せい剤が検出された。しかし、覚せい剤使用の日時・場所・方法等は明らかでなかった。
　そこで、Xに対する覚せい剤自己使用罪の起訴状には、「被告人は、法定の除外事由がないのに、昭和54年9月26日ころから同年10月3日までの間、広島県高田郡吉田町内及びその周辺において、覚せい剤であるフェニルメチルアミノプロパン塩類を含有するもの若干量を自己の身体に注射又は服用して施用し、もって覚せい剤を使用したものである」とのみ記載されていた。弁護人は、このような記載は、犯行の日時・場所・使用量・使用方法の点で審判対象の特定を欠き違法なものであるとして、公訴棄却を申し立てた。
　第1審・2審は、白山丸事件判決【222】を引用しつつ、弁護人の主張を斥け、「本件犯行の日時、覚せい剤使用量、使用方法につき具体的表示がなされない理由は、被告人が終始否認しているが、供述があいまいであり、目撃者もいないためであることが推認できること、覚せい剤の自己使用は犯行の具体的内容についての捜査が通常極めて困難であることを合わせ考えると、本件はまさに上述の特殊の事情がある場合に当る」とした。

●**決定要旨**● 「『被告人は、法定の除外事由がないのに、昭和54年9月26日ころから同年10月3日までの間、広島県高田郡吉田町内及びその周辺において、覚せい剤であるフェニルメチルアミノプロパン塩類を含有するもの若干量を自己の身体に注射又は服用して施用し、もって覚せい剤を使用したものである。』との本件公訴事実の記載は、日時、場所の表示にある程度の幅があり、かつ、使用量、使用方法の表示にも明確を欠くところがあるとしても、検察官において起訴当時の証拠に基づきできる限り特定したものである以上、覚せい剤使用罪の訴因の特定に欠けるところはないというべきである。」

●**解説**● 1　覚せい剤自己使用罪について、被告人が否認した場合、覚せい剤使用の日時・場所・方法につき幅のある表示を記載する方法が一般化している。これについて訴因の特定が争われることもあるが、これまで訴因不特定として公訴棄却とした事例はないようであり（金築・後掲106頁）、理論的には、訴因の概括的記載の適否や2回以上の覚せい剤使用の可能性をどのように考えるかが問題となる。
　2　本件第1審・2審は、覚せい剤自己使用罪については、目撃者が存在しないのが通常であるため、尿の鑑定によって覚せい剤使用が明白であっても、使用の日時・場所および方法の具体的詳細は被告人の供述に頼らざるを得ないという本罪の特質から、被告人が否認している場合には、【222】の言う、「犯罪の日時、場所及び方法を詳らかにすることができない特殊事情」があると認めている。本決定は、【222】を引用していないが、本件の調査官解説では、覚せい剤自己使用罪の犯罪自体の性質に基づく捜査の困難さを、訴因の特定の要求を緩和する要素として考慮することは許されてよい（金築・後掲108頁）とするので、実質的には【222】を引き継いでいると理解してよいだろう。
　3　したがって、幅のある訴因記載が認められるためには、「検察官において起訴当時の証拠に基づきできる限り特定した」というだけでなく、【222】の言う訴因制度の目的を害さないことも当然求められる。この点、被告人の尿から覚せい剤が検出されたことは、被告人の覚せい剤使用を強く推認させるので、審判対象の画定には問題はない。また、防御範囲の限定についても、使用の事実が明らかである以上、使用の日時・場所および使用方法等を争っても犯罪の成否には影響がなく、アリバイの主張も意味を持たないので、防御に重大な不利益が生ずることはないと言えよう（金築・後掲108頁、甲斐・後掲97頁）。
　4　問題は、使用行為の1回性をどのようにして特定するかである。本件原判決は、「被告人が任意提出した尿から検出された覚せい剤を自己の体内に摂取したその使用行為」という形で特定があるとした。これは【222】における、「特定の帰国に対応する出国」という特定方法を用いたものであろうが、尿から検出された覚せい剤は複数使用による可能性もあるから、厳密には対応関係は認められない。そこで、最終使用行為1回を起訴した趣旨であるとの検察官の釈明をもって使用行為の1回性を示す実務が行われている。この点、最低1回の使用行為を起訴したものであるとの考え方もある。しかし、この対立は、使用行為が再度起訴されるという事態がほとんどないため、議論は多分に観念的なもの（甲斐・後掲97頁）とされている。
　5　そこで、2回以上使用したことの一般的な可能性というだけでは、訴因不特定とすべきではなく、2回以上の使用が具体的に明らかになった段階で、訴因を補正すればよいとの考え方も示されているが（金築・後掲110頁）、それは実務的処理方法に過ぎず、理論的な問題は残る。それが意味を持つのは、むしろ、使用行為に関する訴因の変更の場面であって、使用行為の1回性により両訴因の非両立関係が肯定され、訴因変更を肯定することができる（最3小決平63・10・25【346】）からである（後藤・後掲101頁）。使用行為の1回性は、検察官が「1つの使用行為しか訴追しないと約束した」（同）ことや、「それ以上の訴追を放棄した」（松尾(上)176頁）ことの徴表と言えよう。

●**参考文献**● 金築誠志・判解昭56年度103、甲斐行夫・圁9版96、後藤昭・圁8版100

224 訴因の特定(3)——暴行態様の概括的表示事件

最1小決平成14年7月18日（刑集56巻6号307頁・判時1800号155頁・判タ1105号140頁）

参照条文 刑訴法256条 刑法205条

傷害致死罪における訴因の特定。

●**事実**● 被告人Xは、「平成9年9月30日午後8時30分頃、福岡市……のビジネス旅館『あさひ』2階7号室において、被害者に対し、同人の頭部等に手段不明の暴行を加え、同人に頭蓋冠、頭蓋底骨折の傷害を負わせ、よって、そのころ、同所において、同人を右傷害に基づく外傷性脳障害により死亡するに至らしめた」との傷害致死罪、および、YおよびZと共謀の上、被害者の死体を遺棄したとの死体遺棄罪について起訴された。

第1審は、被害者が頭部に頭蓋冠および頭蓋底の骨折を負うに至った経緯が不明であり、Xの暴行と被害者の死の結果との間に因果関係を認めることはできないとして、傷害罪の成立のみを認めて有罪とする一方、死体遺棄については無罪を言い渡した。これに対して控訴審では、検察官から、「Xは、単独又はY及びZと共謀の上、平成9年9月30日午後8時30分ころ、福岡市……のビジネス旅館『あさひ』2階7号室において、被害者に対し、同人の頭部等に手段不明の暴行を加え、同人に頭蓋冠、頭蓋底骨折等の傷害を負わせ、よって、そのころ、同所において、同人を頭蓋冠、頭蓋底骨折に基づく外傷性脳障害又は何らかの傷害により死亡するに至らしめた」との第1次予備的訴因の変更請求がなされた。控訴審は、訴因の特定が十分でないとの弁護人の主張を斥け、訴因変更を許可した上、第1審判決を破棄し、第1次予備的訴因に基づき、傷害致死および死体遺棄の成立を認め、被告人を有罪とした。最高裁は、弁護人の上告を棄却しつつ、訴因の特定について以下の職権判断を示した。

●**決定要旨**● 「原判決によれば、第1次予備的訴因が追加された当時の証拠関係に照らすと、被害者に致死的な暴行が加えられたことは明らかであるものの、暴行態様や傷害の内容、死因等については十分な供述等が得られず、不明瞭な領域が残っていたというのである。そうすると、第1次予備的訴因は、暴行態様、傷害の内容、死因等の表示が概括的なものであるにとどまるが、検察官において、当時の証拠に基づき、できる限り日時、場所、方法等をもって傷害致死の罪となるべき事実を特定して訴因を明示したものと認められるから、訴因の特定に欠けるところはないというべきである。したがって、これと同旨の原判決の判断は正当である。」

●**解説**● 1 本件は、被害者の白骨死体が発見されたことが捜査の端緒となった事案である。そのため、①死因の解明が困難であり、②共犯者Zの供述も変遷を重ね、③被告人は否認しており、また、④Yはすでに死亡しており、他に目撃者もいないといった真相解明を困難にする事情があった。したがって、白山丸事件判決[222]に言う「特殊事情」が認められる事案と解することもできる。しかし、本件で概括的記載が問題となったのは、「暴行態様、傷害の内容、死因等の表示」である。したがって本件では、「罪となるべき事実」それ自体の特定が問題となる。

2 本決定は、「できる限り日時、場所、方法等をもって傷害致死の罪となるべき事実を特定して訴因を明示したものと認められるから、訴因の特定に欠けるところはない」としたが、ここには2つの問題が含まれている。第1の問題は、「罪となるべき事実」の特定基準である。訴因とは、社会的事実を犯罪構成要件にあてはめて法律的に構成した具体的事実であり、「罪となるべき事実」とこれを特定するための日時・場所等からなり、256条3項は、日時・場所・方法のみならず、行為の客体・結果等の構成要件要素を具体的に表示することにより、訴因をできる限り特定するよう求めている。したがって、「罪となるべき事実が特定しているといえるためには、これらに表示された被告人の行為が当該構成要件に該当するものであると認識することができ、他の犯罪事実と区別できる程度に特定されている必要がある」（平木・後掲149頁）。これは、いわゆる識別説を根拠とするものであるが、被害者の死亡は論理的に1回しかあり得ず、他の訴因との識別が問題となる余地はない。つまり、問題となるのは、「被告人の行為が当該構成要件に該当するものであると認識」することができる程度に特定しているかである。

3 そこで、第2の問題は、「罪となるべき事実」の特定基準の本件へのあてはめの相当性である。この点、「概括的に表示された部分と明確に表示された部分とが相まって、被告人の行為が当該犯罪の構成要件に該当するものであると認識することができ、他の犯罪事実と区別できる程度に特定されているのであれば、検察官はできる限り訴因を特定したものと評価してよい」とされる（平木・後掲149頁）。本件では、犯行の日時・場所等の表示と相俟って、被告人の行為が傷害致死罪の構成要件に該当するものであると認識できると言うのである。しかし、この点については、結果的加重犯である傷害致死罪においては、傷害の具体的内容を明示しない限り、構成要件に該当する具体的事実を記載したものとは言えないとする重要な指摘がある（井上・後掲179頁）。結果的加重犯については、基本犯たる傷害の特定は不可欠と思われるが、本決定では、「致死的な暴行が加えられたことは明らか」とするのみで、その根拠は明らかでない。傷害の構成要件該当性を認識できるだけの何らかの証拠の存在が必要であろう。

4 この点は、本決定の射程距離にも影響する。本件のような訴因には、被告人らの行為以外に寄与した要因はないという事実関係が必要である（佐藤・後掲183頁）との指摘も踏まえると、殺人罪や強盗致死罪等の訴因の特定問題にも及ぶ（平木・後掲155頁）としても、その射程距離は限定されよう。

●**参考文献**● 平木正洋・判解平14年度141、佐藤隆之・J平14年度重判181、井上和治・J1299-175

225 訴因の特定(4)――包括一罪の概括的表示事件

最1小決平成26年3月17日（刑集68巻3号368頁・判時2229号112頁・判タ1404号99頁）

参照条文　刑訴法256条

包括一罪に関する訴因特定の判断基準。

●**事実**●　本件は、被告人Xが、約5年間に、女性4人、男性4人の被害者に対して殺人、傷害致死、死体遺棄各1件と傷害7件の行為を行ったという事案である。このうち2件の傷害は、一定期間内に多数回の暴行を加えた事案であり、その訴因は、「Xは、……Aに対し、(1)平成14年1月頃から同年2月上旬頃までの間、大阪府……のB荘C号室の当時のA方等において、多数回にわたり、その両手を点火している石油ストーブの上に押し付けるなどの暴行を加え、よって、同人に全治不詳の右手皮膚剝離、左手創部感染の傷害を負わせ、(2)Dと共謀の上、平成14年1月頃から同年4月上旬頃までの間、上記A方等において、多数回にわたり、その下半身を金属製バットで殴打するなどの暴行を加え、よって、同人に全治不詳の左臀部挫創、左大転子部挫創の傷害を負わせたものである」などとして、約4か月または約1か月の間に、被害者Aに対して繰り返し暴行を加え、傷害を負わせたことが1個の公訴事実として記載されており、個別の暴行の日時や、それらに対応する傷害結果を個々に特定して記載するものではなかった。この訴因に対して、弁護人から、訴因不特定の主張がなされたが、第1審は、これら2件の傷害を包括一罪とし、訴因の特定に欠ける所はないとし、第2審もこれを是認した。最高裁は、弁護人の上告を棄却するとともに、職権で以下の判断を示した。

●**決定要旨**●　「検察官主張に係る一連の暴行によって各被害者に傷害を負わせた事実は、いずれの事件も、約4か月間又は約1か月間という一定の期間内に、Xが、被害者との上記のような人間関係を背景として、ある程度限定された場所で、共通の動機から繰り返し犯意を生じ、主として同態様の暴行を反復累行し、その結果、個別の機会の暴行と傷害の発生、拡大ないし悪化との対応関係を個々に特定することはできないものの、結局は一人の被害者の身体に一定の傷害を負わせたというものであり、そのような事情に鑑みると、それぞれ、その全体を一体のものと評価し、包括して一罪と解することができる。そして、いずれの事件も、〔Aに対する〕訴因における罪となるべき事実は、その共犯者、被害者、期間、場所、暴行の態様及び傷害結果の記載により、他の犯罪事実との区別が可能であり、また、それが傷害罪の構成要件に該当するかどうかを判定するに足りる程度に具体的に明らかにされているから、訴因の特定に欠けるところはないというべきである。」

●**解説**●　1　本決定には2つの論点がある。すなわち、前段は傷害罪の罪数問題であり、後段は訴因の特定問題である。ここでは、後段の問題を取り上げる。訴因の特定に関する学説としては、他の犯罪事実と識別し得る程度の記載を要し、それで足りるとする識別説と、被告人の防御権の行使に十分な程度の記載を要するとする防御権説があるが、実務では識別説が定着している。本決定は、訴因特定の基準として、まず、他の犯罪事実との区別を挙げているので、識別説を前提とするものと言える。

2　この点に関する先例としては、①常習賭博罪の判決書における罪となるべき事実の摘示についての最3小決昭和61年10月28日刑集40巻6号509頁（なお、256条3項と335条1項の「罪となるべき事実」とは理論上同一とされている（条解513頁））、②麻薬特例法5条所定の業としての営利目的覚せい剤譲渡等の罪に関する訴因の特定についての最1小決平成17年10月12日刑集59巻8号1425頁、③包括一罪を構成する街頭募金詐欺の判決書における罪となるべき事実の摘示に関する最2小決平成22年3月17日刑集64巻2号111頁がある。これらの判例は、常習犯、営業犯、包括一罪の事案では、個別行為の特定は不要であり、全体として特定されていれば足りるとしている。本決定も、包括一罪を構成する一連の暴行による傷害について、個別機会の暴行の日時等の記載がなく、暴行と傷害との対応関係も個々に特定されていない訴因であっても、共犯者、被害者、期間、場所、暴行の態様および傷害結果を記載することをもって、その訴因の特定に欠けるところはない旨判示し、この点ではこれまでの判例と同じ立場と言えよう。

3　他方、本決定の特色は、識別基準を取りつつ、これに、「傷害罪の構成要件に該当するかどうかを判定するに足りる程度に具体的に」という基準を加えた点にある。この基準が、識別基準と別の基準であるのか、識別基準の内容を明らかにしたものかは判然としない。学説では、「罪となるべき事実」の記載について、特定の構成要件を充足する事実を洩れなく示すだけでなく、「裁判所に対して合理的な疑いを超える心証を抱かせ得る程度に具体性を持つこと」を要求する見解もあり（川出敏裕「訴因の構造と機能」曹時66-1-15。なお、堀江慎司「訴因の明示・特定について」研修737-3も参照）、その影響も考えられる。しかし、訴因事実の記載には日時・場所・方法等の具体的事実の記載が求められることは当然であり、従来の識別説の意味内容を再確認したと見るのが自然であるように思われる。なお、本件では、構成要件該当性の判定に足りるか否かの判断は、訴因だけでなく、検察官の証明予定事実記載書面やその釈明を踏まえてなされている。

4　なお、被告人の防御権については、本件では、証明予定事実記載書面等から、被害者の医療機関の受診日と傷害結果の診断内容が個別的に明示され、原因となった暴行との対応関係が特定され、暴行の時期および場所も相当程度特定されていたようであるので（判時2229-113）、被告人としては十分な防御活動が可能であったと思われる。

●**参考文献**●　宮木康博・J平26年度重判184、西山卓爾・研修800-77、高倉新喜・判例セレクト14年[Ⅱ]39、中島宏・法セ714-134

226 文書の引用——「外遊はもうかりまっせ」事件

最1小決昭和44年10月2日（刑集23巻10号1199頁・判時573号92頁・判タ240号223頁）　参照条文　刑訴法256条

名誉棄損文書の一部を起訴状に引用することの適否。

●事実●　A党所属の大阪府議会議員である被告人Xは、B党所属の同僚議員Cと推知される人物について「外遊はもうかりまっせ―大阪府会滑稽譚」と題した文章を作成し、月刊雑誌「文藝春秋」に掲載したことにつき、名誉棄損罪で起訴された。この記事は、B党所属の大阪府議会議員Cが、大阪府から40日間の米国出張命令を受け、その旅費・日当・宿泊料等の支給を受けながら、米国到着の翌日に帰国し、出張期間中を静岡県熱海市の旅館で過ごし、たまたま同旅館に泊まり合わせたXに発見されたにもかかわらず、旅行日程を無事終了したように装って帰阪し、米国各地の産業・文化・行政等の視察をした旨の報告をしたが、事実の暴露を恐れてXに対し口止料として金品を提供しようとして拒絶されて困惑したというものであった。Xに対する名誉棄損罪の起訴状の公訴事実には、上記文章17頁のうち約3頁余に当たる部分の原文がそのまま引用されていた。そこで、弁護人は、この原文引用は256条6項違反であると主張したが、第1審・2審とも、これを斥けた。そこで、弁護人は、①本件文章の原文引用は実質的に証拠物たる雑誌を添付したのと異なるところはなく、また、②本件文章は、その趣旨が婉曲暗示的でもなければ、要約適示が困難なものでもないから、上記2点は最高裁判例に反するとして、上告した。

●決定要旨●　「所論のうち判例違反をいう点は、所論引用の昭和27年3月5日当裁判所大法廷判決（刑集6巻3号351頁）は、起訴状の公訴事実の冒頭に犯罪事実と関係のない被告人の前科が記載された事案に関するものであり、また、昭和33年5月20日当裁判所第3小法廷判決（刑集12巻7号1398頁）は、起訴状の公訴事実中に、恐喝の手段として被害者に郵送された脅迫文書の全文とほとんど同じ記載がなされたものであって、いずれも本件と事案を異にし、適切ではないから、論旨は、前提を欠き、……刑訴法405条の上告理由にあたらない（本件起訴状における「外遊はもうかりまっせ、大阪府会滑稽譚」と題する文章原文の引用は、検察官が同文章のうち犯罪構成要件に該当すると思料する部分を抽出して記載し、もって罪となるべき事実のうち犯罪の方法に関する部分をできるかぎり具体的に特定しようとしたものであって、刑訴法256条3項に従って本件訴因を明示するための方法として不当とは認められず、また、これをもって同条6項にいう裁判官に事件につき予断を生ぜしめるおそれのある書類の内容を引用したものというにはあたらない……。）。」

●解説●　1　256条6項は、いわゆる起訴状一本主義を定める。起訴状一本主義に違反した場合は、もはや治癒することはできず起訴状は無効となり、公訴棄却の判決がなされる（338条4号）。他方で、256条3項は、起訴状に訴因を明示することを求めている。そこで、6項の起訴状一本主義の要請と3項の訴因の明示の要請とが衝突する場面が出てくる。犯罪に文書が用いられた場合の公訴事実の記載方法が、その典型問題である。

2　本件の弁護人が引用した昭和27年判決は、詐欺罪の公訴事実について、「被告人は詐欺罪により既に2度処罰を受けたものであるが」と記載することは、公訴犯罪事実につき裁判官に予断を生ぜしめる虞のある事項に当たるとしたものである。同じく昭和33年判決は、恐喝罪の起訴状に、恐喝の手段として郵送された脅迫文書の全文が記載され、しかも、「拝啓」から始まって末尾の署名・宛名まで転写されていた事案につき、脅迫文書の趣旨が婉曲暗示的であって、要約適示するには相当詳細にわたるのでなければその文書の趣旨が判明し難いような場合には、その全文とほとんど同様の記載がなされても、256条6項に違反しないと判示したものである。いずれも、文章の部分引用をした本件とは、事案が多少異なる。

3　文章引用に関する判例は、訴因明示の要求を優先してきたと言えそうである。①最3小昭和26年4月10日刑集5巻5号842頁は、犯行に使用されたビラの内容が転記表示された事案につき、「訴因を明示するため犯罪構成要件にあたる事実自体若しくは、これと密接不可分の事実を記載したものであって」、256条6項に違反するものではないとし、②昭和33年判決も、一般論として、脅迫文書の記載内容を表示するには、少しでもこれを要約適示すべきであるとしたが、当該事案については脅迫文書の全文引用を認めている。本決定は、文章の一部とは言え、その原文を引用した事案について、「罪となるべき事実のうち犯罪の方法に関する部分をできるかぎり具体的に特定しようとしたものであって、刑訴法256条3項に従って本件訴因を明示するための方法として不当とは認められ〔ない〕」として、これまでの判例の立場をより明確にした。起訴状一本主義の要請に対し、訴因の明示の要請が優先されている。

4　もっとも、昭和33年判決は、一般論として文書の要約適示が原則であるとしたが、本決定によってこの原則が棄てられた（萩原・後掲77頁）とまでは断定すべきではあるまい。また、要約適示か原文表示かという問題は「せいぜい当不当の問題にすぎず、法256条6項違反の有無には関係しない」（大久保・後掲368頁）とするのも、言い過ぎのように思われる。256条6項の趣旨が、「裁判官が、あらかじめ事件についてなんらの先入的心証を抱くことなく、白紙の状態」で審理に臨むことで、「公平な裁判所の性格を客観的にも保障しようとする」（昭和27年判決）ものであるとの原則を揺るがせにすべきではないからである。したがって、文章引用が証拠の添付と同視すべき場合は、起訴状一本主義違反となることに変わりはない。

●参考文献●　大久保太郎・判解昭44年度363、萩原太郎・百3版76

227 余事記載——暴力団若頭補佐事件

大阪高判昭和57年9月27日（判タ481号146頁）　　参照条文　刑訴法256条

起訴状における余事記載の限度。

●**事実**●　本件は、暴力団A組の若頭補佐である被告人Xが、A組組員Y・Zと共に、手形金の支払いについて被害者が誠意を示さないとして立腹し、被害者に対してこもごも殴る、蹴る、腕をねじ上げるなどの暴行を加えて加療約10日間を要する顔面等挫傷の傷害を負わせたという傷害事件であるが、本件起訴状の冒頭には「被告人Xは暴力団A組の若頭補佐、被告人Y、同Zは同組の組員であるが」と記載されていた。弁護人は、Xが暴力団員であることは本件公訴事実である傷害罪の構成要件でもなく、また、これと密接不可分の関係にあるものでもない。かかる記載は本件訴因を明示するために必要なものとは言えないばかりか、かえって裁判官に事件につき予断を生ぜしめる虞のある記載であり、起訴状一本主義を定めた256条6項に違反すると主張した。第1審はこの主張を認めず、Xらを有罪としたので、弁護人はさらに控訴した。控訴審は、以下の理由を判示して、弁護人の主張を斥けた。

●**判旨**●　「刑事訴訟法256条6項の規定が起訴状の中に裁判官をして事件の審理に先立ち当該被告人にとって不利な予断を生ぜしめる事実の引用を禁止していることは所論のとおりである。しかしながら、反面、同条3項は『公訴事実は、訴因を明示してこれを記載しなければならない。訴因を明示するにはできる限り日時、場所、方法を以て罪となるべき事実を特定してこれをしなければならない。』と規定する。そして、右の罪となるべき事実とは犯罪構成要件該当事実のみならず、共犯者があれば、その者との共謀の事実、態様をも含むと解すべきである。以上の観点に立ってみると、本件はXを含む共犯者3名が1通の起訴状で一括して公訴を提起せられた傷害被告事件であって、Xが単独で本件傷害事件を惹起したとされる案件ではない。このような案件の場合には、起訴状の中になされた所論のような記載は、Xと共犯者の関係を明らかにすることによって共謀の態様を明示し、公訴事実を特定するためのものであるとも解せられ、いまだ刑事訴訟法256条6項の規定に違反するものとはみられない。」

●**解説**●
1　256条6項は、起訴状一本主義を規定して、いわゆる予断排除の原則を採っている。この規定の趣旨からすれば、予断を与える虞のある物の添付・引用だけでなく、予断を与える虞のある余事記載も禁じられることになるとする点に今日異論はない（榎本・後掲92頁、福島・後掲92頁）。本件で余事記載として問題となったのは、被告人の地位あるいは経歴の記載である。

2　先例として、いわゆる同種前科の記載に関して、起訴状の冒頭に、「被告人は詐欺罪により既に2度処罰を受けたものであるが」と記載することは、裁判官に予断を生ぜしめる虞のある事項に当たるとされた判例がある（最大判昭27・3・5刑集6-3-351）。他方、恐喝罪の起訴状の冒頭に被告人の前科を記載した場合であっても、前科の事実がむしろ恐喝の手段そのものの内容をなしていた場合には、256条6項に違反しないとする判例もある（最2小判昭和27・7・18刑集6-7-913）。起訴された犯罪事実と関係しない前科記載が許されないことは明らかである。

3　これに対して、被告人の経歴が訴因事実と何らかの関係がある場合に、予断排除の原則を重視するか、訴因明示の要請を重視するかが問題となる。これまでの判例は、起訴状に記載された事実が、その訴因を明示するため犯罪構成要件に当たる事実自体もしくはこれと密接不可分の事実を記載したものであって、被告人らの行為が罪名として記載された罰条に当たる所以を明らかにするため必要なものであるときは、256条6項に違反するものではないとする立場（最3小判昭26・4・10刑集5-5-842）から、詐欺罪の起訴状に会社の経理状態を具体的に記述することや（最3小判昭31・3・13刑集10-3-345）、恐喝罪の起訴状に被告人の経歴に関する詳細な記載をすること（最3小判昭33・5・20刑集12-7-1398）などは、裁判官に予断を生ぜしめる虞のある事項に当たらないとしてきた。本件と同じく、被告人が暴力団に所属しているとの記載がなされた事案として、傷害等被告事件の起訴状の冒頭に、「被告人は博徒の親分である」と記載された場合も、予断を生ぜしめる虞のある事項に当たらないとされた事例もある（最1小判昭29・1・14裁判集刑91-161）。

4　こうして見ると、判例は、訴因事実と関係のない事実の場合を除いて、構成要件に当たる事実またはこれと密接不可分の事実の記載であって、訴因の明示に必要である限りは256条6項に違反しないとする立場を採っていると言えよう。本判決も、このような判例の判断枠組みに従っている。これに対して学説では、批判的な見解が有力であり、本判決についても、暴力団幹部であることの記載は一定の予断を招来する危険を有する（福島・後掲93頁）、余事記載が訴因明示に資する可能性に過ぎない場合であっても許されるとしたことで従来の許容範囲を拡張した（松代剛枝・圄7版89頁、榎本・後掲93頁）などの指摘がある。

5　ただ、本件における被告人の地位に関する記載が、共謀の態様を明示し、公訴事実を特定するために必要であると認められるのであれば、その限度で是認される余地もあろう。しかし、訴因の記載は、「構成要件に該当するかどうかを判定するに足りる程度に具体的に」（最1小決平26・3・17【225】）記載すれば十分であり、それ以上に詳しい事実記載は、原則として違法か、少なくとも不要と考えるべきであろう。裁判員裁判の時代を迎えて、上記の諸判例がどこまで今後も判断基準たり得るかは、とりわけ再検討の必要があるように思われる。

●**参考文献**●　榎本雅記・圄9版92、福島至・圄8版92

最新重要判例 250 刑事訴訟法
第 3 章　公判

301 忌避⑴──チッソ川本事件

最1小決昭和48年10月8日（刑集27巻9号1415頁・判時715号32頁・判タ299号176頁） 参照条文 刑訴法21条、24条

審理の方法態度と忌避理由。

●**事実**● 本件は、いわゆる「チッソ川本事件」として東京地裁に係属した傷害被告事件（最1小決昭55・12・17【217】）における裁判官忌避申立事件である。弁護人が、第1回公判期日における裁判長の訴訟指揮権行使等を理由として忌避申立てを行ったところ、裁判長は、同申立てを訴訟遅延のみを目的とするものであるとして、24条により簡易却下した。そこで、弁護人が即時抗告をしたところ、東京高裁は原決定を取り消し、本件を東京地裁に差し戻す決定をした。同高裁は、本件の特殊性および審理の経過にかんがみると、少なくとも、被告人および弁護人の立場からすれば、不当な訴訟指揮であると判断される余地なしとせず、本件忌避申立てをもって、訴訟遅延の目的のみによるものであることが明らかであるとは言えないとした。これに対し、検察官が最高裁に特別抗告を申し立てたところ、最高裁は、以下の職権判断を示した上、原決定を取り消し、本件忌避申立てを却下した。

●**決定要旨**● 「元来、裁判官の忌避の制度は、裁判官がその担当する事件の当事者と特別な関係にあるとか、訴訟手続外においてすでに事件につき一定の判断を形成しているとかの、当該事件の手続外の要因により、当該裁判官によっては、その事件について公平で客観性のある審判を期待することができない場合に、当該裁判官をその事件の審判から排除し、裁判の公正および信頼を確保することを目的とするものであって、その手続内における審理の方法、態度などは、それだけでは直ちに忌避の理由となしえないものであり、これらに対しては異議、上訴などの不服申立方法によって救済を求めるべきであるといわなければならない。したがって、訴訟手続内における審理の方法、態度に対する不服を理由とする忌避申立は、しょせん受け容れられる可能性は全くないものであって、それによってもたらされる結果は、訴訟の遅延と裁判の権威の失墜以外にはありえず、これらのことは法曹一般に周知のことがらである。

本件忌避申立の理由は、……第1回公判期日において、被告人および弁護人が、裁判長の在廷命令をあえて無視して退廷したのち、入廷しようとしたのを許可しなかったこと〔など〕……をとらえて、同裁判長は、予断と偏見にみち不公平な裁判をするおそれがあるとするものであるところ、これらはまさに、同裁判長の訴訟指揮権、法廷警察権の行使に対する不服を理由とするものにほかならず、かかる理由による忌避申立の許されないことは前記のとおりであり、それによってもたらされるものが訴訟の遅延と裁判の権威の失墜以外にはない本件においては、右のごとき忌避申立は、訴訟遅延のみを目的とするものとして、同法24条により却下すべきものである。」

●**解説**● **1** 本決定には2つの論点が含まれている。第1は、訴訟手続内における裁判官の審理の方法・態度等が裁判官を忌避する理由となり得るか、第2は、本件裁判長の訴訟指揮権等の行使の不当を理由とする忌避申立ては、訴訟遅延のみを目的とするものであるか、である。すなわち、前者は、忌避理由としての「不公平な裁判をする虞」（21条1項）の有無の問題であり、後者は、「訴訟を遅延させる目的のみでされたことの明らかな忌避の申立」（24条1項）か否かの問題である。

2 「不公平な裁判をする虞」が問題となる場合には、①裁判官が捜査の強制処分に関与している場合（最大判昭25・4・12刑集4-4-535）、②共犯事件に関与している場合（最3小決昭31・9・18刑集10-9-1347）、③独自の所感を有している場合（最大決昭34・7・1刑集13-7-1001）、④訴訟指揮が適切でないとする場合（最大決昭34・6・25判時190-5）があるが（宮城・後掲115頁）、いずれの判例も忌避理由を認めていない。

3 裁判官の訴訟手続内における審理の方法・態度等については、先例として、「その手続内における審理の方法や審理態度などは原則として忌避事由となりえない」（最2小決昭47・11・16刑集26-9-515）とする判例がある。その理由は、手続き内で当事者と交渉を持って一定の心証を形成することが偏頗や予断とするのでは、裁判制度は存立し得ないからである（近藤・後掲252頁）。ただ、上記昭和47年決定では、裁判官の審理方式のあり方が「審理過程外の要因の存在を示すものと認めるべき特段の事情が存するのでないかぎり」忌避理由となし得ないとしたので、裁判官の審理方針等が、手続き外の要因を推認させる間接事実としての意味を持つ場合もあり得よう。この点、本決定は、「審理の方法、態度に対する不服を理由とする忌避申立は、しょせん受け容れられる可能性は全くないもの」と断言している。両判例にはニュアンスの違いがあり、審理方法等と忌避理由との関係は未だ開かれた問題と見るべきであろう。

4 忌避申立てを却下する裁判でも、訴訟遅延のみを目的とする申立てを簡易却下する場合には忌避された裁判官も関与できる（24条2項）。本件の忌避申立てが訴訟遅延のみを目的とするものとされた理由は、忌避申立てが認容される可能性のないことを知りながらあえて申立てを行った点にあるとされるが（近藤・後掲260頁）、そこには、裁判の権威失墜の判断も含まれており、英米法の、いわゆる裁判所侮辱の発想（宮城・後掲115頁）も含意されているかもしれない。この点、訴訟手続に対する不服のみを理由に裁判官全員に忌避申立てをして、簡易却下された事例がある（最3小決昭48・12・14裁判集刑1908-77）。なお、本件忌避申立ての理由となっている裁判長の訴訟指揮等の正当性について、何の判断も示されていないのは当然である（近藤・後掲261頁）。

●**参考文献**● 近藤和義・判解昭48年度246、宮城啓子・国8版114

302 除斥——前訴裁判関与事件

最1小決平成17年8月30日（刑集59巻6号726頁・判時1907号159頁・判タ1188号249頁）

参照条文　刑訴法20条7号、338条

公訴棄却判決に関与した裁判官の除斥の要否。

●事実● 本件は、来日中国人による強盗致死等の事案である。被告人Xは、実際より1年繰り上げた生年月日が記載された旅券で入国しており、それによれば起訴時点で20歳以上であったため、通常手続で起訴された（前件）。前件第1審の山形地裁は、審理が相当進んだ段階でXの真実の生年月日が判明し、起訴時では19歳であったため、公訴提起の手続きが規定に反して無効であるとして、338条4号で公訴棄却の判決を下した。そこで、検察官は、即日、前件と同一事件を山形地裁に起訴したが、前件裁判所と同じ裁判官3名により構成された裁判所は、前件で取り調べた証拠と同じ証拠および前件で行われた被告人質問等の公判調書の謄本を取り調べて、有罪判決を言い渡した。弁護人は、前件で公訴棄却の判決をした裁判所と裁判官の構成が同じ裁判所が、再起訴後の公判審理を担当するのは、裁判官の除斥事由である「前審の裁判」（20条7号）に関与したときに該当すると主張したが、控訴審の仙台高裁はこの主張を斥けた。そこで、さらに上告がなされたが、最高裁は、上告を棄却しつつ、職権で以下の判断を示した。

●決定要旨● 「所論は、前件で公訴棄却の判決をした裁判所と裁判官の構成を同じくする裁判所が、再起訴後の第1審公判の審理を担当し、前件で取り調べた証拠等を基に犯罪事実の認定を行ったことにつき、裁判官の除斥事由である前審関与に該当すると主張する。しかし、裁判官が事件について公訴棄却の判決をし、又はその判決に至る手続に関与したことは、その手続において再起訴後の第1審で採用された証拠又は実質的に同一の証拠が取り調べられていたとしても、事件について前審の裁判又はその基礎となった取調べに関与したものとはいえないから、刑訴法20条の定める裁判官の除斥原因に該当しないとした原判断は、結論において、正当である。」

●解説● 1　裁判官の除斥事由を規定した20条は、事件およびその関係者と利害関係がある場合と審級制度の趣旨を活かす場合とを定めているが、除斥制度の趣旨については、審級制度の趣旨を生かす点を中核と考えるか、より広く予断排除の原則に関する制度と見るかの対立がある（松代・後掲110頁）。本件で問題となる、20条7号の「前審の裁判」または「〔前審の〕裁判の基礎となった取調べに関与したとき」の意義についても同じである。

2　この点、これまでの判例の考え方は、前審とは、「不服申立を前提として、上級審から見た下級審を指す。第1審、控訴審、上告審という3審からなる審級制度は、異なった裁判所がそれぞれの視点から事件を見ることによって誤りなきを期する趣旨のものと考えられるから、同一の裁判官が再度事件を担当することは、背理である」（大コメ(1)234頁〔永井敏雄〕）として、審級制度の趣旨を重視してきた。言葉どおりの「前審」の中でも、これを最も厳格に解釈する立場であるが、その理由は、裁判官の中立性への信頼とともに司法資源の有限性もその背後にはあろう（田宮・注釈25頁参照。本件山形地裁には刑事部は1つ、裁判官も3名しか存しないという実際的な事情がある）。なお、実際を考慮した例外規定として、例えば、勾留処分を公判裁判官が行うことができる場合を認めた規定がある（規187条2項）。このような判例の立場に対して、除斥制度の趣旨を予断排除の原則から理解する立場からは、当然批判もなされることになる。

3　しかし、判例は一貫してこの立場に立ってきた。①第1次第1審→第1次控訴審→第2次第1審→第2次控訴審という経過をたどった事案につき、差戻し前の控訴審において第1審判決を破棄差戻しする旨の判決に関与した裁判官が、その事件の再度の控訴審の審判に関与しても除斥されないとし（最1小決昭28・5・7刑集7-5-946）、②控訴審が事実取調べの後破棄差戻しとし、差戻し後の第1審判決が控訴審の事実取調べの証拠により事実認定をした場合の再度の控訴審において、前の控訴審に関与した裁判官が審理に関与しても前審関与に当たらないとし（最2小決昭29・6・23刑集8-6-943）、③少年法による検察官送致決定をした裁判官が後にその刑事事件の審理に関与した場合も前審関与に当たらない（最2小決昭29・2・26刑集8-2-198）などとしてきた。つまり、判例は、両手続きが同一審級である場合は除斥事由たる前審関与には当たらないとする。かかる判例からすれば、本件の場合も前件第1審と本件第1審は同一審級であるから、前審関与には当たらないこととなり、また、前件で公訴棄却の判決をした裁判体は、本案につき心証形成を行ったわけでもないから、実質面からも、除斥の理由はないこととなる（松田・後掲331頁）。

4　なお、除斥事由に当たらないとしても、「不公平な裁判をする虞がある」（21条1項）として忌避理由となるのではないかとの問題は残る。判例は、忌避制度は、裁判官が当該手続外の要因から予断を持った裁判官を排除する制度とし（最1小決昭48・10・8【301】）、また、裁判官が共犯者の事件の公判審理を担当し、被告事件の内容をあらかじめ知っていても忌避事由に当たらない（最3小決昭31・9・18刑集10-9-1347等）とすることに照らせば、本件において前件の審理を担当したことはおよそ忌避事由には当たらないとされ、本決定が「原判断は、結論において、正当である」としたのは、原審での忌避の余地が残る旨の判示を間接的に否定したものとされている（松田・後掲332頁）。しかし、忌避の可能性を指摘する見解もあり（松代・後掲111頁、多田・後掲200頁）、問題は残っている。

●参考文献● 松田俊哉・判解平17年度325、松代剛枝・百9版110、多田辰也・J平17年度重判199

303 忌避⑵——司法行政関与事件

最大決平成23年5月31日（刑集65巻4号373頁・判時2131号144頁・判タ1358号92頁）

参照条文　憲法37条、77条
刑訴法21条　裁判所法12条

司法行政事務への関与と忌避事由。

●**事実**● 本件は忌避申立て事件であるが、本案事件の被告人は、覚せい剤取締法違反等の罪で起訴され、第1審の裁判員裁判で有罪判決を言い渡された。被告人側の控訴理由は、裁判員制度に関する憲法違反、事実誤認、量刑不当であったが、いずれの主張も排斥されたため、さらに上告した。弁護人は、控訴審段階とほぼ同様の裁判員制度に関する憲法違反を主張した。本件は、大法廷に回付されたので、最高裁長官である竹﨑博允裁判官が裁判長を務めることになった。そこで、弁護人は、竹﨑裁判官は紛れもなく裁判員裁判の敬虔な支持者であり信奉者であることが明らかであるから、21条後段の「不公平な裁判をする虞」に該当するとして忌避を申し立てたのが本件である。弁護人の申立て理由は、「竹﨑裁判官は、①昭和63年に陪参審制度の研究のため渡米しており、また、②最高裁所長官就任後、裁判員の参加する刑事裁判に関する法律の施行を推進するために裁判員制度を説明するパンフレット等の配布を許すとともに、③憲法記念日に際して裁判員制度を肯定するような発言をしていること等に照らし、本件について『不公平な裁判をする虞』がある」というものであった。最高裁大法廷は、以下の理由から本件申立てを却下した（なお、竹﨑裁判官は忌避の対象であるから、審理から外れている）。なお、本案の覚せい剤取締法違反事件においては、裁判員制度の合憲性が認められている（最大判平23・11・16【304】）。

●**決定要旨**● 「所論①が指摘する渡米研究の点は、国民の司法参加に関する一般的な調査研究をしたというものにすぎない。
　また、所論②が指摘するパンフレット等の配布に係る点は、最高裁判所長官である同裁判官が、国会において制定された法律に基づく裁判員制度について、その実施の任に当たる最高裁判所の司法行政事務を総括する立場において、司法行政事務として関与したものであり、所論③が指摘する憲法記念日に際しての発言も、同じ立場において、同制度の実施に関し、司法行政事務として現状認識や見通し及び意見を述べたものである。最高裁判所長官は、最高裁判所において事件を審理裁判する職責に加えて、上記のような司法行政事務の職責をも併せ有しているのであって（裁判所法12条1項参照）、こうした司法行政事務に関与することも、法律上当然に予定されているところであるから、そのゆえに事件を審理裁判する職責に差し支えが生ずるものと解すべき根拠はない。もとより、上記のような司法行政事務への関与は、具体的事件との関係で裁判員制度の憲法上の適否について法的見解を示したものではないことも明らかである。
　その他所論に鑑み検討しても、竹﨑裁判官が本件につき刑訴法21条1項にいう『不公平な裁判をする虞』があるものということはできない。」

●**解説**● 1　忌避申立てには、裁判官の訴訟指揮権の行使等が忌避理由とされる場合と、具体的事件の手続き外での裁判官の言動が忌避事由とされる場合とがあり、実務上は前者の場合が圧倒的に多いが（矢野・後掲32頁）、本件は後者の部類に属する。忌避制度は、当該事件の手続き外の要因により、事件について公平で客観性のある審判をすることが期待できない場合に当該裁判官をその事件から排除する制度である（最1小決昭48・10・8【301】）。

2　先例として、まず、裁判官の手続き外の言動が法制度として当然に予定されているために、忌避事由とはなり得ないとしたものとして、(i)最1小決平成3年2月25日民集45巻2号117頁は、最高裁規則に関する行政事件の上告審で、最高裁判所長官が改正規則の制定に関与した当事者であるとして忌避を申し立て、却下された事案である。規則制定の職責と上告審の職責とを行使することは法制度として当然に予定されているとした。(ii)最1小決昭和49年7月18日裁判集刑193号145頁は、忌避申立て事件ではないが、司法行政事務が裁判官会議の議によって行われる法制下では、裁判官がたまたま何らかの知識を得ることとなっても、何ら事件に関していわゆる予断を抱いたこととなるものではないとした。次に、裁判官の手続き外の言動が具体的事件との関係で忌避事由たり得ないとしたものとして、(iii)最大決昭和34年7月1日刑集13巻7号1001頁は、いわゆる「砂川事件」に関し、田中耕太郎最高裁長官の年頭所感等を理由に忌避が申し立てられたが、本件に関し不公平な裁判をする虞があると認むべき事由は何ら存在しないとして、却下された事案である。(iv)最1小決昭和48年9月20日刑集27巻8号1395頁は、高辻正己裁判官が、法務府法制意見第1局長として意見回答したからと言って、一般的に一定の法律問題についての抽象的な法律上の見解を表明したに過ぎず、当該裁判の公正を妨げる予断または偏見があるものとすることはできない、とした。

3　こうした判例の立場は、裁判官が過去に一般論として特定の見解を示したことがあっても、具体的事件については常に中立・公平に判断を加えることが期待できる（矢野・後掲35頁）とする信頼感に裏打ちされている。本決定も、こうした判例を踏襲している（矢野・後掲37頁、宮木・後掲234頁）。判例(i)・(ii)から、最高裁長官の司法行政事務と事件の審判の両立は法制度の予定するところとされ、判例(iii)・(iv)からは、竹﨑長官が裁判員制度の憲法上の適否について法的見解を示したものではないとの判断が導かれている。

4　本決定は、先例を踏襲したものであるが、最高裁長官の司法行政事務と忌避事由との関係を明示的に判断した初めての判例である。同じ事は、当然、下級審の裁判官にも当てはまる。

●**参考文献**● 矢野直邦・判解平23年度27、金子章・J平23年度重判181、宮木康博・論究J8-232

304 裁判員制度の合憲性——覚せい剤取締法違反事件

最大判平成23年11月16日（刑集65巻8号1285頁・判時2136号3頁・判タ1362号62頁）

参照条文 憲法18条、31条、32条、37条、76条、80条等

裁判員制度の合憲性。

●**事実**● 本件は、被告人Xが、平成21年5月31日、覚せい剤約2kgを成田空港に持ち込んだという覚せい剤取締法・関税法違反事件である。第1審は裁判員裁判により、Xを懲役9年および罰金400万円に処した。Xは控訴して、事実誤認・量刑不当のほか、裁判員制度の憲法違反を主張したが、控訴審はこれを排斥した。そこで、さらに上告して裁判員制度の違憲性を主張し、①憲法には、裁判官以外の国民が裁判を行うことを想定した規定はなく、憲法80条1項は下級裁判所が裁判官のみによって構成されることを定めているものと解されるので、裁判員制度は、憲法32条・37条1項・76条1項・31条に違反する、②裁判員制度の下では、裁判官は、裁判員の判断に影響・拘束されることになるから、憲法76条3項に違反する、③裁判員が参加する裁判体は、憲法76条2項により設置が禁止されている特別裁判所に該当する、④裁判員制度は、国民に憲法上の根拠のない負担を課すものであるから、意に反する苦役に服させることを禁じた憲法18条後段に違反する、とした。最高裁大法廷は、裁判官全員一致で以下の判断を示して、上告を棄却した。

●**判旨**● (1) 国民の司法参加について、「憲法上、刑事裁判に国民の司法参加が許容されているか否かという刑事司法の基本に関わる問題は、憲法が採用する統治の基本原理や刑事裁判の諸原則、憲法制定当時の歴史的状況を含めた憲法制定の経緯及び憲法の関連規定の文理を総合的に検討して判断されるべき事柄である。」「憲法は、一般的には国民の司法参加を許容しており、これを採用する場合には、上記の諸原則が確保されている限り、陪審制とするか参審制とするかを含め、その内容を立法政策に委ねていると解される……。」
(2) 憲法31条・32条・37条1項・76条1項・80条1項違反について、「裁判員制度の仕組みを考慮すれば、公平な『裁判所』における法と証拠に基づく適正な裁判が行われること（憲法31条、32条、37条1項）は制度的に十分保障されている上、裁判官は刑事裁判の基本的な担い手とされているものと認められ、憲法が定める刑事裁判の諸原則を確保する上での支障はないということができる。」
(3) 憲法76条3項違反について、「憲法が国民の司法参加を許容している以上、裁判体の構成員である裁判官の多数意見が常に裁判の結論でなければならないとは解されない。」
(4) 憲法76条3項違反について、「裁判官と裁判員によって構成された裁判体が特別裁判所に当たらないことは明らかである。」
(5) 憲法18条後段違反について、「裁判員の職務等は、司法権の行使に対する国民の参加という点で参政権と同様の権限を国民に付与するものであり、これを『苦役』ということは必ずしも適切ではない。」

●**解説** 1 本判決は、まず、国民の司法参加の憲法許容性について、歴史的・国際的視点も含む総合的検討という判断手法から、刑事裁判への国民参加と憲法の定める人権保障を全うしつつ適正な刑事裁判を実現することは十分に調和させることが可能であるとし、憲法は国民の司法参加を許容しているとし、自由主義と民主主義とは司法の分野でも両立可能とした（西野=矢野・後掲314頁）。その上で、国民参加の内容は立法政策の問題であるとした。戦後長く続いた憲法論争に明快な決着をつけた、画期的な判例である。

2 上告趣意の①～④については、判決要旨(2)～(5)で、その主張はいずれも排斥されている。判旨(2)では、裁判員裁判の裁判体は、身分保障の下、独立して職権を行使する裁判官と、公平性・中立性を確保できるよう配慮された裁判員とで構成され、公平な裁判所における適正な裁判が制度的に十分に保障されているとした。とりわけ重要なのは、裁判官は刑事裁判の基本的な担い手と位置付けられ、憲法が定める諸原則を確保する責務を負っているとされたことである。なお、裁判員制度と憲法32条・37条との関係では、裁判員制度による審判を受けるか否かについて被告人に選択権が認められていないからと言って、憲法に違反するものではないとした判例がある（最2小判平24・1・13刑集66-1-1）。

3 判旨(3)では、裁判官の2倍の数の国民が加わった裁判体で、多数決で結論を出す制度では、裁判が国民の感覚的な意見に支配されるとする主張に対して、そもそも国民が参加した場合であっても、裁判官の多数意見と同じ結論が常に確保されなければならないということであれば、国民の司法参加を認める意義の重要な部分が没却されることにもなりかねないとする。違憲論の主張は、司法への国民参加を否定する論理の繰返しであり、この指摘は当然であろう。

4 判旨(4)では、特別裁判所に当たらないとされ、判旨(5)では、裁判員制度は国民に一定の負担を生じさせるものであるが、国民主権の理念に沿って司法の国民的基盤の強化を図るものであり、参政権と同様の権限を国民に付与するものとの位置付けがなされている。これらのアプローチは確かに理念的であるが、新制度の創設には理念的考察は不可欠である。むろん、国民の負担を過重なものとしない制度的工夫はなされるべきであり、その後、審理期間が著しく長期となる場合が対象事件から除外される裁判員法の改正もなされた（平成27年法律第37号）。

5 本判決は、最後に、裁判員制度は「国民の視点や感覚と法曹の専門性」のそれぞれの長所が活かせる刑事裁判の実現を目指すものとした。このような裁判官と裁判員との協働システムこそ、我が国に独特なものであり、その協働のあり方が今後の取り組むべき課題と言えよう。

●**参考文献**● 西野吾一=矢野直邦・判解平23年度257、平良木登規男・刑ジャ32-134

305 氏名の黙秘権―監房番号弁護人選任届事件

最大判昭和32年2月20日（刑集11巻2号802頁・判時103号9頁）　参照条文　憲法37条3項、38条1項

氏名黙秘の弁護人選任届の効力。

●**事実**●　被告人Xらは、威力業務妨害・公務執行妨害・傷害の現行犯で逮捕された者であるが、被疑者または被告人として弁護人を選任するに当たって、氏名を明らかにせず、監房番号や容貌体格によって自己を表示して拇印したものに弁護人が署名押印した弁護人選任届を提出した。第1審は、かかる弁護人選任届は不適法であるとして却下し、裁判所において各被告人のために国選弁護人を選任して審理を進めようとしたので、Xらは氏名を開示して私選弁護人選任の届出をなし、その私選弁護人の立会いの下に審理が行われた。Xらは控訴して、氏名を開示しないでなした弁護人選任届を却下したのは憲法38条1項に違反すると主張したが、控訴審は、かかる選任届は刑訴規則17条・18条に違反し、また、憲法38条1項は、その氏名を告げることによって起訴された犯罪が当然に被告人の犯行であることが判明するような特殊の場合を除いては、氏名を明らかにしないことまで保障したものではなく、このことは、刑訴規則196条が刑訴法291条のいわゆる黙秘権告知に先立って、氏名を確かめるよう規定していることからも明らかであるとして、控訴を棄却した。最高裁は、これに対する上告を棄却し、以下の判断を示した。

●**判旨**●　「いわゆる黙秘権を規定した憲法38条1項の法文では、単に『何人も自己に不利益な供述を強要されない。』とあるに過ぎないけれど、その法意は、何人も自己が刑事上の責任を問われる虞ある事項について供述を強要されないことを保障したものと解すべきであることは、この制度発達の沿革に徴して明らかである。されば、氏名のごときは、原則としてここにいわゆる不利益な事項に該当するものではない。そして、本件では、論旨主張にかかる事実関係によってもただその氏名を黙秘してなされた弁護人選任届が却下せられたためその選任の必要上その氏名を開示するに至ったというに止まり、その開示が強要されたものであることを認むべき証拠は記録上存在しない〔最大判昭24・2・9刑集3-2-146以下参照〕。それ故、論旨はすべて理由がない。」

●**解説**●　1　本判旨は3つの判断を示した。すなわち、①憲法38条1項の法意は、何人も自己が刑事上の責任を問われる虞ある事項について供述を強要されないことを保障したものである、②その結果として、氏名は原則として不利益な事項に該当するものではない、③氏名を黙秘してなされた弁護人選任届が却下せられたため氏名を開示したのは、氏名開示の強要ではない、とした。

2　憲法38条1項が、氏名の黙秘権を含むかについては、否定説、肯定説、折衷説があるとされる（青柳・後掲119頁）。折衷説は、「氏名が直ちに被告人と犯人との同一性を確定させるときは、氏名にもまた黙秘権がある」（平野龍一『捜査と人権』103頁）とするものであるから、本判旨が、「原則として」氏名に黙秘権はないとして「例外」を認める趣旨であれば、本判旨も折衷説に属することになろう。

3　もっとも、本判旨がどのような例外を想定しているかは明らかではない。調査官解説では、氏名を開示することによって直ちに犯人と判明するような場合はこれに当たるが、氏名開示によって余罪が判明する場合あるいは前科が判明するような場合は例外に含まれないとされている（青柳・後掲119頁）。氏名を開示することによって直ちに犯人と判明するような場合とは如何なる場合かについては、「例えば、Aという氏名の者が犯人であることが明らかになっているばあい、被告人に対してお前はAであるかどうかと問うばあい」（平野・前掲103頁）、「氏名により免許の有無が判明する無免許運転の罪のような場合」（渡辺・後掲14頁）等が指摘されている。これに対して、前科が判明し、累犯加重等を基礎付けるに至る場合も含まれるという見解もある（平野・前掲103頁）。ただ、捜査の手掛かりになる、余罪判明のきっかけとなる等の間接的効果までを含めるのは相当でないとされている（渡辺・後掲14頁、平野・前掲103頁）。なお、原審は刑訴規則196条を引用しているが、同条は氏名自体の確認を求めるものではない。

4　本判旨は、弁護人選任届が却下されたため、氏名を開示するに至ったというだけでは、供述を強要されたとは言えないとした。本判旨の引用する昭和24年大法廷判決は、憲法38条1項の強要は、威力その他特別の手段を用いて、供述の意思のない被告人に供述を余儀なくさせることを禁ずる趣旨であると判示しているので、この基準からすれば本件事案は未だ「威力その他特別の手段」を用いた場合に当たらないこととなろう。

5　本件では、氏名が開示されて弁護人が選任されたので、氏名が黙秘された場合の弁護人選任の効力には触れられなかった。この点、被告人が氏名を黙秘しているときは、氏名を書く必要はなく、特定するに足りる事項を書けば、その選任は有効と考えるべきであろう（平野78頁）。したがって、真実の氏名を開示しなくても弁護人の選任はできる（青柳・後掲119頁）。判例は、公務執行妨害罪で現行犯逮捕され、「戸塚九郎こと氏名不詳者」と記載した場合でも有効としたが（最1小決昭29・12・27刑集8-13-2435）、その後の判例では、「氏名不詳」と記載された事案につき、氏名を記載できない合理的な理由がないのに、署名のない弁護人選任届によってした弁護人選任は無効である（最3小決昭40・7・20刑集19-5-591）とされ、「菊屋橋署101号」と記載された事案についても無効としている（最1小決昭44・6・11刑集23-7-941）。よって、具体的事案ごとに、「合理的な理由」の有無を検討すべきこととなろう。

●**参考文献**●　青柳文雄・判解昭32年度116、渡辺咲子・別冊判タ12-13

306 保釈の許否と余罪——暴力行為処罰法違反恐喝事件

最3小決昭和44年7月14日（刑集23巻8号1057頁・判時561号82頁・判タ237号253頁）　　参照条文　刑訴法90条

保釈の許否を決定するに当たって、勾留状の発せられていない余罪を考慮することの可否。

●**事実**●　被告人Xは、甲事実（暴力行為処罰法違反）で起訴され、その後乙、丙事実（恐喝）についても起訴されて同一裁判所で審理中であった。甲事実については勾留状が発せられていたが、乙、丙事実については発せられていなかった。第1審はXの保釈を許可したが、検察官から抗告がなされた。抗告審は、本件勾留理由である甲事実は89条3号（常習として長期3年以上の懲役又は禁錮に当たる罪を犯したものであるとき）の権利保釈の除外事由に該当するとし、90条の裁量保釈も適当とは認められないと判断し、抗告を容認して保釈許可決定を取り消し、保釈請求を却下したが、その決定理由では、「審理の経過、事案の内容、Xの経歴、行状、犯行の手口、態様等諸般の事情を参酌する意味において、仮に甲事実のみについて勾留がなされ、乙、丙事実については勾留がなされていない場合であっても、乙、丙事実について全くこれを度外視して単純に甲事実について保釈を適当であると裁量することは軽率の譏りを免れないであろう」としていた。これに対し、弁護人から特別抗告が申し立てられた。最高裁は、これを棄却して、以下の判断を示した。

●**決定要旨**●　「Xが甲、乙、丙3個の公訴事実について起訴され、そのうち甲事実のみについて勾留状が発せられている場合において、裁判所は、甲事実が刑訴法89条3号に該当し、従って、権利保釈は認められないとしたうえ、なお、同法90条により保釈が適当であるかどうかを審査するにあたっては、甲事実の事案の内容や性質、あるいはXの経歴、行状、性格等の事情をも考察することが必要であり、そのための一資料として、勾留状の発せられていない乙、丙各事実をも考慮することを禁ずべき理由はない。」

●**解説**●　1　保釈の許否に際して余罪を考慮し得るかという問題も、2つの場合に区別できる。第1は、A事実について保釈すべき理由があるが、B事実については勾留理由はありかつ保釈理由がない場合である。この場合、A事実の勾留の効力がB事実にも及ぶと考えれば、B事実を考慮して、保釈請求を却下し得ることになるが、実務上は少数説である。そこで、A事実の勾留の効力はB事実には及ばないと考えれば、裁判所はB事実について勾留状を発した上、保釈請求を却下することになり、実務上の多数説とされている。しかし、本件事案はB事実についての勾留を問題とするものではないので、このケースには当たらない。第2は、保釈の要件自体の存否について、B事実を判断の一資料とすることができるかである。この場合は、B事実を考慮すると言っても、B事実を独立の勾留原因と見るのではなく、A事実の行状の一面あるいは性格の徴候等として考慮するという意味である（大久保・後掲274頁）。この場合、A事実の行状の一資料としてならB事実を考慮してよいとの立場は、A事実の勾留の効力はB事実には及ばないことを前提とし、その上でB事実の考慮を問題とするものである。

2　本決定は、第2の場合のうち90条の裁量保釈について、これを肯定したものである。勾留原因事実以外の犯罪事実を考慮し得るということは、その事実についての勾留の有無あるいは起訴の有無を問わず、保釈が適当か否かという裁量保釈の判断の性質から当然に要請されるところとも言え、その意味では当然の解釈とされる（大久保・後掲275頁）。そうであれば、権利保釈の除外事由の存否を勾留事実につき考慮する場合でも、特に別異に解すべき理由はなく、余罪を一資料として使用し得るであろう（佐藤・後掲57頁）。

3　本件特別抗告では、高松高決昭和41年10月20日下刑8巻10号1346頁が引用された。この判例は、窃盗の事実につき勾留状が発せられているが、公務執行妨害罪等の追起訴事実は勾留されていない事案につき、窃盗事実は89条3号に該当し、権利保釈は認められないが、裁量保釈は許してしかるべきであり、公務執行妨害罪等につき勾留が必要ならば新たな勾留状によるべきであるとして、保釈を許可したものである。すなわち、公務執行妨害罪等の勾留の必要性を理由に保釈を拒否すべきではないとしたもので、本決定が事案が異なるとしたのは当然である。

4　こうして、本決定は、甲事実の事案の内容や性質等の事情を考察することが必要であり、あくまで「そのための一資料として」余罪の考慮を認めたものである。したがって、「そのため」ではない余罪の考慮は認められない。つまり、余罪を甲罪から独立して考慮することは許されず、余罪について89条または90条所定の要件の存否を判断してはならないという趣旨である。そうすると、この考え方は、事件単位の原則に抵触するものではない。保釈の適否はもっぱら勾留事実について判断されるべきであって、その判断資料としても余罪を考慮してはならないということは、事件単位の原則からは導かれないからである（佐藤・後掲57頁）。

5　以上の判断枠組みを前提として、甲事実のための余罪考慮か否かの判断は具体的事実関係に依存することになる。この点、無罪の推定を受ける余罪を事実として考慮することに懸念は残るとの指摘もあるが（岩井・後掲79頁）、具体的なあてはめの問題と言えよう。ただ、保釈において勾留の必要性が認められる余罪が問題となることは好ましいことではない。勾留状の発せられていない事実が追起訴された場合には、その都度、勾留を切り替えておく運用が望ましい（佐藤・後掲57頁）。

●**参考文献**●　大久保太郎・判解昭44年度271、岩井宜子・圕5版78、佐藤文哉・圕3版56

307 法廷通訳——強盗致死事件

大阪高判平成3年11月19日（判時1436号143頁）　参照条文　刑訴法175条

法廷通訳の正確性と公正性。

●事実● 被告人A～Cは香港在住の外国人であり、かつてCが働いていたことのある兵庫県の被害者方に強盗に入る目的で来日し、家人を紐で縛り上げるなどして金員を強取しようとしたが、騒がれて強取の目的を遂げずに逃走する際、抵抗した被害者に胸部刺創等の傷害を負わせて失血死させたとの強盗致死等の共同正犯として起訴された。第1審は、ほぼ公訴事実どおりの事実を認定し、特に、被害者に傷害を負わせて死亡させたのはAであると認定した上で、Aに懲役15年の刑を言い渡した。これに対し、Aは、訴訟手続の法令違反および事実誤認を理由として控訴した。控訴審は、Aだけが被害者に対し暴行に及び、それによって被害者が死亡したと認定したのは事実の誤認であり、判決に影響を及ぼすことが明らかであるとして原判決を破棄差戻しとしつつ、弁護人が弁論において原審の通訳について問題点を指摘していることに言及して、職権で次のように判示した。

●判旨● 「原審の通訳人が捜査段階からの通訳人Fであったことは記録上明らかである。ところで、被告人AやCは、中国語の中でも広東語を使用するものである。これに対し、Bは広東語も理解できるが、主に北京語を使用している。広東語と北京語の両方に通じた通訳人を確保することは、中国と比較的関係の深い神戸地区においてさえ容易なことではないとみられるのであって、この現実は直視せざるを得ない。捜査段階の通訳人が法廷の通訳人に選任されることは、決して望ましいことではないが、それ自体直ちに不当又は違法であるとまではいえない。しかし、本件ではその通訳の正確性や公平さに疑問が投げかけられているのである。原審で重要な証言又は被告人質問を通訳した内容が録音化されていないため、事後的にその検証ができないというのも問題である。判決宣告状況に関し弁護人の指摘を否定すべきものがなく、これから推して、原審公判における各証言や供述の通訳の正確性に関しても、一抹の危惧を払拭することができない。加えて、当審提出の検察事務官作成の平成元年1月17日付け報告書によれば、通訳人Fが被告人と領事館の係官との面接の結果を捜査側の検察事務官に供述している事実も認められる。これが直ちに日英領事条約に違反するとはいえないにしても、通訳人Fの姿勢を暗に示すものといえないではない。したがって、原審の選任した通訳人に関しては、弁護人の批判を免れることができない。」

●解説● 1 本判旨には3つの論点が含まれている。①法廷通訳人の資格、②通訳の正確性、③通訳の公正性、という問題である。法廷通訳人には「法廷通訳人四訓」と称する準則があり、その第1訓は、通訳の誠実性・正確性の保持、第2訓は、通訳の中立性・公正の保持、第3訓は、職務上知り得た秘密の保持、第4訓は、熟達した通訳能力の保持である（田中・後掲123頁、角田・後掲125頁）。本判旨論点①は、第2訓と第4訓に関わり、論点②は、第1訓に関わり、論点③は、第2訓と第3訓に関わる問題である。

2 はじめに、通訳の法的性質を確認しておく必要があろう。法廷通訳の法的根拠は、裁判所法74条と刑訴法175条の規定である。刑訴法175条の規定から通訳人が事実認定のための証拠方法であることは当然であるが、それに止まらず訴訟関係人の意思疎通を十分なものとする役割も有する（角田・後掲124頁は、これを通説的見解とする）。判例も、刑訴法175条は、被告人に裁判の趣旨を了解させるためにも通訳人を用いなければならない趣旨をも含み、判決の宣告に際しても通訳人を付させなければならないとしている（最3小判昭30・2・15刑集9-2-282）。

3 通訳人の資格問題については、捜査段階の通訳人と同一人物の通訳による場合には、被告人が取調べ時の供述に拘束されて自由に弁解することが難しくなるなど、無用の疑念を招く虞があるが、他方で、現実問題として通訳人の代替性がない場合もある。したがって、本判旨が、捜査段階の通訳人を法廷通訳人に選任することは、望ましいことではないが、違法とまでは言えないとしたのも是認できる。なお、現在の実務では、原則として、捜査段階の通訳人とは別の通訳人を選任する運用となっている（田中・後掲123頁）。

4 通訳の正確性を確保するためには、(i)有能な通訳人の確保、(ii)通訳しやすい環境を整えるための事前準備（規178条の6第2項1号・178条の9等）、(iii)法廷での適切な訴訟指揮、(iv)検察官・弁護人による通訳に配慮した証人尋問等、(v)事後的検証に備えた公判供述の録音等が必要である。本件では、証言等の録音はされておらず、判決期日の録音についても誤訳が指摘され、本判旨が「一抹の危惧」を指摘したのも当然であろう。なお、現在では、外国語の原供述およびその通訳を録音し、確定後も一定の事件については記録と一体のものとして保管する扱いが確立している（角田・後掲125頁、田中・後掲123頁）。その他、通訳の正確性に関する判例には、イカロノ語しかできないのにタガログ語および英語で裁判が行われても意思疎通ができるのであれば許される（東京高判平6・11・1判時1546-139。同旨、東京高判昭35・12・26下刑2-11＝12-1369）とするもの、通訳能力について、法律知識について通常一般の常識程度の知識があれば足りる（東京高判平8・7・16高刑49-2-354）とするもの等がある。

5 通訳人の公正性については、日英領事条約で定める領事官の自国被疑者との立会人のない面談権の侵害とまでは言えなくても、通訳人が面談結果を捜査機関に報告することは、通訳人の秘密保持義務に違反する虞があろう。

●参考文献● 角田正紀・圄8版124、田中康郎・圄7版122

308　国選弁護人の辞任——4・28沖縄デー事件

最3小判昭和54年7月24日（刑集33巻5号416頁・判時931号3頁・判タ399号143頁）　参照条文　憲法37条

国選弁護人の解任。

●**事実**●　いわゆる「4・28沖縄デー事件」に関連して約240名が起訴されたが、このうち約90名の被告人が統一公判を主張した。本件は、被告人のうちの7名に対する凶器準備集合罪等被告事件（必要的弁護事件ではない）である。本件被告人らは、10名の私選弁護人を選任したが、第1回公判期日の直前に全員が辞任したため、国選弁護人の選任を請求し、第1審が、6名の国選弁護人を選任した。しかし、6名の国選弁護人も、第10回公判の開廷前に突如書面により辞意を表明した。第1審が事実の取調べをしたところ、被告人らは、弁護人との打合せ会の席上で、「はっきりいって弁護団を信用していない。従って我々は弁護団の冒陳は期待していない」、「弁護人の心構えもできていないのではないか」などと弁護人の弁護活動を誹謗罵倒する発言をしたほか、弁護人の服を摑む暴行を加えるなどの著しい非礼を重ねた事実が明らかとなった。これにより、第1審が、国選弁護人の辞意を容れ全員を解任すると、被告人らは、国選弁護人の再選任を請求した。そこで、第1審は、以後上記のような行為をしないことを確約できるか尋ねたところ、被告人らがこれを拒否したので、再選任請求を却下し、国選弁護人を付さないまま審理を終え、有罪判決を下した。第2審も同判決を是認したため、被告人側は上告に及んだが、最高裁は上告を棄却して、以下の判断を示した。

●**判旨**●　(1)「被告人らは国選弁護人を通じて権利擁護のため正当な防禦活動を行う意思がないことを自らの行動によって表明したものと評価すべきであり、そのため裁判所は、国選弁護人を解任せざるを得なかったものであり、しかも、被告人らは、その後も一体となって右のような状況を維持存続させたものであるというべきであるから、被告人らの本件各国選弁護人の再選任請求は、誠実な権利の行使とはほど遠いものというべきであり、このような場合には、形式的な国選弁護人選任請求があっても、裁判所としてはこれに応ずる義務を負わないものと、解するのが相当である。」

(2)「訴訟法上の権利は誠実にこれを行使し濫用してはならないものであることは刑事訴訟規則1条2項の明定するところであり、被告人がその権利を濫用するときは、それが憲法に規定されている権利を行使する形をとるものであっても、その効力を認めないことができるものであることは、当裁判所の判例の趣旨とするところであるから……、第1審が被告人らの国選弁護人の再選任請求を却下したのは相当である。このように解釈しても、被告人が改めて誠実に国選弁護人の選任を請求すれば裁判所はその選任をすることになるのであり、なんら被告人の国選弁護人選任請求権の正当な行使を実質的に制限するものではない」ので、憲法37条3項に反しない。

(3)「国選弁護人は、裁判所が解任しない限りその地位を失うものではなく、したがって、国選弁護人が辞任の申出をした場合であっても、裁判所が辞任の申出について正当な理由があると認めて解任しない限り、弁護人の地位を失うものではない」から、そのために必要な限度で、相当と認める方法により、事実の取調べをすることができる。

●**解説**●　1　本件は、昭和40年代のいわゆる「荒れる法廷」の中で浮かび上がってきた国選弁護人の法的地位、その選任と解任等、国選弁護人制度の基本問題についての激しい論争に決着をつけた判例である。

2　刑訴法38条1項、刑訴規則29条に基づく国選弁護人の選任行為の法的性質について、①裁判長の命令と解し、被選任者の応諾を要しないとする裁判説、②被選任者の応諾を要件とする裁判長の一方的行為とする公法上の一方的行為説、③裁判長は被告人のために弁護士と交渉して弁護人を選任するのであるから、当然に被選任者の応諾を前提とすべきとする公法上の契約説がある。裁判説からは、辞任の申出は解任の裁判を求める意思表示に止まることになる（公法上の一方的行為説も同じ）。契約説からは当然辞任の申出で辞任の効果が生ずる。この点、本判旨(3)は裁判説に立脚した（髙木・後掲221頁）。裁判説からすれば、辞任の正当理由の有無の判断は裁判所が行うことになるから、そのための事実の取調べもできることになる。なお、平成16年刑訴法改正により、裁判所による国選弁護人の解任に関する一般的規定が設けられ（刑訴法38条の3）、法律も裁判説を採用した。

3　判旨(1)は、本件事案につき、「正当な防禦活動を行う意思がないことを自らの行動によって表明した」として裁判所の解任措置を是認している。弁護人が辞任申出をするには正当な理由（弁護士法24条）が必要であるが、被告人との間の信頼関係が喪失した場合が正当な理由となり得るか。この点については積極・消極の両説があるものの、現実的には、信頼関係の喪失の程度が問われよう。本件の場合、被告人の言動を考えると、信頼関係の喪失は深刻な程度に達しており、解任の正当な理由を認めた判断の相当性に問題はなかろう。

4　問題は、被告人の再選任請求である。判旨(1)・(2)は、再選任請求を却下した措置を相当とした。その根拠として、第1審・2審は、被告人の行動から被告人らは選任請求権を放棄したと判断したのに対し、本判決は、権利濫用を理由としている。本件では、被告人から再選任請求の書面が出ている以上は権利放棄論には理論的難点があり、権利行使の外形は認めながらその濫用による効力不発生を宣言する方が伝統的な考え方になじむとされた（髙木・後掲237頁）。ただ、弁護権の権利性からすると、権利放棄論にも十分な理由があろう（椎橋・後掲233頁）。

●**参考文献**●　髙木俊夫・判解昭54年度201、久岡康成・圖8版120、椎橋隆幸・J昭54年度重判230

309 国選弁護人の選任——被告人固辞事件

東京高判昭和61年1月20日（判時1212号157頁）　　参照条文　刑訴法37条5号、185条

被告人の固辞にもかかわらず、国選弁護人を選任することの適否。

●事実● 被告人は、オートバイによるスピード違反について道交法違反として起訴されたが、第1審において、本件は必要的弁護事件ではなく、しかも、被告人が国選弁護人の選任を固辞していたにもかかわらず、裁判所が被告人のために国選弁護人を選任したのは違法・不当であり、また、そのような経緯で選任された国選弁護人の費用につき、裁判所がこれを被告人に負担させたことは違法・不当であるなどとして、控訴した。控訴審は、控訴を棄却して、以下の判断を示した。

●判旨● 「刑訴法37条5号によれば、被告人に弁護人がない場合に、裁判所は、必要と認めるときは、職権で弁護人を付することができるのであり、裁判所が必要と認めた以上、被告人の固辞にもかかわらず弁護人を付したことが違法・不当であるとはいえない。論旨は理由がない。なお、国選弁護人の費用を被告人に負担させた点の不服については、刑訴法185条後段の解釈上、本案の裁判に対する上訴が理由のないときは、訴訟費用の裁判に対する不服を容れる余地はない〔最1小判昭31・12・13刑集10-12-1633〕のであるから、本案についての論旨がいずれも理由がない本件においては、所論を容れる余地はない。」

●解説● 1　本件には、①必要的弁護事件ではない事件について、被告人が国選弁護人の選任を固辞している場合であっても、裁判所は被告人のために国選弁護人を選任することが許されるか、②国選弁護人の選任が許されるとした場合、その費用を被告人に負担させることが許されるか、という2つの論点が含まれている。

2　36条は、請求による国選弁護人の選任を定めているので、被告人から請求がなければ弁護人は付されない。これに対して37条は、被告人の防御能力が劣る場合に、裁判所が職権で国選弁護人を付することを定めている。これは、裁判所の被告人に対する後見人的役割を期待した規定と言えよう。その趣旨として、(i)説は、「真実を明らかにするために、被告人の意思に反しても、弁護人を付する」規定であって、憲法の要請に基づくものではないとし（平野74頁）、(ii)説は、「憲法が国選弁護人を要求する場合に類型的に該当するものと法が予定する場合」であって、憲法と無関係な規定ではないとする（田宮・注釈45頁）。必要的弁護事件（289条1項）の場合には前説も妥当しようが、37条の場合は(ii)説が適当であろう。したがって、37条についても、基本的には被告人の意思がまず尊重されるべきである。

3　しかし、37条の場合は、いずれも防御能力が劣ると考えられる場合であるから、被告人の意思のみを基準とすることは適当でない。被告人が弁護人を固辞している場合であっても、事件の内容・争点等を考慮し、被告人の防御能力に欠けるところがないかが客観的に判断されるべきである。この点、37条1～4号の場合（被告人が未成年であるとき等）には、被告人の防御能力が十分でないとする根拠は明らかであるから、この場合に被告人の意思に反して弁護人を付することの必要性の判断は比較的容易であろう。これに対して、同条5号に関する必要性判断は容易ではない。この場合も、同条1～4号との関係上、被告人の防御能力から見た必要性であることは明らかだが、被告人が明確に弁護人依頼権を放棄して弁護人を固辞し、自ら防御活動を行いたい旨を意思表示している場合であっても、その被告人に防御能力が十分でないと判断される場合だからである。したがって、この場合には、とりわけ客観的な必要性判断が要請されることになろう。被告人に身体的あるいは精神的な弱点がない場合でも、例えば、法律知識があまりに正確でない場合等に、これを援助する必要がある場合もあろう。ただ、この点、本判旨は必要性判断の内容を判示していない。被告人を納得させるだけの説明をする必要があったと思われる。

4　185条が、本案の裁判について上訴があったときに限り不服を申し立てることができるとの規定の趣旨について、通説は、訴訟費用の裁判に対する不服は、本案の裁判に対する上訴に理由のないときには容れる余地がないとする。多数説は、186条の場合に即時抗告できることとの比較から、あるいは費用裁判の重要性等から、適法上訴があれば足りるとする（平野355頁）。判例は、通説と同じく、上訴に理由があった場合に限るとするが（上記最1小判昭31・12・13）、他方、違法な訴訟費用裁判を職権で破棄したものもある（最2小判昭30・1・14刑集9-1-52、最3小判昭46・4・27刑集25-3-534）。本判旨も、通説・判例と同じく、本案の裁判に対する上訴に理由のないときは、訴訟費用の裁判に対する不服を容れる余地はないとしている。

5　この点、上記昭和30年判決は、無罪の言渡しのあった点に関する証人尋問について生じたもので、しかも、被告人の責めに帰すべき事由によって生じた費用とも認められない訴訟費用の裁判を破棄し、また、上記昭和46年判決も、被告人に関係がない事実に関する証人の費用を被告人の訴訟費用とした部分を破棄した。訴訟費用の裁判は、場合により、本案の裁判とは一応切り離してこれを判断することも可能である。したがって、独立上訴はできないにしても、本案の裁判につき適法上訴があれば、これに対する判断が示されてよいと思われる（田口・後掲341頁）。この立場からは、本判旨後段の、いわゆる門前払い判断にも疑問が残る。被告人に訴訟費用を負担させたことの妥当性は、当事者に納得のいく形で判示される必要があったと思われる。

●参考文献● 綿引紳郎・判解昭46年度79、田口守一・法セ390-99、評釈集(33)336〔田口守一〕

310 必要的弁護——弁護人出廷妨害事件

最2小決平成7年3月27日（刑集49巻3号525頁・判時1525号51頁・判タ875号59頁）　参照条文　刑訴法289条

> 必要的弁護事件と弁護人の立会いの要否。

●事実● 本件は、暴力行為等処罰に関する法律違反（常習傷害・暴行・脅迫）、住居侵入被告事件として起訴された必要的弁護事件であるところ、第1次第1審における審理は、昭和44年4月〜同54年3月の約10年間に及んだ。この間、被告人Xは、公判期日への不出頭や勾引状を執行不能にさせる出廷拒否を重ねながら、裁判官忌避申立て（18回）、書記官忌避申立て（1回）および管轄移転の請求（13回）を繰り返し、国選弁護人に対しては、公判期日への不出頭を要求し、裁判所にその解任を請求するなどした。このため、国選弁護人の選任・解任が繰り返され、延べ8名の国選弁護人が審理に関与したが、最後に選任された国選弁護人2名も辞任届を提出して公判期日に出頭しなくなったことから、裁判所は、第26回公判期日において、Xおよび弁護人の立会いがないまま、Xの身上調査回答書および前科調書を取り調べ、不出頭の証人の採用を取り消し、検察官が論告求刑を行って結審した上、第27回公判期日に、懲役1年6か月の有罪判決を宣告した。Xからの控訴申立てを受けた第1次控訴審は、第1次第1審が弁護人の立会いがないまま実質審理をした点に違法があるとして、これを破棄し、差し戻した。差戻し後の第2次第1審においては、当初の国選弁護人2名が辞任届を提出したため、弁護士会長ら2名の国選弁護人が選任されたが、Xが弁護人やその家族に執拗な脅迫を加えたため、これらの国選弁護人も公判に出頭しなくなった。また、私選弁護人2名（うち1名は当初の国選弁護人）は在廷命令を無視して退廷を繰り返した。そこで、裁判所は、被告人・弁護人共に在廷しないまま実質審理を行い、再度懲役1年6か月の有罪判決を言い渡した。これに対してXが控訴したが、控訴棄却となった（第2次控訴審）ので、さらに上告した。最高裁は、Xの上告を棄却して、以下の判断を示した。

●決定要旨● 「裁判所が弁護人出頭確保のための方策を尽したにもかかわらず、被告人が、弁護人の公判期日への出頭を妨げるなど、弁護人が在廷しての公判審理ができない事態を生じさせ、かつ、その事態を解消することが極めて困難な場合には、当該公判期日については、刑訴法289条1項の適用がないものと解するのが相当である。けだし、このような場合、被告人は、もはや必要的弁護制度による保護を受け得ないものというべきであるばかりでなく、実効ある弁護活動も期待できず、このような事態は、被告人の防御の利益の擁護のみならず、適正かつ迅速に公判審理を実現することをも目的とする刑訴法の本来想定しないところだからである。」

●解説● 1 289条1項は、必要的弁護事件につき「弁護人がなければ開廷することはできない」と規定しているが、弁護人の立会いなくして審理することができる場合があるか、が問題である。昭和40年代のいわゆる「荒れる法廷」で多く議論された。

2 本決定は、必要的弁護事件について弁護人立会いの例外を正面から認め、その要件として、①裁判所が弁護人出頭のための方策を尽くしたこと、②被告人が、弁護人の出頭を妨げるなどの事態を生じさせたこと、③その事態の解消が極めて困難であること、の3点を明示した。

3 要件①は、裁判所の義務を定めたが、昭和53年3月に必要的弁護制度の例外を定める「刑事事件の公判の開廷についての暫定的特例を定める法律案」が国会に提出されたが、弁護士会が責任を持って国選弁護人を推薦するとの法曹三者の協議が成立して廃案となった経緯を踏まえて、裁判所の選任努力を求めたものである。要件②は、必要的弁護制度は被告人の権利から認められた制度ではないが被告人の利益のための制度であることから、被告人がその利益を受ける資格を失ったと評価されるような帰責事由の存在を必要としたものである（中谷・後掲151頁）。要件③は、その帰責事由の解消の「極めて困難」であることが必要であるとしたものである。

4 本決定は、その理由として、実効ある弁護活動が期待できないこと、適正かつ迅速な公判審理の実現も果たし得ないことを指摘した。もともと必要的弁護制度は大陸法に伝統的な制度であって、被告人の利益擁護のためだけでなく、公判審理の適正を期しひいては国家刑罰権の公正な行使を確保するための制度である（最2小判昭23・10・30刑集2-11-1435）。そのため、学説の多数説は、この制度の例外を認めなかったが、一部の説は、341条または286条の2の類推適用により例外を認めようとした。しかし、類推適用説には、法律上代替可能性のある弁護人とこれのない被告人の場合とでは事情が異なるという難点がある。そこで、被告人による著しい妨害がある場合には、被告人はもはや必要的弁護制度による保護を受ける資格を失ったとして、必要的弁護制度にも一定の例外が前提とされているとする内在的制約説（田宮275頁等）が主張され、本決定もこの説を採用した（古江・後掲123頁）。

5 本決定は、弁護人が在廷しないまま進める審理の範囲について、特に限定を加えていない。学説では、当該期日に予定されていた訴訟手続に限るべきとの有力な見解もあるが、本決定の論理からは審理の限定は導かれない。しかし、弁護人不在の法廷はまさに異常事態であるから、原則的には、事前に被告人や弁護人に告知されていた訴訟手続に止めるのが妥当とされている（中谷・後掲153頁）。もっとも、平成16年刑訴法改正により、不出頭の「おそれ」がある場合にも国選弁護人の選任が可能となったので（289条3項）、弁護人不在のまま公判審理を行う事態の多くは回避し得ると思われる。

●参考文献● 中谷雄二郎・判解平7年度141、岡田悦典・圓9版116、古江頼隆・圓8版122

311　弁護人の義務——有罪弁論事件

最3小決平成17年11月29日（刑集59巻9号1847頁・判時1916号158頁・判タ1197号153頁）

参照条文　憲法37条　刑訴法30条、293条、379条　刑訴規則211条

> 否認事件における有罪を前提とした最終弁論の適否。

●**事実**●　被告人Xは、A・Bと共謀の上、①営利目的で、被害者を略取・逮捕・監禁し、②ロープで被害者の頸部を絞め、けん銃を発砲して殺害し、③死体を遺棄したとして起訴された。Xは、第1回から第5回公判期日まで、上記②につきロープの一端を引っ張った事実を認めていたが、第6回公判期日において否認に転じた。弁護人（国選）は、第8回公判期日の最終弁論において、Xの第5回公判期日までの供述を前提に、殺意の有無については「Xに殺意なしとは到底言えない」などとして有罪を前提とする弁論を行った。Xは、最終意見陳述で、「誠に悪いことをしたと思っております」などと述べて、最終弁論への不服は述べなかった。第1審は、弁護人の最終弁論につき、Xの第6回公判期日以降の供述に関し裁判所に慎重な検討を求めており、また、被告人質問ではXの言い分を引き出す質問を粘り強く行っている旨を指摘した上、被告人の防御権あるいは弁護人選任権が侵害されたとまで評価できる事情はない旨を判示した。これにつき、上告審の弁護人は、本件最終弁論は、第5回公判期日までの供述のみを前提として有罪の主張をするものであるのに、裁判所は、この主張を放置して結審しているから、被告人の防御権ないし弁護人選任権を侵害する違法がある旨主張した。最高裁は、上告を棄却して、以下の判断を示した。

> ●**決定要旨**●　「殺人、死体遺棄の公訴事実について全面的に否認するXの第6回公判期日以降の主張、供述と本件最終弁論の基調となる主張には大きな隔たりがみられる。しかし、弁護人は、XがA捜査段階から被害者の頸部に巻かれたロープの一端を引っ張った旨を具体的、詳細に述べ、第1審公判の終盤に至るまでその供述を維持していたことなどの証拠関係、審理経過を踏まえた上で、その中でXに最大限有利な認定がなされることを企図した主張をしたものとみることができる。また、弁護人は、Xが供述を翻した後の第7回公判期日の供述も信用性の高い部分を含むものであって、十分検討してもらいたい旨を述べたり、被害者の死体が発見されていないという本件の証拠関係に由来する事実認定上の問題点を指摘するなどもしている。なお、X本人も、最終意見陳述の段階では、殺人、死体遺棄の公訴事実を否認する点について明確に述べないという態度を取っている上、本件最終弁論に対する不服を述べていない。
> 　以上によれば、第1審の訴訟手続に法令違反があるとは認められない。」（補足意見がある。）

●**解説**●　1　本件には、弁護人の訴訟活動のあり方という刑事訴訟の根幹に関わる問題が含まれている。そこで、以下、弁護人の義務に関する一般論に触れた上で、本決定の内容を検討する。

2　弁護人の役割に関して、弁護人には誠実義務と真実義務があるとされている（芦澤・後掲655頁）。本決定の理論的根拠は、上田豊三裁判官の補足意見に示されていると見ることができる。補足意見は、まず、「弁護人は、被告人の利益のために訴訟活動を行うべき誠実義務を負う」と明言し、この義務に違反した場合には訴訟手続が違法となるとした。次に、「弁護人は、他方で、法律専門家（刑訴法31条1項）ないし裁判所の許可を受けた者（同条2項）として、真実発見を使命とする刑事裁判制度の一翼を担う立場をも有している」として、弁護人は誠実義務と真実義務を負うものとしている。この基準から、「違法があるとされるのは、当該主張が、専ら被告人を糾弾する目的でされたとみられるなど、当事者主義の訴訟構造の下において検察官と対峙し被告人を防御すべき弁護人の基本的立場と相いれないような場合に限られる」とする。

3　本決定は、本件事案につき、弁護人の最終弁論には被告人の主張と齟齬する部分があるものの、(i)被告人に最大有利となる認定を主張したと見られ、(ii)被告人の供述の十分な検討を求め、また、(iii)死体未発見の事件であることを指摘し、(iv)被告人はその最終陳述では明確な否認はせず、弁護人の最終弁論に不服も述べていないという事実から、弁護人の最終弁論の手続きに違法はないとした。本件で、弁護人の誠実義務違反はないという判断は相当であろう（佐藤・後掲205頁）。もっとも、弁護人の誠実義務を弁護人の代理人性に重点を置いて考える立場から、被告人の同意を得ていない以上誠実義務に違反しているとの主張もあるが（村岡・後掲119頁）、被告人の利益となるか否かについては弁護人の裁量的判断を認めるべきであろう（芦澤・後掲663頁）。

4　この点、国選弁護人が、死刑事件につき「原告の行為は戦慄をおぼえる」として控訴理由はないとした事案で、弁護人が控訴理由を見いだせない場合には、被告人に面接調査等をする義務があるのにその義務を尽くしていないとして、弁護人に対する損害賠償を認容した例がある（東京地判昭38・11・28下民14-11-2336。ただし、同事件の刑事裁判では、弁護人の行為に違法はないとされた〔最1小判昭36・3・30刑集15-3-688〕）。弁護人の裁量的判断を認める場合でも、当然一定レベルの弁護活動は求められよう。日本弁護士連合会は、このような事件を契機として、国選弁護人が記録を「精査した上で上告理由なしと思料した場合は……速やかに国選弁護人を辞任すべきである」との解釈を示したが、辞任が適切な解決策かはさらに検討の必要があろう。

5　なお、本決定は、弁護人の最終弁論の内容により、手続き違反となる可能性を認めた判例でもある。法的には、刑訴法30条違反あるいは裁判所の訴訟指揮の違法（芦澤・後掲661頁）となろうか。

●**参考文献**●　芦澤政治・判解平17年度640、村岡啓一・図9版118、佐藤博史・J平17年度重判204

312 被害者特定事項の秘匿——暴力団幹部殺人事件

最1小決平成20年3月5日（判タ1266号149頁）　参照条文　憲法32条、37条　刑訴法290条の2

被害者特定事項の秘匿と憲法32条・37条1項。

●**事実**● 暴力団幹部である被告人Xは、平成15年12月、けん銃2丁を発砲して、同じ組織に属する甲組組長のAおよび居合わせた別の幹部のB〜Eを次々と射殺したという5件の殺人および銃砲刀剣類所持等取締法違反で起訴された。事実関係に争いはなく、第1審は死刑を言い渡した。Xは控訴したが却下され、さらに上告した。ちょうどその頃、「犯罪被害者等の権利保護を図るための刑事訴訟法等の一部を改正する法律」（平成19年法律第95号。以下、「被害者保護法」）が成立し、これにより刑訴法に290条の2の被害者特定事項の秘匿決定の規定が新設された。そこで、本件被害者AおよびCの遺族は、AおよびCに関する秘匿決定を求める旨の申出を行ったので、最高裁第1小法廷は、①AおよびCにつき刑訴法290条の2第1項により、②B、DおよびEにつき同条3項により秘匿決定をすることにつき検察官および弁護人の意見を求めたところ、検察官からは相当の意見が示されたが、弁護人からは、不相当の意見が述べられた。これらの求意見の結果を踏まえて最高裁第1小法廷は、主文として、「1　本件の被害者A及び同Cにつき、被害者特定事項を公開の法廷で明らかにしない。2　本件の被害者B、同D及び同Eにつき、被害者特定事項を公開の法廷で明らかにしない」とする決定をしたが、その際、弁護人の主張に対しても、以下の判断を示した。

●**決定要旨**● 「X……に対する殺人、銃砲刀剣類所持等取締法違反被告事件について、被害者A及び同Cに係る被害者等から被害者特定事項の秘匿の申出があったので、当裁判所は、弁護人の意見を聴いた上、刑訴法290条の2第1項により主文1項のとおり決定し、併せて、検察官及び弁護人の意見を聴いた上、同条3項により主文2項のとおり決定する。
なお、弁護人は、本件につき、被害者特定事項を公開の法廷で明らかにしない旨の決定をすることが、憲法37条1項の定める公開裁判を受ける権利を侵害し、ひいては、憲法32条の裁判を受ける権利そのものを空洞化するおそれがあると主張するが、同決定が、裁判を非公開で行う旨のものではないことは明らかであって、公開裁判を受ける権利を侵害するものとはいえないから、所論は前提を欠くというべきである。」

●**解説**● 1　平成19年の被害者保護法では、被害者の刑事手続への参加、刑事手続における損害賠償請求制度と並んで被害者特定事項の秘匿制度が導入され、刑訴法に290条の2、291条2項、295条3項、299条の3、316条の23の規定が創設された。290条の2第1項は、被害者の名誉やプライバシー保護を問題として、被害者（被害者が死亡した場合には、その配偶者等）から申出があるときで、相当と認めるときは、被害者特定事項（氏名および住所その他当該事件の被害者を特定させることとなる事項）を公開の法廷で明らかにしない旨の決定をすることができると規定し、同3項は、被害者等の申出を待つことなく、その身体・財産の保護を問題として裁判所が秘匿決定をすることができるとして、被害者特定事項の公開が、被害者もしくはその親族の身体もしくは財産に害を加えまたは畏怖させもしくは困惑させるおそれがある場合で、相当と認めるときはこれを公開の法廷で明らかにしない旨の決定をすることができるとした。この秘匿制度は、起訴状・訴因変更請求書・公判前整理手続調書・証拠書類の朗読、判決の宣告等で適用される。

2　問題は、秘匿制度が憲法の定める公開裁判の原則に反するかである。公開裁判の原則は、憲法37条1項・82条1項で規定されているが、「公開」の意義それ自体に違いはない。先例として、最1小判平成17年4月14日【327】は、ビデオリンク方式および遮へい措置との関係で、公開原則および証人審問権につき、(i)傍聴人と証人との間で遮へい措置あるいはビデオリンク方式によることとされ、さらには、ビデオリンク方式と遮へい措置が併用されても、審理が公開されていることに変わりはないから、憲法82条1項・37条1項に違反するものではない、(ii)ビデオリンク方式によることとされた場合には、被告人は、映像と音声の送受信を通じてであれ、証人の姿を見ながら供述を聞き、自ら尋問することができるのであるから、被告人の証人審問権は侵害されず、憲法37条2項前段に違反するものでもないとした。同判決の前段では、審理の公開に一定の制限が加わっても「公開されていることに変わりはない」とし、後段では、それが被告人の防御権を侵害するものでもないとした。被害者特定事項を秘匿した審理が公開裁判の原則に反しないとする本決定も、【327】を踏襲したものと言えよう。

3　もっとも、証人尋問における反対尋問等が被害者特定事項にわたるときは、裁判長はその尋問を制限できるので、被害者特定事項を明らかにしない方法で行われることになるが（酒巻匡編『Q&A　平成19年犯罪被害者のための刑事手続関連法改正』136頁〔白木功〕）、被告人の防御に実質的な不利益を生ずる虞がある場合は除かれる（295条3項）。被害者特定事項は起訴状には明記されるが、これを明らかにしない方法による尋問が被告人の防御に影響を及ぼす場合もあり得る。その限界は具体的事案ごとに検討されることとなろう。

4　被害者特定事項の秘匿は公開主義の後退には違いなく、その正当化が求められるとの指摘もあるが（松本・後掲25頁）、刑事訴訟は、刑法の実現だけでなく、社会的法的秩序の回復による事件の解決を目的とするので（田口23頁）、被害者遺族の法的平和の回復への配慮も公開主義を制限する根拠となり得ると考えるべきであろう。

●**参考文献**●　松本哲治・J平20年度重判24、滝沢誠・法学新報116-7=8-155

313 職権証拠調べの義務――八百長レース事件

最1小判昭和33年2月13日（刑集12巻2号218頁・判時142号32頁）　参照条文　刑訴法1条、298条　刑訴規則1条

職権証拠調べの義務。

●**事実**● 被告人Xらは、(1)Aほかと共謀し、甲市の競輪でa～cら8名の競輪選手に八百長レースを組ませ、報酬として約9万円を支払って贈賄し、(2)A・Bと共謀し、乙市の競輪で八百長レースを行った選手に報酬として1万円を支払って贈賄したとし、他の1件の贈賄事件と併せて起訴された。第1審では、被告人の数も多く、事件の分離・併合が繰り返され、X以外の被告人には有罪判決が下されたが、Xについては、有罪の証拠とされたB、a～cの検察官に対する供述調書が提出されないまま結審された。裁判所は、共謀した事実を認める十分な証拠がないとしてXを無罪とした。控訴審は、裁判所は、実体的真実発見のために、事件が裁判をなすに熟するまで審理を尽くすべき義務があることは刑訴法1条の精神に照らして疑いを容れないところであり、たとえ検察官が不注意により証拠提出をしなかったとしても、直ちに犯罪の証明がないとして無罪を言い渡すことなく、検察官に対し立証を促して、事件に重大な関係があるこれらの証拠につき審理を尽くした上で判断すべきであったとし、原審には審理不尽の違法があるとして破棄差戻しとした。弁護人の上告理由は、刑訴法298条2項からも、また同法1条は注意規定であることからも法令違反はなく、当事者主義によっては審理不尽が同法379条の控訴理由に該当するとは考えられず、検察官の証拠不提出は特信状況が存在しないため請求がなかったと解されるとするものであった。最高裁は、上告を棄却して、以下の判断を示した。

●**判旨**● 「わが刑事訴訟法上裁判所は、原則として、職権で証拠調をしなければならない義務又は検察官に対して立証を促がさなければならない義務があるものということはできない。しかし、原判決の説示するがごとく、本件のように被告事件と被告人の共犯者又は必要的共犯の関係に立つ他の共同被告人に対する事件とがしばしば併合又は分離されながら同一裁判所の審理を受けた上、他の事件につき有罪の判決を言い渡され、その有罪判決の証拠となった判示多数の供述調書が他の被告事件の証拠として提出されたが、検察官の不注意によって被告事件に対してはこれを証拠として提出することを遺脱したことが明白なような場合には、裁判所は少くとも検察官に対しその提出を促がす義務あるものと解するを相当とする。従って、被告事件につきかかる立証を促がすことなく、直ちに公訴事実を認めるに足る十分な証拠がないとして無罪を言い渡したときは、審理不尽に基く理由の不備又は事実の誤認があって、その不備又は誤認が判決に影響を及ぼすことが明らかであるとしなければならない。」（反対意見がある。）

●**解説**● 1 法298条2項は、裁判所は「職権で証拠調をすることができる」と規定し、規208条1項は、裁判長は「釈明を求め、又は立証を促すことができる」と規定している。実務上は、まず勧告権限を行使し、それに応じない場合に職権証拠調べを行うというように、段階的にその権限を行使すべきであり、そうした運用が行われているとされている（大谷・後掲117頁）。問題は、職権証拠調べあるいは勧告が裁判所の義務となる場合があるかである。

2 前者を職権証拠調べ義務、後者を勧告義務として学説を整理してみると、①職権証拠調べ義務も勧告義務もないとする説、②勧告義務はあるが、職権証拠調べ義務はないとする説、被告人側と検察官側を区別して、③被告人側には勧告義務があり、例外的に職権証拠調べ義務もあるが、検察官側には職権証拠調べ義務も勧告義務もないとする説、④被告人側には勧告義務があり、例外的に職権証拠調べ義務もあるが、検察官側には職権証拠調べ義務はないが、勧告義務はあるとする説、⑤被告人側と検察官側とを区別せず、勧告義務はあり、例外的に職権証拠調べ義務もあるとする説がある（大谷・後掲117頁）。これらの義務性を認める根拠には、原審が基礎とした「判決に熟したときははじめて判決をすることができるということは、明文はないが訴訟法の当然予想している……訴訟法規範〔である〕」（刑事法講座(5)949頁〔団藤重光〕）とする考え方がある。本判決は、有罪方向への勧告義務を認めたので、上記⑤説によるとされている（大谷・後掲117頁）。この点は、本判旨はあくまで証拠の「提出を促がす義務」があるとしているに過ぎないので、②説と解することも、また、原則として「検察官に対して」勧告義務があると言うことはできないとしているので、⑤説と解する余地もあろう。

3 これに対して反対意見は、法298条2項は、職務として証拠調べをしなければならない旨を定めたものと解することはできないとして、その旨の判例（最1小判昭30・9・29刑集9-10-2102）を引用する。この判例は職権証拠調べの義務を否定したものであるが、例外を認めない趣旨かは明らかでない。しかし、確かに、法律は「できる」としているに過ぎないのであるから、多数意見が、「釈明または立証の促進という職権を、余りにも、たやすく、義務と観念し過ぎる」（竜岡・後掲58頁）とする指摘は正鵠を得ている。加えて、本件事案では、前記供述調書が証拠として提出されていないことは弁論要旨で指摘されていた（同52頁）などの事情も考慮すると、反対意見の主張も傾聴に値する。

4 もっとも、本判旨は、検察官の不注意による証拠提出の遺脱が「明白」という本件のような事案に限って勧告義務を認めたに過ぎないとすれば、多数意見も支持し得ないものではない。しかし、それもあくまで当事者主義を補充するためと見るべきであるから、職権証拠調べの義務まで認めることにはならないであろう。

●**参考文献**● 竜岡資久・判解昭33年度51、大谷剛彦・圀5版116

314 迅速裁判——高田事件

最大判昭和47年12月20日（刑集26巻10号631頁・判時687号18頁・判タ287号165頁）

参照条文　憲法37条

憲法37条1項の迅速裁判の保障条項の趣旨。

●事実● 昭和27年6月26日に、名古屋市内の高田巡査派出所襲撃を含む暴行事件が発生し、被告人Xらは、住居侵入、放火、傷害等の罪で起訴されたが、同年7月7日に発生した大須事件（最2小決昭53・9・4刑集32-6-1652）の審理が優先してなされた結果、Xほか24名については同28年6月18日、Yほか3名については同29年3月4日の各公判期日を最後として、審理が事実上中断され、その後全く審理が行われずに15年余りが経過した。第1審は、憲法37条1項は単なるプログラム規定に止まらず被告人の具体的権利を保障した強行規定であり、本件は迅速な裁判を受ける権利を著しく侵害したとして、公訴時効が完成した場合に準じ、刑訴法337条4号を準用して免訴した。検察官の控訴を受けた控訴審は、迅速な裁判を受ける権利が侵害されたことは認めながら、現行法にその救済規定はないとして、破棄差戻しとした。Xの上告を受けた最高裁大法廷は、原判決を破棄し、検察官の控訴を棄却した。

●判旨● (1)「当裁判所は、憲法37条1項の保障する迅速な裁判をうける権利は、憲法の保障する基本的な人権の1つであり、右条項は、単に迅速な裁判を一般的に保障するために必要な立法上および司法行政上の措置をとるべきことを要請するにとどまらず、さらに個々の刑事事件について、現実に右の保障に明らかに反し、審理の著しい遅延の結果、迅速な裁判をうける被告人の権利が害せられたと認められる異常な事態が生じた場合には、これに対処すべき具体的な規定がなくても、もはや当該被告人に対する手続の続行を許さず、その審理を打ち切るという非常救済手段がとられるべきことをも認めている趣旨の規定であると解する。」

(2)「具体的刑事事件における審理の遅延が右の保障条項に反する事態に至っているか否かは、遅延の期間のみによって一律に判断されるべきではなく、遅延の原因と理由などを勘案して、それ遅延がやむをえないものと認められないかどうか、これにより右の保障条項がまもろうとしている諸利益がどの程度実際に害せられているかなど諸般の情況を総合的に判断して決せられなければならないのであって、たとえば、事件の複雑なために、結果として審理に長年月を要した場合などはこれに該当しないこともちろんであり、さらに被告人の逃亡、出廷拒否または審理引延しなど遅延の主たる原因が被告人側にあった場合には、被告人が迅速な裁判をうける権利を自ら放棄したものと認めるべきであって、たとえその審理に長年月を要したとしても、迅速な裁判をうける被告人の権利が侵害されたということはできない。」

(3)「刑事事件が裁判所に係属している間に迅速な裁判の保障条項に反する事態が生じた場合において、その審理を打ち切る方法については現行法上よるべき具体的な明文の規定はないのであるが、前記のような審理経過をたどった本件においては、これ以上実体的審理を進めることは適当でないから、判決で免訴の言渡をするのが相当である。」

●解説● 1 判旨(1)は、憲法37条1項が、単なるプログラム規定ではなく、具体的に迅速裁判違反の異常な事態が生じた場合には、審理を打ち切るという非常救済手段を取ることも認めた自力実効性を持つ規定であることを宣言した、画期的な判例である。

2 判旨(2)は、迅速裁判違反の事態に至っているか否かの判断基準として、①遅延の期間、②遅延の原因と理由、③迅速裁判の保障条項が守ろうとしている諸利益が害されている程度等、諸般の情況を総合的に判断すべきであるとした。したがって、事件の複雑性とか、被告人の審理引延し等から長年月を要しても、迅速裁判を受ける権利が侵害されたことにはならない。本件については、この判断基準から、被告人が迅速裁判の権利を自ら放棄したわけでもなく、また、被告人の諸利益は実質的に侵害されているので、迅速裁判の保障条項に明らかに違反した異常な事態であるとした。しかし、本判決以後、迅速裁判違反を認めた判例は1件もない（三井Ⅱ299頁）。その1つの理由は、被告人側に審理促進を求める態度が要求されている点にあると指摘される（田中・後掲131頁）。この点については、「無罪判決が確実に予測されるような事案でもないかぎり、被告人側に積極的な審理促進を期待することは無理」（最1小昭50・8・6刑集29-7-393における団藤重光裁判官の反対意見）とする見解に注目すべきであろう。

3 判旨(3)は、本件事案について免訴の判決が相当であるとした。その理由は、有罪または無罪という実体判決をする前提となる実体的訴訟条件の欠如がある（時国・後掲273頁）と考えられたからと思われる。しかし、本判旨は、第1審を結論において正当としているので、刑訴法337条4号準用説ではない。超法規的に、憲法37条1項から直接導き出した「憲法的免訴」と見るべきであろう（田宮裕『刑事法の理論と現実』246頁等）。ただ、なるべく現行法の条文に即した解釈が望ましいと考えると刑訴法337条4号準用説も有力な考え方と思われるし、また、本件のような「異常な事態」にまで至らなくても、著しく不当な訴訟遅延があった場合には刑訴法338条4号により公訴棄却として、迅速裁判保障条項の範囲を拡大すべきとの主張（最1小昭55・2・7刑集34-2-15における団藤重光裁判官の反対意見）も検討に値する。

4 なお、迅速裁判の実現に関する立法措置としては、平成15年の「裁判の迅速化に関する法律」の制定、平成16年の裁判員法51条による迅速裁判の要請、同年の刑訴法改正による法281条の6第1項による継続審理の要求等があり、一定の努力が積み重ねられている。

●参考文献● 時国康夫・判解昭47年度255、田中開・圖9版130、荒木伸怡・圖8版126

315 傍聴人のメモ——レペタ事件

最大判平成元年3月8日（民集43巻2号89頁・判時1299号41頁・判タ689号294頁）　参照条文　憲法14条、21条、82条

法廷で傍聴人がメモを取ることと憲法82条1項。

●**事実**● X（レペタ氏）は、米国ワシントン州弁護士の資格を有する者で、日本の証券市場関係法等の研究のため、昭和57年10月から、東京地裁で所得税法違反被告事件の公判を傍聴していた。Xは、裁判長に傍聴席でメモを取ることについて許可を求めたが、許されなかった。なお、司法記者クラブ所属の報道記者には許されていた。そこで、Xは、裁判長の措置は違法・違憲であるとして、国家賠償請求訴訟を提起したが、第1審・2審がこれを棄却したので、さらに上告した。最高裁大法廷は、以下の判断を示した上で、上告を棄却した。

●**判旨**● (1)「憲法82条1項の規定は、裁判の対審及び判決が公開の法廷で行われるべきことを定めているが、その趣旨は、裁判を一般に公開して裁判が公正に行われることを制度として保障し、ひいては裁判に対する国民の信頼を確保しようとすることにある。

裁判の公開が制度として保障されていることに伴い、各人は、裁判を傍聴することができることとなるが、右規定は、各人が裁判所に対して傍聴することを権利として要求できることまでを認めたものでないことはもとより、傍聴人に対して法廷においてメモを取ることを権利として保障しているものでない」。

(2)「憲法21条1項の規定は、表現の自由を保障している。そうして、……情報等に接し、これを摂取する自由は、右規定の趣旨、目的から、いわばその派生原理として当然に導かれるところである」。

「裁判の公開が制度として保障されていることに伴い、傍聴人は法廷における裁判を見聞することができるのであるから、傍聴人が法廷においてメモを取ることは、その見聞する裁判を認識、記憶するためになされるものである限り、尊重に値し、故なく妨げられてはならない」。「傍聴人のメモを取る行為が公正かつ円滑な訴訟の運営を妨げるに至ることは、通常はあり得ないのであって、特段の事情のない限り、これを傍聴人の自由に任せるべきであり、それが憲法21条1項の規定の精神に合致するものということができる」。

(3)「〔裁判所法71条、刑訴法288条2項の法廷警察権の〕行使は、当該法廷の状況等を最も的確に把握し得る立場にあり、かつ、訴訟の進行に全責任をもつ裁判長の広範な裁量に委ねられて然るべきものというべきであるから、その行使の要否、執るべき措置についての裁判長の判断は、最大限に尊重されなければならない」。「裁判長は、傍聴人のメモを取る行為といえども、公正かつ円滑な訴訟の運営の妨げとなるおそれがある場合は、この権限に基づいて、当然これを禁止又は規制する措置を執ることができるものと解するのが相当である」。

(4)「報道の公共性、ひいては報道のための取材の自由に対する配慮に基づき、司法記者クラブ所属の報道機関の記者に対してのみ法廷においてメモを取ることを許可することも、合理性を欠く措置ということはできない」。

(5) 本件裁判長の不許可措置は、合理的根拠を欠いているが、法廷警察権の目的、範囲を著しく逸脱しまたはその方法が甚だしく不当であるとまでは言えないので、国賠法1条1項の違法な公権力の行使と言うことはできない。（判旨(2)につき意見がある。）

●**解説**● 1　判旨(1)は、裁判の公開について、国民の権利を保障したものと見る説があるが、司法機関に対して制約を課した制度と見る説を採ったものである（門口・後掲58頁）。判例は、憲法82条1項の規定は手続きを一般に公開してその審判が公正に行われていることを保障する趣旨としており（最大決昭33・2・17刑集12-2-253〔北海タイムス事件〕）、本判決もこの判例の流れに沿ったものである（野間・後掲113頁）。

2　判旨(2)は、メモを取ることの自由は、憲法21条1項の規定の精神に照らして尊重されるべきであるとした。憲法21条1項の表現の自由には、知る権利が含まれ、その派生原理としての情報を摂取する自由も含まれる（最大判昭58・6・22民集37-5-793）。メモを取る行為は、摂取行為の補助手段であり、特段の事情のない限り、傍聴人の自由に任せるべきものであるとして、メモ行為の原則的自由を確認した。その意味で、一種の法的保護に値する法的利益と位置付けることができるが（野間・後掲113頁）、あくまで補助手段であるから、これに対する合理的制限も可能となる。

3　判旨(3)では、法廷警察権の行使についての裁判長の判断が尊重されるべきことを強調した。したがって、メモを取る行為も裁判長の法廷運営の裁量権に含まれる事項になる。刑訴規則215条は、公判廷における写真撮影、録音または放送を許可制としており、写真撮影について判例もこれを確認している（前掲最大決昭33・2・17）。

4　判旨(4)の平等条項違反の主張に対する判断は、そのとおりであろう。

5　判旨(5)では、本件裁判長の不許可措置は法廷警察権の行使として合理的根拠を欠くとしつつも、裁判官の職務行為における国賠法上の違法性は、「その違反が著しく不当あるいは不法であって、およそ裁判官としての誠実な権限行使と評価し難い程度に合理性を欠くもの」（門口・後掲85頁）であることが求められ、本件の措置は国賠法上の違法な権力行使に当たるとは言えない、とされた。

6　しかし、本判決は、「裁判所としては、今日においては、傍聴人のメモに関し配慮を欠くに至っていることを率直に認め、今後は、傍聴人のメモを取る行為に対し配慮をすることが要請される」という将来の指針についての異例の説示を加えた。傍聴人のメモ禁止という従来の法廷慣行を否定して、原則自由とした画期的な判断であった。なお、法廷警察権の運用に対する警鐘（門口・後掲95頁）も含意されていることに注意したい。

●**参考文献**● 門口正人・判解民平元年度43、渥美東洋・固7版124、野間禮二・固6版112

316 即決裁判手続の合憲性——パソコン横領事件

最3小判平成21年7月14日（刑集63巻6号623頁・判時2063号152頁・判タ1313号97頁）

参照条文　憲法32条　刑訴法319条、350条の14、403条の2

刑訴法403条の2第1項の合憲性。

●**事実**●　被告人Xは、業務上保管中のパソコン1台を自宅に持ち帰り横領したという業務上横領の事実で起訴された。Xは、事実関係を争わず、検察官から即決裁判手続の告知をされた際には同意書に署名・指印し、また、私選弁護人もこれに同意していた。第1審は、即決裁判手続により、Xを懲役1年、執行猶予3年とした。これに対してXと新たに選任された私選弁護人が控訴を申し立て、法令違反と事実誤認を主張するとともに、即決裁判手続による裁判に対して事実誤認を理由とする控訴の申立てを制限する刑訴法403条の2第1項は、憲法32条に違反すると主張した。これに対して控訴審は、事実誤認の主張を不適法としつつ、控訴制限は争いのない明白軽微な事件について簡易かつ迅速な審判を行うという即決裁判手続の趣旨にかなうものであり、また、即決裁判手続のためには、被告人の有罪の陳述と被告人・弁護人の同意が必要であること等にかんがみると、憲法に反しないとした。Xは、控訴制限の憲法違反と並んで必要的執行猶予の言渡し制度が虚偽の自白を誘発し憲法38条2項に違反するとして上告した。

●**判旨**●　(1)「審級制度については、……憲法はこれを法律の定めるところにゆだねており、事件の類型によって一般の事件と異なる上訴制限を定めても、それが合理的な理由に基づくものであれば憲法32条に違反するものではないとするのが当裁判所の判例とするところである」。

(2)「〔即決裁判〕手続による判決に対し、犯罪事実の誤認を理由とする上訴ができるものとすると、そのような上訴に備えて、必要以上に証拠調べが行われることになりかねず、同手続の趣旨が損なわれるおそれがある。他方、即決裁判手続により審判するためには、被告人の訴因についての有罪の陳述（刑訴法350条の8）と、同手続によることについての被告人及び弁護人の同意とが必要であり（同法350条の2第2項、4項、350条の6、350条の8第1号、2号）、この陳述及び同意は、判決の言渡しまではいつでも撤回することができる（同法350条の11第1項1号、2号）。したがって、即決裁判手続によることは、被告人の自由意思による選択に基づくものであるということができる。また、被告人は、手続の過程を通して、即決裁判手続に同意するか否かにつき弁護人の助言を得る機会が保障されている（同法350条の3、350条の4、350条の9）。加えて、即決裁判手続による判決では、懲役又は禁錮の実刑を科すことができないものとされている（同法350条の14）。

刑訴法403条の2第1項は、上記のような即決裁判手続の制度を実効あらしめるため、被告人に対する手続保障と科刑の制限を前提に、同手続による判決において示された罪となるべき事実の誤認を理由とする控訴の申立てを制限しているものと解されるから、同規定については、相応の合理的な理由があるというべきである。」

(3)「被告人に対する手続保障の内容に照らすと、即決裁判手続の制度自体が所論のような自白を誘発するものとはいえない」。（補足意見がある。）

●**解説**●　1　即決裁判手続（刑訴法350条の2以下）は、平成16年刑訴法改正時に新設された。争いのない軽微な事件について、簡易迅速に審判を行うことにより、手続きの合理化・効率化と迅速化を図るとする制度である。本件では、第1に、刑訴法403条の2第1項が事実誤認を理由とする控訴を制限している点が、憲法32条に反するか否か、第2に、刑訴法350条の14が執行猶予の言渡しを必要的としていることから、安易な虚偽の自白を誘発しやすく憲法38条2項に反するか否かが問題となった。

2　判旨(1)は、審級制度との関係での「裁判を受ける権利」について、上訴制限は立法政策の問題であり、それが合理的な理由に基づくものであれば憲法32条に反しないとした。理論的には、立法政策と制度の合理性とは区別されるが、本判決は、立法政策の合理性を問題とすることで、両者の関係を明確な形で判示したものである（三浦・後掲249頁）。この判断枠組みに従って、上訴制限の合理性が検討されることとなった。

3　判旨(2)は、上訴制限の合理性の根拠として、①事実誤認の上訴を認めると、必要以上に証拠調べが行われることになりかねず、即決裁判手続の制度趣旨が損なわれる虞があること、②被告人の自由意思による選択に基づくものであること、③被告人は弁護人の助言を得る機会が保障されていること、④科刑制限があること、を挙げている。これらの上訴制限の根拠の中で、「被疑者・被告人の瑕疵のない有効な同意の存在」（宮城・後掲133頁）が最も重要であろう。「被告人の自由意思による選択」と言い得るためには、被告人が、即決裁判手続という制度の内容を十分に理解した上で自己決定したのでなければならない。そして、そのためには、弁護人の助言が不可欠である。この点、田原睦夫裁判官の補足意見は、本件における第1審弁護人・被告人間の意思疎通が十分でなかった点を指摘し、刑訴法は、弁護人が即決裁判手続の意義・内容について被告人に適切な助言がなされることを前提として制度を組み立てているとした上で、被告人と弁護人の意思疎通が十全になされることを期待している。当然の意見であろう。

4　判旨(3)は、必要的執行猶予制度が虚偽自白を誘発するものではないとした。その根拠として、①即決裁判手続が執行猶予等の利益を示唆して取調べを行うことを予定していないこと、②公判期日では弁護人が必要的であること（刑訴法350条の9）が指摘されているが（三浦・後掲255頁）、ここでも弁護人の役割が重要である。

●**参考文献**●　三浦透・判解平21年度233、宮城啓子・固9版132、高倉新喜・J平21年度重判223、川上拓一・刑ジャ22-84

317 区分審理制度——3件区分審理事件

最3小判平成27年3月10日（刑集69巻2号219頁・判時2259号127頁・判夕1412号133頁）

参照条文　憲法37条　裁判員法71条、78条、79条、84条、86条、87条

区分審理制度の合憲性。

●**事実**● 被告人Xは、①Aに対する殺人事件、②Bに対する強盗殺人等事件、③Cに対する保険金殺人事件という、裁判員裁判対象事件で起訴された。これらの事件は併合された上、公判前整理手続において区分審理決定（裁判員法71条1項）がなされた。その結果、①の区分事件については、Xに実行行為および共謀が認められず無罪の部分判決が、②の区分事件については、共謀は認められないが幇助の限度での有罪の部分判決がなされ、最後の①・②・③の併合事件の審判においては、まず③については争いなく有罪とされ、②および③の全体の量刑として無期懲役が言い渡された。検察官とXの双方から控訴が申し立てられたが、いずれの控訴も棄却された。Xが上告し、区分審理制度は、偏頗の虞のある裁判所による裁判であるから憲法37条1項に違反する旨主張した。

●**判旨**● (1)「区分審理制度は、裁判員裁判における審理及び裁判の特例であるところ、区分事件審判及び併合事件審判のそれぞれにおいて、身分保障の下、独立して職権を行使することが保障された裁判官と、公平性、中立性を確保できるよう配慮された手続の下に選任された裁判員とによって裁判体が構成されていることや、裁判官が裁判の基本的な担い手とされていること等は、区分審理決定がされていない裁判員裁判の場合と何ら変わるところはない。」
(2)「また、……区分審理制度は、事件が併合されていることを前提としながら事件を区分し、区分した事件について順次審理、判決するものであるから、区分事件審判を担当する裁判体と併合事件審判を担当する裁判体とは、裁判員が新たに選任されてその構成は異なるものの、事件を併合して審判する訴訟法上の裁判所における裁判体の構成の一部変更とみることができ、先行の区分事件審判の裁判体の示した判断を前提に後行の裁判体が裁判所としての終局判決をすることは、制度的に妨げられるものではない。」
(3)「そして、併合事件審判を担当する裁判体は、部分判決で示された事項によるだけでなく、併合事件審判をするのに必要な範囲で、区分事件の公判手続を更新して証拠を取り調べなければならないとされており（同法87条）、区分事件の審理手続や部分判決に重大な瑕疵がある場合等には、当該部分判決によらずに（同法86条2項、3項）、区分事件の審理をしなければならないとされている。」
(4)「以上によれば、区分審理制度においては、区分事件審判及び併合事件審判の全体として公平な裁判所による法と証拠に基づく適正な裁判が行われることが制度的に十分保障されているといえる。したがって、区分審理制度は憲法37条1項に違反せず、このように解すべきことは当裁判所の判例……及びその趣旨に徴して明らかである。」（補足意見がある。）

●**解説**● 1　本件は、裁判員裁判における区分審理制度の合憲性についての初めての判例である。本判旨は、(1)～(3)の論点からなり、(4)は結論である。
2　論点(1)は、区分審理事件の審判および併合事件審判を担当する裁判体が、通常の裁判員裁判の裁判体と何ら変わらないことを指摘し、「公平な裁判所の裁判」の意義に関する最大判昭和23年5月5日刑集2巻5号447頁、および裁判員裁判の合憲性に関する最大判平成23年11月16日【304】に照らしても、その合憲性は明らかであるとした。【304】では区分審理制度には触れられなかったので、この点を補充した形になっている。
3　しかし、区分審理制度は、通常の裁判員裁判の特例とされ、その中心問題が、論点(2)の、部分判決の拘束力（裁判員法86条2項）である。本判旨は、「事件を併合して審判する訴訟法上の裁判所における裁判体の構成の一部変更」として、これを基礎付けている。この考え方は、併合事件は同一の受訴裁判所に係属しているから、当該裁判所が公判前整理手続において合理的な審理計画を策定でき、訴訟法上は、同一の裁判所がすでに下した法的判断は原則として事後的に覆されないため、部分判決が拘束力を持つことになるとするものであろう（長沼・後掲149頁）。この点は、民事訴訟における中間判決の考え方を引照し、「同一の審理手続の中で、裁判体に連続性を持たせながら、区分した事件について順次審理、判決するというものであって、部分判決は、連続性のある裁判体による中間的な判決という点で、中間判決と同様のものと考えられる」（判タ1412-134〔匿名解説〕）とする理解と、基本的には同じと言えよう。
4　他方、論点(3)は、拘束力も無条件ではない点を指摘する。併合事件審判をするに当たって、必要な範囲で区分事件の公判手続を更新しなければならない（裁判員法87条）。つまり、部分判決で有罪の言渡しをするにつき必要的記載事項とされたもの（同法78条2項）に関しては拘束力が及ぶが、それ以外の情状事実に関するものは、手続きを更新して証拠を取り調べなければならないことになる。併合事件審判の裁判体にも自由心証主義が当然妥当するから（同法62条）、拘束事項以外の場面では、独立した証拠評価がなされなければならないからである。また、部分判決に重大な瑕疵がある場合には、区分事件の審理をやり直さなければならないとされていることも（同法86条2項・3項）、併合事件審判が公平な裁判所による裁判であることを担保している。
5　本件の大谷剛彦裁判官の補足意見は、区分審理制度が適切に運用されるならば、裁判員の負担を軽減しつつ、裁判員裁判の円滑な実施に資するが、これに相応しい事件の選択をしないと適正な事実認定が困難となることもあるので、区分審理の選択に当たっては、その当否、適否を慎重に見極める必要があると指摘する。今後の重要な課題であろう。

●**参考文献**● 長沼範良「部分判決制度の意義と課題」J1342-146、川上拓一・法教別冊付録426-41

318 公判前整理手続後の証拠調べ請求——弾劾証拠請求事件

名古屋高金沢支判平成20年6月5日（判タ1275号342頁）　　参照条文　刑訴法316条の2、316条の32、328条

刑訴法316条の32第1項の「やむを得ない事由」の有無。

●**事実**●　本件は、A～Eの5名が共謀した強盗致傷事件に関して、被告人Xが、Yと共謀して、Aらに対して強盗の被害者方に関する情報を提供するなどしてこれを幇助したとする強盗致傷幇助の事案である。原審は、公判前整理手続を経た上で、Xを有罪とした。その審理において、Yは、Xの指示でAらを被害者方に案内したこと、XとAがYを介して知り合ったこと等を証言し、Bもこれを一部裏付けする証言をしたので、弁護人が、YおよびBの捜査段階の供述調書を328条により弾劾証拠として取調べ請求したところ、原審は、これを、(i)取調べの必要性もなく、また、(ii)316条の32第1項の「やむを得ない事由」にも当たらないとして、その請求を却下していた。そこで、弁護人は、「やむを得ない事由」の判断および同条2項の職権証拠調べも行われなかったことが訴訟手続の法令違反に当たるとして控訴した。控訴審は、控訴を棄却しつつ、以下の判断を示した。

●**判旨**●　(1)　原審の(ii)の判断について。「証人尋問が終了しておらず、弾劾の対象となる公判供述が存在しない段階においては、同条の要件該当性を判断することはできないのであって、証人尋問終了以前の取調請求を当事者に要求することは相当ではない。

そうすると、同条による弾劾証拠の取調請求については、同法316条の32第1項の『やむを得ない事由』があるものと解すべきであって、原審裁判所がその証拠決定において、『やむを得ない事由があるということはできない。』としたことは、法律の解釈を誤ったものというべきである。」
(2)　原審の(i)の判断について。「公判前整理手続を実施した事件における弾劾証拠の採否に当たっては、同法316条の2第1項に規定する『充実した公判の審理を継続的、計画的かつ迅速に行う』ことの要請から、証拠としての『必要性』についても厳格な吟味を要するものといえる。」「そこで、同法328条の証拠請求の採否に関する判断要素について検討すると、①その供述者の立場（被害者、共犯者、第三者等、被告人）、②その弾劾の対象となる供述者のした供述の重要性（犯罪事実の存否の認定に不可欠か否か）、③弾劾の対象が供述者の供述全体の信用性にかかわるものか、供述中の特定の事項の信用性にかかわるものか、④公判準備又は公判期日における供述と、別の機会にした供述の矛盾の程度（明白に異なるか、意味合いの違いにとどまるか）、⑤別の機会にした供述が複数あって、それらの相互の間にも矛盾がある場合などにおいては、その供述のなされた時期、変遷経緯、⑥その公判期日等において、供述者の別の機会にした供述とのくい違いに関し、十分な尋問がなされているか否か、⑦供述者が、別の機会にした供述とのくい違いについて、十分な説明をしたか否か、等の諸点について、考慮することになる。」
(3)　本件についてこれを見ると、YおよびBの捜査段階の供述は各公判供述と矛盾することが明らかであり、これを証拠採用すべきであったから、原審の証拠決定は、その裁量権を逸脱した違法がある。しかし、この違法は判決に影響を及ぼすものとは言えない。

●**解説**●　1　判旨(1)は、本件について、「やむを得ない事由」を肯定した。一般に、「やむを得ない事由」は、(a)証拠は存在していたが、これを知らなかったことがやむを得なかった場合、(b)証人の所在不明等の理由により証拠調べ請求ができなかったとき等、証拠の存在は知っていたが、物理的にその取調べ請求が不可能であった場合、(c)証拠の存在は知っており、証拠調べ請求も可能であったが、公判前整理手続等における相手方の主張や証拠関係等から、証拠調べ請求をする必要がないと考え、そのように判断することについて十分な理由があったと考える場合等とされる。また、証人が公判期日において、あらかじめ開示された内容と異なる証言をした場合に、当該証人の捜査官に対する供述調書を328条に基づいて請求することは、弾劾の対象である公判供述がされた後でなければ、同条の要件該当性も必要性も明らかでないから、(b)の場合に当たるとされていた（解説788頁）。本件事案も、同じく(b)の場合に当たることとなろう。

2　本判決の特色は、判旨(2)にあり、「やむを得ない事由」要件に加えて、証拠調べの必要性の要件を検討したことである。証拠としての必要性の有無が証拠採否の基準となることは、実務の一般的見解とされているが（岡・後掲127頁）、この点について、328条による弾劾証拠を採用するに当たっては、別の機会にした供述が公判準備または公判期日の供述と矛盾するとの要件が認定されることが必要であるとした判例（最3小判平18・11・7【475】）を踏まえ、公判前整理手続を経た事件における弾劾証拠の採否については、316条の2第1項に規定する充実した公判の審理の要請から、必要性についても厳格な吟味を要するとした。

3　とりわけ、本判決が、証人尋問において自己矛盾について反対尋問がない場合等に弾劾証拠を許容すると、「いたずらに、供述者の供述の信用性の判断を難解にすることになりかねない」とし、そのような証拠調べ請求は許容されないとの原則を確認した点が、公判中心主義の観点から注目される。ただし、反対尋問等がなされていないことのみで、弾劾証拠を全て排斥するのは相当とは言い難いとして、本件事案での弾劾証拠の証拠調べの必要性は認めた。

4　なお、控訴趣意が主張する316条の32第2項の職権証拠調べの問題は、同条1項のやむを得ない事由がない場合の規定であり、極めて例外的な権限であるから、裁判所が職権発動しなかったのも当然と言えよう。

●**参考文献**●　岡慎一・圖9版126

319 公判前整理手続後の訴因変更——業務上過失致死事件

東京高判平成20年11月18日（高刑61巻4号6頁・判タ1301頁307頁）　参照条文　刑訴法312条、316条の32

公判前整理手続後の公判審理段階での訴因変更の許否。

●**事実**● 被告人Xは、先行車両を追い越して左方に進路変更するに当たり、進路の安全確認不十分のまま漫然時速60kmで左方に進路変更をした過失により、原動機付自転車に衝突して被害者を死亡させたとの業務上過失致死および道交法違反の罪で起訴され、事件は公判前整理手続に付された。事件の争点は、本件事故が被害者の自損事故等により生じたとの主張によるXの犯人性とされたが、公判での証人尋問等から新たな事実が判明したため、検察官が訴因変更請求を行い、裁判所はこれを許可し、変更後の訴因につきXを有罪とした。これに対して、Xは、本件訴因変更請求は権利の濫用に当たるにもかかわらず原審がこれを許可したのは訴訟手続の法令違反であるとして、控訴した。控訴審は、原判決を破棄して自判し、業務上過失致死につき無罪とし、救護義務・報告義務違反のみを有罪としたが、訴因変更請求に関して以下の判断を示した。

●**判旨**● 「公判前整理手続は、当事者双方が公判においてする予定の主張を明らかにし、その証明に用いる証拠の取調べを請求し、証拠を開示し、必要に応じて主張を追加、変更するなどして、事件の争点を明らかにし、証拠を整理することによって、充実した公判の審理を継続的、計画的かつ迅速に行うことができるようにするための制度である。このような公判前整理手続の制度趣旨に照らすと、公判前整理手続を経た後の公判においては、充実した争点整理や審理計画の策定がされた趣旨を没却するような訴因変更請求は許されないものと解される。」

これを本件について見ると、公判前整理手続での争点は、被告人が、本件交通事故を引き起こした犯人であるか否かという点であり、過失の点は争点化されなかった。また、公判における目撃者等の証拠調べから、本件事故の態様が、公訴事実が前提としていたものとは異なることが明らかとなったため、検察官が訴因変更請求をした段階で訴因変更請求を許可しても、追加的に必要とされる証拠調べは極めて限られており、弁護側立証を含めても、1期日で終了し得る程度であった。

「以上によれば、本件は、公判前整理手続では争点とされていなかった事項に関し、公判で証人尋問等を行った結果明らかとなった事実関係に基づいて、訴因を変更する必要が生じたものであり、仮に検察官の訴因変更請求を許可したとしても、必要となる追加的な証拠調べはかなり限定されていて、審理計画を大幅に変更しなければならなくなるようなものではなかったということができる。

そうすると、本件の訴因変更請求は、公判前整理手続における充実した争点整理や審理計画の策定という趣旨を没却するようなものとはいえないし、権利濫用にも当たらないというべきである。検察官の本件の訴因変更請求を許可した原審には、判決に影響を及ぼすことが明らかな訴訟手続の法令違反は認められない。」

●**解説**● 1　公判前整理手続の目的が、充実した公判の審理を継続的、計画的かつ迅速に行う（316条の2第1項）ことにあることから、争点整理と証拠整理がなされた後の新たな主張や証拠調べ請求が制限されるのは当然である。この点について、証拠調べ請求については「やむを得ない事由」がなければ証拠請求はできないとの明文規定が設けられたが（316条の32）、新たな主張についての規定は置かれなかった。そこで、訴因変更請求を制限することができるかが問題となる。

2　本判決は、まず、「公判前整理手続を経た後の公判においては、充実した争点整理や審理計画の策定がされた趣旨を没却するような訴因変更請求は許されない」との原則を示した。公判前整理手続の制度趣旨を活かすための当然の原則であろう。次に、この基準を本件に当てはめ、①争点整理では過失は争点ではなかったが、②公判での証拠調べの結果、事故の態様が異なることが判明したため訴因変更の必要が生じ、③追加的証拠調べは審理計画に大幅な変更は生じさせないことを指摘して、「充実した争点整理や審理計画の策定という趣旨を没却するようなものとはいえないし、権利濫用にも当たらない」とした。こうして、本件については訴因変更を認めた上で、被害者の異常な蛇行運転という新事実から被告人の過失を否定した。なお、本件での追加的証拠調べ自体は、316条の32第1項の「やむを得ない事由」から許容されることとなろう（丸橋・後掲102頁）。

3　本件で、訴因変更請求が許容された決定的な理由は、上記②の新たな事実の判明であろう。訴因変更請求が許容される事例として、例えば、公判前整理後に傷害罪の被害者が死亡したため、傷害致死罪に訴因変更する場合が挙げられているが（角田・後掲125頁）、これも新事実が判明した場合である。本件も、公判審理で新たな過失態様が判明した場合であるから、この類型に属することとなろう。問題は、上記①の争点整理の内容である。整理手続においてどの程度詰めた争点整理がなされたかが問題で、十分な争点整理ができなかった場合には訴因変更の余地が広がることにもなりかねない（角田・後掲125頁）。この点、最3小判平成26年4月22日【321】は、明示的に争点として掲げられなくても、実質的には争点となることを認めた。今後は、争点整理の程度と訴因変更との関係が問題となろう。

4　なお、本判決後の東京高判平成21年8月6日判タ1342号64頁は、訴因変更請求によって公判前整理手続において整理された主張・立証の基本構造が公判前整理手続の制度趣旨を没却するほど大きく変更されたとは言えないなどとして、訴因変更請求を例外的に許容できるとした。

●**参考文献**●　角田正紀・百9版124、岡慎一・J平21年度重判213、丸橋昌太郎・刑ジャ18-93

320 裁判所の釈明義務――広島女児殺害事件

最2小判平成21年10月16日（刑集63巻8号937頁・判時2061号148頁・判夕1311号90頁）

参照条文　刑訴法294条、379条　刑訴規則208条

当事者追行主義の下における裁判所の釈明義務。

●**事実**● 本件は、ペルー国籍の被告人Xが、小学生の女児に強制わいせつ行為をして殺害し、死体を遺棄したという強制わいせつ致死および殺人等の事案である。公判前整理手続における争点は、(i)被害児童を死に至らしめた行為の態様および殺意の有無、(ii)わいせつ目的の有無、(iii)犯行場所、(iv)責任能力の有無であった。第1審は、これらの争点をいずれも積極に解した（ただし、犯行場所については、検察官は「X方室内」を主張したが、裁判所は「X方室内を含むA荘及びその付近を超えない範囲の場所」と認定した）、Xを無期懲役とした。これに対して、控訴審は、本件犯行場所について真相を解明するためにはXの供述調書を取り調べる必要性が高いにもかかわらず、原審がその証拠調べ請求を却下したことは、訴訟手続の法令違反であるとして、第1審判決を破棄し差し戻した。Xの上告を受けた最高裁は、原判決を破棄して、事件を差し戻した。

●**判旨**● (1)「刑事裁判においては、……合理的な期間内に充実した審理を行って事案の真相を解明することができるよう、具体的な事件ごとに、争点、その解決に必要な事実の認定、そのための証拠の採否を考える必要がある。そして、その際には、重複する証拠その他必要性の乏しい証拠の取調べを避けるべきことは当然であるが、当事者主義（当事者追行主義）を前提とする以上、当事者が争点とし、あるいは主張、立証しようとする内容を踏まえて、事案の真相の解明に必要な立証が的確になされるようにする必要がある。」

(2) ①本件における犯行場所の認定は主要な争点の1つとなっていたから、犯行場所に関するXの検察官調書について、その取調べに必要な措置を採ることも、選択肢としてはあり得た。②しかし、本件検察官調書は、犯行場所を立証する証拠として挙げられておらず、「このように検察官が立証趣旨としていない事項について、検察官の被告人質問における発問内容にまで着目して検察官調書の内容やその証明力を推測して、……釈明をしたり任意性立証の機会を付与したりするなどの措置を採るべき義務が第1審裁判所にあるとまでいうことはできない。」③さらに、検察官は、量刑不当のみを控訴理由とし、事実誤認を理由には控訴申立てをしておらず、犯行場所が「X方室内」と認定されようと、それを含む「A荘及びその付近」と認定されようと、量刑に及ぼす情状に何らの軽重はないと釈明していた。

(3)「本件検察官調書の取調べに関し、第1審裁判所に釈明義務を認め、検察官に対し、任意性立証の機会を与えなかったことが審理不尽であるとして第1審判決を破棄し、本件を第1審裁判所に差し戻した原判決は、第1次的に第1審裁判所の合理的な裁量にゆだねられた証拠の採否について、当事者からの主張もないのに、前記審理不尽の違法を認めた点において、刑訴法294条、379条、刑訴規則208条の解釈適用を誤った違法があ〔る〕。」

●**解説**● 1 判旨(1)が、「当事者が争点とし、あるいは主張、立証しようとする内容を踏まえて、事案の真相の解明に必要な立証が的確になされるようにする必要がある」とした判示には、当事者主義に基づく事実認定のあり方にとって3つの重要な要素が含まれている。(a)当事者の主張を踏まえるべきこと、(b)事案の真相の解明がなされるべきこと、(c)そのために必要な立証がなされるべきこと、である。従来、刑事訴訟の実際は、当事者主義の下、主張と証拠の提出は当事者の責任とされるものの、他は全て裁判所の広範な裁量に委ねられてきた（川上・後掲217頁）がゆえに、この原点の確認には大きな意義がある。

2 判旨(3)が、裁判所の釈明義務を否定したのは、犯行場所の誤認が明らかに有罪無罪や量刑に影響を与えるなどの事情は認められないという実体面の理由と、検察官が立証趣旨としていない事項についてまで裁判所の釈明義務はないし、検察官は事実誤認を控訴理由としていないという手続き面の理由からであろう（入江・後掲443頁）。もし、裁判所にそのような事項についてまで釈明義務があるとなると、審理の長期化を招くのみならず、被告人の権利を保護しつつ、事案の真相解明を図るという刑事裁判の目的からして、不必要な点の解明を要求することになろう。また、本判旨が、裁判所の審理不尽の違法を認めなかったことから、審理不尽の相対性が正面から認められたとされる（植村・後掲129頁）。審理不尽も、当事者の応訴態度を抜きにして判断できないことは当然であろう。

3 なお、審理不尽を認めた原審は精密司法の考え方に基づいているといえようが、今日では、核心司法の考え方が重要である（田口・目的395頁）。この点、本判決をこれまでの職権行使論の一部と位置付ける理解もあり（植村・後掲129頁）、調査官解説でも、これまでの職権証拠調べの義務や釈明義務に関する判例が検討されている（入江・後掲437頁）。しかし、本判決は、平成16年刑訴法改正より論を起こして、その視点に基づき本件を検討していることからすると、本件を核心司法といった時代思潮との関連で理解することも必要であろう。

4 本判決は、当事者追行主義を、より重視する傾向を鮮明にしたもの（入江・後掲443頁）として重要であるが、同時に、当事者の役割の重要性を再認識させ、また、裁判所のあるべき役割についても考えさせる。確かに、裁判所はいたずらに職権介入すべきものではないが、場合によっては一定の職権発動も必要となるからである。その限界は今後の検討課題である。

●**参考文献**● 入江猛・判解平21年度425、植村立郎・圕9版128、川上拓一・J平21年度重判216

321 争点確認措置——弁護士殺害事件

最3小判平成26年4月22日（刑集68巻4号730頁・判時2227号127頁・判タ1402号64頁）

参照条文　刑訴法294条、316条の24、379条　刑訴規則208条

公判前整理手続で明示されなかった争点の意義。

●**事実**●　被告人Xは、弁護士Aを刃物で突き刺して殺害したなどとして起訴され、裁判員裁判で審理された。公判前整理手続において確認された争点整理（316条の24）の結果は、①住居侵入の目的、②死亡の原因となった2か所の傷が生じた経緯、③Xの行為と死亡との間の因果関係の有無、④量刑であった。ただ、公判前整理手続の過程において、受傷の経緯に関し、刃物で突き刺す前にけん銃の引き金を引いた行為について、検察官と弁護人とで意見の相違があったが、争点の細目には加えられなかった。

第1審は、「罪となるべき事実」として、Xは被害者方に侵入して、「被害者を殺害しようと向けていたけん銃の引き金を2回引いた。ところが事前の操作を誤っていたため弾が発射され」なかったが（以下、「未発射事実」）、刃物で突き刺して殺害した旨の事実を認定した。これに対して控訴審は、上記未発射事実は、犯行に至る過程ではなく、それ自体殺人未遂罪の構成要件に該当する行為であるとし、「殺人未遂の実行行為あるいはこれと同等の訴因類似の重要事実」については、訴因変更手続を要するし、また、裁判所において争点として提示する措置を取る必要があると述べ、第1審判決を破棄差戻しとした。これに対して最高裁は、原判決を破棄して差し戻した。

●**判旨**●　(1)「第1審判決は、本件未発射事実を住居侵入に及んだ後から被害者に本件刃物で心損傷を負わせるまでの間の一連の事実の中に記載しているなどの判文全体を通覧すると、……本件判示部分〔未発射事実〕を住居侵入後の殺害行為に至る経過として認定したものと解される。したがって、第1審判決が、本件公訴事実に記載されていない本件判示部分を、訴因変更手続を経ずに認定した点に違法があったとは認められない。」

(2)「第1審の公判前整理手続において、本件未発射事実については、その客観的事実について争いはなく、けん銃の引き金を引いた時点の確定的殺意の有無に関する主張が対立点として議論されたのであるから、その手続を終了するに当たり確認した争点の項目に、上記経過に関するものに止まるこの主張上の対立点が明示的に掲げられなかったからといって、公判前整理手続において争点とされなかったと解すべき理由はない。加えて、第1審の公判手続の経過は、検察官が本件未発射事実の存在を主張したのに対し、特段これに対する異議が出されず、証拠調べでは、被告人質問において上記確定的殺意を否認する供述がなされ、被告人の供述調書抄本の取調べ請求に対し『不同意』等の意見が述べられ、第1審判決中に検察官の主張に沿って本件判示部分が認定されたというものであるから、この主張上の対立点について、主張立証のいずれの面からも実質的な攻撃防御を経ており、公判において争点とされなかったと解すべき理由もない。そうすると、第1審判決が本件判示部分を認定するに当たり、この主張上の対立点を争点として提示する措置をとらなかったことに違法があったとは認められない。」

●**解説**●　1　本判決は、335条1項における「罪となるべき事実」の記載のあり方および争点確認措置（316条の24）の意義という基本問題につき、重要な示唆を与えた判例である。

2　判旨(1)は、本件未発射事実を、殺害に至る経過と認定した。先例として、余罪を犯罪事実に至る経過または情状として記載しても違法ではないとした判例がある（最1小判昭41・11・10裁判集刑161-325）。また、裁判員裁判における判決書の「罪となるべき事実」は、社会的実体を伴う犯罪事実を記載すべきであって訴因とは異なるとの指摘もある（司法研修所編『裁判員裁判における量刑評議の在り方について』90頁）。かかる観点からすれば、本件第1審が、控訴審が言うような、けん銃未発射事実を犯罪事実として認定したのではなく、殺害に至る経過として記載したと解することが、むしろ妥当な見方であろう。

3　判旨(2)は、本件未発射事実が、争点確認措置の対象とならなかったとしても、公判前整理手続における争点であったと解することができるし、また、公判審理においても攻撃防御がなされているから争点とされていたとした。本判旨の考え方は、争点確認措置は充実した公判審理のためであるから（316条の2第1項）、核心的な争点に絞ってよく、それが公判審理の枠組みを形成する、したがって、主張上の対立点が全て争点として挙示される必要はないとするものであろう（判タ1402-65〔匿名解説〕）。これに対して、争点顕在化手続（日航機よど号ハイジャック事件【334】）は、被告人に対する不意打ちを防止して防御権を保障するためであるから、争点顕在化の対象は核心的争点に絞る必要はない。主張上の対立点であれば広く防御権保障の対象とすべきである。「争点」と言っても、両者は視点が異なる。控訴審は両者の争点概念を同一と見たが、最高裁はそれぞれの争点の機能を異なるものと見ている。有益な分析であり、今後の具体的な事例の蓄積が期待される。

4　なお、本判旨は、本件の当事者は、以上の手続き問題を控訴理由に挙げていない点も指摘している。そもそも控訴審が事後審であり、第1審と同じく当事者主義が妥当すると見ると、当事者の申立て理由を基本的な審判対象と考えるべきであろう。この点、本件控訴審が当事者の主張しない訴因や争点を問題としたのは、公判前整理手続において当事者が主張しない新たな争点設定に関する裁判所の釈明義務の存在を否定した判例（広島女児殺害事件【320】）にも反するように思われる。

●**参考文献**●　青木孝之・刑ジャ43-166、小川佳樹・J平26年度重判186

322 証拠開示(1)——備忘録開示事件

最3小決平成19年12月25日（刑集61巻9号895頁・判時1996号157頁・判タ1260号102頁）

参照条文　刑訴法316条の15、316条の20、316条の26　犯罪捜査規範13条

取調警察官が犯罪捜査規範13条に基づき作成した備忘録と証拠開示。

●事実●　被告人Xは、偽造通貨行使の事実で起訴されたが、無罪を主張した。事件は期日間整理手続に付され、検察官が、Xの供述書・供述調書各1通を証拠請求した。弁護人は、任意性を争い、316条の20第1項に基づき、「Xに係る警察官の取調メモ（手控え）・取調小票・調書案・備忘録等」の開示を請求した。これに対して検察官は、請求に係る取調べメモ等は、本件証拠中には存在せず、また、一般に証拠開示の対象となる証拠に該当しないと回答した。その上で検察官は、取調官の証人尋問を請求するとともに、新たに供述調書の証拠請求したので、弁護人は、316条の26第1項に基づき証拠開示命令を請求した。原々審は、これを棄却したが、原審は、検察官が容易に入手することができ、かつ、弁護人が入手することが困難な証拠であって、弁護人の主張との関連性の程度および証明力が高く、被告人の防御の準備のために開示の必要性が認められ、開示の弊害の虞もない証拠が具体的に存在すると認められる場合には、これは、いわば検察官が保管すべき証拠であるから、検察官の手持ち証拠に準じ、証拠開示の対象となるとして、原々決定を変更し、検察官に対して証拠開示を命じた。最高裁は、検察官の特別抗告を棄却して、以下の判断を示した。

●決定要旨●　(1)「公判前整理手続及び期日間整理手続における証拠開示制度は、争点整理と証拠調べを有効かつ効率的に行うためのものであり、このような証拠開示制度の趣旨にかんがみれば、刑訴法316条の26第1項の証拠開示命令の対象となる証拠は、必ずしも検察官が現に保管している証拠に限られず、当該事件の捜査の過程で作成され、又は入手した書面等であって、公務員が職務上現に保管し、かつ、検察官において入手が容易なものを含むと解するのが相当である。」
(2)「公務員がその職務の過程で作成するメモについては、専ら自己が使用するために作成したもので、他に見せたり提出することを全く想定していないものがあることは所論のとおりであり、これを証拠開示命令の対象とするのが相当でないことも所論のとおりである。しかしながら、犯罪捜査規範13条は、『警察官は、捜査を行うに当り、当該事件の公判の審理に証人として出頭する場合を考慮し、および将来の捜査に資するため、その経過その他参考となるべき事項を明細に記録しておかなければならない。』と規定しており、警察官が被疑者の取調べを行った場合には、同条により備忘録を作成し、これを保管しておくべきものとしているのであるから、取調警察官が、同条に基づき作成した備忘録であって、取調べの経過その他参考となるべき事項が記録され、捜査機関において保管されている書面は、個人的メモの域を超え、捜査関係の公文書ということができる。これに該当する備忘録については、当該事件の公判審理において、当該取調べ状況に関する証拠調べが行われる場合には、証拠開示の対象となり得るものと解するのが相当である。」

●解説●　1　決定要旨(1)は、証拠開示命令の対象は、検察官が保管する証拠に限られないことを明言した。検察官が引用した高裁判例は、検察官が保管する証拠に限られるとするものであったから、本決定はこれまでの高裁判例を変更することとなった。条文上は、確かに、316条の27第2項が提出命令の対象を検察官の「保管する証拠」としているが、他方で、316条の15・316条の20・316条の26・316条の27第1項には、そのような限定が付されていない。また、証拠一覧表の提出命令の場合と証拠開示命令の場合とが同じ基準でなければならないという理由もないことからすれば、保管証拠に限られないという解釈も十分可能であろう（山口・後掲526頁、後藤・後掲212頁）。なお、本決定は、公務員が現に保管するなどの絞りをかけているので、検察官に過剰な義務を負わせることにはならないであろう。

2　決定要旨(2)は、取調警察官の備忘録も開示命令の対象となり得るとした。弁護人は、316条の20第1項の争点関連証拠として証拠開示を請求した。警察官が作成する書面であっても、犯罪捜査規範182条の2に基づき、「司法警察職員が職務上作成することを義務付けられている書面」であれば、316条の15第1項8号の類型証拠として開示対象となるが、備忘録は、あくまでそのために準備・作成された書面であるから、これが証拠開示の対象となるかは解釈による。本決定は、犯罪捜査規範13条を根拠として備忘録が捜査関係の公文書であるとして、証拠開示の対象とした。

3　そうなると、捜査官が証人となる場合に、316条の15第5号が問題となり得るが（安井・後掲101頁）、当該備忘録が「供述録取書等」に該当することは、まずあり得ないように思われる。なお、「証拠開示の対象となり得る」としたのは、開示対象であっても、関連性の程度、被告人の防御の必要性の程度等を考慮して相当と認めるときに開示命令が発せられるからであろう。また、犯罪捜査規範13条に言及されているが、それは公文書性を示す1つの例であって、この場合に限る趣旨ではないであろう。ただし、開示対象とならない「個人的メモ」との限界は微妙であり、検討が必要である（最3小決平20・6・25【323】参照）。

4　もっとも、かかる判例による開示対象の拡張傾向に対しては、新たな証拠開示制度が、争点と証拠を整理し公判準備に資するという政策目的から整備されたものであるところ、これに逆行するとの批判もある（酒巻匡編著『刑事証拠開示の理論と実務』25頁〔酒巻〕）。迅速で充実した公判審理を実現するためにも、開示基準の明確化は重要な課題である。

●参考文献●　山口裕之・判解平19年度495、後藤昭・J平20年度重判211、安井哲章・刑ジャ12-95

323 証拠開示(2)—保管メモ提示事件

最3小決平成20年6月25日（刑集62巻6号1886頁・判時2014号155頁・判タ1275号89頁）

参照条文　刑訴法316条の20、316条の26、316条の27　犯罪捜査規範13条

警察官の保管するメモに対する提示命令。

●**事実**● 被告人は、覚せい剤取締法違反で起訴され、期日間整理手続に付された。弁護人は、警察官らによる採尿手続およびそれに先行する保護手続の違法を主張し、警察官Aらの証人尋問が採用された。弁護人は、同主張に関連する証拠（316条の20第1項）として、検察官に対し警察官Aらの供述調書、捜査報告書およびメモ等の開示を求めたが、開示を求めた証拠が存在しないなどの理由で開示されなかったことから、裁判所に開示命令を申し立てた（316条の26第1項）。

原々審は、検察官に対して釈明を求めたが、メモについては個人的メモ以外は不存在等と回答したので、検察官に対し、本件保護状況ないし採尿状況に関する記載がある警察官A作成のメモの提示を命じたが（316条の27第1項）、検察官は、提示命令の対象は検察官手持ち証拠に限られること、個人的メモは最3小決平成19年12月25日【322】による証拠開示命令の対象とならないことを理由に、提示命令に異議を申し立て、これが棄却された後も提示しなかった。そこで原々審は、警察官A作成のメモは、本件の捜査過程で作成され、警察官Aが職務上保管し、かつ、検察官において入手が容易なものであり、また、個人的メモの域を超え捜査関係の公文書と言うべきであるなどとして、本件メモの開示を命じた。これに対して、検察官が即時抗告を申し立てたが、原決定もこれを棄却したので、さらに特別抗告を申し立てた。最高裁は、これを棄却して、以下の判断を示した。

●**決定要旨**● (1)「犯罪捜査に当たった警察官が犯罪捜査規範13条に基づき作成した備忘録であって、捜査の経過その他参考となるべき事項が記録され、捜査機関において保管されている書面は、当該事件の公判審理において、当該捜査状況に関する証拠調べが行われる場合、証拠開示の対象となり得るものと解するのが相当である〔【322】参照〕。」

(2)「そして、警察官が捜査の過程で作成し保管するメモが証拠開示命令の対象となるものであるか否かの判断は、裁判所が行うべきものであるから、裁判所は、その判断をするために必要があると認めるときは、検察官に対し、同メモの提示を命ずることができるというべきである。これを本件について見るに、本件メモは、本件捜査等の過程で作成されたもので警察官によって保管されているというのであるから、証拠開示命令の対象となる備忘録に該当する可能性があることは否定することができないのであり、原々審が検察官に対し本件メモの提示を命じたことは相当である。検察官がこの提示命令に応じなかった本件事実関係の下においては、本件メモの開示を命じた原々決定は、違法ということはできない。したがって、本件メモの開示を命じた原々決定を是認した原決定は結論において相当である。」

●**解説**● 1 【322】では、被告人の供述調書の任意性が争点となって取調べメモが問題となったが、本件では、保護ないし採尿という取調べ以外の捜査状況が争点となって、警察官が保管するメモの証拠開示が問題となった。なお、公判前整理手続における証拠開示規定は、期日間整理手続にも準用されている（316条の28第2項）。

2 検察官は、原々決定が開示を命じた「本件保護状況ないし採尿状況に関する記載のある警察官A作成のメモ」は、【322】に言う証拠開示の対象となる備忘録には当たらないと主張したが、決定要旨(1)は、本件メモも開示の対象となり得るとした。【322】が引用する犯罪捜査規範13条は、捜査一般に関する規定であるから、取調べ以外の捜査の状況が争点となった場合にも、当該捜査過程が記録されたメモ等も開示対象に含まれ得るのであり、本決定はこの点を、改めて確認したものと言えよう（増田・後掲535頁）。

3 決定要旨(2)は、その前段で、開示命令の対象となるか否かの判断は裁判所が行うべきとした。本件で、検察官が本件メモが個人的メモであることを理由に提示命令に従わなかったが、あたかも個人的メモであるか否かの判断を捜査機関が行うがごとき理解を示したことから、あえて当然のことを指摘したものと思われる。この点、取調べメモが開示対象となる備忘録に該当するか否かの捜査機関の判断は尊重されるべきであるとした、大阪地決平成20年3月26日判タ1264号343頁の存在も影響を与えたのかもしれない。開示対象の該当性につき捜査機関と弁護人の間で見解が対立しているときに、捜査機関の判断を尊重すべきとすることは必ずしも妥当とは言えない（増田・後掲539頁）。

4 決定要旨(2)の後段は、警察官の保管メモの開示対象該当性判断のために必要があるときは、裁判所は検察官に対し、メモの提示を命ずることができるとした。316条の27第1項によりメモの提示を命じた上で、犯罪捜査規範13条に基づき作成された備忘録に該当するか否かを含めて開示対象該当性を判断するという開示命令の審理構造の確認である。本決定は、【322】の趣旨を引き継いでいるが、開示命令の審理構造を明確にした点に意義がある。

5 本決定後に、最1小決平成20年9月30日刑集62巻8号2753頁は、警察官のメモにつき、「職務の執行のために作成したものであり、その意味で公的な性質を有するものであって、職務上保管しているもの」で、検察官において入手が容易なものに該当するとして開示対象に含めた。【322】の「公文書」の要件が、ここでは「公的な性質を有するもの」とされ、また、犯罪捜査規範に関する言及もない。開示対象を決定する基準につき、さらなる吟味が求められる。

●**参考文献**● 増田啓祐・判解平20年度520、後藤昭・J平20年度重判211、渡辺修・判時2054-196

324 証拠開示(3)—訴訟指揮権に基づく証拠開示命令事件

最2小決昭和44年4月25日（刑集23巻4号248頁・判時554号3頁・判タ233号284頁）

参照条文　刑訴法294条、299条、300条

訴訟指揮権に基づく証拠開示命令の可否。

●**事実**● 本件は、税務署職員である被害者Mに対して暴行を加えたとする公務執行妨害事件において、Mの証人尋問が終わった後、弁護人が、反証準備のためとして、捜査段階で226条に基づき証人として取り調べられたM以外の5名の証人尋問調書の開示を求めた事案である。検察官が開示を拒否したため、大阪地裁は、証拠に関しては調書を弁護人に閲覧させるように裁判所の訴訟指揮権に基づく証拠開示命令を発し、これに対する検察官の異議申立ても棄却した。最高裁は、検察官の特別抗告を棄却して、括弧書きで以下の判断を示した。

●**決定要旨**●「裁判所は、その訴訟上の地位にかんがみ、法規の明文ないし訴訟の基本構造に違背しないかぎり、適切な裁量により公正な訴訟指揮を行ない、訴訟の合目的的進行をはかるべき権限と職責を有するものであるから、本件のように証拠調べの段階に入った後、弁護人から、具体的必要性を示して、一定の証拠を弁護人に閲覧させるよう検察官に命ぜられたい旨の申出がなされた場合、事案の性質、審理の状況、閲覧を求める証拠の種類および内容、閲覧の時期、程度および方法、その他諸般の事情を勘案し、その閲覧が被告人の防禦のため特に重要であり、かつこれにより罪証隠滅、証人威迫等の弊害を招来するおそれがなく、相当と認めるときは、その訴訟指揮権に基づき、検察官に対し、その所持する証拠を弁護人に閲覧させるよう命ずることができるものと解すべきである。」

●**解説**● 1 平成16年刑訴法改正により、公判前整理手続に新たな証拠開示制度が導入されたが、それ以前は、証拠開示に関しては299条1項があるのみであった。実務上は、検察官が第1回公判期日前に、取調べ予定の証拠を弁護人に開示する慣行が行われていたが、一部の事件で、検察官がこの慣行に従わない場合があり、弁護人との間で紛議が生じた。

2 特別抗告は、①裁判所が、冒頭手続に入らない段階で、検察官手持ちの全証拠を弁護人に閲覧させるよう命じたのを違法とした判例（最3小決昭34・12・26刑集13-13-3372）、および②検察官が公判において取調べを請求するか否かに関わらず、あらかじめ被告人もしくは弁護人に閲覧させる義務はないとした判例（最3小決昭35・2・9判時219-34）を引用して、判例違反を主張した。これに対して、本決定は、本件は証拠調べの段階において、特定の証人尋問調書につき弁護人への閲覧を命じたものであり、事案が異なるとした。したがって、事前全面開示を否定した判例が否定されているわけではない。

3 しかし、証拠開示問題は、当時、現行刑訴法において最後まで残された最大の問題とされ、裁判官による運用上の工夫がなされてきたが、解決の途が強く求められていた。この点に関する学説として、(i)検察官の公益の代表者性または検察官の当事者性を根拠とする事前全面開示説、(ii)検察官についての当事者主義を根拠とする検察官裁量説を両極として、その間に、(iii)証拠開示には具体的な法的根拠が必要であり、立法措置を求める見解、(iv)裁判所の訴訟指揮権に基づく個別的命令によるとする見解が主張されていた（田尾・後掲174頁）。

4 本決定は、上記(iv)説を採用した。その考え方は、刑訴法は299条以外の場合の開示を禁ずるものではなく、単に法の空白にあるに止まり、裁判所は、その固有の包括的権限である訴訟指揮権に基づいて証拠開示命令を発することができるとするものであった。上記判例①・②は、法規の明文による検察官の一般的開示義務を問題としていたが、本決定は裁判所の固有権を根拠とするものであるから、それまでの判例とは発想を異にする。なお、本件で問題となった法226条による証人尋問調書は検察官に送付されるが（規163条）、弁護人が請求する法179条の証人尋問調書は裁判所に保管され、検察官が閲覧できる（法180条）という情報の格差も、本決定の背景にはあったようである（田尾・後掲187頁）。

5 本決定は、開示命令を発するための多くの条件を挙げた。その中で、「証拠調べの段階に入った後」の意義については、本決定と同日付けの決定が、検察官申請証人の採用前に、反対尋問のために当該証人の検察官面前調書の開示を命じたのを違法とし（最2小決昭44・4・25刑集23-4-275）、また、検察官の冒頭陳述が終了した直後で、未だ実質審理に入らない段階における証拠開示命令は訴訟指揮権の適正かつ公平な範囲を逸脱したもので許されないとするなど（最3小決昭48・4・12判時703-12）、厳格な理解が示された。ただし、下級審では、証人が採用され、その主尋問10日前の証拠開示を決定したものもある（東京地決昭45・3・7判時588-35）。また、「一定の証拠」とは「特定の証拠」よりは広い概念とされる点につき、下級審では、証人に対する反対尋問のため、その者の検面および警面調書ならびに同人作成の全ての書面の開示を命じたものもあった（浦和地決昭58・5・4判時1101-139）。

6 しかし、証拠開示に関する細かなルールを判例によって定立することには限界があり、その時期や範囲等についての立法が望まれ、平成16年刑訴法改正となった。今後も、公判前整理手続や期日間整理手続が行われない事件では、訴訟指揮権に基づく開示命令による解決がなされる可能性はあるが、実際には、証拠開示につき争いがあるような事件は整理手続に付され、新たな証拠開示制度による場合が多くなると思われる。しかし、新制度でも裁判所による開示命令がなされる場合があるから、本決定の考え方も参考とされ得る（池田・後掲129頁）。

●**参考文献**● 田尾勇・判解昭44年度166、池田修・圖8版128

325 共同被告人の証人適格——手続きの分離・併合事件

最2小判昭和35年9月9日（刑集14巻11号1477頁）　　参照条文　憲法38条

共同被告人の手続分離と証人適格。

●事実●　本件は、たばこ専売法違反の事案で、被告人は、甲会社、甲社の代表取締役A、取締役B、取締役Cであるが、A・B・Cは共犯者で、共同被告人として起訴された。ところが、A・B・Cは公判では事実を認めなかったので、第1審は、検察官の申請を容れ、順次これらを分離して、他の被告人のための証人として尋問した上、さらに併合して、その証人尋問調書を刑訴法322条の証拠として証拠調べをした上、これらを当該被告人の犯罪事実を認定する証拠として全員を有罪とした。弁護人は、かかる手続きは憲法37条2項・38条1項に反するとして控訴したが、控訴審は、共同被告人でも事件が分離された後、他の共同被告人の証人として証言することは差し支えなく、また他の事件の証人としての証言が自己の犯罪に対して証拠となることは言うまでもないとして、控訴棄却とした。弁護人は、さらに上告して、「いやしくも現に被告人として自己の事件につき黙秘権を有する以上は、同一事実につき、被告人としての危険よりも軽微な危険を予想して設けられた証言拒絶権のあることを理由として他の被告人に対する証人として尋問し、右証言を記載した書面を被告人自身の事件についての証拠として採用することは明らかに憲法第38条第1項の趣旨に反する」と主張した。最高裁は上告を棄却して、以下の判断を示した。

●判旨●　「所論は原判決の憲法38条1項違反を主張する。同規定が、何人も自己が刑事上の責任を問われる虞れのある事項について供述を強要されないことを保障したものであることは昭和27年（あ）第838号、同32年2月20日大法廷判決［305］に示されているとおりであるところ、共同被告人を分離して証人として尋問しても、同証人は自己に不利益な供述を拒むことができ、これを強要されるものでないこと［最1小決昭29・6・2刑集8-6-802参照］および共同被告人でも事件が分離された後、他の共同被告人の証人として証言することは差支えなく、また他の事件の証人としての証言が自己の犯罪に対しても証拠となること［最1小決昭31・12・13刑集10-12-1629参照］もまた当裁判所の判例とするところであるから、所論違憲の主張は採用できない。」

●解説●　1　被告人の証人適格を否定するのが通説・判例（大阪高判昭27・7・18高刑5-7-1170）であり、共同被告人も被告人であるから、同じく証人適格は否定される。そこで、実務では、本件第1審が取ったように、手続きを分離して証人尋問をした後、再び手続きを併合してその証言を被告人の犯罪事実の証拠とするという手続きが行われてきた。このような手続きは、物証を挙げることが困難な否認事件においては、技術的には、しばしば行われていたようである（竜岡・後掲365頁）。

2　本判決は、このような実務を追認したものであるが、判決理由は3つの判例の組み合わせとなっている。すなわち、①【305】は、憲法38条1項は、「何人も自己が刑事上の責任を問われる虞のある事項について供述を強要されないことを保障したもの」とし、②最1小決昭和29年6月3日は、「共同被告人を分離して証人として尋問しても、同証人は自己に不利益な供述を拒みうるものでこれを強要されないものであるから、憲法38条1項違反の前提を欠く」とし、③最1小決昭和31年12月13日は、「共同被告人でも事件が分離され後他の共同被告人の証人として証言することは差支えなく、また、他の事件の証人としての証言が自己の犯罪に対して証拠となることはいうまでもない」とした。これらの判例からすれば、本件控訴審の言うように、第1審の手続きに憲法違反はないこととなろう。

3　しかし、このような手続きが推奨されるべきかは、全く別問題である。本判例の調査官も、「1つの訴訟法的な技術として、許さるべきことと思うのであるが、技術が尊いのはその巧妙さのゆえにではなく、それがよく正しい目的に奉仕するがゆえにである」（竜岡・後掲367頁）とやや異例の注文を付けているように、やはり検討の余地がある。本判例が採用した積極説は、被告人の反対尋問権を重視し、共犯者の黙秘権は証言拒絶権の限度で保障するとする。しかし、これに対しては、「有罪判決を受けるおそれがあるという理由で証言を拒否するのは自己の罪を認めるに等しい。しかし、そこで拒否しないで証言すれば、偽証の罪の制裁の下に、反対尋問によって自白が強制されることになる」（平野199頁）との批判がなされている。そこで、消極説は、黙秘権は証人審問権に優先するとして、反対尋問権は反対質問（311条3項）の限度で保障するとする。したがって、原則として、手続併合のまま被告人質問の限度で共犯者の供述を求めることになる（内田・後掲145頁）。ただし、被告人に異議のない場合や共犯者のみに関する事実の場合には、手続きを分離して証人とすることができるとする。

4　ただ、例えば、共同被告人が不出頭のときに、手続きを分離して被告人についてだけ証拠調べを行い、次の公判で併合するという手続き的な分離がなされることがあるが、被告人を証人とするために手続きを分離するような場合は、裁判官を異にする「真の分離」とされるべきであろう（松尾(上)316頁）。特に裁判員裁判の場合、公判前整理手続において事件の分離併合が決定された場合、以後分離併合を繰り返すような手続きは、著しく手続きの明確性を害し、裁判員にとって分かりにくい裁判となる。したがって、特に裁判員裁判では、手続きの分離は常に「真の分離」とすべきであろう。この点でも、積極説を維持することは困難と思われる。

●参考文献●　竜岡資久・判解昭35年度361、内田一郎・囮5版144

326 幼児の証言能力――業務上過失傷害事件

東京高判昭和46年10月20日（東高時報22巻10号276頁・判時657号93頁・判タ274号348頁）　参照条文　刑訴法143条

幼児の証言能力の判断基準。

●**事実**●　被告人は、自動車を後退させる際に、車体後部を幼児に衝突させ脾臓破裂の傷害を負わせたとしてして、業務上過失傷害罪で起訴された。第1審は、有罪の証拠として、①事故の目撃者である男児T（事故当時満4歳、証言時満5歳）の公判準備における供述、②被害者である男児M（事故当時満4歳11か月、供述時満5歳7か月）の検察官に対する供述調書を掲げた。証拠②は、Mを満5歳9か月の時点で証人として公判準備で尋問し、その証言と対比して321条1項2号により採用されたものであった。弁護人は、TおよびMの供述はいずれも証言能力のない者の供述であり、証拠②は321条1項2号の要件を具備していないなどとして控訴した。控訴審は、これを棄却して、以下の判断を示した。

●**判旨**●　「かかる幼児の供述であっても供述事項によっては一概に証言能力を否定すべき理由はなく、簡単な事柄についてはかなりの程度の理解ならびに表現の能力があり、記憶力もあると解されるところ、証人Tは原判示の日時、場所において友達のMら4人と一緒に遊んでいた際、Mが原判示場所で倒れて起きあがろうとしたとき、たまたま後退してきた被告人運転の米屋トミヤの車がバックしてきてMにあたって同人がまた倒れたところを目撃した体験にもとづき、約半年後に現場付近において行なわれた裁判官の尋問に際し供述しているのであって、その証言能力に欠けるところはなく、また、Mの証言能力についても同様に解されるところ、原判決が証拠とした同人の検察官に対する供述調書によれば、同人は、原判示の日時、場所においてTら4人の友達と遊んでいた際、駆けてきたところを友達に押されてうつむきに転んで起きあがったところへ前記の自動車が後退してきたので『止めて止めて』といったがそのまま車の煙の出るところ（マフラーのこと）がぶつかって上向きに倒れた旨供述しているのであるが、これに対し、同人の公判準備としての証言は、その内容に前後くいちがう供述部分などがあることからみると、幼児である同人がその場の雰囲気に影響されて十分な供述ができなかったような事情も窺われるから、直接同証人の供述を聴いた原裁判所が、検察官に対する供述を公判準備における供述よりも信用すべき特別の情況があるとして採用したことも首肯することができる。それゆえ、原判決が右検察官に対する供述調書に証拠能力を認めたことも正当であるから、論旨はいずれも理由がない。」

●**解説**●　1　証人適格は、訴訟当事者以外の第三者であれば、法律に特別の定めがある場合以外は、何人にも認められる（143条）。ただし、証人適格のある者でも証言能力を欠けば、その証言に証拠能力はない。

証言能力とは、事実を知覚・認識し、これを記憶に留めた上、表現する能力を言う（廣瀬・後掲144頁）。証人適格と証言能力との関係について、143条は、年齢や精神的な能力等による制限を定めておらず、他方、証言能力は、個別的に裁判所によって判断されること等からすれば、両者は別基準と考えてよいであろう。

2　年少者の証言は、特に交通事故や強制わいせつ事件で問題となることが多い。その他、精神障害者についても証言能力が問題となることがあるが、判例は、精神障害者であっても普通人と異ならない場合もあるとして、その証言に証拠能力を認めている（最3小判昭23・12・24刑集2-14-1883）。判例として、11歳の児童でも、強盗の被害状況について、事理を弁識する能力を備えていれば、その証言は証拠とすることができるとし（最2小判昭23・4・17刑集2-4-364）、あるいは、淫行経験のない13歳の少女であっても、自己が直接経験した強姦の被害事実について供述する場合には、その事柄について事理を弁える能力がないとは言えないから、その証言が証拠能力を欠く理由はない（最3小判昭26・4・24刑集5-5-934）などとしている。

3　幼児の証言能力の判断基準は、年齢のみならず、証言事項の性質、さらに、体験時と証言時の時間的間隔等から総合的に判断される（松代・後掲144頁）。本判決も、幼児の証言能力に関して、「簡単な事柄についてはかなりの程度の理解ならびに表現の能力があり、記憶力もある」と分析し、判例に言う、「事理を弁識する能力」をより具体化している。その上で、本判決は、本件の目撃体験や被害体験は「簡単な事柄」であり、事故後証言まで約半年しか経過していなかったこと、証言は事故の現場付近でなされたこと等から、その証言能力を肯定したものと言えよう。幼児の証言能力を肯定する分析として妥当と思われる。

4　もっとも、実務では、証言能力は肯定した上で、事案に応じてその信用性を具体的に吟味する傾向にあるとされる（廣瀬・後掲145頁）。したがって、信用性の評価が重要な問題となるが、幼児供述の特徴として、暗示・誘導に対する抵抗力の弱さ、実際の体験と想像した事実との混同、語彙の乏しさ、即答性、供述したことへの固執傾向等が指摘され、その科学的な取り組みが求められている。例えば、交通事故の唯一の目撃者が3歳4か月の男児であった事案で、この男児の6歳7か月の時点での証言の証明力に関して、証言能力を肯定し、その信憑性を否定した事例もあり（大阪高判昭44・1・28判時572-88）、幼児証言の信用性評価の難しさを表している。

5　なお、本判決は触れていないが、321条1項2号の要件については、Mの検察官に対する供述は、公判準備における証言より実際の体験に近い時点でなされているので、他からの影響がより少ないと考えられ、一般的には、特信情況を認め得る場合と解される。

●**参考文献**●　松代剛枝・圖8版144、廣瀬健二・圖7版144、河村博・別冊判タ12-66

327 遮へい措置とビデオリンク方式——傷害強姦事件

最1小判平成17年4月14日（刑集59巻3号259頁・判時1904号150頁・判タ1187号147頁）

参照条文　刑訴法157条の3、157条の4　憲法37条、82条

遮へい措置とビデオリンク方式による証人尋問の合憲性。

●事実● 被告人Xは、A女に暴行を加えて傷害を負わせ、さらに強姦したとして起訴され、有罪とされた。有罪の主な証拠は、Aの証言であったが、同証言は、刑訴法157条の4によるビデオリンク方式に加え、被告人・傍聴人との間に刑訴法157条の3に基づく遮へい措置を取った上での証人尋問で得られたものであった。Xは、かかる措置は公開原則に反するとして控訴したが棄却されたので、さらに上告し、憲法82条1項および37条1項の公開原則および憲法37条2項の証人審問権に反すると主張した。最高裁は、上告を棄却して、以下の判断を示した。

●判旨● (1)「証人尋問が公判期日において行われる場合、傍聴人と証人との間で遮へい措置が採られ、あるいはビデオリンク方式によることとされ、さらには、ビデオリンク方式によった上で傍聴人と証人との間で遮へい措置が採られても、審理が公開されていることに変わりはないから、これらの規定は、憲法82条1項、37条1項に違反するものではない。」

(2)「また、証人尋問の際、被告人から証人の状態を認識できなくする遮へい措置が採られた場合、被告人は、証人の姿を見ることはできないけれども、供述を聞くことはでき、自ら尋問することもでき、さらに、この措置は、弁護人が出頭している場合に限り採ることができるのであって、弁護人による証人の供述態度等の観察は妨げられないのであるから、前記のとおりの制度の趣旨にかんがみ、被告人の証人審問権は侵害されていないというべきである。ビデオリンク方式によることとされた場合には、被告人は、映像と音声の送受信を通じてであれ、証人の姿を見ながら供述を聞き、自ら尋問することができるのであるから、被告人の証人審問権は侵害されていないというべきである。さらには、ビデオリンク方式によった上で被告人から証人の状態を認識できなくする遮へい措置が採られても、映像と音声の送受信を通じてであれ、被告人は、証人の供述を聞くことはでき、自ら尋問することもでき、弁護人による証人の供述態度等の観察は妨げられないのであるから、やはり被告人の証人審問権は侵害されていないというべきことは同様である。したがって、刑訴法157条の3、157条の4は、憲法37条2項前段に違反するものでもない。
以上のように解すべきことは、当裁判所の判例〔①最大判昭25・3・15刑集4-3-355、②同昭25・3・15刑集4-3-371、③同昭30・4・6刑集9-4-663、④同昭31・12・26刑集10-12-1746、⑤最大決昭33・2・17刑集12-2-253〕の趣旨に徴して明らかである。」

●解説● 1 本件は、平成12年に導入された被害者証人を保護するための遮へい措置とビデオリンク方式に関する、初めての最高裁判例である。判旨(1)は、これらの制度が憲法82条1項および37条1項の公開裁判の原則に反しないとし、判旨(2)は、憲法37条2項前段の証人審問権を侵害しないとし、その上で、かかる判断がこれまでの判例からも明らかであるとした。

2 判旨(1)の公開裁判の原則については、判例①が、「憲法が……公開法廷で行うことを規定しているのは、手続を一般に公開してその審判が公正に行われることを保障する趣旨にほかならない」として公開裁判が権利ではなく制度と理解し、また、判例②が、自白事件が書面で処理された事案について、「被告人、弁護人の出頭した……公開の法廷で行われたこと論をまたない」としたことを踏まえて、遮へい措置やビデオリンク方式でも、一般公衆の監視の下に審理が公正に行われることを確保できる状態であり、審理が公開されていることに変わりはないとした（山口・後掲102頁）。公開の意義に関するこれまでの判例からすれば、当然の判断である。

3 判旨(2)の証人審問権との関係については、立法関係者は、遮へい措置につき、被告人が証人の供述態度や表情を観察できない点は、「弁護人が被告人の証人審問権の一部を補う」ことで合理的な制約と解することができるとし（逐条15頁〔酒巻匡〕）、ビデオリンク方式につき、証人審問権は、不利益証人との直接対面まで保障していないとしていた（逐条19頁〔酒巻〕）。判例③と判例④は、被告人の代わりに弁護人が立ち会うことで証人審問権は保障されているとし、判例⑤は、裁判長が被告人の発問を許さなくても証人審問権の制限ではないとした。証人審問権は、直接対面を保障するものではないから、ビデオリンク方式がこれを侵害するものではないが、遮へい措置では、被告人の観察が制限される。この点は、「弁護人が被告人の証人審問権の一部を補う」ことを認めるか否かによるが、被告人の防御権に占める弁護人の役割の大きさを考えると、当然積極に解すべきであろう。遮へい措置とビデオリンク方式が併用された場合についても、「弁護人による証人の供述態度等の観察は妨げられない」との本判旨の指摘は、的を得ていると言えよう。

4 遮へい措置もビデオリンク方式も、これらを採用するには「相当と認めるとき」でなければならない。したがって、運用に当たっては、被害者保護の要請と同時に、被告人の権利を保障しつつ真実を発見するという刑訴法の基本的要請を踏まえて、これらの措置の具体的な形態も含めて相当性判断を慎重に行う必要があろう。

●参考文献● 山口裕之・判解平17年度89、稲田隆司・圓9版152、宇藤崇・J平17年度重判201

328 訴因の意義——路面滑走事件

最1小決昭和63年10月24日（刑集42巻8号1079頁・判時1299号144頁・判タ683号66頁）

参照条文　刑訴法256条3項、312条

過失犯における注意義務の根拠となる具体的事実は訴因事実か。

●**事実**● 被告人Xは、普通乗用自動車を業務として運転し、時速約30〜35kmで進行中、前方道路面に、付近の石灰工場の粉塵等が凝固していたところへ、「当時降雨のためこれが溶解して車輪が滑走しやすい状況にあったから」、対向車を認めた際不用意な制動措置を取ることのないよう、あらかじめ減速して進行すべき業務上の注意義務があるのにこれを怠り、前記速度で進行した過失により、急制動して自車を道路右側部分に滑走進入させ、折から対向してきた普通乗用自動車に自車を衝突させ、運転者に傷害を負わせたとして起訴された。検察官は、第1審の途中で、上記公訴事実中、車輪が滑走しやすい状況にあったという部分を、「降雨中であって、アスファルト舗装の道路が湿潤し、滑走しやすい状況であった」と訴因変更した。第1審は、変更後の訴因につき、Xの業務上の注意義務を認めず無罪とした。控訴審で、検察官は、当初の訴因と同内容の訴因を予備的に追加する請求をし、許可された。控訴審は、第1審判決を破棄した上自判し、当初の、付近の石灰工場から排出された石灰の粉塵が路面に堆積凝固していたところへ折からの降雨で路面が湿潤し、車輪が滑走しやすい状況にあったとの事実を認定し、速度調節義務違反の過失を認めて、Xを有罪とした。弁護人は、かかる訴因の予備的追加は違法であるとして上告した。最高裁は、上告を棄却して、以下の判断を示した。

●**決定要旨**●「過失犯に関し、一定の注意義務を課す根拠となる具体的事実については、たとえそれが公訴事実中に記載されたとしても、訴因としての拘束力が認められるものではないから、右事実が公訴事実中に一旦は記載されながらその後訴因変更の手続を経て撤回されたとしても、被告人の防禦権を不当に侵害するものでない限り、右事実を認定することに違法はないものと解される。
本件において、降雨によって路面が湿潤したという事実と、石灰の粉塵が路面に堆積凝固したところに折からの降雨で路面が湿潤したという事実は、いずれも路面の滑りやすい原因と程度に関するものであって、被告人に速度調節という注意義務を課す根拠となる具体的事実と考えられる。それらのうち、石灰の粉塵の路面への堆積凝固という事実は、前記のように、公訴事実中に一旦は記載され、その後訴因変更の手続を経て撤回されたものではあるが、そのことによって右事実の認定が許されなくなるわけではない。また、本件においては、前記のとおり、右事実を含む予備的訴因が原審において追加され、右事実の存否とそれに対する被告人の認識の有無等についての証拠調がされており、被告人の防禦権が侵害されたとは認められない。したがって、原判決が、降雨による路面の湿潤という事実のみでなく、石灰の粉塵の路面への堆積凝固という事実をも併せ考慮したうえ、事実誤認を理由に第1審判決を破棄し有罪判決をしたことに違法はない。」

●**解説**● 1　本決定要旨前段では、過失犯における注意義務の根拠となる具体的事実が、訴因に記載されていても「訴因としての拘束力」が認められない事実であるとし、要旨後段では、その場合における被告人の防御権の保障を問題としている。

2　過失犯の訴因記載は、実務的には、①注意義務を課す根拠となる具体的事実、②注意義務の内容、③注意義務違反の具体的行為からなる（池田・後掲354頁）。このうち、拘束力のある訴因事実として、第1説は、①〜③を過失犯の訴因事実とする見解であり、被告人の防御にとって重要な事実は訴因事実とすべきという考え方に由来する。第2説は、③のみが本来的訴因事実であり、①・②は一定の注意義務違反であることが分かるように記載する手段に過ぎないとし、審判対象の明確化に必要な事実を訴因事実とすべきという考え方を基礎とする。実務上、「犯罪の意図や経過についての詳細な事実が記載される例が多いが、これらは訴追対象事実の同一性を特定するうえでは必要のない事実である。もとより、こうした事実についても防御権の確保の観点から訴因変更その他の措置をとる必要もある場合もあるが、その必要がない限り、訴因変更を待たずに訴因と異なる事実を認定してもさしつかえない」（香城305頁）とされるが、過失犯でも同じであろう。本決定要旨前段は、このような考え方から第2説を採用したものである。

3　しかし、過失犯の注意義務の根拠となる事実が争点となることはある。その場合は、被告人の防御権を保障しなければならない。この点、日航機よど号ハイジャック事件【334】は、「争点として顕在化させたうえで十分の審理を遂げる必要がある」とした。争点顕在化の方法としては、訴因の任意的変更による場合も、事実上証拠調べを尽くす場合もある。この点、被告人の防御にとって重要な事実は訴因として記載することが望ましく、その場合は原則として訴因変更が必要となるとする判例があるので（最3小決平13・4・11【332】）、防御権の保障方法は今後の検討課題である。

4　他方、過失態様が変化する場合には訴因変更を必要とするのが判例であるから（最3小判昭46・6・22【331】）、前提事実が変わることで注意義務に変動を来す場合には、訴因変更が必要となる。本件は、訴因も認定も速度調節義務を怠ったという過失に関するものであって、過失の態様に基本的な変動はなかったので、訴因変更を必要とする事案ではなく、したがって、訴因変更の要否に関するそれまでの最高裁判例の流れに沿ったものと言えよう（池田・後掲362頁）。

●**参考文献**● 池田修・判解昭63年度349、上口裕・J昭63年度重判175、田口・目的235

329 縮小認定—焼酎喝取事件

最2小判昭和26年6月15日（刑集5巻7号1277頁）　参照条文　刑訴法312条

強盗の訴因を恐喝と認定する場合と訴因変更の要否。

●**事実**● 被告人は、共謀の上、A女から焼酎を強取したとして強盗罪で起訴されたが、裁判所は、公訴事実中の「強取」を「喝取」と、「Aの抵抗を抑圧し」を、「Aを畏怖させ同夫をして暗に承諾しなければならなくし」と認定して、訴因変更手続を経ることなく、恐喝罪で有罪とされた。弁護人は、札幌高判昭和24年12月3日高刑2巻3号282頁が、裁判所の認定する事実が訴因たる事実とその種類を異にする場合には訴因変更手続を必要とするとした点を取り上げて、判例違反を主張し、強盗の起訴に対して恐喝を認定する場合に訴因罰条の変更手続を経る必要があるとして上告した。最高裁は、上告を棄却して、以下の判断を示した。

●**判旨**● 「原判決は第1審判決を破棄し自ら判決を為すに当り、公訴事実中強盗の点につき、訴因罰条の変更手続を経ることなく、恐喝の事実を認定していること所論の通りであるが、元来、訴因又は罰条の変更につき、一定の手続が要請される所以は、裁判所が勝手に、訴因又は罰条を異にした事実を認定することに因って、被告人に不当な不意打を加え、その防禦権の行使を徒労に終らしめることを防止するに在るから、かかる虞れのない場合、例えば、強盗の起訴に対し恐喝を認定する場合の如く、裁判所がその態様及び限度において訴因たる事実よりもいわば縮少された事実を認定するについては、敢えて訴因罰条の変更手続を経る必要がないものと解するのが相当である。そして、論旨が引用している札幌高等裁判所の判決［前掲札幌高判昭24・12・3］も亦、強姦致傷の起訴に対し強姦を認定する場合につき、この理を明らかにしたものと考うべきである。従って、原判決はむしろ、右判例と同旨に出でたものというべく、これと相反する判断をしたものとは考えられない。論旨は理由がない。」

●**解説**● 1　訴因変更手続の要否に関する基準として、防御上具体的に不利益が生ずる場合に訴因変更が必要であるとする具体的防御説と、防御上の抽象的な不利益を基準とする抽象的防御説の対立があるが、本判例は、いわゆる縮小認定のリーディングケースであるとともに、抽象的防御説の嚆矢ともなっている。

2　本判決は、強盗の訴因につき恐喝を認定する場合に、訴因変更を必要としないとした。その理由に、「訴因たる事実よりもいわば縮少された事実を認定するについては、敢えて訴因罰条の変更手続を経る必要がない」ことを挙げ、いわゆる縮小認定をその根拠とした。大なる訴因に小なる訴因が包含されている場合、一般には、大なる訴因に対する防御は、小なる訴因に対する防御を含むからである。いわゆる「大は小を兼ねる」という関係である。この考え方は、その後も、多くの判例で確認されており、例えば、殺人の起訴に対し、刑法38条2項を適用し同意殺人の責任を認めるときには、訴因変更を必要としないとし（最2小決昭28・9・30刑集7-9-1868）、殺人未遂には傷害が包含されているとし（最3小判昭29・8・24刑集8-8-1392）、あるいは、強盗致死の訴因を傷害致死と認定するには訴因変更を必要としない（最2小判昭29・12・17刑集8-13-2147）などとしている。縮小認定をする場合に訴因変更手続が不要であることは、確立した判例と言えよう。

3　縮小認定は、事実関係において大小関係が認められる場合に、訴因変更手続を不要とするが、この理は、防御上の大小関係がある場合にも当然当てはまる。例えば、詐欺罪につき、単独犯の起訴を、共同正犯と認定する場合でも、それによって被告人に不当な不意打を加え、その防御権の行使に不利益を与える虞がない限り、訴因変更手続を必要としないとされる（最3小判昭28・11・10刑集7-11-2089）。また、事前共謀による強盗致傷の共同正犯の訴因は、現場共謀による共同正犯を包含しているから、縮小認定と見ることができるとされるが（東京高判昭59・8・7判時1155-303）、その場合でも、実際に、小なる訴因である現場共謀について具体的に被告人の防御権が十分に講じられる必要があるが、これは争点顕在化の問題と言えよう（最3小判昭58・12・13【334】）。これに対し、現場共謀に基づく犯行との訴因について、事前共謀に基づく犯行を認定するには、訴因変更手続を要する（日大闘争事件【351】）。現場共謀は事前共謀を包摂しないからである。また、作為犯の共同正犯から不作為犯の従犯への変更は、犯罪行為の態様が異なり、防御方法も異なってくるから、訴因変更が必要となる（名古屋高判平18・6・26高刑59-2-4）。

4　縮小認定は、抽象的防御説に親しむ。小なる事実について具体的に防御活動がなされなくても、一般的に、大なる事実に対する防御は小なる事実の防御を含んでいる、と見ることができるからである。判例の中には、被告人の弁解とか自認がある場合に被告人に不利益はないとして訴因変更を不要とするものがあり（前掲最3小判昭28・11・10）、訴訟の具体的展開に依存する具体的防御説から説明しやすい判例もある。しかし、その後の判例は、例えば、収賄共同正犯から贈賄共同正犯への変更は、被告人の弁解ないし自認があっても訴因変更を要するとし（最3小判昭36・6・13刑集15-6-961）、また、当初訴因の業務上横領の訴因が、特別背任の訴因に変更されている以上、その変更前の業務上横領を認定するには、訴因の変更手続を要するとしている（最3小判昭41・7・26刑集20-6-711）。判例は、やはり抽象的防御説に立脚していると見てよいであろう。

●**参考文献**● 昭和29年8月および同年12月最高裁判決につき、寺尾正二・判解昭29年度243・396、昭和59年東京高裁判決につき、田口守一・法セ382-115

330 犯罪態様の変化——公然わいせつ事件

最2小判昭和29年8月20日（刑集8巻8号1249頁）　参照条文　刑法176条、174条　刑訴法256条、312条、378条3号

強制わいせつの訴因に対し公然わいせつの事実を認定する場合における訴因変更手続の要否。

●**事実**●　起訴状記載の公訴事実は、「被告人X・Y両名は飲酒酩酊の上昭和25年3月17日午後10時30分頃大阪府……の街路を歩行中通行中のA女（当22年）を認むるや被告人Xは矢庭にAの肩に手を掛け猥褻の振舞をせんとしたのでAがB方に馳込んで逃れるのを両名共之を追跡し、同家2畳の間に於てAを仰向けに押倒した上夫々馬乗りとなり被告人Yは強いてAの陰部に自己の手を挿入する等の暴行を加えX・Y共夫々猥褻の行為をしたものである」と記載され、罪名および適条として「強制猥褻刑法176条」と掲記されていた。ところが、第1審は、X・YがAの陰部に手を挿入した事実は認められず、犯罪の証明がないとしてX・Yを無罪とした。検察官の控訴を受けた控訴審は、第1審判決を破棄自判し、「X・Yは飲酒酩酊の上」起訴状記載の日時、街路を通行中「たまたま通りかかった予てから馴染の仲である……喫茶店C方の女給A（当22年）に遭うや相前後して……飲食店B方に立入った際Xは右B及び同店の客D外2名の面前において同家2畳の間の上り端に腰かけている右Aにその前方から抱き付きAが仰向けに畳の上に倒れるや更にAの上に乗りかかってゆきYも亦Xの背後に接着してAの上に乗りかかってゆき以てX・Yそれぞれ公然猥褻の行為をしたものである」との公然わいせつの事実を認定してX・Yを有罪とした。最高裁は、原判決を破棄して、差し戻した。

●**判旨**●　「本件起訴状記載の公訴事実は前記のとおりであって、原判決の認定したような『飲食店B方』において『右B及び同店の客D外2名の面前において』という本件行為の公然性を認めるに足る事実は何ら記載されていないばかりでなく、起訴状記載の罪名及び罰条に徴しても、原判決の認定したような公然猥褻の点は本件においては訴因として起訴されなかったものと解するのが相当である。なお、記録を精査しても、本件において訴因または罰条につき、追加変更の手続が適法になされたと認むべき資料はない。して見れば、原判決は結局、審判の請求を受けない事件について判決をした違法があるものといわなければならないのであって［最1小決昭25・6・8刑集4-6-972参照］、若し審判の請求を受けた強制猥褻被告事件について犯罪の証明がなかったのであるならば、判決で無罪の言渡をしなければならなかつた筈である（刑訴336条）。」

●**解説**●　1　今日、審判の対象に関する事実記載説と法律構成説の対立、および、事実記載説内部での訴因対象説（平野131頁以下）と公訴事実対象説（団藤198頁以下）の対立という刑訴法の基本構造に関わる論争は、すでに克服された。しかし、訴因対象説に至る過程は、決して平坦な道ではなく厳しい対立の過程であった。本判例は、このことを如実に示している。

2　本件控訴審は、第1審と同じく、公訴事実の「陰部に自己の手を挿入する等の暴行を加え」との事実を認めなかったが、訴因変更手続を経ることなく、公然わいせつの事実を認定した。それまでの判例では、訴因は審判の対象を明確にして、被告人の防御に不利益を与えないための制度とされ、したがって、被告人の防御に不利益を与えない以上、訴因と異なる事実を認定することもできるとされていた（天野・後掲218頁）。これを前提とすると、控訴審の事実認定を違法とする理由は、被告人の防御に不利益を与えたという点に求めることになる。この点、本件控訴審判決は、「卒然として訴因と異なる事実」を認定して、被告人に不意打ちを与えたとした。もしAの陰部に手を挿入する事実がなかったとすれば、Aはかねてからの「馴染みの女給」ということで、「酔余の戯れ」に過ぎず、わいせつの域に及んでいないという防御活動をし得たかもしれないからである。つまり、被告人に不意打ちを与え、その防御に不利益を与えたと（同217頁）。

3　しかし、本判旨は、これを「審判の請求を受けない事件について判決をした違法がある」とした。これは、「まさに訴因の拘束力を厳格に解し、訴因を審判の対象として認めた」（岡部・後掲99頁）ことを意味する。この点、本判旨が引用した最1小決昭和25年6月8日は、窃盗事件につき、起訴のない住居侵入を認定するのは審判の請求を受けない事件について判決した場合に当たり違法であるとした判例であり、本件は、このような科刑上一罪という「特殊な事案」（天野・後掲218頁）について訴因の拘束力を認めるに過ぎないものであるから、判例の傾向と矛盾はしない、と判断された。つまり、科刑上一罪という特殊な場合には、検察官がその中の1個の罪のみを特に訴因として掲げて起訴したときには、たとえ攻撃防御に実質的な不利益を与えないとしても、訴因以外の罪を認定するには訴因の追加変更の手続きを経なければならない、とする論理である。

4　しかし、訴因の拘束力を科刑上一罪についてのみ認めるというのは、判例矛盾を避けるための論理でしかなかったと言えよう。調査官は、以上の論理を展開しつつも、同時に、「職権主義的な裁判官にとってそれ［訴因］は新刑訴法のアクセサリーにすぎないとして無視され……しまうことになるのではなかろうか」と述べているが（天野・後掲219頁）、それが本判例のいわば「本音」であったように思われる。公訴事実対象説が有力な論者から主張されていた当時において、本判旨には、訴因対象説による判例法が確立されることへの願いが込められているように思われる。その意味で、本件は、訴因対象説にとって重要な判例と言えよう。

●**参考文献**●　天野憲治・判解昭29年度216、岡部泰昌・圕3版98

331 過失態様の変化——クラッチ・ブレーキ事件

最3小判昭和46年6月22日（刑集25巻4号588頁・判時638号50頁・判タ265号94頁）

参照条文　刑訴法312条、旧刑法211条

訴因と異なる態様の過失の認定と訴因変更手続の要否。

●**事実**● 本件公訴事実は、被告人Xは、昭和42年10月2日午後3時35分頃普通乗用自動車を運転し、千葉県内の路上に差し掛かった際、「前方交差点の停止信号で自車前方を同方向に向って一時停止中のA（当34年）運転の普通乗用自動車の後方約0.75米の地点に一時停止中前車の先行車の発進するのを見て自車も発進しようとしたものであるが、かゝる場合自動車運転者としては前車の動静に十分注意し、かつ発進に当ってはハンドル、ブレーキ等を確実に操作し、もって事故の発生を未然に防止すべき業務上の注意義務があるのに、前車の前の車両が発進したのを見て自車を発進させるべくアクセルとクラッツチペ［ペ］ダルを踏んだ際当時雨天で濡れた靴をよく拭かずに履いていたため足を滑らせてクラッチペ［ペ］ダルから左足を踏みはずした過失により自車を暴進させ未だ停止中の前車後部に自車を追突させ」、よって前記Aと同乗者に鞭打ち症の傷害を負わせたという事実であったところ、第1審は、訴因変更手続を経ないで、Xは、上記起訴状記載の日時場所において、「自車の前に数台の自動車が一列になって一時停止して前方交差点の信号が進行になるのを待っていたのであるが、この様な場合はハンドル、ブレーキ等を確実に操作し事故の発生を未然に防止すべき業務上の注意義務があるのに、これを怠り、ブレーキをかけるのを遅れた過失により自車をその直前に一時停止中のA（当34年）運転の普通乗用自動車に追突させ」て、各傷害を負わせたとの事実を認定した。弁護人は、起訴事実と認定事実との間でXの過失の態様に関する記載が全く異なるから訴因変更手続を必要とすると主張をしたが、原判決は、同一の社会的事実につき同一の業務上注意義務のある場合におけるXの過失の具体的行為の差異に過ぎず、Xの防御に何ら実質的不利益を生じたものとは認められないから、訴因変更の必要はないとして弁護人の主張を斥けた。最高裁は、以下の判断を示し、原判決と第1審判決を破棄して、差し戻した。

●**判旨**● 「本件起訴状に訴因として明示された被告人の過失は、濡れた靴をよく拭かずに履いていたため、一時停止の状態から発進するにあたりアクセルとクラッチペダルを踏んだ際足を滑らせてクラッチペダルから左足を踏みはずした過失であるとされているのに対し、第1審判決に判示された被告人の過失は、交差点前で一時停止中の他車の後に進行接近する際ブレーキをかけるのを遅れた過失であるとされているのであって、両者は明らかに過失の態様を異にしており、このように、起訴状に訴因として明示された態様の過失を認めず、それとは別の態様の過失を認定するには、被告人に防禦の機会を与えるため訴因の変更手続を要するものといわなければならない。」

●**解説**● 1 過失犯を、単なる責任形式ではなく構成要件該当行為であると捉える新しい過失犯論の定着とともに、手続き的にも、過失の態様が異なるときは訴因変更が必要となるとする考え方も定着してきた。本判例は、最高裁として、そのような傾向を正面から認めたものである。

2 本判決以前、高裁判決で訴因変更を必要とした事例としては、①訴因：「前方注意義務を怠りKの進行に気づかなかった」、認定：「追越後におけるKの位置を確認しなかった」（東京高判昭32・2・5東高時報8-2-23）、②訴因：「前方注視義務違反」、認定は「減速徐行義務違反」（東京高判昭40・8・27下刑7-8-1583）、③訴因：「前方注視義務違反」、認定は「交差点付近で追い抜きをせず、いつでも急停車できる程度の車間距離をとるべき義務があるのにこれを怠った」（大阪高判昭41・7・22下刑8-7-970）、等があった（鬼塚・後掲139頁）。

3 本件事案について、注意義務違反行為を、結果回避の観点から考えると、「クラッチペダルの操作の誤り」よりも、「ブレーキ操作の誤り」が結果発生に直結した過失であるから、第1審が、ブレーキ操作の遅れを認定した点も、過失犯に関する新たな動向からすれば不当とは言えない。しかし、このような認定は、被告人側にとって不意打ちであった（鬼塚・後掲143頁）。こうして、本判旨が、過失の態様を異にする場合には訴因変更手続を要するとした点は、妥当な判断であったと言えよう。しかし、この場合、(i)裁判所が訴因と異なる注意義務を認定しているのか、(ii)訴因の注意義務に新たな注意義務を追加しているのか、(iii)訴因の注意義務の言い換えあるいは別表現に過ぎないのか、いずれも微妙な問題である（田口・後掲524頁）。

4 この点、最1小決昭和63年10月24日【328】は、注意義務を課す根拠となる具体的事実には訴因の拘束力は認められないとして、訴因変更の必要がないことを確認し、また、最2小決平成15年2月20日判時1820号149頁は、訴因の「進路前方を注視せず、進路の安全を確認しなかった」という過失を、「進路前方を注視せず、ハンドルを右方向に転把して進行した」過失と認定したのは、過失の態様を補充訂正したに過ぎないとした。なお、最3小決昭和55年3月4日刑集34巻3号89頁は、訴因が酒酔い運転罪である場合に、訴因変更を経ないで酒気帯び運転罪を認定した。酒酔い運転罪と酒気帯び運転罪とは、厳密には包摂関係にはないが、事実上、前者の訴因に後者を含ませることも不可能ではないし、多くの場合被告人の防御も包摂されていることから、その限度で具体的防御説の視点も活かしつつ、緩やかな縮小認定の理論を採ったものと思われ、これも訴因変更の必要性を緩和する事例と言えよう。

●**参考文献**● 鬼塚賢太郎・判解昭46年度133、田口守一・岡野古稀519

332 実行行為者の変更——口封じ殺人事件(その1)

最3小決平成13年4月11日（刑集55巻3号127頁・判時1748号175頁・判タ1060号175頁）

参照条文　刑訴法256条、335条、312条　刑法60条、199条

殺人罪の共同正犯における実行行為者の変更と訴因変更手続の要否。

●**事実**●　被告人Xは、N・Vと共謀して、住宅に放火して保険金を詐取した上、口封じのために、Nと共謀して、Vを殺害したとして起訴された。公訴事実は、「Xは、Nと共謀の上、昭和63年7月24日ころ、……所在の産業廃棄物最終処分場付近道路に停車中の普通乗用自動車内において、Vに対し、殺意をもってその頸部をベルト様のもので絞めつけ、そのころ窒息死させて殺害した」というものであったが、検察官が途中で訴因を変更し、「Xは、Nと共謀の上、前同日午後8時ころから午後9時30分ころまでの間、……所在の共済会館付近から前記最終処分場に至るまでの間の道路に停車中の普通乗用自動車内において、殺意をもって、Xが、Vの頸部を絞めつけるなどし、同所付近で窒息死させて殺害した」とされた。これに対して第1審は、「Xは、Nと共謀の上、前同日午後8時ころから翌25日未明までの間に、……停車中の自動車内において、N又はXあるいはその両名において、扼殺、絞殺又はこれに類する方法でVを殺害した」との事実を認定して、Xを有罪とした。Xは、実行行為者の認定につき、訴因変更手続が必要であるとして控訴したが、棄却されたので、さらに上告した。最高裁は、上告を棄却して、以下の判断を示した。

●**決定要旨**●　(1)「そもそも、殺人罪の共同正犯の訴因としては、その実行行為者がだれであるかが明示されていないからといって、それだけで直ちに訴因の記載として罪となるべき事実の特定に欠けるものとはいえないと考えられるから、訴因において実行行為者が明示された場合にそれと異なる認定をするとしても、審判対象の画定という見地からは、訴因変更が必要となるとはいえないものと解される。」

(2)「とはいえ、実行行為者がだれであるかは、一般的に、被告人の防御にとって重要な事項であるから、当該訴因の成否について争いがある場合等においては、争点の明確化などのため、検察官において実行行為者を明示するのが望ましいということができ、検察官が訴因においてその実行行為者の明示をした以上、判決においてそれと実質的に異なる認定をするには、原則として、訴因変更手続を要するものと解するのが相当である。」

(3)「しかしながら、実行行為者の明示は、前記のとおり訴因の記載として不可欠な事項ではないから、少なくとも、被告人の防御の具体的な状況等の審理の経過に照らし、被告人に不意打ちを与えるものではないと認められ、かつ、判決で認定される事実が訴因に記載された事実と比べて被告人にとってより不利益であるとはいえない場合には、例外的に、訴因変更手続を経ることなく訴因と異なる実行行為者を認定することも違法ではないものと解すべきである。」

●**解説**●　1　本決定は、実行行為者の択一的認定と訴因変更手続という2つの論点を含むが、ここでは、後者の問題を取り上げる。前者については【504】参照。

2　決定要旨(1)は、殺人罪の共同正犯の訴因として、実行行為者の明示は不可欠な要素ではないとし、「審判対象の画定という見地」との判断基準を示した。この考え方は、訴因の記載は他の犯罪事実からの識別で足りるとする識別説と、訴因の記載は犯罪事実の識別のみでなく被告人の防御権の保障のためであるとする防御権説とにおいて、前者の立場からは実行行為者の明示は不要となり、後者からは必要となることから（池田・後掲69頁）、識別説に立脚したものとされる。実務は、識別説で運用されており、弁護人が釈明を求めた場合にこの点を明らかにするとされている。しかし、本件では、訴因変更を経て、実行行為者が誰であるかが訴因で明示された。これまでの判例（最1小決昭63・10・24【328】）からすれば、訴因の拘束力の及ばない事実として、直ちに訴因変更の必要はないとすることも理論的には可能であった。

3　しかし、本決定は、要旨(2)において、実行行為者は被告人の防御にとって重要な事項であるから、その変更には原則として訴因変更を必要とするが、この場合の訴因変更の要否は被告人の防御の具体的経過を考慮して判断されるとした。この考え方は、起訴状記載の事実を、(a)審判の対象を特定するために必要不可欠な部分と、(b)その他の部分とに分けて考え、(a)の変動は常に訴因変更を必要とするが、(b)の変動は必ずしもそうではない——被告人の防御にとって重要であったかどうかを判断し、重要でない場合は変更を要しない——と解釈すべきである、とした分析（松尾(上)262頁）に淵源すると思われる。そして、訴因変更要否については、(a)の変動は抽象的防御説により、(b)の変動は具体的防御説によって判断されることになろう。このような理論構成は、抽象的防御説と具体的防御説の「二段構えの防御説」（三井Ⅱ199頁）に近いアプローチと言えよう（同・後掲99頁）。

4　本決定により、訴因変更手続にも2つのタイプがあることが明らかにされたが、なお検討課題も残る。第1に、上記(b)の変動に関する被告人に対する不意打ちの有無が問題となる。本決定はこれを否定したが、例えば、最2小決平成24年2月29日【333】はこれを認めて訴因変更を必要としている。第2に、(b)の事実であって訴因に明示すべき事実は何か、訴因化されないが被告人の防御に影響を及ぼす事実の防御権（【334】解説参照）、第3に、被告人の防御権保障に関する仕組みの全体像もまた、問題となる。

●**参考文献**●　池田修・判解平13年度57、三井誠・固9版98、井上弘通・固8版102、鈴木茂嗣・J平13年度重判195、加藤克佳・現刑4-7-74

333 放火方法の変更——ガス自殺放火事件

最2小決平成24年2月29日（刑集66巻4号589頁・判時2153号142頁・判タ1373号151頁）

参照条文　刑訴法312条、411条

被告人の防御にとって重要な事実に関する訴因変更手続の要否。

●**事実**● 本件公訴事実は、被告人Xは、借金苦等からガス自殺をしようとして、台所にガスを充満させたが、ガスに一酸化炭素が含まれておらず自殺できなかったため、台所に充満した同ガスに引火・爆発させて爆死しようと企て、「本件ガスコンロの点火スイッチを作動させて点火し、同ガスに引火、爆発させて火を放ち」、現住建造物を焼損させたというものであった。第1審は、Xが上記ガスに引火・爆発させた方法について、Xがガスを吸って気を失ったことから、「同ガスコンロの点火スイッチを頭部で押し込み、作動させて点火し、同ガスに引火、爆発させ〔た〕」と認定した。これに対して、原判決は、このようなXの行為を認定することはできないとして、訴因変更手続を経ずに、「何らかの方法により、同リビングダイニングに充満した同ガスに引火、爆発させ〔た〕」と認定した。Xは、原判決が訴因変更手続を経ずにガスに引火・爆発させた方法について訴因と異なる認定をしたことは違法であるとして上告した。最高裁は、結果として上告を棄却し、職権で以下の判断を示した。

●**決定要旨**● 「Xが上記ガスに引火、爆発させた方法は、本件現住建造物等放火罪の実行行為の内容をなすものであって、一般的にXの防御にとって重要な事項であるから、判決において訴因と実質的に異なる認定をするには、原則として、訴因変更手続を要するが、例外的に、Xの防御の具体的な状況等の審理の経過に照らし、Xに不意打ちを与えず、かつ、判決で認定される事実が訴因に記載された事実と比べてXにとってより不利益であるとはいえない場合には、訴因変更手続を経ることなく訴因と異なる実行行為を認定することも違法ではないと解される〔最3小決平13・4・11【332】参照〕。
「第1審及び原審において、検察官は、上記ガスに引火、爆発した原因が本件ガスコンロの点火スイッチの作動による点火にあるとした上で、Xが同スイッチを作動させて点火し、上記ガスに引火、爆発させたと主張し、これに対してXは、故意に同スイッチを作動させて点火したことはなく、また、上記ガスに引火、爆発した原因は、上記台所に置かれていた冷蔵庫の部品から出る火花その他の火源にある可能性があると主張していた。そして、検察官は、上記ガスに引火、爆発した原因が同スイッチを作動させた行為以外の行為であるとした場合のXの刑事責任に関する予備的な主張は行っておらず、裁判所も、そのような行為の具体的可能性やその場合のXの刑事責任の有無、内容に関し、求釈明や証拠調べにおける発問等はしていなかったのである。このような審理の経過に照らせば、原判決が、同スイッチを作動させた行為以外の行為により引火・爆発させた具体的可能性等について何ら審理することなく『何らかの方法により』引火、爆発させたと認定したことは、引火、爆発させた行為についての本件審理における攻防の範囲を越えて無限定な認定をした点においてXに不意打ちを与えるものといわざるを得ない。そうすると、原判決が訴因変更手続を経ずに上記認定をしたことには違法があるものといわざるを得ない。」（反対意見がある。）

●**解説**● 1　本決定は、【332】の適用例と言ってよい。

2　本件で、「ガスに引火、爆発させた方法」は、「Xの防御にとって重要な事項」と位置付けられており、「審判対象の画定」に必要な事実とは捉えられていない。この点は、【332】が前提とする識別説は、他の犯罪事実からの区別を基準とするが、それは、256条3項の訴因事実を前提とした上で、どの程度詳細な事実の記載が要求されるかに関する議論であるから、犯罪の日時・場所・方法も、基本的に第1段の訴因事実に属するのは当然と考えるべきである。その上で、他の犯罪事実との区別にとって必要とは言えない明細事実で被告人の防御にとって重要な事実は、第2段の訴因事実と位置付けられる。そうすると、「ガスに引火、爆発させた方法」による放火の実行行為で、他の放火行為からの区別は可能であり、それ以上の方法の明細事実（点火スイッチを作動させたか、頭部で押し込み作動させたか）は、第2段の訴因事実となるとする分析も肯定できよう。

3　問題は、第2段の訴因変更の要否である。放火方法の明細が被告人の防御にとって重要な事項であることは明らかだが、放火方法の明細事実の変動は被告人に対する不意打ちとなるか否か。本決定は、点火スイッチ以外の方法による被告人の故意責任の審理をしないまま、「何らかの方法」による故意責任を認定したのは被告人に対する不意打ちとなるとするが（岩崎・後掲189頁）、本件審理では点火スイッチ以外の方法による爆発原因についても審理され、被告人の弁解もなされていたことからすると、被告人に対する不意打ちを認めない判断もあり得たのではなかろうか（岩瀬・後掲117頁）。

4　また、本決定は、原判決を違法としつつ、411条を発動しなかった。その理由は、原判決の認定が被告人に与えた防御上の不利益の程度は大きいとまでは言えないとし、これは程度問題であって、有無の問題とは区別されるとする（岩崎・後掲194頁）。しかし、不意打ち問題は、防御の具体的状況に依存する相対的な判断であって、やはり程度問題と言える。この点、反対意見は、不意打ちを肯定すればそれは正義に反することになるから原判決を破棄すべきであるとするが、理論的にはそれが筋であろう（笹倉・後掲183頁）。

●**参考文献**●　岩崎邦生・判解平24年度163、岩瀬徹・刑ジャ36-112、笹倉宏紀・J平24年度重判181

334　不意打ち認定——日航機よど号ハイジャック事件

最3小判昭和58年12月13日（刑集37巻10号1581頁・判時1101号17頁・判タ516号86頁）

参照条文　刑訴法294条、308条、317条、404条　刑法60条

共謀共同正犯における謀議の不意打ち認定と争点の顕在化。

●事実●　被告人Xは、赤軍派の幹部であったが、いわゆる「日航機よど号ハイジャック事件」の共謀共同正犯として起訴された。本件ハイジャック事件当時、Xは、別件の爆発物取締罰則違反の容疑で身柄拘束中であったため実行行為には関与していないことから、争点は、身柄拘束以前に同事件に関する謀議を遂げたか否かであった。検察官は、冒頭陳述において、「昭和45年3月12日から……3月15日までの前日までの3日間」の間に「喫茶店Hなど」において謀議が行われたと主張したが、立証の中心は、「3月13日夜の協議」にあり、これに対してXは13日夜のアリバイを主張していた。第1審は、検察官の主張を認めて、Xが「3月13日および翌14日、喫茶店『H』等において」謀議を遂げたとして有罪とした。Xは、さらに、13日夜のアリバイを主張し、当事者間の攻防もその点に集中した。控訴審は、Xのアリバイの成立を認め、原判決の事実誤認を認めたが、13日夜の協議は実は12日夜に行われたものであり、13日昼および14日にも協議が続行されていたと認定して、第1審の事実誤認は判決に影響を及ぼさないとした。これに対してXが上告し、原審が12日夜の謀議を認定したのはXに対する不意打ちであり、Xの防御権を奪うものであると主張した。最高裁は、職権で以下のように判示し、原審における事実認定手続を違法とした。ただし、Xの謀議への関与は、結局において証拠上肯定できるとして、411条による原判決の破棄はせず、被告人の上告を棄却した。

●判旨●　原審は、12日夜の謀議を認定しているが、「しかし、3月12日夜喫茶店H及びホテルAにおいてXがS、Tらと顔を合わせた際に、これらの者の間で本件ハイジャックに関する謀議が行われたという事実は、第1審の検察官も最終的には主張せず、第1審判決によっても認定されていないのであり、右12日の謀議が存在したか否かについては、……原審においても検察官が特段の主張・立証を行わず、その結果としてX・弁護人も何らの防禦活動を行っていないのである。したがって、……原審が、第1審判決の認めた13日夜の第1次協議の存在に疑問をもち、右協議が現実には12日夜に行われたとの事実を認定しようとするのであれば、少なくとも、12日夜の謀議の存否の点を控訴審における争点として顕在化させたうえで十分の審理を遂げる必要があると解されるのであって、このような措置をとることなく、13日夜の第1次協議に関するXのアリバイの成立を認めながら、率然として、右第1次協議の日を12日夜であると認めてこれに対するXの関与を肯定した原審の訴訟手続は、本件事案の性質、審理の経過等にかんがみると、Xに対し不意打ちを与え、その防禦権を不当に侵害するものであって違法であるといわなければならない。」

●解説●　1　本判決は、不意打ち認定の違法を認め、同時に、不意打ちを防ぐための措置としての争点の顕在化を指摘した、後の判例・実務に大きな影響を与えた重要判例である。

2　不意打ち禁止の法理については、訴因制度それ自体不意打ちを防止する制度であるが（256条、312条、338条4号、378条3号）、その危険がない場合でも審判対象と異なる事実であれば訴因変更が必要とされる。また、新島ミサイル事件【604】でも不意打ち禁止が明言されたが、【604】では、科刑上一罪の無罪部分に検察官の控訴がなかったことから、当事者間において「攻防の対象から外された」ことが核心の判断であり、必ずしも不意打ち禁止が理論的根拠であったわけではない。これに対して、本判決は、判例法上初めて、不意打ち禁止の法理を一般的に認めたものである。その根拠は、証拠法に求めることができ、証拠調べにつき当事者の意見を聴き（297条1項）、証拠について開示義務を負わせ（299条1項）、あるいは証拠の証明力を争う機会を与えなければならない（308条）などを指摘することができよう。不意打ちが違法となるかは、①裁判所の認定が被告人側にとってどの程度予想外のものであったか、および、②その認定が訴因事実の立証にどの程度重要な関連性を有するか、を基準とすることができよう（木谷・後掲484頁）。

3　本判旨は、不意打ちを防止するためには、「争点として顕在化させたうえで十分の審理を遂げる必要がある」としたが、被告人の防御権を保障するために争点顕在化という点に光を当てた意義は大きい。争点顕在化の方法としては、裁判所の訴訟指揮（294条）に基づく検察官に対する釈明が最もオーソドックスな方法であるが、裁判所が証人や被告人に発問することで注意を喚起する方法もあろう（木谷・後掲485頁）。この点、争点顕在化手続の重要性は、平成16年刑訴法改正で創設された、公判前整理手続における争点整理の制度へと引き継がれたと見ることができよう。

4　本件における「12日の謀議」の認定は、あくまで審判対象の範囲内の事実認定であるから、争点逸脱認定ではあっても訴因逸脱認定と見ることはできない。争点逸脱認定として被告人の防禦権を侵害する訴訟手続の法令違反と見るのが自然であろう。もっとも、その後、判例は、被告人の防御にとって重要な事項は訴因記載することが望ましいとしたので（最3小決平13・4・11【332】）、今後は、同種事案で訴因逸脱認定が問題となるケースも生ずるであろう。

5　なお、本判例は、原判決の違法を認めつつ411条を発動しなかった事例としても重要である。

●参考文献●　木谷明・判解昭58年度472、庭山英雄・固6版202、田口守一・J昭58年度重判182

335　故意の認定—警察官殺害事件

東京高判平成6年6月6日（高刑47巻2号252頁・判タ863号291頁）
参照条文　刑法199条、203条、38条　刑訴法397条、379条、294条　刑訴規則208条

錯誤論に基づく殺意につき事実認識による殺意を認定する場合の措置。

●**事実**● 本件は、被告人Xが、銃弾1発を発射してA巡査を死亡させ、さらに、貫通した銃弾で背後のB警部補をも負傷させたという事案である。起訴状記載の訴因は、「Xは、……殺意をもって、前記警察官両名に対し、所携の自動装てん式けん銃で銃弾1発を発射し、……A巡査を心臓銃創による失血により死亡させて殺害し、さらに、右銃弾をB警部補の左下腿部に命中させたが、……殺害の目的を遂げなかった」というものであるが、検察官は、XのB巡査に対する殺意について、第1回公判期日において、上記訴因の「前記警察官両名に対し」という文言は法律的評価を踏まえての記載であると釈明した上、冒頭陳述および論告において、最3小判昭和53年7月28日刑集32巻5号1068頁に照らして、Xには、B警部補に対する殺意がなく、殺人未遂は成立しない旨の弁護人の主張には理由がないとして、本件訴因は、錯誤論の適用を前提とするものであることを明らかにしていた。これに対し、原判決は、起訴状の訴因とほぼ同じ事実を認定摘示するとともに、B警部補に対して殺人未遂罪は成立しないとする弁護人の主張に対する判断として、検察官の主張と同じく、前掲昭和53年判決に徴すれば、同主張は理由がないことが明らかとしつつ、「しかしながら、……本件事実関係を仔細に検討すれば、打撃（方法）の錯誤に法定的符合説を適用する右判例の手法を採るまでもなく、より直截的にBに対する殺人未遂罪の成立を肯定することができる」と述べ、Xが、「追跡してきたA巡査のみならずB警部補にも弾丸が命中することを認識、認容していたものと認められる」として、B警部補に対する殺意を認定した。弁護人は、XにはB警部補に対する殺意は認められず、過失傷害罪が成立するに止まるとして控訴を申し立てた。控訴審は、下記の理由から、原判決を破棄した。

●**判旨**● 「XのB警部補に対する殺意につき、事実の認識、認容があったとするか、あるいは、事実の認識、認容はなく、錯誤論の適用を前提とするかは、事実関係に重要な差異があることは明らかであり、原裁判所において右のような認定判断をするためには、審理の過程で検察官に釈明を求めるなど、事実の認識、認容があったかどうかを争点として顕在化させる措置等がとられる必要があるというべきところ、記録上原審の審理の過程でそのような措置がとられた形跡は認められず、したがって、原判決には、そのような措置等をとることなく、検察官が釈明等により明らかにした訴因と異なる事実について認定判断した、訴訟手続の法令違反があるものというべく、この違法が判決に影響を及ぼすことは明らかである。」

●**解説**●　1　本件で、被告人がB警部補に対する殺意を有していた場合は、むろん殺人未遂罪が成立するが、有していなかったとしても、上記昭和53年判決が、「人を殺す意図のもとに殺害行為に出た以上、犯人の認識しなかった人に対してその結果が発生した場合にも、右の結果について殺人の故意がある」として、法定的符号説に基づき、いわゆる方法の錯誤につき故意犯の成立を認めた判例からすれば、本件でも同様の結論となる。しかし、錯誤論で故意が認定されるのと、故意の認識・認容があったとして故意が認定されるのとでは、少なくとも情状においては差があり（河村・後掲224頁）、被告人の防御にとって大きな違いがある。

2　本判旨は、この点につき、「事実の認識、認容があったかどうかを争点として顕在化させる措置等がとられる必要がある」として、その措置が取られなかったのは訴訟手続の法令違反であるとした。この考え方は、争点顕在化の措置を取らない事実認定には不意打ちの違法があるとした日航機よど号ハイジャック事件【334】を踏襲したものと言えよう。その後の下級審で、例えば、大阪地判平成9年8月20日判タ995号286頁は、傷害の共犯事件につき、傷害の結果が共謀の前後いずれの暴行に起因したか不明であったことから、同時傷害の特例を適用するにつき、「争点顕在化の措置を講じて当事者に新たな主張・立証の機会を付与しており、訴因逸脱認定又は不意打ち認定の問題は生じないと考えられる」として、争点顕在化の措置を取るべきことが自覚的に指摘されており、注目される（田口・目的203頁）。

3　問題は、このような場合に争点顕在化の措置を取れば足りるのか、訴因変更手続を取るべきかである。本件では、起訴状記載の訴因では錯誤論による起訴であることが明白でなかったとの指摘もあるが（判タ863-292〔匿名解説〕）、錯誤論に基づく故意であることを訴因として記載する必要はないと思われる。したがって、本判旨が本件を争点顕在化の問題と位置付けたのは相当であったと言えよう。もっとも、その後、最3小決平成13年4月11日【332】が、「被告人の防御にとって重要な事項」は訴因に記載することが望ましいとしたので、これまで検察官の釈明等で明示されてきた訴因の明細事実が訴因事実として記載される可能性もある。その場合には、争点顕在化手続ではなく、訴因変更手続が問題となってくるであろう。

4　もっとも、【332】の適用例である最2小決平成24年2月29日【333】では、被告人の防御にとって重要な事実である訴因事実について訴因変更手続を取らなかった違法は、訴訟手続の法令違反に当たると考えられている（岩崎邦生・判解平24年度189頁）。そうであれば、訴因変更か争点顕在化かという問題には、あまり大きな意味はないとも言える。

●**参考文献**●　河村博・警論48-7-216

336　罪数の変化(1)——京花紙税逋脱事件

最3小判昭和29年3月2日（刑集8巻3号217頁）　　参照条文　刑訴法256条2～4項、312条

一罪の訴因につき訴因変更手続を経ずに数罪を認定することの可否。

●事実●　製紙業を営んでいたXは、昭和25年1～6月、複数の者に対し、複数回にわたり京花紙を販売し、製造場より移出したにもかかわらず、故意にこれを帳簿に記載せず、かつ所定の納税申告もしないで、もって物品税を不正な方法で逋脱したとして起訴された。起訴の際、検察官は別表として物品の移出ごとの年月日・数量・価格等を明らかにした犯罪一覧表を起訴状に添付していた。第1審は、Xを有罪とし、検察官の主張に沿って一罪（包括一罪）として処断した。しかし、X側からの控訴を受けた原審は、「或月分の物品税を不正行為により逋脱した場合は一個の逋脱罪が成立し数ケ月に亘って逋脱行為があった場合においては、各月の分毎に物品税逋脱罪が成立するものと解するのを相当とする」として、訴因変更手続を経ることなく、1～6月の各月につき各1個の逋脱罪（合計6個）を認定し、それぞれにつき罰金刑を科した。これに対しX側が、訴因変更なくして数罪を認定するのは被告人に対する不意打ちとなり違法であるなどとして上告したところ、最高裁は、(1)製紙業者が、数か月にわたり、毎月移出した製品の一部（京花紙）につき、所定の帳簿に記載せず、所定の申告をしないで、不正行為により物品税を逋脱した場合には、各月ごとに1個の物品税逋脱罪が成立するとして原審の罪数判断を是認した。次いで、(2)訴因変更手続に関して、以下のように判示した。

●判旨●　「起訴状には、別表として犯罪一覧表が添付され、これによって、物品の各移出毎に日時、数量、価格等が明確となっており、原判決は、そのとおりの事実関係（ただし各月にまとめて）を認定したうえで、各月分毎に一罪が成立するものとしただけであるから、訴因変更がなくても、違法とはいえない。」

●解説●　**1**　起訴状記載の公訴事実が一罪（包括一罪）とされている場合に、これを数罪（併合罪）と認定するためには訴因変更手続を取ることが必要か。この問題は、2つの場合に分けて考える必要がある。第1は、事実関係に変化はなく、罪数判断のみが変化した場合、第2は、事実関係の変化に伴って罪数判断も変化することとなった場合である。

2　本件事案は、罪数判断のみが変化した第1の場合に属すると言えよう。本件起訴状の訴因は、6か月にわたる全事実について包括一罪が成立するとの前提で記載されていたが、別表の添付により、そのまま各月ごとに一罪の成立を認めることができるほど詳細なものであったことが、本件の重要な点とされている。すなわち、調査官解説によると、別表として、移出先（3名）別の販売一覧表（3通）を付け、各販売一覧表には、個々の移出ごとに年月日・品名・数量・単価・移出価額が記載してあったとのことである（戸田・後掲37頁）。このような事案については、訴因変更を不要とするのも妥当な判断であった。これに対して、一罪が数罪に変わる場合にも訴因変更手続が必要としたのは、東京高判昭和31年2月22日高刑9巻1号103頁である。東京高裁は、児童に淫行させたという児童福祉法違反事件につき、62名との情交を包括一罪とした訴因を、2個の併合罪と認定するには訴因変更手続を要するとしたが、この事案では、起訴状に特に別表の添付もなく、本件のようにそのまま一罪の成立を認めることができる事案ではなかった。したがって、この両判例の結論が異なるのも、当然と言えよう。

3　もっとも、罪数判断のみが変化した場合に、訴因変更手続が不要であるとしても、訴因の書き分けないし組立て直しが必要となるが、これは訴因の補正の問題と考えるべきであろう（平野・基礎理論128頁）。補正手続は訴因変更の手続きに準じて考えればよい。この場合、訴因変更の問題とすることができない理由は、公訴事実の同一性はその単一性を前提としており（同『訴因概説』74頁）、訴因が有効に成立していなければならないからである（田口守一・⬜5版85頁）。

4　なお、第2の事実関係の変化に伴って罪数判断が変化する場合についても言及しておこう。判例として、最3小判昭和32年10月8日刑集11巻10号2487頁は、A・B・Cの3名と共謀の上、落綿11俵を窃取したとの窃盗の単純一罪の訴因につき、訴因変更手続を経ないで、A・Bと共謀して6俵、Cと共謀して5俵を窃取したとの2個の窃盗の併合罪を認定した事案において、①公訴事実の同一性を失わず、かつ、②被告人の防御に実質的不利益を生ずる虞はない、として違法ではないとしている。しかし、この場合は、事実関係自体に変動があり、上記の結論には疑問がある。しかし、この場合の事実の変化はまずもって罪数評価に意味のある変化であるから、適法訴因を前提とする訴因変更の問題ではなく、やはり訴因の補正の問題と考えるべきであろう（田宮196頁）。

同じ事は、3回にわたるけん銃の不法所持につき、途中で、いったんけん銃を返却していた事実が判明したため、数個の併合罪と認定することになった東京高判昭和52年12月20日高刑30巻4号423頁にも当てはまる。この事例の原審は、被告人の防御に実質的不利益を与える虞がないとして、訴因変更手続を不要としたが、東京高裁は、訴因事実そのものに変動が生じ、そのため数個の併合罪と認定されるに至った場合には、「罪数補正を伴う訴因変更手続をうながすなどして、もって被告人・弁護人にそれに対応する防禦の機会を与えるべき訴訟法上の義務」があるとした。罪数補正と訴因変更との区別が明確でないが、訴因の補正を問題とした点は妥当な判断であった（田口・前掲85頁）。

●参考文献●　戸田弘・判解昭29年度36

337 罪数の変化(2)——暴力団殴り込み事件

最3小決昭和35年11月15日（刑集14巻13号1677頁・判時250号27頁）

参照条文　刑訴法312条、338条　旧刑法208条の2［現行法208条の3］

併合罪の起訴に対する単純一罪の認定と訴因変更または公訴棄却の言渡しの要否。

●**事実**● 本件は、被告人Aらが、共謀の上、対立する暴力団から殴り込みがあった場合には、共同して向かい打つ目的をもって、けん銃等が準備してあることを知って集合しまた集合させたという事案である。Aに対しては昭和33年7月26日付け起訴状において「被告人B、同A、同C、同D、同Eは、甲組の者達と共同して右乙組の輩下の者達の生命身体に危害を加える目的を以て……兇器が準備してあることを知って右甲方に集合したものである」として兇器準備集合罪（刑法208条の2第1項）の起訴がなされ、さらに同年10月17日付け起訴状をもって、「被告人B、同Aは、甲と共謀の上自己の兄弟及び輩下の者と共同して乙派の者の生命身体に危害を加える目的を以て同年7月2日夜より翌3日早暁に亘り拳銃数挺、猟銃数挺、日本刀3、40振位、竹槍10数本等を準備し、D外約60名を熊本市……の甲方及びその周辺の……煙草屋前、飲食店……前附近に分散配置に付けて集合せしめもって結集したものである」として兇器準備結集罪（刑法208条の2第2項）の追起訴がなされた。検察官は、第1回公判期日において、これは併合罪の関係にあると釈明した。これに対して、第1審は、追起訴に係る兇器準備結集罪のみを認定し、原訴因の兇器準備集合罪はこれに吸収されて別罪を構成しないとして、主文で無罪または公訴棄却の言渡しをしなかった。弁護人の上告趣意は、「もし裁判所が右2個の各起訴事実について、これは併合罪に非ずして1個の犯罪事実なりと評価したとすれば2度目の追起訴の公訴事実については公訴棄却を云渡すべきであるのに、これが云渡をしていないのは違法であり、この点を看過した原判決は破棄を免れない」というものであった。最高裁は、この主張を斥け、括弧内で以下の判断を示した。

●**決定要旨**● 「併合罪として追起訴された事実を前に起訴された事実と併合審理した結果、両者を単純一罪と認定して処断するには、公訴棄却の言渡や、訴因変更の手続を要しない」。

●**解説**● 1 本決定が問題としたのは、併合罪として起訴された事実を単純一罪と認定する場合に、公訴棄却の言渡しや訴因変更の手続を取る必要があるかである。本問の前提問題として、第1に、本決定は、同一人が同じ機会に兇器準備集合罪と同結集罪とを犯した場合は、集合罪は結集罪に吸収され、結集罪一罪が成立するとした罪数に関する判例でもあり、また第2に、追起訴事実を併合審理する場合についての判示であって、併合審理するまでもなく二重起訴であることが容易に判明するような場合には、338条3号により公訴棄却の言渡しをなし、必要ならば、前の起訴に対して訴因変更手続を促がすなどの措置を取るべきこ

とは当然である（川添・後掲394頁）。

2 問題は、本決定が、公訴棄却を必要としないとした理由である。この点、本件では追起訴がなされているので、形の上では2個の公訴があることになり、純理論的には、後の公訴を棄却し、前の公訴について訴因を変更させることも考えられるが、このような手続きはあまり実益がなく、訴訟経済にも反するとされる（川添・後掲395頁）。そこで、本件のような追起訴の訴訟行為を、公訴提起行為ではなく訴因の追加行為と解釈し直すことが考えられる（平野・基礎理論132頁）。その上で、338条3号の立法趣旨は、不必要な数個の手続きを同時進行させることを避けて、被告人の利益保護とともに、相抵触する裁判の発生防止にあることからすれば、本件のような場合に、特に公訴棄却の言渡しをする必要はないことの理論的な説明も可能となろう。

3 また、本決定は、併合審理の結果、両者を単純一罪と認定して処断するには訴因変更の手続きを要しないともしている。その理由は、追起訴は訴因変更手続よりもさらに丁重な手続きでなされているので、被告人の防御に不利益を与えないからであるとされている（川添・後掲395頁）。上述のように、理論的には、検察官の追起訴行為を訴因の追加行為と解釈した上で、一方が他方に吸収される関係にある場合には、「大なる防御は小なる防御を含む」関係にあると言え、訴因変更の要否に関する抽象的防御説からも、具体的防御説からも、訴因変更手続を不要とすることが可能となろう。

4 本件と同じく、集合犯の一部を検察官が追起訴した事案について、大阪高判昭和28年6月29日高刑6巻6号824頁は、罪数に関する見解を異にするだけで、両起訴状の記載事実と判決認定の事実とは具体的に異なる所はなく、被告人の防御上不利益を及ぼす所はないから、後の公訴を棄却する必要はなく、また、あえて前の訴因を変更するという手続きによらなければ審判できないというわけでもないとした。また、札幌高判昭和30年12月27日高刑8巻9号1179頁は、同一裁判所に併合罪として追起訴された事実を前の起訴に係る事実と併合審理した結果、常習犯の一罪と認定するに至った場合には、後の公訴を棄却し改めて訴因の追加をさせることなく、そのまま実体的判決をしても違法ではないとした。

5 なお、本決定の射程は、あくまで併合罪とされた事実と一罪とされた事実との間に、具体的な事実関係の違いがない場合に限られよう。したがって、本判例から、併合罪の起訴を一罪と認定する場合には訴因変更手続を必要としない、という一般化はできない。例えば、2個の窃盗の併合罪につき、検察官がいわゆる「かすがい」である住居侵入罪を起訴しなかった場合に、裁判所がこれを認定して牽連犯の一罪とするには、住居侵入の認定が必要であるから、本判例とは事案が異なることとなろう。

●**参考文献**●　川添万夫・判解昭35年度393

338 罰条変更の要否——暴力行為等処罰に関する法律違反事件

最2小決昭和53年2月16日（刑集32巻1号47頁・判時881号155頁・判タ361号221頁）

参照条文　暴力行為等処罰ニ関スル法律1条
刑法45条、204条　刑訴法256条、312条

起訴状に記載されていない罰条の適用と罰条変更の要否。

●**事実**● 起訴状記載の訴因は、「被告人XはWらと共謀のうえ、……スナックYにおいて、A、B、C、Dに対し些細なことに立腹し、こもごも同人らに殴る蹴るなどの暴行を加え、よって右Aに対し、加療約2週間を要する左胸部打撲、第8肋骨々折の傷害を、右Bに対し、加療約3日間を要する顔面、後頭部等挫傷の傷害を、右Dに対し、加療約2週間を要する頭部打撲兼挫傷などの傷害を、それぞれ負わせた」というものであり、これに対する罪名罰条は、「傷害、暴行、刑法第204条、第208条、第60条」となっていた。第1審は、ほぼ上記と同じ事実を認定したが、法令の適用を「刑法60条、204条、罰金等臨時措置法3条1項1号」とした。原審は、第1審にはCに対する適用法令に遺脱があるとし、「Cに対する所為についてはその罪名として暴力行為等処罰ニ関スル法律違反、罰条として同法1条（刑法208条）と記載すべきであるのに罪名を暴行、罰条を刑法208条とした起訴状には罪名罰条の記載に誤りが〔る〕」とした。ただし、この違法は判決に影響しないとし、別に量刑不当で第1審判決を破棄して自判した際に、暴力行為等処罰ニ関スル法律1条（刑法208条）を適用した上、「この点については特に罰条の変更を要しないものと解する」とした。Xは、罰条変更を不要とした点は不意打ちであり刑訴法312条の趣旨に反するとして、上告した。最高裁は、上告を棄却して、以下の判断を示した。

●**決定要旨**● (1)「本件のように、数人共同して2人以上に対しそれぞれ暴行を加え、一部の者に傷害を負わせた場合には、傷害を受けた者の数だけの傷害罪と暴行を受けるにとどまった者の数だけの暴力行為等処罰に関する法律1条の罪が成立し、以上は併合罪として処断すべきである」。

(2)「起訴状における罰条の記載は、訴因をより一層特定させて被告人の防禦に遺憾のないようにするため法律上要請されているものであり、裁判所による法令の適用をその範囲内に拘束するためのものではないと解すべきである。それ故、裁判所は、訴因により公訴事実が十分に明確にされていてXの防禦に実質的な不利益が生じない限りは、罰条変更の手続を経ないで、起訴状に記載されていない罰条であってもこれを適用することができるものというべきである。」

(3)「本件の場合、暴力行為等処罰に関する法律1条の罪にあたる事実が訴因によって十分に明示されているから、原審が、起訴状に記載された刑法208条の罰条を変更させる手続を経ないで、右法律1条を適用したからといって、Xの防禦に実質的な不利益が生じたものとはいえない。」（反対意見がある。）

●**解説**● 1 本件の前提問題として、共同暴行により一部の者に傷害を負わせた場合の成立犯罪と罪数の問題がある。暴力行為等処罰ニ関スル法律1条の罪の保護法益を社会法益に対する罪と考えると、本件事案では問題とならない。しかし、それまでの通説および裁判例は、これを個人法益に対する罪と考えており、これによれば、本件では、3個の傷害罪と1個の暴力行為等処罰ニ関スル法律1条の罪の成立を認めることとなる。決定要旨(1)は、これを確認したものと言えよう（佐々木・後掲90頁、香城・後掲28頁）。

2 決定要旨(2)・(3)につき、まず問題となるのは、256条4項但書に言う、「被告人の防御に実質的な不利益を生ずる虞」の意義である。この点については、罰条が誤っているため訴因の内容が不明確になる場合には、被告人の防御に実質的な不利益を生ずる虞があるが、本件のように訴因自体が明確な場合には、起訴状は有効と言ってよい（最3小決昭34・10・26刑集13-11-3046）。次に問題となるのは、罰条も審判の対象に含まれるかである。これを肯定して罰条の拘束力を認めるとの考え方もあり得るが、そうすると、罰条の変更がない限り、別の罰条を適用することはできなくなる。しかし、これは極端な当事者主義である。そもそも法令の適用は裁判所の専権であり、罰条記載の意義は、訴因の内容を明らかにし、被告人の防御を全うさせ、法令適用について裁判所に参考とさせる点にあると考えるべきであって、罰条の拘束力を認めることはできない。

3 そこで、さらなる問題は、312条の罰条変更が必要な場合とは、どのような場合かである。第1説は、256条4項但書と関連させ、罰条の記載の誤りは、被告人の防御に実質的な不利益を生ずる虞がない限り、罰条の追加または変更がなされなくても、起訴状に記載された罰条以外の罰条を適用してもよいとする（宮下明義『新刑事訴訟法逐条解説Ⅱ』159頁）。決定要旨(2)もこの考え方と思われる。第2説は、防御に実質的な不利益を生ずる虞がない程度の誤りがあるときは、起訴状は有効であるが、被告人に弁論の機会を与えるため、罰条変更の手続きを取る必要があるとする（平野143頁）。本件の大塚喜一郎裁判官の反対意見は、罰条変更により、被告人に罰条の適用について意見を述べる具体的な機会を与えない限り、裁判所において新たな罰条を適用することは許されないとするが、これは第2説に属する考え方と言えよう。

4 このように考えると、法律適用は裁判所の専権であるが、それは、裁判所が罰条の変更命令を下しても検察官がこれに従わない場合に問題とすべきことで、専権だからと言って罰条変更が不要ということにはならない。そもそも罰条の記載は、単に訴因の明確化に資するに止まらず、弁論の対象を明確にする機能も有することを考えると、上記大塚裁判官の反対意見が相当と思われるし、実務もそのように運用されている（佐々木・後掲91頁）。

●**参考文献**● 香城敏麿・判解昭53年度23、佐々木史朗・圓5版90、田口守一・J昭53年度重判214

339 訴因変更と事物管轄——地方裁判所移送事件

最2小判昭和28年3月20日（刑集7巻3号597頁）　参照条文　刑訴法332条　裁判所法33条

簡易裁判所の事物管轄に属しない事件の刑訴法332条による移送の適否。

●**事実**●　被告人Xは、昭和25年9月22日、窃盗の共犯として簡易裁判所に起訴されたが、検察官は、同年10月17日、訴因を贓物収受に変更することを申し出た。簡裁はこれを許可し、裁判所法33条3項および刑訴法332条に則り、事件を地方裁判所に移送する旨の決定をした。弁護人は上告趣意においてこの点を問題とし、簡裁が裁判所法33条3項および刑訴法332条により事件を地裁に移送することができるのは、簡裁と地裁とが競合管轄を有する場合であって、——当時の裁判所法33条によれば贓物収受罪は簡裁の事物管轄には属しなかった——本件のごとく簡裁が事物管轄を有しなくなった場合には、刑訴法329条により判決で管轄違いの言渡しをしなければならないところ、裁判所がこれを移送する決定をしたのは、法条の解釈適用を誤ったものであり、移送手続は無効であると主張した。最高裁は、以下の判断を示して、弁護人の上告を棄却した。

●**判旨**●　「簡易裁判所の事物管轄に属する刑事事件が簡易裁判所に起訴された後、検察官においてその訴因罰条の変更を請求し、同裁判所がこれを許可したためその事件が簡易裁判所の事物管轄に属しないこととなった場合においても、同裁判所が刑訴332条により事件を管轄地方裁判所に移送することを妨げないと解すべきである。（ただしかかる場合においては、簡易裁判所が訴因罰条変更請求の許可の決定を留保したまま移送するを可とする。）」

●**解説**●　**1**　起訴状記載の訴因によれば訴訟条件を具備しているが、審理の結果、訴因変更がなされ、変更された訴因を基準とすると訴訟条件を欠く場合、裁判所は如何にすべきか。本件では、簡裁の事物管轄という訴訟条件の欠如から、簡裁は管轄違いを言い渡すべきか、それとも地裁に事件を移送することができるかが問題となった。

2　その前提として、訴訟条件が具備されているか否かの判断基準について、心証基準説か訴因基準説かという問題がある。心証基準説は、審判対象に関する公訴事実対象説を前提とし、訴訟条件の有無は裁判所の心証を基準として判断すべきとする。この立場からすれば、訴因変更手続を問題とせずに、裁判所の心証を基準として形式裁判を言い渡すことができる。これに対して、訴因対象説は、審判対象に関する訴因対象説を前提として、訴訟条件に関する判断も訴因が基準となるとする。したがって、検察官が訴因を変更すれば、変更された訴因を基準として形式裁判をなし、それがなければ、現訴因につき無罪を言い渡すとする。

3　他方、刑訴法332条によって事件を簡裁が地裁に移送する場合としては、(a)簡裁の科刑権の制限を超える刑を科するのを相当とする場合（裁判所法33条3項）、(b)事件が複雑困難な場合、(c)審理の結果、簡裁の事物管轄に属しない事件である疑いが生じた場合が指摘されている（条解921頁）。このうち問題となるのは(c)である。本件事案では、検察官が簡裁の管轄に属しない事件（贓物収受）への訴因変更を請求した。この場合、考えられる簡裁の処置としては、①訴因変更を許可した上で管轄違いを言い渡す、②訴因変更を許可した上で地裁に移送する、③訴因変更に関する決定を留保したまま地裁に移送する、の3つである。本判旨は、②の立場に立ちつつ、③もあり得るとした。理論的には、訴因変更を許可した上で地裁に移送しているので、訴因を基準としているようにも見えるが、訴因を基準とすれば事物管轄を欠くことになるのは明らかである。この点、本件最高裁は、管轄違いの判決を言い渡しても、地裁に起訴されるだけとすれば、地裁に移送した方が便宜であると考えたものと思われる。しかし、これは訴訟経済を考慮した措置（条解918頁）と言うほかない。

4　訴因基準説から考えれば、検察官に贓物収受への訴因変更を行うか否かの釈明を求め、訴因変更があれば管轄違いの判決を、その意思がなければ、窃盗の訴因について無罪の判決をすることになろう（光藤・後掲117頁）。この立場からは、簡裁は実体審判の権限のない訴因への訴因変更を許可できるかが問題となるが、訴因変更は、審判対象の設定変更を訴追機関に許容する制度であって、実体審理ができるか否かとは別問題と言うべきであろう。また、検察官が訴因を変更しなかった場合に無罪としてよいかも問題となる。この点は、検察官が、無罪となれば再起訴できなくなることを承知で現訴因を主張するのであれば、無罪とすることも可能であろう。再起訴の可能性を留保するのは検察官であって、裁判所ではないからである。なお、本判旨が括弧内で判示したような、訴因変更を留保して、現訴因のまま移送するという手続きが、実務的には有力である（条解918頁）。管轄権のある現訴因を維持したままの移送手続であるから、少なくとも訴因基準説とは抵触しないと思われる（反対、光藤・後掲117頁）。

5　訴訟条件の判断基準に関する訴因基準説は、その後の下級審判例でも踏襲されている。例えば、東京高判昭和54年2月27日判時955号131頁は、重過失失火罪・重過失致死傷罪の起訴に対し、原審の地裁が、簡裁の専属管轄に属する失火罪・過失致死傷罪に当たるとしながら、管轄違いの判決をすることなく、罰金の実体判決をしたのは、刑訴法378条1号の「不法に管轄を認めた」ものに当たるとした。また、東京地判昭和61年3月12日判時1229号160頁は、重過失傷害事件が地裁に起訴されたが、審理の結果、単純過失傷害と判明した場合につき、訴因変更手続を経ることなく、管轄違いとした。訴因変更を不要とした点は、心証基準説によるようにも見えるが、単純過失傷害の認定は重過失傷害の縮小認定と言えるので、訴因基準説からも説明可能な結論である。

●**参考文献**●　光藤景皎・百3版116

340 訴因変更と告訴の追完——鍵持ち出し投棄事件

東京地判昭和58年9月30日（判時1091号159頁）　参照条文　刑訴法230条、312条1項、338条4号

> 訴因変更により親告罪とされた場合における告訴の追完の可否。

●事実●　被告人Xは、①神社の賽銭箱から現金を窃取した事実、②以前勤務していた食品会社の作業所から自動車や倉庫の鍵6個を窃取した事実、③知人宅から預金通帳等を窃取した上これを利用して私文書を偽造し銀行から金員を騙取した事実等で起訴された。これらのうち、②については、検察官から予備的に親告罪たる器物毀棄罪の訴因も追加されていた。この点について、裁判所は、「Xは、……株式会社D食品に恨みをいだいていたため会社が車を使用できなくしようとのもっぱら嫌がらせの意図で鍵を持ち出し、その後会社から約120メートル位離れた所で発見されにくいU字型の道路側溝に投棄したものであって、自動車の鍵の経済的用法に従って処分する意図は当初から全くなかった」と認定して、器物損壊罪の成立を認めた。その際、起訴の時点では告訴がなかったが、訴因変更の時点までに告訴がなされたことから、裁判所は、次のように述べて、訴訟条件の具備に問題はないとした。

●判旨●　「非親告罪として起訴された後にこれが親告罪と判明した場合について起訴の時点では告訴がなかった点をどう考えるべきかについて付言するに、当初から検察官が告訴がないにもかかわらず敢えてあるいはそれを見過ごして親告罪の訴因で起訴したのとは全く異なり、本件のように、訴訟の進展に伴ない訴因変更の手続等によって親告罪として審判すべき事態に至ったときは、その時点で初めて告訴が必要となったにすぎないのであるから、現行法下の訴因制度のもとでは、右時点において有効な告訴があれば訴訟条件の具備につきなんら問題はなく実体裁判をすることができると解する。」

●解説●　1　当初、非親告罪として告訴なくして起訴されたが、審理の結果、親告罪と判明した場合でも、その時点で、告訴がない場合とある場合とがある。親告罪と判明して告訴がない場合の対応としては、訴訟条件の存否に関する心証基準説と訴因基準説のいずれを採るかによって、その対応に違いが生ずる（【339】解説参照）。心証基準説によれば、訴因が非親告罪であっても、親告罪の心証を基準として公訴棄却とすることになる。訴因基準説によれば、訴因が親告罪に変更されれば公訴棄却とし、変更されなければ現訴因につき無罪を言い渡すことになる。ただし、非親告罪の縮小認定として親告罪を認定できる場合には、親告罪を認定して公訴棄却とすることができる。

2　これに対して、本件は、検察官が親告罪への予備的訴因の追加をなし、かつ、これについて告訴を得ている事案である。したがって、裁判所による親告罪（器物毀棄）の認定には問題はない。なお、窃盗の訴因のままで器物毀棄の縮小認定ができるかについては（松尾浩也・圖5版105頁は積極説、上口・後掲109頁は消極説）、本件を前提とする限り窃盗につき領得の意思を除いた器物毀棄の縮小認定は可能と思われる。問題は、起訴時点で告訴がなく、親告罪と判明した時点で告訴が具備されたことである。このうち、起訴時点で告訴がなかった点については、訴訟条件の判断に関する訴因基準説に立脚する限り、非親告罪の訴因で告訴なくして起訴された手続きに何ら問題はない。

3　他方、訴因変更時点で訴訟条件の具備を適法になし得るかに関しては、いわゆる「告訴の追完」を検討してみなければならない。告訴の追完は、訴訟行為の瑕疵が治癒される場合の1つであるが、本来であれば先行行為を前提として後行行為が行われるべきところ、先行行為なくして後行行為が行われた場合に、後に先行行為を行って瑕疵を治癒して後行行為を有効とすることである。追完は、単純な追完と補正的追完とに区別され、前者は、遅れてなされたがなお有効な場合（例えば、上訴権の回復〔362条〕）、後者は、訴訟行為によって補正がなされる場合を言う。本件で問題とされた、訴因変更により新訴因が親告罪となった場合の告訴の追完も、これに当たる。この点、本判決は、「現行法下の訴因制度」を前提とする旨を述べて、訴因基準説に立脚することを示唆しつつ、訴因変更により親告罪として審判する「時点において有効な告訴があれば訴訟条件の具備につきなんら問題はなく実体裁判をすることができる」としたが、適切な判断であったと言えよう。その他、略式命令謄本の送達前の正式裁判の請求につき、謄本送達が追完された例（最大決昭40・9・29刑集19-6-749）等がある。

4　なお、本判決も、「当初から検察官が告訴がないにもかかわらず敢えてあるいはそれを見過ごして親告罪の訴因で起訴したのとは全く異な〔る〕」としているように、はじめから告訴なくして起訴した場合の告訴の追完は別問題である。この点、追完を認める説は、親告罪か否かは審理してみなければ分からないし、公訴棄却としても再起訴が可能であって訴訟経済に反するなどと指摘する。しかし、この考え方は訴因制度を踏まえたものとは言えず、訴因が親告罪であるにもかかわらず告訴なくして起訴した瑕疵の重大性は軽視すべきではない。したがって、公訴棄却により起訴の無効を明らかにしておく必要があり、このような追完は認めるべきではない（通説）。名古屋高判昭和25年12月25日判特14号115頁は、器物損壊罪につき起訴後1か月して告訴があった事案において、「公訴提起前に適法な告訴がなされた形跡を認め得ない」として公訴棄却している。ただ、告訴状の不備等、検察官の過誤が軽微な場合には、告訴の追完を認める余地はあろう（松尾・前掲105頁）。なお、弁護人選任届の追完が認められなかった例として、最1小決昭和45年9月24日刑集24巻10号1399頁がある。

●参考文献●　上口裕・圖9版108、髙部道彦・圖8版112

341 訴因変更と公訴時効——預り金横領事件

最2小決昭和29年7月14日（刑集8巻7号1100頁）　　参照条文　刑訴法250条、254条、312条

> 公訴時効の完成を判断する基準時。

●**事実**●　被告人Xは、A村が所有する松の立木約2万本の売却のための売却委員となり、Bから買受け方を依頼されたが、期日までにBが代金の調達ができなかったため、Bと協議の上、とりあえずA村に内金を支払い、残額については支払猶予を求めて売却委員会に働きかけることとした。そこで、Xは、Bから、現金5万円を含め総額9万円相当を預かった。しかし、売却委員会は、Bとの取引をしないことに決めたため、Xは、前記預り金をBに返却しなければならなくなったが、これを返却しなかった。以上の事実について、「Xは、Bにおいてその代金支払い期日までに代金全額の支払いができなかったので、当初から右代金支払い期日の延期方を運動する意思もなく、また延期できないことを了知しながら右運動資金名義でBから現金5万円と額面4万円の小切手1通の交付を受けてこれを騙取した」との詐欺の罪で、昭和26年7月19日に起訴された。その後、検察官は、同27年3月24日に、訴因を「Xにおいて右交付を受けた現金5万円をBのため預かり保管中にほしいままにこれを着服し横領した」という横領の訴因罰条に変更する申立てを行い、裁判所は、公訴事実の同一性を害しないと認め、同月27日にこれを許可した。第1審は、Xを横領罪で有罪としたが、Xは、公訴提起によって時効が停止するのは当該詐欺罪だけであり、昭和22年3月18日をもって横領行為は終了していることから、同27年3月24日の訴因変更請求時点では、すでに横領罪の公訴時効が経過していると主張して控訴した。控訴審は、この主張を棄却したため、Xはさらに上告した。最高裁は、上告を棄却して、以下の判断を示した。

●**決定要旨**●　「所論は畢竟本件は頭初詐欺罪として公訴の提起がなされたが、その後昭和27年3月24日検察官から訴因並びに罰条を横領罪に変更する旨の請求があり、裁判所はこれを許可して審理判決したが本件犯罪行為は昭和22年3月18日に終ったのであるから、右訴因罰条の変更のあった昭和27年3月24日には既に横領罪としての5年の時効期間が経過し本件犯罪に対する公訴時効は完成したことを主張するに帰着する。しかしながら前記訴因罰条の変更によって起訴状記載の公訴事実の同一性に何等消長を来すことのない本件においては、本件起訴の時を基準として公訴時効完成の有無を判断すべきであって、所論の如く訴因罰条の変更の時を基準とすべきでないと解するのが相当である。」

●**解説**●　1　詐欺事件が起訴されたが、審理の結果、横領と判明して、横領であれば公訴時効が完成しているという場合にも、2つの類型があり得る。本件では、起訴があった昭和26年7月19日までには犯罪行為から起算して約4年4か月を経過し、また、訴因罰条が変更された昭和27年3月27日までには、5年以上を経過したことになる。詐欺罪の公訴時効は7年であり、横領罪の公訴時効は5年であるから（250条3号・4号［現行法250条2項4号・5号］）、起訴の時を基準とすれば、詐欺、横領のいずれについても公訴時効は完成していないが、訴因変更の時を基準とすれば、横領については時効が完成していることになる。これを第1類型とする。

2　第1類型ついては、訴訟条件存否の判断時点を起訴の時と見るか、訴因変更の時と見るかによって結論が異なる。起訴時点基準説によれば、起訴時点で横領の時効が未完成であれば訴訟条件は具備していることになる。変更時基準説によれば、変更時点で時効が完成していれば訴訟条件を欠くことになる。訴因説を徹底すれば変更時基準説も理論上はあり得るが、公訴時効停止効の範囲を訴因に限定することとなるばかりでなく、公判期日の日程により時効完成の有無が変動することも好ましくない。したがって、起訴時点を基準としてよいであろう。本決定は、起訴時点基準説を宣言した判例である。

3　他方、起訴時点ですでに横領の時効が完成している場合を第2類型とする。この場合には、訴訟条件の存否の判断に関する訴因基準説と心証基準説のいずれを採るかによって、説明が異なる。訴因基準説に従えば、詐欺の訴因から横領の訴因に訴因変更があれば、変更された訴因について起訴時点で時効が完成しているから免訴とし、検察官が詐欺の訴因を維持するのであれば、訴因について無罪を言い渡すことになる。これに対して、心証基準説に従えば、訴因変更の有無に関わりなく、横領の心証を基準として免訴とすることとなろう。もっとも、免訴にも一事不再理効があるので、議論の実益はあまりない。

4　第2類型に属する判例として、最1小判昭和31年4月12日刑集10巻4号540頁は、検察官が犯行後1年1か月余を経過した時に名誉毀損罪として公訴を提起した公訴事実を、裁判所が侮辱罪（公訴時効期間は1年）に該当する所為と認めるときは、被告人に対し公訴の時効が完成したものとして免訴の言渡しをなすべきであるとする。この場合、訴因変更手続なくして侮辱の事実が認定されているが、縮小認定と理解することができよう。また、最2小判平成2年12月7日判時1373号143頁は、業務上横領の訴因で起訴されたが、審理の結果、単純横領と認定され、単純横領であれば公訴提起の時点で公訴時効が完成していたとして、免訴を言い渡している。

5　なお、本決定の当時、時効が完成している横領を、時効が完成していない詐欺で起訴しておいて、後に横領に変更するという脱法行為を防止するためには、横領への訴因変更を許さないという考えも提示されたが（松本・後掲186頁）、横領への訴因変更を許可して、上記理論により横領の時効完成を理由に免訴とすることで、そのような脱法行為を防止できよう。

●**参考文献**●　松本勝夫・判解昭29年度184、評釈集⑯216

〔田宮裕〕

342 公訴事実の同一性(1)―背広の事件

最2小判昭和29年5月14日（刑集8巻5号676頁）　参照条文　刑訴法312条　刑法235条、256条2項

「窃盗」の訴因と「贓物牙保」の訴因との間の、公訴事実の同一性の有無。

●**事実**●　被告人Xに対する起訴状記載の訴因および罰条は、「Xは昭和25年10月14日頃、静岡県長岡温泉Kホテルに於て宿泊中のAの所有にかかる紺色背広上下1着、身分証明書及び定期券1枚在中の豚皮定期入れ1個を窃取したものである」、「刑法235条」というものであった。これに対して、Xは、窃盗の事実を否認し、Aから依頼されて質入れしたに過ぎないと弁解した。そこで、検察官が、訴因および罰条を予備的に追加することを請求したが、その訴因は、「Xは贓物たるの情を知りながら、10月19日頃東京都内において自称Aから紺色背広上下1着の処分方を依頼され、同日同都豊島区池袋2丁目……B方に於て金4000円を借受け、その担保として右背広1着を質入れし、以って贓物の牙保をなしたものである」、「刑法256条2項」というものであった。なお、上記予備的訴因においてXが牙保したという背広1着が、起訴状記載の訴因においてXが窃取したというA所有の背広1着と同一物件を指すことは、審理の経過から極めて明らかであった。第1審は、2つの訴因の間に公訴事実の同一性を認めて、訴因の追加を許可した上、予備的訴因の事実を認めて、Xを有罪とした。弁護人は、2つの訴因の間に公訴事実の同一性はないとして控訴したが、控訴審は、弁護人の主張を斥けた。弁護人は、窃盗の事実と贓物牙保の事実とは基本的事実関係を全く異にするとして、さらに上告した。最高裁は、上告を棄却して、以下の判断を示した。

●**判旨**●　「右2訴因はともにAの窃取された同人所有の背広1着に関するものであって、ただこれに関するXの所為が窃盗であるか、それとも事後における贓物牙保であるかという点に差異があるにすぎない。そして、両者は罪質上密接な関係があるばかりでなく、本件においては事柄の性質上両者間に犯罪の日時場所等について相異の生ずべきことは免れないけれども、その日時の先後及び場所の地理的関係とその双方の近接性に鑑みれば、一方の犯罪が認められるときは他方の犯罪の成立を認め得ない関係にあると認めざるを得ないから、かような場合には両訴因は基本的事実関係を同じくするものと解するを相当とすべく、従って公訴事実の同一性の範囲内に属するものといわなければならない。本件の如き場合において、公訴事実の同一性なしとするにおいては、一方につき既に確定判決があっても、その既判力は他に及ばないと解せざるを得ないから、被告人の法的地位の安定性は、そのため却って脅されるに至ることなきを保し難い。以上の次第であるから、本件における前記訴因及び罰条の予備的追加には所論の如き違法はなく、しかも〔当〕該手続によって贓物牙保の点も審判の対象として明確にされていた

のであって、Xがこの点につき防禦権を行使するのに実質的な不利益を蒙ったような事実は記録上何ら認められない。」

●**解説**●　1　本件の論点は、静岡県内における窃盗の訴因と東京都内における贓物牙保の訴因との間に、公訴事実の同一性が認められるか、認められるとしてその根拠はどこにあるか、である。「牙保」（平成7年刑法改正で「有償処分のあっせん」とされた）とは、贓物の売買、交換、質入れ等、有償の法律上の処分を媒介・周旋する行為を言う。

2　公訴事実の同一性に関する判例は、大審院時代から基本的事実同一説を採り、公訴事実の同一性とは、犯罪を構成する事実関係の基本たる部分が社会通念上同一と認められることを言うとされてきた（最3小決昭25・6・17刑集4-6-1013）。その基準から、①同一日時・場所の窃盗と贓物運搬（最1小決昭27・10・30刑集6-9-1122）、②同一物件についての窃盗と詐欺（最3小判昭29・8・24刑集8-8-1426）、③犯行方法が密接に関連している詐欺と横領（最2小判昭28・5・29刑集7-5-1158）、④失火と放火幇助（最2小判昭35・7・15刑集14-9-1152）等に、公訴事実の同一性が認められた。

3　本判決は、窃盗の訴因と贓物牙保の訴因では、「一方の犯罪が認められるときは他方の犯罪の成立を認め得ない関係にあると認めざるを得ないから、かような場合には両訴因は基本的事実関係を同じくする」という、非両立基準と呼ばれる新たな考え方を導入した。調査官解説は、本判決も、基本的事実関係の同一性が認められるかを問題とし、従来の判例の見解を踏襲しているが、それと同時に、公訴事実概念を自然的客観的事実ではなく、審判の対象と既判力の範囲を確定するための指導理念に過ぎず、したがって、公訴事実の同一性も、「刑訴法の理念に従って合目的的に解決されなければならない」とする新たな考え方に基づき、「既判力ないし被告人の法的地位の安定性や訴因制度による防御権の保障など、刑訴法全体の構造を考慮して、公訴事実の同一性を合目的的に、且つ具体的事案に即して判定しようとする意図」から、このような基準を導入したとする（天野・後掲104頁）。それは、新たな判例の流れの始まりであったと言えよう。

4　例えば、「8月6日群馬県高崎市内において自転車を窃取した」との窃盗訴因と、「同月11日長野県上田市内においてこれを故買した」との贓物故買の訴因との間に公訴事実の同一性が認められ（最3小決昭29・3・23裁判集刑93-631、天野・後掲106頁）、他方で、窃盗幇助の訴因と贓物故買の訴因の間に、公訴事実の同一性を否定し（最2小判昭33・2・21刑集12-2-288）、また、無謀操縦の事実と業務上過失致死の事実との間に、公訴事実の同一性は認められない（最2小決昭33・3・17刑集12-4-581）とした判例等でも、訴因の両立・非両立の視点が用いられていると思われる。

●**参考文献**●　天野憲治・判解昭29年度103、中武靖夫・囲3版108、田宮裕・警研30-4

343 公訴事実の同一性(2)―馬の事件

最2小判昭和34年12月11日（刑集13巻13号3195頁・判時214号6頁）

参照条文　刑訴法312条、256条、338条、337条　刑法253条、235条

「業務上横領」と「窃盗」の各訴因の間における公訴事実の同一性の有無。

●事実●　本件第1次第1審における当初の訴因は、「被告人Xは家畜商を営んでいるものであるが、昭和25年7月25日頃北海道空知郡上富良野町……家畜商Rより同人所有の馬4頭の売却方を依頼せられ、同月29日うち2頭を新潟県西蒲原郡巻町Sに代金6万円で売却し、これを業務上保管中、同月30日同郡曽根町D旅館において、Rに右代金を引渡す際……買主より3万円だけ内金として受取った旨嘘のことを申し向け、その場において残金3万円を着服して横領した」という、業務上横領であった。審理の途中で、検察官から訴因変更の請求がなされ、その訴因は、「被告人Xは昭和25年7月30日新潟県西蒲原郡鎧郷村……U方から同人が一時北海道空知郡上富良野町……Rより預っていたRの父K所有の牝馬鹿毛及び青毛各1頭（価格合計12万円相当）を窃取した」という、窃盗の事実であった。第1次第1審は、この訴因変更を許可し、窃盗についてXを有罪とした。

これに対して、Xの控訴を受けた第1次第2審は、「最初の訴因と変更しようとする訴因とがその構成要件たる事実について相当程度重なり合っていることを必要とするものと解するのが相当であって、……本件における変更前の訴因と変更後の訴因とを比較対照してみると、右両者はその犯行の日時、場所、手段、方法、目的物件等が互に相違しており、その共通するところは、わずかに、他人の財物を不法に領得した点にあるに過ぎないのであるから、かかる変更は、公訴事実の同一性の範囲を甚だしく逸脱している」と述べ、両訴因は公訴事実の同一性を欠くとし、原判決を破棄して差し戻した。そこで第2次第1審は、検察官が別訴として起訴した窃盗につき有罪とし、業務上横領の点は窃盗の不可罰的事後行為として無罪とした。第2次第2審がこれを支持したので、弁護人はさらに上告した。最高裁は、上告を棄却し、以下の判断を示した。

●判旨●　「前者が馬の売却代金の着服横領であるのに対し、後者は馬そのものの窃盗である点並びに犯行の場所や行為の態様において多少の差異はあるけれども、いずれも同一被害者に対する一定の物とその換価代金を中心とする不法領得行為であって、一方が有罪となれば他方がその不可罰行為として不処罰となる関係にあり、その間基本的事実関係の同一を肯認することができるから、両者は公訴事実の同一性を有するものと解すべく、従って第1次第2審の判決がその同一性を欠くものと判断したのは誤りである」。

●解説●　1　本件の論点は、馬の売却代金の業務上横領の訴因と馬の窃取の訴因との間に、公訴事実の同一性を認めることができるかである。本件第1次第2審は、明らかに、いわゆる構成要件共通説に立脚して、本件両訴因における犯行の場所や行為の態様の違いから、公訴事実の同一性を否定した。しかし、判例は、先に「一方の犯罪が認められるときは他方の犯罪の成立を認め得ない関係」にあるときは、公訴事実の同一性が認められるとの判断を示しており（最2小判昭29・5・14【342】）、本件は、このような視点からの検討も必要な事案であった。

2　公訴事実の同一性の判断基準に関する学説は多彩であるが、これを極めて大きく3つに分類してみると、①訴因の背後に一定の自然的ないし社会的事実を想定し、両訴因の事実がその同一事実に含まれるかを基準とする説（基本的事実同一説、社会的嫌疑同一説等）、②旧訴因と新訴因を比較し、そこに事実の共通性が認められれば同一性を肯定できるとする説（構成要件共通説、訴因共通説等）、③両訴因を比較して事実的共通性だけでなく、一定の規範的共通性が認められるときに同一性を肯定できるとする説（罪質同一説、指導形象類似説、訴訟課題同一説、刑罰関心同一説等）がある。①は、審判対象に関する公訴事実対象説を基礎とするものであって、訴因対象説とは調和しない。②は、事実的共通性だけで安定した限界画定が可能なのか、疑問が残る。したがって、理論的には、③を追求すべきものと思われる。

3　判例は、伝統的に、基本的事実同一説を採ってきたが、【342】により、「その内容をかなり充実させ、事実的要素を基礎としつつも、規範的要素を加味することによって、日時・場所等の相違を超克するとともに、一方の犯罪の成立が他方の成立を排除する関係にあることをもって同一性肯定の1つの基準とするにいたった」（寺尾・後掲449頁）と評されている。本判決は、判例の流れをこのように捉えた上で、馬の売却代金の横領と馬そのものの窃盗は、「いずれも同一被害者に対する一定の物とその換価代金を中心とする不法領得行為であって、一方が有罪となれば他方がその不可罰行為として不処罰となる関係にあ〔る〕」として、2つの訴因の非両立関係を指摘し、そうすると、本件のように不可罰的事後行為の場合も同一性を認めることができるとした。この点、本件の事実関係には、窃盗行為と横領行為に事実の共通性も認められなくはないが、その点を重視しないで、両訴因の非両立関係から、基本的事実関係の同一を導いたところに、本判例の意味がある。その点で、本判決は、【342】の考え方を承継した判例と言えよう。

4　なお、本判決の多数意見は、第2次第1審における窃盗の別訴の提起は、第1次第2審の差戻し判決に従って行われたものであるから、その第2審の判断が誤りであった以上、本件の公訴提起は実質において訴因変更の趣旨と解することができ、そうすると二重起訴ではないことになるとする（この点については補足意見と反対意見がある）。

●参考文献●　寺尾正二・判解昭34年度444

344 公訴事実の同一性(3)——条例違反事件

最3小決昭和47年7月25日（刑集26巻6号366頁・判時679号3頁・判タ280号320頁）

参照条文　刑訴法256条、312条　刑法246条　金沢市金銭物品等の寄附募集に関する条例3条、11条　小松市寄附金品取締条例2条、11条

「詐欺」と「条例違反」の各訴因の間における公訴事実の同一性の有無。

● 事実 ●　被告人Xは、石川県内にある寺の住職であったが、同時に事業社を創立して旅館経営等もしていた。Xは、同事業社の外交員Yほか13名と共謀して、実際は生活費に充てるつもりで、「今度のお盆に戦没者の法要をするので、おろうそく代を上げて欲しい」などと虚偽の事実を述べ、約860人から総計約4万4900円を騙取したとして、詐欺の訴因で起訴された。ところが審理を重ねるうちに詐欺の立証が困難になり、起訴から9年2か月を経た第54回公判期日になって、検察官は、市長の許可を受けずまたは届出をしないで寄附募集をしたという金沢市条例違反と小松市条例違反の訴因を、予備的に追加請求した。ただし、当初の約860人の被害住民のうち、金沢市条例違反では5人から合計600円、小松市条例違反では17人から合計770円の募金のみが、予備的訴因の内容であった。第1審は、訴因の追加を許可した上、予備的訴因の条例違反を認定してXを有罪とした。Xは、本位的訴因と予備的訴因との間には公訴事実の同一性がないなどとして控訴したが、控訴審がこれを棄却したため、さらに上告した。最高裁は、上告を棄却し、括弧内で以下の判断を示した。

● 決定要旨 ●　「本件起訴状記載の第6および第12の詐欺の各事実と、予備的訴因追加申立書掲記の金沢市金銭物品等の寄附募集に関する条例違反または小松市寄附金品取締条例違反の各事実との間には、それぞれ、公訴事実の同一性があるとの原審の判断は正当である。」
田中二郎裁判官の反対意見。
「前者［詐欺罪］は、『人ヲ欺罔シテ』財物を『騙取』するところに犯罪性が認められるものであるのに対し、後者［条例違反］は、『許可又は届出なくして』『寄附募集』という形式で財物を取得するところに各条例違反が成立するのであって、両者は、その罪名・罪質を全く異にするのみならず、構成要件的事実の共通性又は類似性を全く欠くものといわなければならない。そうであるとすれば、……原審の判断およびこれを支持する多数意見は、法律の解釈を誤ったものというほかなく、とうてい、これに賛成することができない。」
「かりに、基本的事実同一説の立場に立ち、公訴事実の同一性の範囲を緩やかに解すべきであるとしても、刑訴法312条の精神からすれば、訴因の追加又は変更により被告人の防禦に実質的な不利益を生ずるようなことがあってはならないはずである。ところが、本件第1審においては、9年2か月余の長きにわたり、53回の公判期日を経ながら、その間、条例違反の点については全く触れるところがなく、第54回の公判期日にいたり、突如として予備的訴因の追加をさせ、……そのまま、結審し、第55回の判決公判期日において、右予備的訴因である本件各条例違反について有罪の判決をするにいたったもので、Xおよび弁護人らに対し、実質的に充分な防禦をする権利に不意討ちの打撃を与えたものとして、とうてい、是認することができない。」（坂本吉勝裁判官同調。）

● 解説 ●　1　本件の直接の問題点は、詐欺の訴因と条例違反の訴因との間の公訴事実の同一性の有無であるが、仮に公訴事実の同一性が肯定されても、訴因変更を許可すべきであったかという問題も含まれているので、この点にも触れておこう。

2　公訴事実の同一性に関する判例は、いわゆる基本的事実同一説とされている（【342】解説参照）。これは、前法律的な歴史的事実の同一性という観点から判断しようとするものであるから（向井・後掲210頁）、この立場からすれば、本件事案について公訴事実の同一性が認められるのは当然と思われる。これに対して、反対意見は、詐欺罪と条例違反とでは、「その罪名・罪質を全く異にするのみならず、構成要件的事実の共通性又は類似性を全く欠く」とする。罪質同一説等の視点からの主張と言えよう。

3　この点については、両事実に共通性さえあれば公訴事実の同一性が認められる、との考え方には問題があろう。両事実の共通性さえあれば、法律的・規範的評価が大きく違っても同一性が認められるのであれば、訴因変更制度は、何らかの犯罪で起訴すれば、何らかの犯罪で有罪となることを認めた制度となりかねない。したがって、訴因変更には一定の規範的な枠が設定されるべきである。だからこそ、多くの学説は、法律的ないし規範的な限界を設定しようとしてきた（罪質同一説、指導形象類似説、訴訟課題同一説、刑罰関心同一説、処罰非両立説等）。本件でも、確かに行為は同一であるが、両訴因の法律的ないし規範的な違いは明らかで、同一性は否定されるべきであろう。田中二郎裁判官の反対意見に賛同したい。

4　田中裁判官の反対意見がさらに問題とするのは、被告人が、起訴後9年2か月にわたって詐欺罪を争い、その反証活動が成功したかと思われる段階で、突如、条例違反の予備的訴因が持ち出されたことである。その後、沖縄ゼネスト事件【348】は、訴因変更の時期的限界に関する問題を指摘し、日航機よど号ハイジャック事件【334】は、争点顕在化の措置による不意打ち防止を問題とした。当時、訴因変更の時期的限界や争点顕在化という問題点は未だ明確に意識されていなかったことを考えると、この反対意見の先見性は明らかである。調査官解説は、田中裁判官の批判は、実務家にとって心を謙虚にして傾聴すべき点が多く、この点から見ると、本決定の意義は、むしろ田中裁判官による反対意見で示された、いくつかの批判点にあるかもしれないとするが（向井・後掲217頁）、正鵠を射ている。

● 参考文献 ●　向井哲次郎・判解昭47年度205、小田中聰樹・圀3版112

345 公訴事実の同一性(4)―収賄・贈賄事件

最1小決昭和53年3月6日（刑集32巻2号218頁・判時882号117頁・判タ361号230頁）

参照条文　刑訴法256条、312条　刑法198条

「枉法収賄」と「贈賄」の各訴因の間における公訴事実の同一性の有無。

●事実●　本件は、被告人Xが、運転免許取得希望者Zと運転免許試験官Yとの間を仲介して賄賂の授受に関与した事案である。当初の訴因は、「Xは、自動車運転試験に関する事務処理の職務に従事していた巡査部長Yと共謀の上、自動車免許取得に関するYの職務上の不正行為に対する謝礼の趣旨で、Zから賄賂として2月下旬25万円を収受した」という枉法収賄であったが、検察官は、第18回公判において、「XはZと共謀の上、右と同趣旨でYに対して3月上旬付近路上で賄賂5万円を供与した」という贈賄の訴因を予備的に追加する請求を行い、裁判所はこれを許可した。事実関係としては、XはZから受け取った25万円のうち5万円をYに渡したという事情があった。第1審は、贈賄の訴因で有罪を言い渡した。Xは、上記収賄の事実（本位的訴因）と贈賄の訴因（予備的訴因）との間に公訴事実の同一性はないとして控訴したが、控訴審は、「両訴因は結局一連の同一事実関係を対象としながら、法廷に提出された証拠に対する評価を異にする結果、犯罪の日時、場所、共犯者の有無、賄賂の額、内容等犯罪の形態を異にしているに過ぎないとみるべきであり、したがって右のような事実関係においては、両訴因が同時に併立する関係にはない」から、公訴事実の同一性の範囲内にあるとして、控訴を棄却した。Xは、両訴因は併立する関係にあるとして、さらに上告した。最高裁は、上告を棄却して、以下の判示をした。

●決定要旨●　「『Xは、公務員Yと共謀のうえ、Yの職務上の不正行為に対する謝礼の趣旨で、Zから賄賂を収受した』という枉法収賄の訴因と、『Xは、Zと共謀のうえ、右と同じ趣旨で、公務員Yに対して賄賂を供与した』という贈賄の訴因とは、収受したとされる賄賂と供与したとされる賄賂との間に事実上の共通性がある場合には、両立しない関係にあり、かつ、一連の同一事象に対する法的評価を異にするに過ぎないものであって、基本的事実関係においては同一であるということができる。したがって、右の2つの訴因の間に公訴事実の同一性を認めた原判断は、正当である。」

団藤重光裁判官の補足意見。
「本件は、……本位的訴因ではXを収賄側の共犯者とみなしたのに対し、予備的訴因では同人を贈賄側の共犯者とみたのであって、そこに基本的事実関係の同一性があるのはもちろんのこと、わたくしのいわゆる構成要件的共通性〔団藤151頁参照〕があることもあきらかである。けだし、本件の本位的訴因において収賄罪の構成要件に該当するものとされた事実と、予備的訴因において贈賄罪の構成要件に該当するものとされた事実とは、重要な部分において重なり合うものだからである。私見も多数意見――従来の判例の見解――と基本的に異なるものではない。」

●解説●　1　本件では、XのZからの金員受取り行為を収賄行為とする訴因と、その金員の一部をYに贈賄したとする訴因との間における公訴事実の同一性が問題となった。この2つの訴因は非両立の関係にあり、先例として、最2小判昭和29年5月14日【342】、最3小判昭和33年5月20日刑集12巻7号1416頁、最2小判昭和34年12月11日【343】が同一性を肯定しており、本決定がこの考え方を再確認した。

2　本決定は、非両立関係に論及しているが、その意義について、調査官解説は、判例が採用する基本的事実同一説の中で非両立基準が生まれてきたもので、これと切り離された基準を持ち込んだものではないとする（香城・後掲82頁）。すなわち、非両立関係を、「両訴因の背後にある社会的事実が重なり合って同一の社会的事実を構成している場合において、両訴因が両立しない関係にあることをいう」（同84頁）とした上で、「枉法収賄の訴因において賄賂を収受したしたとされていたことの社会的事実が贈賄の訴因における賄賂を供与するための予備的行為にすぎず、収受の賄賂と供与の賄賂との間に事実上の共通性が存在していた」ので、同一性が肯定されたと見るのである（同95頁）。この理解から、本決定は「枉法収賄の事実は、贈賄の準備行為であるから、この事実を中心として一連の社会的事実は同一であるということができ、……この一連の社会的事実を前提とするときは、枉法収賄と贈賄のいずれを認めるかは、評価の差異にすぎない」（同88頁）としたことになる。こうして、非両立性基準も基本的事実同一説と同じ立場に立つとする見解が有力となっている（龍岡・後掲101頁、出田・後掲105頁）。

3　しかし、事実の共通性基準と非両立性基準の関係については、これと異なる理解も可能であろう。本件事案は、事実の重なり合いが少なく、共通性基準が有効に機能しないため、非両立基準が用いられた（出田・後掲105頁）と見るのが自然ではなかろうか。つまり、共通性基準からだけでなく、それとは質の異なる非両立性基準が導入されて同一性が肯定できたと見るのである。本決定の表現は、上記の社会的事実同一説に親しむことは確かであるが、収賄と贈賄とは非両立だからこそ同一であるという規範的視点も含意されているとも解し得ると思われる。

4　なお、団藤重光裁判官の補足意見は、両構成要件該当事実が「重要な部分において重なり合う」ことから、構成要件的共通説によっても同一性が認められ、多数意見と異なるものではないとした。本件の訴因記載事実には事実の共通性はないと言うほかないのであるから、社会的事実を背景とした構成要件該当事実の重なりと見るほかないと評されている（香城・後掲92頁）。

●参考文献●　香城敏麿・判解昭53年度73、龍岡資晃・百9版100、出田孝一・百8版104、古田佑紀・百7版102、田口守一・百6版90

346 公訴事実の同一性(5)——覚せい剤使用事件

最3小決昭和63年10月25日（刑集42巻8号1100頁）　参照条文　刑訴法256条、312条　覚せい剤取締法19条

「覚せい剤使用罪」の2つの訴因の間における公訴事実の同一性の有無。

●**事実**● 被告人Xは、自動車を運転中に速度違反で警察官から職務質問を受け、その際、左腕部の注射痕を見咎められて、尿の任意提出をした。その結果、覚せい剤が検出されて逮捕された。Xに対する当初の訴因は、「Xは、『よっちゃん』ことAと共謀の上、法定の除外事由がないのに、昭和60年10月26日午後5時30分ころ、栃木県芳賀郡……のX方において、右Aをして自己の左腕部に覚せい剤であるフェニルメチルアミノプロパン約0.04グラムを含有する水溶液約0.25ミリリットルを注射させ、もって、覚せい剤を使用した」というものであった。しかし、Xが起訴後に供述を変更したため、検察官は訴因の変更を請求した。新たな訴因は、「Xは、法定の除外事由がないのに、昭和60年10月26日午後6時30分ころ、茨城県下館市……所在スナック『B』店舗内において、覚せい剤であるフェニルメチルアミノプロパン約0.04グラムを含有する水溶液約0.25ミリリットルを自己の左腕部に注射し、もって、覚せい剤を使用した」というものであった。第1審は、両訴因に公訴事実の同一性はないとして訴因変更を許可せず、旧訴因につきXを無罪とした。これに対して控訴審は、「検察官は……本件逮捕（同年10月28日）に直近する1回の使用行為を訴追する趣旨で……起訴したところ……、当初の訴因事実と変更請求にかかる訴因事実とは、同一の社会的、歴史的事象に属し、基本的事実関係を同じくするものとして、公訴事実の同一性の範囲内にあると解するのが相当である」として、第1審判決を破棄差戻しとした。弁護人は、公訴事実の同一性を争って上告したが、最高裁はこれを棄却して、以下の判断を示した。

●**決定要旨**● 「記録によれば、検察官は、昭和60年10月28日に任意提出されたXの尿中から覚せい剤が検出されたことと捜査段階でのXの供述に基づき、前記起訴状記載の訴因のとおりに覚せい剤の使用日時、場所、方法等を特定して本件公訴を提起したが、その後Xがその使用時間、場所、方法に関する供述を変更し、これが信用できると考えたことから、新供述にそって訴因の変更を請求するに至ったというのである。そうすると、両訴因は、その間に覚せい剤の使用時間、場所、方法において多少の差異があるものの、いずれもXの尿中から検出された同一覚せい剤の使用行為に関するものであって、事実上の共通性があり、両立しない関係にあると認められるから、基本的事実関係において同一であるということができる。したがって、右両訴因間に公訴事実の同一性を認めた原判断は正当である。」

●**解説**● 1　本件では、覚せい剤使用罪につき、使用時間・場所・方法に差異のある訴因間における公訴事実の同一性が問題となった。覚せい剤使用罪については、複数回の使用行為があれば、1回ごとに1罪が成立し、両者は併合罪の関係にあるとするのが実務の扱いであることから、第1に、幅のある訴因記載がなされた場合に訴因の特定の要請を満たすか（最1小決昭56・4・25【223】）、第2に、訴因変更請求があった場合に公訴事実の同一性が認められるか、が問題となる。

2　覚せい剤使用罪に関する訴因変更の可否については、4つの考え方がある。①旧訴因と新訴因の事実を直接比較して、使用日時・場所・方法等が相異すれば公訴事実の同一性はないとする説、②両訴因の背後にある社会的・歴史的事実を比較して1回の覚せい剤使用しか認められないときにのみ公訴事実の同一性を肯定する説、③旧訴因と新訴因との間に、被告人の尿中から検出された覚せい剤に関する使用行為であるという共通性が認められれば、公訴事実の同一性が認められるとし、その上で、複数の使用行為の可能性が疑われる場合には、鑑定で確定し得るのは最終使用行為1回のみであると解して、両訴因はいずれも被告人の尿から検出された覚せい剤の最終使用行為である点で共通し、両立しない関係にあるとして同一性を肯定する説（実務上の多数説）、④③とほぼ同じだが、鑑定により証明される事実は、少なくとも1回の使用行為であると解する説である（川口・後掲381頁）。

3　本決定では、③が採用された（川口・後掲386頁）。それは、両訴因を直接比較しているのではないので①を採用していないことは明白であり、また、本件は1回の使用行為に関する事案であるから、②を採用するなら、この点を判示すれば足りるはずのところ、「両訴因はいずれも被告人の任意提出した尿中から検出された同一覚せい剤」を問題としているからである。また、本決定が、非両立性の基準を用いたのは、両訴因を単に比較しただけではその重なり合いが少ないと認めたためである（同390頁）。もっとも、本件では、複数回の使用行為が問題となっているのではなく、同じ1回の使用行為の日時・場所・方法が変更されたに過ぎない事案である。この点を踏まえると、本決定は、使用行為が1回のみという事案についての判例であって、複数回の使用行為については判示していないとの見解（植村・後掲107頁）も有力である（的場・後掲103頁）。しかし、今後、裁判所が、具体的事案を契機として、より一般的な判断を示すこともあり得るであろう。

4　なお、本決定は、原判決と違って、最終使用行為1回説に触れていないが、本件で検察官は「最終1回の使用」である旨釈明しており、本決定もこれを否定する趣旨ではないとされている（川口・後掲403頁）。複数使用が問題となる事案でないことを踏まえたのであろうか。

●**参考文献**● 川口宰護・判解昭63年度374、的場純男・圖9版102、植村立郎・圖8版106

347 訴因変更の許否──売春防止法違反事件

最1小判昭和42年8月31日（刑集21巻7号879頁・判時497号77頁・判夕211号182頁）　参照条文　刑訴法312条1項

> 起訴状記載の訴因について有罪の見込みがある場合における、裁判所による訴因変更の許否。

●事実● 被告人Xは、A女およびB女をして自己の経営する屋台に待機させ、不特定多数の遊客を相手に性交させ、その対償の一部を取得したとする売春防止法12条（管理売春。法定刑は10年以下の懲役および30万円以下の罰金）の事実で起訴された。第1審の途中で、弁護人から、Bに関する行為は同条の構成要件に該当しないとの主張がなされ、検察官は、訴因をBに対する売春の相手方として男性を紹介したとの売春の周旋に変更し、それに従い罰条も同法6条1項（売春周旋。法定刑は2年以下の懲役または5万円以下の罰金）に変更する請求をなし、裁判所もこれを許可した。Xは、変更後の訴因・罰条に沿った有罪判決を受けたが、量刑不当を理由に控訴した。控訴審は、職権調査に基づき、裁判所は当初訴因事実を認定できる場合には、その実体的真実発見という職責上、たとえ検察官の訴因変更請求が公訴事実の同一性を害しない場合であっても、これを許可すべきではない旨判示し、第1審判決を破棄差戻しとした。これに対し、Xが上告したところ、最高裁は、職権調査の上、以下のような理由で原判決を破棄差戻しとした。

●判旨● 「刑訴法312条1項は、『裁判所は、検察官の請求があるときは、公訴事実の同一性を害しない限度において、起訴状に記載された訴因または罰条の追加、撤回、または変更を許さなければならない。』と規定しており、また、わが刑訴法が起訴便宜主義を採用し（刑訴法248条）、検察官に公訴の取消を認めている（同257条）ことにかんがみれば、仮に起訴状記載の訴因について有罪の判決が得られる場合であっても、第1審において検察官から、訴因、罰条の追加、撤回、または変更の請求があれば、公訴事実の同一性を害しない限り、これを許可しなければならないものと解すべきである。
　そして、原判決は、検察官の右訴因、罰条の変更請求は、起訴状記載のAおよびBに対する管理売春の訴因をBに対する売春周旋の訴因に変更しようとするものであり、公訴事実の同一性を害するものとは解していないものであること、原判決の判文上明らかである。したがって、第1審裁判所が検察官の右訴因、罰条の変更を許したことは、正当であって、何ら違法はない。」

●解説● 1 訴因変更の許容条件として、法律は「公訴事実の同一性」のみを定めている（312条）。それでは、公訴事実の同一性が認められるときには、現訴因で有罪の可能性がある場合でも、新訴因への訴因変更請求を許可しなければならないだろうか。本件控訴審は、本件被告人の行為は、売春防止法12条に言う、「人を自己の指定する場所に居住させ」たことに十分該当するのであって、検察官の訴因変更請求には理由がなく、「裁判所としては、実体的真実の発見を旨とするその職責上からも、かかる訴因罰条の変更請求に対しては、たとえそれが公訴事実の同一性を害しない場合であっても、これを許可すべき限りではな〔い〕」とした。

2 しかし、それまでの最高裁は、如何なる訴因を審判の対象とするかは、本来訴追機関である検察官が決定すべき事項であって、裁判所が介入すべきことではないという当事者主義に立脚した判例を積み重ねてきた（堀江・後掲183頁）。すなわち、訴因を審判の対象とし（最1小決昭25・6・8刑集4-6-972、最2小判昭29・8・20【330】）、裁判所は、検察官に対し訴因の変更を促がし、またはこれを命ずる義務はなく（最3小判昭33・5・20刑集12-7-1416）、裁判所の訴因変更命令には形成的効力はないとし（最大判昭40・4・28【349】）、さらに、裁判所の職権による証拠調べの義務も否定している（最1小判昭33・2・13【313】）。このような判例法からすれば、裁判官には訴因設定権限がないことは明らかであった。

3 本判決は、さらに、現行法における起訴便宜主義（248条）や起訴変更主義（257条）に触れつつ、起訴状記載の訴因について有罪の判決が得られる場合であっても、検察官から訴因変更の請求があれば、公訴事実の同一性を害しない限り、これを許可しなければならないとした。判例法として、裁判所には訴因を設定する権限はないことが確認されているので、本判決の結論は、その当然の帰結と言うことができる。もし、訴因変更命令に形成力を認めるのであれば、起訴状記載の訴因について有罪判決が得られるにもかかわらず検察官が訴因変更を請求したときは、裁判所はこれを拒否できることになる。なぜなら、この場合に訴因変更を許可しても、裁判所は、その変更された訴因をさらに元の訴因に変更することを命ずることができ、その命令に形成力があるとすれば、結局裁判所が検察官の訴因変更を許可しなかったと同じ結果となるからである（堀江・後掲183頁）。

4 もっとも、検察官から訴因変更請求があった新訴因では無罪とせざるを得ない場合にも、訴因変更を許可すべきかは問題である。本判決後の大阪高判昭和56年11月24日判夕464号170頁は、変更訴因では無罪となる場合に、そのまま変更請求を許可するのは違法であるとした。検察官の心証と裁判所のそれが齟齬している場合には、意思疎通を図るための釈明を求める必要があろう。このような考え方は、訴因変更命令の義務を例外的に認めた最3小決昭和43年11月26日【350】、例外的に証拠提出を促す義務を認めた【313】に通ずるものと言えよう。本判決は、当事者主義の原則を確認したが、検察官の訴追意思に見込み違いがあるときは、当事者主義の補充原理としての裁判所の職権主義が働くことを否定するものではないと思われる。

●参考文献● 堀江一夫・判解昭42年度179、繁田實造・圖5版96

348 訴因変更の時期的限界——沖縄ゼネスト事件

福岡高那覇支判昭和51年4月5日（判タ345号321頁）　参照条文　刑訴法312条

検察官の訴因変更請求を、裁判所が訴訟経過を考慮して拒否することの可否。

●**事実**●　起訴状記載の殺人の訴因は、被告人Xは「氏名不詳の者数名と共謀の上、……巡査部長A……を殺害せんと企て、同人を捕捉し角材、旗竿で殴打し、足蹴し顔面を踏みつけた上、火炎瓶を投げつけ焼く等の暴行を加え」て殺害した、というものであった。検察官は、弁護人の求釈明に対し、Xの具体的行為は、「炎の中から炎に包まれているAの肩をつかまえてひきずり出し、顔を2度踏みつけ脇腹を1度蹴った行為である」と釈明し、その後の攻撃防禦は、もっぱら、XがAを炎の中から引きずり出した行為およびその直後の足踏み等の行為が、殺人の実行行為か、Aに対する救助行為としての消火行為かをめぐって行われた。

ところが、第18回公判期日において、検察官が、上記釈明の訂正として、訴因の記載の冒頭に、「右Aの腰部附近を足げにし路上に転倒させたうえ」を追加すると述べたが、裁判長がこれを許さなかったため、検察官がこれを訴因の追加として申し立てたが、審理が結審段階にあるとして許されなかった。第1審は、Xの行為を消火行為と認めたが、他方で、その少し前に被害者を1回足蹴にした行為から共謀を認定し、Xには単に傷害の故意があったに過ぎないとして、Xを傷害致死で有罪とした。これに対し当事者双方が控訴したところ、福岡高裁那覇支部は、以下のように述べて上記訴因変更の不許可を適法として検察側の控訴を棄却しつつ、さらに、原判決は審判の請求を受けない事件について判決した違法があるとしてこれを破棄して自判し、Xの行為は救助行為としての消火行為であるとしてXを無罪とした。

●**判旨**●　「検察官の前記訴因変更の請求は、……検察官が弁護人の求釈明によって自ら明瞭に訴因から除外することを確認した事実をあらためて復活させるに等しく……しかも約2年6箇月の攻防を経て一貫して維持してきた訴因、即ち本件問題の行為が殺害行為そのものであるとの事実の証明が成り立ち難い情勢となった結審段階のことであってみれば、そうしてまた、Xとしては、右足蹴り行為につき、それまで明確に審判の対象から外され、従って防禦の範囲外の事実として何ら防禦活動らしい活動をしてこなかったことの反面、右問題の行為が、殺害行為どころか救助行為としての消火行為であるとの一貫した主張がようやく成功したかにみえる段階であったことをも考えあわせてみれば、それはまさに、不意打ちであるのみならず、誠実な訴訟上の権利の行使（刑訴規則1条2項）とは言い難いうえに、右事実をあらたに争点とするにおいては、……訴訟はなお相当期間継続するものと考えられ、迅速裁判の趣旨（刑訴規則1条1項）に反してXをながく不安定な地位に置くことによって、Xの防禦に実質的な著しい下［不］利益を生ぜしめ、延いて公平な裁判の保障を損うおそれが顕著であるといわなければならない。」

●**解説**●　1　旧訴因と新訴因との間に「公訴事実の同一性」（312条）が認められるときには、裁判所がその訴因変更請求に理由がないと考える場合であっても、これを許可しなければならない（最1小判昭42・8・31【347】）。当事者主義の訴訟構造の下ではこれが原則であるが、例外もあり得る。本判決は、高裁の判例であるが、訴因変更の時期的限界に関するリーディングケースとされている。

2　下級審では、訴因変更請求を信義則上到底許されないとして許可しなかった裁判例がある（横浜地小田原支決昭43・10・9下刑10-10-1030）。最高裁の判例では、最3小決昭和47年7月25日【344】における田中二郎裁判官の反対意見が、詐欺の証明が困難になった段階で、突如、無許可の募金を行ったという条例違反の訴因変更を求めた事案につき、「刑訴法312条の精神からすれば、訴因の追加又は変更により被告人の防禦に実質的な不利益を生ずるようなことがあってはならない」としてこれを許可すべきではないとする、重要な問題提起をした。

3　本判決は、この問題を正面から取り上げ、「およそ例外を全く許さない原則はない」として、「裁判の生命ともいうべき公平を損うおそれが顕著な場合には、裁判所は、……検察官の請求そのものを許さないことが、例外として認められる」とした。その条件につき、検察官側の事情として、①訴因からの除外を確認した事実を復活させたこと、②検察官主張事実の証明が成り立ち難い結審段階であったことを指摘し、被告人側の事情として、③審判の対象から外された事実について防御活動はしなかったこと、④防御活動がようやく成功したかに見える段階であったこと、⑤新事実を争点とすれば、被告人を長く不安定な地位に置くことになり、被告人の防御に著しい不利益を及ぼすことを指摘した。この立場は、その後、最高裁判例の団藤重光裁判官の補足意見において、「弁護側の防禦活動の結果を逆手にとるような訴因変更をみとめることは、公正な攻撃防禦を主眼とする当事者主義の理念にもとる」とされるなど（最1小判昭58・2・24判時1070-5）、判例法として定着していると言えよう。

4　もっとも、訴因変更の時期的限界と言っても、例えば、結審段階といった時期が重要なわけではない。問題は、そのような段階における検察官の権利濫用的な訴追活動にある。換言すれば、訴訟経過によっては、結審段階の訴因変更請求でも権利濫用的とは解し得ない場合もある（結審後の訴因変更を許可したものとして、東京高判平元・6・1判タ709-272、大阪地判平7・2・13判時1564-143等）。

●**参考文献**●　寺崎嘉博・圕9版104、平良木登規男・圕8版108、島倉隆・圕7版106、上口裕・圕6版94

349 訴因変更命令の形成力——公職選挙法違反事件

最大判昭和40年4月28日（刑集19巻3号270頁・判時406号20頁・判夕174号223頁）　参照条文　刑訴法312条

訴因変更命令における形成的効力の有無。

●**事実**●　被告人Xは、「Aが立候補予定者Bに当選を得しめる目的で、被告人Y等5名に対し、現金3000円宛を供与した際、その情を知りながら、Aを右各被告人方に案内してAを紹介し、更に右Y等に受供与を勧めてこれを受け取らせる等右Aの犯行を容易ならせ［ママ］て各幇助した」という、公選法違反の訴因で起訴された。第1審裁判所は、その審理の途中で、検察官に対し、訴因を供与罪の共同正犯に変更するよう勧告したが、検察官は変更しないと述べたため、裁判所は訴因を変更するよう命じた。検察官は、この変更命令に応じなかったが、裁判所は、この命令により訴因は変更されたものとしてその後の手続きを進め、当初の幇助の訴因に対して、共同正犯の事実を認定し、X・Yを有罪とした。X・Yは控訴して、訴因変更命令には形成的効果を認めるべきではないと主張した。これに対して、控訴審は、原判決は訴因変更命令に形成的効力を認めたものではなく、本件ではそもそも訴因変更を必要としない場合であるとして、第1審の有罪判決を是認して控訴を棄却した。これに対して、X・Yが上告した。最高裁は、上告趣意はいずれも適法な上告理由に該当しないとしつつ、職権調査に基づき以下の旨を判示し、原判決および第1審判決は違法であり、これを破棄しなければ著しく正義に反するとして、これを破棄し、差し戻した。

●**判旨**●　「第1審は、第5回公判期日において共同正犯に訴因を変更すべきことを命じ、検察官から訴因変更の請求がないのに、裁判所の命令により訴因が変更されたものとしてその後の手続を進めたことが認められる。しかし検察官が裁判所の訴因変更命令に従わないのに、裁判所の訴因変更命令により訴因が変更されたものとすることは、裁判所に直接訴因を動かす権限を認めることになり、かくては、訴因の変更を検察官の権限としている刑訴法の基本的構造に反するから、訴因変更命令に右のような効力を認めることは到底できないものといわなければならない。そうすると、裁判所から右命令を受けた検察官は訴因を変更すべきであるけれども、検察官がこれに応じないのに、共同正犯の事実を認定した1審判決は違法であって、同判決および結果に於てこれを是認した原判決はこれを破棄しなければ著しく正義に反するものと認められる。」（反対意見がある。）

●**解説**●　1　本件では、裁判所の訴因変更命令に形成力があるかが問題となったが、その前提として、公選法上の金銭供与の幇助の訴因に対し共同正犯の事実を認定するには訴因変更手続を必要とするかが問題となる。本件控訴審のように、幇助の訴因につき訴因変更手続なくして共同正犯の事実を認定できるのであれば、訴因変更命令を出す必要もなく、したがって、その形成力が問題となることもないからである。この点に関して、本判決は、幇助の訴因に対し共同正犯の事実を認定するには訴因変更が必要であると判示した。そこで、訴因変更命令の形成力の有無が問題となった。

2　当時の学説では、肯定説として、例えば、岸盛一『刑事訴訟法要義』63頁は、「法律構成説に拠れば、……法律の解釈適用の問題は元来裁判所の専権に属するのであるから、これに形成的効果を認めることは少しもあやしむに足りない。……形成的効果を認めないならば、裁判所の命令は単なる釈明権の行使の場合となんらえらぶところがないものとなり、何故に刑訴法第312条第2項の規定がおかれたかを理解することができない」と主張し、本判決の反対意見も考え方としては岸説に近い。これに対して、否定説として、例えば、小野還暦35頁〔団藤重光〕は、形成力は「当事者主義を基調とする刑事訴訟法全体の趣旨にも反する」とし、平野137頁は、「命令があった以上、検察官はこれに従う義務があることは否定できない。しかし、この義務違反に対しては、職務上の制裁はあるが、訴訟法上の効果はない。……従わなければ事実上不利益を受けるだけである。したがって、変更命令に形成力があるわけではなく、検察官が訴因変更の手続をとらない限り、訴因は変わらない」と論じた。

3　先例としては、最3小判昭和33年5月20日刑集12巻7号1416頁が、裁判所は自ら進んで検察官に対し、訴因変更手続を促がしまたはこれを命ずべき責務はないとした程度で、形成力についての最高裁の判示は本件が最初であったが、これにより最高裁判例が訴因説に立つことが決定的となった。その後も、最1小判昭和42年8月31日【347】が、訴因につき有罪が得られる場合でも、訴因変更を許可しなければならないとした。もっとも、最3小決昭和43年11月26日【350】が、例外的に訴因変更命令の義務を認めたので、この場合に訴因変更命令の効果がどうなるかは明らかでないとの指摘もあるが（清野・後掲103頁）、判例法を全体として観察すれば、この場合でも形成力は否定されると思われる。また、学説上、今日でも、例えば渥美400頁は、裁判所が訴因変更命令を下す例外の場合には訴因変更命令に形成力を肯定することができるとし、また、土本武司『刑事訴訟法要義』274頁も、刑事裁判の任務が真相の究明と適正な刑罰権の実現にあることから形成力を認めるべきではあるまいかとする。しかし、少なくとも判例は、否定説で確立していると言えよう。

4　なお、裁判所の罰条変更命令については、法令の適用は裁判所の職責であるから、その変更命令に形成力はあるとするのが通説である（松尾㊤311頁、田宮212頁等）。

●**参考文献**●　海老原震一・判解昭40年度58、清野惇・圄5版102

350 訴因変更命令の義務(1)―猟銃発砲事件

最3小決昭和43年11月26日（刑集22巻12号1352頁・判時540号23頁・判タ229号255頁）

参照条文 刑訴法312条、397条1項、379条

裁判所が訴因変更命令を促しまたは命じないことが、審理不尽となる場合の有無。

●事実● 被告人Xは、暴力団M組の幹部であるが、同組事務所内でかねてより快く思っていなかったAと喧嘩になった際に、M組組長から「根性があるならやって見よ」と言われて猟銃1挺ずつを手渡されたので、Aを射殺しようとして同人に発砲したが、その傍らにいたBの左腹部に命中し出血多量のためBを死亡させたとして、殺人の訴因で起訴された。しかし、第1審は、事件のいきさつを詳細に検討し、組長から度胸試しをされた行きがかり上弾丸を込めたものであり、傍らにいた愛人が止めようとしたのを振り払ったはずみに弾丸が発射されたと見得るとし、結局、殺意をもって発砲したとは認められず、本件を打撃の錯誤の一場合として殺人罪に問うことはできないとし、他方で、「Xは、当初から殺人の犯意を否認し、過失を主張しているのであるが、訴因の追加も変更もない本件において、過失犯……の成立を論じ得ないこと訴因制度を採る現行法のもとにおいては当然である」として、Xを無罪とした。これに対し検察官が控訴したところ、控訴審は、殺意の点については第1審を支持したが、「裁判所は、原則としては、自らすすんで検察官に対し、訴因変更手続を促し、またはこれを命ずべき責務はないが、本件のように、起訴状に記載された訴因については無罪とするほかないが、これを変更すれば有罪であることが明らかであり、しかもその罪が相当重大であるときには、例外的に、検察官に対し、訴因変更手続を促し、またはこれを命ずべき義務があるものと解するのが相当である」とし、これをしなかった第1審には審理不尽の違法があるとし、控訴審において追加された重過失致死の訴因につきXを有罪とした。これに対してXが上告したところ、最高裁はこれを棄却しつつ、以下の判断を示した。

●決定要旨● 「裁判所は、原則として、自らすすんで検察官に対し、訴因変更手続を促しまたはこれを命ずべき義務はないのである［最3小判昭33・5・20刑集12-7-1416参照］が、本件のように、起訴状に記載された殺人の訴因についてはその犯意に関する証明が充分でないため無罪とするほかなくても、審理の経過にかんがみ、これを重過失致死の訴因に変更すれば有罪であることが証拠上明らかであり、しかも、その罪が重過失によって人命を奪うという相当重大なものであるような場合には、例外的に、検察官に対し、訴因変更手続を促しまたはこれを命ずべき義務があるものと解するのが相当である。したがって原判決が、本件のような事案のもとで、裁判所が検察官の意向を単に打診したにとどまり、積極的に訴因変更手続を促しまたはこれを命ずることなく、殺人の訴因のみについて審理し、ただちに被告人を無罪とした第1審判決には審理不尽の違法があるとしてこれを破棄し、あらためて、原審で予備的に追加された重過失致死の訴因について自判し、被告人を有罪としたことは、違法とはいえない。」

●解説● 1 本件第1審は、当事者主義の原則に基づき旧訴因について被告人を無罪とした。これに対して控訴審は、当事者主義の原則にも例外があるとして、裁判所には訴因変更を促しまたはこれを命ずる義務があるとした。本件の論点は、当事者主義内部における原則と例外の問題と捉えることができよう。

2 先例として、本決定要旨掲記の最3小判昭和33年5月20日（以下、「昭和33年5月判決」）は、裁判所は自らすすんで検察官に対し、訴因変更手続を促しまたはこれを命ずべき責務はないとした。また、最1小判昭和33年2月13日【313】は、職権証拠調べの義務を原則として否定し、最大判昭和40年4月28日【349】は、訴因変更命令の形成力を否定し、最1小判昭和42年8月31日【347】は、現訴因について有罪の判決が得られる場合であっても、検察官から訴因変更請求があれば、許可しなければならないとするなど、全て当事者主義を貫いてきた。これらに従うならば、本件第1審には、何ら審理不尽の違法はないことになる。

3 しかし、本決定は、原則的には昭和33年5月判決に従いつつも、例外として、裁判所に訴因変更を促しまたはこれを命ずる義務のある場合があることを認めた。第1に、昭和33年5月判決に抵触しないかが問題となるが、同判決も、「本件のような場合でも」との条件付きの判示であって、例外を全く認めない趣旨とも言えないので、抵触とまでは断ぜられないであろう。第2に例外要件が問題となるが、この点については、「証拠の明白性」と「犯罪の重大性」という平野説（平野・基礎理論83頁）が採用されている。第3に、「促す」ということの内容であるが、本決定も触れているように、本件第1審も、検察官に対して殺人の公判を維持するか否かの「打診」はしている。「促す」と言えるためには、より積極的な「もう一押し」（石田・後掲387頁）が必要だったのではないか。第4に、訴因変更を促しまたはこれを命じたにもかかわらず、検察官がこれに従わなかった場合には、無罪を言い渡しても無論審理不尽になるものではない（同388頁）。

4 本決定は、基礎理論にも反省を迫る。訴因変更命令の制度を、従前の職権主義から理解するのではなく、当事者追行主義を円滑に進めるために、裁判所が検察官と意思疎通を図るための制度と理解すべきではなかろうか。したがって、訴因変更命令の義務も、検察官が裁判所の心証に気付かないまま漫然と判決に至ることを避けるための裁判所の義務と考えることができよう（田口339頁）。

●参考文献● 石田穰一・判解昭43年度379、鈴木茂嗣・圖3版104

351 訴因変更命令の義務(2)―日大闘争事件

最3小判昭和58年9月6日（刑集37巻7号930頁・判時1097号11頁・判タ512号88頁）

参照条文 刑訴法312条 刑訴規則208条 刑法60条、205条

訴因変更命令義務の履行の有無。

●**事実**● 被告人Xは、日本大学経済学部の占拠状態を解除する処分の際に、①他の学生と共謀し、執行官らに暴行を加え、その職務の執行を妨害したとの事実（甲事実）および②館内に侵入しつつあった警察官らに対し、その場に居合わせた学生らと共謀し、レンガ・コンクリート塊等を投下してその職務の執行を妨害し、18名に傷害を負わせ、1名を傷害により死亡させたとの事実（乙事実）で起訴された。Y以下5名は乙事実のみにつき起訴された。検察官は第1審の冒頭で、乙事実が現場共謀に基づく実行正犯の事実であると釈明し、約8年半にわたる審理の全過程を通じてその主張を維持し、当事者の攻防もこれについて行われた。第1審は、審理の最終段階において、検察官に対し、乙事実の共謀の時期等に関する訴因変更の意思について求釈明をしたが、検察官がその意思のないことを明確かつ断定的に釈明したのを受け、それ以上の措置を取ることなく、Xらに対し無罪ないし一部無罪を言い渡した。これに対し検察官が控訴したところ、控訴審は、現場共謀の訴因を事前共謀の訴因に訴因変更がなされれば無罪とされた部分についても共謀共同正犯の罪責が問えることが証拠上明白であり、その部分は傷害致死を含む重大な犯罪に関わるため、裁判所としては検察官に対しその意向を打診するに止まらず、進んで訴因変更を命じまたは積極的にこれを促す義務があったとして、第1審判決を破棄差戻しとした。これに対しXが上告したところ、最高裁は上告を棄却しつつ、以下の判断を示して原判決を破棄し、差し戻した。

●**判旨**● 「第1審において右Xらが無罪とされた乙事実又はその一部が警察官1名に対する傷害致死を含む重大な罪にかかるものであり、また、同事実に関する現場共謀の訴因を事前共謀の訴因に変更することにより右Xらに対し右無罪とされた事実について共謀共同正犯としての罪責を問いうる余地のあることは原判示のとおりであるにしても、記録に現われた前示の経緯、とくに、本件においては、検察官は、約8年半に及ぶ第1審の審理の全過程を通じ一貫して乙事実はいわゆる現場共謀に基づく犯行であって事前共謀に基づく甲事実の犯行とは別個のものであるとの主張をしていたのみならず、審理の最終段階における裁判長の求釈明に対しても従前の主張を変更する意思はない旨明確かつ断定的な釈明をしていたこと、第1審における右Xらの防禦活動は右検察官の主張を前提としてなされたことなどのほか、本件においては、乙事実の犯行の現場にいたことの証拠がない者に対しては、甲事実における主謀者と目される者を含め、いずれも乙事実につき公訴を提起されておらず、右Xらに対してのみ乙事実全部につき共謀共同正犯の罪責を問うときは右Xらと他の者との間で著しい処分上の不均衡が生ずることが明らかであること、本件事案の性質・内容及び右Xらの本件犯行への関与の程度など記録上明らかな諸般の事情に照らして考察すると、第1審裁判所としては、検察官に対し前記のような求釈明によって事実上訴因変更を促したことによりその訴訟法上の義務を尽くしたものというべきであり、さらに進んで、検察官に対し、訴因変更を命じ又はこれを積極的に促すなどの措置に出るまでの義務を有するものではないと解するのが相当である。」

●**解説**● **1** 本件で問題となったのは、裁判所が、検察官に対して、例外的に、訴因変更を促しまたはこれを命ずる義務がある場合において、裁判所が如何なる措置を取ればこの義務を履行したことになるか、である。

2 訴因変更命令の義務に直接関係する先例として、最3小判昭和33年5月20日刑集12巻7号1416頁は、裁判所は自ら進んで検察官に対し、訴因変更手続を促しまたはこれを命ずべき責務はないとし、他方、最3小決昭和43年11月26日【350】は、例外的に、訴因変更命令を促しまたはこれを命ずる義務がある場合を認めた。しかし、判例全体としては、当事者主義が基調となっていることは明らかである。このような判例の流れからすると、訴因変更命令の義務を例外的に認めた【350】における義務の範囲も、あまり広範なものと理解すべきではないこととなり（坂井・後掲264頁）、本件もそのような視座から考えるべきであろう。

3 本判決では、裁判所は、証拠の明白性と事件の重大性から、例外的に、訴因変更を促しまたはこれを命ずる義務がある事案であることが前提となっている。その点では、控訴審判決と本判旨の理解は共通している。しかし、控訴審判決は、第1審はその義務を果たしていないとし、本判決は、その義務を尽くしているとした。その違いは、検察官に対する求釈明の評価の違いから来ている。控訴審は、訴因変更命令義務の履行を厳格に解し、本判決はこれを緩やかに解して、求釈明であっても事情により訴因変更を促したと言える場合があるとした。

4 本判決が、事実上訴因変更を促したことになるとした理由は、(i)検察官の明確かつ断定的な釈明、(ii)被告人の防御活動、(iii)共犯者に対する処分との不均衡、(iv)事案の性質と内容等にある。本判旨により、逆に、【350】における訴因変更命令の義務を果たさず審理不尽となる場合は、かなり限定されることとなろう。なお、本件には、訴因変更の時期の限界（福岡高那覇支判昭51・4・5【348】）の問題も含まれている。約8年半に及ぶ審理の最終段階での、しかも、検察官のそれまでの明確かつ断定的な釈明に反する訴因変更は、仮に検察官からその請求があっても許可すべきでない場合と言えよう。

●**参考文献**● 坂井智・判解昭58年度248、山本正樹・囮9版106、三井誠・囮8版110

最新重要判例 250 刑事訴訟法
第 4 章　証拠法

401 厳格な証明——前科認定事件

最大決昭和33年2月26日（刑集12巻2号316頁・判時142号9頁）　参照条文　刑訴法305条、317条、335条

> 累犯加重の事由となる前科の事実と厳格な証明の対象。

●**事実**● 被告人Xは、昭和31年9月19日午前0時10分頃窃盗の目的でA方店舗に侵入し、自転車を窃取しようとしたが家人に騒がれてその目的を遂げなかったとの住居侵入窃盗未遂の事実で起訴された。第1審は、Xは昭和25年2月22日に窃盗罪で懲役1年6か月に処せられ、本件犯行前その刑の執行を終わっていると認定して、再犯加重をした刑期の範囲内で、Xを懲役8か月に処した。Xが控訴して、前科の刑の執行終了後5年後に本件犯行がなされたのであるから、再犯加重の要件は具備されていないと主張した。第2審は、この主張を認めて、この点を看過した第1審判決には事実の誤認があるとしてこれを破棄した。その上で、自判するに当たって、Xは、昭和23年10月26日に窃盗罪で懲役1年執行猶予3年、昭和27年7月9日には窃盗罪で懲役1年6か月に処せられ、刑の終期は昭和28年12月10日であることを認定して、刑法56条の累犯関係から、Xを懲役8か月に処した。問題となったのは、原審における前科の認定方法であった。原審の前科認定は、Xの前科調書および指紋照会回答書、原審の照会による横須賀区検察庁発信の名古屋高等検察宛て電信の訳文書、Xの前科調書により認定されているが、同電信の訳文書およびXの前科調書（執行猶予の取消し関係）が弁論終結後に送付されたため、これらの書類につき刑訴法305条2項の取調べが行われなかった。Xは、上告して、この点に訴訟手続の法令違反があり、それは判決に影響を及ぼすと主張した。最高裁は、上告理由を認めて、原審の訴訟手続は違法であるとしたが、以下の判断を示して、上告は棄却した。

●**決定要旨**● 「累犯加重の理由となる前科は、刑訴335条にいわゆる『罪となるべき事実』ではないが、かかる前科の事実は、刑の法定加重の理由となる事実であって、実質において犯罪構成事実に準ずるものであるから、これを認定するには、証拠によらなければならないことは勿論、これが証拠書類は刑訴305条による取調をなすことを要するものと解すべきである。従って、原審が適法な証拠調をしない証拠を前科認定の資料としたことは、違法であるが、原審は前科認定の証拠として、右書類のほかに、第1審で適法に証拠調のなされているXの指紋照会回答書をも、引用しており、右回答書によれば原審が累犯加重の理由であるとした前科のうち、昭和27年7月9日Xが横須賀簡易裁判所において窃盗罪により、懲役1年6月に処せられた事実が認められ、記録によればこのみでも、Xに対し再犯による刑の加重をなし得るものである。そして3犯による刑の加重も、再犯による刑の加重も、その加重の法律上の限度は同じであり、原判決に前記の如き違法があっても、本件においては原判決を破棄しなければ著しく正義に反するとは認められない。それゆえ刑訴411条を適用しない。」

●**解説**●　1　証拠裁判主義（317条）の歴史は、その規範的意義の拡大の歴史であり、その動きは、違法収集証拠の排除法則等を含め、現在も進行中と言ってよい。本決定は、そのような証拠裁判主義の拡大に先鞭を付けた重要な判例である。

2　旧刑訴法下でも、事実認定の厳正を担保するためには証拠により事実を認定する過程を法律的に統制する必要は自覚され、厳格な証明の重要性が強調されていた（小野清一郎『刑事訴訟法講義 全』296頁）。しかし、厳格な証明の対象は「罪と為るべき事実」（旧刑訴法360条）に限られ、したがって、構成要件該当事実に限られるものと理解され（小野・前掲297頁）、この立場は、現行法下でも維持された（同『犯罪構成要件の理論』175頁）。最高裁判例も、前科の事実は罪となるべき事実に当たらないから、必ずしも公判廷における証拠調べを経た証拠によって認定する必要はないとしてきた（最3小判昭23・3・30刑集2-3-277、最大判24・5・18刑集3-6-734）。高裁判例も消極説が多かった（吉川・後掲87頁）。

3　しかし、学説では、構成要件該当事実に限らず、刑罰権の存否および範囲を定める事実については、厳格な証明を必要とするという考え方が次第に有力となった。団藤重光博士も、厳格な証明の対象は罪となるべき事実に限られるとしていたが（団藤『刑事訴訟法綱要』346頁）、現行法下に至り、累犯加重の場合等も、被告人にとっては、犯罪事実そのものに準じて重大な関心事であるはずとの観点から、厳格な証明を必要とするとした（団藤231頁。同旨、平野52頁）。

4　判例・学説の間にあって本決定は、前科事実は「罪となるべき事実」ではないことを認めつつも、「犯罪構成事実に準ずるもの」として、適式な証拠調べ手続によることが必要であるとして積極説を採用し、この問題に関する両者の対立に決着をつけた。その後、最3小判昭和36年11月28日刑集15巻10号1774頁も、刑法45条後段の確定判決があったことを認定する証拠書類は、刑訴法305条による取調べを要するとして、この旨を確認している。

5　なお、「『厳格な証明』とは、刑訴の規定により証拠能力が認められ、かつ、公判廷における適法な証拠調を経た証拠による証明を意味する」とされている（最1小判昭38・10・17【453】）。この点、本決定は、あくまで適法な証拠調べを経た証拠による証明を要求したに止まるとの理解を見られるが（渥美・後掲143頁）、本決定は、「証拠によらなければならない」としており、証拠能力を前提とした厳格な証明につき判示したものと見てよいであろう（吉川・後掲87頁）。

●**参考文献**●　吉川由己夫・判解昭33年度81、渥美東洋・囚3版142

402 共謀の立証――練馬事件（その1）

最大判昭和33年5月28日（刑集12巻8号1718頁・判時150号6頁）　　参照条文　刑訴法317条、335条

> 共謀共同正犯における共謀と「罪となるべき事実」および共謀の判示方法。

●**事実**●　本件は、「練馬事件」または「印藤巡査殺し事件」として知られた事案に関するものであるが、被告人Aは、共産党軍事組織の地区委員長であったが、昭和26年末、争議行為に関して、練馬警察署Ⅰ巡査の襲撃を計画し、被告人B方においてBほか1名と相謀り、具体的実行をBが指導することとし、その後、被告人C方およびD方等においてⅠ巡査襲撃の計画を協議するなどして、A～Dほか6名等がⅠ巡査に暴行を加えようと順次共謀し、このうちC・Dら7名等が現場に赴き、Ⅰ巡査を駐在所から誘い出した上、暴行を加えて殺害したという事件であった。第1審は、上記被告人10名を共同正犯として傷害致死罪で有罪とし、第2審もこれを維持した。問題となったのは、実行担当者ではなく、いわゆる共謀共同正犯の法理により共同正犯の責任を問われたAとBに関してである。第1の問題は、共謀共同正犯を認めることが憲法31条に反するのではないかとの実体法上の問題であり、第2の問題は、「共謀」が「罪となるべき事実」に当たるか、また、共謀の判示方法であった。最高裁大法廷は、以下の判断を示して、被告人側の上告を斥けた。なお、本判旨には、その他、「共犯者の自白」に関する判示も含まれているが、この点については【450】参照。

●**判旨**●　「共謀共同正犯が成立するには、2人以上の者が、特定の犯罪を行うため、共同意思の下に一体となって互に他人の行為を利用し、各自の意思を実行に移すことを内容とする謀議をなし、よって犯罪を実行した事実が認められなければならない。したがって右のような関係において共謀に参加した事実が認められる以上、直接実行行為に関与しない者でも、他人の行為をいわば自己の手段として犯罪を行ったという意味において、その間刑責の成立に差異を生ずると解すべき理由はない。さればこの関係において実行行為に直接関与したかどうか、その分担または役割のいかんは右共犯の刑責じたいの成立を左右するものではないと解するを相当とする。他面ここにいう『共謀』または『謀議』は、共謀共同正犯における『罪となるべき事実』にほかならないから、これを認めるためには厳格な証明によらなければならないことはいうまでもない。しかし『共謀』の事実が厳格な証明によって認められ、その証拠が判決に挙示されている以上、共謀の判示は、前示の趣旨において成立したことが明らかにされれば足り、さらに進んで、謀議の行われた日時、場所またはその内容の詳細、すなわち実行の方法、各人の行為の分担役割等についていちいち具体的に判示することを要するものではない。」

●**解説**●
1　本判旨は、共謀共同正犯の成立要件に関する実体法的問題と、「共謀」の立証に関する訴訟法的問題を含むが、ここでは後者の問題を取り上げる。後者は、①共謀共同正犯における共謀が「罪となるべき事実」（335条1項）に含まれるか、②「罪となるべき事実」としての共謀の判示方法、という2つの論点からなる。

2　論点①は、実体法理論として共謀者の正犯性をどのように基礎付けるかと関係する。いわゆる共同意思主体説から考えると、共謀は共同意思主体を形成する予備段階の行為であって、構成要件該当事実ではないという理解となりやすく、したがって、共謀は罪となるべき事実に属しないことになる。この点、本判旨は、「共同意思の下に一体となって互に他人の行為を利用し、各自の意思を実行に移すことを内容とする謀議をなし、よって犯罪を実行した」とする共謀共同正犯の成立要件を示したが、この理解からすると、共謀共同正犯の成立のためには共謀の存在と実行行為の存在の2点が必要であり、そうすると、本判旨が共謀を罪となるべき事実としたのも当然とされる（藤木・後掲209頁、岩田・後掲405頁）。

3　こうして、共謀は、実行共同正犯における「実行行為の分担」にも比すべき、共謀共同正犯の客観的要件でもあるとされ、したがって、罪となるべき事実であることは当然であり、厳格な証明によることとなる（岩田・後掲406頁）。そこで問題となるのが、論点②である。共謀者にとっては、共謀こそがその刑事責任の根拠であるから、共謀の認定については、共謀ないし謀議の日時・場所・方法等の詳しい事実認定が必要となるのではないか、すなわち、実行行為を分担しない共謀共同正犯についての共謀の判示の程度問題である。

4　この点については、一般に、各本条の構成要件に該当するか否かを判定するに足りる程度に具体的に明白にし得られるようにするをもって足りるとされ（最1小判昭24・2・10刑集3-2-155）、また、訴因の特定に関して、犯罪の日時・場所および方法は、本来は、罪となるべき事実そのものではないとされ（最大判昭37・11・28【222】）、これは、有罪判決の理由に関しても当てはまるとされている。

5　では、この一般論は、共謀者の共謀の認定についても当てはまるか。本判旨は、謀議の行われた日時、場所またはその内容の詳細を具体的に判示することは必要でないとした。先例として、すでに最3小判昭和23年7月20日刑集2巻8号979頁は、共謀をした日時・場所は必ずしも判示する必要はないとしていた。この点については、黙示の共謀が認められる（最1小決平15・5・1刑集57-5-507〔スワット事件〕等）のであれば、共謀成立の詳細に関する判示が不可欠の要件ではないことがより明らかとなるが、反面、例えば共謀成立を認め得る暴力団組織に関する、より厳密な立証が求められることとなろう。

●**参考文献**●　岩田誠・判解昭33年度399、藤木英雄・百3版208

403 自白の任意性——窃盗教唆贓物収受事件

最2小判昭和28年10月9日（刑集7巻10号1904頁）　参照条文　刑訴法322条、325条、48条　刑訴規則44条

自白の任意性の立証の要否およびその調査方法等。

●**事実**● 被告人Xは、窃盗教唆贓物収受等の罪で起訴されたものであるが、第1審第3回公判期日において検察官が、検察官に対する被告人の供述調書の取調べを請求したのに対し、Xおよび弁護人は、同供述調書は検事の威嚇に基づく供述調書で証拠能力がないとして、証拠とすることに異議があると述べた。しかし、裁判官はこの異議に関わらずこれにつき証拠調べを施行し、第1審は、同供述調書を有罪事実認定の証拠としたが、任意性に関する証拠の挙示等の形跡は認められなかった。そこで、Xが控訴したところ、控訴審は、原審で取り調べた証拠に現われている事実に徴するときは、任意でないことは認め難く、かえって上記供述調書の内容を検討すれば逐一当時の事情を供述しており、少しも強要によりなされた供述とは認められないとして、Xの控訴を棄却した。そこで、Xはさらに上告し、このような場合、供述の任意性について検事の立証を待たずして、その供述調書を証拠とすることは、憲法38条と刑訴法319条に違反すると主張した。最高裁は、上告を棄却して、以下の判断を示した。

●**判旨**●「供述調書の任意性を被告人が争ったからといって、必ず検察官をして、その供述の任意性について立証せしめなければならないものでなく、裁判所が適当の方法によって、調査の結果その任意性について心証を得た以上これを証拠とすることは妨げないのであり、これが調査の方法についても格別の制限はなく、また、その調査の事実を必ず調書に記載しなければならないものでもない。かつ、当該供述調書における供述者の署名、捺印のみならずその記載内容すなわちその供述調書にあらわれた供述の内容それ自体もまたこれが調査の一資料たるを失わないものと云わなければならない。

原判決の説示するところも、要するに同供述調書の内容を検討しても何ら任意性を疑わしめるかどもなく、その他本件記録並に第1審において取調べた証拠に現われた事実関係からみても、右供述の任意性に疑念を挟むような点のないことを指摘し、第1審は右任意性について、適当な調査の結果、右供述調書に証拠能力ありとしてこれを証拠に採ったのであって、特に検察官をして此点について立証せしめなかったからといって所論のような違法ありとすることはできないとの判断を示したものであって、右の判断を以て所論のように違法であるとすることのできないことは勿論である。」

●**解説**● 1 本判旨の内容は4点に及ぶ。①被告人が、供述調書の任意性を争ったからと言って、必ずしも検察官にその供述の任意性について立証させなければならないものではないこと、②供述調書の任意性の有無の調査は、裁判所が適当と認める方法によってこれを行うことができること、③供述調書の任意性調査の事実は、これを必ず調書に記載しなければならないものではないこと、④供述調書の供述内容自体も任意性調査の資料となり得ること、である。②については、すでに、最1小判昭和28年2月12日刑集7巻2号204頁が、公判廷外における被告人の自白の任意性の有無の調査は、必ずしも証人の取調べによる必要はなく、裁判所が適当と認める方法によってこれを行うことができるとしていた。これらの結論は、理論的には、いずれも自白の任意性に関する立証が、いわゆる「自由な証明」で足りるとする理解に由来している。

2 自白の任意性に関する事実は訴訟法的事実であり、自由な証明で足りるとするのが通説である。これに対しては、厳格な証明説（江家9頁）もあるが、被告人が任意性を争わない場合、こうした被告人の態度と調書中の被告人の署名・指印等を資料に任意性を肯定する実務を不当とする理由はないとされる（川上・後掲197頁）。こうして、理論的には、自由な証明説が判例・通説となっているが、被告人が任意性を争う場合、その事実の存否は、厳格な証明によって行われるのが実務である（川上・後掲198頁、斉藤・後掲153頁）。すなわち、具体的争点について、被告人質問や取調警察官の証人尋問という一般の方法で行われることになる。自由な証明で足りるからと言って、取調警察官を裁判官室に呼んで事情を聴くなどという公正さを疑う方法は許されない（条解889頁）。こうして見ると、「自由な証明」という証明理論と当事者の攻撃防御を重視する実務とには距離がありそうであるが、いずれにせよ、当事者、ことに被告人の納得する手続きが保障されるべきであろう。

3 任意性の立証責任は、検察官にある（最大判昭23・7・14刑集2-8-856）。例えば、自白が不当に長い抑留拘禁によるものか不明の場合も、任意性があるとの認定はできず、任意性に疑いのある自白に含まれる（最大判昭23・6・23刑集2-7-715）。任意性に疑いがある自白は、同意があっても証拠とすることはできない。簡易公判手続や即決裁判手続において証拠とすることに異議がないときも同じである。また、328条の証拠とすることもできない。

4 任意性の立証方法については、平成16年刑訴法改正により、取調べ状況を記録した書面が証拠開示の対象とされ（316条の15第1項8号）、また、取調べ状況の立証については、取調べ状況を記録した書面等を用いるとする検察官の努力義務も定められた（規198条の4）。さらに、平成27年刑訴法改正案により、検察官が供述の任意性を立証しようとするときは、取調べの録音・録画の記録媒体の取調べを請求しなければならないとされているので（同改正案301条の2）、これらの客観的資料により、任意性の判断がより的確に行われることが期待される。

●**参考文献**●　新刑事手続Ⅲ189〔川上拓一〕、松尾浩也=岩瀬徹編『実例刑事訴訟法』Ⅲ150〔斉藤啓昭〕

404 訴訟法的事実——逆探知事件

最1小決昭和58年12月19日（刑集37巻10号1753頁・判時1102号147頁・判タ517号126頁）

参照条文　刑訴法317条、320条、323条

訴訟法的事実と自由な証明。

●**事実**● 本件は、被告人Xが、身代金目的で、資産家の老妻を拐取して監禁し、身代金要求の電話を被害者宅等にかけたが、その間に被害者が自力で脱出して帰宅したために、その目的を遂げなかったという事件である。第1審は、Xを犯人と認定する情況証拠の1つとして、犯人が身代金要求の電話をかけてきた時刻に、指定された身代金置場所を見通せる事務所で、Xがどこかに電話をかけていた、という内容の当該事務所の職員の供述調書を掲げた。この点について、控訴審において、Xは、犯人からの電話について逆探知がなされているから、その資料を見れば、犯人の発信電話番号がXの使用した事務所の電話番号と違うことが判明し、アリバイが成立する、と主張した。そこで、Xは、逆探知資料の送付嘱託の申請および関係の電報電話局長らの証人申請をしたところ、検察官は、逆探知資料の不存在を立証趣旨として、電報電話局長作成の捜査関係事項照会回答書を証拠申請した。これに対して、Xが証拠とすることに同意しなかったので、控訴裁判所は、323条3号書面としてこれを採用し、法廷で取り調べた上、Xの上記証拠申請を全て却下した。そこで、Xは、前記書面を323条3号書面として採用したことの違法等を主張して上告した。最高裁は、上告を棄却して、職権で以下の判断を示した。

●**決定要旨**●「原審が刑訴法323条3号に該当する書面として取り調べた……電報電話局長作成にかかる……警察署長昭和57年5月11日付回答書は、弁護人申請にかかる送付嘱託の対象物（……の加入電話へ架電された電話についての逆探知資料）は存在しないという事実を立証趣旨とするものであって、原審が右逆探知資料の送付嘱託を行うことの当否又は右逆探知に関する証人申請の採否等を判断するための資料にすぎないところ、右のような訴訟法的事実については、いわゆる自由な証明で足りるから、右回答書が刑訴法323条3号の書面に該当すると否とにかかわらず、これを取り調べた原審の措置に違法はないというべきである。」

●**解説**● 1 本決定は、いわゆる訴訟法的事実については「自由な証明」で足りるとしたが、同時に、電報電話局長の回答書が323条3号の書面に該当するとした原判決の手続に言及している。この点については、被告人が電話をかけたという事実は、罪体についての間接事実であるから、その証拠調べの必要性いかんは、罪体についての立証状況や他の間接事実の立証状況等を踏まえて総合的に判断し、その必要性がないと判断すれば各申請を却下することができる。この点、実務上は、証拠申請の採否を決するために証拠調べを行う場合は少ないとされているが（中山・後掲122頁）、これを行う必要があると判断した場合に「自由な証明」で足りるかが問題となる。

2 本決定に言う「訴訟法的事実」とは、刑罰権の存否およびその範囲を定める事実、すなわち、実体法的事実つまり罪となるべき事実およびこれに準ずる事実に対立する意味で用いられている。したがって、本件事案における、送付嘱託申請や逆探知に関する証人申請の証拠決定のための参考となる事実は、それ以外の事実であるから訴訟法の事実に当たる。また、「自由な証明で足りる」とは、319条以下の規定に照らしての証拠能力を備えた証拠による必要はないという意味とされている（森岡・後掲491頁）。訴訟法的事実は、自由な証明で足りるとするのが通説であるが、訴訟法的事実であっても、補助事実その他重要な訴訟法的事実は厳格な証明を要するという学説（平野183頁等）もあることから、本判旨は、訴訟法的事実一般ではなく、「逆探知資料の送付嘱託を行うことの当否又は右逆探知に関する証人申請の採否等を判断するための資料……のような訴訟法的事実」と限定して、事例判例の形で自由な証明で足りることを判示した（森岡・後掲493頁、中山・後掲123頁）。

3 「自由な証明で足りる」とは、最低限度それで足りるということであって、裁判所が裁量によって厳格な証明を併用することも可能である（森岡・後掲493頁）。そうすると、本件事案で回答書が323条3号書面に該当するのであれば、原審の証明手続には何らの違法もないこととなるので、訴訟法的事実は自由な証明で足りるとの職権判断を示す必要はなかったとも言える。最高裁としては、自由な証明で足りる訴訟法的事実であるから、伝聞法則に拘泥しないで該書面を判断資料としてよいことを確認したものと理解できよう（大コメ(7)379頁〔安廣文夫〕）。なお、この点については、さらに、実務上は、当事者間で争いがある場合は裁判官の裁量により適宜証拠調べを行うことが望ましいとも指摘されるように（中山・後掲123頁）、自由な証明で足りるところ、本件逆探知回答書の取調べは犯罪事実の存否に関係することから、伝聞例外として証拠能力のある書面の取調べをした点は、むしろ当然であったとの含意もあるようにも思われる。

4 「自由な証明」の意義については、「厳格な証明」以外の証明方式の総称とされ、その内容は画一的ではなく多様であるとされるが、要するに、証拠能力および証拠調べについて刑訴法の規定に基づく必要がない証明方式であって、証拠調べの要否等について、全て裁判官の合理的な裁量に委ねられた証明方式であると言えよう（中山・後掲123頁）。このような観点から考えると、訴訟法的事実についても、当事者間に争いがある場合に、裁量により証拠調べをした原審の手続きは適切であった。

●**参考文献**● 森岡茂・判解昭58年度489、山田道郎・圕8版130、村井敏邦・圕7版132、中山善房・圕6版122

405 証明の必要――裁判所に顕著な事実事件

東京高判昭和62年1月28日（東高時報38巻1=3号6頁・判時1228号136頁・判タ647号222頁）

参照条文　刑訴法317条

他事件の量刑考慮と「公知の事実」。

●事実●　被告人Xは、病院の院長であるが、無資格の検査や診療補助行為等をなさしめたとして、診療放射線技師および診療エックス線技師法等違反として起訴された。第1審は、Xに懲役1年および罰金30万円の刑を言い渡したが、その量刑理由の中で、「看護職員の一部の者が、患者1名に対し執拗かつ激烈な暴行を加え、死に至らしめ、他の1名にも暴行を加えたとして起訴されていることは、当裁判所に顕著な事実である。もとより右事実は別件として審理中であり、その内容についてここで詳しく言及すべき限りではないが、右事件のXらは、死亡の結果との因果関係を争ってはいるが、暴行の事実自体はこれを認めているのである。……Xは、これら職員の暴行に関しては、道義的責任を感ずると述べているが、単に道義的責任といって済まされる問題ではなく、少なくとも監督責任として重大であり、本件においても右の限度で量刑上重要な要素として考慮せざるを得ない」と判示した。これに対してXが控訴し、このような他事件の実体的な審理内容を、裁判所に顕著な事実であり証明を要しないと解することはできないとして、憲法31条・32条、刑訴法317条に反すると主張した。控訴審は、以下のように述べて原判決を破棄し、改めて、Xに懲役8か月および罰金30万円を言い渡した。

●判旨●　「原判決は、単に本件記録の証拠中でも散見されるとされる度重なる暴行事件に関する被告人の監督責任を肯認したにとどまるものでなく、前示のように執拗かつ激烈な暴行による傷害致死及び暴行各事件が起訴されるに至ったことが裁判所に顕著な事実であるとしたほか、特段の証拠による証明なくして、右起訴にかかる態様の暴行行為自体が存したことは否定できない趣旨を示していることが判文上明らかであり、その前提に立って、これはU病院にとって一大汚点（不祥事）であることを認定し、これらを主たる根拠として、職員に関する被告人の監督責任が重大である旨を肯認したものと認めざるをえない。

しかしながら、以上のうち右各事件が起訴されたこと自体を除くその余の事実（起訴された態様の暴行行為が存在したこと等の事実）は、いまだなんら証明を要しない程公知となっているものとは認め難いうえ、これが原裁判所に顕著であるとしてなんらの証明を要しないと解することは、被告人の防禦や上訴審による審査に支障をきたすことに照らして、相当でなく、結局、これらの事実は本件審理手続において証拠により証明される必要のある事実であると認められるから、原裁判所が証拠による証明なくしてこれを認定し、被告人が重大な監督責任を負うことの根拠とし、量刑上重要な要素として認定評価したことは、刑訴法317条の法意に照らして許されないものと解せざるをえない。」

●解説●　1　証明の対象となる事実は、証明される必要があるのが原則であるが、例外的に証明の必要がないとされる場合がある。公知の事実、裁判上顕著な事実、推定事実等である。本判旨は「公知」にも言及しているが、主たる論点は、本件認定事実が「裁判所に顕著な事実」として証明不要と言えるか否かにある。

2　公知の事実とは、世間一般の人が疑いを持たない程度に知れわたっている事実を言う（田宮292頁）。例えば、歴史上の事実、社会的大事件、周知されているルール等である。最高裁判例としては、①最2小判昭和24年2月22日刑集3巻2号221頁は、密造酒に往々メタノール等を含有して有害危険なものであることを、②最1小判昭和31年5月17日刑集10巻5号685頁は、被告人が某日施行の某市長選挙に立候補して当選したものであるとの事実を、③最3小決昭和41年6月10日刑集20巻5号365頁は、東京都内においては、普通自動車の最高速度を原則として40km毎時とする規制がなされている事実を、それぞれ証明の必要がない公知の事実としている。

3　これに対して学説では、裁判上顕著な事実については証明を要するというのが通説である（福島・後掲125頁）。この対立は、公知の事実を証明不要とする根拠に関し、公知の事実は事実の正確性に問題がないからと考えるか、それだけでなく一般人に知られているからこそ証明不要と考えるかという、理解の違いを反映している。この点については、裁判所に顕著な事実も、民事訴訟では証明を要しないとされるが（民訴法179条参照）、刑事訴訟では、裁判は事実が正確なばかりでなく国民をも十分に納得させることが重要なので、証明を要するとすべきであろう（田宮293頁、福島・後掲125頁）。確かに、判例として、最3小判昭和30年9月13日刑集9巻10号2059頁は、通称「ヘロイン」が「塩酸ヂアセチルモルヒネ」を指すものであることを裁判上顕著な事実に属するとしている。しかし、この判例については、法令解釈の問題なので証明の必要がない（団藤236頁、田宮293頁）との指摘もあり、判例の立場が、どの程度の「公知の事実」とまでは言えない「裁判上顕著な事実」について証明不要とするものであるかは、必ずしも明らかではない。

4　本判旨の結論には異論を見ないが、本判旨が理論的に裁判上顕著な事実につき証明不要としているかは、やはり明らかではない。「被告人の防御」に論及しているところからは、むしろ学説の立場に近いようにも思われる。なお、本判旨が「起訴されたこと自体」については公知の事実としている点が問題となる。公知性は時と所に応じて相対的であるが、当該裁判所の管轄区域を基準として判断してよい（田宮292頁）とすれば、本件でも、起訴自体の公知性は認めることができよう（反対、福島・後掲125頁）。

●参考文献●　小木曽綾・圕8版132、能勢弘之・圕7版134、福島至・圕6版124

406 訴訟上の証明——交際のきっかけ事件

最1小判昭和23年8月5日（刑集2巻9号1123頁）　　参照条文　刑訴法317条

訴訟上の証明の性質。

●事実● 被告人Xは、昭和22年6月18日夜、北海道内の旅館に投宿し、同日夜その隣室に掛けてあった全く未知の客Mのレインコートの内ポケットから、同人所有の現金2622円50銭在中の革製二つ折財布1個を窃取したとして起訴され、有罪となった。Xは、控訴し、さらに上告したが、上告理由としては、Xの警察における自白が手錠をはめたりした拷問の結果であることのほか、退屈しのぎにMの財布を抜いて、Mが電話をかけ終わって部屋へ帰って来たら、この財布が自分の部屋へ転がり落ちて来たと言って持って行き、「交際のきっかけを作るために隠した」のであって不法領得の意思がなかったことを挙げていた。最高裁は、上告を棄却して、以下の判断を示した。

●判旨● 「なるほど、かゝる主張のようなことも、不完全な人間の住むこの世の中では全然起り得ないことではないであろう。しかし冒頭に述べたような事実があったとしたら、それが盗んだのではなくて、交際のきっかけを作るために隠したに過ぎないということが判明するまでは、普通の人は誰でもそれは泥棒したのだと考えるであろう。これが、吾々の常識であり又日常生活の経験則の教えるところである。元来訴訟上の証明は、自然科学者の用ひるような実験に基くいわゆる論理的証明ではなくして、いわゆる歴史的証明である。論理的証明は『真実』そのものを目標とするに反し、歴史的証明は『真実の高度な蓋然性』をもって満足する。言いかえれば、通常人なら誰でも疑を差挟まない程度に真実らしいとの確信を得ることで証明ができたとするものである。だから論理的証明に対しては当時の科学の水準においては反証というものを容れる余地は存在し得ないが、歴史的証明である訴訟上の証明に対しては通常反証の余地が残されている。そこで……本件にあっては、被告人に窃盗の意思すなはち領得の意思があったということが通常人なら誰にも容易に推断し得られるのであるから、右推断を覆えすに足る新たな事実が反証せられない限り、判示事実に関する原審の認定は到底動かし得ないところである。」

●解説● 1 刑事裁判の基礎は事実認定であるが、「証明」はその究極の課題である。本判決は、この刑事訴訟における証明の意義に関して、常に引用される重要な判例である。ここで用いられた「高度の蓋然性」や「歴史的証明」の概念は、その後の判例・学説で定着した基本概念となっている。本判例は、刑事訴訟における証明問題の始点として、今日でもその重要性が失われることはない。

2 本判旨は、訴訟上の証明を、自然科学における論理的証明に対して歴史的証明であるとし、ここでは、「真実の高度な蓋然性」すなわち「通常人なら誰でも疑を差挟まない程度に真実らしいとの確信」をもって証明があった、とする。この基本的理解は、その後の判例でも引き継がれたが、判例により微妙に表現の違いも見られる。最1小判昭和48年12月13日判時725号104頁は、「刑事裁判において『犯罪の証明がある』ということは『高度の蓋然性』が認められる場合をいうものと解される。……『高度の蓋然性』とは、反対事実の存在の可能性を許さないほどの確実性を志向したうえでの『犯罪の証明は十分』であるという確信的な判断に基づくものでなければならない」として、「高度の蓋然性」基準をかなり厳格に解して、放火事件の被告人を無罪としている。他方で、「合理的疑いを超える証明」という英米法の基準も用いられるようになり、例えば、最1小決平成19年10月16日【408】は、「健全な社会常識に照らして、その疑いに合理性がないと一般的に判断される場合には、有罪認定を可能とする趣旨である」とした。本判旨でも、「訴訟上の証明に対しては通常反証の余地が残されている」と指摘しているが、その反証を克服する事実認定でなければならないことが前提とされている。したがって、「合理的疑い」基準も、「高度の蓋然性」基準と全く異なる基準というわけではないと言えよう。

3 また、本判旨は、論理的証明は「真実」そのものを目標とするが、歴史的証明は「真実の高度の蓋然性」をもって満足するとした。この概念分析に異を唱えたのは小野清一郎博士であった。小野博士は、論理的証明も歴史的証明も「真実」を目標とするが、ただ、「人間の認識的現実としてはいつも相対的であり、蓋然的なものである」とし、訴訟上の証明は歴史的証明ではあるが、歴史学的証明ではなく、「訴訟上の証明における限界性はそれが歴史的証明であることにあるのではなく、それが実際的必要に迫られた証明であることにある」（小野・後掲302頁）とした。訴訟上の証明では、歴史学における歴史的証明と異なり、何十年も時間をかけることができない。そこに、「常識」や「経験則」基準を導入する根本理由があるからである。本判旨の言う「常識」あるいは「日常生活の経験則」の基準が、その後の判例で詳しく検討されていくことになる（【408】、札幌高判平14・3・19【409】、最3小判平22・4・27【410】参照。なお、最1小判平24・2・13【602】、最3小決平25・4・16【603】も参照）。

4 ちなみに、本判旨が「不完全な人間の住むこの世の中では全然起り得ないことではないであろう」とし、小野博士も「北海道の田舎旅館のわびしい旅愁をなぐさめようとする、いたづらな心も交わっていたかもしれない」（小野・後掲301頁）と漏らしたが、ここに常識論による真実認定が決して絶対的なものではないとする法律家の自戒の念を読み取ることもできるように思われる。

●参考文献● 評釈集(9)297〔小野清一郎〕

407 疫学的証明——千葉大チフス菌事件

最1小決昭和57年5月25日（判時1046号15頁・判タ470号50頁）　参照条文　刑訴法317条　憲法34条、37条

疫学的証明による事実認定の方法。

●**事実**● 本件は、千葉大学第1内科の医師（被告人X）が起こした事案である。Xは、昭和39年9月〜同41年3月の間に、前後13回にわたり、チフス菌または赤痢菌を、カステラ・バナナ・焼蛤等に付着または混入させ、多数の者を腸チフスまたは赤痢に罹患させたとして、13個の訴因による傷害罪で起訴された。第1審は、①被害者とされる者の中には発病したことの明らかでない者がいる、②Xの菌投与行為を発病との間の間隔（潜伏期間）が短過ぎて因果関係に疑いがある、③Xが投与した菌数では高い発病率や短い潜伏期の説明ができない、④チフス菌事件につき自然感染の疑いがある者らがおり、⑤Xの捜査官に対する自白は信用できないとして、Xを全ての訴因につき無罪とした。これに対して控訴審は、第1審判決の論拠の全てにつきほぼ反対の結論を導き、①被害者の全てがXが菌を付着もしくは混入した物を飲食して罹患している、②発病までの潜伏期間については、短い潜伏期も病理学上あり得る、③菌を直接食品に穿刺したという被告人の自白からは発病率や短い潜伏期も説明できる、④チフス菌事件は全てXの犯行による人為感染である、⑤Xの自白の信用性は肯定できるとして、13個の訴因全部につきXを有罪として、懲役6年に処した。最高裁は、控訴審の判断を支持し、上告を棄却したが、事実認定について詳細な説示を行うとともに、Xの上告趣意が、原判決は疫学の法則を恣意的に解釈し蓋然性の程度で事実を認定していると主張した点に関して、以下の判断を、括弧内のなお書きで示した。

●**決定要旨**● 「所論は、原判決は疫学の法則を恣意的に解釈し、蓋然性の程度で事実を認定しているというが、原判決は、疫学的証明があればすなわち裁判上の証明があったとしているのではなく、『疫学的証明ないし因果関係が、刑事裁判上の種々の客観的事実ないし証拠又は情況証拠によって裏付けられ、経験則に照らし合理的であると認むべき場合においては、刑事裁判上の証明があったものとして法的因果関係が成立する。』と判示し、本件各事実の因果関係の成立の認定にあたっても、右立場を貫き、疫学的な証明のほかに病理学的な証明などを用いることによって合理的な疑いをこえる確実なものとして事実を認定していることが認められるので、原判決の事実認定の方法に誤りはないというべきである。」

●**解説**● 1 疫学は、大量観察の方法で疾病等の事象を観察し、その原因を探求するもので、その目的は防疫の対策を講ずることにある。そして、疫学的証明とは、疫学の方法で訴訟上の因果関係を証明することを言う。このような疫学的証明は、イタイイタイ病事件、四日市ぜんそく事件、新潟水俣病事件等の公害事件の民事裁判において定着してきた。その場合、民事訴訟における疫学的証明では、因果関係の認定はその証明の程度が緩和されてよい（蓋然性説）との趣旨が込められていた（三井Ⅲ89頁）。

2 刑事裁判における事実認定では、「証拠の優越」で足りる民事裁判とは異なり、「合理的な疑いを容れない証明」が必要とされ、「疑わしきは被告人の利益に」が原則となっている。そこで、問題は、このような疫学的証明を刑事裁判で用いることができるかである。これまで、刑事裁判で疫学的証明が用いられた事例として、さつまあげ中毒事件（仙台高判昭52・2・10判時846-43）と熊本水俣病事件（福岡高判昭57・9・6高刑35-2-85）があるが、必要とされる証明の程度を緩和して蓋然性説を採用する裁判例は見当たらないと指摘されている（高橋・後掲86頁）。

3 学説では、刑事裁判における疫学的証明について、特に公害事件における因果関係の認定を念頭に置いて、これを肯定する見解もあるが（藤木英雄『新しい刑法学』159頁、西原春夫『刑法総論』105頁等）、多くの見解は、疫学的証明の利用には慎重な姿勢を示してきた。例えば、疫学は本来疾病予防のためのものだから精度の高くない法則の知識が含まれ得るので、「刑事裁判で疫学的証明を用いるためには、具体的な事実認定の過程で、疫学的資料の精度、情況証拠としての信頼性、経験則としての科学性について厳密な検討がなされなければならない」のであって、その上で、「合理的な疑いを超える程度」に達する必要があるなどとされてきた（内藤謙『刑法講義総論』(上)259頁。その他、西田典之『刑法総論〔2版〕』94頁等）。

4 本判旨も、疫学的証明の利用について慎重な姿勢を示し、「疫学的証明があればすなわち裁判上の証明があったとしているのではな〔い〕」と明言し、疫学的証明は「証拠によって裏付けられ、経験則に照らして合理的であると認むべき場合」とし、さらに、「疫学的な証明のほかに病理学的な証明などを用いることによって合理的な疑いをこえる確実なもの」とした。すなわち、合理的な事実認定の一方法として疫学的証明用い、これを情況証拠の1つとして取り入れることが排斥されるわけではないとしたものと言えよう。

5 結局、刑事裁判における疫学的証明の利用に当たっては、(i)疫学的証明の活用を通して因果関係の証明の程度を軽減したり、挙証責任の転換を図ることは禁ぜられること、(ii)因果関係の立証として、疫学的証明のみでは十分ではなく、あくまでも1つの情況証拠に止まること、(iii)裁判所は疫学的証明に基づく事実・資料につき、その証明が経験則上合理的であり、事実・証拠が情況証拠として信頼性・客観性・正確性を保っているかの判断にことさら注意すべきこと（三井Ⅲ96頁）、が肝要であろう。

●**参考文献**● 高橋省吾・別冊判タ12-85、上田信太郎・圖9版138、指宿信・圖8版160

408 証明の程度——爆発物郵送事件

最1小決平成19年10月16日（刑集61巻7号677頁・判時1988号159頁・判タ1253号118頁）

参照条文 刑訴法317条、318条、333条

「合理的な疑いを差し挟む余地がない程度の立証」の意義。

●**事実**● 本件は、離婚訴訟中の被告人Xが、妻の実母Aらを殺害する目的で、アセトン等から生成したトリアセトントリパーオキサイド（過酸化アセトン。以下、「TATP」）相当量に、点火ヒーター・乾電池等を使用した起爆装置を接続して、これをファイルケースに収納し、これを定形外郵便封筒に入れて、封筒からケースを引き出すことにより起爆装置が作動してTATPが爆発する構造の爆発物1個を製造した上、郵便としてA宛てに投函し、Aをして封筒からケースを引き出させてこれを爆発させて、爆発物を使用するとともに、Aらを殺害しようとしたが、Aを含む3名の者に重軽傷を負わせたに止まり殺害するに至らなかったとして、爆発物取締罰則、殺人未遂で起訴された、という事件である。Xは、事件への関与を全面的に否認したが、第1審は、Xは、①自宅のパソコンから起爆装置の製造方法を記載したサイトにアクセスしたこと、②本件爆発物に使われたと見られるアセトン・起爆剤等多数の部品を購入したこと、③爆発物を収納した封筒に貼られた切手の一部が発行されたのと同じ自動販売機から発行された切手3枚が押収されたこと、④差出人を示す紙片は、Xのカラープリンターで作成された可能性があること、⑤上記封筒を投函できる大きさの郵便ポストが設置してある場所に行っていること等の情況証拠を総合して、Xを有罪とし、無期懲役とした。控訴審も、第1審判決を維持したため、Xが上告し、上告趣意において、「原判決は、情況証拠による間接事実に基づき事実認定をする際、反対事実の存在の可能性を許さないほどの確実性がないにも拘らず、Xの犯人性を認定した」と主張した。最高裁は、上告を棄却して、以下の判断を示した。

●**決定要旨**● (1)「刑事裁判における有罪の認定に当たっては、合理的な疑いを差し挟む余地のない程度の立証が必要である。ここに合理的な疑いを差し挟む余地がないというのは、反対事実が存在する疑いを全く残さない場合をいうものではなく、抽象的な可能性としては反対事実が存在するとの疑いをいれる余地があっても、健全な社会常識に照らして、その疑いに合理性がないと一般的に判断される場合には、有罪認定を可能とする趣旨である。」

(2)「このことは、直接証拠によって事実認定をすべき場合と、情況証拠によって事実認定をすべき場合とで、何ら異なるところはないというべきである。」

(3)「本件は、専ら情況証拠により事実認定をすべき事案であるが、原判決が是認する第1審判決は、前記の各情況証拠を総合して、被告人が本件を行ったことにつき、合理的な疑いを差し挟む余地のない程度に証明されたと判断したものであり、同判断は正当であると認められる。」

●**解説**● 1 本決定は、証明の程度あるいは情況証拠による事実認定という刑事裁判の根本問題に触れた重要判例である。この問題に関する先例として、最1小判昭和23年8月5日【406】と最1小判昭和48年12月13日判時725号104頁〔放火無罪事件〕があるが、本件では特に後者との関係が問題となる。

2 本件上告趣意は、原判決は上記昭和48年判決の判例に違反していると主張した。同判決は、「犯罪の証明がある」とは「高度の蓋然性」が認められる場合を指すが、「①『高度の蓋然性』とは、反対事実の存在の可能性を許さないほどの確実性を志向したうえでの『犯罪の証明は十分』であるという確信的な判断に基づくものでなければならない。②この理は、本件の場合のように、もっぱら情況証拠による間接事実から推論して、犯罪事実を認定する場合においては、より一層強調されなければならない」（番号は引用者挿入）とした。

3 本決定要旨(1)の事項については、昭和48年判決の判旨①も、「情況証拠によって要証事実を推断する場合に、いささか疑惑が残るとして犯罪がないとするならば、情況証拠による犯罪事実の認定は、およそ、不可能となる」ために「高度の蓋然性」をもって証明があったとしている。ただ、事案が有罪判決を破棄して無罪とした場合に関する判示であることが、判旨①の表現に影響したものと理解すべきであろう（合田・後掲135頁）。したがって、本決定の考え方と昭和48年判決のそれとに基本的な考え方の違いはないと思われる。なお、東京高判平成10年7月1日高刑51巻2号129頁〔ロス疑惑銃撃事件〕も、「合理的な疑いを差し挟む余地がないとは、反対事実の疑いを全く残さない場合をいうのではなく、抽象的には反対事実の疑いを入れる余地がある場合であっても、社会経験上はその疑いに合理性がないと一般的に判断されるような場合には、有罪認定を可能とする趣旨」であるとしていた。

4 本決定要旨(2)は、直接証拠による証明の場合よりも、情況証拠による証明の場合の方が、立証の程度が高くなければならないかに関して、その必要はないとした。一般的に、自白や目撃証言等の直接証拠だからと言って常に証明力が高いとは限らないことから、直接証拠か情況証拠かの違いによって証明力に差があるとは言えないと解される（松田・後掲432頁）。本決定要旨(2)は、この点を明示して、昭和48年判決の判旨②の「誤解されかねない部分」を事実上是正したと言えよう（合田・後掲135頁）。

5 なお、裁判員裁判に関して、「健全な社会常識に照らして」判断するとの本決定の考え方は、裁判員に対して「証明の程度」を説明する際に大きな示唆を与えるものとされている（合田・後掲135頁、松田・後掲435頁）。

●**参考文献**● 松田俊哉・判解平19年度415、合田悦三・圖9版134、木谷明・J平19年度重判211

409 情況証拠による事実認定(1)——札幌児童殺害事件

札幌高判平成14年3月19日（判時1803号147頁・判タ1095号287頁・判タ1296号68頁）

参照条文　刑訴法317条、336条、311条　憲法38条

> 情況証拠による殺意の認定。

●**事実**●　本件は、札幌市内の自宅から昭和59年に失踪したA（当時9歳）のものと思われる人骨片が、Aとの最終接触者であった被告人X女の転居先家屋から昭和63年に発見されたものの捜査が難航し、平成10年に至ってDNA鑑定が行われるなどした後、殺人罪の公訴時効完成の2か月前にXが逮捕され、起訴されるに至った事件である。公訴事実は、「Xは、昭和59年1月10日、札幌市……所在のB荘2階1号室の当時のX方において、A……に対し、殺意をもって、不詳の方法により、同人を殺害したものである」というものであったが、Xは黙秘を通していた。第1審は、①人骨片はAのものであり、②XがAの最終接触者であり、③Aの死はXの何らかの行為によって引き起こされたものと言えるが、④自白も目撃供述もなく、死体も焼損されているため、Aの死因も、その犯行態様も確定できないので、Xが殺意をもってAを死亡させたとの結論を導き出せず、⑤Xに明確な動機も認められず、⑥Xが殺意をもってAを死亡させたと認定するには、なお合理的な疑いが残る、として無罪とした。検察官の控訴理由は、(i)情況証拠から、Xには身代金要求目的があり、したがってA殺害の動機があり、(ii)この点を除いても、Xの殺意を認定できる多くの情況証拠がある、というものであった。控訴審は、検察官の控訴を棄却して、以下の判断を示した。

●**判旨**●　「これらの事実はいずれもX女がAを重大な犯罪によって死亡させたことを強く疑わせるものではあるが、それ以上にXが殺意をもってAを死亡させたことまでを推認させるものとはいえないように思われる。すなわち、Xが、Aの弱みを利用したAを使って何らかの方法により金銭を入手しようと企図したが、Aに何か理不尽なことを強要する過程でトラブルが生じ同人を死亡させてしまったという可能性が高いことは前記のとおりであり、そうであったとするとたとえAがXの殺意のない行為によって死亡したとしても、社会的には厳しい非難を避けられないことは明らかである。またそのときの状況如何によっては、Xの弁解が容易に聞き入れてもらえない可能性もある。Xがそのような状況に置かれたとき、何としてでも、Aの死亡の事実を世間の目から隠し通したいと考えたとしてもそれは決して不自然なことではないように思われる。警察官らに対し虚偽の事実を述べたり、Aの死体をその日のうちにB荘から持ち出しその後転居を重ねながらもその死体や骨を手元に置き続けたことなどはそのようなXの心情を表すものとしても矛盾しないというべきである。また、Xが捜査官に対して自らの心情を吐露するような言動をしていることやAの供養と思われる行為をしていることについても、自らの金銭目的の企みにAを引き込みその過程で死亡させたとすれば、殺意をもって死亡させたのではなくても、強い罪の意識にさいなまれるということは十分あり得ることのように思われる。このように、以上のような事実はいずれも多義的に解釈できるのであり、Xの殺意を推認させるものとはいい難い。」

●**解説**●　1　本判決は、情況証拠による事実認定に関して、情況証拠から被告人の犯人性の推認を認めつつ、殺意の推認は否定した事案である。なお、情況証拠の意義は多義的であるが、直接証拠に対する間接証拠に加え、間接証拠から認定できる間接事実、実質証拠の証明力に影響を与える補助事実およびこれを立証する補助証拠を含むものと解しておく。

2　本判決は、情況証拠から被告人の犯人性を肯定した。情況証拠による犯人性の認定に関しては、その後、大阪母子殺害放火事件【410】が、「間接事実中に、被告人が犯人でないとしたならば合理的に説明することができない……事実関係が含まれていることを要する」との判断方法を示している。そこで、【410】の視点から本件を検討しておくことも必要であろう。この点、本件で、特に被告人がAの死体を段ボール箱に入れ、転居を重ねながらもそれを手元に置き続けたという事実は、被告人以外の他の者の犯行可能性を否定する事実と言えるから、【410】の趣旨からも、被告人の犯人性を推認することが許される事案であったと言えよう（原田・後掲137頁）。

3　しかし、本判決は、多数の情況証拠があるが、そこから殺意を推認するには合理的疑いが残るとした。被害者を金銭目的で呼び出したこと、救命措置を講じなかったこと、死体の入った段ボール箱を運び出したこと、4年間にわたり骨を隠匿し続けたことなどの多数の間接事実は、「多義的に解釈」できる事実であって、被告人の殺意を推認することは困難であるとされた。「多義的に解釈」できるとは、これらの事実は被告人の殺意と矛盾はしないが、被告人に殺意がない場合でも説明可能な事実であるということであろう。殺意の推認を否定した本判決の判断は妥当なものであった。

4　その他、(a)被告人の黙秘事実から殺意の推認ができるかが問題となるが、本判決は、それは被告人に黙秘権が与えられている趣旨を没却することになるとした。これは、通説・判例の考え方に従ったものである（原田・後掲137頁）。また、(b)情況証拠の評価方法として、これを個別的に検討するか、総合的に検討するかも問題となるが、本判決は、証拠を総合して検討しても被告人の殺意を認定することは困難であるとした。なお、(c)本件が傷害致死であれば時効完成で免訴となるが、故意か過失かも不明であるから、訴因の故意犯につき無罪とした本判決の結論は支持できる。

●**参考文献**●　原田國男・囮9版136、岩瀬徹・囮8版142、小早川義則・J平成14年度重判184

410 情況証拠による事実認定(2)——大阪母子殺害放火事件

最3小判平成22年4月27日（刑集64巻3号233頁・判時2080号135頁・判タ1326号137頁）

参照条文　刑訴法411条、413条、317条

情況証拠による犯人性の認定のあり方。

●**事実**● 被告人Xは、養父としてBを育ててきたが、B家族が平成14年2月末に大阪市内のマンションに転居した際には、その住所を知らされなかった。本件は、B家族居住のマンションが火災となり、Bの妻C（当時28歳）と長男D（当時1歳）の遺体が発見されたことから発覚し、Xはこの事件の犯人とされた。公訴事実は、Xは、(1)平成14年4月14日、本件マンション306号室のB方において、Cの頸部をナイロン製の紐で絞めて殺害し、(2)Dを浴槽内で溺死させて殺害し、(3)新聞紙等にライターで火をつけ本件マンションを焼損した、というものである。Xは、本件マンションの場所も知らず、その敷地にも立ち入ったことはないとして、無罪を主張した。第1審は、Xの犯人性を推認させる間接事実として、①マンション踊り場の灰皿から、事件の翌日に採取されたたばこの吸い殻72本のうち1本から被告人DNA型と一致する唾液が検出されたこと、②本件当日、Xの車と同種・同色の車が、マンション北方約100mの地点に駐車されていたこと、③本件当日、マンションから北北東約80mのバッティングセンターにおいて、Xによく似た人物が目撃されたこと、④動機として、XがCに対して怒りを爆発させてもおかしくない状況があったこと、⑤Xは、事件当時、携帯電話の電源を切っていたこと、⑥Xの本件当日の行動について合理的な説明ができていないこと等の事実を総合して、Xの犯人性につき合理的な疑いを容れない程度に証明がなされているとして、Xを無期懲役とした。控訴審は、第1審判決をおおむね是認し、検察官の量刑不当の控訴趣意を容れ、Xを死刑とした。最高裁は、以下の判断を示して第1審判決および原判決を破棄し、本件を第1審に差し戻した（差戻し後の第1審はXを無罪とした）。

●**判旨**● 「刑事裁判における有罪の認定に当たっては、合理的な疑いを差し挟む余地のない程度の立証が必要であるところ、情況証拠によって事実認定をすべき場合であっても、直接証拠によって事実認定をする場合と比べて立証の程度に差があるわけではないが〔最1小決平19・10・16【408】参照〕、直接証拠がないのであるから、情況証拠によって認められる間接事実中に、被告人が犯人でないとしたならば合理的に説明することができない（あるいは、少なくとも説明が極めて困難である）事実関係が含まれていることを要するものというべきである。」
　本件では、被告人の犯人性推認の中心的間接事実である「たばこの吸い殻」について、Cが、被告人と共用の携帯灰皿内の吸い殻を本件灰皿に捨てた可能性があり、また、事件の翌日に採取されたが吸い殻が茶色く変色していたことから事件当日のものではない可能性があるなどの疑問点につき、第1審判決および原判決は十分に審理を尽くしておらず、これを破棄しなければ著しく正義に反する。（補足意見、意見、反対意見がある。）

●**解説**● 1　本判決は、有罪認定に当たっての「合理的な疑いを差し挟む余地のない程度の立証」の意義に関する【408】を前提としつつ、さらに一歩踏み込んで、情況証拠による犯人性の検討の新たなあり方を示したものである。
　2　本判旨の言う、「被告人が犯人でないとしたならば合理的に説明することができない（あるいは、少なくとも説明が極めて困難である）事実関係が含まれていることを要する」という二重否定の意味につき、藤田宙靖裁判官の補足意見は、「一定の原因事実を想定すれば様々の事実が矛盾無く説明できるという理由のみによりその原因事実が存在したと断定すること〔は〕極めて危険である」から、「被告人を犯人と断定するためには、『被告人が犯人であることを前提とすれば矛盾無く説明できる事実関係』に加えて更に、『被告人が犯人でないとしたならば合理的に説明できない……事実関係』の存在が立証されることが不可欠である」とする。これは、ややもすれば、「被告人が犯人であるとすればこれらの情況証拠が合理的に説明できる」ということのみで有罪の心証を固めてしまう虞があることに対して、警鐘を鳴らそうとしたものとされている（鹿野・後掲80頁）。
　3　本判旨と【408】との関係につき、藤田裁判官は、【408】の趣旨が、個別に見れば証明力の薄い幾つかの間接証拠の積み重ねの上に、「被告人が犯人であるとすればその全てが矛盾無く説明できるが故に被告人が犯人である」とする総合判断を広く是認する方向への拡大解釈は戒められなければならないとしているので、本判旨の議論はあくまで【408】の判断枠組みの中のものであって、これと異質の新たな判断基準を提言したものではないと言えよう。また、「被告人が犯人でないとしても合理的に説明できる事実関係しか存在しない」場合とは、他に犯人が存在する可能性があるということであるから、【408】の「健全な社会常識」基準からしても被告人を有罪と認定することはできないはずであるとの指摘も、同趣旨であろう（鹿野・後掲79頁）。
　4　なお、裁判員裁判との関係につき、藤田裁判官は、裁判員に「国民の健全な良識」を手放しで求めるのではなく、経験則の内容を明示することは法律家の責務とする。正論である。この点、本判旨はやや分かりにくいものの、「他犯人の可能性（「他者が犯人であるとしても、合理的に説明することができる」）の否定であるから、裁判員にも理解してもらえるであろう」との指摘が示唆的である（原田・後掲46頁）。

●**参考文献**● 鹿野伸二・判解平22年度54、中川武隆・J平22年度重判239、原田國男・法教360-40、白取祐司・刑ジャ26-97

411 犯人識別供述の信用性——傷害事件

大阪地判平成16年4月9日（判タ1153号296頁）　参照条文　刑訴法318条、336条

傷害事件における被害者の犯人識別供述の信用性。

●**事実**●　被告人A女は、大阪市内のホテルにおいて、いわゆるテレクラで知り合ったB男から、金を返すよう執拗に迫られたこと等に立腹し、Bに対し、電気ポットでその顔面等を多数回殴打するなどの暴行を加えて傷害を負わせたとして起訴された。これに対し、Aは、その場所にいたこともないと犯行を否認した。そこで、被害者Bの犯人識別供述の信用性が問題となった。Bの被害届には、「犯人の女は、身長160cm位、髪は肩位の長さで黒色でした。女は、自称D年齢29歳、体格中肉でした」との簡単な記載しかなかったところ、警察から、「Bに怪我を負わせた女を捕まえたので、顔を確認して欲しい」との連絡を受け、警察署において透視鏡を通して被告人に対する面通しが行われた。その結果、Bは、「私に怪我を負わせた自称Dという女は、年齢27、8歳、身長160センチ位、中肉、角顔で目の細い女でした。（1回目の単独面通しにより）只今見せて貰いました女に間違いありません。角顔で目が細く、あごのとがった感じからこの女です」と犯人についてより詳しく供述するに至ったという事情があった。裁判所は、以下の判断を示して、Bの犯人識別供述の信用性を否定して、Aを無罪とした（確定）。

●**判旨**●　「B識別供述は、いずれも被告人に対する単独面通しを行った後のものであるから、それが真にB被害者のオリジナルな観察・記憶に由来するものであるかについては、慎重な検討が必要である。」

そこで、観察条件および記憶保持状況を見ると、(i)Bは近眼であるが、事件当時終始眼鏡を付けていなかったこと、(ii)Bは当夜飲酒しており、事件当時は酔いが回っていたと推認され、(iii)Bの犯人識別手続は事件から4か月も経過した後であったこと等の問題点がある。

次に、犯人識別手続の妥当性については、「①具体的な犯人識別手続に入る前の段階で、犯人の容貌・着衣等の特徴等に関する詳細な事情聴取やその記録化が全く行われていない……上、②警察官において、単独面通しに先立ち、同被害者に対し、同人に怪我を負わせた女を捕まえたので顔を確認して欲しいなどという発言を行うことにより、既にこれから面通しさせる女性は同被害者に傷害を負わせた犯人であるなどという強烈な暗示・誘導を与えてしまっている……ばかりか、③犯人識別手続においても、写真面割り等複数選択の余地のある手続を先行させることなく、いきなり、……単独面通し（1回目）をB被害者に行わせている上、④さらに追い打ち的に、その約2週間後にも、今度は透視鏡を通してではなく実物を直に見る形の単独面通し（2回目、3回目）を同被害者に行わせてしまっているのである。」

「また、時期が後になるほどに、より具体的でより詳細な犯人の特徴を語るようになっていっているのであって、このような特異な事態の推移は、前述のようないきなりの、しかも複数回にわたる単独面通しとこれに先立って行われた警察官の強烈な暗示・誘導による決定的な影響なくしてはおよそ考えられないものであると断じざるを得ない。」

●**解説**●　1　一般に、供述証拠の信用性に関しては、知覚、記憶、表現の各過程に、意識的・無意識的に誤謬が入り込む可能性があるため、これらの過程に対する吟味が重要な課題となる。これは、犯行の目撃者の供述の場合でも、被害者の供述の場合でも同じである。これを犯人識別供述について見ると、(a)犯人の人相・風体・特徴等を観察して認識し、(b)これを記憶として保持し、(c)一定期間の経過後に識別するという過程を経て、証拠として公判に提出されることになるが、その全証拠の丹念な検討は、「一朝一夕では修得困難な専門的作業」（廣瀬健二・圕8版147頁）である。本判決は、この丹念な検討を行った事例の1つと言えよう。

2　本判旨は、犯人識別供述に関する注意点として、「第1に、犯人識別過程においては、捜査官側において、極力目撃者に暗示を与えないように勤めなければならないこと、第2に、その意味からして、強い暗示を与えやすい単独面通しはできる限り避けるべきこと、第3に、犯人識別に関しては、目撃者の初期供述が極めて重要であり、その意味からも、初期供述の保全に可能な限り努めなければならないこと、第4に、その反面、犯人識別に関する供述者の主観的確信は、あまり当てにはならないこと」を指摘した上、本件の捜査過程においては、これら4点はいずれも無視される結果となったと述べ、このような旧態依然たる捜査方法は、冤罪の危険を有しているばかりか、真の犯人を取り逃がす結果にもなりかねないと論じている。心すべき指摘である。

3　本件では、特に、「単独面通し」の危険性が問題となった。この点については、最1小判平成元年10月26日判時1331号145頁が、単独面通しは「暗示性が強いためできる限り避けるべきである」としていた。したがって、単独面通しではなく、複数の写真を使った、いわゆる「写真面割り」の方法が取られるべきであるとされる。もっとも、この場合でも、複数の写真の同質性が前提となる。例えば、11人の写真が貼られた写真台帳を見せる写真面割りの方法であっても、被害者が犯人はサングラスを掛けていたと供述していたところ、11人中1人だけサングラスを掛けた写真があり、被害者がその人を選んだ事案につき、目撃証言の信用性が否定された事例があることに注意する必要がある（東京高判平7・3・30判時1535-138）。

4　犯人識別供述に代わり得る客観的証拠があれば、むろん、その証拠保全には最善を尽くすべきである。この点、本件では、事件現場や凶器とされる電気ポット等からの指紋採取はおろか、その写真撮影すらも行っていないといった初期捜査の不手際もあった。犯人識別供述の問題は、初期捜査の重要性の問題でもある。

●**参考文献**●　中川孝博・圕9版154

412 被害供述の信用性——強制わいせつ事件

最3小判平成21年4月14日（刑集63巻4号331頁・判時2052号151頁・判タ1303号95頁）

参照条文 刑訴法411条、317条、318条

強制わいせつ事件における被害者供述の信用性。

●**事実**● 被告人Xは、平成18年4月18日午前7時56分頃から同日午前8時3分頃までの間、走行中の電車内で、乗客のA女（当時17歳）に対し強制わいせつ行為をしたとして起訴された。Aの供述によれば、混雑した電車内で、Xから、スカートの中に手を入れられ下着の上から陰部に触れるなどの痴漢行為を受け、J駅ではいったん押し出されたものの、再び、同じドアから乗ったところ、再びXから下着の脇から手を入れて陰部を触れるなどの痴漢行為を受けた。そこで、Aは、S駅においてXのネクタイを掴んで下車し、駅長に「この人痴漢です」と訴えた。これに対してXは、一貫して犯行を否認した。証拠としては、Aの供述があるのみであった。第1審は、Aの供述は、当時の心情も交えた具体的・迫真的なもので、その内容自体に不自然・不合理な点はないなどとして、Aの供述は信用できるとし、Xを懲役1年10か月とした。控訴審もこれを是認した。これに対して最高裁は、以下の判断を示して、第1審および控訴審判決を破棄して、Xを無罪とした。

●**判旨**● (1)「当審における事実誤認の主張に関する審査は、当審が法律審であることを原則としていることにかんがみ、原判決の認定が論理則、経験則等に照らして不合理といえるかどうかの観点から行うべきであるが、本件のような満員電車内の痴漢事件においては、被害事実や犯人の特定について物的証拠等の客観的証拠が得られにくく、被害者の供述が唯一の証拠である場合も多い上、被害者の思い込みその他により被害申告がされて犯人と特定された場合、その者が有効な防御を行うことが容易ではないという特質が認められることから、これらの点を考慮した上で特に慎重な判断をすることが求められる。」

(2)「被告人は、本件当時60歳であったが、前科、前歴はなく、この種の犯行を行うような性向をうかがわせる事情も記録上は見当たらない。したがって、Aの供述の信用性判断は特に慎重に行う必要があるのだが、(1) Aが述べる痴漢被害は、相当に執ようかつ強度なものであるにもかかわらず、Aは、車内で積極的な回避行動を執っていないこと、(2) そのことと……Aのした被告人に対する積極的な糾弾行為とは必ずしもそぐわないように思われること、また、(3) Aが、J駅でいったん下車しながら、車両を替えることなく、再び被告人のそばに乗車しているのは不自然であること……などを勘案すると、同駅までにAが受けたという痴漢被害に関する供述の信用性にはなお疑いをいれる余地がある。そうすると、その後にAが受けたという公訴事実記載の痴漢被害に関する供述の信用性についても疑いをいれる余地があることは否定し難いのであって、Aの供述の信用性を全面的に肯定した第1審判決及び原判決の判断は、必要とされる慎重さを欠くものというべきであり、これを是認することができない。被告人が公訴事実記載の犯行を行ったと断定するについては、なお合理的な疑いが残るというべきである。」（反対意見がある。）

●**解説**● 1 判旨(1)は、前提問題として、上告審における事実誤認の審査のあり方に関する判断、判旨(2)は、本件強制わいせつ事件における被害者供述の信用性に関する判断である。判旨(2)には、強制わいせつ行為の存在自体に関する被害供述の信用性の問題、および、強制わいせつ行為の存在には疑いがないが被告人と犯人との同一性に関する被害者の犯人識別供述の信用性の問題が含まれる。本件では、主にその前者が問題となった。

2 上告審は、憲法判断と法令解釈の統一を第1次的機能、具体的救済を第2次機能としており、事後審かつ法律審であることから、事実誤認の主張に対する審査の方法が問題となる。本判旨は、「原判決の認定が論理則、経験則等に照らして不合理といえるかどうかの観点から行うべき」とした（全員一致。最2小判平23・7・25判時2132-134参照）。なお、382条の事実誤認の意義に関して、第1審の論理則・経験則違反を審査するとする論理則・経験則違反説、自らの心証と第1審の事実認定を比較する心証比較説があったところ、最1小判平成24年2月13日【602】では、論理則・経験則違反説が採用された。この点は、上告審にはより一層妥当する判断であり（家令・後掲127頁）、心証比較説はもはや判例の立場ではないと言えよう。

3 本件のような、「触ったか否か」という単純な事実の存否が問題となる場合は、被害者がその気になれば、その内容が真実の場合と虚偽、錯覚ないし誇張を含む場合とに関わらず、具体的で詳細な供述をすることは困難でないのに比べ、弁護人が供述の矛盾を衝いたり、裁判官が虚偽等を嗅ぎ分けることは決して容易なことではない（家令・後掲133頁）。したがって、判旨(1)で、この種の事件につき特に慎重な判断を求めたのも当然である。判旨(2)は、本件につき、被害供述は経験則上不自然であって疑問が残るとした。本件と同じく、被害者の供述からは、犯行の存在自体に合理的な疑いが残るとして強姦事件につき無罪とした事例として、上記平成23年7月25日判決がある。なお、被告人と犯人との同一性に関する被害者の犯人識別供述の信用性を否定した事例として、最1小判平成元年10月26日判時1331号145頁、大阪地判平成12年10月19日判時1744号152頁等がある。

4 この種の犯罪については、物的証拠等の客観的証拠があればその保存に努めるのは当然として、被害者の初期供述も重要である。この点、捜査段階での被害者取調べには女性取調官が担当するなどして被害者の第2次被害を避けつつ、真相解明に努めるといった配慮をすることが肝要であろう。

●**参考文献**● 家令和典・判解平21年度119、村上光鵄・J平成21年度重判225、荒木友雄・刑ジャ19-97

413 立証趣旨の拘束力——情状証拠提出事件

東京高判昭和27年11月15日（高刑5巻12号2201頁）　参照条文　刑訴法318条　刑訴規則189条1項

> 情状立証の取調べ請求があった書面を犯罪事実の認定に供することの適否。

●**事実**●　被告人Xは、山林の売買問題に関してAに対する和解金の支払を免れようとして、その訴訟代理人である弁護士Bの事務所の増築を請け負うと偽って、Bをして、建築代金の一部を、Xの支払うべき和解金としてAに支払わせ、財産上の不法利益を得たとして2項詐欺で起訴された。この訴訟で、Xの弁護人が裁判所に「お願い」と題する書面を証拠提出したが、同書面は、Xが被害者との示談に誠意を尽くしたが、被害者が被害金を受け取らないことから、その受領を乞うため被害者に出した書面であり、Xの情状を有利に立証しようとして提出されたものであった。第1審は、この証拠を犯罪事実の認定に供したため、弁護人が控訴して、情状を立証する趣旨の証拠をもって罪となるべき事実を認定したのは違法であると主張した。控訴裁判所は、以下の判断を示して、この主張を斥けた。

●**判旨**●　「わが刑事訴訟法は周知のごとく当事者主義をかなり強く採り入れてはいるもののなお職権による証拠調の制度を認めていること等からしても当事者主義のみに徹底しているものとは考えられない。そのような点を併せ考えると、刑事訴訟規則第189条が証拠調の請求にあたり証拠と証明すべき事実との関係（立証趣旨）を明らかにすることを要求しているのは、さしあたり裁判所がその請求の採否の決定をするについてはその参考とするためであると解すべきであって（このことは同条第4項に立証趣旨を明らかにしない証拠調の請求を却下することができる旨の規定があることからも窺うことができる。）立証趣旨なるものにそれ以上の強い効力を認めることは、法の精神とするところではないと解するのを妥当とする。いいかえれば、ある証拠調を請求した者は、その証拠が立証趣旨に従って自己の側に有利に判断されることある反面、いやしくもこれが採用された限り自己の不利益にも使用されることのあるのを予期すべきものなのであって、この解釈は、あたかも被告人の公判廷における任意の供述が自己の不利益な証拠ともなりうること（刑事訴訟規則第197条第1項参照）とも照応するのである。ただ、強いていえば、次の2点には注意する必要があるであろう。第1は、当事者が証拠を刑事訴訟法第328条のいわゆる反証として提出した場合で、この場合は証拠調の請求者が自らその証拠能力を限定したことになるから、これをもって完全な証拠能力あるものとして罪となるべき事実を認定することは許されない。第2には、いわゆる伝聞法則との関係において、立証趣旨意のいかんによりその書証に対する同意の意味が異なる場合があり、また証人に対する反対尋問の範囲に相違を生ずることが考えられるので、それらの場合に証明すべき事実との関係で証拠能力の認められないことがありうる。しかし、これらはいずれも証拠能力の問題に帰着するのであって、厳密にいうと裁判所が当事者の立証趣旨に拘束されたということはないのである。」

●**解説**●　1　証拠調べの請求は、証拠と証明すべき事実との関係を具体的に明示して、これをしなければならない（規189条1項）。問題は、この立証趣旨に裁判所を拘束する効果があるかである。

2　立証趣旨の拘束力を肯定する見解は、第2次世界大戦後間もない頃に、証拠調べの手続きを円滑・合理化するという政策的配慮から主張されたが、その後次第に、適切な訴訟指揮により証人尋問等の手続が軌道に乗るようになると、かかる主張もその使命を終えたとされる（岡田・後掲171頁）。ただ、幾つかの判例が、拘束力肯定例として引用されている。例えば、福岡高判昭和25年7月11日判特11号143頁は、ある事実を証明するため証拠調べを請求した証拠は、他の事実の証明に供することを禁じられるとし、東京高判昭和26年6月7日高刑4巻6号633頁は、328条の証拠を犯罪事実認定の資料とすることはできないとした。ただ、後述のように、これらは厳密な意味での立証趣旨の拘束力の問題とは言えない。また、福岡高判昭和27年6月4日判特19号96頁も、弁護人が情状証拠に同意した場合、情状事実についてのみ証拠能力が付与されたに過ぎないので、これを犯罪事実の認定資料とすることは許容されないとするが、これも同意の効果の問題であって、やはり別問題とすべきであろう。

3　通説は、立証趣旨の拘束力を否定する。それは、本判旨も指摘するように、規189条1項は、裁判所の証拠採否を決定するための参考とする規定と解すべきであり、また証拠は、「証拠共通の原則」により、当事者のいずれの側にも共通にかつ利益にも不利益にも用いられるべきだからである。なお、拘束力否定例として、ある事実の立証のために提出された証拠を他の事実の証拠として用いることが許容される場合もあるとした、福岡高判昭和29年9月16日高刑7巻9号1415頁が引用されることもあるが、これも当事者の同意が他の事実にまで及ぶと解される事案についての判例であり、やはり別問題とすべきである。

4　本判旨は、立証趣旨の拘束力を否定して、情状立証のための証拠を犯罪事実の認定に供することを肯定したが、この結論には疑問がある。なぜなら、立証趣旨の拘束力を否定するとしても、ある事実の証明のために提出された証拠を他の事実の認定に用い得ることにはならないからである（石井83頁）。この点、立証趣旨から、「申請者の期待を抽出して残る枠の如きもの」を「立証事項」と呼ぶとすれば（刑事実務ノート(1)6頁〔森岡茂〕）、かかる立証事項には拘束力があると考えるべきである。情状事実に関する証拠を犯罪事実の認定に供することは許されないであろう。

●**参考文献**●　岡田雄一・争点〔新版〕170

414 鑑定の拘束力——精神医学者鑑定事件

最2小判平成20年4月25日（刑集62巻5号1559頁・判時2013号156頁・判タ1274号84頁）

参照条文　刑法39条
刑訴法318条

精神医学者の鑑定意見に対する裁判所の判断のあり方。

●**事実**●　被告人Xは、統合失調症による幻視・幻聴のため、被害者が自分を馬鹿にしていると思い、被害者を殴打するなどの暴行を加えて、被害者を死亡させた。Xの捜査・公判段階における精神鑑定として、①「A鑑定」は、統合失調症による心神喪失の可能性は否定できないが、是非弁別能力と行動制御能力を完全に喪失していたとは言えないとし、②「B鑑定」は、Xは統合失調症による激しい幻覚・妄想の直接影響下で本件行為に及んだもので、心神喪失の状態にあったとし、本件行為の前後において合理的に見える行動をしている点は、精神医学では「二重見当識」と呼ばれる現象であり珍しくはないとし、③「C意見」は、Xの本件行為当時の症状は統合失調症が慢性化して重篤化した状態ではないとし、④「D鑑定」は、急性期の異常体験が活発に生ずる中で次第に被害者を中心的迫害者とする妄想が構築され、被害者の妨害的行為を中止させるため攻撃を加えたことにより本件行為は生じたと考えられ、統合失調症が介在しなければ本件行為は引き起こされなかったなどとした。第1審は、行為当時、Xは心神喪失の状態にあったとして無罪とした。これに対し、原判決は、Xの動機の形成、犯行に至るまでの行動経過、犯行態様等には、特別異常とされる点がなく、幻聴や幻覚が犯行に直接結び付いているとまでは言えず、しかも、Xは、本件犯行状況について詳細に記憶しており、当時の意識はほぼ清明であると言える上に、犯行後に自首していること等の諸事情に照らすと、せいぜい心神耗弱の状態であったとして、第1審判決を破棄し、Xを懲役3年とした。最高裁は、以下の判断を示して、原審を破棄して差戻しとした。

●**判旨**●　(1)「生物学的要素である精神障害の有無及び程度並びにこれが心理学的要素に与えた影響の有無及び程度については、その診断が臨床精神医学の本分であることにかんがみれば、専門家たる精神医学者の意見が鑑定等として証拠となっている場合には、鑑定人の公正さや能力に疑いが生じたり、鑑定の前提条件に問題があったりするなど、これを採用し得ない合理的な事情が認められるのでない限り、その意見を十分に尊重して認定すべきものというべきである。」
　(2) 本件についてこれを見ると、原判決は、B鑑定およびD鑑定を採用せず、被告人が事理の弁識をなし得る能力を備えたものと評価したのは疑問であり、「統合失調症の幻覚妄想の強い影響下で行われた本件行為について、原判決の説示する事情があるからといって、そのことのみによって、その行為当時、被告人が事物の理非善悪を弁識する能力又はこの弁識に従って行動する能力を全く欠いていたのではなく、心神耗弱にとどまっていたと認めることは困難であるといわざるを得ない。」

●**解説**●　1　本件では、被告人の刑事責任能力の有無・程度につき4つの精神鑑定が提出された。そこで、これらの専門家の意見と裁判所の自由な判断権との関係が問題となる。

2　従来の判例として、(i)最3小決昭和33年2月11日刑集12巻2号168頁は、精神鑑定書の結論部分に、被告人が犯行当時心神喪失の状態にあった旨の記載があっても、その部分を採用せず、鑑定書全体の記載内容とその他の情況証拠とを総合して、心神耗弱の事実を認定することは必ずしも経験則に反するとは言えないとし、(ii)最3小決昭和58年9月13日判時1100号156頁は、心神喪失または心神耗弱に該当するか否かの法律判断の前提となる生物学的・心理学的要素についての評価は、法律判断との関係で究極的には裁判所に委ねられるべき問題であるとし、(iii)最3小決昭和59年7月3日刑集38巻8号2783頁は、被告人が犯行当時精神分裂病に罹患していたからと言って、直ちに被告人が心神喪失の状態にあったとされるものではなく、その責任能力の有無・程度は、被告人の犯行当時の病状、犯行前の生活状態、犯行の動機・態様等を総合して判定すべきであるとした。いずれの判例も、責任能力の最終的な判断は裁判所の判断事項であることを確認している。

3　これに対して、判旨(1)は、専門家の意見を尊重すべきとしたので、従来の判例との関係が問題となる。この点、鑑定書の中に、(a)生物学的要素である精神障害の有無および程度ならびにこれが心理学的要素に与えた影響の有無および程度に関する診断の部分、(b)鑑定人が、心理学的要素である弁識能力および制御能力の有無・程度に関し判断した部分、(c)鑑定人が、心神喪失か心神耗弱かの結論的意見を述べた部分があるときに、判旨(1)が、「その意見を十分に尊重」すべきものとしているのは、鑑定人の専門領域として臨床精神医学の本分とされる上記(a)の部分に限られる（前田・掲載361頁、安田・後掲刑ジャ97頁）。(c)の部分や(b)の弁識能力および制御能力自体も、規範的・評価的概念であって、これらについて鑑定人の意見が述べられていても、それは、本来の専門家の意見とは言えない。判旨(1)も従来の判例と矛盾するわけではないが、ただ、上記昭和58年決定に関する拡張的解釈の余地を封じた（安田・後掲刑ジャ96頁）と言うことはできよう。

4　判旨(2)は、B鑑定およびD鑑定と異なる見解の有無、誤った見当識と正しい見当識の並存という二重見当識の意義、被告人の自首行為と幻覚妄想状態にあったこととの関係等、未だ必ずしも明らかではない点があるとした。あくまで事例判例であるが、裁判所が、専門家の意見を尊重しつつ総合判断をする1つのあり方を示したと言えよう。なお、差戻し審は、事実取調べの上、改めてB鑑定およびD鑑定の信用性を否定し、被告人を懲役2年6か月とした（東京高判平21・5・25高刑62-2-1）。

●**参考文献**●　前田巌・判解平20年度346、安田拓人・刑ジャ14-93、同・J平20年度重判178

415 悪性格の立証(1)―和歌山毒カレー事件

大阪高判平成17年6月28日（判タ1192号186頁）　参照条文　刑訴法317条、318条

起訴されていない類似事実の立証。

●**事実**●　被告人X女は、平成10年7月25日、殺意を持って夏祭りに提供されるカレーに砒素を混入し、これを食べた住民67名を急性砒素中毒に罹患させ、うち4名を死亡させたが、63名は殺害するに至らなかったという事件で、Xの死刑が確定した。Xは、この事件以外にも、砒素を混入させたお好み焼き等を食べさせた複数の殺人未遂事件や保険金詐欺事件等、合計8件の事件でも起訴された。この訴訟で、検察官は、上記起訴事実以外の類似事実として、別の急性砒素中毒死亡の事実、Xの夫の急性砒素中毒罹患の事実、別の急性砒素中毒罹患の事実等7件の砒素使用事件や睡眠薬使用事件等、合計19件の類似事実について、証拠の取調べを請求し、これらの事件は全て、保険金目的で飲食物中に砒素または睡眠薬を混入させたもので、本件殺人事件等に関しXの犯人性を推認させる事実である旨を主張した。第1審は、これらの類似事実のうち、砒素使用事件1件と睡眠薬使用事件2件をXの犯行と認定して、毒カレー事件におけるXの犯人性の認定の証拠として用いた。弁護人は、これら類似事実の立証を許容したことは適正手続の保障に反し、Xの権利を侵害すると主張した。控訴審は、この主張を斥けて、以下の判断を示した。

●**判旨**●　「起訴されていない被告人の犯罪事実を立証することは、裁判所に不当な偏見を与えるとともに、争点の混乱を引き起こすおそれもあるから、安易に許されるべきではないが、一切許容されないものではなく、特殊な手段、方法による犯罪について、同一ないし類似する態様の他の犯罪事実の立証を通じて被告人の犯人性を立証する場合など、その立証の必要性や合理性が認められ、かつ、事案の性質、審理の状況、被告人の受ける不利益の程度等に照らし相当と認められる場合には、許容されると解するのが相当である。」

　これを本件について見ると、まず、本件類似事実のうち公訴事実と近接した時期に発生して、公訴事実と密接に関連する事実については、「公訴事実自体の立証に重要な意義を有する」のでその立証が許されるのは当然であり、「その余の本件類似事実……の立証の必要性、合理性について考えるに、まず、被告人の周辺において複数の者が繰り返し急性砒素中毒を発症させたという事実は、それらが被告人の犯罪行為によるものであると否とにかかわらず、それ自体、被告人と凶器である砒素との結びつきやその殺傷力に対する知情性を推認させるものということができる。また、被告人が過去において亜砒酸等を飲食物に混入させて人に摂取させた事実が認められる場合には、その手段及び方法の類似性から、前記各殺人、同未遂事件における被告人の犯人性をも推認することが可能となる。……このように、本件類似事実から導かれる推認は経験則に基づく合理的なものであって、何ら不当な予断偏見ではない。」

●**解説**●　1　いわゆる「悪性格の立証」が原則として禁止される理由は、被告人の類似事実から被告人の悪性格を推認し、その悪性格から被告人の公訴事実を推認する場合には、2段階の推認がなされており、裁判官に不当な偏見を与える虞があるためである。そうであれば、裁判官に不当な予断偏見を与える虞がない合理的な推認を可能とする場合であれば、類似事実から被告人の犯人性を推認することも、悪性格立証禁止の原則とは抵触しないこととなろう。

　2　本判旨は、類似行為によって行為の知情性と犯人性を立証することを許容した。悪性格立証禁止の原則と抵触しない場合として、まず、類似事実の顕著な特徴の類似性から被告人の犯人性が推認できる場合があるとされる（最2小判平24・9・7【416】、成瀬・後掲155頁）。本件では、犯行の手口として「砒素」という特殊な手段が用いられたことから、砒素を使用した類似事実から被告人の犯人性が強く推認されるとともに、このような類似事実の存在から被告人の砒素の殺傷力に関する知情性も推認された。ここでは、予断や偏見による事実認定の危険は乏しいだけでなく、直接的証拠に乏しい事件で類似事実による立証の必要性が高く、さらに、精緻な弁護活動も行われており、被告人の権利侵害の程度も低いものであったことから、本判旨の判断は是認できよう（佐藤・後掲196頁）。

　3　さらに、類似事実に顕著な特徴があるとまでは言えないが、それが公訴事実と密接した時間・場所で行われているという付加事情がある場合も、犯行が別人によって行われた可能性は経験則上小さくなるので、犯人性を推認することが不合理とは言えない（成瀬・後掲155頁）。本判旨も、公訴事実と近接した時期に発生し、密接に関連する類似事実の立証を許容しているが、ほぼ同趣旨と言えよう。この点に関する先例として、静岡地判昭和40年4月22日下刑7巻4号623頁は、列車の7号車で第1の窃盗（スリ）をなし、引き続き9号車に移動して第2の窃盗をなしたという事案につき、両事実は時間的にも場所的にも接着し、犯行方法も同類であって、「互いに密接かつ一連の関係にあるものと見られるから、そうであれば、判示第2の窃盗未遂の事実が証明された場合には、この事実は、判示第1の窃盗の事実との関係において、同事実の存在を必然的に推理する蓋然性があり、右窃盗の事実も被告人等の犯行であるとする関連性が認められる」としたのも、是認できよう。

　4　本判旨は、【416】以前の判例であるが、【416】に言う「顕著な特徴」が認められる事例であって、【416】の判断とも矛盾しない。また、本判旨は密接に関連した類似事実の立証も許容しているが、この点も【416】の射程につき参考となる。

●**参考文献**●　佐藤隆之・J平17年度重判194、成瀬剛・争点154

416 悪性格の立証⑵―同種前科立証事件

最2小判平成24年9月7日（刑集66巻9号907頁・判時2164号45頁・判タ1382号85頁）　参照条文　刑訴法317条、379条

前科証拠を被告人と犯人との同一性の証明に用いる場合の証拠能力の有無。

● 事実 ●　被告人Xは、平成21年9月8日に、A荘B号室に侵入し、C所有の現金1000円とカップ麺1個を窃取し、室内にあった石油ストーブの灯油をカーペット上に撒布して火を放ち、建物の一部を焼損したという住居侵入、窃盗、現住建造物等放火の罪で起訴された。被告人は、住居侵入と窃盗は認めたものの、現住建造物等放火については犯人性を争った。検察官は、Xには、平成4年に11件の現住建造物等放火の前科（以下、「前刑放火」）があったことから、Xは窃盗に及んだが欲するような金品が得られなかったことに立腹して放火に及ぶという前刑放火と同様の動機に基づいて放火し、かつ、前刑放火と本件放火はいずれも特殊な方法で放火されたものと主張し、Xの犯人性を立証するため、Xの前科に関する証拠調べを請求した。第1審の裁判員裁判では、現住建造物等放火についてはXの犯人性を否定し、住居侵入および窃盗についてのみ有罪とした。これに対して控訴審は、放火方法に類似性があり、鬱憤晴らしに放火するという前刑放火の行動傾向の固定化が認められるので、前科の証拠はXと犯人との同一性に関する証拠として関連性があるとした。Xの上告に対して、最高裁は以下の判断を示し、原判決を破棄して差戻しとした。

● 判旨 ●　「前科も1つの事実であり、前科証拠は、一般的には犯罪事実について、様々な面で証拠としての価値（自然的関連性）を有している。反面、前科、特に同種前科については、被告人の犯罪性向といった実証的根拠の乏しい人格評価につながりやすく、そのために事実認定を誤らせるおそれがあり、また、これを回避し、同種前科の証明力を合理的な推論の範囲に限定するため、当事者が前科の内容に立ち入った攻撃防御を行う必要が生じるなど、その取調べに付随して争点が拡散するおそれもある。したがって、前科証拠は、単に証拠としての価値があるかどうか、言い換えれば自然的関連性があるかどうかのみによって証拠能力の有無が決せられるものではなく、前科証拠によって証明しようとする事実について、実証的根拠の乏しい人格評価によって誤った事実認定に至るおそれがないと認められるときに初めて証拠とすることが許されると解するべきである。本件のように、前科証拠を被告人と犯人の同一性の証明に用いる場合についていうならば、前科に係る犯罪事実が顕著な特徴を有し、かつ、それが起訴に係る犯罪事実と相当程度類似することから、それ自体で両者の犯人が同一であることを合理的に推認させるようなものであって、初めて証拠として採用できるものというべきである。」

「被告人は、本件放火に近接した時点に、その現場で窃盗に及び、十分な金品を得るに至らなかったという点において、前刑放火の際と類似した状況にあり、また、放火の態様にも類似性はあるが、本件前科証拠を本件放火の犯人が被告人であることの立証に用いることは、帰するところ、前刑放火の事実から被告人に対して放火を行う犯罪性向があるという人格的評価を加え、これをもとに被告人が本件放火に及んだという合理性に乏しい推論をすることに等しく、このような立証は許されないものというほかはない。」

● 解説 ●　1　本判決は、前科は、原則として、犯罪事実を立証する証拠としては証拠能力を欠くとしつつ、例外として、被告人と犯人との同一性の証明に用いる場合に証拠能力が認められるための具体的な基準を判示した重要判例である。

2　これまでの判例で、犯罪の客観的要素が他の証拠によって認められる事案につき詐欺の故意のごとき主観的要素を、被告人の同種前科の内容によって認定しても違法ではないとした最3小決昭和41年11月22日刑集20巻9号1035頁があるが、同判例は、前科を被告人と犯人との同一性の証明に用いたものではなく、本件とは事案が異なる。また判例は、犯罪の手口等に際立った特徴がある場合にも例外として許容されるとしてきたが、その判断基準は必ずしも明らかでなかった。

3　本判決は、「同種前科については、被告人の犯罪性向といった実証的根拠の乏しい人格評価につながりやすく、そのために事実認定を誤らせるおそれ」があるとの視点から、同種前科の許容基準を明確にした。その論理は、前科があることから一定の「犯罪傾向」を推認し、それを根拠に被告人の犯人性を推認するという2段階の推認過程を経る場合には、証明力の評価が困難となって事実認定を誤る虞があると言うにある（岩崎・後掲331頁）。一方、例えば、前科の放火が「特殊な薬品」を使うものであった場合に、起訴事実も「特殊な薬品」を使った放火であることから、被告人の犯人性を推認するような場合には、「犯罪傾向」の介在はなく、直接の推認がなされることになる（同335頁）。このような直接の推認を可能とするためには、前科に係る犯罪事実が「顕著な特徴」を有し、かつ、両事実が「相当程度類似」していることが必要であるとされた。

4　この基準を本件に当てはめる。期待した財物が窃取できなかったので放火するという動機は特に際立った特徴とは言えず、また、石油ストーブの灯油を撒いて火を放つ態様もさほど特殊なものではないと言え、このように「顕著な特徴」の要素を欠くもかかわらず、原判決は、被告人に放火についての「固着化」した「行動傾向」を介在させることで被告人の犯人性を推認した。したがって、上記のような合理性に乏しい推認を導く前科証拠は、証拠として許容できないことになる（反対、中川・後掲191頁）。少なくとも、この判断枠組みの妥当性は明らかであろう（最1小決平25・2・20刑集67-2-1は本判例を踏襲した）。

● 参考文献 ●　岩崎邦生・判解平24年度275、佐藤隆之・J平24年度重判184、中川武隆・刑ジャ35-185

417 録画の証拠能力——渋谷暴動事件

東京高判昭和58年7月13日（高刑36巻2号86頁）　参照条文　憲法21条

> 写しの証拠能力の判断基準。

●**事実**●　被告人XおよびYは、昭和46年11月14日、沖縄返還協定批准阻止闘争の一環として、多数の学生・労働者と集合場所である東京都渋谷に至る過程で、警視庁渋谷警察署神山派出所付近において、規制していた機動隊員と遭遇するや、火炎瓶を投擲し、3名の警察官に熱傷の傷害を負わせ、同派出所を放火した。さらに、後退中のA巡査を鉄パイプ等で乱打し、火炎瓶を投げ付けて火傷により同巡査を死亡させたとして起訴された。原審の有罪判決に対してX・Yは控訴したが、控訴理由の中で、原審が有罪認定の証拠として採用したテレビニュースの映像を録画したビデオテープおよびビデオテープを静止写真化した写真帳の証拠能力を争った。これに対して、控訴審は、以下の判断を示した。

●**判旨**●　(1)「テレビフィルムへの収録、再生過程を検討すると、これらはすべて光学的、化学的原理に基づき機械的に処理されているのであって、そこに人為的な操作ないし過誤を容れる余地はなく、伝聞的要素の含まれない非供述過程と認めるのが相当である。」

「本件テレビフィルムないしはこれを放映したテレビ映像は、その撮影対象、収録、再生過程のいずれの面からしても、非供述証拠と解するのが相当であり、その撮影者又は編集者を証人として取り調べるまでもなく、要証事実との間に関連性を認め得る限り、その証拠能力を肯認して妨げないものである。」

(2)「本件ビデオテープはテレビ映像の写しであり、写真帳は、ビデオテープの映像の一部を収録したものであって、原本たるテレビ映像の写しの写しとしての性格を有することが明らかである。」

「写し一般を許容すべき基準としては、〔a〕原本が存在すること（さらに厳密に言えば、写しを作成し、原本と相違のないことを確認する時点で存在すれば足り、写しを証拠として申請する時点まで存在することは不可欠の要件ではない。テレビ映像の如きは、放映とともに消滅する。）、〔b〕写しが原本を忠実に再現したものであること（原本の完全な複製である必要はなく、立証事項との関連において、その必要な性状が忠実に再現されていれば足りる。）、〔c〕写しによっては再現し得ない原本の性状（たとえば、材質、凹凸、透し紋様の有無、重量など）が立証事項とされていないことを挙げることができる。以上に反し、〔d〕原本の提出が不可能又は著しく困難であることを、写しの許容性の基準に数える必要はない。蓋し、それは、最良証拠の法則ないしは写し提出の必要性の問題に過ぎないからである。」

本件ビデオテープおよび写真帳は、〔a〕、〔b〕、〔c〕の要件を満たすものであることは明らかである。

●**解説**●　1　テレビニュースの映像を録画したビデオテープの証拠能力については、テレビニュースの映像それ自体の証拠としての性質論と、録画ビデオがテレビ映像の一種の「写し」であることから、写しの証拠能力が問題となる。本件で撮影対象となったのは、①派出所が炎上している状況、②A巡査の被服等が燃えている状況、③A巡査を他の機動隊員が救助している状況という非供述的な事象であって、撮影対象自体には供述の要素は含まれていない。その点では、テレビ映像が非供述証拠であることに問題はない。

2　他方、テレビ映像には撮影者や編集者が関与している点から、これを供述証拠と見るか、非供述証拠と見るかが問題となる。非供述証拠説は、テレビフィルムは、光学的原理を応用して科学的に作成され、供述の要素も含まないものであるから、非供述証拠と考えるべきであり、立証事実との関連性が明らかになれば証拠として採用できるとし（東京地決昭55・3・26刑月12-3-327）、供述証拠説は、撮影者や編集者の価値判断に基づく被写体の選択や編集等の過程があることから、321条3項を類推適用して、撮影者および編集者の証人尋問が必要であるとする（大阪地決昭48・4・16刑月5-4-863）。両説の違いは、撮影者・編集者が出廷できない場合に顕在化し得るが、非供述証拠説における関連性の立証を慎重に行うことで、実質的な違いは少なくなろう。その意味で、非供述証拠説を採用した判旨(1)も支持できよう。

3　録画ビデオの写しとしての証拠能力要件につき、通説は、(i)原本が存在しまたは存在したこと、(ii)原本の提出が不能または困難なこと、(iii)内容が原本と一致していること、の3要件を指摘してきた（田宮329頁等）。これに対して、判旨(2)は、上記(i)と(iii)に加えて、「写しでは再現しえない原本の性状が立証事項でないこと」を要件に加えるとともに、この要件は写しに特別な要件とは言えない。小山・後掲197頁、(ii)は、証拠能力要件ではなく、証拠提出の必要性の問題であるとした。本判旨の考え方は、録画ビデオの内容が原本の忠実な再現であれば、(ii)は証拠提出の必要性の問題に含めてよいとするものであろう。通説の見解は、筆写等も含めた写し一般に妥当する基準であり、録画ビデオのように、写しと原本との内容的一致を前提としてよいと思われる場合には、この点に疑義が生じたときにのみ原本を提出すべきという最良証拠の原則を検討するとして、(ii)を証拠能力要件とは見ない本判旨の考え方も、支持し得るように思われる（山田・後掲195頁。反対、小山・後掲197頁）。

4　なお、録画ビデオの証拠利用については、表現の自由とも関わる。この点、報道機関に対する提出命令に関する最大決昭和44年11月26日刑集23巻11号1490頁〔博多駅事件〕との関係が問題となるが、本件では、放映されたテレビニュースを録画したものであって、上記判例のように、取材の自由や報道の自由が侵害される事案ではないとされた。

●**参考文献**●　山田道郎・圕9版194、小山雅亀・圕8版196

418 現場写真の証拠能力——新宿騒乱事件

最2小決昭和59年12月21日（刑集38巻12号3071頁・判時1141号62頁・判タ546号107頁）　参照条文　刑訴法320条、321条

現場写真の証拠能力。

●**事実**●　被告人らは、昭和43年10月21日の国際反戦デーに、新宿駅構内およびその周辺で発生した、いわゆる「新宿騒乱事件」の騒擾指揮罪あるいは騒擾助勢罪で起訴された。本件は、同日の午後、新宿駅東口広場にヘルメットを被り角材を携えた多数の学生が集結して決起集会を開いた後、数千名の群集と共に、午後8時45分頃から翌日の午前1時頃までの間、駅の鉄塀や看板等を破壊したうえ、駅構内に侵入して占拠し、警察官に投石等により傷害を負わせ、バリケードや警視庁テレビ中継車に放火などして、新宿駅構内およびその周辺地域一帯を混乱に陥れ、かつ、多数の警察官・駅職員・周辺住民らに極度の不安と恐怖を生ぜしめて騒擾をなしたというものであった。この訴訟で証拠として提出された現場写真の証拠能力について、第1審は、写真の過程は、「光学的、化学的原理による機械的、化学的過程であって、この点人の供述の生成過程が、知覚、記憶、構成、叙述から成立しているのとは本質的に異る。従って現場写真そのものは、科学的、機械的証拠として刑事訴訟手続においては非供述証拠として取扱うのが相当であり、自由な証明により事件との関連性が認められる限り、証拠能力が付与される」とし、控訴審も、現場写真は、「通常、精度の高い光学器械、感光材料、化学薬品などの自動的作用により行われるものであって、その科学的正確性の点においては、証言などの供述証拠と対比して、質的に格段の相異があり、右のような写真の科学的特性にかんがみれば、現場写真は非供述証拠に属し、事件との関連性を認め得る限り証拠能力を具備するものであって、必ずしも撮影者らに現場写真の作成過程ないし事件との関連性を証言させることを要するというものではない」として、いずれも非供述証拠説に立脚してその証拠能力を認めた。これに対して、被告人側の上告趣意は、現場写真は供述証拠と解すべきであり、当該写真の撮影者の証言によって、その写真の撮影状況・現像・焼付けが通常の方法により適正に行われ、その過程で対象を歪めるような行為が行われなかったことの立証が必要である、と主張した。最高裁は、上告を棄却して、職権で以下の判断を示した。

●**決定要旨**●　「犯行の状況等を撮影したいわゆる現場写真は、非供述証拠に属し、当該写真自体又はその他の証拠により事件との関連性を認めうる限り証拠能力を具備するものであって、これを証拠として採用するためには、必ずしも撮影者らに現場写真の作成過程ないし事件との関連性を証言させることを要するものではない。」

●**解説**●　1　実務上、写真が証拠として利用される場合としては、①供述証拠の一部として用いられる場合（検証調書等に添付された写真等）、②書面や証拠物の写しとして用いられる場合（文書や凶器の写真等）、③独立証拠として用いられる場合（犯行状況の写真等）がある（高橋・後掲573頁）。本件では、騒擾の状況を撮影した多数の現場写真が、報道・出版関係者やアマチュアカメラマンらから警察官に任意提出され、これらにつき、検察官が本件犯行状況を立証するための独立証拠として取調べ請求した。

2　現場写真の証拠としての性質については、供述証拠説（検証調書類推説）は、撮影者を公判期日において証人として尋問し、その真正に作成されたものであることを明らかにした後でなければ証拠能力は認められないとする（京都地判昭51・3・1判時829-112等）。これに対して、非供述証拠説は、写真は、撮影者の経験を録取したものではなく、撮影・現像・焼付け等の一連の作成過程は、機械的・科学的方法によるものであって非供述過程と見るべきであるから、伝聞法則の適用はなく、要証事実との関連性が認められれば証拠能力を有する、と解する（通説。関・後掲193頁、東京地決昭40・2・18下刑7-2-266等）。両説の違いは、写真の作成過程における撮影者等の主観的意図の介在を重視するか、光学的化学的過程の正確性に重点を置くかにある（山名・後掲195頁）。

3　本決定は、最高裁として初めて非供述証拠説を採ることを明示した判例である。もっとも、実務では、関連性に争いがある場合には、撮影者を証人として尋問する場合が多いから（高橋・後掲578頁）、供述証拠説と非供述証拠説との間にそれほどの差はない。しかし、撮影者不明や出廷不能の場合には、供述証拠説を貫けば、その写真を証拠とすることはできないが、非供述証拠説からは、他の方法で関連性の立証をすることで証拠とし得る点に大きな違いがある。

4　非供述証拠説からは、写真が、いつ、どこで、どのような光景を撮影したものかという事件との関連性が明らかにされなければ、その写真の証拠能力は認められない。本件では、警察官が写真提供者に関する証言を拒否したため、撮影者に撮影状況を証言させることができなくなったが、本件当夜現場に出動して騒擾の状況を目撃した警察官が、自己の目撃状況と対照し、当該写真が、いつ、如何なる状況を撮影したものであるかを証言しており、これによって、写真と本件との関連性が明らかにされた（高橋・後掲578頁）。この点、写真の撮影者も出所も不明というような場合には、当該写真が如何なる状況を撮影したものか分からないことから、関連性を認めることは困難となろう。また、供述証拠説が指摘するような、写真の加工や修正等の疑いがある場合には、現場の情景をありのまま映像化するという現場写真の本質を損なうものとして、やはり関連性は認められないこととなろう（同577頁）。

●**参考文献**●　高橋省吾・判解昭59年度568、関正晴・圕9版192、山名京子・圕8版194

419 ポリグラフ検査——窃盗私文書偽造同行使詐欺事件

最1小決昭和43年2月8日（刑集22巻2号55頁・判時509号19頁・判タ221号173頁）

参照条文　刑訴法326条

ポリグラフ検査結果回答書に対する同意の効力。

●**事実**●　本件は、被告人Xが、Aの定額郵便貯金証書を盗み出して受領証を偽造し、郵便局から現金を騙取したという事案である。その捜査の過程で、Xは、Aの妻Bが、Aに内緒で貯金を下ろすについて、Bは無筆に近いため、その依頼によりAの住所・氏名を代書したに過ぎないと主張したが、Bはこれを否定した。そこで、捜査官は、X・Bの同意を得て、ポリグラフ検査を実施した。

　第1審は、検査者の証人尋問を実施するとともに、Xの同意に基づいて両検査結果回答書を取り調べ、Xを有罪とした。弁護人は、ポリグラフ検査結果の確実性は未だ科学的に承認されていないから、両回答書の許容性を認めることはできないと主張した。これに対し、原審は有罪を維持し、「検査結果の確実性は、未だ科学的に承認されたものということはでき〔ないが〕、……わが国における刑事裁判が陪審制によっていないこと、ポリグラフ器械の規格化及び検査技術の統一と向上に伴い、ポリグラフ検査結果がその検定確率の上昇を示しつゝあることなどにかんがみると、一概にこれが証拠能力を否定することも相当でない」とし、両回答書は「いずれも原審において検察官が、刑事訴訟法第321条第4項所定の書面としてその取調を請求し、X側において、これを証拠とすることに同意したものであり、……各書面は、いずれも検査官が自ら実施した各ポリグラフ検査の経過及び結果を忠実に記載して作成したものであること、検査官は検査に必要な技術と経験とを有する適格者であったこと、各検査に使用された器具の性能及び操作技術から見て、その検査結果は信頼性があるものであることが窺われ、これによって各書面が作成された時の情況に徴し、所論各ポリグラフ検査施行状況の録音テープの取調をなすまでもなく、これを証拠とするに妨げがないものと認められるので、同法第326条第1項所定の書面として証拠能力があ〔る〕」とした。これに対してXが上告した。最高裁は、上告を棄却し、括弧内で以下の判断を示した。

●**決定要旨**●　「ポリグラフの検査結果を、被検査者の供述の信用性の有無の判断資料に供することは慎重な考慮を要するけれども、原審が、刑訴法326条1項の同意のあった警視庁科学検査所長作成の昭和39年4月13日付ポリグラフ検査結果回答についてと題する書面〔S作成の検査結果回答書添付のもの〕および警視庁科学検査所長作成の昭和39年4月14日付鑑定結果回答についてと題する書面〔S作成のポリグラフ検査結果報告についてと題する書面添付のもの〕について、その作成されたときの情況等を考慮したうえ、相当と認めて、証拠能力を肯定したのは正当である。」

●**解説**●　1　本件は、ポリグラフ（Polygraph）検査結果回答書を犯罪事実認定の証拠とすることを肯定した初めての最高裁判例である。ポリグラフ検査回答書の証拠能力については、①そもそも、この検査によって、被検査者の返事内容の真偽が、相当程度の確実性をもって判断できるか、換言すれば、証拠の関連性を認めることができるか、②伝聞法則との関係で、被告人の同意がある場合に、その証拠能力を認めることができるか、③同意がない場合でも、321条4項に準じて、その証拠能力を認めることができるか、が問題となる。本判例は、上記①と②について積極に解した。

　2　本決定は、原審の判断を肯定したに過ぎないが、原審が、(i)検査官による検査経過および結果の忠実な記載、(ii)検査官が技術と経験とを有する適格者であったこと、(iii)検査に使用された器具の性能および操作技術から、検査結果は信頼性があると言え、よって同意書面として証拠能力があるとした判断内容を是認したものと言えよう。原審は、弁護人のポリグラフ検査結果の確実性が未だ科学的に承認されていないとの主張を認めつつも、これまでの検査経験からその信頼性を認めた。最高裁は、この点に踏み込んでいないが、やはり同様の考え方に基づくものと思われる。

　3　本決定は、ポリグラフ検査結果の証拠としての適格性を、326条1項の同意のあった証拠の相当性の問題と位置付けた（坂本・後掲35頁）。ポリグラフ検査結果には信頼性があり、したがって適格性があり、同意の相当性も認められるということになる。同意の相当性は、同意のあった書面が任意性を欠きまたは証明力が著しく低い等の事由があれば証拠能力を取得しないとの趣旨であるから（最2小決昭29・7・14刑集8-7-1078）、信頼性の要件が欠ければ相当でないこととなろう。なお、同意の有無と関係なく、321条4項による証拠能力を認める余地を残したとの指摘もあるが（清水・後掲75頁）、被告人に異論があるときの証拠採用には疑問が残る。

　4　学説の多くは、検査結果の事後的判定が困難であるから、関連性に疑問があるとしている（鈴木194頁、田宮332頁等）。なお、アメリカ法では、ポリグラフ検査結果は、刑事裁判の証拠としてはおよそ用いられていない（小早川・後掲151頁、坂本・後掲33頁）。本件事案のように、被告人の同意に相当性が認められる場合に限って、その証拠能力を認める余地はあろうが、差し当たり、捜査活動の一種としての検査に止めるのが妥当であろう。なお、ポリグラフ検査にも、供述の真偽を総合的に質問する「対照質問法」と、犯人しか知らない事実の質問を入れた「緊張最高点質問法」とがあり、後者の方法によると、犯人でないとの判定の正確度は高いとされている（大西一雄・判タ431-21）。とすれば、犯人でない可能性のある者を捜査対象から外す場面で有用性が認められよう。

●**参考文献**●　坂本武志・判解昭43年度29、小早川義則・圖8版150、清水勇・別冊判タ12-73

420　筆跡鑑定——脅迫事件

最2小決昭和41年2月21日（判時450号60頁）　　参照条文　刑訴法165条、317条、318条、321条

伝統的筆跡鑑定方法による鑑定結果の証拠能力と証明力。

●**事実**●　本件は、昭和27年1月頃、当時札幌市で起こった、いわゆる「餅代よこせ事件」の被疑者の取調べを担当していたP警察官とQ検事に対して、計5通の脅迫ハガキが郵送されたという脅迫事件である。ハガキの筆跡鑑定から被告人Xが起訴された。筆跡鑑定は、A〜Eの各鑑定人によって計5回実施され、うちEを除く4鑑定は、いずれも犯人とXの筆跡の同一性を是認した。第2審で最後の鑑定をした理論物理学者であるEは、他の鑑定人の鑑定は伝統的鑑定法であって近代統計学から見て信頼度が薄く、特徴の抽出や比較対照の基準等は各鑑定人の経験に過ぎず、筆跡鑑定では、「相同性」（特徴が類似すること）、「相異性」（特徴が異なること）、「稀少性」（一般にあまり見られない固有の特徴があること）、「常同性」（筆跡個性が繰り返されること）に着目し、これらを統計処理して同一性を判定すべきであるとした。第1審・2審とも、伝統的鑑定法に依拠した4鑑定を採用して、Xを有罪とした。弁護人は、E鑑定に基づき上告したが、最高裁は、上告を棄却して、以下の判断を示した。

●**決定要旨**●　「いわゆる伝統的筆跡鑑定方法は、多分に鑑定人の経験と感（原文ママ）に頼るところがあり、ことの性質上、その証明力には自ら限界があるとしても、そのことから直ちに、この鑑定方法が非科学的で、不合理であるということはできないのであって、筆跡鑑定におけるこれまでの経験の集積と、その経験によって裏付けられた判断は、鑑定人の単なる主観にすぎないもの、といえないことはもちろんである。したがって、事実審裁判所の自由心証によって、これを罪証に供すると否とは、その専権に属することがらであるといわなければならない。

本件記録によれば、E鑑定人をのぞくA、B、C、D各鑑定人（以下4鑑定人という。）は、いずれも筆跡鑑定の経験が豊富であり、それぞれの観点にたって、本件ハガキ5枚と、被告人の筆跡と認められる盗難届、ノートなどを比較検討した結果、すべてが同一人の筆跡であるという結論、あるいは異筆のものがない、という結論に到達し、4鑑定人ともこれを断定しているのである。その鑑定にあたり、表現こそ異なるが、『相異性』『稀少性』『常同性』などの点も斟酌したことがうかがわれるのは、原判決のいうとおりである。しかも右4鑑定人のうち、B、C、D各鑑定人は、被告人側の請求にかかる鑑定につき選任されたものであり、選任についてはなんらの異議申立もなされていないし、また4鑑定人作成の各鑑定書はいずれも証拠とすることに同意のうえで取り調べられているのである。一方、E鑑定人は、これまで筆跡鑑定をした経験が全くなく、本件をきっかけにしてはじめてその研究にとりかかったものであり、その鑑定も、……〔4鑑定人の鑑定では信頼度が薄い〕……というに帰するものであって、問題のハガキの筆跡と被告人の筆跡との同一性につき判断を示しているものではないのである。したがって原判決が、E鑑定を採用せず、前記4鑑定人の各鑑定およびその他1審判決が掲げた各証拠を綜合して本件犯罪事実を認定し得るとしたことは、なんら採証法則に違反するものではない。」

●**解説**●　1　筆跡鑑定は、筆跡の個人内の常同性と個人間の稀少性を前提として、筆跡個性を抽出して行われる（山崎・後掲156頁）。この点、伝統的筆跡鑑定方法は、多分に鑑定人の経験と勘によるもので、十分な科学的な根拠が示されないものとされている。

2　本決定は、伝統的筆跡鑑定方法につき、科学的に未解明のゆえに証拠能力を否定するという立場を採らず、方法の合理性・客観性が一応説明可能であり、識別の正確性が経験的に高められていれば、証拠能力を肯定できるとしたものである（山名・後掲147頁）。それまでの最高裁判例としては、最大判昭和30年4月6日刑集9巻4号663頁〔帝銀事件〕が、「すべてを綜合すれば、被告人の筆跡と同一であることを認めるに十分」として、筆跡鑑定の不確かさの主張を斥けたものがあった。本決定後は、最2小判昭和52年8月9日刑集31巻5号821頁〔狭山事件〕が、本決定と同じく、伝統的筆跡鑑定方法による鑑定の証明力を認めている。

3　筆跡鑑定には一定の限界があることは否定できないが、鑑定人の経験蓄積により、その正確性が高められ、鑑定手法の合理性・客観性がある程度説明できれば、伝統的手法という理由からその鑑定結果の証拠としての適格性を否定するのは相当ではあるまい（三井Ⅲ211頁）。確かに、鑑定過程が数量的データとして提示されていないので検証に困難が伴うけれども、「経験によって裏付けられた判断」の信頼性が確認できれば、要証事実の推認力に欠けるものではない（長沼・後掲157頁）。本決定の判断枠組みは、その後、ポリグラフ検査結果回答書（最1小決昭43・2・8【419】）、声紋鑑定書（東京高判昭55・2・1【421】）、臭気選別結果報告書（最1小決昭62・3・3【422】）等の最高裁判例に踏襲されている。いわゆる自然的関連性を肯定して、証拠としての許容性を認めたものと言えよう（山崎・後掲157頁）。なお、同意の相当性については【419】参照。

4　なお、本決定は、その理由中で、「筆跡鑑定を唯一の直接証拠として有罪の判決をすることができないという、刑訴法上の証拠法則は存しない」としている。理論上のみならず、実際にも、稀少性・常同性ないし相同性が著しく高く、相異性が極端に低いと認められる場合には、有罪もあり得よう（山崎・後掲157頁、三井Ⅲ212頁）。

●**参考文献**●　山名京子・圕9版146、長沼範良・圕8版156、山崎学・圕7版156

421 声紋鑑定—判事補にせ電話事件

東京高判昭和55年2月1日（刑集35巻8号854頁・判時960号8頁・判タ407号58頁）　参照条文　軽犯法1条15号

声紋鑑定の証拠能力。

●**事実**● 被告人Xは、昭和51年8月4日頃、検事総長Fであると詐称して当時の首相に電話をかけ、ロッキード丸紅ルート事件【206】【434】で勾留中の前首相の処分について直接裁断を仰ぎたい旨を申し出るなどしたとして、軽犯法1条15号違反（官職詐称）の罪に問われた。第1審は、Xを有罪として拘留29日に処した。この訴訟で、偽電話の音声とXが新聞記者に電話した時の音声等とを比較対照した声紋鑑定書が証拠採用されたが、有罪判決の標目には掲げられなかった。Xは、この声紋鑑定書の証拠能力を争い、にせ電話をかけたのは自分ではないなどとして控訴したが、控訴審は、これを棄却して、以下の判断を示した。なお、Xはさらに上告したが、上告棄却となった（最3小決昭56・11・20刑集35-8-797。声紋鑑定については触れられていない）。

●**判旨**● 「音声を高周波分析や解析装置によって紋様化し画像にしてその個人識別を行なう声紋による識別方法は、その結果の確実性について未だ科学的に承認されたとまではいえないから、これに証拠能力を認めることは慎重でなければならないが、他面陪審制を採らず、個別的具体的な判断に親しむわが国の制度の下では、各種器械の発達及び声紋識別技術の向上に伴い、検定件数も成績も上昇していることにかんがみれば、一概にその証拠能力を否定し去るのも相当でなく、その検査の実施者が必要な技術と経験を有する適格者であり、使用した器具の性能、作動も正確でその検定結果は信頼性あるものと認められるときは、その検査の経過及び結果についての忠実な報告にはその証明力の程度は別として、証拠能力を認めるのを妨げない。」

「本件において、10数年音声識別の研究に従事し多数の声紋法による個人識別の鑑定例を持つ鑑定人Sの作成した鑑定書について原審がその作成経緯の証言を経て証拠として採用したことは相当と認められるところ、原判決はこれを罪となるべき事実についての証拠としては掲げていないが、同鑑定書の記載中、本件偽電話において最高検察庁のFであると称する者の音声（符1号）と被告人の音声であるとの明らかな前記告白電話中の被告人の音声（符8号からの再録音）、検察官Aとの電話中の被告人の音声（符6号）、富士テレビでの対談中の被告人の音声（符7号）とを比較した結果、順次『同一人の音声である可能性が大きい』『その可能性が極めて大きい』『同一人の音声であると認められる』旨の鑑定結果は、前記原審におけるSの証言からも明らかなように、これらの対照音声がいずれも識別の容易な通常会話中のものであることに徴しても、また符1号テープを再生して繰返し聴取すると、右偽電話のFと称する者の声が当初は含み声であるのが会話でのやり取りが激しくなるにつれて、その音声、語調、合いの手の入れ方等が次第に他の録音における被告人の声に似て聞えることを併せ考えても信頼性が低いとはいえず、少なくとも原判決の前示の判断を補強するものと認められるから、結局原判決には所論の事実誤認があるということはできない。」

●**解説**● 1 声紋（Voiceprint）とは、人の声に含まれている音を単純な音に分解して、音の強さを黒化濃度で表示した画像を言う。声紋鑑定は、この声紋につき、とりわけホルマトンと呼ばれる共鳴の強い部分の位置・強弱・時間的変化等を比較することで、個人識別を行うものである（柳川・後掲144頁）。しかし、声紋は、同一人であっても変化があり得たり、採取方法によって音声に歪みが生じ得るため、声紋鑑定の科学的な正確性が問題となる。

2 本判決は、結果の確実性については未だ科学的に承認されたとまでは言えないとしつつも、①検査者の適格性、②機器の性能、③検査の経過と結果の忠実な報告という3要件の下に、その証拠能力を認めた。このうち③は、321条4項の鑑定書に共通する要件であるから、実質的な要件は①と②になる。このような要件の下で証拠能力を認めるという判断構造は、ポリグラフ検査結果回答書（最1小決昭43・2・8【419】）、臭気選別結果報告書（最1小決昭62・3・3【422】）等と共通している。いわゆる自然的関連性を肯定して、証拠としての許容性を認めたものであろう。本判旨は、科学的な承認に言及しているが、これは、アメリカ法に言う、当該専門分野での一般的な承認（フライ・テスト）の基準を採用しないことを意味しよう（柳川・後掲145頁、田淵・後掲155頁）。その際、本判旨は、陪審制ではないことにも触れている。この点は、今日の裁判員制度も陪審制とは区別されるものであるから、本判旨の理解は今日でも妥当するものと言えよう。

3 本判決の理解は、その後の判例でも確認されている。(i)札幌高判昭和63年1月21日判時1281号22頁は、検査者の的確な知識と相当の経験、検査装置の性能、および、検査経過と結果の誠実な記載を条件に、声紋鑑定書の321条4項該当性を認め、(ii)東京地判平成2年7月26日判時1358号151頁は、声紋鑑定には科学的な合理性があり、検査者の技術と経験、使用機器の性能、分析経過と結果の正確な報告から、証拠能力を認め、(iii)千葉地判平成3年3月29日【158】も(i)・(ii)と同旨である。

4 ただ、その証明力については、慎重な評価が必要となる。この点、本判旨も、「証明力の程度は別として」との留保を付け、また、鑑定結果をあくまで被告人の犯人性を「補強するもの」としている。つまり、公判では、他の証拠による同一性確認の補強的役割を中心とすべきであり（三井Ⅲ154頁）、実際に、公判でも副次的・補強的な証拠資料として利用されている（石川・後掲66頁）。

●**参考文献**● 柳川重規・圊9版144、田淵浩二・圊8版154、石川弘・別冊判タ9-65

422 警察犬による臭気選別——強姦致傷事件

最1小決昭和62年3月3日（刑集41巻2号60頁・判時1232号153頁・判タ639号137頁）

参照条文　刑訴法317条、318条、321条

警察犬による臭気選別結果を有罪認定の証拠とすることの適否。

●事実● 被告人Xは、昭和56年4月8日午前7時35分頃、佐賀県内の山間の市道において、通行中のA女（当時17歳）を刃物で脅迫するなどして姦淫しようとしたが、車両が接近してきたため未遂に終わったものの、Aに対して傷害を負わせたとして、強姦致傷で起訴された。被告人は、同年6月9日に逮捕されたが、犯行を否認していた。本件につき、警察犬による臭気選別が2回行われ、第1回は、犯行当日に、犯人の足跡の臭気と付近で発見された靴下および現場付近に遺留されていたXの車両のドアの取手の臭気との同一性に関して、第2回は、犯行から約2か月半後に、勾留中のXのゴム草履および布団カバーの臭気と上記靴下の臭気との同一性に関して臭気選別が実施され、いずれにおいても警察犬は対照臭を持来して、選別は的中した。この警察犬による臭気選別結果報告書2通につき、第1審は2通とも証拠能力を肯定しXを有罪としたが、うち1通については、警察犬の選別時の識別能力に疑問があるとして証拠として用いるのは相当でないとした。控訴審は、「一般に臭気の識別につき犬が人間よりはるかに高い能力を有し、個々人の体臭を嗅ぎ分けることができることは、経験則に確かな事実であり、その中でも臭気識別能力の特に優れた犬を選び出して警察犬としての訓練を施すことにより、個人の臭気の異同を高度の正確性をもって識別することができる状態に達し得ることも、経験上明らか」であり、臭気選別の「メカニズムの解明、裏付けがなくても、その正確性が実質的、経験的に裏付けられているものである以上は、証拠方法としての一般的適格性を有する」として、2通とも高度の信用性を認めた。これに対して、弁護人は、警察犬の臭気選別能力について十分な立証がなされていないこと、臭気選別結果は一般的に信頼性が高いとは言えないこと等を主張して上告した。最高裁は、Xの上告を棄却して、以下の判断を示した。

●決定要旨● 「記録によると、右の各臭気選別は、右選別につき専門的な知識と経験を有する指導手が、臭気選別能力が優れ、選別時において体調等も良好でその能力がよく保持されている警察犬を使用して実施したものであるとともに、臭気の採取、保管の過程や臭気選別の方法に不適切な点のないことが認められるから、本件各臭気選別の結果を有罪認定の用に供しうるとした原判断は正当である（右の各臭気選別の経過及び結果を記載した本件各報告書は、右選別に立ち会った司法警察員らが臭気選別の経過と結果を正確に記載したものであることが、右司法警察員らの証言によって明らかであるから、刑訴法321条3項により証拠能力が付与されるものと解するのが相当である。）。」

●解説● 1 警察犬による臭気選別の方法は、犯行現場に遺留された物から犯人の体臭（原臭）を採取し、指導手がこれを警察犬に嗅がせ、一定距離離れた台の上に置いてある複数物件（誘惑物品（その臭気を誘惑臭と言う）と選別物件（その臭気を対照臭と言う）とが置いてある）の中から、原臭と同一の臭気が付着した物を持来させるというもので、この経過と結果を記載した書面が犯人と被告人の同一性の証拠として提出される（仙波・後掲45頁）。

2 臭気選別については、その識別のメカニズムが科学的に解明されていないことから、証拠としての扱いについて見解に対立があった。学説・判例も、否定説と肯定説に分かれ、否定説の多くは、自然的関連性（要証事実に対して必要最小限度の証明力を有しているか）を否定するものであったが、肯定説には、これを自然的関連性の問題とする立場と法律的関連性（裁判所に不当な偏見を生じさせる虞がないか）の問題とする立場とがあった。そして、法律的関連性を肯定するためには、犬の従前の実績、適切な予備テストの資料、実験者の犬への影響および犬の適合性を遮断する措置等が必要となるとしてきた（仙波・後掲49頁）。

3 本決定は、①指導手の知識と経験、②警察犬の臭気選別能力、③臭気の採取保管や選別方法等の適切性から、臭気選別結果を有罪認定の用に供することを許容し、その上で、臭気選別結果報告書を321条3項の書面として証拠能力を認めたものである。本決定は、臭気選別には科学的に十分解明されていない部分もあるが、その識別結果には一般に高度の正確性が認められることが経験的に明らかであるとの立場から、その信頼性の要件を判示したものと言えよう。証拠の関連性の根拠は、必ずしも科学的根拠に限られず、経験則も根拠となり得ることを示した。なお、これは、自然的関連性の問題と考えられているが（仙波・後掲51頁、田淵・後掲149頁）、考え方としては、自然的関連性を前提としつつ、法律的関連性を肯定するための要件と見る見解（鈴木194頁）が適切と思われる。また、伝聞法則との関係では、警察犬の指導手自身が作成した書面であれば、鑑定受託者による鑑定書の一種として321条4項の書面に準じ、また、選別実験に立ち会った警察官が実験の経過と結果を記載した書面であれば、実況見分調書の一種と見て同条3項の書面に準じて、証拠能力を検討することになる。

4 もっとも、臭気選別結果の事後検証には困難が伴うので、一般的に法律的関連性を認めることには疑問も残る（鈴木194頁）。したがって、ポリグラフ検査結果回答書の場合と同様（最1小決昭43・2・8【419】参照）、被告人の同意があり、その同意に相当性が認められる場合に、証拠として利用する余地を残しつつ、差し当たっては、捜査方法の一種に止めるべきではなかろうか。

●参考文献● 仙波厚・判解昭62年度37、田淵浩二・団9版148、近藤和哉・団8版158、和田昭夫・別冊判タ12-76

423　DNA型鑑定──足利幼女殺害事件

最２小決平成12年７月17日（刑集54巻６号550頁・判時1726号177頁・判タ1044号79頁）

参照条文　刑訴法317条、318条、321条

いわゆるMCT118DNA型鑑定の証拠としての許容性。

●**事実**●　被告人は、平成２年５月12日午後７時頃、栃木県足利市内のパチンコ店駐車場において、女児（当時４歳）をわいせつ目的で誘拐することを決意し、自転車の後部荷台に同女を乗せ、さらに徒歩で渡良瀬川河川敷付近まで連行してわいせつ目的で誘拐し、同女にわいせつ行為をすると騒がれて人に気付かれる虞があるからその前に殺害しようと考え、やにわに同女の頸部を強く締め付けて窒息死させたなどとして起訴された。捜査により渡良瀬川川底から同女の半袖下着等が発見され、これに付着していた精液斑と被告人が捨てたごみ袋から採取されたティッシュペーパーに付着した精液のDNA型鑑定が、警察庁科学警察研究所に嘱託された結果、両者はMCT118法で同型（16-26型）と判定された。第１審は、これを証拠採用して、被告人を無期懲役に処した。控訴審は、「一定の事象・作用につき、通常の五感の認識を超える手段、方法を用いて認知・分析した判断結果が、刑事裁判で証拠として許容されるためには、その認知・分析の基礎原理に科学的根拠があり、かつ、その手段、方法が妥当で、定型的に信頼性のあるものでなければならない」としつつ、「DNA型判定の手法として、MCT118法は、科学理論的、経験的な根拠を持っており、より優れたものが今後開発される余地はあるにしても、その手段、方法は、確立された、一定の信頼性のある、妥当なものと認められるのであり、したがって、DNA資料の型判定につきMCT118法に依拠し、専門的知識と経験のある、練達の技官によって行われた本件DNA型鑑定の結果を本件の証拠に用いることは、許される」として、被告人側の控訴を棄却した。これに対して弁護人が、本件DNA型鑑定には、証拠能力と証明力がないなどとして上告したが、最高裁は、上告を棄却して、職権で以下の判断を示した。

●**決定要旨**●　「本件で証拠の１つとして採用されたいわゆるMCT118DNA型鑑定は、その科学的原理が理論的正確性を有し、具体的な実施の方法も、その技術を習得した者により、科学的に信頼される方法で行われたと認められる。したがって、右鑑定の証拠価値については、その後の科学技術の発展により新たに解明された事項等も加味して慎重に検討されるべきであるが、なお、これを証拠として用いることが許されるとした原判断は相当である。」

●**解説**●　1　DNA型鑑定とは、ヒトの細胞内に存在するDNA（デオキシリボ核酸）の塩基配列を鑑定対象として、個人識別を行うものである。本判例は、科学的証拠の典型であるDNA型鑑定の証拠能力を肯定した判例であるが、被告人は、後に新たなDNA型鑑定により再審無罪となり、刑事裁判におけるDNA型鑑定の有用性と危険性を同時に示した事例である。

2　本決定の判断枠組みは、第１審および原審と基本的に同じであり、科学的鑑定としてDNA型鑑定に証明力を認めるためには、①技術に理論的妥当性があること、②その技術を特定の状況で正当に用いたことという２要件の具備が必要であり、②の内容としては、(a)適切な検査資料を、(b)技術および経験を有する適格な検査者が、(c)検査機器の作動や試薬の性状が妥当である状態で、(d)正確にデータを解析し、読み取って実施することが求められる（後藤・後掲178頁）。以上の一般的な判断枠組み自体には異論はない。問題は、本件MCT118DNA型鑑定について、この２要件が認められるかである。本決定は、本件鑑定は、技法の開発後比較的初期の段階のもので、その解析度が低いなどの面は否めないものの、基本的な科学的原理の妥当性およびそれを本件鑑定で用いたことの信頼性が共に認められると判断して、証拠としての許容性を肯定した（同183頁）。

3　本鑑定の証拠としての許容性につき、弁護人が、本鑑定には「一般的な承認」（【421】解説参照）が得られていないと主張したのに対して、原審は、科学理論的・経験的な根拠があり一定の信頼性はあるとし、最高裁も、その科学的原理が理論的正確性を有しているとした。なお、証拠としての許容性を、裁判官に予断を与える虞がある証拠であることから法律的関連性の問題と解し（自然的関連性の問題とするのは、鯰越・後掲153頁）、一般的承認がなくても信頼性を認めることができれば、関連性を肯定し得るという立場と言えよう。

4　本件で用いられたMCT118型検査法は、平成元年に実用化されたものであるが、その後、さらに最適な検査方法としてSTR検査法が導入された。前者は、ヒトの第１染色体に位置し、４つの塩基が16個を１単位として繰り返しているMCT118という部位を対象としてDNA型鑑定を行うものであるのに対し、後者は、その反復単位である塩基個数が短い塩基が単位となって反復している部位を対象とするもので、より古い資料からでも鑑定が可能な検査方法とされる（小木曽・後掲143頁）。この新たなDNA型鑑定により、本件被告人が犯人ではないことが明らかとなり、再審が開始され（東京高判平21・6・23判時2057-168）、被告人に無罪が言い渡された（宇都宮地判平22・3・26判時2084-157）。最高裁の言う、「技術を修得した者により、科学的に信頼される方法で行われた」場合ではなかったことになる。

5　DNA型鑑定の持つ高い証明力は、同時に関係者がその証明力に頼り過ぎるという危険も内包している。一方で、DNA型鑑定の適用につき具体的に必要とされる上記(a)〜(d)の厳密な吟味が重要な課題となる。本件では、原鑑定の電気泳動写真の不鮮明さというデータ解析についての問題点が指摘された。他方で、本件では被告人の自白も証拠とされたことから、被疑者取調べと自白評価のあり方も十分に吟味される必要があろう。

●**参考文献**●　後藤眞理子・判解平12年度172、小木曽綾・画９版142、鯰越溢弘・画８版152

424 不任意自白に基づいて発見された証拠物——爆弾製造事件

大阪高判昭和52年6月28日（刑月9巻5=6号334頁・判時881号157頁・判タ357号337頁）

参照条文　憲法38条
刑訴法317条、319条

不任意自白に基づいて発見された証拠物の証拠能力。

●**事実**● 被告人は、①爆弾材料である硝酸カリウムの窃取、②派出所の爆破、③傷害、④爆弾2個の製造と所持で起訴され、第1審は、①〜③については有罪としたが、④は無罪とした。その理由は、被告人の捜査段階の自白は、別件逮捕・勾留を利用した偽計、約束ないし利益誘導によるもので任意性に疑いがあるので証拠能力は否定され、この自白に基づいて発見された爆弾とその所在場所等に関する検証調書・鑑定書等も同自白に直接由来するものであるから証拠として使用することは許されず、したがって、被告人の法廷における自白以外に他に補強証拠がないこととなり有罪を認定できない、と言うにあった。これに対して控訴審は、第1審判決を破棄して、以下のように判示した。

●**判旨**● 「『不任意自白なかりせば派生的第2次証拠なかりし』という条件的関係がありさえすればその証拠は排除されるという考え方は広きにすぎるのであって、自白採取の違法が当該自白を証拠排除させるだけでなく、派生的第2次証拠をも証拠排除へ導くほどの重大なものか否かが問われねばならない。」

「自白獲得手段の違法性が直接的人権侵害を伴うなどの乱暴な方法によるものではなく、虚偽自白を招来するおそれがある手段や、適正手続の保障に違反する手段によって自白が採取された場合には、それにより得られた自白が排除されれば、これらの違法な自白獲得手段を抑止しようという要求は一応満たされると解され、それ以上派生的第2次証拠までもあらゆる他の社会的利益を犠牲にしてでもすべて排除効を及ぼさせるべきかは問題である。……この場合の虚偽自白を招くおそれのある手段や、適正手続の保障に違反して採取された不任意自白に基因する派生的第2次証拠については、犯罪事実の解明という公共の利益と比較衡量のうえ、排除効を及ぼさせる範囲を定めるのが相当と考えられ、派生的第2次証拠が重大な法益を侵害するような重大な犯罪行為の解明にとって必要不可欠な証拠である場合には、これに対しては証拠排除の波及効は及ばないと解するのが相当である。」

●**解説**● 1　本判決は、高裁の裁判例であるが、最高裁が違法収集証拠の排除法則の採用を宣言した最1小判昭和53年9月7日【425】に約1年先立つ裁判例であり、最高裁判例（最3小判昭58・7・12【426】も含む）の先駆的裁判例と位置付けることができる。しかし、それだけでなく、本判決の考え方は、重要な部分でその後の最高裁判例とは異なる点があるので、その点にも注目しておく必要がある。

2　本判決は、任意性に疑いのある自白（第1次証拠）に由来する派生証拠（第2次証拠）の証拠能力について、原判決が第2次証拠も証拠排除したのに対して、不任意自白と条件的関係があれば排除するというのは「広きにすぎる」として、一定の比較衡量により第2次証拠の証拠能力を肯定した。このアプローチは、【425】が、証拠排除の基準を違法の重大性と排除相当性に求め（いわゆる相対的排除説）、あるいは【426】の伊藤正己裁判官の補足意見における、いわゆる「伊藤基準」のアプローチと通ずる所がある（これらは、さらに、最2小判平成15年2月14日【430】【431】における密接関連性基準にもつながる）。すなわち、違法捜査に基づく証拠の排除であれ、排除されるべき第1次証拠に由来する第2次証拠の排除であれ、先行事実と条件的な因果関係さえあれば証拠は排除されるという構成ではなく、そこに一定の排除要件を定めて、その要件をクリアーしたときに証拠排除を認める点において共通するからである。ここに、本判決はその後の判例法の先駆をなすという評価が可能である。

3　他方で、本判決は、以下の2点において、その後の判例法とはニュアンスを異にする。第1は、本判決は、自白獲得手段を2つに分け、(ⅰ)拷問等の人権侵害の程度が大きい場合は、派生証拠も排除されるが、(ⅱ)虚偽排除や適正手続保障の見地から違法とされる場合は、公共の利益との比較衡量で排除するか否かを決めるべき、とした。しかし、その後の判例では、このような明確な区別はなされていない。人権侵害と内容虚偽あるいは適正手続違反の違法性に、上記のような類型的な違法性の程度の違いがあるかは疑問である。むしろ、いずれの違法性にも程度差があると考えるべきであろう。第2は、本判決は、比較衡量において事件の重大性と証拠の必要性から証拠排除の波及効は及ばないとしているが、その後の判例法では、比較衡量において事件の重大性と証拠の必要性の要素が決定的に重要視されているとは限らない。確かに、【426】の伊藤裁判官の補足意見では、事件の重大性と証拠の重要性が指摘されているが、それが決定的に重要であったとは思われない（【426】解説参照）。むろん、【425】はこのような具体的基準には触れていない。比較衡量の基準について、本判決は重要な論点を提供するものである。

4　本判決は、第2次証拠も排除されるべき場合として、「当初から、計画的に右違法手段により採取した自白を犠牲にしても、その自白に基づく派生的第2次証拠の獲得を狙いとして右違法な手段により自白採取行為に出たというような特段の事情がある場合」には、派生的第2次証拠にまで証拠排除の波及効が及ぶ、とする。ここでは、違法の重大性の評価において捜査官の主観的側面が重視されており、「特段の事情」とは特殊な場合に限定されるかのようにも解されるが、違法手段による自白採取がなされる場合、第2次証拠の獲得を狙うのは、むしろ大いにあり得る事態と考えるべきであろう。第2次証拠の排除可能性については、さらに【431】参照。

●**参考文献**● 中谷雄二郎・圓9版166、山上圭子・圓8版172、川崎英明・J89-170

425 違法収集証拠の排除法則——大阪覚せい剤事件(その２)

最1小判昭和53年9月7日(刑集32巻6号1672頁・判時901号15頁・判タ369号125頁)

参照条文 憲法31条、35条 刑訴法1条、218条1項 警職法2条1項

違法収集証拠の排除法則の根拠と要件。

●**事実**● 警ら中の警察官Aが、被告人Xの態度や顔色から覚せい剤中毒者であるとの疑いを持ち職務質問しようとしたが、Xは所持品提示の要求に応じようとしなかった。AがXのポケットを服の上から触ったところ、上着の左側内ポケットに刃物ではない何か固い物が入っているように感じられたので、その提示を求めたところ、Xは黙ったままであったので、Aは、「いいかげんに出してくれ」、「それなら出してみるぞ」と宣言した後、上記ポケットに手を入れて中の物を取り出したところ、ちり紙の包みと注射針であった。ちり紙の包みの中身を検査した結果、覚せい剤と判明したので、Xを覚せい剤所持の容疑で逮捕し、証拠物を差し押さえた(詳しくは【108】参照)。

第1審・2審は、本件所持品検査は違法であるとして証拠物の証拠能力を認めず、Xを無罪とした。最高裁は、本件所持品検査を違法としつつも(【108】参照)、証拠物の証拠能力について、以下の判断を示した。

●**判旨**● 「違法に収集された証拠物の証拠能力については、憲法及び刑訴法になんらの規定もおかれていないので、この問題は、刑訴法の解釈に委ねられているものと解するのが相当であるところ、刑訴法は、『刑事事件につき、公共の福祉の維持と個人の基本的人権の保障とを全うしつつ、事案の真相を明らかにし、刑罰法令を適正且つ迅速に適用実現することを目的とする。』(同法1条)ものであるから、違法に収集された証拠物の証拠能力に関しても、かかる見地からの検討を要するものと考えられる。」

「ところで、……証拠物は押収手続が違法であっても、物それ自体の性質・形状に変異をきたすことはなく、その存在・形状等に関する価値に変りのないことなど証拠物の証拠としての性格にかんがみると、その押収手続に違法があるとして直ちにその証拠能力を否定することは、事案の真相の究明に資するゆえんではなく、相当でないというべきである。」

「他面において、事案の真相の究明も、個人の基本的人権の保障を全うしつつ、適正な手続のもとでされなければならないものであり、ことに憲法35条が、憲法33条の場合及び令状による場合を除き、住所の不可侵、捜索及び押収を受けることのない権利を保障し、これを受けて刑訴法が捜索及び押収等につき厳格な規定を設けていること、また、憲法31条が法の適正な手続を保障していること等にかんがみると、証拠物の押収等の手続に憲法35条及びこれを受けた刑訴法218条1項等の所期する令状主義の精神を没却するような重大な違法があり、これを証拠として許容することが、将来における違法な捜査の抑制の見地からして相当でないと認められる場合においては、その証拠能力は否定されるものと解すべきである。」

●**解説**● 1 本判決は、最高裁が違法収集証拠の排除法則の採用を宣言した、歴史的意義のある判例である。本判決は、3段から構成される。第1は、排除法則が刑訴法の解釈問題であること、第2は、「押収手続が違法であっても物自体の性質、形状に変異を来す筈がない」(最3小判昭24・12・12裁判集刑15-349)との先例の確認、第3は、排除法則の採用とその適用要件である。

2 排除法則の理論的根拠について、刑訴法の解釈に委ねられているとし、刑訴法1条が引用されている。憲法35条は、同法38条2項と違って、適法性の要件のみを定め、違法の効果に触れていないことから、排除法則は憲法上の問題ではなく、政策的な証拠法則とされた(岡・後掲400頁)。ただ、刑訴法1条から直ちに排除法則が導出されたわけでもないので、判例は一種の立法的解釈を行ったとも言われているが(井上正仁『刑事訴訟における証拠排除』547頁)、解釈論的には、証拠裁判主義(刑訴法317条)の内容を展開したものと考えられよう。いずれにせよ、これにより利益衡量を内容とする相対的排除論が可能になった。そこでは、①手続き違反の程度、②手続き違反がなされた状況、③手続き違反の有意性、④手続き違反の頻発性、⑤手続き違反と当該証拠獲得との因果性の程度、⑥証拠の重要性、⑦事件の重大性等が衡量要素とされる(同404頁)。ただし、⑥・⑦の要素が重視され過ぎると、排除は困難となろう。

3 本判例は、排除の要件として、「重大な違法」と「違法な捜査の抑制の見地」という2要件を定立した。前者は、いわゆる「司法の無瑕性」の要請に淵源し、後者は、まさに政策的な要請に由来する。問題は、その相互関係であり、重畳説(重大違法が違法捜査抑制の対象となる)と競合説(重大違法または違法捜査の抑制のいずれかで証拠排除となる)とがあるが、重畳説が多数説である。しかし、違法捜査抑止の観点からの証拠排除の可能性が排斥されているとも思えず、また、その後の判例では競合説的理解に親しむものもあり(最2小判平15・2・14【430】【431】参照)、この論点は、なお開かれた問題と考える。なお、加重要件説(重大違法かつ違法捜査抑制で証拠排除となる)も有力に主張されているが(川出敏裕・松尾古稀(下)530頁等)、例えば、証拠の重大性を理由に違法捜査抑制の要件を否定するのであれば、疑問が残る。重大違法の捜査が全く偶発的な場合は、むしろ違法の重大性を否定するのが筋と思われる。

4 なお、本件では、所持品検査の必要性と緊急性が存在したこと、被告人の許諾の態度が不明であり、所持品検査として許容される限度をわずかに超えて行われたに過ぎないこと、令状主義潜脱の意図はないこと、また、強制もないこと等から、重大な違法も、違法捜査の抑制の必要も否定された。

●**参考文献**● 岡次郎・判解昭53年度386、椎橋隆幸・圄9版196、堀江慎司・圄8版136

426 違法逮捕に引き続く勾留質問調書——反復自白事件

最 3 小判昭和58年 7 月12日（刑集37巻 6 号791頁・判時1092号127頁・判タ509号71頁）

参照条文　刑訴法61条、317条、319条 1 項

別件逮捕下の自白に引き続く勾留質問調書の証拠能力。

●**事実**●　被告人Xは、馴れ染めたホステスAが見知らぬ男といるのに憤激して、A方に放火し、A方ほか近隣の木造家屋合計 7 棟等を焼燬したとの嫌疑を受けたが、目撃者もなく、逮捕状を請求するに足る資料もなかった。そこで、5 か月ほど前にXがA方に無断で侵入した旨のAの供述を得て、住居侵入の逮捕状によりXを逮捕した。逮捕当日の午前中に住居侵入罪の取調べと、放火事実についてのポリグラフ検査および取調べが行われ、午後10時30分頃Xは放火の自白をするに至った（第 1 次自白）。翌日、その自白調書を疎明資料として放火被疑事件の逮捕状の発付を得てXを逮捕し、Xは、ここでも自白し（第 2 次自白）、これに対する勾留質問においても自白した（第 3 次自白）。第 1 審・2 審は、違法な別件逮捕に基づく第 1 次自白も、これを疎明資料とした身柄拘束中の第 2 次自白も共に証拠能力がないとしたが、勾留質問調書における第 3 次自白の証拠能力は肯定したので、Xが上告した。

なお、Xの消防職員に対する供述の証拠能力も問題となったが、ここでは省略する。

●**判旨**●　「勾留質問は、捜査官とは別個独立の機関である裁判官によって行われ、しかも、右手続は、勾留の理由及び必要の有無の審査に慎重を期する目的で、被疑者に対し被疑事件を告げこれに対する自由な弁解の機会を与え、もって被疑者の権利保護に資するものであるから、違法な別件逮捕中における自白を資料として本件について逮捕状が発付され、これによる逮捕中に本件についての勾留請求が行われるなど、勾留請求に先き立つ捜査手続に違法のある場合でも、被疑者に対する勾留質問を違法とすべき理由はなく、他に特段の事情のない限り、右質問に対する被疑者の陳述を録取した調書の証拠能力を否定すべきものではない。」

伊藤正己裁判官の補足意見。

「違法収集証拠（第 1 次的証拠）そのものではなく、これに基づいて発展した捜査段階において更に収集された第 2 次的証拠が、いわゆる『毒樹の実』として、いかなる限度で第 1 次的証拠と同様に排除されるかについては、それが単に違法に収集された第 1 次的証拠となんらかの関連をもつ証拠であるということのみをもって一律に排除すべきではなく、第 1 次的証拠の収集方法の違法の程度、収集された第 2 次的証拠の重要さの程度、第 1 次的証拠と第 2 次的証拠との関連性の程度等を考慮して総合的に判断すべきものである。」

●**解説**●　1　本件における住居侵入被疑事件の逮捕が、逮捕の必要性のなかった違法な別件逮捕であること、したがって、別件逮捕中の自白（第 1 次自白）およびこれに基づく本件逮捕中の自白（第 2 次自白）が違法収集証拠として排除されることに異論はなく、この点は争点になっていない。

2　問題は、裁判官の勾留質問に対する自白（第 3 次自白）の証拠能力である。法廷意見は、勾留裁判官は捜査官とは別個独立の機関であること、勾留質問制度は被疑者の権利保障に資するものであることなどから、違法な捜査手続が先行した場合でも勾留質問が違法となることはなく、したがって、勾留質問調書の証拠能力が否定されることもない、とした。このうち、違法手続が先行した場合であっても勾留の裁判の効力に影響を及ぼさないことについては、すでに判例がある（最 1 小決昭53・10・31刑集32-7-1847）。

法廷意見は、勾留質問調書の証拠能力を肯定したが、その判断基準を示したのが伊藤正己裁判官の補足意見である（以下、「伊藤基準」）。伊藤基準は、いわゆる「毒樹の果実」の限界について、①第 1 次的証拠の収集方法の違法の程度、②収集された第 2 次的証拠の重要さの程度、③第 1 次的証拠と第 2 次的証拠との関連性の程度を基準にして、「総合的に判断」すべきものとした。本件については、(i)第 1 次自白の違法性は任意性に影響を及ぼさない理由によるものであり、(ii)勾留質問自体は適法であり、(iii)勾留質問の手続きに捜査官が支配力を及ぼしたと見るべき余地はなく、第 1 次的証拠との関連性も希薄であり、(iv)本件事案も重大であり、証拠としても重要であることから、勾留質問調書を証拠として許容できる、とした。

3　伊藤基準のポイントは、違法手続と派生証拠とに条件関係さえあれば証拠排除となるのではなく、一定の要件を満たしたときに証拠排除となるとした点にある。ここでは、「毒樹の果実」の例外基準である「希釈化の原則」が考慮されている。裁判官が捜査官から独立した機関であるとの点も、単なる形式論ではなく、そこには、「供述証拠は各供述ごとに質問者の出方に対応する供述者の意思が働いているという意味では、質問機関を異にする各供述ごとに独立的要素もある」（森岡・後掲188頁）との希釈化の考慮も働いていた。

この点につき、「毒樹の果実」は証拠排除されることが原則であるところ、伊藤基準からすれば、「毒樹の果実」であっても、一定の排除要件に適合しなければ原則的に排除されないことになって、論理の逆転があるとの批判もある（光藤景皎・判評304-60）。しかし、相対的排除説の論理からすれば（【425】解説参照）、派生証拠の排除について、一定の排除要件が設けられるのも一貫した考え方と言えよう。

4　もっとも、伊藤基準において、「事件の重大性」と「証拠の重要性」が如何なる位置付けとなっているかは、必ずしも明らかではない。伊藤裁判官補足意見では、本件事案（放火）は重大であるとされているが、これは、事案に即した個別判断に過ぎないようにも読める。この要件を証拠の重要性とともに排除法則の一般的基準とする趣旨であれば、疑問が残る。

●**参考文献**●　森岡茂・判解昭58年度174、上口裕・J昭58年度重判172、長沼範良・圄 5 版168

427 先行手続きの違法性の承継——寝室立入り事件

最2小判昭和61年4月25日（刑集40巻3号215頁・判時1194号45頁・判夕600号78頁）　参照条文　憲法35条

> 違法性の承継要件としての「同一目的・直接利用」基準。

●**事実**●　警察官3名が、覚せい剤使用の情報を得て、私服で警察車両を使って、被告人X宅に赴き、門扉を開けて玄関先で引き戸を開けずに呼び掛け、さらに引き戸を半開きにして、「一寸尋ねたいことがあるので、上ってもよろしいか」と声を掛け、明確な承諾がなかったにもかかわらず、奥の8畳間まで入り、ベッドで目を閉じて横になっていたXの枕元に立ち、声を掛けた。警察官が同行を求めたところ、金融屋の取立てと誤解したXは、自動車の運転席後方の後部座席に乗車し、その隣席および助手席に警察官が乗車した。Xは、同行しているのが警察官と気付いた後も反抗することはなく、警察署に着いた。事情聴取を受けたXは、覚せい剤使用の事実を認め、尿も提出した。Xは、その間少なくとも2回、タクシー乗務員になるための試験を受けることになっている旨申し出たが、警察官は、「尿検の結果が出るまでおったらどうや」と言って応じなかった。その後、逮捕状請求の手続きが取られ、逮捕状によりXは逮捕された。

第1審はXを有罪としたが、控訴審は、一連の捜査手続は違法な身体拘束状態を利用して行われた違法な証拠収集手続であるとして尿鑑定書の証拠能力を否定し、Xを無罪とした。検察官の上告を受けた最高裁は、次のように判示して、原判決を破棄した。

●**判旨**●　「本件においては、被告人宅への立ち入り、同所からの任意同行及び警察署への留め置きの一連の手続と採尿手続は、被告人に対する覚せい剤事犯の捜査という同一目的に向けられたものであるうえ、採尿手続は右一連の手続によりもたらされた状態を直接利用してなされていることにかんがみると、右採尿手続の適法違法については、採尿手続前の右一連の手続における違法の有無、程度をも十分考慮してこれを判断するのが相当である。そして、そのような判断の結果、採尿手続が違法であると認められる場合でも、それをもって直ちに採取された尿の鑑定書の証拠能力が否定されると解するではなく、その違法の程度が令状主義の精神を没却するような重大なものであり、右鑑定書を証拠として許容することが、将来における違法な捜査の抑制の見地からして相当でないと認められるときに、右鑑定書の証拠能力が否定されるというべきである。」

これを本件について見ると、採尿手続前の一連の手続きには違法があり、これに引き続く採尿手続も違法性を帯びるが、警察官に無断で立ち入る意図はなく、有形力も行使されていない点などから、違法の程度は未だ重大とは言えず、また、尿の鑑定書を被告人の罪証に供することが違法捜査抑制の見地からも相当でないとは認められないので、同鑑定書の証拠能力は否定されるべきではない。

●**解説**●　1　先行手続きが違法な場合、採尿手続も違法となるか。この場合の判断方法として、本判例は、採尿手続前の一連の手続きをも十分考慮して判断するのが相当であるとの判断を示し、その際には両手続き間の「同一目的」と「直接利用」との関係が判断基準となるとした。最1小判昭和53年9月7日【425】の後初めて出された最高裁判例であり、その後、所持品検査に関する最2小決昭和63年9月16日【428】、留置きに関する最3小決平成6年9月16日【106】、自動車検索に関する最3小決平成7年5月30日【429】等でも、この考え方が確認されている。

2　先行手続きが違法な場合の後行手続きとの関係については、①両手続きは別個の訴訟行為であるとする手続き個別説、②前者の違法は後者に引き継がれるとする違法引継説、③一連の手続きを全体として評価すべきとする全体的評価説（本判決の島谷六郎裁判官の少数意見）があるところ、本判例は②の立場に立つ（松浦・後掲71頁、田口・後掲66頁）。もっとも、このような違法性の承継を論ずる方法論には異論もあり、端的に違法行為と因果関係を有する証拠の証拠能力を検討すれば足りるとする有力説もある（川出敏裕・松尾古稀(下)517頁）。しかし、因果関係の濃淡を判断するのと、違法性の承継を論ずるのとでは実質的に大きな違いはなく、また、違法性の承継を検討する方法は理解しやすい（村瀬・後掲199頁）とのメリットもあるので、本判例の立場は適切と言えよう。

3　他方、最2小判平成15年2月14日【431】では、先行手続き（窃盗の逮捕手続）と後行手続き（採尿手続）との「密接関連性」が検討されている。本判例の事案が、先行手続きと後行手続きが同一目的・直接利用の関係にあるのに対し、【431】の事案では、少なくとも同一目的の関係は認め難い。しかし、同一目的と言っても、抽象的に犯罪捜査のためという程度で足りるとすれば（松浦・後掲74頁）、両事案の違いに大きな意味はない。また、「密接関連性」の基準には、先行手続きの違法を後行手続きに「媒介」する働きも含まれていると見ることもできるので（大澤裕・圃8版141頁参照）、「密接関連性」基準と「同一目的・直接利用」基準は、判例法として排斥し合うものでもないと思われる。

4　本件では、先行手続きと後行手続きに同一目的・直接利用の関係が認められ、採尿手続も違法とされたが、同一目的・直接利用の関係自体が認められないときには、当然、排除法則は問題とならない。例えば、適法な捜索の結果として証拠が発見された後に、被疑者が「そんなあほな」と発言したことに対して警察官が被疑者に加えた暴行行為は、証拠物の発見を目的としたものではないから、証拠物の証拠能力を否定することにはならないとされている（最3小決平8・10・29刑集50-9-683）。後行手続きの違法が先行手続きを違法とすることはないと判示した、注目すべき判例である（ただし、【431】解説参照）。

●**参考文献**●　松浦繁・判解昭61年度65、村瀬均・圃9版198、山口雅高・圃8版139、田口守一・判評335-64

428 捜査手順の違法と排除法則——靴下覚せい剤事件

最2小決昭和63年9月16日（刑集42巻7号1051頁・判時1291号156頁・判タ680号121頁）

参照条文　憲法35条　警職法2条1～3項　刑訴法218条1項

捜査手順の過誤と「重大な違法」の有無。

●**事実**●　警察官が、覚せい剤常用者特有の顔付きをしていた被告人Xを発見したので、職務質問をすべく声を掛けたところ、逃げ出したため追跡し、暴れるXを取り押さえた。最寄りの警察署へ同行するよう求めたが、Xが片手をパトカーの屋根上に、片手をドアガラスの上に置き、突っ張るような状態で乗車を拒むので、説得したところ、Xは、渋々ながら後部座席に自ら乗車した。その際、Xの動静を近くから注視していた警察官が、Xが紙包みを路上に落とすのを現認したので、その中味を見分したところ、覚せい剤様の物を発見し、そのまま保管した。警察署に到着後、Xに所持品検査を求めると、ふてくされた態度で上衣を脱いで投げ出したので、同上衣を調べ、別の警察官が、外部から見てXの左足首付近の靴下の部分が脹らんでいるのを見つけ、中の物を取り出して確認したところ、覚せい剤様の物1包、注射器・注射針等が発見された。紙包みの中味と併せて試薬検査を実施すると覚せい剤反応が出たため、覚せい剤所持の現行犯人として逮捕するとともに、覚せい剤2包と注射器等を差し押さえた。その後、Xに尿の提出を求めると、任意に尿を出し提出したため、尿を領置した。Xは、以上の覚せい剤および尿鑑定書を証拠として、覚せい剤所持罪および自己使用罪で起訴された。

●**決定要旨**●　「被告人の同行は被告人が渋々ながら手の力を抜いて後部座席に自ら乗車した点をいかに解しても、その前後の被告人の抵抗状況に徴すれば、同行について承諾があったものとは認められない。」

「所持品検査……についても、被告人がふてくされた態度で上衣を脱いで投げ出したからといって、被告人がその意思に反して警察署に連行されたことなどを考えれば、黙示の承諾があったものとは認められない。本件所持品検査は、被告人の承諾なく、かつ、違法な連行の影響下でそれを直接利用してなされたものであり、しかもその態様が被告人の左足首付近の靴下の脹らんだ部分から当該物件を取り出したものであることからすれば、違法な所持品検査といわざるを得ない。」

「採尿手続……は、一連の違法な手続によりもたらされた状態を直接利用して、これに引き続いて行われたものであるから、違法性を帯びるものと評価せざるを得ない。」

これを本件について見ると、「巡査部長は、その捜査経験から被告人が落とした紙包みの中味が覚せい剤であると判断したのであり、被告人のそれまでの行動、態度等の具体的な状況からすれば、実質的には、この時点で被告人を右覚せい剤所持の現行犯人として逮捕するか、少なくとも緊急逮捕することが許されたといえるのであるから、警察官において、法の執行方法の選択ないし捜査の手順を誤ったものにすぎず、法規からの逸脱の程度が実質的に大きいとはいえない」し、有形力の行使には暴力的な点がなく、令状主義を潜脱する意図があったとも言えないし、採尿手続にも強制力は加えられず、被告人の自由な意思に基づいているから、「本件所持品検査及び採尿手続の違法は、未だ重大であるとはいえず、……違法捜査抑制の見地から相当でないとは認められないから、右証拠の証拠能力を肯定することができる。」（反対意見がある。）

●**解説**●　1　本件捜査手続は、①承諾のない強引な連行が違法と評価され、②その違法連行を「直接利用」（最2小判昭61・4・25【427】参照）した所持品検査も違法と評価され、さらに、③所持品検査の方法が、違法と評価されることの多い「取り出し型」（原田・後掲339頁）であり、④採尿手続も上記違法手続を「直接利用」してなされたことから、全体として違法と評価された。本決定は、「直接利用」の表現は用いながら、「同一目的」の表現は用いていないが、所持品検査と採尿手続が覚せい剤事犯の捜査という「同一目的」に向けられたものであることは明らかであるから、【427】に従ったものと考えられる。

2　問題は、この違法が、排除法則における「重大な違法」とは言えず、また、「排除相当」ともされなかった理由である。本判例が指摘する理由は、(i)所持品検査を実施する必要性と緊急性があったこと、(ii)現行犯逮捕または緊急逮捕が可能だったのであるから、法規からの逸脱の程度が低いこと、(iii)警察官の有形力行使も暴力的でなかったこと、(iv)令状主義を潜脱する意図はなかったこと、(v)採尿手続自体には強制はなかったこと、であった。この中で最も注目すべき点は、(ii)の理由である。本判例は、被告人が紙包みを落とした時点で現行犯逮捕か緊急逮捕が可能であったのであり、「法の執行方法の選択ないし捜査の手順を誤ったものにすぎず、法規からの逸脱の程度が実質的に大きいとはいえない」とした。

3　本件では、被告人は現行犯逮捕されているので、逮捕に伴う捜索・差押えが、逮捕と時間的に接着した先行時点で行われたと解釈すれば（最大判昭36・6・7【145】、最3小判昭53・6・20【107】参照）、本件所持品検査の適法化も不可能ではなかったかもしれない。しかし、本判例は、このようなやや技巧的な解釈ではなく、本件所持品検査の違法を認めつつ、「捜査の手順を誤ったものにすぎない」から違法の程度は「重大ではない」とする、より説得力のある論理を展開した。

4　ただ、本件では、違法連行が先行しており、島谷六郎裁判官の反対意見は、本件連行は、まさに「逮捕」に類する重大な違法であり、このような違法捜査は「構造的に再発する危険をはらむ」がゆえに、違法捜査抑制の見地からも証拠能力は否定されるべき、とした。そうなれば、むろん、捜査手順の誤りとは言っていられないことになる。

●**参考文献**●　原田國男・判解昭63年度334、高田卓爾・J昭63年度重判185、三井誠・囮6版128

429 自動車内の検査と排除法則——自動車内検索事件（その２）

最３小決平成７年５月30日（刑集49巻５号703頁・判時1537号178頁・判タ884号130頁）

参照条文　憲法35条　警職法２条１項
刑訴法１条、218条１項、221条、317条

排除法則における「重大な違法」の判断基準。

●**事実**●　深夜、信号が青に変わったのに発進しない自動車を認めた警察官Aが運転者である被告人Xに職務質問をし、車内を調べることに応じるよう、説得を続けた。警察官Bが、窓から車内を覗くと、車内に白い粉状の物があったので、警察官Cは、Xに対し、検査したいと言ったところ、Xは、「あれは砂糖ですよ」などと答えた。Cは、Xを自動車の傍に立たせて、自ら車内に乗り込み、床の上に散らばっている白い結晶状の物について予試験を実施したが、覚せい剤は検出されなかった。その後、Cは、Xに対し、「車を取りあえず調べるぞ。これじゃあ、どうしても納得がいかない」と告げ、「相手は承諾しているから、車の中をもう１回よく見ろ」と指示した。そこで、Aらが、懐中電灯等を用い、座席の背もたれを前に倒し、シートを前後に動かすなどして、本件自動車の内部を丹念に調べると、運転席下の床で白い結晶状粉末の入ったビニール袋１袋が発見された。なお、Aらが車内を調べる間、Xが異議を述べることはなかった。上記粉末について予試験を行ったところ反応が出たので、覚せい剤所持の現行犯で逮捕した。その後、Xが任意提出した尿から覚せい剤成分が検出され、Xは、覚せい剤の自己使用罪で起訴された（詳しい事実関係は【109】参照）。

●**決定要旨**●　警察官の検索行為が違法であることは否定し難いが、「警察官は、停止の求めを無視して自動車で逃走するなどの不審な挙動を示した被告人について、覚せい剤の所持又は使用の嫌疑があり、その所持品を検査する必要性、緊急性が認められる状況の下で、覚せい剤の存在する可能性の高い本件自動車内を調べたものであり、また、被告人は、これに対し明示的に異議を唱えるなどの言動を示していないのであって、これらの事情に徴すると、右違法の程度は大きいとはいえない。
　次に、本件採尿手続についてみると、右のとおり、警察官が本件自動車内を調べた行為が違法である以上、右行為に基づき発見された覚せい剤の所持を被疑事実とする本件現行犯逮捕手続は違法であり、さらに、本件採尿手続も、右一連の違法な手続によりもたらされた状態を直接利用し、これに引き続いて行われたものであるから、違法性を帯びるといわざるを得ないが、被告人は、その後の警察署への同行には任意に応じており、また、採尿手続自体も、何らの強制も加えられることなく、被告人の自由な意思による応諾に基づいて行われているのであって、前記のとおり、警察官が本件自動車内を調べた行為の違法の程度が大きいとはいえないことをも併せ勘案すると、右採尿手続の違法は、いまだ重大とはいえず、これによって得られた証拠を被告人の罪証に供することが違法捜査抑制の見地から相当でないは認められないから、被告人の尿の鑑定書の証拠能力は、これを肯定することができると解するのが相当であ〔る〕。」

●**解説**●　１　本件には２つの論点が含まれている。まず、先行行為（検索、逮捕）の違法が後行行為（採尿）に承継される基準が問題となる。先例として、最２小判昭和61年４月25日【427】は、採尿手続の適法性は「一連の手続」を考慮して行い（全体的考察）、その際、「同一目的・直接利用」関係が基準となるとした。本決定要旨は、「同一目的」に触れていないが、採尿手続が、所持品検査、逮捕と同じ覚せい剤事犯という同一目的に向けられたものであることは明らかであるから、【427】に従ったものと言えよう（今崎・後掲233頁）。本件での「直接利用」関係は明らかである。

　２　次に問題となるのは、なぜ「重大な違法」と評価されなかったか、である。「重大な違法」の判断要素としては、①証拠収集手続における違法行為の客観的側面（侵害利益の程度、法規逸脱の度合い等）、②主観的側面（意図性、反復性等）、③違法行為と証拠物押収との関連性が指摘されている（石井151頁）。このうち、最も重要な要素は違法行為の客観的側面であり、有形力あるいは強制の有無、被疑者の承諾の有無等の要素も、ここに含まれる。本件では、検索行為は、犯罪の嫌疑があり、検査の必要性・緊急性があり、被告人の異議もないことから、その違法の程度は大きくなく、警察署への同行も任意であり、採尿手続でも強制はないから、その違法は未だ重大とは言えない、とされた。

　３　しかし、本件で違法と評価された「自動車の内部を丹念に調べる」という検索行為については、調査官解説は、「捜索と評価されるべき行為」（今崎・後掲229頁）としている（酒巻匡・法教357-79も同旨）。そうであれば、本件検索行為の違法は、任意処分である所持品検査が相当でなかったという違法ではなく、強制処分の無令状執行の違法とすべきことになる。これを法規逸脱の度合いという観点から見れば、一般に、違法な強制処分の方が違法の程度は大きいとすべきであろう。ただし、その後の判例は、エックス線撮影が強制処分（検証）に該当しても、その違法は「重大な違法」ではないとしている（最３小決平21・9・28【102】）。法規逸脱の度合いという観点からは再検討の余地のある判断と考える。

　４　なお、重大違法と排除相当性に関する加重要件説（【425】解説参照）からすれば、たとえ理論的には重大違法であっても、証拠の重大性等から排除相当でないという結論も可能となろうが、少なくとも本件のような違法な自動車検索行為は、決して、いわゆる「たまさかの違法捜査」（石井125頁）ではない。加重要件説から排除相当性が否定される事案ではないと思われる。

●**参考文献**●　今崎幸彦・判解平７年度218、川崎英明・J平７年度重判166

430 密接関連性(1)──大津覚せい剤事件(その1)

最2小判平成15年2月14日（刑集57巻2号121頁・判時1819号19頁・判タ1118号94頁）

参照条文　刑訴法1条、317条、73条3項、201条、221条、218条1項

「重大な違法」・「排除相当性」基準と「密接関連性」基準。

●**事実**● 被告人Xに対して窃盗の逮捕状が発付されていたが、警察官Aらは、平成10年5月1日、本件逮捕状を携行しないでX方に赴いた。任意同行に応ずるようXを説得したところ、Xは、逮捕状を見せるよう要求し、突然逃走して、隣家の敷地内に逃げ込んだが、X方付近の路上で制圧され、片手錠を掛けられて捕縛用のロープを身体に巻かれ、逮捕・連行された。Xは、警察署に到着後、本件逮捕状を呈示された。

本件逮捕状には、本件現場において逮捕状を呈示してXを逮捕した旨の警察官A作成名義の記載があり、さらに、Aは、同日付けでこれと同旨の記載のある捜査報告書を作成した。Xは、同日、警察署内で任意に採尿に応じ、鑑定の結果、覚せい剤成分が検出された。翌日、裁判官から、覚せい剤取締法違反被疑事件についてX方を捜索すべき場所とする捜索差押許可状が発付され、すでに発付されていたXに対する窃盗被疑事件についての捜索差押許可状と併せて同日執行され、その結果、X方からビニール袋入り覚せい剤1袋が発見されて差し押さえられた。

Xは、覚せい剤の使用と所持および窃盗の罪で起訴された。第1審・2審は覚せい剤の使用および所持の罪を無罪とし、窃盗の罪についてのみ有罪とした。最高裁は、覚せい剤使用の無罪は維持したが、所持と窃盗の有罪を破棄して差し戻した。

●**判旨**● (1)「本件逮捕には、逮捕時に逮捕状の呈示がなく、逮捕状の緊急執行もされていない……という手続的な違法があるが、それにとどまらず、警察官は、その手続的な違法を糊塗するため、……逮捕状へ虚偽事項を記入し、内容虚偽の捜査報告書を作成し、更には、公判廷において事実と反する証言をしているのであって、本件の経緯全体を通して表れたこのような警察官の態度を総合的に考慮すれば、本件逮捕手続の違法の程度は、令状主義の精神を潜脱し、没却するような重大なものであると評価されてもやむを得ないものといわざるを得ない。そして、このような違法な逮捕に密接に関連する証拠を許容することは、将来における違法捜査抑制の見地からも相当でないと認められるから、その証拠能力を否定すべきである」。

「本件採尿は、本件逮捕の当日にされたものであり、その尿は、上記のとおり重大な違法があると評価される本件逮捕と密接な関連を有する証拠であるというべきである。また、その鑑定書も、同様な評価を与えられるべきものである。」(判旨(2)は【431】参照)

●**解説**● 1　本判決は、最高裁が初めて違法収集証拠の証拠排除を認めた事例として重要であるが、より重要なのは、本判決が排除法則の理論構造に関する新たな問題提起を含む点にある。第1は、本件における手続きの違法がなぜ「重大な違法」と判断され得たのかであり、そこでは、最1小判昭和53年9月7日【425】に言う重大な違法と排除相当性という排除基準の意味が問われている。第2は、先行手続きと後行手続きとの関係について「密接な関連」という概念を用いたので、それと、最2小判昭和61年4月25日【427】に言う同一目的・直接利用基準との関係が問題となる。

2　本件の逮捕手続が重大な違法と判断されたのは、逮捕状の不呈示、逮捕状および捜査報告書への虚偽事項の記載に加えて、公判における事実に反する供述もあったからである。このうち、虚偽事項の記載行為は未だ逮捕に接近した日時の出来事であるが、公判供述は約1年後の行為である。それがなぜ逮捕手続の評価に結び付くのであろうか。排除基準に関する重畳説から考えると、「重大な違法」が主要基準となるところ、警察官の事後行為は、令状の不呈示行為の持つ令状主義潜脱の意図を推認させ（大澤・後掲141頁）、あるいは、虚偽事項の記載行為が令状主義潜脱の意図を推認させ、公判供述がこれを「強める」ものと見て（朝山・後掲43頁）、逮捕手続を重大な違法と評価することになろう。従前の判例と整合的な考え方である。

しかし、違法な後行行為が遡及して先行行為を違法とすることはないのが原則であり（最3小決平8・10・29刑集50-9-683）、論理にやや無理があることは否定できない。この点、排除基準に関する競合説から考えると、虚偽事項の記載や公判での虚偽供述は将来における違法捜査抑制の見地から容認し難い行為であり、そのような政策的基準から排除相当性を認めるべきであるとの論理も可能となろう。なお、捜査官の事実に反する証言に対するペナルティーとして証拠を排除するという判断は、違法収集証拠排除法則とは別個の証拠排除法則によることになるとの指摘もある（朝山・後掲59頁。【434】解説参照）。いずれにせよ、本判決が、証拠排除の根拠を再考させる契機を含む判例であることは否定できないであろう。

3　本件採尿手続それ自体は違法ではない。逮捕手続が重大な違法と評価され、この先行手続きと採尿手続とに密接関連性が認められるがゆえに、採尿手続すなわち尿鑑定書の証拠能力が否定された。なぜ、逮捕手続と尿鑑定書とに密接関連性が認められたか（判旨(2)では密接関連性が否定された）。違法手続と採尿手続に関する【427】は、同一目的・直接利用の基準を設けたが、本件では、逮捕手続は窃盗罪に関するものであって、同一目的性は認められない。しかし、採尿が可能であったのは、別罪であれ身柄が拘束されていたからであり、その身柄拘束状態が重大な違法と評価されれば、後行手続きへの影響も大きくなり、そこに両手続きの密接関連性が認められ、後行手続きも先行手続きの重大な違法に包摂されることとなる。

●**参考文献**●　朝山芳史・判解平15年度21、椎橋隆行・J平15年度重判197、和田雅樹・圁9版200、大澤裕・圁8版140

431　密接関連性(2)―大津覚せい剤事件(その2)

最2小判平成15年2月14日（刑集57巻2号121頁・判時1819号19頁・判タ1118号94頁）

参照条文　刑訴法1条、317条、73条3項、201条、221条、218条1項

証拠能力を否定された疎明資料に基づく捜索差押許可状による押収と「密接関連性」の有無。

●**事実**●　被告人Xに対して窃盗の逮捕状が発付されていたが、警察官Aらは、本件逮捕状を携行しないでX方に赴いた。Xは、逮捕状を見せるよう要求して抵抗したが逮捕され、警察署に連行された後に逮捕状を呈示された。Xは、同日警察署内で任意に採尿に応じ、鑑定の結果、覚せい剤成分が検出された。翌日、覚せい剤取締法違反被疑事件について捜索差押許可状が発付され、すでに発付されていたXに対する窃盗被疑事件についての捜索差押許可状と併せて同日執行された。その結果、X方からビニール袋入り覚せい剤1袋が発見されて差し押さえられた。Xは、覚せい剤の使用と所持および窃盗の罪で起訴された。第1審・2審は覚せい剤の使用および所持の罪を無罪とし、窃盗の罪についてのみ有罪とした。最高裁は覚せい剤使用の無罪は維持したが、所持と窃盗の有罪を破棄した（詳しい事実関係は【430】参照）。

●**判旨**●　(2)「本件覚せい剤は、被告人の覚せい剤使用を被疑事実とし、被告人方を捜索すべき場所として発付された捜索差押許可状に基づいて行われた捜索により発見されて差し押さえられたものであるが、上記捜索差押許可状は上記［判旨(1)で示した重大な違法があるとされた逮捕手続に密接に関連した尿について］の鑑定書を疎明資料として発付されたものであるから、証拠能力のない証拠と関連性を有する証拠というべきである。しかし、本件覚せい剤の差押えは、司法審査を経て発付された捜索差押許可状によってされたものであること、逮捕前に適法に発付されていた被告人に対する窃盗事件についての捜索差押許可状の執行と併せて行われたものであることなど、本件の諸事情にかんがみると、本件覚せい剤の差押えと上記……の鑑定書との関連性は密接なものではないというべきである。したがって、本件覚せい剤及びこれに関する鑑定書については、その収集手続に重大な違法があるとまではいえず、その他、これらの証拠の重要性等諸般の事情を総合すると、その証拠能力を否定することはできない。」（判旨(1)は【430】参照）

●**解説**●　1　本件における窃盗の逮捕手続とその後の採尿手続とには密接関連性が認められるが（【430】）、その尿鑑定書を疎明資料として発付された捜索差押許可状によって差し押さえられた覚せい剤については、関連性はあるけれども密接関連性はない、とされた。そこで、「密接関連性」の意義が問題となる。

2　排除法則を採用した最1小判昭和53年9月7日【425】は相対的排除説に立脚しているから、排除範囲を限定する立場と言ってよい。第1次証拠に基づく第2次証拠がいわゆる「毒樹の果実」として排除される基準として、最3小判昭和58年7月12日【426】の「伊藤基準」は、①第1次証拠の違法の程度、②第2次証拠の重要性、③第1次証拠と第2次証拠の関連性の程度を考慮して総合的に判断すべきとした。この伊藤基準も相対的排除説と整合的である。本判決は、違法捜査と関連性のある証拠は全て排除されるのではなく、密接関連性のある証拠だけが排除されるとしたが、この立場は伊藤基準に「類するもの」（和田・後掲201頁）であって、これまでの判例の立場と調和している。

なお、最2小判昭和61年4月25日【427】は、先行手続きと後行手続きとに「同一目的・直接利用」関係があるときに違法の承継を認めた。このうち「同一目的」は、【427】の事案における個別事情であって、違法の承継にとっては「直接利用」の点が重要である。ただ、直接利用の概念は、先行手続きと後行手続きの間に令状が介在した場合に直接性が否定される虞があるので、実質的概念としての「密接関連性」概念の方がより適切であろう。

3　問題は、違法な先行手続きと後行手続きの間に令状が介在している場合である。考え方としては、(i)先行手続きの違法性が承継されるという立場、(ii)先行手続きの違法性が遮断されるという立場、(iii)先行手続きの違法性が令状発付により希釈されるという立場（違法性希釈説）、本判決は(iii)に立脚するものと位置付けられている（朝山・後掲50頁）。しかし、「希釈」も程度概念であって、諸事情の比較衡量によることになる。

4　そこで、令状が介在する態様について考えてみると、第1に、違法収集証拠を唯一の疎明資料とする捜索差押許可状による場合がある。この場合は、伊藤基準③に言う、「第1次証拠と第2次証拠の関連性の程度」が極めて強いこととなり、原則として密接関連性が認められることとなろう。いわば、希釈の契機が認められない場合である。第2に、違法収集証拠以外の資料も含む疎明資料に基づく捜索差押許可状による場合が考えられる。最3小決平成21年9月28日【102】では、違法収集証拠であるエックス線検査結果以外の証拠も疎明資料として令状請求がなされたことを指摘して、第2次証拠の証拠排除を認めなかった。いわば、希釈ないし遮断が認められる場合と言えよう。第3は、別罪に関する捜索差押許可状と併行して捜索・差押えがなされた場合であり、本件の事案である。この場合は、いわゆる「不可避的発見の法理」（違法捜査がなかったとしても、捜査機関が独立の捜査により証拠を入手したと仮定できる場合には、証拠は排除されない）に類似した状況と言える（朝山・後掲45頁）。本件では、複数令状の併行執行という特別な事情が加わって密接関連性が否定されたが、令状介在による密接関連性の否定は、通常は上記第2の場合が多いと思われる。

●**参考文献**●　朝山芳史・判解平15年度21、和田雅樹・圏9版200、大澤裕・圏8版140

432 違法拘束中の自白——違法現行犯逮捕事件

福岡高那覇支判昭和49年5月13日（刑月6巻5号533頁・判時763号110頁・判タ316号269頁）

参照条文　刑訴法317条、319条

違法な身柄拘束中の任意な自白の証拠能力。

●事実●　昭和47年5月23日、麻薬取締官5名は、情報提供者Jから、被告人Xがヘロインを所持しているとの情報を得たのでXの身体捜索差押許可状を得て、米軍捜査官3名と共に、沖縄県コザ市の喫茶店前でXに対し捜索差押許可状を執行した。麻薬取締官は、Xの所持品を取り出して駐車中の自動車の上に置き、その中の黒い財布の中を調べたが麻薬らしい物は見当たらなかったので、その財布を再び自動車の屋根の上に置いた。すると、米軍捜査官がその財布を手にし、取締官に対し、麻薬があると言って銀紙1包を財布と共に差し出したが、それは、取締官がその財布を置いてから十数秒後のことであった。そこで、取締官はその銀紙が財布の中にあったもので、しかも、銀紙の中の物はヘロインであると判断し、Xをその場で麻薬所持の現行犯人として逮捕した。ところが、Jは、それより前にXから受け取っていた銀紙に包んだヘロイン1包を米軍捜査官に渡し、米軍捜査官が財布を調べた際に、それを財布と共に取締官に手渡したという事情があった。裁判所は、Xが現行犯人として逮捕された時、ヘロインはXの財布には入っていなかったと認定し、本件現行犯人逮捕を適法であると言うことはできないとした上で、以下の判断を示した。

●判旨●　「思うに、憲法33条および34条……を承けて刑事訴訟法上に身柄の拘束に関しては、いわゆる令状主義をはじめとする詳細、かつ、厳格な手続的規定が設けられている趣旨にかんがみれば、捜査官が違法な身柄の拘束を意図的に利用したとみられるとき、身柄拘束の要件がないことが一見明白であるときのように身柄の拘束の違法性が著しく、右の憲法およびこれを承けた刑事訴訟法上の規定の精神を全く没却するに至るほどに重大であると認められる場合には、その身柄拘束中の供述がたとえ任意になされたとしても、その供述の証拠としての許容性を否定すべきものと解するのが相当であるが、その違法が右の程度に至らない瑕疵に止まる場合においては、その供述の証拠としての許容性は違法拘束中になされたことの一事をもって直ちに否定されるものではないと解するのが相当である。」

しかし、本件では、不公正な行為があったのは日本の捜査官ではないこと、取締官としては財布の中にヘロインを所持していたと判断したことも肯けないわけではないこと、現場での被告人の弁解がなかったこと、取締官は被告人が現に罪を行っていたと信じていたことから、逮捕の違法性は重大なものとは言えないから、被告人の供述は証拠としての許容性を否定されない。

●解説●　1　違法収集証拠の排除法則（以下、「排除法則」）は、証拠物については採用されたものの（最1小判昭53・9・7【425】）、自白についての最高裁判例としては、正面から排除法則の適用を認めたものは未だない。かえって、違法身柄拘束中の自白の証拠能力につき、「不法逮捕拘禁中に作成されたものであっても、その一事をもって、ただちに調書を無効と解すべきではない」（最3小判昭27・11・25刑集6-10-1245）とする、古い判例がある。

2　学説では、自白法則に関する違法排除説が、違法手続による自白の排除を主張し、広い支持を集めてきた。しかし、実務上、違法排除説は自白法則の解釈論として無理があるとされてきた。そこで、自白法則としては不任意自白を排除するものとしつつ、他方で、排除法則の適用は非供述証拠の場合と供述証拠の場合とで区別する理由はないとして、重大な違法性を帯びた身柄拘束中の自白はたとえ任意性があっても排除法則によって証拠能力が否定されるとする処理方法が現行法に適合する、との見解が有力に主張されてきた（角田・後掲169頁）。こうして、任意性のある自白であっても、違法な身柄拘束中になされたものである場合には、その証拠能力が否定される場合があるとされてきた。

3　本件を含む下級審裁判例では、違法な身柄拘束中の任意自白の証拠能力を否定する裁判例が蓄積されてきた。本件の後も、①緊急逮捕が210条1項の「直ちに」の要件を欠き違法であるとされた場合における被疑者の自白につき、「刑事訴訟手続における内在的な制約としてかかることを排斥する（許容しない）趣旨である」として実質的に排除法則を採用したもの（大阪高判昭50・11・19【119】）、②違法な現行犯逮捕中の自白の証拠能力を否定したもの（東京高判昭60・4・30東高時報36-4=5-24）、③違法な実質的逮捕中の自白を違法収集証拠として排除したもの（仙台高秋田支判昭55・12・16高刑33-4-351）等があり、違法な身柄拘束中の自白が違法収集証拠として排除される場合があることは、確立した下級審判例となっているとされている（上口・後掲169頁）。

問題は、自白に排除法則が適用される場合として如何なる事案が考えられるかであるが、上記のような逮捕手続が違法な場合のほか、別件逮捕・勾留中の自白等が挙げられよう。いわゆる宿泊を伴う取調べによる自白について排除法則を適用した裁判例もあるが（東京高判平14・9・4【433】参照）、排除法則の適用と自白法則の適用が競合する場合にいずれを優先すべきかは、検討を要する。

4　本判旨は、排除基準として、「憲法およびこれを承けた刑事訴訟法上の規定の精神を全く没却するに至るほどに重大であると認められる場合」とし、具体例として、捜査官による違法逮捕の意図的な利用の場合や、逮捕要件のないことが一見明白な場合を挙げ、違法が極めて重大な場合に限定する趣旨とも取れるが、この点は、【425】の排除基準に照らしてさらに検討を要する。

●参考文献●　上口裕・圕8版168、角田正紀・圕7版168

433 宿泊を伴う取調べによる自白——ロザール事件（その２）

東京高判平成14年９月４日（東高時報53巻１＝12号83頁・判時1808号144頁）

参照条文　刑訴法197条、198条、317条、319条

違法収集証拠の排除法則と自白法則との関係。

●**事実**●　被告人X女は、フィリピン国籍を有する外国人であるが、日本国籍を有する被害者方に同棲していた。平成９年11月10日午前８時30分頃、ベッドで血まみれになった被害者をXが発見し、捜査が開始された。警察官は、同日午前９時50分頃、Xを重要参考人として詳しく事情聴取するため警察署に任意同行し、以降、朝は午前９時ないし10時過ぎ頃から、夜は午後８時30分ないし11時過ぎ頃まで、連日取調べを行った。夜間は、Xを帰宅させず、最初の２日はXの長女が入院していた病院に、これに次ぐ２日間は警察官宿舎の女性警察官用の空室に、その後の５日間はビジネスホテルに宿泊させた。ホテルでは、室外のロビーに女性警察官複数を配置して、Xの動静を監視した。Xは、警察署内ではもちろん、宿泊先の就寝中も含めて常時監視されており、トイレにも監視者が同行し、計10日間外部から遮断された状態であった。Xは、同月19日になって、自白してその旨の上申書を作成し、同日、通常逮捕され、勾留を経て同年12月10日殺人罪で起訴された。公判では、本件上申書および逮捕・勾留中の検察官調書の証拠能力が問題となった。なお、本件宿泊を伴う取調べの適否については【170】参照。

●**判旨**●　「被告人にとっては、直前まで上記のような事実上の身柄拘束に近い状態で違法な任意取調べを受けており、これに引き続き逮捕、勾留中の取調べに進んだのであるから、この間に明確な遮断の措置がない以上、本件検察官調書作成時は未だ被告人が違法な任意取調べの影響下にあったことも否定できない。そうすると、本件自白……は、違法な捜査手続により獲得された証拠、あるいは、これに由来する証拠ということになる。
　そして、自白を内容とする供述証拠についても、証拠物の場合と同様、違法収集証拠排除法則を採用できない理由はないから、手続の違法が重大であり、これを証拠とすることが違法捜査抑制の見地から相当でない場合には、証拠能力を否定すべきであると考える。
　また、本件においては、憲法38条２項、刑訴法319条１項にいう自白法則の適用の問題（任意性の判断）もあるが、本件のように手続過程の違法が問題とされる場合には、強制、拷問の有無等の取調方法自体における違法の有無、程度等を個別、具体的に判断（相当な困難を伴う）するのに先行して、違法収集証拠排除法則の適用の可否を検討し、違法の有無・程度、排除の是非を考える方が、判断基準として明確で妥当であると思われる。
　本件自白〔は〕、事実上の身柄拘束にも近い９泊の宿泊を伴った連続10日間の取調べは明らかに行き過ぎであって、違法は重大であり、違法捜査抑制の見地からしても証拠能力を付与するのは相当では

ない。」

●**解説**●　１　本判決は、①自白についても違法収集証拠の排除法則（以下、「排除法則」）を採用できない理由はなく、②自白法則と排除法則とが競合する場合については、自白法則の適用に先行して、排除法則の適用を検討することが判断基準として明確で妥当であるとし、その上で、③違法の重大性と違法捜査抑制の見地から相当でない場合には、自白の証拠能力は否定される、とした。
　２　判例は、違法に収集された証拠物に関して排除法則を採用してきたが（最１小判昭53・９・７【425】）、その後、違法手続による自白にも排除法則を適用できるとする見解が有力となった。すなわち、自白法則については不任意自白の排除という理解を維持しつつ、それに収まらない部分については排除法則を適用するという解釈論が、実務になじみやすい無理のない考え方であるとされ（大澤裕・争点〔３版〕172頁）、本判旨も、基本的に、この総合説（平田・後掲163頁）を前提としている。
　３　問題は、自白法則に収まらない部分の理解である。宿泊を伴う取調べによる自白については、従来の判例は、これを任意性の問題として処理してきた（最２小決昭59・２・29【168】、最３小決平元・７・４【169】参照）。これに対し、学説では、自白法則の場合は供述の自由の侵害があったか否かを検討する必要があるが、排除法則では違法手続の下で供述が得られたことだけの確認でよいとし、宿泊を伴う取調べによる自白の場合も排除法則を適用できるとする見解もあり（小林充「自白法則と証拠排除法則の将来」現刑38-58）、本判旨もかかる立場を採用した。しかし、９泊10日に及ぶ宿泊を伴う取調べは、類型的に任意性に疑いのある自白を誘発する虞のある状況であると見る余地もあり（平田・後掲163頁）、今後の判例の動向が注目される。
　４　さらに、自白法則と排除法則とが競合する場合における、その判断順序も問題となる。これまでの多数説は、憲法38条２項、刑訴法319条１項の規定の存在から、一次的には、自白の任意性の検討を要する（中谷雄二郎・圖６版157頁）とする自白法則先行説を採り、重大な違法手続による自白の場合は、通常は任意性にも疑いを生じさせるとしてきた。これに対して、排除法則先行説は、自白の採取過程に重大な違法がある場合は、自白が違法手続の下で得られたことの確認それ自体によって自白の証拠能力を否定でき、この判断基準の方が明確であるとし（小林・前掲65頁）、本判旨も同様の理解を示している。自白法則先行説と排除法則先行説との関係は、今後、さらに検討される必要があろう。
　５　なお、本判決は、自白に排除法則を適用する場合の排除基準についても、任意捜査の違法を「重大な違法」と評価しており、新たな問題提起を行っている。

●**参考文献**●　平田元・圖９版162、大澤裕＝川上拓一・法教312-75

434 刑事免責に基づく供述——ロッキード丸紅ルート事件(その2)

最大判平成7年2月22日（刑集49巻2号1頁・判時1527号3頁・判タ877号129頁）

参照条文 憲法38条1項 刑訴法1条、146条、226条、248条、317条

刑事免責を付与して得られた嘱託証人尋問調書の証拠能力。

●事実● いわゆる「ロッキード丸紅ルート事件」に関し、検察官は、被告人Hほか2名に対する贈賄等を被疑事実として、刑訴法226条に基づき、当時米国に在住していたKらに対する証人尋問を国際司法共助として嘱託されたい旨裁判官に請求し、証人を起訴猶予とする旨の検事総長の宣明書等を提出した。日本国からの証人尋問の嘱託を受けた米国カリフォルニア州連邦地裁は、証人尋問を開始したが、Kらは、日本国において刑事訴追を受ける虞があることを理由に、証言を拒否した。そこで同連邦地裁判事は、日本国において公訴を提起されることがない旨を明確にした最高裁のオーダーまたはルールの提出を求めた。そこで、検事総長が改めてその旨の宣明をするとともに、最高裁も、これが将来にわたり遵守される旨の宣明をした。これによって、Kらに対する証人尋問調書が本件の証拠とされた。しかし、最高裁大法廷は、同調書の証拠能力を否定して、以下の判断を示した。

●判旨● 「我が国の憲法が、その刑事手続等に関する諸規定に照らし、このような制度〔刑事免責制度〕の導入を否定しているものとまでは解されないが、刑訴法は、この制度に関する規定を置いていない。この制度は、前記のような合目的的な制度として機能する反面、犯罪に関係のある者の利害に直接関係し、刑事手続上重要な事項に影響を及ぼす制度であるところからすれば、これを採用するかどうかは、これを必要とする事情の有無、公正な刑事手続の観点からの当否、国民の法感情からみて公正感に合致するかどうかなどの事情を慎重に考慮して決定されるべきものであり、これを採用するのであれば、その対象範囲、手続要件、効果等を明文をもって規定すべきものと解される。しかし、我が国の刑訴法は、この制度に関する規定を置いていないのであるから、結局、この制度を採用していないものというべきであり、刑事免責を付与して得られた供述を事実認定の証拠とすることは、許容されないものといわざるを得ない。」

「このことは、本件のように国際司法共助の過程で右制度を利用して獲得された証拠についても、全く同様であって、これを別異に解すべき理由はない。」

●解説● 1 本件には、日本国における刑事免責の可否および刑事免責に基づく嘱託尋問調書の証拠能力の有無という、2つの問題が含まれている。ここでは後者の問題を扱う（前者については【206】参照）。本件第1審および第2審は、これを違法収集証拠の排除法則の問題と理解した上で、刑訴法321条1項3号書面の要件を充足するものとして、その証拠能力を肯定した。これに対して本判例は、同項各号に該当するか否か以前の、証拠としての許容性あるいは証拠禁止の問題として、その証拠能力を否定した。結論の重要性からも、その理論構成の新しさからも、注目すべき判例である。

2 刑事免責に基づく供述の証拠能力につき、関連する先例として、被疑者が起訴不起訴の決定権を持つ検察官の、自白をすれば起訴猶予にする旨の言葉を信じ、起訴猶予となることを期待してした自白は、任意性に疑いがあるとした、いわゆる「約束による自白」の判例（最2小判昭41・7・1【438】）がある。しかし、本件の場合、証人は来日する意思はなく、起訴される可能性はほとんどなかったので刑事免責を受けることの利益は大きいとは言えず、また、虚偽の供述をすると偽証罪に問われるので虚偽の自白をする誘因ともならず、この判例の射程は及ばないと言えよう（龍岡=小川=青柳・後掲49頁）。

3 問題は、本件に関する判断枠組みとしての違法収集証拠の排除法則の適否である。この点、問題の発端が日本における検察官の違法な行為にあったこと、また、違法収集証拠の排除法則が違法捜査の抑制のみを目指したものではなく、司法の無瑕性の保持もその根拠であるから、違法収集証拠の排除法則の一類型とも言える（井上正仁「刑事免責と嘱託尋問調書の証拠能力(2)」J1072-142）。しかし、本判決は、手続きの違法性には何ら言及することなく、「我が国の刑訴法は、この制度に関する規定を置いていない」という点に着目して、証拠能力を否定した。その趣旨は、刑事免責制度に関する明文の規定を置かないことで、この制度の採用が否定されているので、適正手続による公正な裁判の観点から、刑事免責による供述については一律に証拠とすることを認めないこととしたものと言えよう（龍岡=小川=青柳・後掲60頁）。もっとも、違法収集証拠の排除法則から考えた場合でも、米国での証人尋問手続には違法はないこと、不起訴確約もあくまで検察官の起訴猶予裁量の形式を取っており、違法性の程度は重大とまでは言えないとして、証拠排除を否定する見解もあり（井上・前掲144頁）、判断枠組みが結論を左右するというわけではない。

4 しかし、上記の新しい判断枠組みは、これ以外の事案にも共通するアプローチとして、例えば、刑事免責に関する立法措置や外国人に対する退去強制に関する立法的手当を欠いたまま刑事手続を進めたことが、刑事手続の公正さに欠ける事態を生じさせた場合には、証拠としての許容性は否定される（最3小判平7・6・20【458】）とする、いわゆる不公正手続証拠排除法則（中谷雄二郎・中山退官217頁）として、これを支持する見解も有力である。

5 なお、国際司法共助に基づく嘱託であることから、外国の法制度による証拠収集をも認める必要があるとの主張もあるが、本事案は、日本の法制度の適否を問題とするものであるから、本判決の判断も当然であろう。

●参考文献● 龍岡資晃=小川正持=青柳勤・判解平7年度1、多田辰也・囻9版150、田口守一・囻8版149

435 強制・拷問・脅迫による自白—八丈島事件

最2小判昭和32年7月19日（刑集11巻7号1882頁・判時118号1頁）

参照条文　憲法38条　刑訴応急措置法10条　刑訴法319条

警察官・検事・予審判事に対する自白の任意性の有無。

●**事実**● 本件は、被告人Xが、昭和21年4月4日頃、被告人Yと共謀の上、近くに一人で住んでいるA女宅に侵入し、Aを姦淫し、次いでYが姦淫し、さらにXが再び姦淫した後、Aの頸部を緊縛して窒息死させたという事件である。X・Yは、昭和21年7月6日、八丈島警察署に連行され、令状なくして留置され、Xは同月23日まで、Yは31日まで取調べを受け、同年8月29日に身柄が警視庁本庁に移され、検事が勾留を請求し、予審判事が勾留訊問を行った上、勾留されたが、予審判事の訊問調書にはX・Yが被疑事実を自白したことが記載されていた。その後、Xらは検事に対しても自白したが、検事の予審請求の審尋において、Xは犯行を否認し、Yも一時自白したものの公判では否認した。第1審はXを懲役8年、心神耗弱者のYを懲役3年とし、第2審もこれを維持した。いずれも、八丈島警察署における自白の任意性は否定したが、検事および予審判事に対する自白を採用して有罪としたものであった。弁護人は、Xらの予審判事および検事に対する自白は、Xらが八丈島警察署において心理的、肉体的に自白の強要を受けたことに原因するもので、任意性を欠くものであるから、原審が、これらの自白を事実認定の証拠に採用したことは憲法38条2項に違反するなどとした。最高裁は、以下の判断を示して原判決を破棄し、X・Yを無罪とした。

●**判旨**● 「八丈島警察署においての被告人Xの自白は、暴力による肉体的苦痛を伴う取調の結果されたものであり、Xの任意に基くものとは到底認めることができないものというべく、さればこそ、Xを有罪とした第1審判決及び原判決もこれを証拠として採用しなかったものと認められるのである。
しかるに、原判決は前記のようにXに対する起訴前の強制処分による予審判事の訊問調書及び検事の聴取書を証拠としている。なるほど、Xが右予審判事及び検事の取調を受けたのは八丈島警察署ではなく、身柄が東京に移されてから後であり、かつ、警察の取調を受けおわってから相当の日数を経過した後のことでもあり、Xもまた原審公判において、検事からも予審判事からも直接強制を加えられなかったと供述していることでもあるから、警察における自白に任意性を認め得ないからといって、直ちに右予審判事及び検事に対してなした自白までも任意性を欠いたものとすることは勿論できないのである。しかしながら、Xは強制処分としての適法な勾留がなされる直前まで、相当長期間に亘り令状によらない警察留置を受けていたばかりでなく、その間に前叙の如く自白を強要されていたものである以上は、たとえ、予審判事及び検事においてXの取調にあたり細心の注意を払ったものとしても、Xが予審判事による勾留訊問の際になした自白及びその直後に検事に対しなした自白が、その直前まで継続していた警察の不法留置とその間の自白の強要から何等の影響も受けずになされた任意の自白であると断定することは到底できないものというべく、その他、予審判事及び検事が取調をなした時期が終戦の翌年のことであって、未だ刑訴応急措置法さえ制定されていなかった昭和21年9月当時のことであるという本件の特殊事情等をも併せ勘案するならば、その自白の任意性については、疑を懐かざるを得ないものといわなければならないのである。」

●**解説**● 1　本件は、旧刑訴法下の事件であり、第1審係属中に刑訴応急措置法の施行があり、第2審係属中に新刑訴法が公布・施行された。自白の偏重と拷問による自白の強要は、長く我が国刑事司法の宿弊であった（谷口・後掲167頁）ところ、それとの決別を宣言した判例である。

2　本件の八丈島警察署における「肉体的苦痛を伴う取調べ」は、最高裁の認定事実によれば、警察署の武道場で、後ろ手に縛られて座らされ、代わる代わる被告人のふくらはぎを素足で蹴ったり、突き転ばしたり、手掌で頬を殴ったり、拳固で頭を殴ったりするもので、被告人Xは、両股が青く硬直して動けなくなり、歩いて留置場へ帰ることができず、巡査に背負われて留置場へ連れて行かれ、白状しなければ警視庁へ連れて行って電気仕掛けで痛い目をさせながら調べると言って、さらに蹴ったり殴ったりされたというものであった。第1審も原審も、この取調べによる自白には任意性を認めなかった。問題は、その後の予審判事および検事に対する自白の任意性である。

3　本件で、予審判事および検事に対する自白の任意性を疑わせる要素は、①Xが適法に勾留される直前まで約50日間にわたり令状によらない警察留置を受けていたこと、②その間に自白を強要されていたこと、③検事および予審判事に対する自白は、適法な勾留に切り替えられて間もなくされたものであること、④終戦の翌年で、未だ刑訴応急措置法さえ制定されていなかったこと、という事情があった（高田・後掲377頁）。拷問の恐怖がなお被告人を支配することで、先行違法が後行取調べに影響を及ぼし、後行自白が「任意の自白であると断定することは到底できない」とされたものと言えよう。

4　なお、重要な先例として、最大判昭和26年8月1日刑集5巻9号1684頁は、警察官が4人がかりで、午前2時頃まで、手錠をはめたまま、被疑者を殴るなどして取り調べたという証拠がある場合に、自白が任意になされたとするのは経験則違反であるとしていた。自白の任意性とは、任意性を疑わせる類型的状況の問題であることを、現行法に先立って明示した判例として画期的であり、その延長線上に本判例がある（谷口・後掲167頁）。戦後初期における、新たな刑事司法の樹立に向けた先人の熱意と努力の跡を窺わせる判例である。

●**参考文献**●　高田義文・判解昭32年度374、谷口正孝・回新版166

436 不当に長い抑留・拘禁後の自白——鞄盗難事件

最大判昭和23年7月19日（刑集2巻8号944頁）　　参照条文　憲法38条

不当に長い抑留・拘禁後の自白への該当性判断。

●**事実**● 本件は、昭和22年1月7日午後5時50分頃、Aが、店の軒先に自転車を置いていた間に、自転車のハンドルに吊しておいた白木綿製肩掛鞄を何者かに窃取された。被告人Xは、同日午後6時頃、店から5町（約550m）と離れていないB方で、その家人と対談中、盗難に気が付いてすぐ犯人捜索に出掛けてXの後を途中から追跡して来たCの密告により、警察官がXの所持品を調べたところ、金品がそのまま中に入った肩掛鞄が発見されたという事案である。Xは、警察署に同行させられ、同月16日に勾留、25日に公判請求された。Xは、当初から否認し、面識のない青年から、汽車賃に困っているから買ってくれと言われ買い取ったものであると弁解していた。第1審はXを有罪としたが、控訴審において、同年5月5日に第1回公判を開いたところ、Xが初めて自白し、同日結審して、Xは保釈された。こうして、Xは前後109日にわたる拘禁の後に釈放され、控訴審は、Xの自白を証拠として有罪を維持した。最高裁は、以下の判断を示して、第1審・2審判決を破棄し、事件を差戻しとした。

●**判旨**● 「本件犯罪の内容は……、事実は単純であり、数は1回、被害者も被疑者も各々1人で、被害金品は全部被害後直ちに回復せられて、現に証拠品として押収せられているほとんど現行犯事件といってもよいほどの事件で、被告人の弁解も終始一貫している。被告人が果して、本件窃盗の真犯人であるかどうかはしばらくおいて、事件の筋としては、極めて簡単である。被告人が勾留を釈かれたからといって、特に罪証湮滅のおそれのある事件とも考えられない。又、被告人は肩書のように、一定の住居と生業とを有し、その住居には、母及び妻子の6人の家族があり、尚、相当の資産をもっていることは、記録の上で十分にうかゞわれる。年齢も既に46歳である。かような情況から考えて、被告人が逃亡する危険もまづないと考えなければならぬ。とすれば、ほかに、特段の事情のうかゞわれない本件においては、被告人に対して、あれ程長く拘禁しておかなければならぬ必要は、どこにもないのではないか、たゞ被告人が犯行を否認しているばかりに、——言葉をかえていえば被告人に自白を強要せんがために、勾留をつゞけたものと批［非］難せられても、弁解の辞に苦しむのではなからうか。以上各般の事情を綜合して、本件の拘禁は、不当に長い拘禁であると、断ぜざるを得ない。……かゝる不当に長い拘禁後の自白を有罪の証拠とした……原判決は共に憲法第38条第2項に違反した違法がある。」（反対意見がある。）

●**解説**● 1　憲法38条2項に言う、「不当に長く抑留若しくは拘禁された後の自白」の「不当に長い」かどうかは、むろん価値概念であるから、単なる期間の長短では判断できない。本判決は、その判断基準として、①事件が単純な窃盗であること、②罪証隠滅の虞がないこと、③逃亡の危険がないこと、④拘禁期間が109日間にわたったこと、⑤被告人の年齢・境遇を指摘して、「不当に長い拘禁」であると判断した。

2　本件以外の最高裁判例として、「不当に長い拘禁」後の自白であるとしたものに、単純な2個の窃盗により、病身の被告人を6か月10日勾留した後、第2審の公判廷で初めて被告人が自白した事案（最大判昭24・11・2刑集3-11-1732）、16歳に満たない少年を勾留の必要性が認められないような事件について7か月余勾留して、その間に余罪の取調べをして自白させた事案（最大判昭27・5・14刑集6-5-769）がある。これらの判例も、「不当に長い拘禁」の判断基準として、身柄拘束の必要性の程度という客観的事情と、被疑者・被告人の心身の状況等の主観的事情とを総合判断するとの立場であると言えよう。

3　「不当に長い拘禁」後の自白を排除する理由としては、2つの考え方がある。1つは、元来、憲法38条2項が、自白に任意性を欠くこととなる蓋然性が高い場合を類型化して規定したとの趣旨からすれば、被疑者の年齢・性別・健康等の主観的事情を主たる考慮要素として自白の不任意性が推認されるから、とする考え方である（柏木・後掲208頁参照）。この立場からは、事案の複雑性、拘禁の必要性等の客観的事情は補充的な考慮要素となろう。もう1つは、団藤重光博士の理解であり、不当に長い拘禁後の自白に任意性がないのは「擬制」と理解してきたが、そうではなく、この規定は、「単なる任意性の問題をこえる見地、すなわち違法に獲得された自白は任意性の有無を問わず証拠とはされえないという見地」（団藤250頁）によるとした。この理解からすれば、「不当に長い」かどうかも、不任意自白を導く虞があるかという観点にとらわれることなく、人権保障の見地から、したがって、「長く」と言うより「不当に」という点に重点を置いて考えるのが相当と解される（鈴木221頁）。

4　問題は、判例の総合判断という基準をどのように理解すべきかである。この点、本判旨が、「被告人が果たして本件の窃盗の真犯人であるかどうかはしばらくおいて」との言辞を用いているが、これは虚偽排除説の発想ではない。人権擁護説の考え方に立脚しているのみならず、さらに、自白採取の手続きそれ自体の違法を問題とする違法収集証拠の排除法則の理が展開されているとの指摘がある（渥美・後掲196頁）。また、判例は、この類型については、拘禁そのものの違法・不当を中心に自白排除を捉えてきたともされた（鈴木221頁）。いわゆる違法排除説の考え方は、判例にも内在的であったと言えよう。

●**参考文献**● 渥美東洋・囲3版196、評釈集⑨206〔柏木千秋〕

437 手錠を施したままの取調べによる自白——公職選挙法違反事件

最2小判昭和38年9月13日（刑集17巻8号1703頁・判時352号80頁）　　参照条文　憲法38条

> 両手錠を施したままの取調べを受けた被疑者の自白の任意性。

●**事実**●　被告人A〜Cは、昭和35年の衆議院議員選挙に際し、山梨県から立候補した某候補の運動員であったが、Aは、別の運動員から買収費用および報酬として3000円等の供与を受け、11名に酒食を饗応接待し、B・Cも、同趣旨の供与を受けたとの公選法違反の事実により第1審で有罪とされた。Aらの控訴は、証拠とされた検察官に対する自白は手錠を施したままの取調べによるもので任意性を欠くとするものであったが、原判決は、「手錠を施されたまま検察官の取調を受けたからといって、それだけでは直ちに供述に任意性がないとは解されないこと勿論であり、Aらの検察官に対する供述調書中の記載はいずれも一貫性があるばかりでなく、……検察官はAらに対していずれも手錠を施したまま取調を行ったけれども、終始おだやかな雰囲気の中に取調を進め、何ら強制を加えなかったことが認められるから、Aらの検察官に対する供述はすべて任意にされたものであることが明らかである」として、控訴を棄却した。そこで、Aらは、さらに上告し、自分たちのように山梨県の奥地の純朴小心な農民に手錠を施したままで取調べを行うのは、それ自体で大きな心理的恐怖感や圧迫感を与え、憲法38条2項の強制による自白に該当すると主張した。最高裁は、上告を棄却したが、以下の判断を示した。

●**判旨**●　「すでに勾留されている被疑者が、捜査官から取り調べられるさいに、さらに手錠を施されたまゝであるときは、その心身になんらかの圧迫を受け、任意の供述は期待できないものと推定せられ、反証のない限りその供述の任意性につき一応の疑いをさしはさむべきであると解するのが相当である。しかし、本件においては、原判決は証拠に基づき、検察官はAらに手錠を施したまゝ取調を行ったけれども、終始おだやかな雰囲気のうちに取調を進め、Aらの検察官に対する供述は、すべて任意になされたものであることが明らかであると認定しているのである。したがって所論のAらの自白は、任意であることの反証が立証されているものというべく、所論違憲の主張は、その前提を欠き、その余は単なる法令違反の主張にすぎない。」

●**解説**●　**1**　手錠を施用したままでの取調べについては、現在では、慎重な運用が行われているとされ、その実務には本判決の影響が大きいとされている（加藤・後掲27頁）。本件以前、昭和31年には、法務省から、検察官が勾留中の被疑者を取り調べる場合、手錠の使用については特に配慮すべきである旨の通達がなされていた（石丸・後掲115頁）。したがって、手錠施用という点では、本判決は、もはや今日的意義を持っていないとも言えよう。しかし、本判決の結論自体は自白の任意性を肯定したものであり、自白の任意性の具体的判断基準については、今日なお検討されるべき判例である（最2小判昭41・12・9刑集20-10-1107が、本判例を再確認している）。

2　本判決前までは、手錠の施用によって直ちに自白の任意性に疑いが生ずるわけではないという、本件原判決のような考え方が支配的であった。手錠を施して取調べをするという事実（以下、「手錠事実」）が自白の任意性に及ぼす影響については、①手錠事実だけで一種の強制に当たる、②手錠事実だけで心身に圧迫を及ぼし任意の供述が期待し得ないものと推定される、③手錠事実だけでは直ちに供述の任意性を欠くとは言えないとの3つの見解が考えられ、本判決は②を採ったとされている（石丸・後掲115頁）。つまり、「反証のない限りその任意性に一応の疑いをさしはさむべきである」としたのは、それまでの判断基準をいわば逆転し、新しい判断を示したものであった（鈴木・後掲148頁）。この考え方は、糧食差入れの制限は違法であるが（刑訴法207条1項・81条但書）、自白の証拠能力につき、糧食差入れ禁止と自白との間に因果関係を推測させるとして、その任意性に疑いがあるとした判例（最2小判昭32・5・31刑集11-5-1579）と共通する所がある。これらの事情は原則として不任意を推認させ、反証があって初めて任意性を認めることができるとするからである。

3　もっとも、問題は、この反証の程度である。本判決では、原判決の「終始おだやかな雰囲気」の取調べであったとの事実から反証があったものと認定しているが、この認定基準が緩やか過ぎるとの批判もある。その後の下級審の裁判例で、両手錠をかけたままの取調べは被疑者に卑屈感と自己嫌悪の情を抱かせ、自白を誘導する虞があり、「終始おだやかな雰囲気」というだけでは供述の任意性を認めるべきでないとするもの（東京地判昭40・5・29下刑7-5-1134）、手錠施用が身体の自由を拘束するだけでなく、被疑者に卑屈感を抱かせ、取調べに対して迎合的になりやすいとするもの（大阪高決昭48・3・27刑月5-3-236）等がある。むろん、被疑者の逃走・暴行・自殺の虞等から例外のあり得ることは明らかであるが、反証の認定基準に一定の厳格さが求められるのも当然であろう。

4　なお、片手錠をかけたままの取調べは、両手錠の場合に比べて心理的圧迫感が弱いとして、それだけでは任意性に疑いは生じないとされている（最2小決昭52・8・9刑集31-5-821〔狭山事件〕、上記大阪高判昭48・3・27）。また、腰縄を付けたままの取調べはさらに任意性に疑いは生じないとされている（上記大阪高判昭48・3・27）。なお、本判決は、手錠事実と任意性との関連を否定しているので、理論的には、任意性説によるものと言えよう。

●**参考文献**●　石丸俊彦・判解昭38年度114、加藤晃久・別冊判タ12-25、鈴木義男・圖4版148

438 約束による自白──収賄事件

最2小判昭和41年7月1日（刑集20巻6号537頁・判時457号63頁・判タ196号149頁）　参照条文　憲法38条

いわゆる「約束による自白」の証拠能力。

●事実● 被告人Xに賄賂を贈ったYの弁護人Bが、昭和36年8月28日、検察庁において本件の担当検察官であるC検事に面談した際、同検事より、Xは検挙前金品をそのまま返還しているとのことであるから、見えすいた虚構の弁解をやめて素直に金品収受の犯意を自供して改悛の情を示せば、起訴猶予処分も十分考えられる案件である旨内意を打ち明けられ、かつ、Xに対し無益な否認をやめ卒直に真相を自供するよう勧告したらどうかという趣旨の示唆を受けた。そこで、弁護人Bは、Xの弁護人Aを伴って警察署へ赴き留置中のXに面接し、「検事は君が見えすいた嘘を言っていると思っているが、改悛の情を示せば起訴猶予にしてやると言っているから、真実貰ったものなら正直に述べたがよい。馬鹿なことを言って身体を損ねるより、早く言うて楽にした方がよかろう」と勧告したところ、Xは、同弁護人の言を信じ起訴猶予になることを期待した結果、その後の取調べから順次金品をもらい受ける意図があったことおよび金銭の使途等について自白するに至った。原判決は、以上の事実を認定したが、「自白の動機が右のような原因によるものとしても、捜査官の取調べそれ自体に違法が認められない本件においては、前記各供述調書の任意性を否定することはできない」とした。そこで、弁護人は、原判決は、福岡高判昭和29年3月10日判特26号71頁に相反するという判例違反を理由として上告した。最高裁は、上告を棄却したが、同時に、以下の判断を示した。

●判旨● 「よって案ずるに、右福岡高等裁判所の判決は、所論の点について、『検察官の不起訴処分に附する旨の約束に基く自白は任意になされたものでない疑のある自白と解すべきでこれを任意になされたものと解することは到底是認し得ない。従って、かかる自白を採って以て罪証に供することは採証則に違反するものといわなければならない。』と判示しているのであるから、原判決は、右福岡高等裁判所の判例と相反する判断をしたこととなり、刑訴法405条3号後段に規定する、最高裁判所の判例がない場合に控訴裁判所である高等裁判所の判例と相反する判断をしたことに当るものといわなければならない。そして、本件のように、被疑者が、起訴不起訴の決定権をもつ検察官の、自白をすれば起訴猶予にする旨のことばを信じ、起訴猶予になることを期待してした自白は、任意性に疑いがあるものとして、証拠能力を欠くものと解するのが相当である。しかしながら、右被告人の司法警察員および検察官に対する各供述調書を除外しても、第1審判決の挙示するその余の各証拠によって、同判決の判示する犯罪事実をゆうに認定することができるから、前記判例違反の事由は、同410条1項但書にいう判決に影響を及ぼさないことが明らかな場合に当り、原判決を破棄する事由にはならない。」

●解説● 1 本件は、いわゆる「約束による自白」に関する最初の最高裁判例である。それまでの下級審裁判例でも、「約束による自白」には任意性がないとする立場が有力であり、上告趣意が引用した福岡高判はその代表的なものであった。本判決は、このような下級審裁判例を肯定したものである。

2 本判決が、自白法則の根拠に関する虚偽排除説、人権擁護説、違法排除説のいずれを理由として任意性に疑いがあるとしたのかは、判決文からは明らかではない。調査官解説では、「約束による自白」は、一般に虚偽の自白を誘引する虞があるから任意性がないとする虚偽排除説の考え方を、本判決は採用したもののようであるとし、とりわけ、検察官の起訴猶予にするとの約束による自白は、自白への強い心理強制によるものであって、虚偽である蓋然性が極めて高いので、任意性を欠くとする（坂本・後掲104頁）。しかし、本件自白が真実であったことは他の証拠で裏付けられている点からすれば、虚偽排除説ではなく、人権擁護説または違法排除説が根拠となっているとも解される。もっとも、この点は、虚偽排除説も、類型的に虚偽自白を誘発しやすい状況下での自白を排除する説と理解すれば、矛盾はない（加藤・後掲157頁）。結局、本判旨が、被疑者の起訴猶予への期待という被疑者に対する心理的影響に重点を置いている点からすれば、伝統的な虚偽排除説に立つと見るのが穏当かもしれない（竹﨑博允・圖5版165頁）。

3 しかし、調査官解説は、続けて、「このような自白が証拠として採用されることになれば、捜査の公正、ひいては裁判の公正に対する信頼を失わせることになるので、任意性を欠くものとして証拠能力を否定するのが至当」ともしている（坂本・後掲104頁）。そのような考え方が本判決の背後にあるのであれば、自白の真実性が認められていることが判決文上明らかな本件で真実性ある約束自白を排除したことは、「本判例を人権擁護ないし違法排除の延長上で把握することを十分に可能ならしめている」（評釈集㉘111頁〔小田中聰樹〕）との理解が重要となろう。なお、本件で検察官が約束に違えて起訴をした点は、被告人が贈賄の金品を返還していなかったという事情があって起訴に至ったのであれば、事情の変更があったと言えよう。

4 人権擁護ないし違法排除の視点から考えた場合、検察官に訴追裁量権があることから、例えば、余罪不起訴の約束も、それ自体としては必ずしも違法とは言えない。ただ、現行法では、約束の任意性と透明性を担保する制度的保障はないので、そのような自白の証拠能力を直ちに認めることは難しい。この点、被疑者が弁護人と十分に相談した上でした自白については証拠能力を一律に否定すべきではないとの指摘（加藤・後掲157頁）には、傾聴すべきものがある。

●参考文献● 坂本武志・判解昭41年度100、加藤克佳・圖9版156、香川喜八郎・圖8版162

439 偽計による自白——切り違え尋問事件

最大判昭和45年11月25日（刑集24巻12号1670頁・判時613号18頁・判タ256号95頁）

参照条文　憲法38条　刑訴法319条

偽計による自白の証拠能力と憲法38条2項。

●**事実**●　被告人Xは、妻Yと共謀の上、けん銃1丁とけん銃実包3発を自宅に隠匿所持していたとして起訴され、第1審はXを懲役6か月に処した。XとYとの共謀関係については、Xは、当初、けん銃等はYが勝手に買ったもので、自分はそんなものは返せと言っておいた旨を述べて否認していた。他方、Yも、自分の一存で買い求めた旨供述していた。そこで、検察官は、Xに対し、実際はYが共謀関係を自供していないにもかかわらず、Yが自供した旨を告げて説得したところ、間もなくXは共謀関係を認めるに至ったので、今度は、Yに対し、Xが共謀関係を認めている旨を告げて説得すると、YもXとの共謀関係を認めたので、直ちにその旨の調書を取り、さらにXに対し、再度、Yも共謀関係を認めているが間違いないかと確認した上、その調書を取ったという経緯があり、これにより共謀関係が認定された。この点につき、控訴審は、「本件において……成程偽計を用いたものではあるけれども、他に虚偽の自白を誘発する虞のある事情は何ら認められないから」、XおよびYの自白には任意性があるとした。Xの上告を受け、最高裁大法廷は、原判決を破棄差戻しとし、以下の判断を示した。

●**判旨**●　「思うに、捜査手続といえども、憲法の保障下にある刑事手続の一環である以上、刑訴法1条所定の精神に則り、公共の福祉の維持と個人の基本的人権の保障とを全うしつつ適正に行なわれるべきものであることにかんがみれば、捜査官が被疑者を取り調べるにあたり偽計を用いて被疑者を錯誤に陥れ自白を獲得するような尋問方法を厳に避けるべきであることはいうまでもないところであるが、もしも偽計によって被疑者が心理的強制を受け、その結果虚偽の自白が誘発されるおそれのある場合には、右の自白はその任意性に疑いがあるものとして、証拠能力を否定すべきであり、このような自白を証拠に採用することは、刑訴法319条1項の規定に違反し、ひいては憲法38条2項にも違反するものといわなければならない。

これを本件についてみると、……検察官が、Xの取調にあたり、『奥さんは自供している。誰がみても奥さんが独断で買わん。参考人の供述もある。こんな事で2人共処罰される事はない。男らしく云うたらどうか。』と説得した事実のあることも記録上うかがわれ、……前示のような偽計を用いたうえ、もしXが共謀の点を認めればXのみが処罰されYは処罰を免れることがあるかも知れない旨を暗示した疑いがある。要するに、本件においては前記のような偽計によって被疑者が心理的強制を受け、虚偽の自白が誘発されるおそれのある疑いが濃厚であり、もしそうであるとするならば、前記尋問によって得られたXの検察官に対する自白およびその影響下に作成された司法警察員に対する自白調書は、いずれも任意性に疑いがあるものといわなければならない。」

●**解説**●　1　自白法則が、身体的強制による自白を問題とする時代から、心理的強制による自白を問題とする時代へと移行する転機となった判例として、まず、「約束による自白」（最2小判昭41・7・1【438】）があり、次が本判例である。強制または脅迫による自白は任意性が否定されているが、「偽計」はこれに類する心理的強制を及ぼす取調べ方法として問題となる。本件では、「共犯者が自白した」という詐言が問題となったが、そのほか、「共犯者が捕まった」、「目撃者がいる」、「指紋が検出された」などの詐言もある。

2　本判決は、①捜査手続は適正に行われるべきであるから、偽計を用いた尋問方法は厳に避けるべきであり、②偽計により虚偽の自白が誘発される虞がある場合には任意性に疑いがあり、③偽計自白を採用することは刑訴法319条1項のみならず憲法38条2項にも反する、とした。調査官解説は、②からは虚偽排除説に立脚すると考えられるが、①を「力強く宣言」した点を考慮すれば、実質的には、人権擁護説ないし違法排除説の方向に一歩踏み出した判例であるとする（鬼塚・後掲412頁。同旨、山本・後掲42頁）。また、③については、この趣旨を正面から判示した初例であり、自白に関する判例史上高く評価すべきものであるとしている（泉山・後掲167頁）。

3　もっとも、本判決については、虚偽排除の観点に立脚しつつ人権擁護ないし違法排除の観点も併せ考慮しているとする見解のほか、虚偽排除説の系列に属するとする見解、違法排除説に好意的に接近したとする見解もある。この点、適正手続の理念を強調している点、また偽計取調べのみから任意性の疑いを問題としている点では違法排除説にかなり接近しているように思われる（泉山・後掲167頁）。ただ、虚偽排除説と解する近時の有力説は、あくまで虚偽の自白を誘発する虞がある場合に初めて証拠能力が否定されるとしている（川出敏裕・圖9版158頁）。判示のどの部分を本判決の中核と見るかであるが、これを結論に直近の部分に限定する理由はないように思われる。

4　問題は、自白の任意性を失わせるような偽計の意義である。下級審判例では、幾つかの裁判例の蓄積がある（東京地判昭62・12・16判時1275-35等。川出・前掲159頁）。他方、被疑者に心理的影響を与えると言っても、例えば、理詰めで尋問した自白（最大判昭23・11・17刑集2-12-1565）、ポリグラフ検査結果が黒であると告げた後の自白（最2小決昭39・6・1刑集18-5-177）等は、任意性が否定される場合ではないとされている。偽計と許容される尋問テクニックとの限界が微妙な問題であることに変わりはない。

●**参考文献**●　鬼塚賢太郎・判解昭45年度403、泉山禎治・圖5版166、山本仁・別冊判タ12-40

440 長時間の取調べによる自白——日石・土田邸事件
東京高判昭和60年12月13日（刑月17巻12号1208頁・判時1183号3頁）　参照条文　刑訴法319条、336条

長時間の取調べによる自白の証拠能力。

●**事実**●　被告人Xらは、2つの事件で起訴された。一方は、「ピース缶爆弾事件」と総称される事件で、昭和44年10月頃、ピース缶爆弾十数個を製造し（ピース缶爆弾製造事件）、このうち1個を警視庁第8・第9機動隊正門に点火の上投擲し（第8・第9機動隊事件）、さらに1個をアメリカ文化センター受付カウンターに装置した（アメリカ文化センター事件）という事件を含む。他方は、「日石・土田邸事件」と総称される事件で、昭和46年10月18日、当時の警察庁長官および新東京国際空港公団総裁らを殺害する目的を持って、爆弾2個を小包郵便物として東京都の日石本館内郵便局に差し出し、同局内で爆発させて局員1名に傷害を負わせ（日石事件）、同年12月18日、当時の警視庁警務部長Tらを殺害する目的で、爆弾1個を小包郵便物として郵送し、これを爆発させ、Tの妻を爆死させ、ほか1名に傷害を負わせた（土田邸事件）という事件を含む。本件には物的証拠が乏しく、Xらと犯行を結び付ける証拠はもっぱらXらの自白であった。ここでは、被告人のうち中心的役割を果たしたとされる、Xの土田邸事件に関する自白を取り上げる。

Xは、昭和48年1月22日にアメリカ文化センター事件で逮捕され、その後勾留・起訴され、同年2月12日に第8・第9機動隊事件で逮捕、勾留・起訴され、同年3月14日に日石・土田邸事件とピース缶爆弾製造事件で逮捕され、勾留を経て、同年4月4日起訴された。この間、土田邸事件について長時間の取調べを受け、自白調書が作成された。第1審は、その証拠決定において、連日の平均約11～12時間に及ぶ追及的取調べにより得た自白であるとして主要な自白の任意性を否定し（東京地決昭56・11・18判時1027-3）、判決において、Xら9名全員に無罪を言い渡した（東京地判昭58・5・19判時1098-211。ただし、Xには別件の窃盗事件につき一部有罪がある）。これに対する検察官の控訴を棄却したのが、本件である（上告後、無罪が確定）。

●**判旨**●　(1)　第8・第9機動隊事件での逮捕勾留中の日石・土田邸事件の自白について、「警察官は3月7日から12日までの間、取調補助者を含め常に数名が在室する状況で、Xが日石土田邸事件の犯人であることの確実な証拠がないにもかかわらず、同人に対しこれがある旨告げるとともに、その弁解を聴こうともせず、同人が犯人である旨きめつけるに近い取調を、連日夜間に及ぶまでの長時間執拗に行い自白を迫ったものというほかなく、その結果Xは、同月12日夜には自白せざるを得ない心理状態に追込まれ……たものと推認できる。

そして、右のような取調は、Xの人権、なかんずく黙秘権を侵害する違法なものであるとともに、Xが右3月7日から12日までの取調にいたる前に約45日間身柄を拘束され、連日夜間に及ぶ相当長時間の厳しい取調を受けて肉体的にも精神的にも相当疲労していたと認められることや、右3月7日から12日までの間弁護人から助言を得る機会のなかったことなどをも併せ考えると、虚偽の供述を誘発するおそれをも持つものといわざるを得ない。そして、……Xの前記3月13日付検面中の自白は、検察官に対してなされてはいるけれども、その前日までの司法警察員によってなされた右のような取調と無関係になされたとは到底認められず、同日作成された同人の員面における自白とともに、人権擁護及び虚偽排除の観点から、その任意性に疑いがあるものとして、同人に対する関係においてばかりでなく、他の被告人に対する関係においてもその証拠能力を否定すべきものである。」

(2)　日石・土田邸事件の起訴後の自白も、「Xの供述の任意性を回復するに足る特段の事情があったとは認められず」、その証拠能力を否定すべきである。

●**解説**●　1　本件は、被告人の自白の証拠能力を否定した原審の判断を肯認した上で、主にその信用性について職権判断を行い、これも認められないとして、原判決を維持した事例である。被告人Xの自白は、①別罪逮捕勾留中の自白、②起訴後の余罪取調べにおける自白、③公判廷での自白からなるところ、①と②は証拠決定で証拠能力が否定されたが、原審は、供述の経過を明らかにするとの立証趣旨でこれらの自白の職権証拠調べをしたため、これらの自白調書も、控訴審で「念のため」審査の対象とされ、その証明力が否定されたという経緯がある。

2　上記東京地決昭和56年11月18日は、長時間の取調べそれ自体が直ちに任意性を失わせるとは言えないが、追及の具体的方法いかんによっては不当に被疑者を精神的に動揺させ、供述の自由を著しく制約することもあり得るとした上で、Xを犯人と決めつけるに近い取調べをし、すでに身柄拘束から約45日を経過し、その間は連日相当長時間の厳しい取調べが執拗に継続され、このような取調べは、被疑者に対して自白を強要するに等しく、任意性に疑いがあり、その影響は検面調書にも及んでいる、とした。本件控訴審も、ほぼこの原決定を肯認しているが、理論的には、原決定は人権擁護説に立脚し、控訴審は、虚偽排除説を含んだ任意性説の観点に立っているようである。判旨(2)は、別件起訴中の本件自白につき、「既になされた自白が任意性に疑いがあることを知悉し、供述の任意性を回復すべく、取調の時間、方法等につき特段の配慮」がなければ、引き続きなされた自白も任意性に疑いがあると推定される、としたものである。

3　なお、証明力に付言しておくと、本件は、特に爆弾を運搬したとされる共犯者に、その時間帯に東京都府中市の運転免許試験場で受験していたというアリバイがあり、これが、Xの自白を含む関連する自白全体の信用性に致命的な疑問を投げ掛けた事案であった。

●**参考文献**●　判時1027-3[匿名解説]、判時1098-211[匿名解説]、判時1183-3[匿名解説]

441 黙秘権侵害による自白——覚せい剤取締法違反事件

浦和地判平成3年3月25日（判タ760号261頁）

参照条文　刑訴法322条、319条、189条、318条、198条、203条

黙秘権の不告知による自白の証拠能力。

●**事実**● 被告人Xは、Yと共謀の上、Zから覚せい剤約1gを2万円で譲り受けたという事実で起訴された。これに対して、Xは、Yに頼まれて、YをZ方に案内しただけで、覚せい剤の譲渡には関与していないと主張した。裁判所は、Xの警察官調書の任意性を否定し、検察官調書についても、警察官による取調べの違法性が遮断されていないとしてその任意性を否定して、覚せい剤の共同譲受けの事実は認めなかったが、その他の情況証拠から、覚せい剤譲受けの幇助は認定できるとして、Xを懲役5か月とした。

本件では、自白の任意性について、①警察官の取調べにおいて黙秘権を告げられたことは一度もなく、弁護人選任権も告げられず、「弁護士は必要ないな」などと言われただけであり、②逮捕当日、警察官から、「否認するな」、「否認したら重くなる」などと言われた、③警察官調書には述べたこととは違う事実を記載され、読み聞けもしないで署名指印を求められ、言われるがまま署名指印した、④検察官の取調べでは、黙秘権および弁護人選任権の告知は受けたが弁解を聞いてもらえなかった、加えて、⑤Xは過去に2回覚せい剤事犯で有罪とされたこともあって、警察官がXの尿を鑑定したが、覚せい剤反応は認められなかったにもかかわらず、この事実を警察官が明らかにしなかったなどの、不明朗な経緯もあった。裁判所は、これらの事実を踏まえて、以下の判断を示した。

●**判旨**● 「黙秘権の告知がなかったからといって、そのことから直ちに、その後の被疑者の供述の全ての任意性が否定されることにはならないが、被疑者の黙秘権は、憲法38条1項に由来する刑事訴訟法上の基本的、かつ、重要な権利であるから（同法198条2項）、これを無視するような取調べが許されないことも当然である。そして、刑訴法は、捜査官による被疑者の取調べの必要と被疑者の右権利の保障の調和を図るため（すなわち、取調べによる心理的圧迫から被疑者を解放するとともに、取調官に対しても、これによって、取調べが行きすぎにならないよう自省・自戒させるため）、黙秘権告知を取調官に義務づけたのであって、一般に、右告知が取調べの機会を異にする毎に必要であると解されているのは、そのためである。従って、本件におけるように、警察官による黙秘権告知が、取調べ期間中一度もされなかったと疑われる事案においては、右黙秘権不告知の事実は、取調べにあたる警察官に、被疑者の黙秘権を尊重しよ〔う〕とする基本的態度がなかったことを象徴するものとして、また、黙秘権告知を受けることによる被疑者の心理的圧迫の解放がなかったことを推認させる事情として、供述の任意性判断に重大な影響を及ぼすものといわなければならず、右のような観点からすれば、本件において、被告人が、検察官や裁判官からは黙秘権の告知を受けていることとか、これまでに刑事裁判を受けた経験があり黙秘権の存在を知っていたと認められることなどは、右の結論にさして重大な影響を与えないというべきである。」

●**解説**● **1** 自白法則に関する任意性説からは、捜査手続きに違法があっても、任意性に疑いを生じさせない限り、自白の証拠能力は否定されない。判例も、黙秘権の不告知は、直ちに供述の任意性を失わせるものではないとしている（最3小判昭25・11・21刑集4-11-2359）。そこで、黙秘権の不告知を理由として自白の任意性を否定した本判旨の理論的根拠が問題となる。

2 本件被告人は、刑事裁判を過去に2回経験していることからすれば、黙秘権の存在は知っていたと思われるし、本件では検察官の告知もあったことからすれば、任意性説により自白の任意性を否定することは難しいとして、本判決は違法排除説を意識したものであることは疑いがないとされている（岡田・後掲167頁）。しかし、同時に、本判決は、黙秘権不告知のみを理由として任意性を否定したのではなく、黙秘権を軽視する捜査官の態度等を総合判断して、黙秘権の不告知は、自白の任意性に重大な影響を及ぼすとしているのであるから、やはり伝統的な任意性説を基本としていると見るべきとする見解が有力である（岡田・後掲167頁、小川・後掲161頁）。

3 本判決は、警察官の態度と黙秘権の不告知が、供述の任意性に影響を及ぼすとし、この観点からは、被告人が黙秘権の存在を知っていたとしても結論に影響を与えないとした。しかし、黙秘権の告知により心理的圧迫から解放されるとすれば、被告人がそれを知っている場合は供述の任意性に問題はないことになろう。すると、本件で供述の任意性が問題とされた主な理由は、警察官の自白強要の態度となりそうである。しかし、本判旨が各取調べごとに黙秘権告知がなされるべきと指摘している点からすれば、毎回告知されることで心理的圧迫感が軽減され、そうであれば、被告人が知っているか否かに関係なく、黙秘権の不告知は、やはり供述の任意性に影響を及ぼし得るであろう（小川・後掲161頁）。こうして、本判旨は、警察官の態度と黙秘権の不告知の2つから供述の任意性を総合判断したものと言えよう。なお、判例には、黙秘権を毎回告知しなくても198条2項に反しないとしたものがあるが（最3小判昭28・4・14刑集7-4-841）、本件では、警察官の態度も問題であり、事案が異なる。

4 なお、任意性説も、当然、任意性の「疑い」の有無を問題とするものであるから、任意性の疑いに影響を与え得る手続きの違法を問題とする本判決も、決して任意性説に反するわけではない。したがって、本判決に違法排除説の要素が含まれるとしても、なお任意性説の範疇に止まると理解してよいであろう。

●**参考文献**● 小川佳樹・圖9版160、岡田雄一・圖8版166

442 接見制限と自白——余罪接見指定事件

最2小決平成元年1月23日（判時1301号155頁・判タ689号276頁）　参照条文　憲法31条、34条、38条　刑訴法39条

接見交通権の制限と自白の任意性。

●**事実**●　県会議員であった被告人Xは、昭和41年11月22日、詐欺罪で起訴・勾留され、同年11月28日、恐喝罪で逮捕・勾留されたが、XにはA〜Dの弁護人が付いていた。各弁護人のXとの接見状況として、(1)同年11月30日、AとBが接見し、(2)同年12月1日、CとDが接見し、(3)同年12月2日、AとDが接見し、(4)同年12月5日、Bが接見した。このうち、問題となった12月2日の接見状況は、①検察官は、余罪である贈収賄事件でXを取り調べたが、Xは自白するのを躊躇しており、「弁護士に会ってから話す」と言っていた。②当日、Aから接見の申出があり、午後4時25分から20分間Aが接見した。③Xは、その直後から贈収賄の事実の自白を始めた。④同日午後4時30分に、Dから接見申出があり、検察官は取調べを理由にこれを拒否して、同日午後9時の接見を指定した。⑤Dは、同日午後8時58分から50分間接見した。Aら弁護人は、④の検察官の接見拒否は違法であると主張したが、第1審は、Xの自白には証拠能力が認められるとした。控訴審は、「本件においては、当時4名の弁護人が相前後してXと接見しており、とくに本件贈収賄事件の自白は、……Aと接見した直後になされたものであり、……Dがそのころ接見を求めたのにそれが許されなかった事実があるにせよ、Dはその前日……にもXと接見しているのであり、……諸情況からみて、贈収賄事件の取調を理由として接見を拒否した検察官の措置に瑕疵があっても、Xの検面調書の任意性に疑いを挟む事情は認められない」として、原審の判断を支持した。Aら弁護人は、さらに上告したが、最高裁は、上告を棄却して、以下の判断を示した。

●**判旨**●　「記録によれば、D弁護人は、12月2日午後4時30分ころXとの接見を求めたところ、担当検察官が取調中であることを理由にそれを拒んだため接見できず、その後同日午後8時58分から50分間Xと接見したことが認められるものの、前記のように、右自白はA弁護人が接見した直後になされたものであるうえ、同日以前には弁護人4名が相前後してXと接見し、Dも前日に接見していたのであるから、接見交通権の制限を含めて検討しても、右自白の任意性に疑いがないとした原判断は相当と認められる。」

●**解説**●　1　被告人の余罪について取調べをしているときに弁護人から接見の申出があった場合の措置については、余罪について捜査の必要があることを理由として刑訴法39条3項の指定権を行使することはできず（最3小決昭41・7・26刑集20-6-728）、余罪についての取調べは、任意同行後の任意取調べと法的性質を同じくするのであるから、弁護人から面会の申出があった場合は、取調べを中断してその旨を被疑者に伝え、被疑者が面会を希望するときは、その実現のための措置を取るべきである（福岡高判平5・11・16【186】）。したがって、本件事案における余罪である贈収賄事件の取調べを理由とする検察官の接見拒否は違法な手続きである。問題は、この手続き違反と自白の証拠能力との関係である。

2　先例として、最2小判昭和28年7月10日刑集7巻7号1474頁は、身柄を拘束された被疑者と弁護人との面接時間が2〜3分と指定され、しかも警察官が立ち会っていたとしても、自白に任意性があるか否かは、それらの事由とは関係なくその自白をした当時の情況に照らして判断すべきであるとし、また、最1小決昭和41年10月6日裁判集刑161号21頁も、接見交通に関する手続き違反が常に被告人の供述の任意性を疑わしめるのではなく、任意性の有無は、その供述をした当時の状況に応じてこれを判断すべきものであるとした。判例は、自白法則に関して基本的に任意性説に立脚し、この場合でも、接見手続の違法と自白との間に因果関係が認められない限り、自白の任意性は否定されないという立場と言えよう。

3　本件控訴審も、判例の判断枠組みを前提に、供述をした当時の状況として、A〜Dの弁護人の接見状況を検討した上で自白の任意性を認め、本決定もこれを肯認した。本件では、Dに対する接見拒否の手続き違反は、当日にAが接見していることおよびD自身も前日には接見していることから、被告人の供述に大きな影響を及ぼすものではないと判断された。任意性説から考える限り、接見拒否の手続き違反と自白との間の因果関係が認められないとした判断は妥当であろう。仮に、違法排除説から考えても、違法の程度は（控訴審が「瑕疵」と言い、本決定が「制限」とのみ表現しているように）重いものではないと言えよう。

4　なお、下級審裁判例では、任意出頭段階で取調べを理由に接見を拒否した場合に、違法収集証拠として自白調書の証拠能力を否定した事例（函館地決昭43・11・20判時563-95）もあるが、この裁判例は、同時に、別の自白調書を任意性に疑いがあるとして証拠能力を否定していることにも注意すべきであろう。また、被疑者の弁護人選任の申出を弁護人に通知することを怠った違法から、被疑者の供述調書の任意性を否定した裁判例（大阪高判昭35・5・26下刑2-5=6-676）においても、逮捕が被告人の自白を得ることを唯一の目的としたものであることも理由となっている。もともと、接見手続自体は取調べ手続ではないので、接見手続の違法が直接任意性に影響を及ぼすことは少ないであろう。この点、接見手続の違法が重大な場合に、純粋に違法捜査抑制の見地から自白を排除する可能性があるかは、今後の検討課題である。

●**参考文献**●　小山雅亀・圖9版164、関正晴・圖8版170、安村勉・J平元年重判189

443 公判廷の自白と補強証拠——食糧管理法違反事件

最大判昭和23年7月29日（刑集2巻9号1012頁）　参照条文　憲法38条

憲法38条3項の「本人の自白」に、公判廷における被告人の自白が含まれることの是非。

●**事実**●　被告人Xは、第2審山形地裁において、食管法違反および物価統制令違反の罪で有罪判決を受けたが、その証拠として、Xの公判廷における自白のみが引かれていた。そこで、Xは、憲法38条3項に違反すると主張して仙台高裁に上告したが、同高裁は、同条項は公判廷外の自白に関するものであるとしてこれを斥けたので、最高裁に再上告を申し立てた。なお、本件は、刑訴応急措置法適用事件であり、同法は、高裁が上告審としてした判決に対して、憲法違反を理由に、最高裁にさらに上告することができると定めていた（現行刑訴法には再上告の制度はない）。また、自白の証明力に関する同法10条3項の規定は、憲法38条3項と同文であり、本件の直前に公布された現行刑訴法319条2項に言う、「公判廷における自白であると否とを問わず」との規定は未だ含まれていなかった。

●**判旨**●　「憲法第38条第3項……の趣旨は、一般に自白が往々にして、強制、拷問、脅迫その他不当な干渉による恐怖と不安の下に、本人の真意と自由意思に反してなされる場合のあることを考慮した結果、被告人に不利益な証拠が本人の自白である場合には、他に……補強証拠を必要とするものとし、……かくて真に罪なき者が処罰せられる危険を排除し、自白偏重と自白強要の弊を防止し、基本的人権の保護を期せんとしたものである。しかしながら、公判廷における被告人の自白は、身体の拘束をうけず、又強制、拷問、脅迫その他不当な干渉を受けることなく、自由の状態において供述されるものである。しかも、憲法第38条第1項によれば、『何人も自己に不利益な供述を強要されない』ことになっている。それ故、公判廷において被告人は、自己の真意に反してまで軽々しく自白し、真実にあらざる自己に不利益な供述をするようなことはないと見るのが相当であろう。又新憲法の下においては、被告人はいつでも弁護士を附し得られる建前になっているから、若し被告人が虚偽の自白をしたと認められる場合には、その弁護士は直ちに再訊問の方法によってこれを訂正せしめることもできるであろう。なお、公判廷の自白は、裁判所の直接審理に基くものである。従って、裁判所の面前でなされる自白は、被告人の発言、挙動、顔色、態度並びにこれらの変化等からも、その真実に合するか、否か、又、自発的な任意のものであるか、否かは、多くの場合において裁判所が他の証拠を待つまでもなく、自ら判断し得るものと言わなければならない。又、……公判廷の自白は、裁判所の面前で親しくつぎつぎに供述が展開されて行くものであるから、現行法の下では裁判所はその心証が得られるまで種々の面と観点から被告人を根堀り葉堀り十分訊問することもできるのである。……従って、公判廷における被告人の自白が、裁判所の自由心証によって真実に合するものと認められる場合には、公判廷外における被告人の自白とは異り、更に他の補強証拠を要せずして犯罪事実の認定ができると解するのが相当である。すなわち、前記法条のいわゆる『本人の自白』には、公判廷における被告人の自白を含まないと解釈するを相当とする。」（補足意見および少数意見がある。）

●**解説**●　1　憲法38条3項の「本人の自白」に公判廷における被告人の自白が含まれるかは、憲法公布直後から議論された論点であった。

2　かつて判例は、一貫して、「本人の自白」には公判廷における自白は含まれないとしてきた。すなわち、①最2小判昭和22年11月29日刑集1巻40頁は、公判廷において被告人は身体の拘束を受けることもなく全く自由に供述し得る立場に置かれているから、自白のみで被告人を有罪にしても基本的人権に欠くる所はないとし、②最1小判昭和23年2月12日刑集2巻2号80頁は、本判決とほぼ同じ判断を示して、公判廷では被告人は身体の拘束を受けず、全く自由な状態で供述でき、しかも、不利益な供述を強要されることもないから、被告人は自己の意思に反してまで軽々しく自白し、真実にあらざる不利益な供述をするようなことはないと見るのが相当としていた。本判決は、これらの立場を、大法廷として確認したものである（その後も最高裁は、たびたび確認している。最1小判昭42・12・21【447】等）。

3　本判決は、(i)公判廷における被告人は自由な状態で供述できるので、自己の意思に反してまで軽々しく自白するようなことはないこと、(ii)被告人の虚偽の自白に対しては弁護人が訂正することができること、(iii)公判廷の自白は、裁判所の直接審理に基づくものであり、裁判所はその真実性や任意性を自ら判断し得ることから、公判廷の自白には補強証拠を要しないとしたものと言えよう。なお、憲法38条3項がなぜ証言を除外せず自白だけを規定しているかについては、公判廷外自白には拷問等の虞があるが、証言にはそのような虞はないからとしている。

4　本判例の評価は分かれている。通説は、補強法則の根拠は、裁判官による自白偏重の防止にあるとして、公判廷の自白にも補強証拠を要求する（鈴木223頁等）。これに対して、本判旨の結論を支持する見解は、特に危険な自白は公判廷外の自白であることから、補強証拠の趣旨は、捜査機関が自白採取にだけ勢力を集中させないようにという捜査機関への制約にあるのであって、公判での規制ではないとする（田宮・後掲199頁）。本判旨における、「被告人を根堀り葉堀り十分訊問」できるとの部分は、当事者主義に反するので支持できない。しかし、その結論自体は、当事者追行主義を基礎とする事実認定という観点から支持し得るものと考える。立法論として、将来、アレインメント制度を導入しても、憲法違反とはならないと考える。

●**参考文献**●　田宮裕・固3版198

444 補強の程度——強盗見張り事件

最2小判昭和23年10月30日（刑集2巻11号1427頁）　　参照条文　憲法38条

自白を補強する証拠における、補強の客観的範囲と補強証拠の証明力。

● **事実** ● 被告人Xらは、共謀して強盗をしたとの罪で訴追されたが、Xは、見張りを命ぜられて、終始家の外部をうろついていたに過ぎないと主張した。しかし、第1審におけるXの自白によれば、Xが、他の共犯者と本件犯行について共謀した事実を認定することができる以上、強盗の実行行為をした他の共犯者と共に、強盗の共同正犯の罪責を免れないことは明らかであるとされた。これに対してXは、Xの自白を唯一の証拠として、強盗の共同正犯を認定したものであり、憲法38条3項に違反すると主張した。原判決は、上記事実を認定する証拠として、Xの自白のほか、証人Aの予審における被害顛末の供述調書を挙げていた。そして、同調書によれば、本件強盗の事実に照応する被害顛末を認定することができるものであったが、被害者の供述自体ではXが本件強盗に参加した事実は認定できないものであった。この点について、最高裁は、以下の判断を示した。

● **判旨** ●「自白を補強すべき証拠は、必ずしも自白にかゝる犯罪組成事実の全部に亘って、もれなく、これを裏付けするものでなければならぬことはなく、自白にかゝる事実の真実性を保障し得るものであれば足るのであるから、右予審におけるAの供述によれば、当夜A方に数人の犯人が押入って、強盗の被害を受けた顛末が認められ、Xの自白が架空の事実に関するものでないことは、あきらかであるから、右供述はXの自白の補強証拠としては十分であるといわなければならない。」

● **解説** ● 1　自白に補強証拠を必要とする場合における補強の程度については、問題を2つに大別することができる。1つは、補強証拠は、犯罪事実の如何なる範囲について必要となるかという補強の客観的範囲の問題であり、もう1つは、補強証拠がどの程度の証明力を持つ必要があるかという補強証拠の証明力の問題である。

2　補強の範囲については、罪体説と実質説との対立がある。①罪体説は、罪体について補強が必要であるとする。罪体の概念については、(i)客観的法益侵害とする説、(ii)法益侵害が犯罪行為に起因することとする説、(iii)犯罪行為者が被告人であることを含むとする説が対立しているが、(ii)が通説であり、妥当と思われる。②これに対して、実質説は、自白に係る事実の真実性を担保するに足りるものであればよいとする（平野233頁）。罪体説のように、形式的に範囲を限定するのではなく、事実を合理的に推認させる程度で足りるとするのである。もっとも、実質説も、「何人かの犯罪によって発生したものであること」までは必要であると解するので、結果的には、通説とほぼ一致する。なお、通説からも、公判廷自白については、実質説によって判断してよいとされているので（鈴木224頁）、両説の違いはそれほど大きくはない。

3　本判例は、自白の補強証拠は、自白に係る犯罪事実の全部にわたって漏れなく裏付けるものである必要はなく、自白に係る事実の真実性を保障し得るものであれば足りるとして、実質説に立つことを明らかにした。この立場は、その後の最2小判昭和24年4月30日刑集3巻5号691頁でも踏襲され、最大判昭和24年5月18日刑集3巻6号734頁で、「被告人の自白と補強証拠と相俟って全体として犯罪構成要件たる事実を認定し得られる場合においては、必ずしも被告人の自白の各部分につき一々補強証拠を要するものとは考えられない」として確認されている（同旨、最1小判昭24・4・7刑集3-4-489、最3小判昭25・10・10刑集4-10-1959等）。

4　本件でも、自白の補強証拠は、強盗の被害顛末の供述調書であり、これは、被告人が本件強盗に参加した事実を裏付けるものではないが、強盗の事実が「架空の事実」ではないことを裏付けるものであるから、被告人の自白の補強証拠としては十分であるとされた。この点は、その後も、被告人の自白と盗難被害届だけで贓物運搬の犯罪事実を認定しても、刑訴法319条2項に違反しないとする判例（最2小決昭26・1・26刑集5-1-101）等で確認されている。このような考え方は、被告人と犯人との同一性に関する補強証拠は不要とする判例（最3小判昭24・7・19刑集3-8-1348、最大判昭30・6・22【445】）、犯罪の主観的要素である贓物の知情性に関する補強証拠を不要とする判例（最大判昭26・1・31刑集5-1-129）等にも共通すると言えよう。

5　補強証拠にどの程度の証明力が要求されるかについては、(a)補強証拠自体の証明力の程度を問題とする立場（絶対説）と、(b)自白の証明力との相関関係で証明力の程度を問題とする立場（相対説）がある。本判例が、自白に係る事実の真実性を保障し得るものであれば足りるとするとき、それは、補強証拠を必要とする範囲を示すと同時に、補強証拠の証明力についてもその程度で足りることを示しているとされる（条解832頁）。つまり、被告人の自白と補強証拠とが相俟って犯罪事実を認定できる程度の証明力があればよい、との理解である。しかし、これは、補強証拠自体の取調べは自白から独立して行われるとする刑訴法301条の規定と整合しない考え方のように思われる。犯罪事実の全てについての補強証拠を必要としないとの実質説を前提として、犯罪行為の一部にしか関わらない補強証拠で足りるとしても、補強証拠自体の証明力は自白から独立して評価すべきであり（絶対説）、そのことと、その上で自白と総合評価することとは別問題だからである。

● **参考文献** ●　田宮裕『捜査の構造』316、鈴木・基本問題223

445 補強の範囲(1)――三鷹事件

最大判昭和30年6月22日（刑集9巻8号1189頁・判時52号1頁・判タ49号88頁）　参照条文　憲法38条

被告人と犯人との同一性についての補強証拠の要否。

●**事実**●　本件は、被告人Xら9名が、共謀の上、昭和25年7月15日、三鷹電車区で無人電車を暴走させ、その結果、電車を脱線・転覆・破壊し、付近に居合わせた6名を轢死させた、いわゆる「三鷹事件」の上告審判決である。第1審は、共謀の起訴事実は全く実体のない空中楼閣であったとし、事件をXの単独犯行と認定してXを無期懲役とし、その他の被告人に無罪を宣告した。検察官は、あくまで共謀による共同犯行を主張して控訴したが、控訴審は、量刑不当の主張のみを理由ありとして、Xに死刑を言い渡したが、その他の控訴は全て棄却した。検察官がさらに上告し、Xも上告したが、最高裁は各上告を棄却した。判示事項は多岐にわたるが、Xの弁護人の上告趣意が、Xが犯罪の実行者であることについて、Xの自白のみによる認定がなされているのは憲法38条3項に違反すると主張した点について、最高裁は、以下の判断を示した。

●**判旨**●　「論旨は、原判決は被告人Xの自白のみによって有罪を認定した違憲違法があると主張するのであるが、原判決はXの本件犯罪事実を肯認するに当って、第1審判決挙示のXの自白その他多くの証拠を綜合して有罪を認定しているものであることは、原判決の判文上明らかである。ただ右自白以外の証拠によっては、本件電車の発進がXの作為に出でたものであるという点につき、これを直接証拠だてるもののないことは所論のとおりである。しかしXの自白以外の証拠によれば、右事実の肯認を含めたXの本件犯行の自白（Xは控訴趣意で、第1審判決のXの自白どおりの事実認定は正しいものであると述べているところである）については、その自白の真実性を裏付けるに足る補強証拠を認め得られるのであって、従ってXが犯罪の実行者であると推断するに足る直接の補強証拠が欠けていても、その他の点について補強証拠が備わり、それとXの自白とを綜合して本件犯罪事実を認定するに足る以上、憲法38条3項の違反があるものということはできない。」

●**解説**●　1　本件では、被告人の自白を裏付ける補強証拠は、犯罪事実に関する被告人の自白の真実性を裏付けているものの、電車の発進が被告人の作為によるとの点についての直接的な補強証拠は存在しないとされた。そこで、問題となるのは、犯罪の実行者が被告人である点につき、補強証拠を必要とするかである。
2　自白の危険性には、①架空の犯罪で処罰される危険性、②犯人は被告人ではない危険性がある。①の危険は、罪体説のうち、【444】解説参照）、法益侵害が犯罪行為に起因することを罪体とする説（通説）から

の補強証拠があれば回避できる。また、②の危険は、同じく罪体説のうち、犯罪行為者が被告人であることを含むとする罪体説からの補強証拠があれば回避できる。したがって、学説で少数有力説が同一性に補強証拠を要求するのも（例えば、渥美477頁）、むろん一理ある。しかし、そうなると、あまりに有罪認定が困難になり、偶然に左右される弊害を生ずることとなる（平野234頁）。したがって、通説は、この点は裁判官の自由心証に委ねたのである。とは言え、補強の必要性も明らかであることから、通説からも「自白内容とあいまってこれを証明しうる補強証拠があれば足りる」（鈴木・基本問題229頁）として必要説に近付いた説明がなされ、他方、必要説からも、「犯人と被告人との同一性の立証が困難で、総合的にみて、その点について補強はないが、被告人を犯人と認定することが合理的であるとみられる場合は、それを肯定」するとして、これも不要説に近付いた説明がなされている（渥美東洋『レッスン刑事訴訟法』(下)35頁）。両説に実質的な違いはない。
3　本判旨は、被告人の自白について、同人が犯罪の実行者であると推断するに足る直接の補強証拠が欠けていても、その他の点について補強証拠が備わり、これと被告人の自白とを総合して犯罪事実を認定するに足る以上、憲法38条3項の違反があるとは言えないとした。実質説（最2小判昭23・10・30【444】）の考え方に沿った判例である。この点は、判例上、何度も確認され、例えば、最3小判昭和24年7月19日刑集3巻8号1348頁は、いわゆる自白の補強証拠とは、被告人の自白した犯罪が架空ではなく、現実に行われたことを証するものであれば足りるのであって、その犯罪が被告人によって行われたという犯罪と被告人との結び付きまでをも証するものであることは要しないとしていた（同旨、最大判昭24・11・2刑集3-11-1691、最2小判昭26・3・9刑集5-4-509）。もっとも、最3小判昭和24年7月19日刑集3巻8号1341頁は、窃盗被害届書に記載された被害日時が自白の日時と異なっていても、被害の発生場所・被害物件等、窃盗の客観的事実の記載が自白と一致している場合には、当該届書を補強証拠とすることができるとするが、補強証拠として認め得るかはその相違点の程度次第であって、慎重な検討を要することは当然であろう。
4　なお、犯罪の主観的要素（故意、目的等）も罪体には属さず、補強を要しない（通説）。この点、実質説に立つ判例も、贓物罪において、犯罪の客観的事実が被告人の供述によって確認されている以上、贓物であることにつき情を知っていたと認める直接の証拠が被告人の自白のみであっても、憲法38条3項に違反しないとしており（最大判昭26・1・31刑集5-1-129）、通説と一致している。

●**参考文献**●　田宮裕『捜査の構造』316、鈴木・基本問題223

446 補強証拠能力──未収金控帳事件

最2小決昭和32年11月2日（刑集11巻12号3047頁）　　参照条文　憲法38条3項　刑訴法319条2項、323条2号

未収金控帳を自白の補強証拠とすることの可否。

●事実● 被告人Xは米穀小売販売業者であるが、法定の除外事由なくして、(1)昭和26年3月初め頃から同年8月12日頃までの間、104回にわたり営業の目的で、相被告人Yほか2名から、闇米約16石を代金約22万円で買い受け、(2)同年4月3日頃から同年8月12日頃までの間、265回にわたりAほか62名に、闇米を含む約25石を代金約36万円で売り渡したとする食管法違反で起訴され、有罪とされた。そして、上記(2)の事実を認定した証拠として、XおよびYの供述のほかに、売り渡した相手方であるBほか15名の供述と、Xが、販売の月日・数量・金額・相手等を記入していた未収金控帳2冊を掲げていた。このうち、Xの供述は自白であり、Xが売り渡した相手方の買受人については、63名中16名の買受事実に関する供述調書が掲げられているに止まり、残る47名についての供述調書はなかった。しかし、未収金控帳2冊には、これらの相手方に対する売渡しの事実が記入されていた。そこで、弁護人は、未収金控帳の記載内容はXの自白にほかならないから、これをもってXの自白の補強証拠とすることはできず、47名に対する売渡しの事実については、結局、Xの自白が唯一の証拠となっているとして、憲法38条3項および刑訴法319条2項違反を主張した。原判決は、当該記載内容は被告人の自白に当たらないとして、この主張を斥けたので、弁護人はさらに上告した。最高裁は、上告を棄却して、以下の判断を示した。

●決定要旨● 「未収金控帳は原判決説示の如く、被告人が犯罪の嫌疑を受ける前にこれと関係なく、自らその販売未収金関係を備忘のため、闇米と配給米とを問わず、その都度記入したものと認められ、その記載内容は被告人の自白と目すべきものではなく、右帳面はこれを刑訴323条2号の書面として証拠能力を有し、被告人の第1審公判廷の自白に対する補強証拠たりうるものと認めるべきである。」

●解説● 1 被告人の自白を、被告人本人の供述で補強することはできない。補強証拠能力は、証拠能力ある証拠で、被告人の供述以外の証拠に認められる。判例も、第1審の自白の公判調書と司法警察官に対する自白調書とによっては、有罪とすることはできないとして（最大判昭25・7・12刑集4-7-1298）、被告人の供述を積み重ねて有罪認定をすることを否定する。もっとも、判例は、公判廷の自白を憲法上自白に含めないことから（最大判昭23・7・29【443】）、公判廷の供述を公判廷外の自白の補強証拠とすることを認めているが（最大判昭25・10・11刑集4-10-2000）、公判廷の供述も本人の供述であるから、この判例には疑問がある（平野236頁、鈴木225頁）。

2 問題は、当該証拠が、被告人の供述以外の証拠に当たるかである。本件で問題となったような、犯罪の嫌疑を受ける前に、被告人が作成した帳簿・備忘録・手帳等の補強証拠能力については、それまでの高裁判例は、消極説と積極説とが対立していた。消極説は、被告人作成の備忘録ノートブックを被告人作成の供述書として、自白の補強証拠となることを否定し（名古屋高判昭26・4・9判特27-77）、積極説は、犯罪の嫌疑を受ける前にこれと関係なく、被告人が、貸金関係の備忘のため、その都度記載した手帳について（仙台高判昭27・4・5高刑5-4-549）、また、事件とは全く無関係に記載されたことが明らかな被告人の手帳について（広島高松江支判昭28・3・2判特31-96）、いずれも自白の補強証拠となることを肯定した。しかし、これらの書面も被告人の供述であることは明らかではあるものの、これにつき積極説の理論的根拠は明らかではなかった。

3 本決定も、積極説を採用したが、本件の未収金控帳の記載事項も被告人の供述であることは確かであるのに、なぜ自白に当たらないことになるのか、実質的な理由は明らかでない。この点は、補強証拠の根拠を自白偏重と誤判の防止とにあるとする判例（最2小判昭23・10・30【444】）の考え方からすれば、本件の未収金控帳は、形式的には自白あるいは不利益事実の承認に当たるものの、商業帳簿と言えなくもないような帳面であり、少なくとも、業務の通常の過程において作成された書面として証拠能力を認めることのできるものであって、323条2号書面に当たるものである（三井・後掲567頁）。つまり、機械的な記載で、被告人以外の者によっても作成できる内容の書面であるから、実質的には自白に当たらないとして補強証拠の適格性を肯定しても、自白偏重や自白の真実性の評価を誤る危険性はほとんどなく、補強証拠を要求する趣旨に反しないとの説明が可能であろう（大野・後掲50頁）。自白の側面よりも業務文書の側面に比重のある書面との評価が可能な場合と言えよう。

4 本決定は、被告人が犯罪の嫌疑を受ける前に、これと関係なく作成した書面であれば、一般的に自白の補強証拠たり得ることを抽象的に宣言したものではないが（三井・後掲568頁）、その記載が機械的な内容の書面であれば、2号書面に限らず、3号の裏帳簿に当たる手帳・小切手帳・古物台帳等（大野・後掲50頁）、あるいは、真実性を保障し得るものであれば、勝馬投票の受付メモ・領収書・医師の診断書、さらに業務性のない手紙・日誌の類（河村・後掲173頁）についても、補強証拠能力を認める余地があるとされている。ただ、被告人の供述の側面も否定できないから、特信文書性が明白な書面に限定されるべきと思われる。

●参考文献● 三井明・判解昭32年度566、大野市太郎・別冊判タ12-48、河村博・圖5版172

447 補強の範囲(2)――無免許運転事件

最1小判昭和42年12月21日（刑集21巻10号1476頁・判時505号19頁・判タ216号114頁）

参照条文　憲法38条3項
　　　　　刑訴法319条2項

運転免許を受けていない事実と補強証拠の要否。

●事実●　被告人Xは、運送会社にトラックの助手として雇われていた者であるが、運転免許がないにもかかわらず、運転手の不在中にトラックを運転し、国道上において、同一方向に通行中の自転車にトラックを誤って接触・転倒させ、これに乗っていた被害者を後車輪で轢過して死亡させた。第1審は、Xを業務上過失致死と道交法違反（無免許運転罪）として、禁錮7か月に処した。Xが控訴して、無免許運転の罪について、Xの自白のほかに補強証拠がないのに有罪としたのは理由不備である旨主張したのに対して、原審は、「被告人の自白に補強証拠を必要とするのは、自白にかかる犯罪事実そのもの、即ち犯罪の客観的側面についてその真実性を保障せんがためであり、無免許という消極的身分の如きその主観的側面については、被告人の自白だけでこれを認定して差支えないと解するのが相当であ〔る〕」と判示した。これに対して、Xが上告して、原判断は、憲法38条3項の解釈を誤ったものであると主張した。最高裁は、上告を棄却したが、括弧書きで、原審の解釈が誤っていると判示した。

●判旨●　「無免許運転の罪においては、運転行為のみならず、運転免許を受けていなかったという事実についても、被告人の自白のほかに、補強証拠の存在することを要するものといわなければならない。そうすると、原判決が、……無免許の点については、……自白のみで認定しても差支えないとしたのは、刑訴法319条2項の解釈をあやまったものといわざるを得ない。ただ、本件においては、第1審判決が証拠として掲げたSの司法巡査に対する供述調書に、Sが被告人と同じ職場の同僚として、被告人が運転免許を受けていなかった事実を知っていたと思われる趣旨の供述が記載されており、この供述は、被告人の公判廷における自白を補強するに足りるものと認められるから、原判決の前記違法も、結局、判決に影響を及ぼさないものというべきである。」

●解説●　1　本件で、無免許運転という行為のうち、運転行為が行われていたという事実については、人身事故が発生している事実があるので、補強証拠の存在に問題はないと言えよう。これに対して、被告人は無免許であったという事実について、本件原判決は、「無免許という消極的身分の如きその主観的側面については、被告人の自白だけでこれを認定して差支えない」とした。しかし、無免許運転罪では、「無免許である」という事実が問題なのではなく、「無免許で運転をした」という事実が、いわゆる罪体になると考えるべきである（海老原・後掲358頁）。したがって、原判決の言うように、無免許運転罪の客観的事実は運転行為のみであって、無免許という点は行為者の属性であるとするのは適切ではない。

2　本判旨は、運転免許を受けていなかったという事実について補強証拠が存在することを要するとしたが、その根拠には触れていない。この点、調査官解説は、本判旨は、「罪体」という言葉は使っていないが、何らかの犯罪的色彩を持った事実を証明する補強証拠を必要とするという見解であると見る（海老原・後掲357頁）。判例は、補強証拠の必要な範囲について、いわゆる実質説に立つが（最2小判昭23・10・30【444】）、この立場を前提としても、自動車の運転が行われたということだけでは、無色透明な社会的事実に過ぎないのであり、また、これを解明しただけでは、犯罪の色彩のある事実の証明があったとは言えないからである。そうすると、無免許運転の事実は、無免許運転罪について、補強証拠によって補強されるべき客観的事実であることになる。

3　無免許運転に関する補強証拠としては、免許証提示を求められたが提示することができなかったという事実（警察官の現認報告書）だけでは、免許証不携帯罪との区別が付かないので、補強証拠として十分とは言えない。最も確実なのは、被告人が運転免許台帳に登載されていないという事実を証明する証明書であろう。

4　この点、本件では、被告人の会社の同僚で、被告人と同じ自動車に乗務したことがあるというSの供述調書が、補強証拠となり得るとされた。ただ、Sの供述は、「〔被告人は〕運転免許は持っておられないようです」という推測的供述でしかない。しかし、被告人が公判廷でも自白している事案であるから、比較的不十分な推測的供述でも足りるとされている（海老原・後掲360頁）。この見解は、理論的には、補強証拠は犯罪行為が架空の事実ではないことが保障されれば足りるとする実質説を前提としつつ、同時に、補強証拠の証明力に関するいわゆる相対説の考え方を根拠とするものと言えよう。判例は、例えば、業務上横領事件において、横領年月日につき被害届書の記載と被告人の自白が一致しない点があっても、その被害届書の記載と相俟って被告人の自白が架空のものでないと認められる以上、当該届書を補強証拠とすることができるとして（最2小判昭28・5・29刑集7-5-1132）、相対説を採っていると思われる。本件でも、推測的供述でしかないS供述の補強証拠としての証明力を被告人の公判廷自白と併せて評価するのであれば、相対説に立つことになる（福井・後掲171頁、渡辺・後掲177頁）。しかし、補強証拠の証明力評価は、刑訴法301条の要請から、自白から独立してなされる必要があるので（【444】解説参照）、相対説には疑問が残る。

5　なお、無免許運転とは異なり、覚せい剤所持罪等で法定の除外事由がないことについては、補強証拠は不要とされている（東京高判昭56・6・29判時1020-136）。所持事実は、違法阻却事由がないことを事実上推定させるからであろう。

●参考文献●　海老原震一・判解昭42年度354、福井厚・圇9版170、渡辺修・圇8版176

448 自白の信用性(1)——鹿児島夫婦殺し事件

最1小判昭和57年1月28日（刑集36巻1号67頁・判時1029号27頁・判タ460号68頁）

参照条文 刑訴法317条、411条、413条

被告人の自白およびその裏付け証拠の証拠価値。

●**事実**● 被告人Xは、昭和44年1月15日夜、A方に立ち寄った際、Aの妻Bと情交を持とうとしたが、折から帰宅したAと口論となり、Aから包丁で斬り付けられたところ、Bが馬鍬の刃でAの後頭部を殴打し、Xにおいても、Bと共謀の上、Aの頸部をタオルで絞めてAを殺害し、次いで、犯行の発覚を防ぐ目的で、Bの頭部を馬鍬で殴打し、タオルで頸部を絞め付け、Bをも殺害したとして起訴された。Xは、同年4月13日に別件の準詐欺罪等で逮捕され、起訴前および起訴後の勾留期間に本件の取調べを受け、同年7月上旬に至って本件犯行を自白し、改めて本件につき逮捕・勾留され、同月25日に起訴された。起訴後、Xは犯行を否認したが、第1審は、約6年半の審理の後、Xを有罪として懲役12年に処した。控訴審は、約4年半の審理の後、Xの控訴を棄却した。Xは、捜査段階の自白が警察の不当な取調べによるもので任意性がないとするとともに、Xを犯人であるとした原判決には審理不尽および事実誤認の違法があるとして上告した。最高裁は、審理不尽および重大な事実誤認の疑いを認めて、原判決を破棄・差戻しとし、以下の判断を示した（差戻し後、Xの無罪が確定した）。

●**判旨**● (1) 自白の信用性について。「自白内容をさらに詳しく検討すると、その中には、あらかじめ捜査官の知りえなかった事項で捜査の結果客観的事実であると確認されたというもの（いわゆる『秘密の暴露』に相当するもの）は見当らず、右自白がその内容自体に照らして高度の信用性を有するものであるとはいえない……。」①自白に客観的証拠の裏付けがないことについて。「まず、現場遺留指紋の中から、被告人の指紋が1つも発見されなかった……。次に、被告人の身辺から人血の付着した着衣等が一切発見されていない……。さらに、自白に基づく捜査によっても、犯行に使用された兇器がついに発見されなかった。」②証拠上明らかな事実についての説明が欠落していることについて。「たとえば、……Bの死体は、その着衣を臀部付近までまくり上げられ、下半身を露出するという異常な状態で発見されたものである……のに、被告人の自白からは、死体に対する作為をしたことの説明が一切欠落している。」③自白の内容に不自然・不合理な点が多い。

(2) 客観的証拠に関する疑問——陰毛およびその鑑定について。「その鑑定の資料とされたものが、現実にBの死体の陰部から採取された陰毛とは異なるものではないかという疑問が提起されており、右の疑問はいまだ証拠上解消されるに至っていない……。」

(3) 犯行時刻の特定とアリバイの成否について。「被告人がおそくも同日午後10時ころには帰宅していた……〔ので〕、……犯行時刻を同日午後10時ころ以前と認定することに疑問を提起する資料たりうるものであることは、否定し難いところと思われる。」

(4) 結論。「本件においては、被告人を犯行と結びつけるための唯一の直接証拠である被告人の捜査段階における自白及びこれを裏付けるべき重要な客観的証拠について、その証拠価値をめぐる幾多の疑問があり、また、被告人のアリバイの成否に関しても疑問が残されている。したがって、これらの証拠上の疑問点を解明することなく、1、2審において取り調べられた証拠のみによって被告人を有罪と認めることはいまだ許されないというべきであって、原審が、……被告人の自白に信用性、真実性があるものと認め、これに基づいて本件犯行を被告人の所為であるとした判断は、支持し難いものとしなければならない。」

●**解説**● 1 本件において、自白は、被告人と犯行とを結び付ける唯一の直接証拠であり、第1審・2審の有罪判決も、自白を最大の論拠とした。本件自白は、その信用性のみならず、長期間の身柄拘束の後の自白として、その証拠能力にも問題を含む。

2 自白の信用性の判断基準は、大きく3つに分類できよう。第1に、自白それ自体の信憑性に関わる要素がある。例えば、自白に臨場感・写実性・具体性・一貫性等があるかであり、自白の不自然さも問題となる。第2に、自白と客観的事実との合致に関わる要素がある。例えば、秘密の暴露があるか、自白と客観的証拠とが符号するかである。第3に、自白と自白採取過程との関係についての要素がある。例えば、いつ自白したか、どのような取調べの下で自白したか、取調べと自白の変遷との関係等である。このうち、第1の基準が自白評価の基礎となり、これを第2と第3の基準で検証することになろう。本件では、これらの自白の信用性の判断基準の全てが問題となる。

3 本判旨は、自白自体の信用性については、例えば、Aが帰宅する時間帯に情交を持とうとしたなどの自白内容の不自然さを指摘している。客観的証拠による裏付けとして指紋への言及があるが、現場から採取された45個の指紋からは被告人のものが1つも発見されなかったという。また、客観的証拠として最も重視された陰毛鑑定については、現場から採取された陰毛とは別のものが鑑定資料とされたのではないかという重大な疑惑が指摘されている。さらに、被告人のアリバイの点も重要である。被害者の死亡時刻が午後10時以降と推定されるところ、午後10時以降には被告人にアリバイがあるとの指摘である。判旨(4)のとおり、自白の証拠価値には幾多の疑問があると言わざるを得ない。

4 本判旨は、長期間の身柄拘束による自白の問題に、括弧内で論及し、その証拠能力に疑問を提起している。本判旨は、少なくとも自白の信用性を減殺する事情となるとしたが、注目すべき判示である（木谷・後掲42頁）。

●**参考文献**● 木谷明・判解昭57年度26、渡部保夫『無罪の発見』3

449 自白の信用性(2)——草加事件

最1小判平成12年2月7日（民集54巻2号255頁・判時1705号32頁・判タ1026号75頁）

参照条文　民法709条
刑訴法317条

自白の信用性。

●**事実**● 昭和60年7月19日、埼玉県草加市内の残土置場で女子中学生Vの絞殺死体が発見され、捜査の結果、非行歴があり、Vと面識があると思われるA～Fの6人の少年（当時13～15歳）に嫌疑が向けられた。そして、同年7月23日、A、BおよびCが強姦未遂、殺人の被疑事実で緊急逮捕され、8月3日、Eが強制わいせつで通常逮捕され、翌4日、Fが強姦で通常逮捕され、5人とも捜査段階において犯行を自白した。Dは、別件のぐ犯事件で教護院に送致された。D以外は家裁の少年審判で否認に転じたが、5人とも、強姦・殺人・強制わいせつ等の非行事実により少年院送致となり、高裁に抗告したが棄却され、最高裁への再抗告も棄却され、少年院送致決定が確定した。

その後、Vの両親が、少年A～Fの親権者に対して、不法行為に基づく民事損害賠償を求めたのが、本件である。第1審は、少年らの自白は客観的証拠ないし事実に矛盾し、著しい自白の変遷が多数存在して信用できないなどとし、少年らがVを強姦して殺害したとする請求原因事実は認められないとして、原告の請求を棄却したが、控訴審は、少年らの自白の内容は大筋において客観的事実に矛盾しないなどとして、その信用性を肯定し、請求を一部認容した。これに対する上告審が本判決であり、原判決を破棄して、差し戻した（なお、差戻し審では、第1審判決が支持された）。

●**判旨**● (1)「本件においては、本件事件と少年らとを結び付ける直接証拠はとしては、少年らの自白があるだけであり、少年らが本件事件の真犯人と認められるかどうか……は、少年らの自白が信用し得るものであるかどうかにかかっている。」「その信用性の判断は、自白を裏付ける客観的証拠があるかどうか、自白と客観的証拠との間に整合性があるかどうかを精査し、さらには、自白がどのような経過でされたか、その過程に捜査官による誤導の介在やその他虚偽供述が混入する事情がないかどうか、自白の内容自体に不自然、不合理とすべき点はないかどうかなどを吟味し、これらを総合考慮して行うべきである。」

(2) 自白を裏付ける客観的証拠の有無。①いわゆる秘密の暴露について。「〔Cがコンドームを窃取したと供述したことは〕C男らがコンドームを所持していたとの供述を裏付けるものにすぎず、秘密の暴露に当たるということはできない。」②Vの左右の乳房から採取した付着物の血液型について。「少年らの中に血液型がAB型の者がいないにもかかわらず、右各付着物の血液型判定と少年らの自白とは矛盾抵触しないとした原審の判断は是認することができない。」③少年らの射精、肛門性交、口淫等に関する自白と客観的証拠との整合性について。「Vの死体の膣内……に精液が存在したとは認められない……。そうするとB男の自白には、捜査官による誤導の疑いのある虚偽供述が含まれているといわなければならない〔。〕……Vの処女膜は健在しており、……陰茎を挿入した旨のA男及びC男の自白は虚偽である疑いが残る……。」④現場における少年らおよびVの痕跡について。「いずれも少年らやVがいたことを示す痕跡又は証拠が全く……ない。」

(3) 自白の変遷について。事件の関与者、強姦場所、強姦の既遂・未遂等、「重要な点についても変遷が見られ、これらのすべてが単なる記憶違いや見誤りに起因するものとは考え難い。」

(4) 結論。「少年らの自白にはいわゆる秘密の暴露があるわけではなく、自白を裏付ける客観的証拠もほとんど見られず、かえって自白が真実を述べたものであればあってしかるべきと思われる証拠が発見されていない上、一部とはいえ捜査官の誤導による可能性の高い明らかな虚偽の部分が含まれ、しかも犯行事実の中核的な部分について変遷が見られるという幾多の問題点があるのに、漫然とその信用性を肯定した原審の判断過程には経験則に反する違法があるといわざるを得ず、その違法は原判決の結論に影響を及ぼすことが明らかである。」

●**解説**● 1 本判旨は、自白の信用性を、(i)自白の客観的裏付け、(ii)自白の採取過程、(iii)自白内容の不自然さを中心に検討している。これは、従来の判例の判断基準を踏襲していると言えよう（【448】解説参照）。

2 本判旨は、自白を裏付ける客観的証拠について、秘密の暴露は、当該犯行と関連性がある事実であることを当然の前提としていると指摘した。原審は、少年らのコンドームの窃盗事実の供述を秘密の暴露に当たるとした。しかし、それは、コンドームを使用したという少年らの自白に関連した事実ではない。その他、原審は、血液型A型のVの細胞片とB型の犯人の唾液とが混合してAB型と判定された可能性があるとするが、血液鑑定を重視しないものと言わざるを得ず、さらに、VのスカートにAB型の精液が付着していたが、それは事件とは別の機会に付着したと推認し得るとするのも、客観的証拠を重視しない姿勢を示している。

3 さらに、判旨(3)では、自白の変遷に関して、捜査官の誤導に論及し、任意性が肯定できても、自白獲得過程に信用性を失わせる場合があることを明示した（中川・後掲169頁）。自白評価の問題も、根源的には、被疑者取調べの問題に帰着することを示している。

4 なお、本件は、あくまで民事の損害賠償事件であるが、内容的には、刑事裁判で家裁・高裁および最高裁の審理を経て確定した事実認定を覆すものとなっている。実質的には、本判旨に付された井嶋一友裁判官の意見が指摘するように、事実上の再審事件の性質を持った民事事件であったと言えよう。

●**参考文献**● 中川武隆・冏9版168、山室恵・冏8版174

450 共犯者の供述——練馬事件(その2)

最大判昭和33年5月28日（刑集12巻8号1718頁・判時150号6頁）　参照条文　憲法38条

共犯者の供述と、憲法38条3項に言う「本人の自白」との関係。

●**事実**● 被告人Aは、共産党軍事組織の地区委員長であったが、昭和26年末、争議行為に関して、練馬警察署I巡査の襲撃を計画し、被告人B方においてBほか1名と相謀り、具体的実行をBが指導することとし、その後、被告人C方およびD方等においてI巡査襲撃の計画を協議するなどして、A〜Dほか6名等がI巡査に暴行を加えようと順次共謀し、このうちC・Dら7名等が現場に赴き、I巡査を駐在所から誘い出した上、暴行を加えて殺害したという事件であった。第1審は、Aら10名を共同正犯として傷害致死罪で有罪とし、第2審もこれを維持した。

本件に含まれた訴訟法上の論点の第1は、「共謀」と「罪となるべき事実」との関係および共謀の判示方法であるが、この点については【402】参照。第2の論点は、Aの謀議を認定した主な証拠が、共犯者であるBの検察官に対する供述調書（自白）であったことから、Aとの関係における共犯者の供述と、憲法38条3項に言う「本人の自白」との関係であった。この点に関して、すでに最大判昭和24年5月18日刑集3巻6号734頁が、「共同被告人の供述は、それぞれ被告人の供述たる性質を有するものであって、それだけでは完全な独立の証拠能力を有しない。いわば半証拠能力（ハーフ・プルーフ）を有するに過ぎないもので、他の補強証拠を待ってこゝにはじめて完全な独立の証拠能力を具有する」と判示していた。そこで、Aらは、原判決の判例違反を主張した。最高裁は以下の判断を示して、上告を棄却した。

●**判旨**● 「憲法38条3項の規定は、被告人本人の自白の証拠能力を否定又は制限したものではなく、また、その証明力が犯罪事実全部を肯認できない場合の規定でもなく、かえって、証拠能力ある被告人本人の供述であって、しかも、本来犯罪事実全部を肯認することのできる証明力を有するもの、換言すれば、いわゆる完全な自白のあることを前提とする規定と解するを相当とし、従って、わが刑訴318条（旧訴337条）で採用している証拠の証明力に対する自由心証主義に対する例外規定としてこれを厳格に解釈すべきであって、共犯者の自白をいわゆる『本人の自白』と同一視し又はこれに準ずるものとすることはできない。けだし共同審理を受けていない単なる共犯者は勿論、共同審理を受けている共犯者（共同被告人）であっても、被告人本人との関係においては、被告人以外の者であって、被害者その他の純然たる証人とその本質を異にするものではないからである。されば、かかる共犯者又は共同被告人の犯罪事実に関する供述は、憲法38条2項のごとき証拠能力を有しないものでない限り、自由心証に委かさるべき独立、完全な証明力を有するものと

いわざるを得ない。

所論引用の判例……は、被告人本人が犯罪事実を自白した場合の補強証拠に関する判例であって、被告人本人が犯罪事実を否認している本件に適切でないばかりでなく、本判例と矛盾する限度においてこれを変更するを相当とする。されば、所論は採ることができない。」（少数意見がある。）

●**解説**● 1 本件被告人は、事件への関与を否認している。この場合、共犯者の自白のみを証拠として被告人を有罪としてよいか。憲法38条3項に言う「本人の自白」に共犯者の自白も含まれるのであれば、共犯者の自白にも補強証拠が要求されることになる。

2 学説は分かれている。補強証拠必要説は、①自白偏重防止の観点からは本人の自白と共犯者の自白とに区別はない、②誤判の危険の観点からは共犯者の自白の方がむしろ危険である、③自白した者が無罪となり、否認した者が共犯者の自白から有罪となるのは、非常識な結論である、などとする（団藤285頁）。これに対して、補強証拠不要説は、①自白に補強証拠を必要とするのは、自白が反対尋問を経ないで証拠能力を認められるからであり、共犯者に対しては被告人が反対尋問を行い得るから、これを同一視することはできない、②自白した方が無罪となり、否認した方が有罪となるのも、自白が反対尋問を経た供述より証明力が弱い以上は当然である、とする（平野233頁）。なお折衷説は、補強証拠は、共犯者の自白が公判廷自白の場合は不要であるが、公判廷外自白の場合は必要となるとする（田宮360頁、田口395頁）。

3 本判決は補強証拠不要説を採用し、共犯者も、被告人本人との関係においては、被告人以外の者であって、純然たる証人とその本質を異にするものではないとした。したがって、理論的には、共犯者の自白を唯一の証拠として被告人を有罪とすることもできる。ただし、本判決には、裁判官6名の少数意見が付されている。本判決の立場は、その後の判例においても繰り返し確認されているが、その都度、反対意見が付されており（最1小判昭35・5・26刑集14-7-898、最3小判昭45・4・7刑集24-4-126等）、必ずしも確立した判例ではない。

4 実際には、補強証拠不要説に立つ判例も、事実上補強証拠の存在を指摘し、またはこれを要求する事例が多い（最1小判昭51・2・19刑集30-1-25、最1小判昭51・10・28【451】等）。最2小判昭和43年10月25日刑集22巻11号961頁〔八海事件〕は、共犯者の供述が「客観的事実と符号するか否かを具体的に検討する」ことを要求した。また、最1小判平成元年6月22日刑集43巻6号427頁〔山中事件〕は、同様の視点から、共犯者の供述の信用性を否定した。理論的には不要説に立ちつつも、共犯者の自白の信用性の判断を慎重に行えば、結果的に、必要説と径庭はないことになろう。

●**参考文献**● 岩田誠・判解昭33年度399、下村康正・憲法Ⅱ初版122、横山晃一郎・Ⅱ3版200

451 共犯者の自白——保険金騙取事件

最1小判昭和51年10月28日（刑集30巻9号1859頁・判時836号122頁・判タ344号309頁） 参照条文 憲法38条

共犯者2名以上の自白による被告人の有罪認定と憲法38条3項。

●**事実**● 本件は、被告人A〜Dによる、交通事故を偽装した保険金騙取事件である。Bが運転し、AとCが同乗した普通乗用自動車の後部に、Dが運転する普通貨物自動車の前部を故意に追突させ、A〜Cがそれぞれ外傷性頸椎症等の傷害を受けたとして入院し、郵政省や保険会社から保険金を騙取したなどとする詐欺・同未遂事件で起訴された。これに対し、Aは、所用で車に同乗していたに過ぎないとして否認したが、共犯者B〜Dは犯行を認めて詳細な供述をした。第1審は、B〜Dの公判における自白を主な証拠として、Aを含む全員を有罪とし、控訴審もこれを維持した。弁護人は、共犯者の自白のみで被告人を有罪と認定したのは、憲法38条3項に違反するなどと主張して上告した。最高裁は、全員一致で、上告を棄却したが、全裁判官が補足意見を付した。ここでは、団藤重光裁判官の補足意見の要旨のみ引用しておく。

●**判旨**● 「上告趣意第1点は、憲法38条3項違反を主張するが、当裁判所大法廷判決［最大判昭23・7・14刑集2-8-876、同昭23・7・19刑集2-8-952、同昭33・5・28【450】］の趣旨に徴すると、共犯者2名以上の自白によって被告人を有罪と認定しても憲法38条3項に違反しないことが明らかであるから、共犯者3名の自白によって本件の被告人を有罪と認定したことは、違憲ではない。のみならず、原判決がその基礎とした第1審判決の証拠の標目によると、共犯者らの自白のみによって被告人の犯罪事実を認定したものでないことも、明らかである。所論は、これを採用することができない。」

団藤重光裁判官の補足意見。

「わたくしは、当裁判所の昭和49年(あ)第321号同51年2月19日第1小法廷判決（刑集30巻1号25頁）におけるわたくしの反対意見の中で述べたとおり、共犯者の自白も憲法38条3項にいわゆる『本人の自白』に含まれ補強証拠を要すると解する者である。問題は、共犯者の自白が相互に補強証拠となるかどうかである。

おもうに、1人の被告人のばあいには、その者の自白がいくつあっても、それらが相互に補強証拠となりうるものでないことは、あまりにも当然である。これに反して、共犯者の自白は、いうまでもなく、各別の主体による別個・独立のものである。2人以上の者の自白が一致するときは、たといそれが共犯者のものであろうとも、誤判の危険はうすらぐことになるから、相互に補強証拠となりうるものといわなければならない。ことに、本人も共犯者もともに自白しているようなばあいには、共犯者の自白が本人の自白を補強するものと考えて、本人を有罪とすることができるものというべきである。

……わたくしは、2人以上の共犯者の自白は相互に補強し合うものであって、否認している本人をこれによって有罪とすることは、憲法38条3項に反するものではないと解するのである。なるほど、所論のいうとおり、検挙された者が自分に有利な扱いをしてもらうために、捜査官の誘導や暗示に迎合して、他の者を渦中に巻きこむような、心にもない供述をする危険がないとはいえないであろう。だからこそ、わたくしは、共犯者の自白も『本人の自白』に含まれると解するのである。しかし、だからといって、共犯者の自白が相互に補強証拠にならないとまでいうのは、行きすぎである。」

●**解説**● 1 共犯者の自白のみで、否認している被告人を有罪と認定できることは、本判旨引用の諸判例からすでに明らかである。これらの判例によれば、被告人の自白がなく、かつ、共犯者1名の自白しかない場合であっても、被告人を有罪とすることが許されるから、本件のように、共犯者2名以上の自白がある場合に被告人を有罪とし得ることは当然となる。

2 本判例において注目すべきは、共犯者の自白も憲法38条3項に言う「本人の自白」に含まれ、したがって、共犯者の自白にも補強証拠が必要であるとする、これまでの判例に付されていた反対意見の立場に立つ裁判官も、共犯者2名以上の自白がある本件では、全員一致で、否認している被告人を有罪とし得るとする判断に同調している点である。特に、これまで一貫して補強証拠必要説の論陣を張ってきた団藤重光裁判官の補足意見が、検討に値する。

3 判例の採る補強証拠不要説からは、共犯者の自白も純然たる証人の供述と変わりはないので、独立証拠として、被告人の自白であれ、共犯者の自白であれ、これを補強する能力を持つのは当然ということになる。これに対して、補強証拠必要説は、共犯者の自白も憲法38条3項の「本人の自白」に含まれるから、独立証拠として用いようとする限り、補強証拠が必要であるとする。そうすると、この補強証拠必要説から、なぜ、共犯者の自白に補強証拠能力を認めることができるかが問題となろう。

4 この点、団藤裁判官の補足意見は、共犯者の自白に補強証拠がない場合、被告人を有罪とする独立証拠たり得ないが、他人の自白を補強することはできる、なぜなら、「2人以上の者の自白が一致するときは、たといそれが共犯者のものであろうとも、誤判の危険はうすらぐ」からである、とする。なぜそうなるかと言うと、同じ主体が何回自白してもそこには補強の要素はないが、別個の主体が同じ自白をしている場合には、それは単なる自白の積み重ねではないから、相互に補強関係を認めることができるとするものであろう。この補強証拠能力まで否定するのは「行きすぎ」だというバランス論である。ここでは、一歩補強証拠不要説に近付いているように思われる。

●**参考文献**● 香城敏麿・判解昭51年度293、中野目善則・刑9版172、岡田悦典・刑8版178

452 精神状態の供述——「あの人すかんわ」事件

最2小判昭和30年12月9日（刑集9巻13号2699頁・判夕56号61頁）　参照条文　刑訴法320条、321条、324条

いわゆる精神状態の供述の証拠能力。

●**事実**● 被告人Xは、昭和23年5月1日午後7時頃、路上でA女を姦淫すべく決意し、道路下に連れ込み、Aの頸部を扼圧して窒息死させたとの強姦致死で訴追され、第1審で有罪となった。第1審判決は、XのAと情を通じたいとの野心が犯行の動機であったことの証拠として、証人Bの「Aが私に『Xという人はどういう人か』と尋ねるので、私は、目の大きい歯は金歯の顔は長い大きい人だと云うと、Aは私に対し、『Xにつけられていけない。……あの人はすかんわ、いやらしいことばかりする人だ』と言っていた」旨の証言を掲げていた。Xはこれは伝聞証拠であると主張したが、控訴審は、「Aが、Aに対するXの野心にもとずく異常な言動に対し、嫌悪の感情を有する旨告白した事実に関するものであり、これを目して伝聞証拠であるとするのは当らない」と判示した。Xがさらに上告したところ、最高裁は、以下の判断を示して、原判決を破棄差戻しとした。

●**判旨**●「第1審判決は、Xは『かねてAと情を通じたいとの野心を持っていた』ことを本件犯行の動機として掲げ、その証拠として証人Bの証言を対応させていることは明らかである。そして原判決は、同証言は『Aが、Aに対するXの野心にもとずく異常な言動に対し、嫌悪の感情を有する旨告白した事実に関するものであり、これを目して伝聞証拠であるとするのは当らない』と説示するけれども、同証言が右要証事実（犯行自体の間接事実たる動機の認定）との関係において伝聞証拠であることは明らかである。従って右供述に証拠能力を認めるためには刑訴324条2項、321条1項3号に則り、その必要性並びに信用性の情況保障について調査を要する。殊に本件にあっては、証人BはAの死の前日まで情交関係があり且つ本件犯罪の被疑者として取調べを受けた事実あるにかんがみ、右供述の信用性については慎重な調査を期すべきもので、これを伝聞証拠でないとして当然証拠能力を認める原判決は伝聞証拠法則を誤り、引いて事実認定に影響を及ぼすものといわなければならない。」

●**解説**● 1　伝聞証拠とは、裁判所の面前での反対尋問を経ない供述証拠を言う。供述証拠は、知覚、記憶、叙述の過程を経て証拠化されるが、各過程には誤りが介入し得る。そこで、この各過程の誤りをチェックするのが反対尋問である。したがって、このような反対尋問ができない供述証拠に証拠能力を認めることはできない（320条1項）。このことから、供述証拠であっても反対尋問が可能な供述（証人の体験供述）はむろんのこと、言葉が非供述証拠の場合（行為の言語的部分）、あるいは、供述が非供述証拠的に利用される場合（例えば、「私は神だ」との供述の存在から精神異常を推認する場合）は、非伝聞として320条の対象外となる。

2　問題は、知覚と記憶の要素を含まない叙述だけの供述、つまり、いわゆる「心の状態」を述べる供述（精神状態の供述）の扱いである。この供述も叙述の要素は含むので、反対尋問を必要とする供述の面、すなわち伝聞証拠の面も含むが、叙述の誠実性だけをチェックする必要があるに過ぎないのであれば、一般的な関連性が問題となる供述の面も持つ。後者の面に着目すれば、320条の対象とする供述と見る必要はなく、非伝聞と考えることもできる。この場合は、上記の非伝聞が論理的に説明可能な非伝聞であるのに対して、供述のいずれの面に着目することが政策的に好ましいかという問題と言えよう（【453】解説参照）。その結果、精神状態の供述を非伝聞と見るか、伝聞と見るかについて見解が対立している。

3　本件では、そもそも問題となる供述を、精神状態の供述と見るか、体験供述と見るかが問題となった。本件原判決は、本件におけるAの供述のうち、「あの人はすかんわ」という供述部分に着目し、これを、Aが嫌悪の感情を述べたものと捉えて、非伝聞である精神状態の供述とした。しかし、第1審判決は、被告人の野心を認定する証拠として、被害者が生前にBに対して、被告人が自分に変なことをするのでいやらしいと告白した証言を掲げていたのである。つまり、Aは、被告人から変な言動をされて嫌悪の情を持ったのであり、Aの体験供述（寺尾・後掲395頁）の部分を除外すべきではなかったのである。本判旨が指摘するように、要証事実が被告人の犯行自体の間接事実である動機であるとすれば、Aが被告人を嫌悪していたという事実だけでは、その原因は様々に考え得るのであって、犯行の動機までは推認できない。Aの嫌悪の情の原因となった被告人の変な言動の存在が立証されることによって、初めて被告人の強姦行為への動機を推認できると見るべきであろう。したがって、Bの証言は、単にAの心の状態だけを立証するものではなく、Aの知覚した被告人の言動を立証するものとして、伝聞証拠に当たることは明らかと言えよう（金築・後掲181頁）。

4　こうして、本判旨のように、Aの供述を伝聞証拠と見ると、証人Bの供述は、被告人以外の者の供述をその内容とするものとして、321条1項3号の規定が準用され（324条2項）、同号の要件が充足されなければ証拠能力は認められないことになる。この点について、本判旨は、証人Bの供述の信用性に言及しているが、やや紛らわしい（金築・後掲181頁）。この点、問題となるのは、A供述の特信情況であるが、A供述が特に信用すべき情況の下でなされたかどうかは、多分にB供述の信用性にかかっているところ、Bがことさら被告人に不利となる供述をする虞もあるため、B供述の信用性について慎重な調査をした上で、A供述の特信情況の判断をすべきとしたものであろう。

●**参考文献**● 寺尾正二・判解昭30年度393、金築誠志・囲5版178

453 伝聞証拠の意義——白鳥事件

最1小判昭和38年10月17日（刑集17巻10号1795頁・判時349号2頁）　参照条文　憲法31条、37条、38条

伝聞証拠の該当性を定める基準。

●事実●　昭和27年1月21日午後7時42分頃、札幌市の路上で、自転車で走行中の同市警察本部警備課長白鳥警部が、背後から自転車に乗って来た何者かに射殺された。白鳥警部は、昭和26年のいわゆる「餅代よこせ」の要求をして座り込んだ党員約10名を検挙したことで、共産党員から敵視されていた者だったため、多数の共産党員が逮捕された。被告人M（日本共産党札幌委員会委員長兼同札幌軍事委員会委員長）は、同年10月1日、別件の保釈取消しにより収監され、翌月爆発物取締法違反で起訴され、その間、本件について取調べを受けたが一貫して否認した。その後、数次の別件起訴があったが、昭和30年8月に至り、白鳥警部殺害の罪で起訴された。第1審・2審は、Mは、白鳥警部らに反撃を加えようと企て、昭和26年12月27日頃、白鳥警部を殺害しようと決意し、同月29日頃、Aらと謀議をし、これに基づき、Bにおいて白鳥警部を射殺したとして、Mを有罪とした。ところが、実行犯とされたBほかの者が事件後所在不明となったため、本件の証拠としては、これらの者の発言を内容とする他の者の証言ないし供述調書が重要となり、その伝聞法則の適用の有無が争われた。この点に関するMの上告趣意は、原判決は刑訴法320条・324条に違反して、証拠能力がない伝聞供述を証拠として採用しており、憲法にも違反するというものであった。最高裁は、上告を棄却して、括弧書きで以下の判断を示した。

●判旨●　「伝聞供述となるかどうかは、要証事実と当該供述者の知覚との関係により決せられるものと解すべきである。Mが、電産社宅で行われた幹部教育の席上『白鳥はもう殺してもいいやつだな』と言った旨のRの検察官に対する供述調書における供述記載……は、Mが右のような内容の発言をしたこと自体を要証事実としているものと解せられるが、Mが右のような内容の発言をしたことは、Rの自ら直接知覚したところであり、伝聞供述であるとは言えず、同証拠は刑訴321条1項2号によって証拠能力がある旨の原判示は是認できる。次に、MがXの家の2階かYの下宿かで、『白鳥課長に対する攻撃は拳銃をもってやるが、相手が警察官であるだけに慎重に計画をし、まず白鳥課長の行動を出勤退庁の時間とか乗物だとかを調査し慎重に計画を立てチャンスをねらう』と言った旨の証人Tの第1審第38回公判における供述……、MがNの寄寓先で『共産党を名乗って堂々と白鳥を襲撃しようか』と述べた旨の証人Nの第1審第40回公判における供述……等は、いずれもMが右のような内容の発言をしたこと自体を要証事実としているものと解せられるが、Mが右のような内容の発言をしたことは、各供述者の自ら直接知覚したところであり伝聞供述に当らないとした原判示も是認できる。」

●解説●　1　上告趣意が主張するように、Rの検面調書およびT・Nの公判供述におけるM発言に関する供述が伝聞証拠に当たるとすると、この点で伝聞例外規定に該当しない限り、証拠能力は認められないことになる。本判決は、伝聞証拠となるか否かは、要証事実と当該供述者の知覚との関係により決せられることを確認した判例であり、Mが一定内容の発言をしたこと自体を要証事実とする場合には、Mの発言内容に符合する事実を要証事実とする場合とは異なり、その発言を知覚したRの供述は伝聞供述に当たらない、との判断を示した。

2　ただ、発言自体を要証事実とすると伝聞証拠に当たらないということは、それほど自明のことではない。この場合には、発言者の知覚および記憶は欠けるとしても、発言の誠実性については疑う余地があり、この点について発言者を証人として取り扱う必要があるとも言えるからである（小野・後掲163頁）。本判例は、このような場合を、伝聞法則の例外の問題と見ず、伝聞概念を限定することによって解決した。つまり、本件の場合、Mの発言は、知覚、記憶の要素を含まない叙述だけを要素とする精神状態の供述であり、Sが殺してもよいような人間であることが要証事実ではなく、発言自体がSに対する内心の敵意を推測せしめる間接事実として要証事実とされていると見るのである（川添・後掲158頁）。そうすると、この発言を直接知覚したRの供述は、単なる体験供述に過ぎない。なお、Mの行動調査指示に関する発言は、いわば謀議行為そのものであり、発言自体が犯罪行為の内容として要証事実とされているので、これを直接知覚したTの供述も単なる体験供述と見ることができよう（同159頁）。

3　学説では、伝聞説もある。例えば、大谷直人裁判官は、知覚・記憶・表現・叙述の全てが揃わないと刑訴法320条の「供述」に当たらないと説明するのはやや唐突な議論であり、知覚・記憶のプロセスを欠く供述についても伝聞法則の規制を受けるが、典型的な場合との差異から、例外を広く許容する方が素直であるとし、「心の状態を述べる供述」も同条の規制を受けるが、刑訴法321条1項3号の供述不能要件までは準用されず、特信情況が肯定される場合には、証拠能力を肯定してよい（大谷・中山退官259頁）とする。しかし、この伝聞説は、もはや立法論と言うべきではなかろうか。

4　精神状態の供述を非伝聞と見るか、伝聞と見るかは、理論的には、双方が可能であろうが、現行法の伝聞例外規定を前提とする限り、政策的には、供述概念を限定的に解する非伝聞説が適切ではないかと思われる。

●参考文献●　川添万夫・判解昭38年度151、小野慶二・固3版162、安冨潔・別冊判タ12-88

454 犯行計画メモ―山谷事件

東京高判昭和58年1月27日（東高時報34巻1=3号4頁・判時1097号146頁・判タ496号163頁）

参照条文　刑訴法
320条、326条

犯行計画メモの非伝聞性。

●事実● 東京都台東区山谷地区で、日雇労働者2名が作業着を着たまま外出したので、手配師HからY建設の飯場から逃げ出すものと誤解され、Hから現金を取り上げられ、全裸とされるという仕打ちを受けた。被告人Xは、日雇労働者のために活動していた者であるが、昭和55年9月25日、両名から、その仕返しをしたいとの相談を受けたため、他の者と数回にわたって戦術会議を開いて共謀の上、二十数名で上記飯場に押し掛け、Hら3名を食堂で全裸にした後監禁し、謝罪を要求して暴行を加え、慰謝料の名目で現金20万円を喝取したとして、監禁、監禁致傷、恐喝等の罪で起訴された。Xは、恐喝につき事前共謀はなかったと主張したが、第1審は、「㉕　確認点――しゃ罪といしゃ料」という記載のある、共犯者A作成に係るメモを証拠の1つとして事前共謀を認定し、Xを有罪とした。同メモは、当初、作成者不明のまま取調べ請求がなされ、弁護人が異議のない旨の意見を述べて、証拠調べがなされたが、その後、Aが、25日の戦術会議に参加したBから、27日にその内容を聞いて書き留めたものであることが判明した。Xは、当該メモは再伝聞証拠であり、原供述者であるBに供述不能要件がないにもかかわらず、これを事前共謀の証拠としたのは違法であるなどと主張して控訴した。控訴審は、控訴を棄却して、以下の判断を示した。

●判旨● (1)「人の意思、計画を記載したメモについては、その意思、計画を立証するためには、伝聞禁止の法則の適用はないと解することが可能である。それは、知覚、記憶、表現、叙述を前提とする供述証拠と異なり、知覚、記憶を欠落するのであるから、その作成が真摯になされたことが証明されれば、必ずしも原供述者を証人として尋問し、反対尋問によりその信用性をテストする必要はないと解されるからである。」
(2)「この点は個人の単独犯行についてはもとより、数人共謀の共犯事案についても、その共謀に関する犯行計画を記載したメモについては同様に考えることができる。……数人共謀の共犯事案において、その共謀にかかる犯行計画を記載したメモは、それが真摯に作成されたと認められるかぎり、伝聞禁止の法則の適用されない場合として証拠能力を認める余地があるといえよう。ただ、この場合においてはその犯行計画を記載したメモについては、それが最終的に共犯者全員の共謀の意思の合致するところとして確認されたものであることが前提とならなければならないのである。」
(3) 本件で、その確認があれば、メモに証拠能力が認められ、また、確認がなければ、本件メモは再伝聞証拠となって弁護人の同意を要するが、弁護人は取調べに異議がないとしてBに対する反対尋問権を放棄したと解され、結局、同メモには証拠能力が認められる。

●解説● 1 本件の犯行計画メモの証拠としての性質については、単独犯における犯行計画メモの場合と違って、メモ作成者A自身の犯行計画の面と共犯者全員のそれとの、2つの側面から考えてみる必要がある。

2 A自身が犯罪意図を抱いたことを、本件犯行計画メモで立証する場面については、犯行計画も、いわゆる心の状態（精神状態）に関する供述の一種として非伝聞と見るのが通説であり（【452】【453】解説参照）、判旨(1)もこの非伝聞説を採用している。なお、大阪高判昭和57年3月16日判時1046号146頁も、襲撃計画メモを伝聞法則の適用を受けない書面としたが、それは知覚・記憶の過程を欠く供述であるから伝聞法則から除いてよいとの理解（中川武隆・圖6版168頁）に基づくものと言えよう。

3 このことは、判旨(2)の言うとおり、単独犯でも共犯でも同じである。ただし、共犯の場合は、当該犯行計画メモが、共犯者全員の犯罪意思を体現したものである必要がある。この場合、メモ作成者の意図は、共謀参加者全員の意図を表していると見るのが自然だという見方もあるが、本件のように、メモが後日作成されたような場合には、必ずしもそうだとは断定できない。したがって、判旨(2)が、犯行計画メモが「最終的に共犯者全員の共謀の意思の合致するところとして確認されたものであること」を要求したのも、当然である。したがって、会議に参加した一員がメモを作成し、それを全員が確認し、全員で作成したものと同視できる場合（井上・後掲175頁）には、全員の心の状態を記すものとして非伝聞と解することができる。

4 ところが、本件のメモは、Aが、参加者Bから会議結果を後日聞いて作成したものである。したがって、事前共謀の証拠とする場合は、会議内容に関するB供述の真実性が問題となり、伝聞証拠となることは明らかである。本件では、反対尋問権の放棄により、証拠能力が認められたが、共犯者意思の確認が認定できない場合であるから、これをそのまま共犯者の犯罪意思の証拠とすることはできない。しかし、判旨(3)で証拠能力が認められた含意としては、他の証拠によって、Bが説明する計画が謀議参加者全員の共通意思であることが客観的に認定できれば、上記の共犯者意思の確認に代わり得るものとして、共謀の事実を立証する関係でも非伝聞と見ることが可能となり（村瀬・後掲181頁）、共謀の意思を推認させる間接証拠となり得る（川出・後掲181頁）、とするものと言えよう。

5 なお、例えば連判状のように、共謀内容を記載したメモが共謀者間で回覧・確認された場合には、まさに謀議の場で犯行計画がメモされ、これによって共謀が形成されたのであるから、犯行計画メモの存在とその記載自体が、共謀そのものの存在を示す証拠となる（川出・後掲181頁）。このようなメモは、その意味で非伝聞となるが、本件メモはそのようにして作成されたものではない。

●参考文献● 井上弘通・圖9版174、川出敏裕・圖8版180、村瀬均・圖7版180

455 裁判官面前調書——起訴前証人尋問事件

最大決昭和25年10月4日（刑集4巻10号1866頁）　　参照条文　憲法37条　刑訴法228条2項

> 刑訴法228条2項により弁護人に反対尋問の機会を与えないで作成された証人尋問調書の合憲性。

●事実● 本件は、被告人らよる汽車転覆致死被告事件につき、刑訴法227条の証人尋問が実施された際に、同法228条2項により被疑者および弁護人に反対尋問の機会が与えられなかった事案について、裁判官面前調書の証拠能力が争われた特別抗告事件である。地裁が言い渡した原証拠決定は、(1)刑訴法227条所定の証人が同法所定の要件を具備するものであるかはその尋問請求を受けた裁判官においてこれに関する検察官の提出した疎明によって判断するが、その尋問手続に何ら違法がないときはその尋問調書は同法321条1項1号の供述録取書であって、その供述者が公判期日においてその供述と異なった供述をしたときは、その供述調書は証拠能力を有するものである。(2)その際、刑訴法228条2項によって、捜査に支障を生ずる虞れがあるときは被疑者らをその尋問に立ち会わせなくともよいのであるから、証人尋問の際に反対尋問の機会を与えなかったとしても違法ではない、とするものであった。これに対して、弁護人は、刑訴法227条による証人Aの証人尋問調書は、被疑者・弁護人らに反対尋問の機会を与えないで作成されたものであるから、原決定は憲法37条2項に違反すると主張して、特別抗告を申し立てた。裁判所は、特別抗告を棄却して、以下の判断を示した。

●決定要旨● 「憲法37条2項に、刑事被告人は、すべての証人に対して審問する機会を充分に与えられると規定しているのは、裁判所の職権により又は訴訟当事者の請求により喚問した証人につき、反対尋問の機会を充分に与えなければならないというのであって、反対尋問の機会を与えない証人その他の者（被告人を除く）の供述を録取した書類は絶対に証拠とすることは許されないという意味をふくむものでないことは当裁判所の判例とするところである。〔最大判昭24・5・18刑集3-6-789〕。しかし記録によれば本件においては、所論の証人Aは、検察官の請求により、原審公判廷において尋問せられ、被告人側の反対尋問にも充分にさらされたことが明白である。従ってこの点において、憲法37条2項の要請は充たされたものと認めることができる。原審は唯、右証人がその公判廷において所論裁判官の面前における同証人の供述（刑訴227条、228条によるもの）と異った供述を為したが為に、検察官の請求により、刑訴321条1項1号によって右裁判官の面前における供述を録取した書面即ち所論証人尋問調書を証拠とすることができるものとして、これを証拠調する旨の決定をした迄のことであって、原審のかかる措置には何等違法の廉はない。原決定は正当で論旨は理由がない。」

●解説● 1 本判旨は、起訴前の証人尋問調書において、被疑者らに反対尋問の機会を与えないで作成されたものであっても、刑訴法321条1項1号の裁判官面前調書（以下、「裁面調書」）に該当して、憲法37条2項に違反しないとした。本決定が引用した最大判昭和24年5月18日も、被告人に反対尋問の機会を与えないで取り調べた証人の供述を録取した書類を証拠としても、憲法37条2項に違反しない、としていた。

2 学説では、反対尋問の機会を与えられていない証人尋問調書が、裁判官の面前における供述であるという理由により、証拠能力が認められるのは憲法37条2項に違反する疑いがあるとする説（例えば、江家92頁）もあった。しかし、通説は、公平な第三者たる裁判官の面前で供述が行われ、かつ、原則として宣誓の上で供述が行われているので、信用性の情況的保障が認められるとして、反対尋問の機会を与えられなかった裁面調書も合憲であるとしてきた。なお、実務上、裁判官は、被告人にとって利益な点についても十分尋問を行っている実情もあり、その意味でも、反対尋問に代わる信用性の情況的保障を認めてよいとの指摘もある（中山・後掲591頁）。

3 1号書面の射程として、①裁面調書は、当該事件において作成されたものであると、他の事件において作成されたものであるとを問わないとされている（最1小決昭29・11・11刑集8-11-1834）。したがって、他の刑事事件の公判調書中の証人・鑑定人の供述部分、民事事件の証人・鑑定人尋問調書、少年法14条による証人・鑑定人調書等が含まれる。②この場合、受命裁判官・受託裁判官の証人尋問調書も含まれるが（刑訴法163条）、当該事件における公判期日または公判準備における被告人以外の者の供述を録取した書面は、刑訴法321条2項によって無条件で証拠能力が与えられる。しかし、例えば、受訴裁判所内での証人尋問を受命裁判官に行わせるのは違法である（最2小決昭29・9・24刑集8-9-1519）ところ、これを受命裁判官に行わせた証人尋問調書は同条項には当たらないことになるが、1号書面として証拠能力を持ち得る。③また、裁判官の面前における供述を録取したものであれば足り、宣誓の必要はないから、被告人以外の者に対する公判調書中同人の被告人としての供述を録取した部分も含まれる（最3小決昭57・12・17刑集36-12-1022）。④なお、ビデオリンク方式による証人尋問調書は、供述者が証人として尋問できる状況にあれば、刑訴法321条の2第1項の規定により証拠能力を取得するか、供述者が死亡その他の理由で供述不能となったときには同条を適用できず、同法321条1項1号の裁判官面前調書として証拠採用され得る。

4 なお、刑訴法321条1項1号の裁判官には、外国裁判所の裁判官は含まない。外国裁判官の嘱託証人尋問調書は同項3号の書面に該当することになる（東京高判昭62・7・29高刑40-2-77）。韓国の公判調書も3号書面となる（最1小決平15・11・26刑集57-10-1057、【463】解説参照）。

●参考文献● 石井152、大コメ(7)589頁〔中山善房〕

456 供述不能要件(1)―証言拒否事件

最大判昭和27年4月9日（刑集6巻4号584頁）　　参照条文　憲法37条　刑訴法321条1項2号

証言拒否の場合に刑訴法321条1項2号前段を適用することの可否。

●**事実**●　被告人Xは団体等規正法違反の罪により、同YはXの蔵匿の罪で起訴されたが、その公判でYの妻Aが証人として喚問された。ところが、Aは、刑訴法147条1号に基づき証言を拒否した。そこで、検察官は、Aの検察官面前調書の証拠調べを請求し、裁判所は、これを同法321条1項2号により証拠採用した上、Xに有罪を言い渡した。Xは控訴したが棄却されたので、さらに上告して、控訴審が同号前段を例示とし、証言拒否の場合にも同規定の適用があるとした点を問題とした。そして、公判廷では証言拒否権を有する者が、検察官の面前では供述拒否権を告げられず、事実上強制的に供述させられた内容が、そのまま被告人に不利益な証拠として使われると解釈するのは、刑訴法147条の趣旨を裏切るものであり、法律体系の一貫性に悖るものであると主張した。最高裁は、上告を棄却し、憲法37条2項の規定は、被告人に証人審問の機会を与えない証人の供述には絶対的に証拠能力を認めないとの法意を含むものでもないとの判例（最大判24・5・18刑集3-6-789）を引用して、刑訴法321条1項2号の規定が憲法に違反しないとした上で、以下の判断を示した。

●**判旨**●　「そしてこの規定にいわゆる『供述者が……供述することができないとき』としてその事由を掲記しているのは、もとよりその供述者を裁判所において証人として尋問することを妨ぐべき障碍事由を示したものに外ならないのであるから、これと同様又はそれ以上の事由の存する場合において同条所定の書面に証拠能力を認めることを妨ぐるものではない。されば本件におけるが如く、Aが第1審裁判所に証人として喚問されながらその証言を拒絶した場合にあっては、検察官の面前における同人の供述につき被告人に反対尋問の機会を与え得ないことは右規定にいわゆる供述者の死亡した場合と何等選ぶところはないのであるから、原審が所論のAの検察官に対する供述調書の記載を、事実認定の資料に供した第1審判決を是認したからといって、これを目して所論の如き違法があると即断することはできない。尤も証言拒絶の場合においては、一旦証言を拒絶しても爾後その決意を翻して任意証言をする場合が絶無とはいい得ないのであって、この点においては供述者死亡の場合とは必ずしも事情を同じくするものではないが、現にその証言を拒絶している限りにおいては被告人に反対尋問の機会を与え得ないことは全く同様であり、むしろ同条項にいわゆる供述者の国外にある場合に比すれば一層強き意味において、その供述を得ることができないものといわなければならない。そして、本件においては、Aがその後証言拒絶の意思を翻したとの事実については当事者の主張は勿論それを窺い得べき証跡は記録上存在しない。それ故論旨は理由がない。」

●**解説**●　**1**　本判旨は、刑訴法321条1項2号前段の供述不能事由が例示列挙であり、また、これには証言拒否も含まれることを明らかにした。本判旨は、その前提として、刑訴法321条1項2号前段の合憲性を明確にしているが、そこで引用された最大判昭和24年5月18日は、旧刑訴応急措置法12条について合憲性を認めた判例で、刑訴法321条1項2号後段についての合憲性の先例ともされている（【459】解説参照）。

2　本判旨は、この昭和24年大法廷判決が、刑訴法321条1項2号前段の合憲性についても先例となることを明確にしている。検面調書の合憲性については、学説では、検面調書の場合は、供述者は宣誓をしていないし、反対尋問も受けていない、また、検察官は一方当事者であるから公平性を期待できず、信用性の情況的保障があるとは言い難いとする違憲論もあったが（江家98頁）、今日の多数説は、検面調書につき信用すべき情況がある場合に証拠能力を認めるべきとする合憲論を採っている（例えば、平野209頁、鈴木207頁、田宮381頁等）。しかし、判例は、公判における反対尋問が可能であることを根拠に、合憲性を認めている（最1小判昭36・3・9刑集15-3-500）。特信情況の要件については、実務家の間では、文理に反する形での特信情況の要件を認めることには疑問があるとの見解が有力である（岩瀬徹・⑪9版177頁）。

3　次に、本判旨は、刑訴法321条1項2号前段の供述不能事由が、限定列挙か例示列挙かについて、証人として尋問することを妨げる障碍事由を示したものであるから、これと同様またはそれ以上の事由の存する場合には供述不能に含まれるとして、例示列挙であることを明確にした。その他、同じく証言拒否事案につき、刑訴法321条1項1号前段を例示列挙とした判例が最1小決昭和44年12月4日刑集23巻12号1546頁であり、また、同3号前段につき、記憶喪失に基づく証言拒否に関する最1小決昭和29年7月29日【457】も例示列挙とし、これにより、1～3号各前段の供述不能要件が例示であることで統一された。

4　なお、本判旨は、証言拒絶の場合に、後にその決意を翻して証言をする場合が絶無とは言えないとするが、証言拒否の意思が堅いことが当然必要である。裁判例として、強姦事件の被害者が激しく泣いて証言しなかった場合に供述不能を認めたものもあるが（札幌高函館支判昭26・7・3高刑4-7-936）、ある程度の時間を置けば回復するような場合には、証言を待つべきことは当然であろう。この点、東京高判昭和63年11月10日判時1324号144頁は、宣誓および証言を拒否した証人につき、刑訴法321条1項2号前段につき、事実上の証言拒否の決意が堅く、翻意して尋問に応ずることはないものと判断される場合には、当該の供述拒否が作為的に行われたことを疑わせる事情がない以上、証拠能力を付与することに妨げはないとして、証拠能力を認めている（【457】解説参照）。

●**参考文献**●　椎橋隆幸・⑬4版166

457 供述不能要件(2)—記憶喪失事件

最1小決昭和29年7月29日（刑集8巻7号1217頁）　参照条文　憲法37条　刑訴法321条1項3号

記憶喪失の場合に刑訴法321条1項3号を適用することの可否。

●**事実**● 医師であり麻薬施用者である被告人Aは、Bに対して2回にわたり麻薬を譲渡した事実で起訴された。第1審公判に証人として出廷したBは、Aから麻薬を譲り受けた事実について記憶がないと述べ、また、麻薬取締官に対してその事実を認めて供述した供述調書の内容についても、同供述をした当時は麻薬中毒の禁断症状中であったから現在は全く記憶がないと証言した。第1審は、検察官が刑訴法321条1項3号の書面として証拠調べの請求をしたBの麻薬取締官にした供述調書を、同条に該当しないとして請求を却下し、Aに対して、犯罪の証明がないとして無罪を言い渡した。そこで、検察官が、上記調書は同号の要件を具備するとして控訴した。控訴審は、検察官の主張を容れて原判決を破棄し、Aを有罪とした。控訴審は、Bの麻薬取締官に対する供述調書は、供述の経過と調書の内容等から、Bが麻薬取締官に対し特に信用すべき状況の下に任意になした供述に基づいて作成されたものであると認定し、さらに、「Bは原審公判廷において（当審においてもまた同様であるが）、右各供述調書の供述内容につき記憶の喪失を理由として供述を拒しているのであるから、右は、刑事訴訟法第321条第1項第3号に所謂供述者が死亡、精神若しくは身体の故障等のため公判準備又は公判期日において供述することができない場合に該当するものといわなければならない。そしてまた、右各供述調書が前記各犯罪事実の存否の証明に欠くことのできないものであることは、記録に徴し疑のないところである」と判示した。

弁護人は、①Bは、調書の内容につき「記憶がない」と陳述しているのであるから、それがたとえ調書の内容と異なっていようとも、その事実については答えとして供述を再現しており不可能の状態ではなく、また証言を拒否もしていない、②「記憶がない」ということは、審問に対して任意に事実を供述しているのであり拒否ではない、③仮に、「記憶の喪失を理由として供述を拒否した」と認定されるにしても、これは刑訴法321条1項3号所定の事由には当たらない、④結局、原判決は、みだりに刑訴法321条1項3号の解釈を拡張して憲法76条3項の裁判官の独立保障を超脱し、裁判官直接主義の原則を自ら放棄した違法があり、被告人の証人に対する直接審問権に反するという憲法37条1項・2項違反の違法があるなどとして、上告した。最高裁は、上告を棄却して、括弧内で以下の判断を示した。

●**決定要旨**● 「証人が、記憶喪失を理由として証言を拒む場合が、刑訴321条1項3号の場合に該当することは、当裁判所の判例の趣旨とするところである[最大判昭27・4・9【456】参照]。」

●**解説**● 1 本件は、刑訴法321条1項3号書面についての判例だが、供述不能要件の問題は同項2号書面も同じであるから（高橋・後掲207頁）、便宜上、ここで取り上げる。

2 本決定は、簡潔な判示である。本決定で引用された【456】は、「いわゆる『供述者が……供述することができないとき』としてその事由を掲記しているのは、もとよりその供述者を裁判所において証人として尋問することを妨ぐべき障碍事由を示したものに外ならないのであるから、これと同様又はそれ以上の事由の存する場合において同条所定の書面に証拠能力を認めることを妨ぐるものではない」としたが、この事案は、証人が刑訴法147条の証言拒否権を行使して証言を拒んだケースであった。したがって、本決定が【456】を引用したことの問題点は、供述不能要件と同視できるのは、証言拒否権を行使した場合だけか、それ以外の広く証言を拒む場合も含むのかである。この点、本決定は、事実上の証言拒否の場合であっても供述不能要件を満たすものとして、記憶喪失を理由に証言を拒否する場合も、法定の供述不能要件に準ずる旨を明らかにして【456】の趣旨を一層明確にした、とされている（金吉・後掲108頁、高橋・後掲207頁）。

3 【456】は、被告人に反対尋問の機会を与えることができないという供述不能事由からすると、原供述者の死亡の場合と証言拒否権の行使の場合とで区別する理由はないとしているから、拒否権行使の場合と本件のような単なる証言拒否の場合とを区別する理由もないこととなろう。もっとも、本件は直接的には記憶喪失の事案であるから、記憶喪失が刑訴法321条1項3号の「精神の故障」に当たるか否かが先決問題となろう。記憶喪失には、病気の場合（いわゆる狭義の記憶喪失症）もあるが、自然の記憶能力の減退に過ぎない場合もある。この点、本件証人が公判廷で記憶喪失であると供述したことからすると、「精神の故障」に含めるのには抵抗があったのであろう。それゆえ、本件原判決は、記憶喪失に基づく証言拒否という理論構成をし、これを受けて、本決定も、本件を記憶喪失を理由として証言を拒む場合としたと思われる。こうして、事実上の証言拒否も供述不能に含まれるとしても、反対尋問が可能な程度に事実に関して答えていると認められる場合には、記憶喪失の申立てがあっても証言を拒む場合には当たらないが、2号書面であれば、同項2号後段が問題となることもあり得よう。

4 なお、刑訴規則199条の3第3項3号・199条の11で、証人の記憶が明らかでない場合には、誘導尋問を行い書面を示して記憶を喚起することが許されているから、記憶喪失の申立てがあった場合でも、これらを活用して、まず記憶の喚起に努めるべきであって、安易に例外規定の適用を認めるべきではないのは当然であろう。

●**参考文献**● 高橋幹男・判解昭29年度207、金吉聰・囻初版108

458 供述不能要件(3)―退去強制事件

最3小判平成7年6月20日（刑集49巻6号741頁・判時1544号128頁・判タ890号80頁）

参照条文 憲法37条2項 刑訴法1条、320条1項、321条1項2号

退去強制によって出国した者の検察官に対する供述調書の証拠能力。

●事実● 本件は、いわゆる管理売春の事案である。被告人ら3名は、共謀の上、タイ国女性14名・日本人女性1名の計15名を自己の管理する場所に居住させ、これに売春させることを業としたとして、起訴された。検察官は、退去強制手続により大阪入国管理局に収容されていたタイ国女性13名を取り調べ、その供述を録取したが、検面調書が作成された後、これらの女性は、その当日ないし7日後までの間に順次強制送還された。弁護人は、タイ国女性のうち13名の検面調書の証拠能力を争ったが、第1審がその証拠能力を肯定したため、控訴して、特に、証人たる外国人が出国して国内にいないことが予想されるときは、検察官は、被告人の反対尋問権を確保するために第1回公判期日前に弁護人の立会い下での証拠保全としての証人尋問を請求する義務があり、検察官がこの義務を怠ったときは、検面調書は証拠能力を取得しないと主張した。控訴審は、刑訴法226条・227条は制度趣旨を異にし、また、被告人側に同法179条による証拠保全の方法もあり、検察官にそのような義務はないとして、控訴を棄却した。弁護人はさらに上告したが、最高裁は、以下の判断を示しつつ、上告を棄却した。

●判旨● (1)「退去強制は、出入国の公正な管理という行政目的を達成するために、入国管理当局が出入国管理及び難民認定法に基づき一定の要件の下に外国人を強制的に国外に退去させる行政処分であるが、同じく国家機関である検察官において当該外国人がいずれ国外に退去させられ公判準備又は公判期日に供述することができなくなることを認識しながら殊更そのような事態を利用しようとした場合はもちろん、裁判官又は裁判所が当該外国人について証人尋問の決定をしているにもかかわらず強制送還が行われた場合など、当該外国人の検察官面前調書を証拠請求することが手続的正義の観点から公正を欠くと認められるときは、これを事実認定の証拠とすることが許容されないこともあり得るといわなければならない。」
(2)「これを本件についてみるに、検察官において供述者らが強制送還され将来公判準備又は公判期日に供述することができなくなるような事態を殊更利用しようとしたとは認められず、また、本件では、前記13名のタイ国女性と同時期に収容されていた同国女性1名（同じく被告人らの下で就労していた者）について、弁護人の証拠保全請求に基づき裁判官が証人尋問の決定をし、その尋問が行われているのであり、前記13名のタイ国女性のうち弁護人から証拠保全請求があった1名については、右請求時に既に強制送還されており、他の12名の女性については、証拠保全の請求がないまま強制送還されたというのであるから、本件検察官面前調書を証拠請求することが手続的正義の観点から公正さを欠くとは認められないのであって、これを事実認定の証拠とすることが許容されないものとはいえない。」

●解説● 1 本件の弁護人は、前提問題として、①刑訴法321条1項2号前段の違憲性、②同項2号前段には特信情況が要求されることも主張していた。しかし、①については、国外要件は憲法37条2項に違反しないとされ（最1小判昭36・3・9刑集15-3-500）、②についても、特信情況の要件は認められていない（【456】【459】解説参照）。

2 問題は、「供述者が……国外にいる」ため供述ができないとの要件については、国外にいることになった事由が特定されていないが、国家機関が、当該外国人を国外退去させて被告人の反対尋問権の行使を困難な状態を作出する一方で、国外要件を理由に当該検面調書の証拠調べを請求するような場合にも、国外要件を形式的に適用してよいか、である。この点、判旨(1)の前提として、「検察官面前調書が作成され証拠請求されるに至った事情や、供述者が国外にいることになった事由のいかんによっては、……証拠能力がある……とすることには疑問の余地がある」と判示され、国外要件の形式的あてはめは判例の立場ではないことが明らかにされた。特に、検察官が、被告人の反対尋問権を侵害する目的で、検面調書の作成後、供述者を故意的に国外に出国させたような場合には、検面調書は採用できないとすることに、反対論は見当たらないとされている（池田・後掲253頁）。

3 その上で判旨(1)は、「外国人の検察官面前調書を証拠請求することが手続的正義の観点から公正さを欠く」場合には証拠として許容されない場合があり得るとし、判旨(2)において、本件は、そのような公正さを欠くとは認められないとした（この判断枠組みを使った裁判例として、東京高判平20・10・16高刑61-4-1がある）。この場合、「公正さ」の要件は、国外要件の解釈問題というより、それ以前の証拠の許容性の問題と見るべきであろう。国外要件を満たさないと解しても、供述者は現に国外にいるのであるから、その実質的理由は、国外要件ではなく、それ以前の国外に至った理由にあると見るべきだからである。この理論構成は、手続規定を欠いた手続きによる証拠は許容されないとした、最大判平成7年2月22日〔ロッキード丸紅ルート事件（その2）〕【434】の考え方に近いと思われる。

4 今後は、訴追機関と出入国管理当局との必要な意思連絡が要求されるとともに、裁判所としても、集中審理や、場合によっては当該証人の証人尋問（刑訴法226条・227条・281条）の努力が求められよう。判旨(2)は、証拠保全としての証人尋問に言及していることからすると、判例も証人尋問を重視していると言えよう（池田・後掲257頁）。なお、抜本的には、立法による解決が望まれる（大野正男裁判官の補足意見）。

●参考文献● 池田耕平・判解平7年度239、上冨敏伸・圖9版178、本田守弘・圖8版184

459 検面調書の合憲性——被害者証言事件

最3小判昭和30年11月29日（刑集9巻12号2524頁・判タ56号59頁）　　参照条文　憲法37条　刑訴法321条1項2号

刑訴法321条1項2号後段の合憲性。

●**事実**● 恐喝等被告事件の第1審公判で、恐喝の被害者2名の証人尋問が行われ、両名は、先に検察官の面前でした供述と相反するかまたは実質的に異なる供述をしたので、検察官は、刑訴法321条1項2号後段により検察官面前調書の証拠調べを請求し、裁判所はその取調べを行い、他の証拠と併せて被告人Xを有罪と認定した。Xは、事実認定を争って控訴したが、棄却された。そこで、さらに上告して、上記刑訴法の規定は、憲法37条2項の反対尋問の「充分な」機会を奪うものであり、無効であると主張し、「刑訴321条1項2号後段の規定は、憲法37条2項に違反する無効の規定……である。……公判廷において、証人が被告人に有利な（例えば被告人に脅迫された事実はないという）証言をした後に、本条により、不利な（被告人から脅迫されたという）供述調書が提出された場合、憲法の規定する反対訊問の『充分な』機会は如何にして保障されるであろうか。証人を再び法廷で訊問してみたところで、前回同様の……証言を繰返すのみに過ぎず、それ以上に、証人の公判外の供述の信用性を弾劾しようとすれば、同時に公判廷における証言の信用性まで喪失する危険を覚悟しなければならない」と論じた。最高裁は、上告を棄却して、以下の判断を示した。

●**判旨**● 「憲法37条2項が、刑事被告人は、すべての証人に対して審問する機会を充分に与えられると規定しているのは、裁判所の職権により又は当事者の請求により喚問した証人につき、反対尋問の機会を充分に与えなければならないという趣旨であって、被告人に反対尋問の機会を与えない証人その他の者の供述を録取した書類を絶対に証拠とすることを許さない意味をふくむものではなく、従って、法律においてこれらの書類はその供述者を公判期日において尋問する機会を被告人に与えれば、これを証拠とすることができる旨を規定したからといって、憲法37条2項に反するものでないことは、当裁判所大法廷の判例が示すところであるから〔最大判昭和24・5・18刑集3-6-789〕、刑訴321条1項2号後段の規定が違憲でないことはおのずから明らかである。」

●**解説**● 1 本判旨が引用する最大判昭和24年5月18日は、旧検事聴取書の合憲性について、「憲法第37条第2項に、刑事被告人はすべての証人に対し審問の機会を充分に与えられると規定しているのは、裁判所の職権により、又は訴訟当事者の請求により喚問した証人につき、反対訊問の機会を充分に与えなければならないと言うのであって、被告人に反対訊問の機会を与えない証人其他の者（被告人を除く。）の供述を録取した書類は、絶対に証拠とすることは許されないと言う意味をふくむものではない」から、検事聴取書を証拠としても憲法37条2項に違反しないとした。しかし、その背景事情に注意しなければならない。

2 当時は、未だ新刑訴法の制定前であって、検事聴取書を証拠採用した根拠は、旧刑訴応急措置法12条1項本文であり、それは、「証人その他の者（被告人を除く。）の供述を録取した書類……は、……その供述者……を公判期日において訊問する機会を被告人に与えなければ、これを証拠とすることができない」との規定であった。そこで、上記昭和24年大法廷判決は、この規定を受けて、「公判期日において訊問する機会」を与えることを、憲法37条2項の核心と捉えたのである。そうであれば、検事取調べ時に反対尋問の機会を与えなくても、憲法違反の問題は生じない。こうして、調書作成時でなくとも、公判期日時に反対尋問の機会を与えることで憲法の要請に応えることができるとの判例の流れができた。現行刑訴法321条1項1号後段についても、すでに、最大決昭和25年10月4日【455】が、公判において反対尋問がなされていることを根拠として、裁判官の証人尋問調書に証拠能力を認めていた。本判決は、同項2号後段についても、上記先例を踏襲したわけである。刑訴応急措置法に関する判例が、その後に制定された新刑訴法321条1項2号の合憲判断の根拠として引き継がれてきたことに注目すべきである。

3 ただ、これは、公判外取調べと憲法37条2項とを直結させないで、公判期日における訊問という中間項を介する、いわば間接構成の考え方である。あるいは、憲法の「形式的理解」（松尾・後掲158頁）または「縮小解釈」（横山・後掲116頁）などとも呼ばれた。判例がこのような考え方をするのは、直接主義によるものとも指摘される（松尾・後掲159頁）。学説では、公判外における供述の証明力を減殺するような反対尋問は技術的に非常に困難であるから、反対尋問の機会を「充分に」（憲法37条2項）与えたものとすることは疑問であるとの主張もなされ（江家97頁）、本件上告趣意は、まさにこの論理を採用した。しかし、多数説は、事後ではあるが反対尋問をなし得るとし（平野214頁）、ただ、そのためには尋問者が事前に供述録取書面を閲覧する必要があるとした。また、調書内容に関して公判廷で反対尋問の機会が与えられたことを条件に証拠能力を認めるのであれば、相対的特信情況を厳格に解していく限り、かろうじて違憲の誹りを免れ得るとの有力な主張もなされてきた（鈴木208頁）。

4 他方、実務は、公判中心主義の原則が掘り崩されることを防止するため、公判廷における反対尋問権の実質化の努力を進め、昭和32年刑訴規則改正により、交互尋問制度の確立をもたらした。このような当事者主義刑事訴訟法の展開と判例における直接主義的な考え方とには、微妙だが重要な違いがあるように思われる。

●**参考文献**● 吉川由己夫・判解昭30年度346、松尾浩也・百3版158、熊谷弘ほか編『証拠法大系』Ⅲ114〔横山晃一郎〕

460 特信情況—公職選挙法違反事件

最3小判昭和30年1月11日（刑集9巻1号14頁）　　参照条文　刑訴法321条1項2号

刑訴法321条1項2号但書の特信情況の判断資料。

●事実●　本件は、被告人X・Y両名が、共謀でまたは単独で、昭和27年10月施行の衆議院議員選挙に際して、選挙人を供応し、または選挙人、選挙運動者に対し金員を供与したという事案である。第1審において、証人Aほか16名などの検察官面前調書には特信情況がないとの弁護人の異議にもかかわらず、これらの書面が証拠採用され、X・Yは有罪とされた。弁護人は、控訴したが、右調書は法定の要件を具備していることが明白であるとして、控訴は棄却された。弁護人は、上告趣意において、「刑事訴訟法321条は証拠能力に関する規定であって、理論上、信憑力の問題に先行する、……しかるに原判決は検事調書の内容それ自体並びに他の証拠と対照上刑事訴訟法第321条第1項第2号の要件を具備しているものと認める」として、検事調書を証拠採用したが、この解釈は誤りであると主張した。最高裁は、上告を棄却して、以下の判断を示した。

●判旨●　「刑訴321条1項2号は、伝聞証拠排斥に関する同320条の例外規定の1つであって、このような供述調書を証拠とする必要性とその証拠について反対尋問を経ないでも充分の信用性ある情況の存在をその理由とするものである。そして証人が検察官の面前調書と異った供述をしたことによりその必要性は充たされるし、また必ずしも外部的な特別の事情でなくても、その供述の内容自体によってそれが信用性ある情況の存在を推知せしめる事由となると解すべきものである。このことは既に当裁判所再三の判例の趣旨とするところであり［最1小判昭26・11・15刑集5-12-2393］、原判決の判断もこれと同趣旨に出るものであるから、原判決には何ら理由の不備又は判断の遺脱なく、所論は理由がない。」

●解説●　1　321条1項2号但書における「前の供述を信用すべき特別の情況の存するとき」の要件が、証拠能力と証明力のいずれに関する要件かにつき、かつては、信用性の問題は証明力に関する要件であるとする見解もあったが（例えば、ポケット（下）889頁〔横井大三〕）、その後、かかる見解は克服され、「証拠とすることができる」（1項本文）との趣旨からも証拠能力の要件であるとする理解が、一般的となった（鈴木207頁）。その上で、この判断は、外部的付随的事情によるべきだとする見解（江家103頁等）と、外部的付随的事情によるべきであるが、かかる事情を推認する資料として供述内容を考慮することも許されるとする見解（高田229頁等）とが対立した。その間にあって本判例は、後者の見解を採用した（青柳・後掲7頁）。

2　もっとも、それまでの下級審の流れを踏まえ、供述内容の信用性の問題とする考え方を採ったものと理解すべきとの見解（上口・後掲169頁）もある。確かに、例えば、①検察官の面前における供述の方が理路整然としている（名古屋高判昭24・10・12判特2-36）、②公判供述は曖昧であり、根拠が薄弱であるが、検察官の面前供述は、よく事理にかなっていて首肯に値する（名古屋高判昭24・6・29判特1-54）、③公判廷での供述は断定的ではなく、検察官の前での供述が断定的である（福岡高判昭25・1・23判特3-103）、④検察官の面前では自然であって、自己の非を認めて間違いないと思うところを述べたものと認められる（東京高判昭26・11・20判特25-52）といった理由から、特信情況を肯定する下級審の流れがあったことは事実である。しかし、他方で、⑤公判供述は、検察官の取調べから4か月以上経過しており、検察官の取調べを受けた当時の記憶は新鮮であると言える（札幌高判昭25・12・15判特15-188）、⑥検察官の取調べ時には鮮明な記憶を持ち、記憶どおり供述していたのに、公判まで2年余の経過により記憶を喪失した（東京地決昭53・6・29判時893-8）、という理由で特信情況を認めた判例もあるので、判例の流れも一様ではない。また、①～④の判例も、外部的事情を推認する間接事実を認定したものと理解することができないわけではない。

3　本判旨は、「供述の内容自体によってそれが信用性ある情況の存在を推知せしめる事由となる」としているので、原則は外部的事情とする立場を維持していると解することができよう。本判旨引用の昭和26年判決も、特信情況の有無の判断は裁判所の裁量に任されているというに過ぎない。学説の趨勢も、外部的付随的事情が判断基準であるが、その外部的事情を判断するにあたり、調書記載の供述内容を考慮することも許容されるという理解にある（田宮382頁、松尾（下）61頁、鈴木208頁等）。ただ、公判供述と検面調書内容の供述とを比較して、公判準備または公判期日における供述が必ずしも信用できないという情況がある場合でも、特信情況を認めることができるとする裁判例もある（東京高判昭45・3・3高刑5-2-606-97）。例えば、暴力団員である被告人の弟分に当たる証人が公判廷において検察官の面前でした供述と異なった供述をした場合は、特別の事情のない限り、公判期日における供述よりも前の供述を信用すべき特別の情況の存する場合に該当する（札幌高判昭27・2・27高刑5-2-278）、などとされている。しかし、かかる公判情況だけで直ちに特信情況を肯認してよいかは、慎重に判断する必要があろう。

4　なお、調書の供述内容を判断資料とすることができると言っても、あくまで証拠能力の判断のためであるから、この段階での調書閲読により心証形成をなすべきでないことは当然である（青柳・後掲8頁）。規192条も、書面の形式等の審査に止める趣旨と理解する必要がある。

●参考文献●　青柳文雄・判解昭30年度6、上口裕・国4版168

461 実質的不一致供述―詳細調書事件

最2小決昭和32年9月30日（刑集11巻9号2403頁）　参照条文　刑訴法321条1項2号

> 検面調書がより詳細な場合と刑訴法321条1項2号後段要件の有無。

●**事実**●　本件は、船主である被告人Aと機関長である被告人Bが共謀の上、価格約70万円の漁船に250万円の船舶海上保険を付けて、昭和24年12月13日、Bにおいて布団綿に灯油を滲み込ませたものにマッチで点火し、A所有の船舶に燃え移らせてその大半を燃焼させ、Aにおいて、放火の事実を秘し虚構の事実を申し向けて保険金の支払請求をなし、保険会社係員をしてその旨誤信させ、保険金名下に金員を騙取したという事案である。Aが、捜査・公判を通じて、放火を協議した事実はなく、保険金の受領についても失火による焼沈と考え受領したものであるとして否認する一方、Bは、捜査・公判を通じて事実を詳細に認めており、両者は鋭く対立していた。第1審がAに有罪を言い渡したため、Aが控訴したところ、控訴審も有罪を維持した。そこで、弁護人は、Bの公判廷における供述は、検察官の面前における供述と全く同一の主張であり、321条1項2号の「実質的に異った供述」とは言えないから、Bの検察官面前調書には証拠能力は認められないとして、上告した。最高裁は、上告を棄却して、以下の判断を示した。

●**決定要旨**●　「相被告人の供述調書は、公判廷における夫々の供述と大綱においては一致しているが、供述調書の方が詳細であって、全く実質的に異らないものとはいえないのであるから、〔刑訴法〕321条1項2号の要件をも満たしているということができるから、刑訴法上の違反も存しない。」

●**解説**●　1　本決定は、相被告人の検察官面前書面で、その公判廷における供述よりも内容において詳細なものは、321条1項2号後段の「公判期日において前の供述と……実質的に異った供述をしたとき」に当たらないとは言えないとした。やや歯切れの悪い二重否定の判示となっているが、それだけ刑訴法の基本に触れる微妙な問題であることを物語っていると思われる。相反ないし実質的不一致とは、事実認定に差異を生ずる可能性のある食い違いを意味するとされているが、問題は、前の供述が「より詳細」な場合も含まれるかである。

2　本決定に対しては、本決定のような解釈を採れば、「検察官は詳細な供述調書さえ作っておけば、法廷での証人尋問は簡単に行ってよいことになり」、伝聞法則を潜脱することになるとの批判（田中和夫『新版証拠法』153頁）がある。また、現に、このような事態を扱った裁判例もある。例えば、被害者は証人として、公判において被害事実に関して簡単な供述をしたが、もし詳細な供述を必要とし、これを証人に求めるならば、いくらでも供述したであろうと考えられるのに、形式的に簡単な供述を求めたのみで証人尋問を打ち切り、後を検察官の面前調書で補充したことは、法の意図所に反するもので、証人尋問を簡単に打ち切り、供述の不足点を検察官面前調書によって補充せんとする弊風をもたらす虞なしとしないとして、321条1項2号後段要件を具備しないにもかかわらず証拠採用した違法がある、とされている（名古屋高判昭30・7・12判特2-15-770）。昭和30年代の論評であるが、「現実の訴訟構造においては裁判官は供述調書を採用したがるし、また判決書の証拠説明に援用したがる」（桂・後掲161頁）裁判実務の傾向に対して、警鐘を鳴らしたものと言えよう。

3　もっとも、こうした批判が予想されるにもかかわらず、本決定が上記の判示をしたのには、以下の事情があったようである（青柳・後掲474頁）。本件事案におけるBは、検面調書では、放火についても保険金詐欺についても詳細な供述をしていたが、公判では、動機やAとの相談等については詳しく供述したものの、放火については単に火をつけたかと尋ねられて「左様です」とだけ供述したという。仮に、詳しい供述をしたが公判調書の記載が簡略化されたのであれば、検面調書の証拠能力を認める必要はないことになる。これに対し、公判供述が実際に簡単であったとすれば、質問さえ十分にすれば詳しい供述がなされたであろうから、上記の批判も当然ということになる（桂・後掲161頁）。この点は、調査官解説も疑問としている（青柳・後掲474頁）。ところが、実務的には、裁判官が正しく心証を得たとしても、判決書には証拠説明が要求されるので、公判調書には放火の手段に関する記載が不足しているときは、上級審で理由不備として判決が破棄されかねないので、心証と証拠説明の「溝を埋める」ためにBの検面調書が援用され、本決定は、かかる実務を追認したと見られる（桂・後掲161頁）。しかし、これは、結局、公判における証人尋問が十分でなかったということであり、検面調書の採用を正当化する理由にはならないであろう。

4　公判での被告人質問ないし反対尋問を十分に行ったにもかかわらず、事実認定を可能とする供述が得られない場合には、より詳細な検面調書の供述内容との実質的不一致を認定することも許容されよう。この場合、前の供述内容についても十分な反対尋問の機会が与えられる必要があり、証人の現在の供述内容および前の供述内容について尋問し、食い違いの理由等を尋問することになろう。本件のように、相被告人の場合は被告人質問の形式によるが、手続きが分離されて証人尋問がなされる場合は、反対尋問において行われることになる。さらに、相反ないし実質的不一致供述は、必ずしも主尋問に対する供述のみに限らず、反対尋問に対する供述をも含むと解されている（東京高判昭30・6・8高刑8-4-623）。また、食い違いが一部の場合は、その食い違いのある供述部分のみが証拠能力を取得するに過ぎない（条解855頁）。

●**参考文献**●　青柳文雄・判解昭32年度472、評釈集⑱158
〔桂正昭〕

462　前の供述―証人尋問後の検面調書事件

最2小決昭和58年6月30日（刑集37巻5号592頁・判時1081号159頁・判タ500号132頁）

参照条文　刑訴法321条1項2号

刑訴法321条1項2号後段の「前の供述」の意義。

●事実●　被告人は、多数回にわたり会社の金1億数千万円を横領したとの業務上横領の事実、および、その穴埋めのためTから1500万円を騙取したとの詐欺の事実により、第1審において懲役4年とされた。控訴審において、昭和56年11月4日、弁護人の申請により詐欺の被害者Tの証人尋問が行われた。Tの証言内容は、第1審で取調べ済みのTの司法警察職員に対する供述調書と矛盾し、被告人の弁解に沿うものであった。そこで、同証人尋問の後、昭和57年1月9日、検察官は、詐欺の被害状況につきTを取り調べて供述調書を作成した上、同年6月1日および7月13日の公判期日において再び同人を上記事実につき証人として尋問したところ、Tは、前回の公判での証言とほぼ同旨で、検察官に対する供述調書の記載と異なる供述をした。そこで、検察官は、刑訴法321条1項2号の書面として同検察官調書の取調べを請求し、原審はこれを証拠採用して取り調べ、控訴を棄却した。弁護人は、上告趣意において、原審の措置は、仙台高判昭和26年6月12日判特22号58頁に違反すると主張した。最高裁は、上告を棄却して、以下の判断を示した。

●決定要旨●　「すでに公判期日において証人として尋問された者に対し、捜査機関が、その作成する供述調書をのちの公判期日に提出することを予定して、同一事項につき取調を行うことは、現行刑訴法の趣旨とする公判中心主義の見地から好ましいことではなく、できるだけ避けるべきではあるが、右証人が、供述調書の作成されたのち、公判準備若しくは公判期日においてあらためて尋問を受け、供述調書の内容と相反するか実質的に異なった供述をした以上、同人が右供述調書の作成される以前に同一事項について証言をしたことがあるからといって、右供述調書が刑訴法321条1項2号にいう『前の供述』の要件を欠くことになるものではないと解するのが相当である（ただし、その作成の経過にかんがみ、同号所定のいわゆる特信情況について慎重な吟味が要請されることは、いうまでもない。）。」

●解説●　1　321条1項2号後段により証拠能力を与えられる検面調書は、公判期日より「前の供述」であることが要件となっている。したがって、証人尋問後に作成された検面調書を証拠とすることが許されないことは明らかである（東京高判昭31・12・15高判9-11-1242）。これに対し、本件のように再喚問した場合については、それまでの高裁判例は消極・積極両説に分かれており、上告趣意引用の昭和26年仙台高判は「前の供述」に当たらないとしたが、これを積極に解する判例もあった（広島高判昭26・12・27新判例体系・刑事法編・刑訴法5-6884）。本決定は、積極説を採ることを明らかにして、判例の統一を図った。

2　学説における多数説は、検面調書作成後に、再び証人尋問を行って矛盾供述があれば、「前の供述」の要件は満たされるとしている（ポケット（下）888頁〔横井大三〕等）。他方、消極説も有力で、この場合の供述調書は実質的に「後の供述」となり、2号後段の要件を欠くとの説（高田229頁）がある。また、証人尋問の際に検察側に不利な証言をした者を事後に取り調べるに当たっては、強制にわたる危険もあると思われ、公判廷で2回も同趣旨の供述をしている場合に、これと矛盾する検面調書に特信情況を肯定するのも通常疑問に思われるので、公判中心主義の建前から言っても、このような場合の検面調書に同号によって証拠能力を認めるのは相当でないとする説（鈴木208頁）等がある。

3　本決定も、証人尋問後の取調べは、「公判中心主義の見地から好ましいことではなく、できるだけ避けるべきではある」としているように、公判中心主義の建前から言って好ましいものでないことについて異論はない（金築・後掲154頁）。それにもかかわらず、本決定が積極説を採用したのは、形式的に見て、検面調書の作成後に証人尋問があって、「前の供述」である検面調書の内容と矛盾する供述がなされたのだから、321条1項2号後段の要件を満たしているというだけでなく、このような場合に、検面調書を証拠とする途を一切閉ざしてしまうと、真実発見の見地からは困った事態の生ずることも十分予想されるので、特信情況について十分慎重な吟味を行うこととして、検面調書を証拠とする余地を残しておくことが相当である（金築・後掲154頁）、との実質的な考慮が働いたためであろう。しかし、この考え方は、「真実は公開の法廷よりもむしろ非公開の取調べ室で語られる」（松尾（下）57頁）との傾向を追認することになる。まず証人尋問を工夫して、公判で検面調書の内容となっている供述を証人から引き出す努力をすべきであろう。なお、検面調書の証拠能力が否定される場合でも、これを328条の弾劾証拠の限度で利用することは認められよう（反対、熊谷弘ほか編『証拠法大系』III378頁〔光藤景皎〕）。

4　なお、証言後に捜査機関の取調べがあり、次回公判期日前に証人が死亡した場合は、2号後段書面としては「後の供述」に当たるから採用できない。この場合、東京高判平成5年10月21日高刑46巻3号271頁は、次回公判期日にこれと異なる供述、すなわち新たな内容の供述を行うことが予定されていたのであるから、「供述者が死亡」したときに当たるとして、前段書面と認めた。前段にも特信情況の要件を必要とする立場を前提とすれば、限界事例として前段書面と見る余地もあろう。ただ、上記平成5年東京高判の事案がそうであったように、供述者の死亡が、次回公判期日の直前の自殺であったという場合には、特に慎重な吟味が要求される。

●参考文献●　金築誠志・判解昭58年度150、木本強・J昭58年度重判178、田口・基本論点178

463 国際捜査共助により得られた証拠——米国宣誓供述書事件

最2小決平成12年10月31日（刑集54巻8号735頁・判時1730号160頁・判タ1046号107頁）

参照条文　刑訴法
321条1項3号

国際捜査共助により得られた証拠の証拠能力。

●**事実**● 大手出版社の社長であった被告人は、①コカインの密輸入を企て、同社のAおよび愛人Bと共謀の上、Aが米国ロサンゼルス空港から新東京国際空港にコカインを持ち込んで輸入しようとし税関職員に発見されたという麻薬及び向精神薬取締法違反・関税法違反の事実と、②Aと共謀の上、薬物の購入代金に充てるため、会社資金約3100万円を、ロサンゼルス在住の日本人Cに送金した業務上横領の事実で訴追された。②につき、Cへの送金が薬物購入代金であったことの証拠とされたCの供述書は、国際捜査共助の要請に基づいて米国で作成された宣誓供述書であり、その証拠能力が問題となった。

原審は、本件供述書は、合衆国法典28篇1782条および1746条に従って作成され、前者は、捜査共助につき、外国の裁判手続に使用するために、米国内にいる者の任意の供述を提供することを許容し、後者は、偽証罪の制裁の下で供述が真実であることを誓う旨を記載して署名した供述書は証拠上宣誓供述書と同様の効力を有することを規定するものであるところ、本件供述書は、米国側の2名の捜査官および日本の検察官の質問に対して供述し、日本の検察官が供述を聴き取って記載した書面の内容を自ら確認し、公証人の面前でそれを読んだ上で、「嘘を言えば偽証罪で処罰されることを承知の上で、上記が真実であることと正しいことを言明します」と自ら記載して署名したもので、適法なものと言うべきであるとした。また、Cに事実上の刑事免責を与えたとの弁護人の主張に対しては、Cは、米国捜査官より黙秘権を告げられており、日本の捜査当局から刑事免責が付与されたことはないので、最大判平成7年2月22日〔ロッキード丸紅ルート事件（その1）〕【206】とは事案を異にするとした。弁護人は、さらに、Cの供述書の証拠能力を争って上告した。

●**決定要旨**● 「Cの宣誓供述書は、日本国政府からアメリカ合衆国政府に対する捜査共助の要請に基づいて作成されたものであり、アメリカ合衆国に在住するCが、黙秘権の告知を受け、同国の捜査官及び日本の検察官の質問に対して任意に供述し、公証人の面前において、偽証罪の制裁の下で、記載された供述内容が真実であることを言明する旨を記載して署名したものである。このようにして作成された右供述書が刑訴法321条1項3号にいう特に信用すべき情況の下にされた供述に当たるとした原判断は、正当として是認することができる。」

●**解説**● 1 国際捜査共助が要請された場合、証拠の収集は被要請国の法規に従って行われるが、その証拠の許容性は、裁判を行う要請国の法規に従って判断される（池田・後掲222頁）。本件では、米国で作成された宣誓供述書が、日本の刑訴法321条1項3号の要件、とりわけ「特に信用すべき情況の下にされたもの（特信情況）」の要件を満たすかが問題となった。宣誓供述書（affidavit）とは、裁判官や公証人等宣誓を扱う権限のある者の面前で、事前に対立当事者に通知することなく、供述者が、宣誓の上、供述した内容を、通常、物語形式で書面に記載したものを言う。なお、321条1項の裁判官、検察官等は日本の裁判官、検察官等に限られるので、日本法の下では3号書面に当たることになる。

2 捜査共助に基づく供述調書についての3号書面の特信情況を認めた先例として、①米国連邦地方裁判所に設置された大陪審において、証人として喚問され、陪審員の面前において宣誓した上、虚偽の陳述をすれば偽証の制裁があることを知悉しつつ、また、法廷外に自己の弁護人が待機していて、相談したいときはいつでもこれと相談できることを許された状況の下で、連邦司法省刑事局検事が行った尋問に対し供述をしたものにつき特信情況を認めたもの（東京高判昭58・10・28刑月15-10-515）、②韓国の裁判所に起訴された共犯者が、自らの意思で任意に供述できるよう手続的保障がされている同国の法令に則り、同国の裁判官、検察官および弁護人が在廷する公開の法廷において、質問に対し陳述を拒否できる旨を告げられた上でした供述を記載した同国の公判調書につき特信情況を認めたもの（最1小決平15・11・26刑集57-10-1057）、③中国の捜査官の取調べによる供述調書につき、実質的に黙秘権が告知され、また、取調べに強制が加えられた形跡はないとして特信情況を認めたもの（最1小判平23・10・20【165】）等がある。

3 本決定は、Cの宣誓供述書につき、(i)捜査共助に基づく供述調書であったこと、(ii)黙秘権の告知があり、日本の検察官も関与していたこと、(iii)偽証罪の制裁の下で真実であることを言明していることを指摘して、特信情況を認めた。なお、日本法では、捜査機関が偽証罪の制裁の下で取り調べる手続きは存在しないが、226条・227条の証人尋問のような捜査段階での証人尋問制度があることから、偽証罪の制裁の下での取調べが直ちに任意性に疑いを生じさせるものとは言えないであろう（池田・後掲228頁）。

4 なお、【206】は、「刑訴法はいわゆる刑事免責の制度を採用しておらず、刑事免責を付与して得られた供述を録取した嘱託証人尋問調書を事実認定の証拠とすることは許容されない」としたが、本件における日本側の捜査共助の要請手続には何ら違法性はないので、【206】とは事案が異なるとした判断は適切であった。また、オーストラリアにおける電話傍受と会話傍受につき証拠能力を肯定した裁判例があるが（大阪高判平8・7・16判時1585-157）、特に日本法から見て会話傍受が許容できるかを問題とすべきであるから、この場合も本件とは事案が異なる。

●**参考文献**● 池田修・判解平12年度215、宮城啓子・J平12年度重判188、川出敏裕・J1225-98

464 実況見分調書(1)—業務上過失致死事件

最1小判昭和35年9月8日（刑集14巻11号1437頁・判時249号12頁）　　参照条文　刑訴法321条3項　憲法37条2項

> 刑訴法321条3項の書面と実況見分調書。

●**事実**●　被告人は、貨物自動車を時速40kmで道路のほぼ中央を運転中、前方より前照燈を照射して対向して来る自動車を発見したが、事故の発生を未然に防止すべき業務上の注意義務を怠り、漫然進行し、対向車の後方から対向車を追い越そうとした自動二輪車を約15m手前で発見し急停車の措置を取ったが及ばす、自車を自動二輪車に衝突させ、被害者を即死させた、として起訴された。第1審は、司法警察員作成の実況見分調書を刑訴法321条3項の規定に基づき証拠採用し、第2審もこの見解を支持した。これに対して、弁護人が上告し、①刑訴法321条3項は捜査機関の検証調書について規定したに止まり、実況見分調書については何ら規定していないこと、②検証は裁判官の令状によって行うという形式を取るものであることにより、観察・記述を意識的にし、正確にする機能を営むに反し、実況見分には必ずしもこの保証がないこと、③実況見分も検証調書に含まれるとするならば、私人がその見聞を記録したものも同様に取り扱わねばならなくなり、刑訴法321条3項の書面は検証に限るのが妥当であること、④実況見分の場合はその書面を見ながら口頭で供述させる方法を取るべきであること（刑訴規則199条の2）などとし、第1審判決を支持し自らもこれを証拠として控訴を棄却した原判決の解釈は憲法37条2項に反する、と主張した。最高裁は、上告を棄却して、以下の判断を示した。

●**判旨**●　「刑訴321条3項所定の書面には捜査機関が任意処分として行う検証の結果を記載したいわゆる実況見分調書も包含するものと解することを相当とし、かく解したからといって同条項の規定が憲法37条2項前段に違反するものでないことは当裁判所大法廷判例［最大判昭24・5・18刑集3-6-789参照］に照らし明かである。」

●**解説**●　1　検証は、事物の性状や現象を五官の作用によって実験、認識する処分である。検証は、原則として裁判官の令状を得て行われるが（刑訴法218条。例外として同法220条)、検証を行うに際して不当に人権が侵害されないように規制する必要があるからである。したがって、例えば、公道における検証のように、特定人の法益を何ら侵害しない場合には強制力を用いず任意処分（刑訴法197条1項）として検証をなし得ることに疑いはない。これが実況見分である（田中・後掲343頁)。本判決は、このような実況見分が、刑訴法321条3項の検証に含まれることを承認した最初の判例である。

2　本件弁護人の上告趣意は、下記の平野龍一説をほぼそのまま引用したものであり、本判決は、これを否定して肯定説を採ることを明らかにした。すなわち、肯定説は、検証と実況見分とにおいて検証活動の性質に違いはないとする（田宮384頁等）。これに対して否定説を代表する平野龍一博士は、「検証は、裁判官の令状によって行うという形式をとるものであることにより、観察、記述を意識的にし、正確にする機能をもいとなむに反し、実況見分には必ずしもこの保証がない。実況見分書も検証調書に含むとするならば、私人がその見聞を記録したものも、同様に取り扱わねばならないであろう」（平野216頁。同旨、鈴木209頁）とする。

3　この点、検証は、強制処分であれ任意処分であれ、事物の形状や現象を五官の作用により実験、認識するという性質に違いはなく、令状の有無が検証者の観察と記述を注意深くさせ、正確ならしめることと直ちに結び付くかは、それほど確かなことではない（田中・後掲344頁、石川・後掲187頁）。加えて、専門的な訓練を受けた捜査員が、計測・写真撮影等の科学的方法により検証活動を行うという点で、検証と実況見分とには違いがあるわけではないので、特に実況見分の場合に主観的な判断が入る可能性が大きくなるとも言えない。したがって、肯定説を採用した本判決が妥当であろう。その後、最2小判昭和36年5月26日刑集15巻5号893頁も、「実況見分調書は、たとえ被告人側においてこれを証拠とすることに同意しなくても、検証調書について刑訴法321条3項に規定するところと同一の条件の下に、すなわち実況見分調書の作成者が公判期日において証人として尋問を受け、その真正に作成されたものであることを供述したときは、これを証拠とすることができる」として、本判旨を確認しており、肯定説は判例法上確立したものとなっている。なお、本判旨は、刑訴応急措置法時代の検事聴取書を合憲とした昭和24年大法廷判決を引用しているが、刑訴法321条3項の場合は、作成者の証人尋問を経て初めて証拠能力を有するとされているので、証人尋問の機会に被告人側が一定の反対尋問ができる点で、検事聴取書の場合と全く同じというわけではない。

4　本判決の射程として、最2小判昭和47年6月2日刑集26巻5号317頁は、いわゆる「酒酔い鑑識カード」のうち「化学判定」欄における被疑者の言語・動作・酒臭・外ぼう・態度等の外部的状態に関する記載は、刑訴法321条3項の検証の結果を記載した書面に当たる、としている。問題は、一般私人の作成した書面に準用される場合があるかである。判例は、作成主体の拡張には消極的であるが（最2小決平20・8・27【466】）、下級審裁判例としては、税関職員の作成した写真報告書を刑訴法321条3項書面としたものがある（東京高判平26・3・13高刑67-1-1）。学説では、捜査機関以外の書面であっても、正確性・職務性が認められるならば準用も可能とされ（田宮384頁等）、測量士・建築士・消防吏員等の報告書が指摘されている（松尾（下）90頁）。未だ開かれた問題と見るべきであろう。

●**参考文献**●　田中永司・判解昭35年度342、石川弘・囮5版186、桝田好一・別冊判タ12-101

465 実況見分調書(2)——犯行再現報告書事件

最2小決平成17年9月27日（刑集59巻7号753頁・判時1910号154頁・判タ1192号182頁）

参照条文　刑訴法321条1項2号・3号、321条3項、322条、326条

被害・犯行再現を記録した実況見分調書の証拠能力。

●**事実**● 被告人Xは、電車内でA女の臀部に触れた事実等で起訴された。第1審において、検察官は、立証趣旨を「被害再現状況」とする実況見分調書（以下、「本件実況見分調書」）および立証趣旨を「犯行再現状況」とする写真撮影報告書（以下、「本件写真撮影報告書」）の証拠調べを請求した。本件実況見分調書は、長椅子の上に被害者Aと犯人役の女性警察官が並んで座り、Aが電車内で隣に座った犯人から痴漢の被害を受けた状況を再現し、これを別の警察官が見分し、写真撮影するなどして記録したものである。同調書には、Aの説明に沿って被害者役と犯人役警察官の姿勢・動作等を順次撮影した写真12葉が、各説明文付きで添付されている。うち写真8葉の説明文には、Aの被害状況についての供述が録取されている。また、本件写真撮影報告書は、並べて置いた2脚のパイプ椅子の一方にXが、他方に被害者役の男性警察官が座り、Xが犯行状況を再現し、これを別の警察官が写真撮影するなどして、記録したものである。同調書には、Xの説明に沿ってXと被害者役警察官の姿勢・動作等を順次撮影した写真10葉が、各説明文付きで添付されている。うち写真6葉の説明文には、Xの犯行状況についての供述が録取されている。弁護人は、本件両書証に不同意とした。検察官は本件両書証を321条3項により取調べ請求し、裁判所はこれらを証拠採用して取り調べた。第1審は、Xを有罪とし、控訴審もXの控訴を棄却したところ、さらに上告がなされた。最高裁は、上告を棄却し、職権により以下の判断を示した。

●**決定要旨**●「認定事実によれば、本件両書証は、捜査官が、被害者や被疑者の供述内容を明確にすることを主たる目的にして、これらの者に被害・犯行状況について再現させた結果を記録したものと認められ、立証趣旨が『被害再現状況』、『犯行再現状況』とされていても、実質においては、再現されたとおりの犯罪事実の存在が要証事実になるものと解される。このような内容の実況見分調書や写真撮影報告書等の証拠能力については、刑訴法326条の同意が得られない場合には、同法321条3項所定の要件を満たす必要があることはもとより、再現者の供述の録取部分及び写真については、再現者が被告人以外の者である場合には同法321条1項2号ないし3号所定の、被告人である場合には同法322条1項所定の要件を満たす必要があるというべきである。もっとも、写真については、撮影、現像等の記録の過程が機械的操作によってなされることから前記各要件のうち再現者の署名押印は不要と解される。

本件両書証は、いずれも刑訴法321条3項所定の要件は満たしているものの、各再現者の供述録取部分については、いずれも再現者の署名押印を欠くため、その余の要件を検討するまでもなく証拠能力を有しない。また、本件写真撮影報告書中の写真は、記録上被告人が任意に犯行再現を行ったと認められるから、証拠能力を有するが、本件実況見分調書中の写真は、署名押印を除く刑訴法321条1項3号所定の要件を満たしていないから、証拠能力を有しない。」（そうすると、第1審の手続きは違法であるが、本件では、この違法は判決に影響を及ぼさない。）

●**解説**●　1　検証立会人の指示説明が、現場指示である場合には、指示説明は、実況見分の1つの手段であり、これを実況見分調書に記載するのは、結局、実況見分の結果を記載するにほかならない（最2小判昭36・5・26刑集15-5-893）。これに対して、立会人の事件に関する説明である現場供述の場合が問題となる。

2　現場供述は、供述内容の真実性を度外視すると何らの証拠価値も有しないことになるため、証拠としては、その内容の真実性の立証に用いられるものとしか見ることができない（芦澤・後掲344頁）。したがって、これについては、通常の供述録取書と同様に考えるほかなく、説明者が被告人以外の者であれば321条1項2号ないし3号の、被告人であれば322条1項の要件を満たさない限り、証拠能力を有しないことになる。本決定は、それまでの裁判実務にややルーズな運用も見られたことから、改めてこの点を明らかにしたものであり、その後も、最高裁により同趣旨の確認がなされている（最1小決平27・2・2判時2257-109）。もっとも、写真部分については、それ自体で録取の正確性が担保されていることから、署名押印は不要とされた。ただし、多数の写真の中からの選別等の編集作業が介在するので、321条3項の真正作成供述による吟味は必要である（池田・後掲181頁）。

3　問題は、裁判所が「実質的な要証事実」（芦澤・後掲346頁）を設定することが許されるかである。一般的には、裁判所も当事者の設定した立証趣旨に拘束されるが、本件のように、再現したとおりの犯罪事実の存在のみが立証対象となっていると見るほかない場合には、立証趣旨に拘束されるとおよそ無意味な証拠に証拠能力を付与することになるので、立証趣旨に拘束されないとの判断も妥当と言えよう。この点につき、当事者構造を無視するとの批判もあるが（渡辺咲子・刑ジャ3-120）、問題は政策的なものではないだろう。

4　なお、証人が証人尋問中に示された被害再現写真の内容を実質的に引用しながら証言した場合には、引用された限度において、被害再現写真の内容は証言の一部となり、事実認定の用に供することができる（最1小決平23・9・14刑集65-6-949）。この場合、規199条の11第1項への抵触が指摘されているが（加藤・後掲209頁）、記憶喚起のためであれば問題はあるが、口頭での証言を補充する目的で写真を利用する限りでは許容されてよいと思われる。

●**参考文献**●　芦澤政治・判解平17年度338、池田公博・圏9版180、加藤克佳・J平17年度重判207

466 鑑定書―私人の燃焼実験報告書事件

最2小決平成20年8月27日（刑集62巻7号2702頁・判時2020号160頁・判タ1279号119頁）

参照条文　刑訴法
321条3項・4項

私人作成の燃焼実験報告書の証拠能力。

●事実● 本件は、被告人Xが、自己が代表取締役を務める家具店の店舗に放火して、火災保険金を騙取しようと企てたがその目的を遂げなかったとする、非現住建造物等放火および詐欺未遂の事案である。第1審において、検察官は、火災原因の調査・鑑定を行う民間会社の代表取締役A作成の燃焼実験報告書の証拠調べを請求したが、Xは321条4項の要件を満たすものではないと述べた。そこで、検察官は、同報告書の抄本を作成し、筆筒の内に段ボール紙を敷いて灯油を散布して点火するという実験結果を客観的に記述したものに限定して、321条3項により取調べ請求をした。弁護人は、私人作成の実験報告書であるから3項にも該当しないと主張した。なお、Aは、元消防士として15年勤務し、その間も火災原因の調査をしていたが、退職後に火災原因の調査を行っている者であった。第1審は、本報告書抄本を証拠採用して審理を進め、Xに有罪判決を言い渡した。控訴審は、本件報告書抄本が、火災原因の調査を多数行ってきた会社において、県消防学校の依頼を受けて燃焼実験を行い、これに基づく考察の結果を報告したものであり、実際に実験を担当したAは、消防士として15年間の勤務経験があり、通算約20年にわたって火災原因の調査・判定に携わってきた者であることから、本件報告書抄本は、捜査機関の実況見分に準ずるだけの客観性・業務性が認められ、同項を準用して証拠能力を認めるのが相当である旨判示した。弁護人は上告し、私人作成の書面は同条3項には含まれないと主張した。最高裁は、上告を棄却して、以下の判断を示した。

●決定要旨● 「〔刑訴法321条3項〕所定の書面の作成主体は『検察官、検察事務官又は司法警察職員』とされているのであり、かかる規定の文言及びその趣旨に照らすならば、本件報告書抄本のような私人作成の書面に同項を準用することはできないと解するのが相当である。原判断には、この点において法令の解釈適用に誤りがあるといわざるを得ないが、上記証人尋問の結果によれば、上記作成者は、火災原因の調査、判定に関して特別の学識経験を有するものであり、本件報告書抄本は、同人が、かかる学識経験に基づいて燃焼実験を行い、その考察結果を報告したものであって、かつ、その作成の真正についても立証されていると認められるから、結局、本件報告書抄本は、同法321条4項の書面に準ずるものとして同項により証拠能力を有するというべきであり、前記法令違反は、判決に影響を及ぼすものではない。」

●解説● 1 本決定は、私人が作成した燃焼実験報告書につき、321条3項・4項のそれぞれの守備範囲につき、1つの方向を示した判例である。

2 原判決は、本件書面につき321条3項を準用して、これを証拠採用した。3項の拡張解釈については、判例も実況見分調書も含まれることを認めている（最1小判昭35・9・8【464】。同旨、最2小判昭36・5・26刑集15-5-893）。この点は、学説上も、「正確性・業務性が認められるならば、同項を準用してよい」（田宮384頁）、「捜査機関の実況見分に準ずるだけの客観性・業務性が認められるときは、321条3項の準用を考慮する余地があろう」（松尾（下）90頁）などの指摘があり、3項の拡張解釈を肯定する説が有力であった。

3 しかし、本決定は、321条3項を私人作成の書面に準用することはできない、として消極の態度を明確にした。検証調書を実況見分調書に拡張することは認めるが、作成主体を拡張することは認めないとの立場である。もっとも、本決定の言う、「私人作成の書面」における「私人」の範囲については未だ必ずしも明らかではなく、消防指令補が作成した火災に関する現場見分調書のような例で、3項により証拠能力が肯定される余地があるとの指摘もある（古江・後掲215頁）。書面の作成主体を限定的に理解するにしても、捜査機関という限定には特別な意味はなく、当該業務に基づく書面の性質を基準にして限定解釈をするほかないであろう。そうすると、測量士・建築士・消防士等を一概に私人と見てよいかは、なお検討の余地があろう（【464】解説参照）。

4 本決定は、321条3項準用を否定して、4項の準用を認めた。学説では、作成主体が特別の学識経験を有する者であることを理由に準用を肯定する説が多いが、4項書面の作成主体の限定の仕方は3項のそれとは違いがある（小島・後掲183頁）こともその理由の1つであろう。判例も、鑑定受託者の鑑定書につき（最1小判昭28・10・15刑集7-10-1934）、また、医師の作成した診断書につき（最1小判昭32・7・25刑集11-7-2025）、321条4項を準用すべきとしている。本決定が、私人作成の燃焼実験報告書につき4項の準用を認めたのも、かかる判例を踏まえたものである。なお、消防吏員が作成した火災原因判定書に4項の準用を認めた例として、広島高判平成8年5月23日高検速報（平8）号159頁（三浦・後掲617頁）がある（他方、私人の委嘱した鑑定には公正さの担保がないと見て準用を否定した例として、東京地判昭53・6・29判時893-8がある）。その他、消防指令補が作成した火災に関する現場見分調書につき、323条3号により証拠能力を認めた例もある（東京高判昭57・11・9東高時33-10=12-67）。

5 専門的知識あるいは学識経験に基づく書面には信用性の情況的保障があるとしても、その検査と実験の対象・方法・評価は多様である。321条3項書面、同条4項書面、323条3号書面の振り分けについては、なお事例の集積を待つ必要があろう。

●参考文献● 三浦透・判解平20年度608、小島淳・圆9版182、古江頼隆・J平20年度重判214

467 任意性の調査時期——公職選挙法違反事件

最3小決昭和54年10月16日（刑集33巻6号633頁・判時945号133頁・判タ401号70頁）　参照条文　刑訴法325条

刑訴法325条に言う任意性の調査の時期。

●事実● 本件は、昭和47年12月10日施行の衆議院議員総選挙に立候補し、当選した候補者の選挙運動者であった被告人XがYと共謀の上、同年11月25日、X経営の割烹旅館において、選挙人50名に対し、投票ならびに投票取りまとめを依頼し、その報酬とする趣旨で、1人当たり約1000円相当の飲食物を提供して饗応したという公選法違反事件である。第1審では、Xと受饗応者らの検察官に対する供述調書の任意性・特信性が争われたが、裁判所は、これらの証拠によりXに有罪判決を言い渡した。控訴審は、X側の控訴を棄却したが、その理由中で、「刑訴法325条の任意性の調査は、必ず検察官をしてその供述の任意性について立証させねばならぬものではなく、裁判所が適当と認める方法によってすれば足りるのであって、その調査の方法についても格別の制限はなく、当該調書の内容自身も調査の一資料となるものであり、その時期は証拠調後でもよいと解される」と判示した。これに対して、X側は、さらに上告して、刑訴法325条の任意性の調査についての原判決のような考え方は、憲法38条や刑訴法301条の精神のみならず、刑訴法325条が「あらかじめ」調査しなければならないと規定している明文にも反するものであって、憲法31条に違反すると主張した。最高裁は、上告を棄却した上、以下の職権判断を示した。

●決定要旨● 「刑訴法325条の規定は、裁判所が、同法321条ないし324条の規定により証拠能力の認められる書面又は供述についても、さらにその書面に記載された供述又は公判準備若しくは公判期日における供述の内容となった他の者の供述の任意性を適当と認める方法によって調査することにより [最1小判昭28・2・12刑集7-2-204、最2小判昭28・10・9【403】参照]、任意性の程度が低いため証明力が乏しいか若しくは任意性がないため証拠能力あるいは証明力を欠く書面又は供述を証拠として取り調べて不当な心証を形成することをできる限り防止しようとする趣旨のものと解される。したがって、刑訴法325条にいう任意性の調査は、任意性が証拠能力にも関係することがあるところから、通常当該書面又は供述の証拠調べに先立って同法321条ないし324条による証拠能力の要件を調査するに際しあわせて行われることが多いと考えられるが、必ずしも右の場合のようにその証拠調べの前にされなければならないわけのものではなく、裁判所が右書面又は供述の証拠調後にその証明力を評価するにあたってその調査をしたとしても差し支えないものと解すべきであり、これと同趣旨に帰する原審の判断は相当である。」

●解説● 1 325条の調査が要求されるのは、任意性の調査が直接要求される場合（322条1項後段、324条1項）と、特信情況の要求により事実上任意性が要求される場合（321条1項2号但書・3号但書、322条1項後段、323条3号、324条2項）とを含む。第1の論点は、任意性の調査方法であるが、すでに判例があり、任意性の調査は訴訟法的事実に関する自由な証明であって、裁判所が適当と認める方法によってこれを行うことができ、かつ、供述調書の方式のみでなく内容自体も同調査の資料となり得るとされてきた（自白の任意性について【403】、被告人以外の者の供述調書の任意性について最2小決昭32・9・18刑集11-9-2324）。第2の論点は、任意性の調査時期であり、本判例で初めて取り上げられた。

2 任意性の調査時期に関して、325条は、「あらかじめ……調査した後でなければ……これを証拠とすることができない」と表現していることからすると、上告理由が主張するように、任意性の調査を証拠調べの前にすべきものとしているかに見えるが、学説も高裁判例も見解が分かれていた。この対立は、325条の趣旨の理解の違いに由来する（龍岡・後掲263頁）。①証明力関係説は、325条の趣旨を証拠の証明力に関係して理解し、証拠能力については321条ないし324条に規定があるが、これらの書面等もその任意性の程度が証明力にも影響を与えるので、証拠評価に当たって調査する旨の規定と理解する。この説からは、325条の調査は、証拠の証明力を評価する際になされればよいことになる。②証拠能力関係説は、任意性は、被告人の供述のみならず、それ以外の者の供述についても特信性を介して問題となるから、証拠能力の要件である任意性の調査を義務付けたものと理解する。すなわち、当然、任意性の調査は証拠調べ前になされるべきこととなる。

3 本決定は、上記①の考え方を採用して、対立に決着をつけた。特に、被告人の供述については、319条・322条・324条1項により、任意性が要件とされるので、任意性が認められないときは証拠調べが許されないから、325条で重ねてその旨を規定したものと見るのも不自然である（小林・後掲196頁）。①が妥当と言えよう。なお、任意性に問題があって、証拠調べ前に任意性の調査がなされた場合には、その際に併せて325条の調査もなされることが多いが、任意性に争いがない場合には、証明力評価の際に同調査をすべきとされ、実務もそのような運用をしている（龍岡・後掲267頁）。

4 なお、本決定の考え方から、319条の任意性調査と325条の任意性調査とを比較して考えてみると、自白の任意性に関する虚偽排除説からは、両者の任意性調査はほぼ同じ判断となり、人権擁護説あるいは違法排除説からは、自白の任意性は人権擁護あるいは違法排除の観点から判断し、325条の任意性は虚偽排除の観点から判断するという関係に立つと言えようか（小林・後掲197頁、鈴木214頁）。

●参考文献● 龍岡資晃・判解昭54年度258、小林充・圇5版196

468 特信文書——服役者書簡事件

最1小判昭和29年12月2日（刑集8巻12号1923頁・判時44号17頁）　　参照条文　刑訴法323条3号

> 刑訴法323条3号によって、信書に証拠能力が認められることの有無。

● **事案** ● 本件は、昭和22年8月13日に起きた事件で、当初、Aが殺人未遂事件で有罪となったが、その後、Aの背後に、B、CおよびDがいたことが発覚し、捜査の結果、Bが殺人未遂の教唆、CおよびDが殺人未遂の幇助で起訴された。第1審において、検察官は、Aが刑務所に服役中、その妻Fとの間でやりとりした数十通の手紙（その中には、封筒のないもの、代筆のもの、刑務所の検閲印または受付印のないもの、封筒と中身が食い違ったものもあるが、全体として見れば、夫婦間に取り交わされた一連の手紙で、情愛の発露の裏に、自ずから事件の裏面関係が窺われる内容のもの（竜岡・後掲383頁））の取調べを請求し、弁護人が、「封筒はともかく、内容は何時たりとも差しかえることができるもの」としてこれに同意せず、その取調べに異議を述べたが、裁判所は、AおよびFを公判で証人として取り調べた上、同手紙を323条3号の書面として証拠調べを行った。上告趣意において、小野清一郎弁護人は、「幾多疑点のある書面を犯罪事実の証拠とすることは法律上許されない。……刑事訴訟において最も重要なのは犯罪事実の認定である。十分な証拠にもとづかないで有罪を断定されるならば、すなわち基本的人権の保障は全く失はれてしまふことになる」と論じた。最高裁は上告を棄却して、以下の判断を示した。

● **判旨** ● 「右各信書は、原判決の説示するごとく刑訴323条3号の書面と解するを相当とするばかりでなく、第1審判決はA、Fの公判廷における証言により、Aが服役中Aから妻Fに宛て、また、FからAに宛てた一連の手紙としてその内容を検討し十分信を措くに足りるものと認めたものであって、A・Fの第1、2審における証言並びに右手紙の外観、内容等を検討すれば、原判決が詳細に説示したように、その約40通の手紙の一部に所論のごとき代筆のもの、封筒のないもの、刑務所の検閲印又は受附印のないもの、封筒と中味と喰いちがったもの等があっても、服役者とその妻との間における一連の信書として特に信用すべき情況の下に作成された書面と認定した第1審の判断を正当として是認することができ、経験則その他に違反した違法は認められない。しかのみならず、仮に、原1、2審における右信書に証拠能力を認めたことが誤りであるとしても、右信書は、前述のごとく、第1審判決が本件犯罪事実認定の補強証拠として引用したものであって、これを除外しても挙示の他の証拠によって判示犯罪事実を認定するに足りる場合であるから、これを以て判決に影響を及ぼすことが明らかである訴訟法違反であるということもできない。それ故、所論は採ることができない。」

● **解説** ● 1　323条3号に言う、「特に信用すべき情況」の意義については、同条1号・2号に準ずるような高度の信用性を保障する類型的な外部的状況を指すとされている（通説）。

2　手紙の証拠能力については、3つの考え方がある（竜岡・後掲385頁）。①321条1項3号によるべしとする多数説、②信用性の情況的保障の程度により、321条1項3号または323条3号を適用すべしとする説、③信用性の情況的保障が得られれば、323条3号により証拠能力を認めることができるとする説である。本件事案では、AおよびFは公判に出頭して証言し、手紙の中には署名押印が問題となる代筆のものもあるから、①からは、本件手紙には証拠能力はないことになる。この点、本判決は、A・Fの公判証言および手紙の外観・内容から特信情況が認められるとして、③を採用し、その上で、手紙や検閲印がないなどの難点については、「一連の信書」という、いわば全体的考察により特信情況を認定したものと解されよう。

3　まず、一般論として、手紙に1号・2号に準ずるような特信情況が認められる可能性を全面的に否定することはできないから、理論的には、手紙の3号書面性は肯定しておくべきであろう。ただ、この場合の特信情況は、高度の信用性を保障する類型的な外部的状況であることが必要であり、個々の具体的事情に基づいて信用保障情況の判断を要するものは本号には当たらない（条解883頁）。例えば、被告人以外の者が、単にその心覚えのために取引を書き留めた手帳は、3号の書面に当たらない（最3小判昭31・3・27刑集10-3-387）。日記帳や手紙は、事件に関係なく作成されたものも、業務の通常の過程に準ずるような情況において作成されたものは別にして、321条1項3号または322条1項により証拠能力を判断すべきである。以上を、本件事案に当てはめてみると、本件手紙に特信情況を認定するのも難しく、また、成立の真正性にも疑いが残るので、3号該当性を肯定した本判旨には疑問が残る（柳原・後掲386頁）。本判旨も、証拠能力を認めたことが誤りであっても判決に影響を及ぼすことはないとして、暗に、本件手続きの追認が消極的なものであることを語っているように思われる。

4　3号書面の限界として、例えば、銀行支店次長が、自己の業務上の個人的備忘録として毎日終業後その日の業務の要点を記載していた営業日誌は、3号の書面に当たるが、前日または2～3日前の日常体験や所感を、個人的心覚えのため記載していた当用日記は、3号の書面に当たらないとした裁判例がある（東京地決昭53・6・29判時893-8）。他方で、過激派団体の非公認アジトから押収された爆発物の実験メモの一部を、「悪事の実行に向けて継続的に作成されており、不正確な記載がなされれば悪事の遂行に支障を来す」として、2号書面に匹敵する高度の信用性を有する書面と判断し、3号該当性を認めたものもある（東京高判平20・3・27東高時報59-1=12-22）。

● **参考文献** ●　竜岡資久・判解昭29年度381、評釈集⑯380
〔柳原武男〕

469 業務文書──いかつり漁船操業事件

最1小決昭和61年3月3日（刑集40巻2号175頁・判時1191号145頁・判タ597号36頁）　参照条文　刑訴法323条2号

刑訴法323条2号に言う、「業務の通常の過程において作成された書面」の意義。

●**事実**●　北海いかつり船団に所属する漁船「第38つね丸」が、規制水域において流し網を使用していかを獲ることを目的とする漁業を営んだとして、同漁船の漁労長Nとその事業主である会社が、当時のいかつり漁業等の取締りに関する省令違反の罪に問われ、同漁船が実際に規制水域で操業していたかが争いとなった。同船団所属の各漁船は、事前の取決めにより、洋上操業中、毎日定時に、操業状況・漁獲高等を暗号表等を用いて相互に無線電話で通信し合い、その通信内容を所定の受信用紙に記載することになっていたが、本件でも、同船団所属の受信担当の漁船の漁労長Ｉと船長兼通信士Ｓが、通信内容を受信用紙に記載していた。そこで、検察官は、本件違反操業をした漁船の操業位置等を立証するため、その受信記録を証拠申請した。弁護人は、同受信記録が、323条2号の「業務の通常の過程において作成された書面」に該当するかを争い、本件受信記録の原本は、その大半が後日になって陸上で記載された可能性があり、改ざん・補充・訂正し得たのであるから、「業務の通常の過程において作成された書面」に当たらないと主張した。最高裁は、上告を棄却して、以下の判断を示した。

●**決定要旨**●　「本件受信記録の原本は、それ自体だけからでは刑訴法323条2号にいう『業務の通常の過程において作成された書面』であることが必ずしも明らかではないけれども、その作成者の証言等関係証拠をも併せて検討すると、『北海いかつり船団』」所属の各漁船は、同船団の事前の取決めにより、洋上操業中、毎日定時に操業位置、操業状況、漁獲高等を暗号表等を用いて相互に無線電話で通信し合い、その通信内容を所定の受信用紙に記載することになっていたものであるところ、本件受信記録は、右船団所属の第21福聚丸の乗組員が、右取決めに従い、洋上操業中の同船内において、通信業務担当者として、他船の乗組員が通常の業務として発する定時通信を受信した都度その内容を所定の受信用紙に機械的に記入したものであることが認められるから、本件受信記録自体は、船団所属の漁船の操業位置等を認定するための証拠として、『業務の通常の過程において作成された書面』に該当すると認めるのが相当である。」

●**解説**●　1　323条2号に言う、「商業帳簿、航海日誌その他業務の通常の過程において作成された書面」（以下、「業務文書」）に該当するかに関する本決定の判示事項は、第1に、業務文書に当たるか否かを判断するについて、書面の形状や内容だけでなく、作成者の証言等も資料としてよいこと、第2に、本件受信記録が業務文書に当たること、である。2号書面の先例は少ないことから、ここでは後者の論点を取り上げる（前者については、原供述者の証人尋問を行った最1小判昭27・12・2【468】も参照）。

2　2号の業務文書に無条件で証拠能力が与えられているのは、一般に、業務の遂行に際して規則的・機械的にかつ継続して作成されるものであるから、作為の入り込む余地が少なく、正確に記載されるものと期待し得るからである（仙波・後掲44頁）。換言すれば、業務遂行の基礎となる書面であるから、これに虚構の記載をすれば業務の正常な遂行自体に支障を生ずる虞があり、かつ継続性を持つ書面であるから、その一部の記載に誤りが生ずるとその後正当な記載を行うのが困難になるという意味で、通常に業務が運営されている限りは真実の記載が期待できる書面であると言ってよい（条解883頁）。したがって、その要件は、①業務に関するものであること、②業務遂行の基礎として継続的・連続的に記載されるものであること、③記載対象となっている行為の時またはこれに近接してなされなければならないこと、等となる。業務文書の典型例は、医師が作成する診療録（カルテ）のほか、タクシーの運転日誌、各種作業現場における作業日誌等がある。他方、業務の遂行過程で作成される書面であっても、継続性のないものは、3号に当たるかは別にして、2号の書面ではないとされている（領収書、契約書等）。判例では、例えば、未集金控帳は2号書面に当たるとされている（最2小決昭32・11・2【446】）。

3　本決定は、本件受信記録の2号書面該当性を認めた。洋上の危険な操業を遂行するための基礎となる書面であり、これに虚構の事実を記載すれば業務の正常な遂行に支障を生ずる虞があり、かつ機械的・継続的に作成された書面とされていることから、業務文書としての業務性、業務遂行の継続性・連続性、行為との同時性の要件を認定することが可能な事案であったと言えよう。この点、法的または慣例上の作為義務があるわけではなく、船団の内部取決めにより記入しただけでは信用性の保障としては不十分とする批判（鯰越・後掲187頁）はあるが、船団の取決めも、実質的に法的または慣例上の作為義務に匹敵するのではなかろうか。

4　なお、業務文書については、作成者自身の直接の経験事実が記載されるとは限らず、再伝聞に係る事実が記載されることも多い。本件でも、受信記録の作成者は、他船の操業位置について自ら知覚経験しているわけではなく、したがって、他船の操業位置の証拠として用いようとすると再伝聞となる（仙波・後掲46頁）。この点、本決定は、受信側につき、取決めに従った通信業務担当者としてその業務性を認定し、重ねて発信側についても、「通常の業務として発する定時通信」としてその業務性を認定した上で、2号書面の該当性を認めた。2号書面の業務性の認定について、重要な判断枠組みを提供するものである。

●**参考文献**●　仙波厚・判解昭61年度40、岡部泰昌・百7版186、鯰越溢弘・J昭61年度重判185

470 再伝聞——横川事件

最3小判昭和32年1月22日（刑集11巻1号103頁）　参照条文　憲法37条2項　刑訴法321条1項2号、324条

再伝聞供述の証拠能力。

●事実● 本件は、いわゆる「横川事件」と称される、9名の共犯による強盗殺人未遂事件等6つの罪に係る事件である。再伝聞との関係で問題となったのは、そのうちの放火未遂事件で、被告人Xは、同Yおよび他の4名と共に、種々非行の噂があるA村助役Bに制裁を加えるため、火炎瓶をその住居に投入して放火することを謀議し、Yほか2名がB方に赴き、その雨戸目がけて火炎瓶を投げ付け、雨戸の一部を燻焼したが、直ちに発見されて既遂に至らなかった、というものである。第1審は、Xらを有罪としたが、その証拠の1つとされたXの検察官面前調書には、「私、Y、S等が実行することになっていたが、私は実行に参加しなかった。翌日の朝、Yから、Y、S、O、Mの4人でB方へ火炎瓶を投げつけてきた、という話を聞いた」旨の記載が含まれていた。これに対して、Yが控訴して、この検面調書は証拠とすることはできないと主張した。控訴審は、刑訴法321条1項各号により供述書に証拠能力が認められたのは、公判準備または公判期日における供述に代えて書類を証拠とすることを許したものにほかならないから、321条1項2号により証拠能力を認めるべき供述調書中の伝聞にわたる供述は、公判準備または公判時期における供述と同等の証拠能力を有する、つまり、検面調書中の伝聞でない部分は321条1項2号のみで証拠能力が認められ、伝聞の部分については、同条のほか324条を類推適用し、322条または321条1項3号を準用して証拠能力が判断され、伝聞を内容とする供述はそうでない供述よりも一層厳重な制約を受けるが、伝聞であるがゆえに証拠能力が絶無とは言えないとして、再伝聞の証拠能力を認めた。最高裁は、Xらの上告を棄却して、以下の判断を示した。

●判旨● 「原審が弁護人の論旨……に対する判断において説示する理由によって、刑訴321条1項2号及び同324条により右供述調書中の所論の部分についての証拠能力を認めたことは正当である。そして、これが反対尋問を経ないXの供述の録取書であるからという理由で、憲法37条2項によって証拠とすることが許されないものではないことは当裁判所の判例の趣旨に徴して明らかである……。又右伝聞の供述の原供述者に対する反対尋問権について考えるに、この場合反対尋問をなすべき地位にある者はYであり、反対尋問をされるべき地位にある原供述者もまたYであるから、結局Yには憲法37条2項の規定による原供述者に対する反対尋問権はないわけである。従ってその権利の侵害ということもありえないことは明白である（被告人Yは、欲すれば、任意の供述によってその自白とされる供述について否定なり弁明なりすることができるのであるから、それによって自らを反対尋問すると同一の効果をあげることができるのである）。」

●解説● 1　再伝聞供述の証拠能力に関する明文の規定はない。本判例は、再伝聞の証拠能力を認めたリーディングケースとされているが、その根拠としては原審の理論を追認している。その考え方は、再伝聞の証拠能力を肯定する通説と同じであり、刑訴法は、伝聞証拠は「公判廷における供述に代えて」証拠とすることができるとしているから、その例外の場合は、伝聞証拠が公判廷の供述に代わることになる。その中に含まれる伝聞は、公判廷における供述の中に含まれる伝聞と同様に取り扱われるとして、再伝聞過程に刑訴法321条ないし324条の要件が具わっているならば、これを排斥する文理上の根拠に乏しい、というものである（平野224頁）。なお、憲法37条2項に反しないとして引用された判例は、最大判昭和24年5月18日刑集3巻6号789頁（【459】解説参照）等であり、供述録取書面の合憲性を認めている。

2　ただ、このような伝聞例外の機械的適用は、理論的には際限なく続き得るものであって、伝聞禁止の原則とは調和しない考え方と言うべきであろう。本件弁護人は、再伝聞に対する消極説に立脚して、被告人Yの伝聞供述は、公判期日または公判準備期日における供述ではなく、検察官の面前における供述であるから、刑訴法324条1項を適用することは許されないとしていた。これに対して、今日有力なのは限定的肯定説である。すなわち、供述録取書は本来再伝聞であるが、供述者の署名押印により原供述者自身の積極的確認がなされているがゆえにその関連性が認められていると解し、そうであれば、原供述者の、いわゆる肯定確認がある場合に限って証拠能力を認めるべき、とする（注解(中)733頁〔鈴木茂嗣〕、松尾(下)68頁）。

3　しかし、原供述者が肯定確認をするような場合には、すでに322条書面等が存在するであろうから、常に原供述者の肯定確認を求めるのは現実的ではない。問題は、原供述の供述内容ではなく、原供述の存在であり、その存在確認は、供述者に対する反対尋問によってもなし得る。検面調書の供述者が、法廷で相反供述をしたために検面調書が請求されたのであるから、供述者に対する反対尋問によって伝聞供述の存在確認ができれば十分である。むろん、原供述者による肯定確認があればそれで足りるが、それが得られなくても供述者は在廷しているのであるから、反対尋問による存在確認がなされるべきであったと言えよう。

4　本件事案とは異なり、被告人以外の者の供述調書に被告人以外の者の供述が含まれている場合にも本判例の射程が及ぶか（肯定判例として、東京地決昭53・7・13判時893-6）、また、いわゆる再々伝聞の場合も同じ論理で証拠能力が肯定できるか（肯定判例として、東京地決昭53・9・21判月10-9＝10-1256）について、最高裁の立場は未だ明らかではない。

●参考文献● 三井明・判解昭32年度20、豊崎七絵・百9版190、田口守一・別冊判タ12-116

471 違法収集証拠への同意——被疑者不在無令状捜索事件(その2)

最大判昭和36年6月7日（刑集15巻6号915頁・判時261号5頁）　参照条文　刑訴法326条

違法収集証拠に対する同意の効果。

●**事実**●　麻薬取締官ら4名は、昭和30年11月11日、麻薬不法所持の現行犯として逮捕したAの自供に基づき、Aに麻薬を譲渡した疑いのある被告人Xを緊急逮捕するために、同日午後9時30分頃X宅に赴いたが、Xは不在であった。しかし、麻薬捜査官らは、留守番をしていたXの娘B（当時17歳）に対し、部屋を探させてもらいたい旨を告げたところ、Bが「どうぞ見て頂戴」と言ったので、X宅の捜索を開始し、箪笥等から麻薬やAに譲渡された麻薬の包み紙として使用された雑誌等を発見し、これを差し押さえた。その後、なお捜索を続行中、午後9時50分頃Xが帰宅したのでこれを緊急逮捕した。控訴審は、本件捜索・差押えは、緊急逮捕着手前に行われているから違法であり、また、Bの承諾も有効なものではないとして、麻薬等の証拠能力を否定し、麻薬所持の罪につきXを無罪とした。検察官の上告に対して、上告審では2つの論点が問題となったが、第1論点である、被疑者の緊急逮捕に着手する前にその不在中になされた捜索・差押えの適否については、【145】参照。ここでは、第2論点である、本件捜索差押調書および捜索・差押えに係る麻薬に対する鑑定書の証拠能力の有無を取り上げる。この点につき、原判決は、第1論点の捜索差押えを違法とした上、違法手続によって押収された麻薬および捜索差押調書等の証拠利用は禁止されるとした。最高裁大法廷は、原判決を破棄して差し戻しとしたが、多数意見は、以下の判断を示した。

●**判旨**●　「第1審判決の判示第1の(2)の事実（昭和30年10月11日被告人宅における麻薬の所時［持］）に関する被告人の自白の補強証拠に供した麻薬取締官作成の昭和30年10月11日付捜索差押調書及び右麻薬を鑑定した厚生技官N作成の昭和30年10月17日付鑑定書は、第1審第1回公判廷において、いずれも被告人及び弁護人がこれを証拠とすることに同意し、異議なく適法な証拠調を経たものであることは、右公判調書の記載によって明らかであるから、右各書面は、捜索、差押手続の違法であったかどうかにかかわらず証拠能力を有するものであって、この点から見ても、これを証拠に採用した第1審判決には、何ら違法を認めることができない。」（非多数意見中の、横井喜三郎、藤田八郎、垂水克己、奥野健一の4裁判官は、一応証拠能力を否定しつつも、本件のごとく被告人側の同意があり適法な証拠調べを経たときはこの限りでないとし、河村大助、小谷勝重の2裁判官は、それでもなお絶対に証拠能力はないとした。）

●**解説**●　1　違法収集証拠に対する同意（刑訴法326条1項）も有効であろうか。本判決の多数意見は、本件事案の捜索差押を適法とする立場であるから、本件捜索差押調書および鑑定書の証拠能力を認めるのは当然だが、「捜索、差押手続の違法であったかどうかにかかわらず証拠能力を有する」と解し、仮に違法であってもこれに対する同意は有効であるとして踏み込んだ判断を示し、本件捜索差押え手続を違法とする4裁判官も、違法収集証拠に対する同意を有効としたものである。

2　学説では、否定説もあるが（団藤274頁）、肯定説が多数説である。被告人が、違法収集証拠であることを十分知りながら、その証拠の使用に明示的に同意したときには、その同意が理性的になされたものではないと認められない限り、適正手続の保障の享受を自ら放棄したものとして、その証拠の使用を肯認できる（井上正仁『刑事訴訟における証拠排除』408頁）などとされてきた。同意の効果については、反対尋問権放棄説と証拠能力付与行為説があるが、実務は証拠能力付与行為説であるとされ、この立場からは、同意がある限り、原則として、証拠能力を認めてよい（秋吉淳一郎・争点183頁）とされ、判例の立場が支持されている。

3　もっとも、同意があれば如何なる違法収集証拠であっても証拠能力が認められるわけではなく、違法が重大であれば同意が無効とされることも、一般に承認されている。判例も、刑訴法326条1項の「相当と認めるときに限り」とは、証拠とすることの同意があった書面または供述が任意性を欠きまたは証明力が著しく低い等の事由があれば、証拠能力を認められないとの趣旨であるとする（最2小決昭29・7・14刑集8-7-1078）。例えば、自白の任意性に疑いがある自白調書に同意があっても相当性は否定される（大阪高判昭59・6・8高刑37-2-336）。証拠物についても、例えば、警察官が調書を偽造して捜索令状を得て、被告人宅を捜索して覚せい剤を発見した事案につき、「当事者が放棄することを許されない憲法上の権利」の侵害があるとして、覚せい剤に対する同意の効果を認めなかったものもある（福岡高判平7・8・30判時1551-44）。違法収集証拠の排除法則の持つ司法の無瑕性・違法捜査の抑止という観点は、より広い政策的見地からするものであるから、当事者が同意した場合でも、裁判所がその存在に気付いたときには、職権で排除できるのであって、同意があるからと言って裁判所の活動が制約されるものではない（井上・前掲409頁）。

4　なお、本判旨は、単に同意の点のみを捉えて証拠能力を肯定しているのではなく、異議なく適法な証拠調べを経たことも指摘しており、窮極的には、刑訴法309条1項と刑訴規則205条1項による異議申立てがなされなかったことが重要であると指摘する（栗田・後掲148頁）。証拠調べ手続に異議がないとの意思表示と、証拠とすることへの同意とは必ずしも一致するものではないが、その双方の意思表示があることで、証拠能力付与の意思がより明確になったと言えよう。

●**参考文献**●　栗田正・判解昭36年度141、牧田有信・別冊判夕10-179

472 同意の擬制――被告人退廷命令事件

最1小決昭和53年6月28日（刑集32巻4号724頁・判時890号73頁・判タ365号87頁）　参照条文　刑訴法326条、341条

被告人が退廷を命ぜられた場合における刑訴法326条2項の適用の有無。

●**事実**●　本件は、昭和44年1月に発生した「東大安田講堂事件」の一部であり、被告人Aらが講堂に立てこもり、凶器準備集合・建造物侵入等を行ったという事案である。第1審において、Aらおよびその弁護人らが共に退廷命令等により不在を繰り返した際に、Aらの供述調書等を含む多数の書証（Aの検察官に対する供述調書、共犯者らの司法警察員ならびに検察官に対する供述調書、司法警察員作成の検証調書、実況見分調書、写真撮影報告書、捜査報告書等）が326条2項により証拠採用され、その証拠調べが行われた。その間の経緯としては、①検察官は、第2回公判期日において、Aの関係で書証合計235点および証拠物と証人19名の取調べを申請したが、裁判所は証人のみを採用して、書証については採否を留保し、②第3回以降第6回公判期日まで、Aらは出頭を拒否したり、出頭しても裁判長の訴訟指揮に従わず、法廷の秩序維持のため退廷させられ、341条により審理が進められ、③第4回公判期日において、検察官は前記書証について326条2項により採用してほしい旨陳述し、④第8・9回公判期日において相当数の書証を326条2項により採用して取り調べ、⑤Aらの供述調書等のいわゆる乙号証については、第9回公判期日に至り、326条2項により採用したが、⑥以上の全審理を通じて、被告人・弁護人から裁判所のした上記証拠調べに関し、具体的な異議を申し立てたことはなかった。弁護人は、控訴趣意において、341条で審理を進める場合でも、同意を擬制するのは行き過ぎであると主張したが、控訴審がこれを棄却したので、さらに上告がなされた。最高裁は、上告を棄却して、以下の判断を示した。

●**決定要旨**●　「なお、所論にかんがみ職権により判断すると、刑訴法326条2項は、必ずしも被告人の同条1項の同意の意思が推定されることを根拠にこれを擬制しようというのではなく、被告人が出頭しないでも証拠調を行うことができる場合において被告人及び弁護人又は代理人も出頭しないときは、裁判所は、その同意の有無を確かめるに出でなく、訴訟の進行が著しく阻害されるので、これを防止するため、被告人の真意のいかんにかかわらず、特にその同意があったものとみなす趣旨に出た規定と解すべきであり、同法341条が、被告人において秩序維持のため退廷させられたときには、被告人自らの責において反対尋問権を喪失し〔最1小判昭29・2・25刑集8-2-189参照〕、この場合、被告人不在のまま当然判決の前提となるべき証拠調を含む審理を追行することができるとして、公判手続の円滑な進行を図ろうとしている法意を勘案すると、同法326条2項は、被告人が秩序維持のため退廷を命ぜられ同法341条により審理を進める場合においても適用され

ると解すべきである。」

●**解説**●　1　326条2項が適用される典型として、283条ないし285条の軽微事件において被告人が不出頭の場合がこれに当たることには異論はない。これに対して、341条により、出頭した被告人が裁判長から退廷を命ぜられた場合にも、同条を適用して、被告人の同意を擬制できるかについては、下級審裁判例も学説も見解が分かれていた（なお、286条の2の出頭拒否の場合を含めることにもほぼ異論はない）。昭和40年代の学生を中心とする集団事件の審理に苦悩した下級審裁判所の判断の積み重ねを経て（三好・後掲188頁）、本決定は、被告人が退廷を命ぜられた場合においても、326条2項が適用されることを初めて明言した。

2　積極説は、退廷を命ぜられた被告人は、自ら反対尋問する機会を放棄したという意味で、書証の同意があったとみなしてよいなどとする（ポケット（下）927頁〔横井大三〕等）。消極説は、326条2項は、同意が合理的に推測される場合の規定であって、被告人の不出頭自体を同意の意思表示と認めてよいとするだけの合理的な関連性がなければならないところ、被告人が退廷を命ぜられた場合にはこのような同意の意思が表示されたとは認められない、などとしてきた（平野220頁等）。

3　本決定は、積極説を採用し、同意擬制の根拠を、被告人の真意から切り離し、公判手続の円滑な進行という点に求めた。その理由として、軽微事件の被告人が不出頭の場合でも直ちに同意の意思が推定されるとは言えないこと、さらに、341条の法意は被告人不在のまま証拠調を含むあらゆる審理を追行できるとするものであるから、この場合を326条2項に含ませるのは自然な解釈と言えるなどの点が指摘されている（反町・後掲233頁）。ただ、これに対しては、訴訟の進行は、同意を擬制し伝聞証拠を許容することによってではなく、証人尋問の原則に立ち返って図られるべきであり、同意の擬制は、反対尋問権の放棄とみなし得る場合に限るのが相当であり、286条の2の場合はともかく、341条の場合にまでこれを拡張するのは疑問と言わねばならないとの有力な批判も寄せられている（注解(中)793頁〔鈴木茂嗣〕）。

4　本判例の射程距離として、本判旨は、何らの制約もなく全面的な適用を肯定する趣旨とも受け取れる。しかし、例えば、検察官が請求した書証につき被告人が不同意としたため、証人尋問が行われた公判期日で被告人が退廷させられた場合にも、326条2項の適用を認めることができるかという事例を考えてみると、被告人が不同意の意見を述べているときは、適用を認めるべきではなく、被告人に全く不意打ちになるような予期せぬ取調べ請求等についても、できるだけ避けるべきであろう（条解907頁）。

●**参考文献**●　反町宏・判解昭53年度223、三好幹夫・百7版188、田中輝和・百6版176

473 弁護人の同意——万引き事件

広島高判平成15年9月2日（判時1851号155頁）　参照条文　刑訴法326条

弁護人の同意の効力。

●**事実**● 被告人Xは、平成14年7月30日、A商店において、たちうお刺身1パックほか3点をTシャツにくるみ、レジを通ることなく、1階出入口から出た窃盗既遂（公訴事実第1）、同年9月10日、B市場において、タコ・ヒラメ・鯛各1匹を窃取した窃盗既遂（公訴事実第2）、および同日・同場所で、みかん1箱を持ち去ろうとして従業員に発見された窃盗未遂（公訴事実第3）の各事実で起訴された。Xは、公訴事実第1について、「財布を忘れていたことにレジのところで気づき、財布を取りに帰ろうとしていたのであり、窃盗をするつもりはありませんでした」と述べ、公訴事実第2・第3についても、不法領得の意思を否定した。弁護人は、検察官請求の書証につき、公訴事実第1につき全部同意し、公訴事実第2・第3の一部の証拠については信用性を争うとの意見を付加した上、やはり全てに同意した。第1審は、検察官請求証拠の全てを採用して取調べ、公訴事実の全てにつきXを有罪とした。控訴裁判所は、職権調査の上、原判決を破棄した。

●**判旨**● 「被告人が公訴事実について否認の陳述をしているのに対し、弁護人が公訴事実を争わない旨の意見を陳述し、その主張が相反している場合には、刑訴法326条1項が書証に対する同意権者を被告人と規定していることにかんがみ、検察官請求の書証について、弁護人が全部同意すると述べたとしても、直ちに被告人が書証を証拠とすることについて同意したことになるものではなく、裁判所は、弁護人とは別に被告人に対し、被告人の否認の陳述の趣旨を無意味にするような内容の書証を証拠とすることについて同意の有無を確かめなければならないと解する。なぜならば、弁護人は、被告人の行うことができる訴訟行為のうち性質上代理を許すもの全てについて、包括的な代理権を有しており、争点の内容に応じて、被告人の意思に反しない限り、検察官請求の書証について全部同意した上で、反証を挙げて公訴事実を争うことも許されるところであるが、被告人の明示又は黙示の意思に反する代理行為は無効であると解されるからである。

本件の場合、被告人は、公訴事実第1について、財布を取りに帰ろうとしていたのであり窃盗の意思はなかったと否認の陳述をしているのに対し、原審弁護人は、事実を争わない旨意見を述べたのであって、その主張が明らかに相反していたものと認められる。したがって、被告人の弁解内容や審理の経過に照らし、被告人の否認の陳述の趣旨を無意味にするような内容の証拠、すなわち、逮捕前後の被告人の言動などが記載されていて、被告人の窃盗の犯意の立証に資する保安員Gを逮捕者とする現行犯人逮捕手続書……、G作成の被害届……、Gの司法警察員に対する供述調書……に関する原審弁護人の同意は、被告人の意思に反している疑いが濃厚であり、それをもって、被告人の同意があったと理解することはできない。」

●**解説**● 1 326条1項の同意権者は、検察官請求の証拠については被告人である。したがって、弁護人がその代理権に基づいて同意しても、被告人が反対の意思を表明すれば、当然にその同意は無効となる。問題は、被告人が公訴事実を否認している場合における弁護人の同意は、被告人の意思に反するかである。これまでの裁判例では、これを無効にしたものと、有効にしたものとに分かれている。

2 弁護人の同意を無効にしたものとして、最2小判昭和27年12月19日刑集6巻11号1329頁は、被告人が全面的に公訴事実を否認し、弁護人のみがこれを認め、その主張を完全に異にしている場合において、弁護人に対してのみ検察官申請の書証の証拠調べ請求について意見を求め、被告人に対しては意見を確かめず、弁護人の異議がないという答弁だけで、直ちに書証を取り調べ、有罪認定の資料とすることは違法であるとした。なお、弁護人の異議なしの発言と同意とは同じではない（最2小判昭27・11・21刑集6-10-1223）。また、大阪高判平成8年11月27日判時1603号151頁は、被告人が公訴事実を否認している場合、検察官請求証拠のうち、被告人の否認の陳述の趣旨を無意味に帰せしめるような内容の証拠については、弁護人のみが関係証拠に同意したとしても、それによって被告人が同意したことにはならないとした（同旨、仙台高判平5・4・26判タ828-284）。

3 本判決も、弁護人の同意を無効とするものであるが、その理由として、被告人の明示または黙示の意思に反する代理行為は無効と解されるからであるとした。弁護人の同意が被告人の意思に反する場合には、その同意は無効となるが、問題は、被告人の意思が判然としない場合である。このようなグレーゾーンの場合につき、最1小決昭和26年2月22日刑集5巻3号421頁は、弁護人が書面を証拠とすることに同意した際、被告人が在廷しながら何ら異議を述べなかった場合には、被告人もこれに同意したものと認められるとした。この点、福岡高判平成10年2月5日判時1642号157頁は、弁護人はその包括的代理権に基づき被告人を代理してこれをすることができるものであり、それに被告人の明示の意思に反する等の特段の事情が認められない限り、弁護人の同意をもって被告人の同意とみなして妨げないとした（同旨、大阪高判平13・4・6判時1747-171）。弁護人の同意は、特段の事情のない限り、有効と見ることになる。

4 そうすると、裁判所には、特段の事情が窺われる場合には、被告人の意思を確認すべき義務が生ずることとなろう。ただ、その場合、被告人のためだからと言って無闇に職権介入することは、被告人と弁護人との信頼関係に影響を及ぼす虞があるので、その点に配慮しながら慎重に確認すべきであろう（松尾(下)71頁、田口・判評489-62）。

●**参考文献**● 大野正博・現刑7-1-109、上田信太郎・受験新法642-20

474　証明力を争う証拠—回復証拠提出事件

東京高判昭和54年2月7日（東高時報30巻2号13頁・判時940号138頁・判タ391号144頁）　参照条文　刑訴法328条

刑訴法328条の弾劾証拠に回復証拠を含めることの是非。

●**事実**●　被告人Xは、自ら経営するスナックの従業員Aに対する強姦致傷の事実により有罪判決を受けた。第1審公判で、Aは、Xにより強姦された旨公訴事実に沿う証言をし、これに対する弁護人Rの反対尋問も行われた。ところが、その証言後、Rは、本件性交は合意（いわゆる和姦）によるものであるから同証言は事実に反する旨のAのR宛ての供述書（Aの供述内容をRが録取した書面で、末尾にAの署名押印がある）の取調べを請求し、328条の弾劾証拠として取り調べられた。これに対し、検察官は、上記供述書以後に作成されたAの司法警察職員に対する供述調書を、328条の書面として取調べ請求した。同調書には、AのR宛て供述書の作成過程に関し、「原審で証言した後Rから上申書を書いて欲しいとの申出があり、喫茶店でRと会い同人が自分の話を聞きながら作成した供述書に署名した。その中には事実と違うことがかなり書かれていて、自分の本心と全く異なる内容の供述書であり、自分はRに対し偽証罪になると困ると言ったが、Rが、『これは私が裁判のときにあなたに質問するメモにする、公には絶対出さないんだ』と言うので、早く裁判が終ってほしいという願いもあって、右供述書に署名した。自分が公判廷で証言したことは真実である」旨の記載があった。第1審は、これも328条の書面として取り調べた。Rは、この供述調書の取調べは違法であるとして控訴したが、控訴審は、以下の判断を示して、この主張を斥けた。

●**判旨**●　「検察官請求の右供述調書は、弁護人請求の供述書によって一旦減殺されたAの原審証言の証明力を回復する内容のものであり、検察官もその趣旨のもとに同供述調書の取調を請求したものであることは公判調書の記載上明らかである。
　ところで刑訴法328条の弾劾証拠とは、供述証拠の証明力を減殺するためのもののみでなく、弾劾証拠により減殺された供述証拠の証明力を回復するためのものをも含むものと解するのが相当である。けだし、同法328条には『……証明力を争うためには、これを証拠とすることができる。』とあり、規定の文言上証明力回復のための証拠を除外すべき根拠に乏しいばかりでなく、右のように解することがすなわち攻撃防禦に関する当事者対等・公平という刑訴法の原則、さらに真実の究明という同法の理念にもよく適合するからである。同条の弾劾証拠を証明力減殺のためのものに限定する所論の見解には賛同できない。
　なお所論は、仮に証明力を回復するための弾劾証拠が許容されるとしても、検察官請求の供述調書は、結果的にAの原審証言の証明力を増強する趣旨をも含むものであるから、いずれにしても同調書は刑訴法328条の書面としての適格性を欠くと主張する。

しかし、本件において、検察官が、いったん減殺されたAの原審証言の証明力を回復する趣旨のもとに同人の前記供述調書の取調を請求したものであることは前記のとおりであり、同調書の取調により事実上同人の原審証言の証明力が増強される結果となったとしても、これによる不利益は前記のような内容の弾劾証拠を提出した被告人の側において甘受すべきものであって、このことのゆえに右調書の刑訴法328条書面としての適格性を否定すべきいわれはない。」

●**解説**●　1　328条の「証明力を争う」の意義については、①証明力を減殺する場合に限るとする説（渥美434頁、福岡高判昭30・2・28裁特2-6-141等）、②証明力を増強する場合（増強証拠）も含むとする説（青柳412頁、高松高判昭24・12・10判特5-91等）、③証明力を減殺する場合のほか減殺された供述の証明力を回復する場合（回復証拠）も含むとする説（平野253頁、松尾（下）76頁、田宮395頁等）があるが、③が通説である（加藤・後掲178頁）。
　2　本判旨は、上記③の考え方を採用し、文言上回復証拠を除外すべき根拠に乏しいこと、攻撃防御に関する当事者対等・公平という刑訴法の原則、さらに、真実究明という刑訴法の理念にも適合することを理由に掲げた。なお、②の言う、単に証明力を増強するだけの証拠は、結局、実質証拠と同じこととなるから許されない。この点、本判旨は、回復証拠の効果として証明力が増強される場合について、最初に被告人側が弾劾証拠を提出し、これに対する弾劾（再弾劾）の結果だから甘受すべきものとした。この場合は、回復の効果であって、単なる増強ではないから、増強証拠を認めたことにはならない。
　3　本件の弾劾証拠は、法廷証言の後に作成された書面である。そこで、そもそも法廷供述後に作成された法廷外供述を、弾劾証拠として利用することが許されるかについて、証人の証言が検察官に不利益であったためその後に法廷外でこれを取り調べ、その調書を提出するというのは、公判中心主義や当事者対等の原則に反し許されないとの有力説もある（熊谷弘ほか編『証拠法大系』Ⅲ378頁〔光藤景皎〕等）。米国では、当該証言「以前の」供述であることが当然の前提となっており、以後の供述による弾劾は許容すべきでないとの指摘もある（小早川・後掲236頁）。
　4　この点、判例は、証人尋問終了後に作成された検察官調書であっても、弾劾証拠としての利用を認めている（最2小判昭43・10・25刑集22-11-961）。確かに、証人尋問後の取調べによる調書の提出は公判中心主義の観点から問題があり、これを実質証拠とすることには疑問があるが（【462】解説参照）、弾劾証拠としての限度での一応の利用を認めて、場合により証人の再尋問を考える（加藤・後掲179頁）ことは、必ずしも公判中心主義に反するものではなかろう。

●**参考文献**●　加藤克佳・圖6版178、小早川義則・J昭54年度重判234

475 弾劾証拠の証拠能力——消防指令補聞込み状況書事件

最3小判平成18年11月7日（刑集60巻9号561頁・判時1957号167頁・判タ1228号137頁）　参照条文　刑訴法328条

刑訴法328条により許容される証拠の要件。

●**事実**●　被告人Xは、内妻と共謀の上、内妻の連れ子の女児（当時11歳）に掛けた保険金を取得する目的で、自宅の土間兼車庫に放火し、家屋を全焼させて同児を焼死させ、保険金を詐取しようとしたが、詐欺は未遂に終わったという事実で起訴され、有罪とされた。被告人は、放火を否認したが、火災直後のXの言動を目撃した近所の住民Aが証人として、本件火災当時ある男に消火器を渡した状況について証言した。この証言に対して、弁護人が、消防指令補が上記証人Aから公判供述とは実質的に異なる内容の事実を聴き取ったことが記載された「聞込み状況書」の証拠調べを、328条に基づき請求した。第1審は、本書証は328条の証拠には該当しないとして、その請求を却下した。弁護人は、328条によって許容される証拠は、自己矛盾供述に限られない旨主張したが、控訴審は、①328条の証拠は、現に証明力を争おうとする供述をした者の、当該供述とは矛盾する供述またはこれを記載した書面に限られ、②これに対し、上記書面はあくまで消防指令補の供述書であるから、同条の証拠には該当しないことは明らかとして、第1審の却下措置を是認した。弁護人は、上告趣意において、原判決は、供述の証明力を争う証拠であれば328条による全ての伝聞証拠が許容される旨を判示した福岡高判昭和24年11月18日判特1号295頁に違反すると主張した。最高裁は、上告を棄却したが、以下の判断を示して、上記高裁判例を変更した。

●**判旨**●　「刑訴法328条は、公判準備又は公判期日における被告人、証人その他の者の供述が、別の機会にしたその者の供述と矛盾する場合に、矛盾する供述をしたこと自体の立証を許すことにより、公判準備又は公判期日におけるその者の供述の信用性の減殺を図ることを許容する趣旨のものであり、別の機会に矛盾する供述をしたという事実の立証については、刑訴法が定める厳格な証明を要する趣旨であると解するのが相当である。
　そうすると、刑訴法328条により許容される証拠は、信用性を争う供述をした者のそれと矛盾する内容の供述が、同人の供述書、供述を録取した書面（刑訴法が定める要件を満たすものに限る。）、同人の供述を聞いたとする者の公判期日の供述又はこれらと同視し得る証拠の中に現れている部分に限られるというべきである。
　本件書証は、前記Aの供述を録取した書面であるが、同書面には同人の署名押印がないから上記の供述を録取した書面に当たらず、これと同視し得る事情もないから、刑訴法328条が許容する証拠には当たらないというべきであり、原判決の結論は正当として是認することができる。」

●**解説**●　1　本判決は、第1に、328条で許容される証拠はいわゆる自己矛盾の供述に限られる、第2に、その自己矛盾供述をしたという事実の立証については刑訴法が定める厳格な証明を要する、と判示した。
　2　328条で許容される証拠の意義についての学説としては、限定説、非限定説、補助事実説、中間説（山口・後掲188頁）、さらに、補助事実に関する自由な証明説、片面的構成説等がある（芦澤・後掲410頁）。基本的には、限定説と非限定説の対立が重要である。限定説は、自己矛盾供述以外の供述は、その内容の真実性を度外視して他の供述の弾劾に用いることはできず、本来、伝聞法則が及ぶべきものであるから、328条で許容される証拠は自己矛盾供述に限られるとし、非限定説は、328条は、文理上、自己矛盾供述に限定されていないし、他人の異なる供述があることによっても供述の証明力に疑いは生じ得るとする。これまで、この点に関する最高裁判例はなく、高裁判例は限定説と非限定説に分かれていた。
　3　本判決は、限定説を採ることを明言した。とりわけ、近時の状況として、非限定説は、職業裁判官が証明力を争うという立証趣旨を違えることはないという前提に立つものと言えるが、裁判員制度の下ではその前提は失われたとの視点が重要であろう（芦澤・後掲407頁、小川・後掲42頁等）。本判決により、自己矛盾供述が存在する場合に限られることから、必然的に、公判供述の証明力を減殺する証拠に限られることになる。したがって、増強証拠は含まれないことが明確になった（小川・後掲45頁）。本判決は、回復証拠の問題に触れていないが、回復証拠はあくまで弾劾証拠の信用性を減殺する証拠であるから、これを認めても、本判例との抵触問題は起きないであろう（【474】解説参照）。また、被告人の利益となる方向への非限定説の適用を主張する片面的構成説およびいわゆる純粋補助事実についての非限定説にも言及していないが、事案は被告人側申請の証拠を排斥したものであることからすれば、片面的構成説も採用しなかったと言えよう。また、限定説からは、純粋補助事実非限定説も否定されると見るのが自然であろう。
　4　本判決は、事実の立証については厳格な証明を要するとした。本件の調査官は、その意味として、限定説は、自己矛盾供述に限って伝聞法則による制限を外す考えであるが、328条により1つの伝聞過程が外されても、他の伝聞過程が残っている以上、供述録取書全体について伝聞法則による制限が外れないから証拠として許容されないとの理解を示した（芦澤・後掲415頁）。ただ、署名押印を欠いても供述記載の正確性を担保する外部的情況が存する場合には、328条の適用も許されるであろう（条解913頁、小川・後掲50頁等）。とすれば、これは、むしろ基本的な証拠能力要件である関連性の問題と見るべきではなかろうか（田口守一・法教354-147）。
　5　なお、本件については、その後、再審開始決定が出されている（大阪地決平24・3・7　LEX/DB25480890）。

●**参考文献**●　芦澤政治・判解平18年度398、山口雅高・圀9版188、小川新二・研修706-33

最新重要判例 250 刑事訴訟法
第5章　裁判

501　免訴判決の性質──プラカード事件

最大判昭和23年5月26日（刑集2巻6号529頁）　　参照条文　旧刑訴法363条［現行法337条］

①大赦があったときの実体審理の可否、②免訴判決に対する上訴の可否。

●**事実**●　被告人Xは、昭和21年5月19日、食糧獲得人民大会（食糧メーデー）に、「詔書、〔ヒロヒト〕曰く、国体はゴジされたぞ、朕はタラフク食ってるぞ、ナンジ人民飢えて死ね、ギョメイギョジ」と書いたプラカードを携行して参加した。同年6月22日、Xは不敬罪（刑法74条1項［昭和22年削除］）で起訴されたが、第1審では、ポツダム宣言受諾によって不敬罪は効力を失い、名誉毀損の限度で罰せられるとして、同年11月2日、Xを名誉毀損罪（刑法230条1項）で有罪とした。ところが、この判決の言渡し後の翌3日に、不敬罪について大赦令が公布・施行され、不敬罪を犯した者は大赦にかかることになった。そこで、第2審は、不敬罪も名誉毀損の特別罪としてならば有効という理解から、実体審理をした上で、Xの行為は不敬罪に当たると認め、恩赦を理由に免訴の判決を言い渡した。Xは上告して、本件行為当時不敬罪は無効となっていたから無罪を言い渡すべきであり、また、Xの行為は天皇制を風刺批判したに過ぎず名誉毀損にも当たらず、無罪であると主張した。最高裁は、上告を棄却して、以下の判断を示した。

●**判旨**●　「裁判所が公訴につき、実体的審理をして、刑罰権の存否及び範囲を確定する権能をもつのは、検事の当該事件に対する具体的公訴権が発生し、かつ、存続することを要件とするのであって、公訴権が消滅した場合、裁判所は、その事件につき、実体上の審理をすゝめ、検事の公訴にかゝる事実が果して真実に行われたかどうか、真実に行われたとしても、その事実は犯罪を構成するかどうか、犯罪を構成するとせばいかなる刑罰を科すべきやを確定することはできなくなる。これは、不告不理の原則を採るわが刑事訴訟法の当然の帰結である。本件においても、既に大赦によって公訴権が消滅した以上、裁判所は前に述べたように、実体上の審理をすることはできなくなり、たゞ刑事訴訟法第363条［現行法337条］に従って、被告人に対し、免訴の判決をするのみである。従って、この場合、被告人の側においてもまた、訴訟の実体に関する理由を主張して、無罪の判決を求めることは許されないのである。」

「しかるに、原審は控訴審として本件を審理するにあたり、大赦令の施行にもかかわらず、依然本件公訴につき実体上の審理をつづけ、その結果、被告人の本件所為は刑法第74条第1項に該当するものと判定し、その上で前記大赦令を適用して、その主文において被告人を免訴する旨の判決をしたのである。右の如く原審が大赦令の施行にもかかわらず実体上の審理をなし、その判決理由において被告人に対し有罪の判定を下したことは、前段説明したような大赦の趣旨を誤解したものであって、違法たるを免れ〔ない。〕」（反対意見として、(1)実体審理をした原判決を破棄して改めて免訴とすべきとするもの、(2)原判決を支持して上告を棄却すべきとするもの、(3)上告を容れて無罪とすべきとするものの3様がある。）

●**解説**●　**1**　旧刑訴法363条は、現行法337条と同じであるから、本判例は現行法についてもそのままあてはまる。免訴判決の問題点は、①免訴事由があるとき裁判所は実体判断ができるか、②免訴判決に対して被告人は無罪を主張できるか、③免訴判決に一事不再理効が発生するか、である。本件では、①と②が問題となったが、理論的には③もセットで問題となる。

2　本判決は、免訴事由が存在する場合は実体審理を進めることなく、ただ免訴の判決を言い渡すのみであること、そして、免訴事由が存在する場合には無罪判決を求めることは許されないこと、を明らかにした。この結論は、形式裁判説の結論と一致するため、一般に、本判決によって判例は形式裁判説を採用することとなったと理解されている。ただし、本判決は、当時の政治情勢の下で主に大赦を論じたもので、必ずしも免訴一般の性格論を究明したものではないとの指摘もあり（松尾（下）176頁）、判例の理論的立場が明確となっているわけではない。

3　免訴判決に関する学説は多彩であり、従来、(i)実体裁判説、(ii)実体関係的形式裁判説（実体的訴訟条件の存否を判断するためにある程度まで実体に立ち入ることを要する）、(iii)二分説（1号免訴は形式裁判、2号以下の免訴は実体裁判）、(iv)形式裁判説（免訴は訴因に内在する訴訟追行の利益のないときに訴訟を形式的に打ち切る裁判）が主張されてきたが、(iv)が通説である。

4　この点、公訴棄却事由である被告人死亡の場合にも訴訟追行の利益はないのに（田宮449頁）、なぜ免訴だけに一事不再理効が発生するかという問題は残っていた。そこで、(v)純形式裁判説は、免訴と公訴棄却に区別はなく、免訴判決にも一事不再理効は発生しないが、既判力は発生するので、同一訴因についての再訴は遮断されるとする（同450頁）。これに対し、(vi)形式的本案裁判説は、免訴は実体審理を要しないという点では形式裁判であるが、刑罰権の存否すなわち公訴の理由性についての判断をしているという点では本案裁判であり、それゆえに一事不再理効が発生するとする（鈴木243頁）。私見も、免訴は手続事項を理由として刑罰権不存在の宣言をなす裁判であるから、一事不再理効が発生すると考える（田口451頁、大コメ(8)197頁〔田口守一〕）。

5　なお、後の判例は、本判決を踏まえて、免訴判決に対して被告人から無罪を理由として上訴することはできないとした（最大判昭29・11・10刑集8-11-1816）。しかし、免訴事由の存否を争って上訴し、無罪を主張することはできるはずであるから、判例がおよそ上訴はできないとしているとすれば、それは誤解と言えよう（田宮・後掲183頁、坂口・後掲215頁）。

●**参考文献**●　坂口裕英・同3版214、田宮裕・同2版182

502 免訴事由と無罪判決——横浜事件

最2小判平成20年3月14日（刑集62巻3号185頁・判時2002号26頁・判タ1266号143頁）

参照条文　旧刑訴法363条、511条、485条、400条

免訴判決を排除して無罪判決をすることの可否。

●**事実**●　本件は、「横浜事件」と称される再審事件の上告審判決である。被告人ら言論・出版関係者数十名は、昭和17年9月から同20年5月にかけて、治安維持法違反で検挙され、起訴された。本件被告人5名は、終戦直後の昭和20年8月29日から同年9月15日の間に、被告人らの自白を証拠として執行猶予付有罪の判決を受け、この判決は確定した。被告人らはすでに死亡したが、その遺族が再審を請求し、その第3次請求につき、横浜地裁は、昭和20年8月14日のポツダム宣言の受諾により治安維持法は実質的に失効したとして、旧刑訴法363条2号（「犯罪後ノ法令ニ因リ刑ノ廃止アリタルトキ」）、同485条6号（「免訴ヲ言渡〔ス〕……ヘキ明確ナル証拠」）により再審開始を決定した（横浜地決平15・4・15判時1820-45）。これに対する抗告審は、原審の理由は是認できないとして、改めて、被告人らの自白の信用性に顕著な疑いが生じたとして、同485条6号（「無罪……ヲ言渡〔ス〕……ヘキ明確ナル証拠」）の再審請求理由があるとし、結論として再審開始決定は正当であるとして検察官の抗告を棄却し（東京高決平17・3・10高刑58-1-6）、再審開始が確定した。再審第1審は、昭和20年10月15日に治安維持法は廃止され（旧刑訴法363条2号事由）、かつ、同月17日に被告人らは大赦を受けている（同3号事由）として、免訴判決を言い渡した。これに対して弁護人は無罪を求めて控訴したが、控訴審は、最大判昭和23年5月26日【501】等を引用して、免訴判決自体の誤りを主張し、あるいは無罪判決を求めて上訴することは不適法であるとして控訴を棄却した。そこで、さらに上告がなされたが、最高裁は、以下の判断を示してこれを棄却した。

●**判旨**●　「再審制度がいわゆる非常救済制度であり、再審開始決定が確定した後の事件の審判手続（以下「再審の審判手続」という。）が、通常の刑事事件における審判手続（以下「通常の審判手続」という。）と、種々の面で差異があるとしても、同制度は、所定の事由が認められる場合に、当該審級の審判を改めて行うものであって、その審判は再審が開始された理由に拘束されるものではないことなどに照らすと、その審判手続は、原則として、通常の審判手続によるべきものと解されるところ、本件に適用される旧刑訴法等の諸規定が、再審の審判手続において、免訴事由が存する場合に、免訴に関する規定の適用を排除して実体判決をすることを予定しているとは解されない。これを、本件に即していえば、原確定判決後に刑の廃止又は大赦が行われた場合に、旧刑訴法363条2号及び3号〔現行法337条2・3号〕の適用がないということはできない。したがって、被告人5名を免訴した本件第1審判決は正当である。そして、通常の審判手続において、免訴判決に対し被告人が無罪を主張して上訴できないことは、当裁判所の確定した判例であるところ……、再審の審判手続につき、これと別異に解すべき理由はないから、再審の審判手続においても、免訴判決に対し被告人が無罪を主張して上訴することはできないと解するのが相当である。」

●**解説**●　1　旧刑訴法363条の免訴規定は現行法337条と同じであり、旧刑訴法485条6号の再審事由も現行法485条6号とほぼ同じであるから、本判例は現行法にもそのまま妥当する。

2　免訴事由が認められる場合、通常の審判手続では、有罪・無罪の実体判断をすべきではなく、免訴判決が言い渡され、被告人としても、無罪を主張して上訴することはできない（【501】解説参照）。このことは、再審が開始された再審公判においても妥当するのか、再審公判という特殊な手続では無罪判決もあり得るのかが、問題である。むろん、実体裁判説あるいは実体関係的形式裁判説からすれば、通常の公判手続においても実体審理が可能であるから、当然、再審公判においても無罪判決が可能となろう。ただし、この立場からは、免訴判決は有罪判決に等しくなるので採用できない。

3　本判旨は、再審手続においても通常の審判手続によるべきで、免訴規定を排除して、実体判決をすることを予定していないとした。本件第1審および原審が詳論したように、再審開始決定には拘束力はなく、再審公判は、法自ら除外している場合を除いて、通常の公判審理と同様の手続きに従う（旧法511条〔現行法451条1項〕）、との考え方を追認した。学説では、再審が有罪確定判決からの非常救済制度であることに鑑みれば、無罪の可能性が明白だとして再審開始決定がなされた以上、かかる重大な瑕疵の是正が優先されるべきことは明らかと見る反対説がある（鈴木茂嗣・小田中古稀(上)421頁。同旨、渡辺修・後掲88頁、佐藤博史・鈴木古稀(下)643頁等）。なお、再審開始決定の拘束力を肯定する見解（高倉新喜・曽根・田口古稀(下)851頁等）からすれば、無罪の先決判断を尊重すべきこととなろう。

4　この点、一般公判手続において、通常の実体審理を進めたところ免訴事由と無罪とが同時的に判明した場合に、訴訟条件は常に無罪判決の条件でもあるとは言えないので（鈴木128頁）、無罪判決を言い渡すことも可能と考えられるが（同旨、松尾(下)177頁、田口187頁）、この立場からすれば、再審公判においてすでに免訴事由と無罪とが同時的に判明している場合にも、一般公判手続におけると同じく、無罪とする余地があるように思われる。

5　なお、弁護人の無罪主張には被告人の名誉回復や刑事補償等の実質的な利益が重視されているが、刑事補償法25条により、免訴判決を受けた者に対しても、無罪判決を受けた者と同様の刑事補償が認められており、本件でもそれが認められている（横浜地決平22・2・4 LEX/DB25462561）。

●**参考文献**●　松田俊哉・判解平20年度146、加藤克佳・J平20年度重判221、渡辺修・刑ジャ19-84

503 概括的認定(1)—有形力行使事件

最2小決昭和58年5月6日（刑集37巻4号375頁・判時1080号154頁・判タ500号138頁）

参照条文　刑訴法256条、335条、378条

殺人未遂罪の罪となるべき事実中の犯罪行為の判示の程度。

●事実●　被告人Xは、妻Aに情夫がいるのではないかと疑い、昭和55年11月14日午前5時頃Aを責めた上、さらにAが自宅屋上にへそくりを隠していると言って詰問した。Aがこれを否定したため、屋上に行って確認しようということになり、2人で屋上に行った。第1審の罪となるべき事実の認定によれば、「かくして、屋上に上ったXは、同日午前5時20分ころ、同屋上において右A（当時40歳）を殺害してもかまわないという気持で、あえてAの身体を、有形力を行使して同屋上の高さ約0.8メートルの転落防護壁手摺り越しに約7.3メートル下方のコンクリート舗装のX方北側路上に落下させて、路面に激突させ」て重傷を負わせたとして、Xを殺人未遂で有罪とした。Xは、「有形力の行使」とは「無形力の行使」に対する語意であって、抽象的概念であり、具体的な行為を表すものではないから被告人の行為を特定するものではないとして、理由不備の違法を主張した。控訴審は、「被害者の……落下がXの行為によるものであることは証拠上明らかに認められるのであるが、Xが終始否認しているうえ、被害者は……記憶を完全に喪失しており、他に目撃者もいない本件においては、原判示の程度以上に詳細な判示をすることは不可能と認められるから……やむを得ない」として、原判決を是認した。Xはさらに上告したが、最高裁は上告を棄却して、以下の判断を示した。

●判旨●　「第1審判決は、罪となるべき事実中の被告人の本件行為として、被告人が、未必の殺意をもって、『被害者の身体を、有形力を行使して、被告人方屋上の高さ約0.8メートルの転落防護壁の手摺り越しに約7.3メートル下方のコンクリート舗装の被告人方北側路上に落下させて、路面に激突させた』旨判示し、被告人がどのようにして被害者の身体を右屋上から道路に落下させたのか、その手段・方法については、単に『有形力を行使して』とするのみで、それ以上具体的に摘示していないことは、所論のとおりであるが、前記程度の判示であっても、被告人の犯罪行為としては具体的に特定しており、第1審判決の罪となるべき事実の判示は、被告人の本件犯行について、殺人未遂罪の構成要件に該当すべき具体的事実を、右構成要件に該当するかどうかを判定するに足りる程度に具体的に明白にしているものというべきであり、これと同旨の原判断は相当である」。

●解説●　1　335条1項の罪となるべき事実の摘示の程度については、どの程度の概括的認定（不特定認定）が許容されるかが問題となる。事実に多少の不明確さが残っていても、裁判所の確信形成に支障がない程度であれば、有罪判決の妨げとはならない。ここに、不特定認定の許される根拠がある（松尾(下)127頁）。

2　これまでの判例でも、この点は確認されている。リーディングケースとされている花札賭博事件判決（最1小判昭24・2・10刑集3-2-155）では、「構成要件に該当すべき具体的事実を該構成要件に該当するか否かを判定するに足る程度に具体的に明白にし、かくしてその各本条を適用する事実上の根拠を確認し得られるようにするを以て足るものというべく、必ずしもそれ以上更にその構成要件の内容を一層精細に説示しなければならぬものではない」とし、賭博の態様として「コイ々々又は後先と称する賭博」という認定を是認している。また、遊技機を設置して行う常習賭博罪の罪となるべき事実の摘示の程度につき、「甲ほか不特定多数の賭客を相手とし、多数回にわたり、右遊技機を使用して賭博をした」旨の判示であっても、罪となるべき事実の具体的摘示として欠ける所はないとする判例もある（最3小決昭61・10・28刑集40-6-509）。

3　もともと、犯罪の日時・場所・方法は、犯罪の要素となっている場合を除き、罪となるべき事実そのものではないとされ（最大判昭37・11・28【222】）、できる限り具体的に判示すべきであり、かつ、その程度で足りるとされている。ただ、日時・場所・方法の不特定さの程度により犯罪行為の存否自体が疑問となることもあり得るが、そうではなく、構成要件該当事実の存在自体は認定できるが、犯行の具体的手段・方法が特定判示されない場合は、やむを得ないのであって、そのことから直ちに理由不備となるものではない（龍岡・後掲98頁）。判例として、犯罪の日時は、特別に要件となっている場合以外は、犯行の同一性を特定するに足る程度に判示するをもって足り、その証拠を判決書に挙示することは、必ずしも要しないとするものもある（最1小判昭23・12・16刑集2-13-1816）。

4　問題は、日時・場所・方法の概括的認定により、犯罪事実に関する合理的確信が形成できるかである。放火罪につき、「被告人が……住宅のどの部分に如何なる方法で放火したかは判明しないが、証拠によって認められる当夜の被告人の言動その他によって、右住家の焼失が被告人の放火に因るものであることは明らかに認められる」（高松高判昭28・9・7高刑6-11-1446）とした判例があるが、この事案では、被告人が、消火に従事している人々に対し、「俺が建てた家を俺が焼くのだから消すな」と騒いでいた等の事実が認定されており、限界事例と言えようか。

5　本件では、被害者の落下形態あるいは落下後の被告人の態度その他の情況証拠から、被告人の本件所為が殺人未遂罪の構成要件に該当するものであると認識でき、かつ、他の事実と区別できる程度に特定されていることは明らかであり（龍岡・後掲100頁、山室・後掲58頁）、それ以上に行為の手段・方法までの特定は要求されないとする本判旨の結論は、妥当と言えよう。

●参考文献●　龍岡資晃・判解昭58年度93、山室惠・警研59-4-51、田口守一・法セ377-117

504 概括的認定(2)―口封じ殺人事件(その2)

最3小決平成13年4月11日（刑集55巻3号127頁・判時1748号175頁・判タ1060号175頁）

参照条文　刑訴法256条、335条

殺害の日時・場所・方法に関する概括的認定の可否。

●**事実**●　被告人Xは、NおよびVと共謀して、住宅に放火して保険金を詐取した後、口封じのために、Nと共謀して、Vを殺害したとして起訴された。第1審は、「Xは、Nと共謀の上、前同日午後8時ころから翌25日未明までの間に、……停車中の自動車内において、N又はXあるいはその両名において、扼殺、絞殺又はこれに類する方法でVを殺害した」との事実を認定して、Xを有罪とした。Xは控訴を申し立て、殺害の日時・場所・実行行為者・方法に関する択一的または厳密な特定を欠く認定には理由不備の違法があると主張した。控訴審は、Vの殺害は「X及びNの両名の共謀による仕業であることには間違いがない。そして、それ以外の者が介在したとは認められないが、関係証拠を検討してみても、実行行為者が誰なのかを確定することが困難であり、また、犯行の日時、場所、方法についても、原判示……の程度のことしか言えないのである。……このような場合には、原判示のような形で事実認定をするほかないわけであるが、Vが殺害され、その死体が遺棄されたことについて、Xの刑事責任の有無を示し、かつその範囲を画するには、その程度のものでも足りる」として、Xの主張を排斥した。Xはさらに上告したが、最高裁は、上告を棄却し、職権により以下の判断を示した。なお、本件における実行行為者の認定に関する訴因変更手続の要否については【332】参照。

●**判旨**●　「以上のような判示が殺人罪に関する罪となるべき事実の判示として十分であるかについて検討する。上記判示は、殺害の日時・場所・方法が概括的なものであるほか、実行行為者が『N又は被告人あるいはその両名』という択一的なものであるにとどまるが、その事件が被告人とNの2名の共謀による犯行であるというのであるから、この程度の判示であっても、殺人罪の構成要件に該当すべき具体的事実を、それが構成要件に該当するかどうかを判定するに足りる程度に具体的に明らかにしているものというべきであって、罪となるべき事実の判示として不十分とはいえないものと解される。」

●**解説**●　1　335条1項により、有罪判決の理由として示すべき罪となるべき事実として、どの程度の記載をすれば十分と言えるか。この点につき、いわゆる択一的認定ないし概括的認定が問題となる。概念整理としては、①広義の択一認定とは、予備的認定と概括的認定（不特定認定）とに区別できる場合、②予備的認定とは、既遂の訴追につき、既遂か未遂かが不明のときに、未遂の限度で合理的疑いを容れない証明がなされているとして未遂を認定する場合を言い、③概括的認定とは、「3日頃」、「3番地付近」などと認定する例のように、同一構成要件内の択一関係にある事実について合理的疑いを容れない証明がなされていると見てよい場合を言う。なお、④異なる構成要件間にわたる狭義の択一的認定については【505】解説参照。

2　本件では、①が問題となった。まず、犯行の日時・場所・方法については、一定の概括的認定が許容される。最2小決昭和58年5月6日【503】のほか、判例として、最3小判昭和38年11月12日刑集17巻11号2367頁は、アパートの被告人方隣室押入れの天井板の節穴からガソリンを流し込んだ上で火を落として放火した事件の判示につき、「節穴から落された火は、燐寸に点火されたものであったか、ガソリンに濡れ滲みたボロ切れ、ガーゼ、紙又は蠟燭等に点火されたものであったか或いはその他の火であったかというような更に詳細な事情は明らかでなくても、被告人が判示住居に火を放ったという原判決の放火未遂罪の事実認定並びに罪となるべき事実の判示としては何ら欠けるところはない」として、犯行方法の概括的認定を認めた。ただし、覚せい剤自己使用の方法につき、被告人が、「ビニール袋入りのまま覚せい剤を嚥下した」と弁解している事案につき、注射または服用して使用したとの認定が、審判の請求を受けない事実について判決をしたことに当たるとしたものがある（札幌高判昭58・5・24高刑36-2-67）。事案により犯行方法の概括的認定ができない場合もあることに注意したい。本件における日時・場所・方法の概括的認定には、犯罪事実の存在に疑いを生じさせるような問題は含まれていない。

3　本決定は、実行行為者に関して択一的な認定が許されると判断した、最高裁として初めての例である（池田・後掲66頁）。判例は、共謀共同正犯につき、共謀が認められる以上、実行行為に直接関与したか否か、その分担または役割のいかんは、共犯の刑責自体の成立を左右するものではないとする（最大判昭33・5・28【402】）。そうすると、同一構成要件内の事実については概括的認定の一場面であるから、該当性が判定できれば択一的認定も許されることになる（同65頁）。被告人が実行行為を担当したか否かに関わりなく殺人罪の共同正犯が成立するのであるから、この場合の択一的認定は、同一構成要件内で許容される概括的認定の一態様に過ぎないことになる。

4　もっとも、仮に、被告人が単独で全ての実行行為をした場合、被告人は、共同正犯類型のみならず基本的犯罪類型をも同時に充足していることになるが、この場合は、共同正犯類型は基本的犯罪類型に対して処罰拡張類型として予備的関係にあり、したがって、両者に該当する場合は後者が優先することになり、共謀者の単独実行の点に疑問が残る場合の共同正犯の認定は、択一認定ではなく、むしろ予備的認定である、との指摘がある（鈴木・後掲197頁）。いずれにせよ、その場合の予備的認定も許容されることは当然である。なお、単独犯と共犯の択一的認定については【506】【507】解説参照。

●**参考文献**●　池田修・判解平13年度57、鈴木茂嗣・J平13年度重判195、加藤克佳・現刑4-7-74

505 択一的認定──被害者死亡時期不明事件

大阪地判昭和46年9月9日（判時662号101頁）　　参照条文　刑訴法335条

異なる構成要件間における択一的認定の可否。

●事実● 被告人X男は、夜間、生後1か月半の女児Aが泣き止まないため、簡易旅館を出て、Aの右足が生まれつき曲がっていて将来みじめな思いをするだろうから、いっそ捨てようかと思い悩みながら雨中をさまよううち、ある空地で、ミルクを飲ませようとしたが、ミルクを吐き出して泣き続けたので、これに立腹して、ミルク約150cc入りのビニール製ほ乳瓶でAの頭部を1回強打し、さらに、Aを捨てるため約90m離れた地点に至った際、再び泣き出したAを上下に2〜3回強く揺さぶったところAがぐったりしたので、その場に置いて立ち去った。Aは、この暴行により脳震盪および脳腫脹の傷害に基づく急性脳機能麻痺により死亡した。検察官は、Xを、傷害致死として起訴するほか、Aの死亡時期が明確でないため、Aを捨てた行為につき、死体遺棄を本位的訴因とし、保護責任者遺棄を予備的訴因として起訴した。裁判所は、傷害致死につき有罪として、Xを懲役1年6か月としたが、死体遺棄ならびに保護者遺棄の点については、以下の理由から、無罪とした（確定）。

●判旨● 「各証拠によると、右両訴因［死体遺棄および保護者遺棄］に共通の外形的事実、即ち、被告人Xが昭和45年4月27日午後9時ごろ、Aを……放置して立ち去った事実は明らかに認めることができるが、右両訴因の罪が成立するには、さらに本位的訴因についてはその際Aが死亡していたこと、予備的訴因については生存していたことを要するので、この点につきさらに検討するに、……Xが前掲ほ乳瓶でAを強打した後もAは目をキョロキョロさせながら首を左右に動かしており、右野積場に至った際、再び泣き出したのでAを上下に2、3回ゆさぶったところAは泣きやんでぐったりとなったので、Xは、Aを付近の地上に置いて立ち去ったことが認められるが、右のようにAがぐったりとなった際、Aが死亡していたものかそれとも仮死状態にとどまっていたかはにわかに解明し得ず、従ってまた、XがAを地上に置いて立ち去るまでの間のAの生死も明らかでなく、この点は《証拠略》によるもこれを明らかにし得ないし、Aを置き去りにした際Aが生存していた旨のXの当公判廷における供述も《証拠略》に照らしにわかに措信することができない。従って、右各訴因の犯罪時におけるAの生死は不明ということにならざるを得ないが、このような場合、右両訴因につきいずれも証明が十分でないものとして無罪の言渡をすべきものか、それとも、2者のうちいずれか一方の訴因が成立することは間違いないものとして択一的に或いは被告人に有利な訴因につき有罪の認定をなすべきかは困難な問題であるが、現行刑事訴訟法上の挙証責任の法則に忠実である限り、後者のような認定は許されないものと解すべきであるから［松尾浩也「いわゆる不特定認定について」『実例法学全集刑事訴訟法』458頁以下参照］、右各訴因についてはいずれも証明が十分でないものとして無罪の言渡をするほかはない。」

●解説● 1　択一的認定は、広義において、予備的認定と概括的認定を内容とする択一的認定とが区別され、次に、狭義において、異なる構成要件間の択一的認定が問題となる（【504】解説参照）。本件では、死体遺棄と保護責任者遺棄という異なる構成要件間のいわゆる狭義の択一的認定が問題となる。

2　狭義の択一的認定の典型例として、窃盗か盗品の譲受けであることは確実なもののいずれであるかが不明の場合に、そのいずれかまたはより軽い盗品譲受けを認定できるかが問題とされる。学説は肯定説と否定説に分かれているが、本判旨が参照した松尾浩也説も否定説である。肯定説に対しては、択一的認定を認めると、「疑わしきは被告人の利益に」の原則に反すること、窃盗と盗品の無償譲受けの合成的構成要件を設定したことになり罪刑法定主義に反すること、嫌疑刑を科すことになること等の批判がある。否定説が通説であり、本判旨も否定説に立脚した。

3　しかし、肯定説も有力である。本件につき、中野次雄元裁判官は、被害者は生きていたか死んでいたかのいずれかなので、論理的択一関係にあり、したがって、重い保護責任者遺棄罪の要素である「生きていたこと」が確定できなければ、「死んでいた」ものとして死体遺棄罪をもって論ずべきことは当然とされた（中野・後掲207頁。同旨、田宮424頁）。この考え方は、既遂の疑いがある場合の未遂の認定と同じ問題とされるので、理論的には予備的認定の一種となろう（田口守一・圖7版199頁）。しかし、重い罪につき先に判断するのは利益原則のためであろうが、軽い罪の認定をしてよいとの結論が先取りされている疑いがあること、また、この考え方は法的評価とは無関係とされるが、重い罪を先に検討するのはまさに法定刑という法的評価を前提とするものと思われ、問題が残る。

4　もっとも、自然的事実認定のレベルで、死亡事実を認定できる場合もある。札幌高判昭和61年3月24日高刑39巻1号8頁は、被害者が生きていたのであれば重過失致死罪（もしくは保護責任者遺棄罪）、死んでいたのであれば死体遺棄罪という事案につき、生存事実が確定できないので、死亡事実が存在すると見ることも合理的な事実認定として許されてよいとして、死体遺棄罪の成立を認めた。これは論理的択一関係説によるようにも思われるが、本件の被害者は、雪の中に埋没して氷のように冷たく呼吸も感ずることができなかったという事案であり、合理的な事実認定として死亡事実の認定が可能となる余地があり、論理的択一関係から死亡を認定する事案とは異なるであろう（田口・前掲199頁）。

●参考文献●　中野次雄・圖5版206

506 単独犯と共犯(1)——兄弟強盗事件

東京高判平成4年10月14日（高刑45巻3号66頁・判タ811号243頁）　参照条文　刑訴法335条、248条、318条

強盗の単独犯または共同正犯とする択一的認定の適否。

●**事実**●　本件は、被告人Xが、兄Yと共謀の上、平成2年12月5日午前5時20分頃、コンビニエンスストアで店員に対し、暴行・脅迫を加えて現金17万円を強取した、という事件であった。原判決の認定した事実によれば、①Xが、Yの運転するオートバイに同乗して、コンビニ付近の路上に赴いたこと、②Xは、コンビニ店内で暴行・脅迫を加えて、現金17万円を強取したこと、③その後、Yのオートバイに乗って逃走したこと、④Xらは、近くの駐車場において強取した現金をほぼ山分けしたこと等、XとYとの間で事前の共謀があったことを強く推認させる事実が認められる。しかし、他方、犯行への関与を否定するYの供述にも明らかに矛盾する点はないなどの事情もあるので、結局、共謀により実行した可能性と単独で実行した可能性の双方とも否定することができない。そこで、第1審は、Xの行為は、単独で強盗罪の構成要件を全て充足する行為であるから、Yとの共謀を認めるか否かは、X自身の犯罪の成否に直接影響を及ぼさず、また、定型的に見て、共謀による犯行と単独犯行のいずれがXに有利かは決し難いので、このような場合には、共犯者の関与の有無について択一的な認定をすることが許される、とした。控訴審は、Xの控訴を棄却して、以下の判断を示した。

●**判旨**●　「本件強盗の共同正犯と単独犯とを比較すると、Xが実行行為を全て単独で行ったことに変わりはなく、単に、Xが右犯行についてYと共謀を遂げていたかどうかに違いがあるにすぎないのである。そして、法的評価の上でも、両者は、基本形式か修正形式かの違いはあるにせよ、同一の犯罪構成要件に該当するものであり、法定刑及び処断刑を異にする余地もない。……このような事案について、強盗の共同正犯と単独犯を択一的に認定することができるものとしても、その量刑が、犯情が軽く、Xに利益と認められる共同正犯の事実を基礎に行われる限り、共同正犯又は単独犯のいずれかの事実を一義的に認定してXを処罰する場合と比べ、実体法の適用上、Xに不利益を及ぼす余地は全くない。」

「本件においては、……強盗の単独犯を認定すべきではないかとも考えられるが、……本件の場合には、強盗の共同正犯の方が単独犯に比べて犯情が軽く、Xに利益であると認められるのであるから、共同正犯であるかもしれないという合理的疑いがあるにもかかわらず、Xに不利益な単独犯の事実を認定し、これを基礎に量刑をしてXを処罰するのは、『疑わしきは被告人の利益に』の原則に反するといわざるを得ないであろう。」

「本件のような場合においては、……強盗の共同正犯と単独犯を択一的に認定した上、犯情が軽くXに利益な共同正犯の事実を基礎に量刑を行うものとすることが、最も事案に即した適正な法的解決であり、現行刑訴法の解釈として、十分支持され得るものと思われる。刑訴法には、択一的認定に関する規定はないけれども、択一的認定が全て直ちに刑訴法の原則に反するとは考えられず、少なくとも本件のような場合には、これが許されると解するのが相当である。」

●**解説**●　1　256条5項は、訴因の択一的記載を認めているが、335条1項にはその旨の明文規定はない。本判旨は、本件のような場合には、335条1項の解釈として択一的認定が許されるとした。本判旨は、単独犯と共同正犯を同一構成要件内の事実の違いと位置付けて、いわゆる広義の択一的認定の一種として許されるとし、学説にもこのような構成を支持するものがある（田口533頁参照）。しかし、その後の判例の展開を見ると、本判例の構成は、なお発展途上の理論であり、その後の判例理論に吸収されるべきものと考えられる。

2　そもそも、被告人が、強盗の実行行為の全てを行っている場合に、他に共謀共同正犯者が存在する疑いがあることから、強盗の単独犯の認定が妨げられるかについては、単独犯の認定も理論的に不可能ではなく、共謀は犯行に至る経緯として情状に関わるに過ぎないと見る方が実体に即するとの分析が加えられていた（大澤・後掲208頁）。その間に、東京高判平成10年6月8日判タ987号301頁は、単独でまたは他人と共謀して覚せい剤を所持したとの択一的訴因で起訴された被告人につき、共謀の疑いがあるのに過ぎないのに択一的認定をすることは許されないとし、他方、被告人が覚せい剤を所持していた事実は明白であるから、他人との共謀の疑いがあっても択一的認定をする必要はなく、被告人の単独所持を認定してよいとした。この判例については、実行行為を全て行った者について、他に正犯とされる者が存在することの故に、刑罰法令が規定する構成要件を充足し得ないとすべき理由が存在するかは疑問である、として積極評価がなされる（大澤裕・田宮追悼(下)499頁）と同時に、被告人にとって犯情が軽い共同正犯の疑いがあるにもかかわらず、被告人に不利益な単独犯を認定したとの批判も加えられた（同501頁）。

3　その後、最3小決平成21年7月21日【507】は、被告人が構成要件の全てを満たしているときは、他に共謀共同正犯が存在するとしても、単独犯と認定できるとし、同時に、単独犯の認定は、他に共謀共同正犯者が存在しないことを前提としないので、情状として共謀共同正犯者の存在を考慮できるとした。結局、「被告人に有利な事情は無視すべきでない」という本判決の考え方と、「単独犯の認定が可能である」という上記平成10年東京高判の考え方が、【507】において総合された形になっていると言えよう。

●**参考文献**●　大澤裕・J平5年度重判206、古田祐紀・研修538-13、岡田雄一・警論46-6-144

507 単独犯と共犯(2)—窃盗事件

最3小決平成21年7月21日（刑集63巻6号762頁・判時2096号149頁・判タ1335号82頁）

参照条文　刑法60条

共謀共同正犯が存在する場合の単独犯認定の可否。

●事実●　本件は、被告人Xが原動機付自転車を窃取した窃盗3件、通行人から鞄等を引ったくり窃取した窃盗3件、不正に入手した他人名義のキャッシュカードを用いて現金自動預払機から現金を窃取した窃盗1件、同様に現金を窃取しようとした窃盗未遂1件の事案であり、いずれもXの単独犯として起訴された。被告人は第1審公判で公訴事実を認め、第1審は訴因どおりの事実を認定した。Xは控訴し、4件の窃盗については、Xが実行行為の全部を1人で行ったものの、他に共謀共同正犯の責めを負うべき共犯者がおり、Xは単独犯ではないから、第1審判決には事実誤認がある旨主張した。控訴審は、2件の窃盗について、Xが実行行為の全部を1人で行ったことおよび他に実行行為を行っていない共謀共同正犯者が存在することが認められるとし、第1審裁判所としては共謀共同正犯者との共謀を認定することは可能であったとしたが、このような場合、検察官が被告人を単独犯として起訴した以上は、その訴因の範囲内で単独犯と認定することは許されるとして、第1審判決に事実誤認はないとした。Xはさらに上告し、Xが実行行為の全部を1人で行っていても、他に共謀共同正犯者が存在する以上は、Xに対しては共同正犯を認定すべきであり、原判決には事実誤認があると主張した。

●決定要旨●　「検察官において共謀共同正犯者の存在に言及することなく、被告人が当該犯罪を行ったとの訴因で公訴を提起した場合において、被告人1人の行為により犯罪構成要件のすべてが満たされたと認められるときは、他に共謀共同正犯者が存在するとしてもその犯罪の成否は左右されないから、裁判所は訴因どおりに犯罪事実を認定することが許されると解するのが相当である。」

●解説●　1　被告人が単独犯の訴因で起訴され、かつ、被告人が実行行為の全てを1人で行い、構成要件の全てを充足している場合に、証拠上、他に共謀共同正犯者が存在するときでも、単独犯と認定できるか。これまで、この問題は、単独犯と共同正犯の択一的認定の可否という訴訟法上の問題として論じられてきた（東京高判平4・10・14【506】参照）。これに対して、本決定は、実体法上の単独犯と共同正犯の成立関係を前提として、訴因論の問題として新たな考え方を示した。

2　そもそも、実体法上、他に共謀共同正犯者が存在するときに単独犯を認定できるかについて、これまでの高裁判例の多くは、共同正犯の不成立が単独犯の成立要件となることを前提としてきたように思われる（岩崎・後掲313頁）。この理解からは、他に共謀共同正犯者が存在するときには、共謀共同正犯を認定しなければならないことになる。そして、共謀共同正犯者の存在が確かではないが、被告人にとっては共犯の方が利益であるときには、単独犯と共同正犯との択一的認定をすることが許されるかが問題となる（これを肯定したのが、【506】である）。しかし、学説では、共同正犯の認定が優位する理由はないとし、自ら実行行為を行い、基本形式を充足するものは、すでに正犯として処罰可能であり、共謀が見出されても正犯処罰を拡張するための修正形式に依拠する必要はないとの見解（大澤裕・田宮追悼（下）502頁等）が有力である。本決定は、かかる見解を採用し、構成要件の全てを満たした者については、他に共謀共同正犯者の存在が認められるか否かに関わらず、単独犯として処罰できる、すなわち、共同正犯の不成立は単独犯の成立要件とはならない、としたものと言えよう（岩崎・後掲341頁）。

3　このような実体法の理解を前提とすれば、単独犯と共同正犯のいずれで起訴するかは、検察官の裁量問題となる。そして、検察官が単独犯の訴因で起訴した場合、共謀共同正犯が主張されても、共同正犯の成立は単独犯の成立を阻却しないのであるから、裁判所としては、そのまま単独犯と認定できる。この点については、すでに、最3小判平15年10月7日【514】が、公訴事実の単一性の有無の判断について、訴因を基準にして判断すべきとしており、それと同じ考え方と言えよう（亀井・後掲222頁）。この点、本件のような単独犯訴因の場合、他に共謀共同正犯者の存在が認められ、被告人の罪責が共同正犯の方が軽いときには、むしろ共同正犯として認定すべきとの指摘もある（植村・後掲125頁）。同様に、共謀共同正犯者の存在が量刑を軽くする場合にも、共謀共同正犯者の存在を一切考慮しなくてよいとすれば、異論の余地は残るとの指摘もある（亀井・後掲222頁）。しかし、被告人が構成要件の全てを充足している場合には、他に共謀共同正犯者が存在すると否とに関わらず単独犯と認定できるとしても、共同正犯の認定を排斥するものではないので、裁判所は、場合により共同正犯を認定することで、対応できよう。なお、その際、訴因変更の必要はない（最2小判昭34・7・24刑集13-8-1150）。

4　以上の考え方から、単独犯の認定は、他に共謀共同正犯者が存在しないことを前提とはしないので、量刑事情として他の共謀共同正犯者の存在を考慮できることになる（大澤・前掲502頁、岩崎・後掲328頁）。したがって、共謀共同正犯者の存在が被告人の量刑を軽くする事情がある場合には、被告人の罪責としては訴因の単独犯を認定した上で、量刑事情として、共謀共同正犯を認定することも可能となろう。このことは、【506】のように、共謀共同正犯者の存在が確かでないことから択一的認定をする必要があるという場合にも当てはまるであろう。

●参考文献●　岩崎邦生・判解平21年度308、植村立郎・J1421-122、亀井源太郎・J平21年度重判221

508 余罪と量刑——郵便局員窃盗事件

最大判昭和42年7月5日（刑集21巻6号748頁・判時485号15頁・判夕208号97頁）　参照条文　憲法31条、36条、38条

起訴されていない犯罪事実を量刑の資料として考慮することの適否。

●事実●　被告人Xは、郵便局集配課に勤務していたが、昭和39年11月21日午前1時30分頃、保管されていた現金合計7880円および郵便切手合計684円在中の普通通常郵便物29通を窃取したとして、起訴された。第1審は、この事実を認めてXを懲役1年2か月としたが、その量刑理由の中で、「Xが郵政監察官及び検察官に対し供述するところによれば、被告人は本件と同様宿直勤務の機会を利用して既に……130回ぐらいに約3000通の郵便物を窃取し、そのうち現金の封入してあったものが約1400通でその金額は合計約66万円に、郵便切手の封入してあったものが約1000通でその金額は合計約23万円に達しているというのである。……事件の性質上量刑にあたってこの事実を考慮に入れない訳にはいかない。……Xに対し懲役刑の執行を猶予することは相当ではな〔い〕」とした。これに対してXは控訴し、起訴されざる他の窃盗事実を有罪と認定して量刑を重くしたと主張した。控訴審は、「Xの本件犯行が1回きりの偶発的なものかあるいは反覆〔復〕性のある計画的なものかどうか等に関する本件犯行の罪質ないし性格を判別する資料として利用することができる」から、原判決の説示もその趣旨と解するのが相当であるとしつつも、原判決の量刑不当を認めてこれを破棄して、改めてXを懲役10か月とした。Xはさらに上告したが、最高裁は、上告を棄却したが、同時に、以下の判断を示した。

●判旨●　「刑事裁判において、起訴された犯罪事実のほかに、起訴されていない犯罪事実をいわゆる余罪として認定し、実質上これを処罰する趣旨で量刑の資料に考慮し、これがため被告人を重く処罰することが、不告不理の原則に反し、憲法31条に違反するのみならず、自白に補強証拠を必要とする憲法38条3項の制約を免れることとなるおそれがあって、許されないことは、すでに当裁判所の判例〔最大判昭41・7・13刑集20-6-609〕とするところである。（もっとも、刑事裁判における量刑は、被告人の性格、経歴および犯罪の動機、目的、方法等すべての事情を考慮して、裁判所が法定刑の範囲内において、適当に決定すべきものであるから、その量刑のための一情状として、いわゆる余罪をも考慮することは、必ずしも禁ぜられるところでないと解すべきことも、前記判例の示すところである。）

ところで、本件について、これを見るに、第1審判決は、……本件公訴事実のほかに、起訴されていない犯罪事実をいわゆる余罪として認定し、これをも実質上処罰する趣旨のもとに、被告人に重い刑を科したものと認めざるを得ない。……そうすると、原判決は、この点を理由として第1審判決を破棄すべきであった〔が〕、……原判決は、結論において

は、第1審判決の量刑は重きに失するとして、これを破棄し、改めて被告人を懲役10月に処しているのであつて、その際、余罪を犯罪事実として認定しこれを処罰する趣旨をも含めて量刑したものでない〔ので〕……原判決を破棄する理由とはならない。」

●解説●　1　余罪を量刑の資料として用いることが許されることについては、すでに本判旨引用の昭和41年大法廷判決がある。すなわち、同判決は、①起訴されていない犯罪事実をいわゆる余罪として認定し、実質上これを処罰する趣旨で量刑の資料に考慮し、これがために被告人を重く処罰することは許されないが（以下、「第1類型の余罪考慮」）、②量刑は、被告人の性格・経歴および犯罪の動機・目的・方法等全ての事情を考慮して、裁判所が法定刑の範囲内において、適当に決定すべきものであるから、そのための一情状として、いわゆる余罪をも考慮することは、必ずしも禁ぜられるところではない（以下、「第2類型の余罪考慮」）、とした。本判決は、この大法廷判決の適用例と言える。

2　本件第1審は、被告人の公判供述を斥けて、自白調書から余罪を認定し、あたかも犯罪事実を認定するような判示をしており（海老原・後掲261頁）、しかも、公判廷外の自白のみで余罪事実を認定している点で瑕疵の程度が大きいと言わざるを得ない事案であった。学説では、判例の枠組みを否定する見解も有力である。その根拠は、①第2類型の余罪考慮も、実質的に処罰することに変わりはない、②2つの類型を区別する基準が不明確である、③手続きが二分されておらず、証拠の関連性も緩やかに判断されているから、犯罪事実の認定に不当な影響を生じかねない、④情状という形で余罪を処罰する脱法的事態が生じかねない（評釈集㉘134頁〔三井誠〕）などの点が挙げられるが、判例法としては、第2類型であれば許容されるとの判断枠組みがほぼ定着しており、許容されない第1類型とする判例も積み重ねられている（東京高判平3・10・29高刑44-3-212、名古屋高判平10・1・28高刑51-1-70等）。

3　問題は第2類型の余罪考慮である。脱法的に第1類型の余罪考慮がなされる危険を避けるためには、(ⅰ)余罪についての証拠の関連性・必要性の判断を厳格に行い、(ⅱ)如何なる情状の立証であるかという立証趣旨を明確にさせ、さらに事実認定と量刑手続とを事実上区分して行い、(ⅲ)少なくとも被告人に不利益に活用される場合には、厳格な証明により補強証拠を要求するなどの配慮が要求されるべきであろう（三井・後掲162頁）。

4　余罪考慮を適法とした上記昭和41年大法廷判決は80回の余罪窃盗の事案であり、違法とした本件は130回の余罪窃盗の事案であるが、その中間にはグレーゾーンが存するから、丹念な事例の積み重ねが必要であろう。

●参考文献●　海老原震一・判解昭42年度255、安冨潔・圖5版210、評釈集㉙156〔三井誠〕

509 有罪判決の理由——過失否認事件

最2小決昭和45年2月13日（刑集24巻2号17頁・判時587号95頁・判夕246号270頁）　参照条文　刑訴法335条2項

> 刑訴法335条2項に言う「法律上犯罪の成立を妨げる理由となる事実」の意義。

●事実● 被告人Xは、清酒約3合を飲み、正常な運転ができない虞のある状態で貨物自動車を運転し、幅員約14.6mの直線道路を進行中、進路前方を同一方向に進行していた被害者Aの自転車をあらかじめ発見することができず、これに追突して跳ね飛ばし、Aを頭蓋内出血等により死亡させたという事実で起訴された。第1審は、上記事実を認め、業務上過失致死および道交法違反で、Xを禁錮10か月に処したが、弁護人が、弁論で、「Aの自転車が前方左側に進行方向に向い停車中の大型貨物自動車の前方（裏陰）から突如飛び出したため、Xにおいて事前発見不能の状況にあった」旨を主張したのに対しては、特に判断を示さなかった。Xが控訴して、法律上犯罪の成立を妨げる理由となる事実が主張されたのに、原判決がこれに対する判断を示さなかったのは、335条2項に違反すると主張した。これに対して、控訴審は、「Aが貨物自動車の前方から突如飛び出したという別個の事実を主張することにより、公訴事実中のAの乗った自転車がXの自動車の進路上を同一方向に進行中であったとの事実を否認し、その主張事実と公訴事実の過失とを対比してAを事前に発見することは不可能であるとの前提のもとに、Xの過失と衝突致死の結果との間の因果関係を否定するものである。このことは行為の外に結果の発生を構成要件とする業務上過失致死罪について結局罪となるべき事実自体を否定する主張に外ならず、刑訴法335条2項の『法律上犯罪の成立を妨げる理由となる事実』の主張、即ち構成要件以外の事実であって、その事実があるために法律上犯罪を成立させない理由となる事実の主張には該当しない」として、その主張を斥けた。Xはさらに上告して、過失犯について、「Xが注意義務を認識し得たかどうか、認識し得たとしても、その義務を履行するために適当な手段をとることが可能であるかどうか等の事情は、犯罪の成立を阻却すべき原因の範疇に該当する」とした判例（最1小判昭24・3・17刑集3-3-311）に違反すると主張した。最高裁は、上告を棄却し、以下の判断を示した。

> ●決定要旨● (1)「所論引用の判例……は、被告人が通常人よりも能力が劣り、過失犯の成立に必要な注意義務を認識し得ず、また認識し得たとしてもその義務を履行する為に適当な手段をとることが不可能であったという主張に関するものであって、本件とは事案を異にして適切でないから、所論はその前提を欠き、適法な上告理由にあたらない。」
> (2)「業務上過失致死被告事件において、被害者の自転車が被告人の進路前方に停車していた大型貨物自動車の背後から突如飛び出して来たため被告人にはこれを事前に発見することが不可能であったという主張は、単なる過失の否認に帰着し、刑訴法335条2項にいう『法律上犯罪の成立を妨げる理由となる事実』の主張にあたらないとした原判断は相当である。」

●解説● 1 335条2項の趣旨については、従来、同条1項の罪となるべき事実の表示によりこれらの事実はすでに黙示的に否定されているが、当事者からすれば、その主張が積極的に排斥されたのか、不注意で見落とされたのか分からないので、当事者に納得のいく裁判という政策的観点から、かかる規定が設けられたとされてきた。ただ、事実認定も当事者主義を前提とすべきであるとすれば、裁判所には争点に対する応答義務があり、この規定は、政策的に望ましいという以上に、現行法の訴訟構造から必然的に要請される重要な規定と解すべきであろう。

2 決定要旨(1)は、上告趣意引用の昭和24年最判は、本件とは事案が異なるとした。この判例では、有毒飲食物取締令違反被告事件につき、被告人にメタノールを含有する飲料であることの認識があったかどうかが争われ、被告人側の主張は期待可能性の不存在または責任能力の不存在の主張と解することのできる事案であった（田口・後掲10頁）。一方、本件では、被害者が突如飛び出したかどうかという注意義務の前提となる事実が争点であった。両事案は異なるものと言えよう。

3 決定要旨(2)は、被告人の主張は過失の否認に帰着するから、335条2項の主張には当たらないとした。調査官解説は、この点については、すでに大審院時代に、「業務上過失傷害被告事件ニ於テ被告人ニ過失ナク全ク不可抗力ナリトノ主張ハ刑事訴訟法第360条2項〔現行法335条2項と同じ〕ニ所謂法律上犯罪ノ成立ヲ阻却スヘキ原由タル事実上ノ主張ニ該当セス」（大判昭8・10・30刑集12-20-1858）との判例があり、最高裁は、改めて、大審院判例を維持する法律判断を示したとしている（海老原・後掲11頁）。しかし、不可抗力の主張と注意義務の前提となる事実の主張とは区別する必要があろう。

4 注意義務の前提となる事実の位置付けについては、最1小決昭和63年10月24日【328】が、たとえ、それが公訴事実中に記載されたとしても、訴因として拘束力が認められるものではないとした。過失犯の訴因記載は、①注意義務を課す根拠となる具体的事実、②注意義務の内容、③注意義務違反の具体的行為からなり、判例は、③を過失犯の本来的訴因事実と見ている（【328】解説参照）。この理解からすれば、注意義務の前提となる事実は、罪となるべき事実の前提事実である。その点で、違法阻却事由や責任阻却事由に関わる事実とは区別される。結局、被告人の主張事実は335条2項には含まれないとする、本決定の結論は妥当である。ただ、被告人を納得させるという点から、「罪となるべき事実」の認定において、被告人の主張事実は認められない旨に言及するなどの配慮はあってもよかった。

●参考文献● 海老原震一・判解昭45年度7、鈴木茂嗣・判夕252-59、評釈集㉜4〔田口守一〕

510 無罪判決後の勾留——外国人覚せい剤取締法違反事件

最3小決平成19年12月13日（刑集61巻9号843頁・判時1992号152頁・判タ1259号206頁）

参照条文 刑訴法60条、345条

無罪判決後の控訴審による勾留の適否。

●事実● 被告人Xは、成田空港に到着した際、スーツケースに覚せい剤を隠匿していたとして、覚せい剤取締法違反等の事実により勾留のまま起訴されたが、Xは知人から依頼されたもので覚せい剤とは知らなかったと弁解した。第1審は無罪を言い渡し、345条の規定により勾留状が失効して、Xは釈放された。しかし、検察官の控訴を受けた控訴裁判所は、職権で、Xを再度勾留した。Xは、外国人であり、本邦の在留資格を有しなかったため、入国管理局に収容されて退去強制手続が進められていたが、本件再勾留により拘置所に身柄を移された。これに対して弁護人が異議を申し立てたものの、棄却されたことから、さらに特別抗告に及んだのが本件である。弁護人の主張は、本件の訴訟記録が控訴裁判所に到達した日の翌日に、本件再勾留がなされたことを指摘しつつ、第1審の無罪判決後に控訴裁判所が被告人を勾留できるのは、少なくとも、当事者の主張、証拠、公判調書等の第1審事件記録につき十分な調査を行った上で、第1審の無罪判決の理由について慎重に検討した結果、第1審判決を破棄して有罪とすることが予想される場合に限られると解すべきであるのに、原決定はこのような解釈によることなく、控訴裁判所が、慎重な検討のための時間的余裕のないままに、「罪を犯したことを疑うに足りる相当な理由」があると即断したことを是認し、かつ、本件が「第1審判決を破棄して有罪とすることが予想される場合」に当たらないことも明らかなのに、これを看過しているなどとして、本件再勾留が違法である、とするものであった。これに対して、最高裁は、本件抗告を棄却して、以下の判断を示した。

●決定要旨● 「第1審裁判所において被告人が犯罪の証明がないことを理由として無罪判決を受けた場合であっても、控訴裁判所は、その審理の段階を問わず、職権により、その被告人を勾留することが許され、必ずしも新たな証拠の取調べを必要とするものではないことは、当裁判所の判例［最1小決平12・6・27刑集54-5-461］が示すとおりである。しかし、刑訴法345条は、無罪等の一定の裁判の告知があったときには勾留状が失効する旨規定しており、特に、無罪判決があったときには、本来、無罪推定を受けるべき被告人に対し、未確定とはいえ、無罪の判断が示されたという事実を尊重し、それ以上の被告人の拘束を許さないこととしたものと解されるから、被告人が無罪判決を受けた場合においては、同法60条1項にいう『被告人が罪を犯したことを疑うに足りる相当な理由』の有無の判断は、無罪判決の存在を十分に踏まえ慎重になされなければならず、嫌疑の程度としては、第1審段階におけるものよりも強いものが要求されると解するのが相当である。そして、このように解しても、上記判例の趣旨を敷えんする範囲内のものであって、これと抵触するものではないというべきである。」

●解説● 1　無罪判決後の勾留については、勾留要件の厳格化と勾留理由の判断時期が問題となる。この点、判断時期に制限はないとするのが判例の立場であり（最3小決昭41・10・19刑集20-8-864）、本決定引用の平成12年決定も、罪を犯したことを疑うに足りる相当な理由があると認めるときは、勾留の理由があり、かつ、勾留の必要があると認める限り、その審理の段階を問わず、被告人を勾留できるとして、その点を明確にした。しかし、勾留要件の厳格化については触れなかった。

2　本決定は、嫌疑の程度について、「第1審段階におけるものよりも強いものが要求される」とした。その根拠は、無罪判決の存在を十分に踏まえて慎重になされなければならない、という点にある。無罪判決の存在を踏まえると言っても、法的な拘束力を意味するのではなく、あくまで事実上の効力である。問題は、「より強い嫌疑」の程度であるが、「有罪判決がなされ得るに足る嫌疑」（田原睦夫裁判官の補足意見）とまで絞り込むのは、勾留裁判の性格から疑問があろう（飯田・後掲207頁）。控訴審段階では訴訟状態も変化しており、無罪判決の理由も検討され、これに伴って自ずと勾留要件の内容も変わっており、以前よりも「より強い嫌疑」が要求されることになるという当然の事理を明らかにしたものと理解すべきであろう（原田・後掲105頁、飯田・後掲207頁。なお、酒巻匡・圓8版203頁参照）。

3　本決定は、このような判示は平成12年決定とは何ら抵触しないとする。確かに、「より強い嫌疑」を要求したので、要件を加重したようにも見えるが、平成12年決定も、「記録等の調査により、右無罪判決の理由の検討を経た上でもなお罪を犯したことを疑うに足りる相当な理由があると認めるときは」として、無罪判決を踏まえた判断をしているのであるから、本決定は、まさにその趣旨をより明確にしたものに過ぎない（松田・後掲489頁）。その意味で、本決定は、平成12年決定とは何ら抵触しないとの判示も支持できる（原田・後掲104頁）。

4　なお、平成12年決定は、裁判所は、被告人に対し出入国管理及び難民認定法に基づく退去強制の手続が取られていることを考慮することができるともしているが、少なくとも、「罪を犯したことを疑うに足りる相当な理由」の判断に際してかかる事情の考慮は認めるべきではあるまい（東京高決平12・4・20判タ1032-298参照）。今後、退去強制手続制度と刑事訴訟制度との制度的整合性を再検討すべきであろう（【458】解説参照）。本決定の田原裁判官補足意見も、退去強制手続と刑訴法手続との調整規定を設ける必要性を指摘している（同旨、松田・後掲492頁）。

●参考文献● 松田俊哉・判解平19年度476、飯田喜信・圓9版206、原田和往・刑ジャ14-99

511 形式裁判の内容的確定力——偽装死亡事件

大阪地判昭和49年5月2日（刑月6巻5号583頁・判時745号40頁）　　参照条文　刑訴法337条

偽装死亡による公訴棄却決定の内容的確定力の有無。

●**事実**●　被告人Xは、昭和37年1月10日、A事件（暴力行為等処罰に関する法律違反、恐喝、詐欺・同未遂、傷害、監禁等）で懲役2年6月を言い渡された。被告人は、A事件に関する控訴中に保釈されたが、この間にB事件（有価証券偽造・同行使、詐欺未遂、贓物牙保、恐喝、詐欺）を起こして起訴され、同43年1月24日、懲役3年および罰金10万円を言い渡された。Xは、これを不服として控訴し、その間も保釈となった。Xは、A・B再事件につき実刑を回避することは困難な見通しとなったので、自己が戸籍上死亡したことにして刑を免れようと企て、死亡診断書を偽造し、死亡届用紙に妻名義で記入して同診断書を添えて区役所に提出し、さらに、実弟を介して担当弁護士にその旨を連絡し、内容虚偽の除籍謄本を同弁護士に交付した。その結果、大阪高裁は、昭和43年4月16日、B事件につき、被告人死亡を理由に公訴棄却の決定をし、同決定は確定した（A事件については執行不能処分）。ところが、その後、被告人生存の事実が判明したので、検察官は、同48年2月27日、Xを、死亡の偽装工作（有印私文書偽造・同行使、公正証書原本不実記載・同行使）と共に、B事件につき、再起訴した。これに対して弁護人は、被告人死亡を理由とする公訴棄却決定が確定したのと同一事件に対する公訴提起は違法であると主張した。裁判所は、以下の判断を示して、弁護人の主張を斥けた。

●**判旨**●　「弁護人は、形式裁判とはいえ公訴棄却の決定が確定すれば、内容的確定力が生ずるから、本訴において、先に大阪高等裁判所がした被告人死亡の認定を覆えして、再度の公訴提起を肯定することはできない旨主張する。しかし、公訴棄却の決定はいわゆる形式裁判であるから、その裁判が確定しても再起訴は原則として妨げられないと解すべきであり、これは、刑事訴訟法340条が例外的に、公訴取消による公訴棄却決定が確定したときに再起訴が妨げられる旨規定していることに照らしても明らかである。このことは、被告人死亡を理由とする公訴棄却決定が確定しているときも同様であり、まして、被告人死亡の事実認定が内容虚偽の証拠に基づくものであったことが、新たに発見された証拠によって明白になったような場合にまで、なおも、この公訴棄却決定の示した判断が拘束性を保有して、後の再起訴を妨げるものとは、とうてい解することはできない。本件において、大阪高等裁判所の公訴棄却決定が内容虚偽の証拠に基づくものであり、それが新たに発見された証拠によって明白になったことも、……認定した経過に照らして明らかであり、何にもまして、死亡したとする被告人が当法廷に立つに至ったこと、この事実に優る証拠はないのであるから、大阪高等裁判所が公訴棄却決定で示した判断は当裁判所を拘束しないものと解するのが相当である。」

●**解説**●　1　裁判が確定すれば内容的確定力を生ずることは、通説（平野284頁等）・判例（最3小決昭56・7・14【512】）である。その根拠を、旧通説は、確定判決によって当該事件についての具体的法が形成されたことの効果である（具体的規範説）としてきたが、具体的規範の対外的効力を一事不再理効とする理論構成が訴因制度と調和しなくなっただけでなく、具体的規範の実質的根拠が不明であるとの批判がなされ得る。そこで、今日では、一事不再理効を「二重の危険」で基礎付けるとともに、拘束力の根拠を訴訟制度そのものに求める訴訟法説が有力となった（田宮440頁）。問題は、被告人が偽装工作をして確定裁判を得た場合にも拘束力が認められるかである。

2　先例として、公判期日に出頭しなかったとして保釈を取り消された被告人が、出頭途中に自動車が故障したとの虚偽の事実を申し立て、同取消し決定を取り消す決定を得たが、その後、偽装事実と判明したので、検察官は保釈を取り消そうとしたところ、先の裁判の際に調査を尽くしておくべきであったとして、先の保釈決定を取り消す裁判の拘束力を認め、再度の保釈取消しを許さなかった事例がある（大阪高決昭47・11・30高刑25-6-914）。この事案では、検察官が調査をすれば虚偽事実は容易に判明したであろうとの判断が前提となっており、その点に本件偽装死亡事件との違いがある。

3　本判旨は、被告人死亡を理由とする公訴棄却決定の拘束力を否定した。問題はその解釈論的根拠である。本判旨が、拘束力を全面的に否定する趣旨ならば、むろん正しくない。また、新証拠により拘束力が否定されるともするが、それも拘束力の全面的否定に等しい。裁判の確定とは、新証拠によって争うことを遮断する形式的確定力を前提とするからである。結局、本判旨が拘束力を否定した結論は、後述する理由から支持できるが、その理由付けは正当とは言えない。形式裁判の拘束力は実体裁判のそれと同程度のものと考える必要はないとしても（出田・後掲211頁）、例外を認める相応の合理性は必要である。

4　拘束力が及ばなくなるのは、事情の変更があった場合に限られるとの立場（田宮443頁）からは、被告人死亡の事実に事情の変更はあり得ないので、本件でも拘束力が及ぶことになる。しかし、視点を変えて、訴訟法説からは、拘束力は検察官の禁反言という当事者主義的な性質を持つものと解し得るので、他方当事者の被告人に重大な偽装工作がある場合には、被告人には拘束力の要求資格が欠けることになり（田口446頁。同旨、光藤・後掲172頁）、本件では、まさに、被告人にこの要求資格が欠けるために前訴裁判の拘束力が及ばないことになると思われる。

●**参考文献**●　出田孝一・圕9版210、宇藤崇・圕8版206、光藤景皎・J昭49年度重判170

512　内容的確定力の範囲——登記簿不実記載事件（その２）

最３小決昭和56年７月14日（刑集35巻５号497頁・判時1013号３頁・判タ448号54頁）

参照条文　刑訴法254条、256条、338条

公訴棄却判決の内容的確定力の及ぶ事項。

●事実●　被告人らは、昭和47年10月６日頃、マンションの虚偽登記をした行為につき、同50年12月26日、公正証書原本不実記載・同行使の罪により公訴が提起された（以下、「旧起訴」）。ところが、表示登記と保存登記のそれぞれにつき別個の公正証書原本不実記載・同行使罪が成立すべきところ、旧起訴状では、表示登記に用いる書類をもって保存登記をした旨の訴因記載がなされていた。そのため裁判所は、「全体として、その訂正ないし補正の許される余地のないほど訴因が不特定である」として、同51年11月18日、公訴棄却の判決を下し、同判決はその頃確定した。その後、同53年６月28日に至り、検察官は、表示登記に関する不実記載・同行使罪と保存登記に関する不実記載・同行使罪を、改めて再起訴した（以下、「新起訴」）。ところが、新起訴は犯行時から約５年８か月経過していたため、旧起訴により公訴事実の進行が停止していたとすれば新起訴は時効期間（５年）満了前の起訴となり、時効停止がなかったとすると時効完成後になるという関係にあった。原判決は、旧起訴は表示登記に関する罪を起訴したものと見て、公訴時効の停止効を認めた。なお、本件における訴因不特定の起訴と公訴時効停止効に関しては【211】参照。

●決定要旨●　「所論は、本件旧起訴に対する前記確定判決のいわゆる内容的確定力を援用し、前記確定判決の判断内容と異る判断をした原判決に法令解釈の誤りがあるとするのであるが、前記確定判決の理由中本件の受訴裁判所を拘束するのは、旧起訴は実体審理を継続するのに十分な程度に訴因が特定されていないという判断のみであり、右判断を導くための根拠の１つとして挙げられた、旧起訴状の公訴事実によっては併合罪関係に立つ建物の表示登記と保存登記に関する各公正証書原本不実記載・同行使罪のいずれについて起訴がなされたのか一見明らかでない、という趣旨に解し得る部分は、本件の受訴裁判所を拘束しないと解すべきであるから、旧起訴によって、本件公訴事実第一と同一性を有する事実につき公訴時効の進行が停止されたとする原審の判断が、右確定判決のいわゆる内容的確定力に抵触するものとはいえない。」

伊藤正己裁判官の反対意見。

「〔多数意見は、内容的確定力は『訴因不特定の判断』だけに生じ、『公訴事実不特定の判断』には生じないとするが〕もともと、確定判決の理由中の判断に内容的確定力を認めるという考え方の根本には、一定の事項について示された裁判所の判断が形式的に確定した以上、その後の同一当事者間の訴訟においては、右と異る主張・判断をすることを許さないこととして、被告人の地位の安定を図るという配慮があるものと考えられるのであって、そうであるとすれば、右内容的確定力の生ずる範囲を、主文を導くための直接の理由となる判断だけに限定すべき合理的な根拠はなく、少なくとも、確定判決の主文を導くうえで必要不可欠な理由となる重要な判断については、右確定力が生ずると考えるべきである。」したがって、本件では、上記のいずれの事実についても、旧起訴による公訴時効停止の効力が及ばないこととなり、公訴時効の完成を認めるべきである。

●解説●　１　本決定は、形式裁判の内容的確定力を、最高裁が、初めて正式に認知した（木谷・後掲199頁）判例として重要である。本件で問題となったのは、内容的確定力の及ぶ客観的範囲である。すなわち、公訴棄却判決の内容的確定力として、後訴裁判所を拘束するのは「訴因不特定の判断」だけであるのか、「公訴事実不特定の判断」にも及ぶのか（前者であれば、後訴裁判所は、公訴事実は特定していたと認定することができるし、後者であれば、できない）、である。

２　本決定の多数意見は、確定判決の理由中の「訴因が特定されていないという判断のみ」に拘束力が生じ、「表示登記と保存登記に関する各公正証書原本不実記載・同行使罪のいずれについて起訴がなされたのか一見明らかでない、という趣旨に解し得る部分」には、拘束力は及ばないとした。拘束力の及ぶ範囲は、主文と直接関係する部分ないしは主文に必要な理由部分であって、判断が明示された事項にのみ及ぶ（田口・拘束力282頁）。したがって、本件で、訴因不特定の判断が拘束事項に属することは確かである。

３　問題は、さらに、この判断を導いた公訴事実不特定判断もこれに含まれるかである。反対意見は、「確定判決中の『公訴事実不特定の判断』は、『訴因不特定の判断』を導くための最も重要な、いわば必要不可欠な理由である」とする。この見解は、拘束力制度を、被告人の地位の安定を図るという配慮に基づくものと見る。この点、多数意見は、拘束力は、「法的安定性を尊重し、実体的真実のある程度の犠牲の上に成り立つものであるから、右確定力の客観的範囲は、不当にこれを拡張することなく、確定力判決の主文と直結する理由、しかも判文上２様の解釈を許す余地のないほど明確に述べられた理由に限って内容的確定力を生ずる」と考える（木谷・後掲199頁）。むろん、両論とも成立し得るが、被告人の法的安定性を重視した裁判の権威性こそが確定力制度の目指す所とすべきであるから（田口・拘束力277頁）、反対意見が説得的であるように思われる。

４　なお、本件事案では、当初の公訴棄却判決の後、速やかに再起訴していれば公訴時効の問題は生じなかったのであり、訴追側のかかる不手際まで救済する必要があるのか、些か疑問である。この場合でも、いったん下された司法判断は尊重するとの視点が肝要ではなかろうか。

●参考文献●　木谷明・判解昭56年度177、鈴木茂嗣・百７版204、井上正仁・警研60-12-32、田口守一・J昭56年度重判198

513 余罪と一事不再理効―廃油不法投棄事件

大阪高判昭和50年8月27日（高刑28巻3号321頁・判タ333号339頁）　　参照条文　憲法39条

量刑に考慮された余罪に関する一事不再理効の有無。

●**事実**● 被告人Xは、他人と共謀し、空地に素掘りの穴をつくり、廃油約16万2000ℓを引き取り無許可で廃棄物収集業を営み（廃棄物の処理及び清掃に関する法律（以下、「廃棄法」）違反の無許可収集業の罪）、指定数量以上の危険物たる廃油約6万ℓをその穴に貯蔵し（消防法違反の危険物貯蔵の罪）、次いで、穴がすぐ充満したため各地の用水路・マンホール等に前後8回にわたり合計約10万ℓの廃油を投棄した（廃棄法違反の廃油不法投棄の罪）。この無許可収集業（A罪）、危険物貯蔵（B罪）および廃油不法投棄（C罪）のうち、A罪とB罪につき起訴され、昭和48年11月28日、懲役10か月および罰金10万円の有罪判決を受け、同判決はその頃確定した。その量刑理由において、C罪につき、「幸い火災などの事態の発生に至らなかったものの附近住民に多大の衝撃を与え……その責任は極めて重いと考えなければならず……その刑を猶予すべきものでないと認めた」とされていた。他方、C罪のうちの1回は水道管敷設溝への投棄であったため、水道管を汚染して使用不能にした（廃油不法投棄罪と器物損壊罪との観念的競合）ため、Xは、廃油不法投棄罪（C′罪）と器物損壊罪（D罪）で起訴されることとなった。Xは、先の訴訟で本件の取調べもなされ、重く量刑されたのであるから免訴とすべきであると主張した。控訴審は、以下の判断を示し、C′罪につき免訴とし、D罪につき自判の上有罪とした。

●**判旨**● (1)「右確定判決の審理においてはその公訴犯罪事実たる無免許の廃棄物収集業を営んだ事実及び危険物貯蔵の事実についての証拠のほかに犯情の証拠として前後8回の不法投棄の具体的事実を認めるに足る自供調書と補強証拠とが取り調べられたうえ前摘録の如き量刑欄の説示となったことに徴すると、大阪地方裁判所に起訴されなかった前後8回の不法投棄の事実が量刑のための一情状として考慮されたというよりはむしろ概括的であるにせよ実質上これを処罰する趣旨で認定され量刑の資料として考慮され特に執行を猶予すべからざる事情として参酌されて重い刑を科されたというほかはなく……、かかる場合には右大阪地方裁判所の確定判決の既判力はとも角として被告人のための二重の危険の禁止としての一事不再理の効力は廃棄物不法投棄の事実にも及ぶと解するのが相当である。」

(2)「しかしながら、既判力ないし一事不再理の効力は同時審判の可能性の故に訴因を超えて公訴事実全体に及ぶと解される丈のことであるから、偶々確定裁判において余罪として認定され量刑に考慮された事実にも一事不再理の効力が及ぶと解すべき場合であっても、その事実と科刑上一罪の関係にある事実でも凡そ同時審判の可能性はありえない以上これにまで一事不再理の効力が及ぶと解すべき根拠はなくその可罰的評価までも不問に付されて然るべき理はさらに無い筈である。従って、確定判決の一事不再理の効力は結局原判決認定の本件公訴事実のうち廃棄物不法投棄の点には及んでいると解すべきであるが、器物損壊の点には及んでいないと解すべきである。」

●**解説**● 1　一事不再理効の客観的範囲は、公訴事実の同一性の範囲に及ぶとするのが通説であり、判例も、併合罪関係にある他の罪には一事不再理効は及ばないとしている（最2小判昭27・9・12刑集6-8-1071）。他方、余罪を量刑に考慮した場合については、単なる情状推知の一資料としてなら許されるが、実質上処罰する趣旨で余罪を量刑の資料とすることは許されない（最大判昭42・7・5【508】）。そこで、余罪が量刑に考慮された場合に、その余罪に一事不再理効が及ぶかが問題となる。

2　学説として、①一事不再理効は公訴事実の同一性の範囲に及ぶとしつつ、実質上処罰された余罪については「事実上訴訟係属……が生じた」と見て、その余罪にも一事不再理効を認めるとする説（団藤280頁等）、②一事不再理効の及ぶ範囲は公訴事実の同一性と必ずしも一致せず、併合罪でも量刑に斟酌された場合には一事不再理効が生じ、他方で捜査官が捜査を尽くしても発見できなかった科刑上一罪の一部には一事不再理効は及ばないなどとする説がある（青柳490頁。東京地判昭49・4・2判時739-131は、観念的競合の関係にある一部の罪につき一事不再理効が及ばないとした）。ただ、①では、一事不再理効の有無がその時々の手続きに依存することになって画一的判断ができないこと、また、同時捜査の不可能性の調査には困難が伴うなどの難点があろう。判旨(1)は、実質上処罰する趣旨で余罪が考慮された場合に一事不再理効が及ぶとしたが、判旨(2)では、同時審判の可能性を基準としているので、全体としては②の考え方に近いと言えようか。

3　余罪を単なる情状資料として考慮したに過ぎない場合には、通説からは、一事不再理効は発生しないことになろう。しかし、学説では、併合罪の関係にある数罪でも、同時捜査・同時立証が通常であるような場合には（例えば、強盗とけん銃の不法所持）、一事不再理効が及ぶとの説が有力である（田宮455頁、渥美512頁等）。思うに、併合罪関係にある数罪の場合でも、同時捜査・同時立証が可能な場合には、一事不再理効を及ばせる必要がある。情状に考慮された場合も含めて、余罪にも一事不再理効が及ぶと考えるべきであろう（田口・後掲198頁、田口454頁）。

4　この点、特に判旨(2)は、訴訟法説の基準から、科刑上一罪の一部につき同時審判可能性がないとして、一事不再理効の範囲を縮減しているが、上記の立場からは疑問が生ずる。本件では、D罪についても免訴とすべきであった。

●**参考文献**●　臼井滋夫・囻4版202、田口守一・J昭51年度重判197

514 常習犯と一事不再理効——単純窃盗訴追事件

最3小判平成15年10月7日（刑集57巻9号1002頁・判時1843号3頁・判タ1139号57頁）

参照条文　刑訴法337条　盗犯等ノ防止及処分ニ関スル法律2条

常習窃盗と一事不再理効の範囲。

●**事実**● 被告人Xは、平成11年1月22日から同年4月16日までの間に敢行した窃盗1件および建造物に侵入した上での窃盗3件を理由として、同12年4月11日、簡裁から懲役1年の有罪判決を受け、同判決は同月26日に確定した。その後、Xは、平成9年9月22日頃から同11年4月19日頃までの間の23件にわたる窃盗または建造物侵入窃盗を理由として、同12年11月24日、建造物侵入および窃盗により起訴され、第1審・2審ともXを有罪とした。

そこで、弁護人は、確定判決の一事不再理効に関するそれまでの判例（高松高判昭59・1・24判時1136-158）は、単純窃盗により確定判決を受けた被告人が、確定判決の言渡し前に犯した複数の窃盗行為により単純窃盗で起訴され、起訴に係る各窃盗行為と確定判決の内容となっている窃盗行為がいずれも常習特殊窃盗に該当し、しかも、起訴に係る窃盗行為がいずれも確定判決前の行為である場合、一罪の一部につきすでに確定判決を経ていることになるから、起訴に係る窃盗については免訴とすべきとしてきたことを理由に、判例違反を主張した。最高裁は、上記判例を変更して、以下の判断を示した。

●**判旨**●「思うに、訴因制度を採用した現行刑訴法の下においては、少なくとも第一次的には訴因が審判の対象であると解されること、犯罪の証明なしとする無罪の確定判決も一事不再理効を有することに加え、前記のような常習特殊窃盗罪の性質や一罪を構成する行為の一部起訴も適法になし得ることなどにかんがみると、前訴の訴因と後訴の訴因との間の公訴事実の単一性についての判断は、基本的には、前訴及び後訴の各訴因のみを基準としてこれらを比較対照することにより行うのが相当である。本件においては、前訴及び後訴の訴因が共に単純窃盗罪であって、両訴因を通じて常習性の発露という面は全く訴因として訴訟手続に上程されておらず、両訴因の相互関係を検討するに当たり、常習性の発露という要素を考慮すべき契機は存在しないのであるから、ここに常習特殊窃盗罪による一罪という観点を持ち込むことは、相当でないというべきである。そうすると、別個の機会に犯された単純窃盗罪に係る両訴因が公訴事実の単一性を欠くことは明らかであるから、前訴の確定判決による一事不再理効は、後訴には及ばないものといわざるを得ない。」

●**解説**● 1 本件における確定判決の一事不再理効の有無は、前訴と後訴との訴因間に公訴事実の単一性が認められるかによる。問題は、単一性の判断方法として、訴因事実だけを比較するか、訴因外事実も判断対象に含めるかにある。本判旨は、旧判例が常習性という訴因外事実を基準とした高松高判を変更して、訴因事実だけを比較すべきとする訴因基準説を採用した。

その主な根拠は、訴因制度のほか、常習窃盗を構成する個々の窃盗行為の行為としての独立性および常習窃盗を単純窃盗として一部起訴することの可能性にある。

2 しかし、学説には、これに疑問を呈するものが多い。訴因が単純窃盗であっても、その行為態様から常習窃盗と疑われるケースもあり得るからである（宇藤・後掲204頁、大澤・後掲9頁、白取・後掲209頁等）。また、「細切れ起訴」を許すと一事不再理効は骨抜きとなる、との指摘もなされている（小島・後掲96頁等）。結局、後訴裁判所が職権で、免訴事由を取り調べることが許されてもよかったとされている（白取・後掲209頁）。問題はその理論的根拠である。

3 訴訟条件の審査については、訴因基準説が通説・判例であった。上記高松高判昭和59年11月24日の手法は心証基準説と言えるが（多和田・後掲471頁）、判例法上、異質であったことは否めない。しかし、本判旨においても、前訴の訴因が常習窃盗で、後訴の訴因が余罪の単純窃盗である場合や、逆に、前訴の訴因は単純窃盗罪であるが、後訴の訴因が常習窃盗罪である場合、両訴因が実体的には常習窃盗罪の一罪ではないかと強く疑われるのであるから、実体的に一罪を構成するかにつき検討すべき契機が存在するとして、単純窃盗罪が常習性の発露として行われたか否かについて付随的に心証形成をし、両訴因間の公訴事実の単一性の有無を判断すべき（最2小判昭43・3・29刑集22-3-153）としているので、その限りで、「固い訴因基準説」ではなく、「柔らかい訴因基準説」となっている（同477頁）。

4 このような「柔らかい訴因基準説」の考え方が妥当と思われるが、単に、「訴因間の比較対照だけでは判断に困難が生ずる」（多和田・後掲477頁）というだけでは、恣意的となろう。理論的には、訴訟条件の審査は裁判所の職責であり、それは、検察官の訴因設定権とは区別される。したがって、裁判所は、訴訟条件の審査については訴因外事実に立ち入ることができるのである。むろん、訴訟条件の審査については、現に審判対象となっている訴因が基準となるのが基本である。しかし、そこで基準とされるべき訴因の設定について手続き的にその適正さが問題となるときには、その限りで、訴因外事実を審査して附随的に心証形成をすることも可能なのであり、その限りで、心証基準説となるのは当然である。

5 なお、本判旨は、訴因外事実の審査に立ち入る契機について、訴因に「常習」の事実記載があるか否かという極めて形式的基準を前提としている。しかし、例えば、「多くの窃盗を行った」という記載から常習性を審査する契機が生ずる場合もあろう。捜査機関が余罪事件の捜査を進めないで事実上放置するという実務（多和田・後掲487頁）を、形式的な訴因基準説で追認することは避けるべきであろう。

●**参考文献**● 多和田隆史・判解平15年度456、宇藤崇・J平15年度重判202、大澤裕・研修685-3、小島淳・現刑62-88、白取祐司・圕9版208

最新重要判例 250 刑事訴訟法
第6章　上訴・再審

601 検察官上訴の合憲性——量刑不当上訴事件

最大判昭和25年9月27日（刑集4巻9号1805頁）　　参照条文　憲法39条

検察官上訴と憲法39条との関係。

●**事実**● 被告人Xは、選挙人に対する投票依頼等の衆議院議員選挙法違反等の罪で起訴され、第1審は、Xに罰金刑を言い渡した。これに対して、検察官が量刑不当で控訴し、控訴審は、原審より重い禁錮3か月を言い渡した。そこで、Xが上告して、検察官の量刑不当の上訴を認めることは憲法39条に違反すると主張した。弁護人の上告趣意は、①憲法39条の後段は、「同一の犯罪について重ねて刑事上の責任を問はれない」と規定しており、その英訳には「二重の危険」の言葉が用いられ、これは、合衆国憲法修正5条の「何人も同一の犯罪に対して再び生命又は身体の危険に臨ましめられることはない」との規定と同趣旨である、②したがって、一度判決があった以上は確定を待つまでもなく「二重の危険」の原因となり、裁判官の裁判に対して検察官がさらに重い処罰を求めることは「二重の危険」の禁止に反する、③旧刑訴法は大陸法系の一事不再理の原則を採り確定判決を経た同一犯罪に対して二重処罰を禁止するとしていたが、憲法39条は、これに対して一歩を進めたものである、④こうして、憲法は英米法系の「二重の危険」の法則を採用したのであるから、確定を待たずして、第1審判決があればそのことによって二重の危険ありとするものと言うべきであり、したがって、検察官が量刑不当を理由としてより重い処罰を要求するがごとき上訴権は認められない、と主張するものであった。これに対して、最高裁大法廷は、上告を棄却して、以下の判断を示した。

●**判旨**● 「元来一事不再理の原則は、何人も同じ犯行について、2度以上罪の有無に関する裁判を受ける危険に曝さるべきものではないという、根本思想に基くことは言うをまたぬ。そして、その危険とは、同一の事件においては、訴訟手続の開始から終末に至るまでの1つの継続的状態と見るを相当とする。されば、1審の手続も控訴審のそれも上告審のそれも同じ事件においては、継続せる1つの危険の各部分たるにすぎないのである。従って同じ事件においては、いかなる段階においても唯一の危険があるのみであって、そこには二重危険（ダブル、ジェパーディ）ないし二度危険（トワイス、ジェパーディ）というものは存在しない。それ故に、下級審における無罪又は有罪判決に対し、検察官が上訴をなし有罪又はより重き刑の判決を求めることは、被告人を二重の危険に曝すものでもなく、従ってまた憲法39条に違反して重ねて刑事上の責任を問うものでもないと言わなければならぬ。従って論旨は、採用することを得ない。」

●**解説**● 1 本判決は、憲法39条後段が、「二重の危険」の原則を採用したものであること、そして、その危険の内容はいわゆる継続的危険を意味するものであることを明らかにし、現行刑訴法の基本構造を固めた重要な判例である。すなわち、英米法の二重危険原則を採用しつつ、危険は実体裁判の形式的確定を待って発生すると見る伝統的な立場を維持することで、たとえ実体裁判が下されても未だ形式的に確定していない段階では一事不再理効は発生しないことから、検察官上訴も同原則には反しないとされた。その後の判例でも、この結論が確認されてきた（最大判昭25・11・8刑集4-11-2215、最2小判昭26・1・19刑集5-1-42、最1小判昭33・1・23刑集12-1-34）。

2 本判決では、上告趣意が指摘したように、憲法39条が英米法の二重危険原則を採用したものか否か、そして、採用したものとすれば検察官上訴は違憲となるか否かが論点とされた。学説では、アメリカ法の二重の危険の制度を受け継いだものとしても、アメリカ法と全く同一に解する必要はないとして、確定判決時に危険が発生するから、検察官上訴も憲法39条に違反するものではない（平野86頁）とされたり、上訴制度は、陪審制等と同様に各国の歴史の所産という性格が濃厚なので、二重危険についての考え方にも自ずから差異を生ずるのは当然である（松尾(下)190頁）、などの指摘があった。そこで、本判決は、無罪判決に対する検察官上訴を否定する米国の判例（ケプナー事件判決〔Kepner v. United States, 195 U.S. 100（1904）〕）で反対意見を述べたホームズ判事による、継続的危険（one continuing jeopardy）の考え方（田口・拘束力390頁）を採用した。田宮裕博士が巧みに表現したように、「危険といって英米の名をとり、大陸的な結論という実をとって、両法系の橋渡しを試みた」（田宮・後掲127頁）とも言えよう。

3 しかし、一事不再理効が二重の危険の問題だとすると、その発生時期が裁判の確定時に結び付く必然性はなくなり、確定以前の手続き段階へ遡上する可能性が出てくることになる（田宮452頁。同旨、瀧川・後掲217頁）。この点、渥美東洋博士は、公判中心主義に立脚すれば、公判裁判所と上訴裁判所の役割は独立したものとなるので、事実認定の「危険の継続」という概念は入り込む余地はないことになる（渥美526頁）、とした。ここには、民主主義的裁判機構では、上級裁判所と下級裁判所との間に階層的な序列は認められない（平野297頁）との考え方があろう。思うに、無罪判決に至るまでの間、被告人に負担を負わせたという事実は、十分に「1つの危険」と評価し得るのではなかろうか。したがって、無罪判決に対する事実誤認を理由とする検察官上訴は二重危険原則に反する疑いがあろう。

4 もっとも、本判決は検察官上訴を広く論じたが、アメリカ法では、量刑に関する検察官上訴は二重危険原則に反しないとされているので（山野目義則『二重危険の法理』13頁）、継続的危険論を展開するまでもなく、本件事案のような量刑上訴は、もともと二重危険原則を採用した憲法に反するものではないことになる。

●**参考文献**●　田宮裕・憲法Ⅲ126、坂口裕英・憲法ⅢⅠ2版248、瀧川春雄・Ⅲ3版216

602 事実誤認の意義(1)―チョコレート缶覚せい剤事件

最1小判平成24年2月13日（刑集66巻4号482頁・判時2145号9頁・判タ1368号69頁）　参照条文　刑訴法382条、397条、411条

刑訴法382条に言う「事実の誤認」の意義。

●**事実**● 被告人Xは、平成21年11月1日、覚せい剤998.79gをチョコレート缶3個に分けて収納し、成田空港において覚せい剤を機外に搬出させて覚せい剤取締法違反の輸入行為を行ったが、同空港内の税関において職員に覚せい剤を発見され、関税法違反である覚せい剤輸入行為はその目的を遂げなかった、として起訴された。Xは、本件チョコレート缶の中に違法薬物が入っているとは思っていなかった旨の弁解をした。第1審の裁判員裁判では、Xには違法薬物が隠されていることの認識が認められず、犯罪の証明がないとして無罪が言い渡されたが、控訴審は、第1審判決に事実誤認があるとしてこれを破棄し、Xを有罪とした。Xの上告趣意は、客観的な証拠により認められる事実を見落とすなど、明白な論理則・経験則違反が存在する場合を除いて、第1審の事実認定を尊重すべきであるのに、原判決がこれを判示することなく、第1審判決を破棄しているのは、397条1項・382条に反すると主張した。最高裁は、原判決を破棄、本件控訴を棄却し、第1審の無罪判決が維持された。

●**判旨**● (1)「刑訴法は控訴審の性格を原則として事後審としており、控訴審は、第1審と同じ立場で事件そのものを審理するのではなく、当事者の訴訟活動を基礎として形成された第1審判決を対象とし、これに事後的な審査を加えるべきものである。第1審において、直接主義・口頭主義の原則が採られ、争点に関する証人を直接調べ、その際の証言態度等も踏まえて供述の信用性が判断され、それらを総合して事実認定が行われることが予定されていることに鑑みると、控訴審における事実誤認の審査は、第1審判決が行った証拠の信用性評価や証拠の総合判断が論理則、経験則等に照らして不合理といえるかという観点から行うべきものであって、刑訴法382条の事実誤認とは、第1審判決の事実認定が論理則、経験則等に照らして不合理であることをいうものと解するのが相当である。したがって、控訴審が第1審判決に事実誤認があるというためには、第1審判決の事実認定が論理則、経験則等に照らして不合理であることを具体的に示すことが必要であるというべきである。このことは、裁判員制度の導入を契機として、第1審において直接主義・口頭主義が徹底された状況においては、より強く妥当する。」
(2)「以上に説示したとおり、原判決は、間接事実が被告人の違法薬物の認識を推認するに足りず、被告人の弁解が排斥できないとして被告人を無罪とした第1審判決について、論理則、経験則等に照らして不合理な点があることを十分に示したものとは評価することができない。そうすると、第1審判決に事実誤認があるとした原判断には刑訴法382条の解釈適用を誤った違法があり、この違法が判決に影響を及ぼすことは明らかであって、原判決を破棄しなければ著しく正義に反するものと認められる。」

●**解説**● 1　本判決は、最高裁として、控訴審における事実誤認審査の基準を初めて示し、かつ、その判示方法にも踏み込んだものである。上告審については、上告審が法律審であることが原則であり、原判決の認定が論理則や経験則等に照らして不合理と言えるかどうかの観点から行うべきであるとされてきたが（最3小判平21・4・14【412】）、本判決は、この考え方を控訴審についても認めた。

2　控訴審における事実誤認の審査方法に関して、事実誤認とは、①論理則・経験則違反説は、原判決の事実認定に論理則・経験則違反があることを言うとし、②心証比較説は、原判決に示された心証ないし認定と控訴審裁判官のそれとが一致しないことを言うとする考え方である（上岡・後掲138頁）。本判決は、控訴審の事後審性に言及し、かつ、第1審の直接主義・口頭主義の原則を踏まえて、論理則・経験則違反説を採るべきことを判示した。このような考え方は、事後審構造との関係でも、控訴審は、第1審の事実認定が論理則と経験則に照らして明らかに不合理であることを具体的に指摘できない限り、第1審判決の判断を尊重すべきことは、つとに指摘されており（東京高裁刑事部陪席裁判官研究会（つばさ会）「裁判員制度の下における控訴審の在り方について」判タ1288-7）、最高裁もかかる立場に立つことを明らかにした。

3　もっとも、本判決によって、心証比較説が否定されるとしても、心証形成と論理則・経験則違反等の点検が連動しているという指摘があることにも注意しておく必要があろう（植村立郎「最近の薬物事犯を中心とした最高裁判例に見る刑事控訴事件における事実誤認について」刑ジャ40-48。原田・後掲39頁も参照）。例えば、資料を読み、改めて原判決等の説明を読んで、そこに自己の心証とは異なる説明を発見して、「そこを基にして1審判断に論理則、経験則等違反がないかを検討していく」ことは、当然あり得る実務だからである。ただ、実務的な作業と控訴審の性質論とは次元の異なる問題であるから、本判決が示した原則の重要性には変わりあるまい。

4　なお、本判決は、第1審に裁判員制度が導入され、控訴審のあり方が注目される中で出された。司法制度改革審議会の議論においても、控訴審は、第1審の判決につき事後審査を行うものと位置付ければ、裁判官のみで構成される控訴審も、第1審判決の審査や破棄ができるものとされた（上岡・後掲134頁）。本判決も、裁判員制度の導入に言及しており、そのような背景を意識して出された判決であることは確かである。もっとも、本判旨は、裁判員裁判事件に限定したものではないから、非裁判員裁判事件の控訴審にも当然妥当する。

●**参考文献**●　上岡哲生・判解平24年度115、後藤昭・J平24年度重判187、原田國男・刑ジャ33-37、宮城啓子・刑ジャ33-44、中川孝博・刑ジャ33-50

603 事実誤認の意義(2)——段ボール箱覚せい剤事件

最3小決平成25年4月16日（刑集67巻4号549頁・判時2192号140頁・判タ1390号158頁）

参照条文　刑訴法382条、397条

刑訴法382条に言う「事実の誤認」の意義。

●事実● メキシコ人である被告人Xは、平成22年9月13日、氏名不詳者らと共謀の上、営利の目的で、覚せい剤を日本国内に輸入しようと計画し、氏名不詳者がメキシコ国内の国際貨物会社の営業所から、覚せい剤を隠匿した段ボール箱を航空貨物として東京都内の上記会社の保税蔵置場留めX宛てに発送して成田空港に到着させ、機外に搬出させて覚せい剤合計約5967.99gを日本国内に持ち込み、東京税関検査場における税関職員の検査を受けさせたが、覚せい剤を発見されたため、本件貨物を受け取ることができなかったという、覚せい剤取締法違反および関税法違反の罪で起訴された。第1審の裁判員裁判は、貨物の中身は覚せい剤かもしれないと思った旨のXの自白は信用でき覚せい剤輸入の故意は認められるが、共謀については疑いが残るとして、Xを無罪とした。これに対して控訴審は、第1審判決が、覚せい剤輸入の故意を認めながら、覚せい剤輸入についての共謀の成立を否定したのは、経験則に照らして、明らかに不合理であるとしてこれを破棄し、Xを懲役12年および罰金600万円とした。最高裁はXの上告を棄却して、以下の判断を示した。

●判旨● 「原判決は、本件においては、Xと犯罪組織関係者との間の貨物受取の依頼及び引受けの状況に関する事実が、覚せい剤輸入の故意及び共謀を相当程度推認させるものであり、Xの公判供述にも照らすと、Xは、犯罪組織が覚せい剤を輸入しようとしているかもしれないとの認識を持ち、犯罪組織の意図を察知したものといえると評価し、Xの公判廷における自白に基づいて覚せい剤の可能性の認識を認めた第1審判決の認定を結論において是認する。他方、覚せい剤の可能性についてのXの認識、貨物の受取の依頼及び引受けの各事実が認められるにもかかわらず、第1審判決が、覚せい剤輸入の故意を認定しながら、客観的事情等を適切に考察することなく共謀の成立を否定した点を経験則に照らし不合理であると指摘している。

Xが犯罪組織関係者の指示を受けて日本に入国し、覚せい剤が隠匿された輸入貨物を受け取ったという本件において、Xは、輸入貨物に覚せい剤が隠匿されている可能性を認識しながら、犯罪組織関係者から輸入貨物の受取を依頼され、これを引き受け、覚せい剤輸入における重要な行為をして、これに加担することになったということができるのであるから、犯罪組織関係者と共同して覚せい剤を輸入するという意思を暗黙のうちに通じ合っていたものと推認されるのであって、特段の事情がない限り、覚せい剤輸入の故意だけでなく共謀をも認定するのが相当である。原判決は、これと同旨を具体的に述べて暗黙の了解を推認した上、本件においては、上記の趣旨での特段の事情が認められず、むしろ覚せい剤輸入についての暗黙の了解があったことを裏付けるような両者の信頼関係に係る事情がみられるにもかかわらず、第1審判決が共謀の成立を否定したのは不合理であると判断したもので、その判断は正当として是認できる。」

●解説● 1　最1小判平成24年2月13日【602】は、事実誤認の意義に関して、いわゆる論理則・経験則違反説を採用し、かつ経験則等に照らして不合理であることを具体的に示すことを求めた。本決定は、【602】の具体的なあてはめ事例であるが、【602】とは異なり、第1審の裁判員裁判による無罪判決につき事実誤認を理由に破棄した控訴審判決を維持した、最高裁の初めての判例である。

2　【602】は、如何なる場合に不合理な論理則や経験則違反に該当するかについて、立ち入った論及はしなかった。これまで、第1審判決を破棄し得る論理則・経験則違反に関しては、例えば、供述の信用性判断が客観的な証拠や事実と矛盾するなど、明らかに不合理である場合、間接事実から主要事実を推認するについて重要な客観的な証拠や事実が見落とされたり、考慮されなかったりして明らかに不合理である場合等を言うとされてきた（東京高等裁判所刑事部部総括裁判官研究会「控訴審における裁判員裁判の審査の在り方」判タ1296-8）。本判決は、第1審判決に不合理な論理則・経験則の違反があることを認めたが、必ずしも具体的な客観的証拠の見落とし等を問題としていない。

3　本判決は、覚せい剤である可能性を認識した上で、犯罪組織による貨物受取りの依頼と引受けがあったという故意と共謀に共通する前提事実を認めながら、故意を肯定する一方で共謀を否定するという第1審判決の最も根本的な証拠評価の点を問題とした。つまり、単に他人から荷物を預かったというのではなく、犯罪組織からの依頼と引受けという事実があり、この事実の評価が経験則から見て不合理であるとの指摘がなされ、このような指摘も、「論理則、経験則等に照らして不合理であることを具体的に示す」ことに当たるとされた（楡井・後掲170頁）。その他、本件と同じく、第1審の無罪判決を破棄して有罪とした控訴審を是認する薬物関係の判例として、最1小決平成25年10月21日刑集67巻7号755頁、最1小決平成26年3月10日刑集68巻3号87頁がある。

4　他方、第1審の有罪判決を破棄した控訴審判決につき、最1小判平成26年3月20日刑集68巻3号499頁は、第1審判決が論理則・経験則等に照らして不合理であることを十分に示したものとは言えないとして、411条の3号（事実誤認）ではなく、同条1号（法令違反）により控訴審判決を破棄している。論理則・経験則違反の法的性質について、再検討の必要があろう。

●参考文献● 楡井英夫・判解平25年度157、川上拓一・J平成25年度重判196、廣瀬健二・刑ジャ39-140、植村立郎「最近の薬物事犯を中心とした最高裁判例に見る刑事控訴事件における事実誤認について」刑ジャ40-31

604 控訴審の審判対象——新島ミサイル事件

最大決昭和46年3月24日（刑集25巻2号293頁・判時627号6頁・判タ260号163頁）　　参照条文　刑訴法392条

被告人のみが控訴した場合における控訴審の職権調査の範囲。

●**事実**●　ミサイル試射場設置に反対する被告人らの行為に対する第1審判決は、住居侵入、暴力行為等処罰法違反、傷害の各訴因のうち、包括一罪の関係にある暴力行為等処罰法違反の一部とこれと観念的競合の関係にある傷害について、証明不十分として無罪とし、他は有罪とした。この有罪部分に対して被告人から控訴がなされたが、検察官は控訴しなかった。控訴審は、控訴に理由がないとしつつ、職権調査により無罪部分は事実誤認であるとして、全部を有罪とした。最高裁大法廷は、被告人の上告を棄却したが、職権により以下の判断を示した。

●**決定要旨**●　「現行刑訴法においては、いわゆる当事者主義が基本原則とされ、職権主義はその補充的、後見的なものとされているのである。当事者主義の現われとして、現行法は訴因制度をとり、検察官が公訴を提起するには、公訴事実を記載した起訴状を裁判所に提出しなければならず、公訴事実は訴因を明示してこれを記載しなければならないこととし、この訴因につき、当事者の攻撃防禦をなさしめるものとしている。……このように、審判の対象設定を原則として当事者の手に委ね、被告人に対する不意打を防止し、当事者の公正な訴訟活動を期待した第1審の訴訟構造のうえに立って、刑訴法はさらに控訴審の性格を原則として事後審たるべきものとしている。すなわち、控訴審は、第1審と同じ立場で事件そのものを審理するのではなく、前記のような当事者の訴訟活動を基礎として形成された第1審判決を対象とし、これに事後的な審査を加えるべきものなのである。そして、その事後審査も当事者の申し立てた控訴趣意を中心としてこれをなすのが建前であって、職権調査はあくまで補充的なものとして理解されなければならない。けだし、前記の第1審における当事者主義と職権主義との関係は、控訴審においても同様に考えられるべきだからである。
　これを本件についてみるに、本件公訴事実中第1審判決において有罪とされた部分と無罪とされた部分とは牽連犯ないし包括一罪を構成するものであるにしても、その各部分は、それぞれ1個の犯罪構成要件を充足し得るものであり、訴因としても独立し得たものなのである。そして、右のうち無罪とされた部分については、被告人から不服を申し立てる利益がなく、検察官からの控訴申立もないのであるから、当事者間においては攻防の対象からはずされたものとみることができる。このような部分について、それが理論上は控訴審に移審係属しているからといって、事後審たる控訴審が職権により調査を加え有罪の自判をすることは、被告人控訴だけの場合刑訴法402条により第1審判決の刑より重い刑を言い渡されないことが被告人に保障されているとはいっても、被告人に対し不意打を与えることであるから、前記のような現行刑事訴訟の基本構造、ことに現行控訴審の性格にかんがみるときは、職権の発動として許される限度をこえたものであって、違法なものといわなければならない。」（3裁判官の意見がある。）

●**解説**●　1　本決定は、無罪部分が控訴審に移審係属しながら、当事者の攻防の対象から外れるとしたが、この考え方は、「攻防対象論」と呼ばれる。控訴審を事後審と解すれば、控訴審の審判対象は原判決となる。しかし、この場合でも、原判決対象説と申立理由対象説とが考えられるが、攻防対象論は後者とより親和性があると言えよう。
　2　問題は、その理論的根拠である。まず、第1審で無罪とされた部分も移審係属するかである。従来の通説・判例からは、科刑上一罪ないし包括一罪の一部が無罪とされても、起訴事実の全部が移審係属することになる（千葉・後掲96頁）。この点については、本決定に付された3裁判官の意見も一致して認めており、移審係属する以上は職権調査の対象となるとする。
　3　そこで、移審係属しても職権調査が及ばないことの根拠が問題となる。第1説は、科刑上一罪の一部が無罪とされ、その部分について控訴がない場合には、無罪部分は第1審で確定し、控訴審に移審しないとする（千葉・後掲98頁）。ただ、この理論では、無罪部分に一事不再理効が発生してしまうことになろう。第2説は、無罪部分も移審するが、この部分については第1審の判断に一部確定力が生じ、控訴審はこの部分を変更することができず、職権調査は許されないとする（田口・拘束力316頁）。第3説は、当事者主義から控訴審の職権調査が制約を受け（香城・後掲233頁）、あるいは、検察官が訴追を放棄した事実について裁判所が職権で審理・判断すべきではない（光藤・後掲201頁）とする。本決定は第3説によるものとされているが、当事者の処分権も不可分な事実には及び得ないのであるから、第1説ないし第2説の理論分析にも意味はあろう。
　4　本決定の射程距離として、①最1小決平成元年5月1日刑集43巻5号323頁は、本位的訴因の過失と予備的訴因の過失につき、予備的訴因を認定した第1審に被告人のみが控訴した場合、本位的訴因が当事者間の攻防の対象から外れたと見る余地はない、とした。両訴因を不可分と解したものと言えよう。また、②高松高判平成25年4月11日判タ1411号253頁も、暴行の一部を縮小認定した原判決に対し被告人のみが控訴した場合に、原判決が否定した暴行を認定することが許されるとした。他方で、③最1小決平成25年3月5日刑集67巻3号267頁は、本位的訴因の賭博開張図利の共同正犯は認定できないが、予備的訴因の幇助犯は認定できるとした第1審に対し、検察官が控訴しなかった場合に、本位的訴因について自判をすることは違法であるとした。この場合は、両訴因は可分と解されている。

●**参考文献**●　千葉裕・判解昭46年度87、光藤景皎・囲6版200、香城敏麿・囲5版232

605 新証拠の取調べ——前科調書取調べ請求事件

最1小決昭和59年9月20日（刑集38巻9号2810頁・判時1133号155頁・判タ540号195頁）

参照条文　刑訴法382条の2、393条

刑訴法382条の2に言う「やむを得ない事由」と同法393条1項本文との関係。

●**事実**●　被告人Xは、普通乗用自動車を運転中、はみ出し禁止区域において先行のダンプカーを道路右側にはみ出して追い越したという、道交法違反の罪で起訴された。第1審は、Xに罰金9000円・執行猶予2年の判決を言い渡した。執行猶予付き罰金刑の言渡しを予想しなかった検察官は、判決後、Xの本籍地に前科の照会をしたところ、交通関係の前科が判明した。そこで、検察官は、量刑不当で控訴し、Xに多数の交通前科があることが第1審判決後になって判明したとして、Xの前科調書等の取調べを請求した。弁護人は、382条の2第1項に言う「やむを得ない事由」がないとしたが、控訴審は、上記前科調書等を証拠採用して、その取調べを行った上、第1審判決を破棄し、罰金刑の実刑を言い渡した。Xの上告に対して、最高裁は上告を棄却して、以下の判断を示した。

●**決定要旨**●　「『やむを得ない事由』の疎明の有無は、控訴裁判所が同法393条1項但書により新たな証拠の取調を義務づけられるか否かにかかわる問題であり、同項本文は、第1審判決以前に存在した事実に関する限り、第1審で取調ないし取調請求されていない新たな証拠につき、右『やむを得ない事由』の疎明がないなど同項但書の要件を欠く場合であっても、控訴裁判所が第1審判決の当否を判断するにつき必要と認めるときは裁量によってその取調をすることができる旨定めていると解すべきであるから……、原審が前記前科調書等を取り調べたからといって、所論のようにこれを違法ということはできない。」

谷口正孝裁判官の補足意見。

「控訴審が事後審構造をとるからといっても、事後審構造の内容をどのようなものとするかは、立法政策の問題であり、特に訴訟運営の実態を勘案してこれを決めなければなるまい。陪審制をとる訴訟制度のもとでは、事後審の構造はまさに原判決の当否の判断に終始するのが筋であろう。然し、わが国の訴訟制度はそれと趣きを異にする。……第1審裁判所における弁護側の防禦活動に十全を期し難い現在の訴訟運営の実態を考える場合、刑訴法の理念とする実体的真実発見を逸するおそれがあるばかりか、その結果は被告人の不利益に帰することともなりかねない。」「私は、右の『やむを得ない事由』というのは、物理的不能の場合に限ると考えるが、同時に同法393条1項所定の控訴審における事実調については、同項但書所定の同法382条の2の『やむを得ない事由』の存したことについて疎明があった場合は、控訴裁判所としては常にその新たな証拠を取り調べる義務を負うが、同項本文の場合は、裁量として新たな証拠を取り調べることができる旨を規定したものと考える。」

●**解説**●　1　382条の2第1項は、「やむを得ない事由」がある一定の場合に、新証拠による事実の援用を認め、393条1項但書は、その取調べ義務を定めている。問題は、「やむを得ない事由」が認められない場合に、さらに控訴裁判所がその裁量により職権調査（393条1項本文）を及ぼすことができるかである。本決定は、これを肯定したが、先例として、①393条1項但書は、職務として証拠の取調べをしなければならない場合を規定したものであって、同項本文に基づいて事実の取調べをする場合には、同項但書の要件は必要でないとした最1小決昭和27年1月17日刑集6巻1号101頁、および、②第1審では請求がなかった現場検証を採用決定し、これを施行した措置に違法はないとした最1小決昭和42年8月31裁判集刑164号77頁を引用している。

2　「やむを得ない事由」の解釈として、物理的不能説（証拠の存在を知らなかったか、知っていても取調べ請求できなかった場合に限る）と心理的不能説（証拠の存在は知っていたが、証拠を提出する必要がないと考えていた場合も含む）とが対立してきたが、判例は、被告人が前科を秘匿し、前科調書にも記載がなく、たまたま係官が前科の存在に気付いた事案で「やむを得ない事由」を認めた（最2小判昭48・2・16刑集27-1-58）。この判例は、物理的にできなかった場合に限られず、知らなかったことに過失がなかった場合も含まれるとの意味で、心理的不能説に近付いているが、原審当時、検察官が問題となる前科の存在を知らなかった事案である点からすると、なお物理的不能説を前提とするものと言えよう。

3　393条1項本文の職権取調べの範囲に関する学説は、多岐にわたる（安廣・後掲399頁は、学説を7つに分類する）。基本的に、(i)原審において取り調べられた旧証拠に限るとの原判決の時点に立った説（制限説）、(ii)自由に新証拠の取調べが許容されるとの審査時点に立った説（無制限説）、(iii)当事者の請求による場合は制限説、職権による場合は無制限説（二分説）の3つに分かれるが、実務の大勢は(iii)にあるとされる（条解1057頁）。そうなると、「やむを得ない事由」の存在は、単なる取調べ義務の存否の問題となるが、393条1項本文に基づき広く取り調べることができるとすれば、谷口正孝裁判官の補足意見が明言するように、物理的不能説に限っても不都合はないだろう。

4　本決定は、実務の運用を是認したもので、実務に対する影響はほとんどないとされる（髙木・後掲207頁）。ただ、谷口裁判官の補足意見に見られるように、本決定の背後には当時の訴訟実態がある。本決定からすでに30年余、控訴審の職権調査のあり方は、改めて検討すべき課題と言えよう。

●**参考文献**●　安廣文夫・判解昭59年度381、髙木俊夫・圖6版206頁、田口守一・法セ38-157

606 やむを得ない事由——道路交通法違反事件

最2小決昭和62年10月30日（刑集41巻7号309頁・判時1254号131頁・判タ652号132頁）

参照条文　刑訴法382条の2、393条

刑訴法382条の2に言う「やむを得ない事由」の意義。

●**事実**●　被告人Xは、制限速度80kmの道路を、第1として時速168kmで、第2として時速123kmで、それぞれ普通自動車を運転したという道交法違反の事実で起訴された。Xは、捜査段階では自白し、第1審でも争わず、簡易公判手続により1回で結審し、即決言渡しとなったが、懲役3か月の実刑に処せられた。実刑を予想しなかったXは、これに控訴を申し立て、第1審で争わなかったのは、その方が量刑上有利と考えたからであるとし、実は時速168kmもの高速では運転していないとして事実誤認を主張し、そのための新たな証拠の取調べを請求した。控訴審は、Xが請求する新証拠はいずれも、「やむを得ない事由によって第1審の弁論終結前に取調を請求することができなかった証拠」（382条の2第1項）に当たらないとして、取調べ請求を容れず、控訴を棄却した。弁護人は、①382条の2の解釈としては心理的不能の場合も含まれ、Xが本件で争わなかったことには理由があり、精神的不能と言える事情があった、②そもそも刑事訴訟手続を十分認識し得ていないXが、第1審の量刑に驚き、初めて実体的真実につき裁判所の判断を仰ぎたいとの願いを起こしたとすれば、被告人の利益のためにも、また実体的真実発見の要請からも、事実認定の門戸が開かれるべきである、などと主張して上告した。最高裁は、上告を棄却して、以下の判断を示した。

●**決定要旨**●　「原審において、弁護人は、Xが第1審判決示第1の事実を認めて争わなかったのは、量刑上有利に参酌してもらった方が得策であると考えていたものであるところ、第1審判決が懲役3月の実刑であったため、Xは控訴して毎時168キロメートルもの高速で自動車を運転して進行したことはないとの真実を述べるに至ったものであると主張し、Xの右のような新たな供述を被告人質問及び被告人作成の陳述書の形で提出しようとしたうえ、その新供述を裏付けるものということで証人2名及び書証5点の取調を請求したが、原審は、Xの新供述の提出を許さず（被告人質問は第1審判決後の情状に関してのみ実施した。）、その余の右各証拠の取調請求を却下したことが明らかである。しかし、右弁護人主張のような事情があったとしても、そのような事情は刑訴法382条の2にいう『やむを得ない事由』に当たらないとの原判決の判示は正当であるから、このような証拠は同法393条1項但書によりその取調が義務付けられるものではなく、ただ同項本文により取り調べるかどうかが裁量にまかせられているものであって、右原審の却下等の措置は、控訴裁判所に認められた裁量の範囲を逸脱していないことが明らかであるから、相当というべきである。」

●**解説**●　1　控訴審で、新たな証拠の取調べ請求がなされた場合、①新証拠によって証明する事実が、「訴訟記録及び原裁判所において取り調べた証拠に現れている事実以外の事実」である場合には、「やむを得ない事由」（382条の2第1項）の存否を判定し、これが肯定されたときは、393条1項但書により、義務的取調べがなされ、②「やむを得ない事由」が否定されたときは、さらに393条1項本文による職権取調べをなすべきかが判定される（最1小決昭59・9・20【605】）。ただ、職権取調べはあくまで裁量的なものであるから、当事者にとっては、「やむを得ない事由」の存否はやはり重要な問題である。

2　「やむを得ない事由」の意義については、物理的不能説と心理的不能説との対立があるが（【605】解説参照）、一般には、当事者が争わず、執行猶予だけを投機的に希求し、意に反すれば控訴して真実を争うという態度は、必ずしも実体的真実主義に合致するとは言い難い（平野龍一『裁判と上訴』151頁）点などから、基本的に物理的不能説が妥当である。本決定は、物理的不能説を採った控訴審の判断を是認した最高裁判例として重要である。その背後には、証拠の第1審集中主義から「やむを得ない事由」は厳格に解すべきであるとの考慮があっただけでなく、それにより不当な結論となる虞がある場合には、【605】を踏まえて、393条1項本文による職権取調べを発動すればよいとの考慮もあったであろう。

3　もっとも、物理的不能説に言う「物理的不能」の範囲も、必ずしも明確とは言えない（安廣・後掲210頁）。そのため、厳格な物理的不能説を採ると、当事者に酷となる虞もある。この点、物理的不能でないというだけで当事者に不利となる解釈をすべき実質的な理由はないとして、「物理的不能」には、証拠の存在を知らずかつ知らなかったことに過失がなかった場合、および、証拠の存在は知ってはいたがその請求の必要がないと判断したことが無理からぬと認められる場合も含まれる、との注目すべき見解が主張されている（同212頁）。この見解は、心理的不能説にある程度近付くことは否定できないが、あくまで客観的な判断基準を維持する限り、いわば広義の物理的不能説としてなお理解可能な考え方と思われる。これまでの判例との関係においても、最高裁が、被告人が前科を秘匿し、前科調書にもその記載がなかった事案につき、検察官に過失がないとして「やむを得ない事由」を認めた先例（最2小判昭48・2・16刑集27-1-58）とも調和し得るであろう。

4　しかしながら、本件は、いわゆる投機的防御の典型とも言うべき事案であり、「やむを得ない事由」が否定されたのも当然であろう。なお、本件控訴審では、393条1項本文の職権取調べは発動されなかった点も相当とされた。裁量の範囲に関する重要な事例判例であるが、この裁量の範囲の問題も、控訴審の性格論とも関連する今後の検討課題と言えよう。

●**参考文献**●　安廣文夫・判解昭62年度198、後藤昭・J昭62年度重判193、田口守一・法セ400-107

607 再審理由(1)―白鳥再審事件

最１小決昭和50年５月20日（刑集29巻５号177頁・判時776号24頁・判タ321号69頁）　参照条文　刑訴法435条６号

「無罪を言い渡すべき明らかな証拠」の意義。

●事実● 本件再審請求人は、昭和27年１月21日に札幌市で同市警察本部警備課長白鳥警部がけん銃で射殺された、白鳥事件【453】の被告人であり、同38年10月17日の上告棄却判決により懲役20年の刑に服役していたが、同40年10月21日に435条６号の再審理由があるとして札幌高裁に再審を申し立てた。再審請求に当たって提出した新証拠は、けん銃の射撃訓練を行ったとして、札幌市郊外の土中から発見された証拠弾丸２個の評価に関する鑑定書が中心であり、弾丸の腐食実験の結果から、証拠弾丸が確定判決の認定するような長期間土中に埋没していたとは認められないなどとするものであった。札幌高裁は、再審請求を棄却し、435条６号に言う「明らかな」とは「有罪等の確定判決を覆し、無罪等の事実認定に到達する高度の蓋然性を意味〔する〕」とし、証拠弾丸が長期間埋没していた可能性は否定できないとの認定を覆すには足りず、原判示の基礎となった鑑定書の信頼性が低下したことは否めないが、その信頼性を全く否定し去ることはできないなどとし、明白性の要件を欠くとした。同高裁は、昭和46年７月16日に上記棄却決定に対する異議申立ても棄却した。そこで、申立人は、最高裁に特別抗告を申し立て、再審制度が無実の人を救済する制度である以上、再審請求手続においても「疑わしきは被告人の利益に」という原則が適用されるべきであるのに、原決定は証拠の明白性につき「無罪等の事実認定に到達する高度の蓋然性」として、100％の明白性を要求し、「疑わしきは確定力の利益に」という誤った解釈の下に、証拠弾丸の証拠価値を否定しながら確定判決を覆すに至らないとしたのは、証拠の明白性の判断を誤ったものである、などと主張した。最高裁は、本件特別抗告を棄却したが、以下の判断を示した。

●決定要旨● 「〔刑訴〕法435条６号にいう『無罪を言い渡すべき明らかな証拠』とは、確定判決における事実認定につき合理的な疑いをいだかせ、その認定を覆すに足りる蓋然性のある証拠をいうものと解すべきであるが、右の明らかな証拠であるかどうかは、もし当の証拠が確定判決を下した裁判所の審理中に提出されていたとするならば、はたしてその確定判決においてなされたような事実認定に到達したであろうかどうかという観点から、当の証拠と他の全証拠と総合的に評価して判断すべきであり、この判断に際しても、再審開始のためには確定判決における事実認定につき合理的な疑いを生ぜしめれば足りるという意味において、『疑わしいときは被告人の利益に』という刑事裁判における鉄則が適用されるものと解すべきである。

この見地に立って本件をみると、原決定の説示中には措辞妥当を欠く部分もあるが、その真意が申立人に無罪の立証責任を負担させる趣旨のものでないことは、その説示全体に照らし明らかであって、申立人提出の所論証拠弾丸に関する証拠が前述の明らかな証拠にあたらないものとした原決定の判断は、その結論において正当として首肯することができる。」

●解説● １ 本決定は、435条６号の「無罪を言い渡すべき明らかな証拠」の再審開始要件について、画期的な判断を示した判例である。本件特別抗告自体は棄却されたが、これによって再審制度運用の流れが変わったとされる（松尾・後掲178頁）。本決定の論点は、①証拠の明白性の意義、②明白性の判断方法、③「疑わしきは被告人の利益に」原則の３点にわたるが、①と③は表裏の関係にあるから、実質は２点に集約できる。ここでは①について触れておく。

２ 証拠の明白性の意義について、第１説は、再審請求は被告人からではなく、有罪とされた者からであるので、無罪の高度の蓋然性を有する場合であることが必要で、真偽不明の場合は「疑わしきは確定力の利益に」とすべきとする。本件原判決が、「無罪等の事実認定に到達する高度の蓋然性」を要求したのも同じ考え方である。しかし、田宮裕博士が指摘したように、証明の対象として「無罪事実」というものはなく、「無罪を言い渡すべき」とは、有罪の合理的疑いを超える心証が維持できないという消極的な意義しかない。再審でも、有罪心証を動揺させれば、無罪の挙証はすでに尽くされていると言うべきであろう（田宮『刑事訴訟とデュー・プロセス』407頁）。そこで、第２説は、「無罪を言い渡すべき」かの判断において、「疑わしきは被告人の利益に」原則が適用されるとする。本決定は、原判決が用いた「高度の蓋然性」という表現ではなく、「確定判決における事実認定につき合理的な疑いをいだかせ、その認定を覆すに足りる蓋然性」としたが、これは第２説の考え方を採用したものと言えよう（田崎・後掲90頁）。

３ 問題は、435条６号の「明らかな」要件についても利益原則の適用はあるかである。第１説は、明らかかどうかについて疑問が残り、有罪判決に対する疑問の程度が弱い場合には、明らかではないから、再審理由は認められないとする（田宮・前掲408頁。同旨、鈴木茂嗣『続・刑事訴訟の基本構造』(下)661頁）。他方、第２説は、利益原則の適用があると考え、明白性の程度は無罪心証より緩やかなもので足りるとするが（小田中聰樹『誤判救済と再審』72・186頁）、この説では「明らかな」要件は実質的に無視されることとなろう。本決定によれば、「合理的な疑い」を生じせしめることは必要であり、「明らかかどうか不明」の場合は未だ「合理的な疑い」を示すものではないと言えよう。

４ 決定要旨②は、証拠の明白性の判断方法に関する基準を明らかにし、いわゆる新証拠の個別評価説ではなく、旧証拠との総合評価説を採用した。この点については財田川事件【608】参照。

●参考文献● 田崎文夫・判解昭50年度82、小田中聰樹・冏６版214、評釈集(37)169〔松尾浩也〕

608 再審理由(2)―財田川事件

最1小決昭和51年10月12日（刑集30巻9号1673頁・判時828号23頁・判タ340号104頁）　参照条文　刑訴法435条6号

「無罪を言い渡すべき明らかな証拠」の判断方法。

●事実●　本件は、強盗殺人事犯に関する再審請求事件である。再審請求人は、昭和25年2月28日、一人暮らしの男性の心臓部を包丁で刺し、胴巻から現金を奪ったとして死刑を言い渡された。確定判決によると、請求人は、国防色の中古ズボンを穿き、刺身包丁を持って侵入し、就寝中の被害者の頭・顔等を滅多突きし、胴巻の中から現金1万3000円を強奪した後、とどめを刺すため心臓部を包丁で1回突き刺し、さらに、包丁を全部抜かずに2寸くらい引いたままで同じ部位を突き刺して（いわゆる二度突き）、同人を殺害し、凶器を付近の財田川に捨てたとされた。請求人は、昭和44年4月3日、第2次再審請求をしたが、請求棄却となり、これに対する即時抗告も棄却されたので、特別抗告に及んだのが本件である。疑問とされたのは、①現場の血痕足跡と被告人の靴の寸法が違っていること、②自白の真実性に疑問があること、③国防色中古ズボンの血痕はごく微量であること、④二度突きを捜査官が知らなかったとは考え難いこと、⑤胴巻に血痕が付着していないこと等の点であった。最高裁は、抗告は適法でないとしつつ、職権調査の上、以下の判断を示して、原決定・原原決定を取り消し、事件を高松地裁に差し戻した。（その後、高松地裁は、昭和59年3月12日に請求人を無罪とした。）

●決定要旨●　「〔白鳥再審事件【607】を引用した上〕この〔「疑わしきは被告人の利益に」〕原則を具体的に適用するにあたっては、確定判決が認定した犯罪事実の不存在が確実であるとの心証を得ることを必要とするものではなく、確定判決における事実認定の正当性についての疑いが合理的な理由に基づくものであることを必要とし、かつ、これをもって足りると解すべきであるから、犯罪の証明が十分でないことが明らかになった場合にも右の原則があてはまるのである。そのことは、単なる思考上の推理による可能性にとどまることをもって足れりとするものでもなく、また、再審請求をうけた裁判所が、特段の事情もないのに、みだりに判決裁判所の心証形成に介入することを是とするものでもないことは勿論である。」

以上の見地から検討すると、犯行現場に残された血痕足跡が自白の内容と合致しないことなどの疑点を併せ考えると、確定判決が挙示する証拠だけでは申立人を強盗殺人罪の犯人と断定することは早計に失すると言わざるを得ない。申立人の自白の内容に重大な、しかもたやすく強盗殺人の事実を認定するにつき妨げとなるような疑点があるとすれば、新証拠を既存の全証拠と総合的に評価するときは、確定判決の証拠判断の当否に影響を及ぼすことは明らかであり、確定判決の事実認定を動揺させる蓋然性もあり得たものと思われる。そうだとすると、「原決定は、申立人の請求が、刑訴法435条6号所定の事由をも主張するものであることに想いをいたさず、かつ、原原審が……数々の疑問を提起し上級審の批判的解明を求めるという異例の措置に出ているにもかかわらず、たやすく原原決定を是認したことは審理不尽の違法がある。」

●解説●　1　本決定は、【607】を敷衍したものであり、同決定の、「確定判決における事実認定につき合理的な疑いを生ぜしめれば足りるという意味において、『疑わしいときは被告人の利益に』」という刑事裁判における鉄則が適用される」との判断を、具体的に展開した初めての判例である。

2　証拠の明白性の判断方法については、新証拠のみで判断する個別評価説と、新証拠と旧証拠を併せて判断する総合評価説とが争われたが、【607】は、総合評価説を採用した。個別評価説を採ると、旧証拠については確定判決で示された証拠評価に拘束されるとする心証引継説に親しみ、原判決裁判官の心証を引き継ぎ、この心証と新証拠とを混同させ、原判決の有罪心証が果たして維持できるかを判定すべきこととなる。これに対して、総合評価説からは、確定判決の証拠評価には拘束されないとする再評価説に親しむことになる。順序としては、まず、旧証拠の全体を再評価して、それが如何なる程度の心証形成を可能にするものであるかを確認し、次いで、新証拠をこれに加味して再考慮するが、その際には、確定判決の心証形成とは無関係になされることとなる。【607】では、この点は必ずしも明らかではなかったが、本決定では、「確定判決が挙示する証拠だけでは申立人を強盗殺人罪の犯人と断定することは早計に失するといわざるをえない」としているので、旧証拠の再評価をしていることは明らかと言えよう。

3　なお、再評価説においても、問題点に限定した再評価か、全面的再評価かが、さらに問題となる。この点は、新証拠の証明力が低い場合には、旧証拠の問題箇所を再評価し（限定的再評価）、その結果、旧証拠の証明力がなお維持される場合には、明白性を否定し、これに対して、旧証拠の証明力が減殺される場合には、他の全証拠の再評価に及び（全面的再評価）、その結果、確定判決の証拠構造が脆弱な場合には明白性が肯定され（本件はこの事例となる）、それが強固な場合には、明白性も否定されることがあると整理できよう（佐藤博史・河上古稀425頁参照）。

4　白鳥再審事件では、有力な新証拠もあるが、旧証拠の証明力もなお維持される場合であった。これに対して、財田川事件では、新証拠にさほどの力はなく、旧証拠の証明力も脆弱であった。このような財田川事件が救済の対象となったことで、再審の新たな流れが確実になった。白鳥再審事件と財田川事件は、司法制度の運用における判例の役割の重大さを改めて示した。

●参考文献●　礒部衛・判解昭51年度284、横山晃一郎・J昭51年度重判186、評釈集(38)133〔大出良知〕

判 例 索 引

(太字は、本書に重要判例として掲載されたものであることを示す)

大　正

大判大 4・12・6 刑録21-2068 …………………… 96
大判大 9・3・18刑録26-195 …………………… 28
大判大12・12・5 刑集2-922 …………………… 104

昭和6〜16年

大判昭 6・12・3 刑集10-682 …………………… 111
大判昭 8・10・30刑集12-20-1858 …………………… 256
大判昭16・3・8 刑集20-5-169 …………………… 96

昭和22〜29年

最 2 小判昭22・11・29刑集1-40 …………………… 214
最 1 小判昭23・2・12刑集2-2-80 …………………… 214
最 3 小判昭23・3・30刑集2-3-277 …………………… 172
最 2 小判昭23・4・17刑集2-4-364 …………………… 145
最大判昭23・5・5 刑集2-5-447 …………………… 136
最大判昭23・5・26刑集2-5-517 …………………… 109
最大判昭23・5・26刑集2-6-529〔プラカード事件〕
………………………………………………**248**, 249
最大判昭23・6・23刑集2-7-715 …………………… 174
最大判昭23・7・14刑集2-8-846 …………………… 80
最大判昭23・7・14刑集2-8-856 …………………… 174
最大判昭23・7・14刑集2-8-876 …………………… 222
最大判昭23・7・19刑集2-8-944 …………………… **207**
最大判昭23・7・19刑集2-8-952 …………………… 222
最 3 小判昭23・7・20刑集2-8-979 …………………… 173
最大判昭23・7・29刑集2-9-1012 …………………… **214**, 217
最 1 小判昭23・8・5 刑集2-9-1123 …………………… **177**, 179
最大判昭23・10・6 刑集2-11-1275 …………………… 109
最 2 小判昭23・10・30刑集2-11-1427 …… **215**, 216, 217, 218
最 2 小判昭23・10・30刑集2-11-1435 …………………… 129
最大判昭23・11・17刑集2-12-1565 …………………… 210
最 1 小判昭23・12・16刑集2-13-1816 …………………… 250
最 3 小判昭23・12・24刑集2-14-1883 …………………… 145
最大判昭24・2・9 刑集3-2-146 …………………… 124
最 1 小判昭24・2・10刑集3-2-155 …………………… 173, 250
最 2 小判昭24・2・22刑集3-2-221 …………………… 176
最 1 小判昭24・3・17刑集3-3-311 …………………… 256
最 1 小判昭24・4・7 刑集3-4-489 …………………… 215
最 2 小判昭24・4・30刑集3-5-691 …………………… 215
最大判昭24・5・18刑集3-6-734 …………………… 172, 215, 221
最大判昭24・5・18刑集3-6-789 …… 226, 227, 229, 235, 241
最大判昭24・6・1 刑集3-7-901 …………………… 96
名古屋高判昭24・6・29判特1-54 …………………… 231
最 3 小判昭24・7・19刑集3-8-1341 …………………… 216
最 3 小判昭24・7・19刑集3-8-1348 …………………… 215, 216

名古屋高判昭24・10・12判特2-36 …………………… 231
最大判昭24・11・2 刑集3-11-1691 …………………… 216
最大判昭24・11・2 刑集3-11-1732 …………………… 207
福岡高判昭24・11・18判特1-295 …………………… 246
札幌高判昭24・12・3 高刑2-3-282 …………………… 148
高松高判昭24・12・10判特5-91 …………………… 245
最 3 小判昭24・12・12裁判集刑15-349 …………………… 196
名古屋高判昭24・12・27判特4-60 …………………… 16
福岡高判昭25・1・23判特3-103 …………………… 231
最大判昭25・3・15刑集4-3-355 …………………… 146
最大判昭25・3・15刑集4-3-371 …………………… 146
最大判昭25・4・12刑集4-4-535 …………………… 120
最 1 小決昭25・6・8 刑集4-6-972 …………………… 149, 166
最 1 小決昭25・6・17刑集4-6-1013 …………………… 161
福岡高判昭25・7・11判特11-143 …………………… 184
最大判昭25・7・12刑集4-7-1298 …………………… 217
最大判昭25・9・27刑集4-9-1805 …………………… **264**
最大決昭25・10・4 刑集4-10-1866 …………………… **226**, 229
最 3 小判昭25・10・10刑集4-10-1959 …………………… 215
最大判昭25・10・11刑集4-10-2000 …………………… 217
最大判昭25・11・8 刑集4-11-2215 …………………… 264
最 3 小判昭25・11・21刑集4-11-2359 …………………… 80, 212
札幌高判昭25・12・15判特15-188 …………………… 231
名古屋高判昭25・12・25判特14-115 …………………… 159
最 2 小判昭26・1・19刑集5-1-42 …………………… 264
最 2 小決昭26・1・26刑集5-1-101 …………………… 215
最大判昭26・1・31刑集5-1-129 …………………… 215, 216
最 1 小決昭26・2・22刑集5-3-421 …………………… 244
最 2 小判昭26・3・9 刑集5-4-509 …………………… 216
名古屋高判昭26・4・9 判特27-77 …………………… 217
最 3 小判昭26・4・10刑集5-5-842 …………………… 117, 118
最 3 小判昭26・4・24刑集5-5-934 …………………… 145
東京高判昭26・6・7 高刑4-6-633 …………………… 184
仙台高判昭26・6・12判特22-58 …………………… 233
最 2 小判昭26・6・15刑集5-7-1277 …………………… **148**
札幌高函館支判昭26・7・3 高刑4-7-936 …………………… 227
最大判昭26・8・1 刑集5-9-1684 …………………… 206
最 2 小判昭26・9・14刑集5-10-1933 …………………… 109
最 1 小判昭26・11・15刑集5-12-2393 …………………… 231
東京高判昭26・11・20判特25-52 …………………… 231
広島高判昭26・12・27新判例体系・刑事法編・刑訴法5-6884
………………………………………………………… 233
最 1 小決昭27・1・17刑集6-1-101 …………………… 268
札幌高判昭27・2・27高刑5-2-278 …………………… 231
最大判昭27・3・5 刑集6-3-351 …………………… 117, 118
仙台高判昭27・4・5 高刑5-4-549 …………………… 217

最大判昭27・4・9刑集6-4-584	227,228,230
最大判昭27・5・14刑集6-5-769	207
福岡高判昭27・6・4判特19-96	184
最2小判昭27・7・11刑集6-7-896	93
最2小決昭27・7・18刑集6-7-913	118
大阪高判昭27・7・18高刑5-7-1170	144
最2小判昭27・9・12刑集6-8-1071	260
最1小決昭27・10・30刑集6-9-1122	161
東京高判昭27・11・15高刑5-12-2201	184
最2小判昭27・11・21刑集6-10-1223	244
最3小判昭27・11・25刑集6-10-1245	203
最2小判昭27・12・19刑集6-11-1329	244
最1小判昭28・2・12刑集7-2-204	174,238
広島高松江支昭28・3・2判特31-96	217
最1小決昭28・3・5刑集7-3-482	63,64
最2小判昭28・3・20刑集7-3-597	158,159
最3小判昭28・4・14刑集7-4-841	212
最1小決昭28・5・7刑集7-5-946	121
最2小判昭28・5・29刑集7-5-1132	218
最2小判昭28・5・29刑集7-5-1158	161
大阪高判昭28・6・29高刑6-6-824	156
最2小判昭28・7・10刑集7-7-1474	213
高松高判昭28・9・7高刑6-11-1446	250
最2小決昭28・9・30刑集7-9-1868	148
最2小判昭28・10・9刑集7-10-1904	174,238
最1小判昭28・10・15刑集7-10-1934	237
最3小判昭28・11・10刑集7-11-2089	148
最大判昭28・12・16刑集7-12-2550	93
最1小判昭29・1・14裁判集刑91-161	118
最1小判昭29・2・25刑集8-2-189	243
最2小決昭29・2・26刑集8-2-198	121
最3小判昭29・3・2刑集8-3-217	155
福岡高判昭29・3・10判特26-71	209
最3小決昭29・3・23裁判集刑93-631	161
最2小判昭29・5・14刑集8-5-676	161,162,163,164
最1小決昭29・5・27刑集8-5-741	99
最1小決昭29・6・3刑集8-6-802	144
最1小決昭29・6・23刑集8-6-943	121
最2小判昭29・7・14刑集8-7-1078	190,242
最2小決昭29・7・14刑集8-7-1100	100,105,160
最1小判昭29・7・15刑集8-7-1137	6
最2小判昭29・7・16刑集8-7-1151	81
最1小決昭29・7・29刑集8-7-1217	227,228
最2小判昭29・7・30刑集8-7-1231	111
最2小決昭29・8・20刑集8-8-1249	149,166
最3小判昭29・8・24刑集8-8-1392	148
最3小判昭29・8・24刑集8-8-1426	161
福岡高判昭29・9・16高刑7-9-1415	184
最2小決昭29・9・24刑集8-9-1519	226
最大判昭29・11・10刑集8-11-1816	248
最1小決昭29・11・11刑集8-11-1834	226
最1小判昭29・12・2刑集8-12-1923	239,240
最2小判昭29・12・17刑集8-13-2147	148
最1小決昭29・12・27刑集8-13-2435	124

昭和30〜39年

最3小判昭30・1・11刑集9-1-14	231
最2小判昭30・1・14刑集9-1-52	128
最3小判昭30・2・15刑集9-2-282	126
福岡高判昭30・2・28裁特2-6-141	245
最大判昭30・4・6刑集9-4-663〔帝銀事件〕	73,88,146,191
最3小判昭30・5・10刑集9-6-1006	109
東京高判昭30・6・8高刑8-4-623	232
名古屋高判昭30・6・21裁特2-13-657	96
最大判昭30・6・22刑集9-8-1189〔三鷹事件〕	215,216
名古屋高判昭30・7・12裁特2-15-770	232
最3小判昭30・9・13刑集9-10-2059	176
最1小判昭30・9・29刑集9-10-2102	132
最3小決昭30・11・22刑集9-12-2484	29
最3小判昭30・11・29刑集9-12-2524	227,229,230,241
最2小判昭30・12・9刑集9-13-2699〔「あの人すかんわ」事件〕	223,225
最大判昭30・12・14刑集9-13-2760	19,20
最3小判昭30・12・26刑集9-14-2996	28
札幌高判昭30・12・27高刑8-9-1179	156
東京高判昭31・2・22高刑9-1-103	155
最3小判昭31・3・13刑集10-3-345	118
最3小判昭31・3・27刑集10-3-387	239
最1小判昭31・4・12刑集10-4-540	100,160
最1小判昭31・5・17刑集10-5-685	176
最3小決昭31・9・18刑集10-9-1347	120,121
最1小判昭31・12・13刑集10-12-1633	128
最1小判昭31・12・13刑集10-12-1629	144
東京高判昭31・12・15高刑9-11-1242	233
最大決昭31・12・24刑集10-12-1692	28
最大判昭31・12・26刑集10-12-1746	146
最3小判昭32・1・22刑集11-1-103〔横川事件〕	241
東京高判昭32・2・5東高時報8-2-23	150
最大判昭32・2・20刑集11-2-802	78,79,81,124,144
最2小判昭32・5・24刑集11-5-1540	97,110
最2小判昭32・5・31刑集11-5-1579	208
最2小判昭32・7・19刑集11-7-1882〔八丈島事件〕	206
最1小判昭32・7・25刑集11-7-2025	237
最2小決昭32・9・18刑集11-9-2324	238
最2小決昭32・9・30刑集11-9-2403	232
最3小判昭32・10・8刑集11-10-2487	155
最2小決昭32・11・2刑集11-12-3047	217,240
名古屋高金沢支判昭32・12・26裁特4-24-684	70
最1小判昭33・1・23刑集12-1-34	264
最3小決昭33・2・11刑集12-2-168	185
最1小判昭33・2・13刑集12-2-218	132,166,169

最大決昭33・2・17刑集12-2-253〔北海タイムス事件〕
　　　　　　　　　　　　　　　　　　　　134, 146
最2小判昭33・2・21刑集12-2-288……………………161
最大決昭33・2・26刑集12-2-316……………………**172**
最大判昭33・3・5刑集12-3-384……………………109
最2小決昭33・3・17刑集12-4-581……………………161
最3小判昭33・5・20刑集12-7-1398……………117, 118
最3小判昭33・5・20刑集12-7-1416
　　　　　　　　　　　　　164, 166, 168, 169, 170
最大判昭33・5・28刑集12-8-1718〔練馬事件〕
　　　　　　　　　　　　　　　　173, 221, 222, 251
東京地決昭33・6・12判時152-20…………………… 30
最大決昭33・7・29刑集12-12-2776………………**30**
最2小判昭33・10・24刑集12-14-3385…………………109
最大決昭34・6・25判時190-5……………………120
最大決昭34・7・1刑集13-7-1001……………120, 122
最2小判昭34・7・24刑集13-8-1150……………………254
最3小決昭34・10・26刑集13-11-3046…………………157
最2小判昭34・12・11刑集13-13-3195………**162**, 164
最3小決昭34・12・26刑集13-13-3372…………………143
最3小決昭35・2・9判時219-34…………………143
最1小判昭35・5・26刑集14-7-898……………………221
大阪高判昭35・5・26下刑2-5=6-676…………………213
最2小判昭35・7・15刑集14-9-1152……………………161
最1小判昭35・9・8刑集14-11-1437………**235**, 237
最2小判昭35・9・9刑集14-11-1477………………**144**
最3小決昭35・11・15刑集14-13-1677………………**156**
東京高判昭35・12・26下刑2-11=12-1369……………126
最1小判昭36・3・9刑集15-3-500……………227, 230
最1小判昭36・3・30刑集15-3-688……………………130
最2小判昭36・5・26刑集15-5-893………235, 236, 237
最大判昭36・6・7刑集15-6-915……37, 46, 47, 199, **242**
最3小判昭36・6・13刑集15-6-961……………………148
最3小決昭36・11・21刑集15-10-1764………………**89**
最3小判昭36・11・28刑集15-10-1774…………………172
最大判昭37・5・2刑集16-5-495………………78, **81**
最3小判昭37・9・18刑集16-9-1386……………103, 107
最大判昭37・11・28刑集16-11-1633〔白山丸事件〕
　　　　　　　　　　　　113, 114, 115, 173, 250
大阪高判昭38・9・6高刑16-7-526…………………… 13
最2小判昭38・9・13刑集17-8-1703………………**208**
最1小判昭38・10・17刑集17-10-1795〔白鳥事件〕
　　　　　　　　　　　　172, 223, 224, 225, 270
最3小判昭38・11・12刑集17-11-2367……………………251
東京地判昭38・11・28下民14-11-2336…………………130
東京地判昭38・12・21下刑5-11=12-1184…………**93**
最2小決昭39・6・1刑集18-5-177……………………210

昭和40〜49年

東京地決昭40・2・18下刑7-2-266……………………189
静岡地判昭40・4・22下刑7-4-623……………………186

最大判昭40・4・28刑集19-3-270……94, 95, 98, 166, **168**, 169
東京地判昭40・5・29下刑7-5-1134……………………208
最3小決昭40・7・20刑集19-5-591……………………124
東京高判昭40・8・27下刑7-8-1583……………………150
最大決昭40・9・29刑集19-6-749……………………159
最2小決昭41・2・21判時450-60……………………**191**
最1小判昭41・4・21刑集20-4-275……………………104
最3小決昭41・6・10刑集20-5-365……………………176
最2小判昭41・7・1刑集20-6-537………205, **209**, 210
最大判昭41・7・13刑集20-6-609……………………255
最大判昭41・7・13刑集20-6-623……………………94
最1小判昭41・7・21刑集20-6-696……………………109
大阪高判昭41・7・22下刑8-7-970……………………150
最3小判昭41・7・26刑集20-6-711……………………148
最3小決昭41・7・26刑集20-6-728……………88, 213
最1小決昭41・10・6裁判集刑161-21…………………213
最3小決昭41・10・19刑集20-8-864……………………257
高松高決昭41・10・20下刑8-10-1346…………………125
最1小決昭41・11・10裁判集刑161-325…………………140
最3小決昭41・11・22刑集20-9-1035……………………187
最3小決昭41・12・9刑集20-10-1107……………………208
鳥取地決昭42・3・7下刑9-3-375………………………83
福岡高決昭42・3・24高刑20-2-114………………26, **27**
最大判昭42・7・5刑集21-6-748……………255, **260**
東京地判昭42・7・27下刑9-7-924……………………92
最1小判昭42・8・31刑集21-7-879……166, 167, **168**, 169
最1小判昭42・8・31裁判集刑164-77……………………268
最3小決昭42・9・13刑集21-7-904………………………18
最1小判昭42・12・21刑集21-10-1476…………214, **218**
最1小決昭43・2・8刑集22-2-55………190, 191, 192, **193**
最1小判昭43・3・21刑集22-3-95……………………94
最2小判昭43・3・29刑集22-3-153……………………261
大阪高判昭43・7・25判時525-3……………………89
横浜地小田原支決昭43・10・9下刑10-10-1030…………167
最2小判昭43・10・25刑集22-11-961〔八海事件〕
　　　　　　　　　　　　　　　　　　　221, 245
函館地決昭43・11・20判時563-95……………87, 213
最3小決昭43・11・26刑集22-12-1352
　　　　　　　　　　　　94, 98, 166, 168, **169**, 170
大阪高判昭43・12・9判時574-83……………………89
大阪高判昭44・1・28判時572-88……………………145
最3小決昭44・3・18刑集23-3-153
　　〔國學院大學映研フィルム事件〕………………**34**, 35
浦和地判昭44・3・24判月1-3-290……………………96
東京高判昭44・3・27判時557-278……………………66
最2小決昭44・4・25刑集23-4-248………………**143**
最2小決昭44・4・25刑集23-4-275……………………143
金沢地七尾支判昭44・6・3刑月1-6-657〔蛸島事件〕
　　　　　　　　　　　　　　　　　　　73, 74
東京地決昭44・6・6刑月1-6-709……………………41
最1小決昭44・6・11刑集23-7-941……………………124

判例索引 ● —— 275

東京高判昭44・6・20高刑22-3-352 …………… 47, 50
最3小決昭44・7・14刑集23-8-1057 …………… 125
最1小決昭44・10・2刑集23-10-1199
　〔「外遊はもうかりまっせ」事件〕 …………… 117
京都地決昭44・11・5判時629-103 ……… 14, 16, 22, 24
最大決昭44・11・26刑集23-11-1490〔博多駅事件〕
　……………………………………………… 40, 188
最1小決昭44・12・4刑集23-12-1546 …………… 227
最2小判昭44・12・5刑集23-12-1583 ………… 109, 110
東京地判昭44・12・16下民20-11=12-913 …………… 43
最大判昭44・12・24刑集23-12-1625〔京都府学連事件〕
　…………………………………………… 4, 5, 53, 54
最2小決昭45・2・13刑集24-2-17 …………… 256
東京地判昭45・2・26刑月2-2-137〔東京ベッド事件〕 … 74
東京高判昭45・3・3判時606-97 ……………… 231
東京地決昭45・3・7判時588-35 ……………… 143
最1小判昭45・4・7刑集24-4-126 ……………… 221
最2小判昭45・5・29刑集24-5-223 ……………… 110
最3小判昭45・7・28刑集24-7-569 ……………… 78
最1小判昭45・9・24刑集24-10-1399 ……………… 159
最大判昭45・11・25刑集24-12-1670〔切り違え尋問事件〕
　……………………………………………………… 210
東京高判昭45・12・3刑月2-12-1257 ……………… 96
東京高判昭46・3・8高刑24-1-183 ……………… 49
最大決昭46・3・24刑集25-2-293〔新島ミサイル事件〕
　…………………………………………… 104, 153, 267
最3小判昭46・4・27刑集25-3-534 ……………… 128
最3小判昭46・6・22刑集25-4-588 ………… 147, 150
大阪地判昭46・9・9判時662-101 …………… 251, 252
東京高判昭46・10・20東高時報22-10-276 ……… 145
大阪地決昭46・12・7判時675-110②事件 ………… 25
仙台高判昭47・1・25刑月4-1-14 …………… 57, 58
東京地判昭47・4・4刑月4-4-891 …… 20, 21, 26, 27
最2小決昭47・6・2刑集26-5-317 …………… 235
最3小決昭47・7・25刑集26-6-366 ………… 163, 167
最2小決昭47・11・16刑集26-9-515 …………… 120
最大判昭47・11・22刑集26-9-554〔川崎民商事件〕
　……………………………………………………… 79, 81
大阪高決昭47・11・30高刑25-6-914 ……………… 258
東京地判昭47・12・1刑月4-12-2030 ……………… 25
最大判昭47・12・20刑集26-10-631〔高田事件〕 …… 133
旭川地判昭48・2・3刑月5-2-166
　〔旭川土木作業員殺人事件〕 ……………………… 74
最2小判昭48・2・16刑集27-1-58 …………… 268, 269
最1小判昭48・3・15刑集27-2-128 ……………… 100
大阪高判昭48・3・27刑月5-3-236 ………… 89, 208
最大判昭48・4・4刑集27-3-265 ……………… 109
最3小判昭48・4・12判時703-12 ……………… 143
大阪地判昭48・4・16刑月5-4-863 ……………… 188
浦和地決昭48・4・21刑月5-4-874 ……… 16, 21, 22, 26
最1小決昭48・9・20刑集27-8-1395 …………… 122

最1小決昭48・10・8刑集27-9-1415〔チッソ川本事件〕
　………………………………………… 120, 121, 122
京都地決昭48・12・11刑月5-12-1679 ……………… 32
最1小判昭48・12・13判時725-104 ………… 177, 179
最3小決昭48・12・14裁判集刑190-877 …………… 120
東京地判昭49・4・2判時739-131 ……………… 260
大阪地判昭49・5・2刑月6-5-583〔偽装死亡事件〕 … 258
福岡高那覇支判昭49・5・13刑月6-5-533 ……… 74, 203
仙台地決昭49・5・16判タ319-300 ……………… 26, 27
最1小決昭49・7・18裁判集刑193-145 …………… 122
東京高判昭49・9・30刑月6-9-960 ………………… 6
東京地決昭49・12・9刑月6-12-1270
　〔都立富士高校放火事件〕 ……………………… 72, 73

昭和50～59年

最3小判昭50・1・21刑集29-1-1 ……………… 78
東京地判昭50・1・29刑月7-1-63 ……………… 89
福岡高判昭50・3・11刑月7-3-143 ……………… 57
最1小判昭50・4・3刑集29-4-132 ……………… 14
最1小決昭50・5・20刑集29-5-177〔白鳥再審事件〕
　…………………………………………… 270, 271
最3小決昭50・5・30刑集29-5-360 ……………… 112
最1小決昭50・6・12判時779-124 ……………… 20
最1小判昭50・8・6刑集29-7-393 ……………… 133
大阪高判昭50・8・27高刑28-3-321 ……………… 260
大阪高判昭50・9・11判時803-24 ……………… 89
大阪高判昭50・11・19判時813-102 ……… 20, 22, 203
最1小判昭51・2・19刑集30-1-25 …………… 221, 222
京都地判昭51・3・1判時829-112 ……………… 189
最3小決昭51・3・16刑集30-2-187
　………………………………… 2, 3, 4, 5, 6, 7, 8, 59, 69, 70, 71
福岡高那覇支判昭51・4・5判タ345-321
　〔沖縄ゼネスト事件〕 ……………… 92, 163, 167, 170
最1小決昭51・10・12刑集30-9-1673〔財田川事件〕
　…………………………………………… 270, 271
最1小決昭51・10・28刑集30-9-1859 ………… 221, 222
最1小判昭51・11・18判時837-104 ……… 31, 36, 48, 49
仙台高判昭52・2・10判時846-43〔さつまあげ中毒事件〕
　……………………………………………………… 178
大阪高判昭52・3・17刑月9-3=4-212 ……………… 112
福岡高判昭52・5・30判時861-125〔有田事件〕 …… 72
大阪高判昭52・6・28刑月9-5=6-334 ……………… 195
最2小決昭52・8・9刑集31-5-821〔狭山事件〕
　………………………………………… 73, 191, 208
東京高判昭52・12・20高刑30-4-423 …………… 155
最2小決昭53・2・16刑集32-1-47 ……………… 157
最1小決昭53・3・6刑集32-2-218 ……………… 164
東京高判昭53・5・31刑月10-4=5-883 …………… 14
最3小判昭53・6・20刑集32-4-670〔米子銀行強盗事件〕
　…………………………………… 8, 9, 11, 12, 37, 46, 199
最1小決昭53・6・28刑集32-4-724 ……………… 243

東京地決昭53・6・29判時893-8 ················231,237,239
最1小判昭53・7・10民集32-5-820〔杉山事件〕
 ·······································82,83,86,87,88
東京地決昭53・7・13判時893-6 ······················241
最3小判昭53・7・28刑集32-5-1068 ··················154
最2小決昭53・9・4刑集32-6-1652〔大須事件〕······133
最1小判昭53・9・7刑集32-6-1672〔大阪覚せい剤事件〕
 ···3,9,10,63,195,196,197,198,200,201,202,203,204
東京地決昭53・9・21刑月10-9=10-1256 ···············241
最1小決昭53・9・22刑集32-6-1774 ··················6,7
最2小決昭53・10・20民集32-7-1367〔芦別事件〕·······92
最1小決昭53・10・31刑集32-7-1847 ··················197
東京高判昭54・2・7判時940-138 ·················245,246
名古屋高判昭54・2・14判時939-128 ···················55
東京高判昭54・2・21判時939-132 ·····················55
東京高判昭54・2・27判時955-131 ····················158
最3小判昭54・7・24刑集33-5-416〔4・28沖縄デー事件〕
 ··127
富山地決昭54・7・26判時946-137〔富山事件〕···68,69,70
東京高判昭54・8・14刑月11-7=8-787 ··········16,24,68
最3小決昭54・10・16刑集33-6-633 ···············66,238
東京簡判昭55・1・14判時955-21 ······················53
東京高判昭55・2・1刑集35-8-854〔判事補にせ電話事件〕
 ···191,192,194
最1小判昭55・2・7刑集34-2-15 ·····················133
最3小決昭55・3・4刑集34-3-89 ·····················150
東京地判昭55・3・26刑月12-3-327 ···················188
最1小決昭55・4・28刑集34-3-178 ·····················88
最2小決昭55・5・12刑集34-3-185 ················101,103
東京地昭55・8・13判時972-136 ·······················69
最3小決昭55・9・22刑集34-5-272 ·················12,13
最1小決昭55・10・23刑集34-5-300〔強制採尿事件〕
 ···55,57,61
仙台高秋田支判昭55・12・16高刑33-4-351 ············203
最1小決昭55・12・17刑集34-4-672〔チッソ川本事件〕
 ·······································63,95,108,109,120
最1小決昭56・4・25刑集35-3-116
 〔吉田町覚せい剤自己使用事件〕···············114,165
福井地判昭56・6・10刑月13-6=7-461 ··················58
最2小判昭56・6・26刑集35-4-426
 〔赤崎町長選挙違反事件〕··························109
東京高判昭56・6・29判時1020-136 ···················218
最3小決昭56・7・14刑集35-5-497 ········102,105,258,259
広島高岡山支判昭56・8・7判タ454-168 ·············36,48
浦和地越谷支判昭56・11・6判時1052-159②事件·······58
東京地決昭56・11・18判時1027-3 ····················211
最3小決昭56・11・20刑集35-8-797
 〔判事補にせ電話事件〕·························62,192
大阪高判昭56・11・24判タ464-170 ···················166
広島高判昭56・11・26判時1047-162 ············31,36,48
福岡高判昭56・12・16判時1052-159①事件············58

最1小判昭57・1・28刑集36-1-67〔鹿児島夫婦殺し事件〕
 ···219,220
最2小決昭57・3・2裁判集刑225-689 ··················89
大阪高判昭57・3・16判時1046-146 ···················225
最1小決昭57・5・25判時1046-15〔千葉大チフス菌事件〕
 ··178
最1小決昭57・8・27刑集36-6-726 ····················23
福岡高判昭57・9・6高刑35-2-85〔熊本水俣病事件〕
 ··178
大阪高判昭57・9・27判タ481-146 ····················118
東京高判昭57・10・15判時1095-155 ···················64
東京高判昭57・11・9東高時報33-10=12-67 ············237
最3小決昭57・12・17刑集36-12-1022 ·················226
東京高判昭58・1・27判時1097-146〔山谷事件〕·······225
広島高判昭58・2・1判時1093-151 ·····················20
最1小判昭58・2・24判時1070-5 ·····················167
浦和地判昭58・5・4判時1101-139 ···················143
最2小決昭58・5・6刑集37-4-375 ················250,251
東京地判昭58・5・19判時1098-211 ···················211
札幌高判昭58・5・24高刑36-2-67 ····················251
最大判昭58・6・22民集37-5-793 ·····················134
最2小決昭58・6・30刑集37-5-592 ················233,245
最3小決昭58・7・12刑集37-6-791 ·······195,197,202
東京高判昭58・7・13高刑36-2-86〔渋谷暴動事件〕······188
最3小決昭58・9・6刑集37-7-930〔日大闘争事件〕
 ···148,170
最3小決昭58・9・13判時1100-156 ···················185
東京地判昭58・9・30判時1091-159 ···················159
東京高判昭58・10・28刑月15-10-515 ·················234
最3小決昭58・12・13刑集37-10-1581〔日航機よど号ハイジ
 ャック事件〕··········140,147,148,151,153,154,163
最1小判昭58・12・19刑集37-10-1753 ·················175
札幌高判昭58・12・26刑月15-11=12-1219 ·········36,48,49
高松高判昭59・1・24判時1136-158 ···················261
最1小決昭59・1・27刑集38-1-136 ···········94,95,98,99
最2小決昭59・2・13刑集38-3-295 ·····················12
最2小決昭59・2・29刑集38-3-479〔高輪グリーンマンショ
 ン殺人事件〕·························68,69,70,71,204
大阪高判昭59・4・19高刑37-1-98〔神戸まつり事件〕····75
大阪高判昭59・6・8高刑37-2-336 ···················242
最3小判昭59・7・3刑集38-8-2783 ···················185
東京高判昭59・8・7判時1155-303 ···················148
最1小決昭59・9・20刑集38-9-2810 ···············268,269
最2小決昭59・12・21刑集38-12-3071〔新宿騒乱事件〕
 ··189

昭和60〜63年
東京高判昭60・4・30東高時報36-4=5-24 ··············203
東京高判昭60・10・18刑月17-10-927 ··················64
最3小決昭60・11・29刑集39-7-532 ···················112
東京高判昭60・12・13刑月17-12-1208〔日石・土田邸事件〕

……………………………………………………211	最2小決平2・7・9刑集44-5-421〔TBS事件〕…………40
仙台高判昭60・12・16判時1195-153……………………103	最2小判平2・7・20民集44-5-938……………………92
大阪高判昭60・12・18判時1201-93………………………17	東京地判平2・7・26判時1358-151……………………59,192
東京高判昭61・1・20判時1212-157………………………128	京都地決平2・10・3判時1375-143………………………5
最2小判昭61・2・14刑集40-1-48……………………5,53	浦和地判平2・10・12判時1376-24〔埼玉放火事件〕…76,80
最1小決昭61・3・3刑集40-2-175……………………240	最2小判平2・12・7判時1373-143……………………160
東京地判昭61・3・12判1229-160……………………158	最1小決平3・2・25民集45-2-117……………………122
札幌高判昭61・3・24高刑39-1-8………………………252	浦和地判平3・3・25判タ760-261……………………80,212
最2小判昭61・4・25刑集40-3-215	千葉地判平3・3・29判時1384-141〔三里塚闘争事件〕
………………………24,198,199,200,201,202	……………………………………………59,62,192
福岡高判昭61・4・28判月18-4-294………………………75	最3小判平3・5・10民集45-5-919〔浅井事件〕………83,85
最3小決昭61・10・28刑集40-6-509…………………116,250	最2小判平3・5・31判時1390-33〔若松事件〕…………83
東京高判昭62・1・28東高時報38-1=3-6……………176	東京高判平3・10・29高刑44-3-212……………………255
最1小決昭62・3・3刑集41-2-60…………………191,192,193	大阪高判平3・11・6判タ796-264〔大阪前進社事件〕
東京高判昭62・7・29高刑40-2-77………………………226	……………………………………………………38,39
名古屋高判昭62・9・7判タ653-228……………………95	大阪高判平3・11・19判時1436-143……………………126
東京地八王子支決昭62・10・3判タ705-267…………32,41	最3小判平4・9・18刑集46-6-355……………………96,99
最2小決昭62・10・30刑集41-7-309……………………269	最2小判平4・10・13刑集46-7-611……………………45
最1小判昭62・12・3刑集41-8-323……………………105	東京高判平4・10・14高刑45-3-66…………251,253,254
福岡高判昭62・12・8判時1265-157……………………106	浦和地決平4・11・10判タ812-260……………………25
東京高判昭62・12・16判タ667-269………………………64	最2小判平5・1・25民集47-1-301……………………23
東京地判昭62・12・16判時1275-35……………………210	福岡高判平5・3・8判タ834-275…………10,37,47,50
札幌高判昭63・1・21判時1281-22………………………192	仙台高判平5・4・26判タ828-284……………………244
大阪高判昭63・2・17高刑41-1-62………………………70	大阪高判平5・10・7判時1497-134……………………42,43
最3小決昭63・2・29刑集42-2-314〔熊本水俣病事件〕	東京高判平5・10・21高刑46-3-271……………………233
……………………………………………………104,106	福岡高判平5・11・16判時1480-82……………………87,213
東京高判昭63・4・1東高時報39-1=4-8	大阪高判平6・4・20高刑47-1-1………………………42,43
〔山谷争議監視ビデオ事件〕…………………………54	大阪地判平6・4・27判時1515-116……………………54
最2小決昭63・9・16刑集42-7-1051………………9,198,199	東京高判平6・5・11高刑47-2-237……………………32
最1小決昭63・10・24刑集42-8-1079……147,150,151,256	東京高判平6・6・6高刑47-2-252……………………154
最3小決昭63・10・25刑集42-8-1100………………114,165	最1小決平6・9・8刑集48-6-263…………32,36,41,42
東京高判昭63・11・10判時1324-144……………………227	最3小決平6・9・16刑集48-6-420……6,7,42,56,68,198
東京地判昭63・11・25判時1311-157……………………41	東京高判平6・11・1判時1546-139……………………126
	大阪地判平7・2・13判時1564-143……………………167
平成元～9年	最大判平7・2・22刑集49-2-1〔ロッキード丸紅ルート事件〕
最2小決平元・1・23判時1301-155……………………213	………………………66,97,192,201,205,230,234
最2小決平元・1・30刑集43-1-19〔日本テレビ事件〕…40	最3小判平7・2・28刑集49-2-481……………………111
東京地判平元・3・1判時1321-160………………………44	最2小判平7・3・27刑集49-3-525……………………129
最大判平元・3・8民集43-2-89〔レペタ事件〕…………134	東京地判平7・3・30判時1535-138……………………182
東京地判平元・3・15判時1310-158〔上智大学事件〕……5	最3小判平7・4・12刑集49-4-609……………………25
最1小決平元・5・1刑集43-5-323……………………267	最3小判平7・5・30刑集49-5-703………3,10,37,198,200
東京高判平元・6・1判タ709-272……………………167	最3小判平7・6・20刑集49-6-741……………205,229,257
最1小判平元・6・22刑集43-6-427〔山中事件〕………221	福岡高判平7・8・30判時1551-44……………………242
最1小判平元・6・29民集43-6-664〔沖縄ゼネスト事件〕	大阪高判平7・11・1判時1554-54……………………43
……………………………………………………………92	最3小決平8・1・29刑集50-1-1〔和光大学事件〕
最3小決平元・7・4刑集43-7-581〔平塚事件〕	……………………………………………………16,18,51
……………………………………………68,70,204	東京高判平8・3・6高刑49-1-43………………………43
最1小判平元・10・26判時1331-145…………………182,183	東京高判平8・5・9高刑49-2-181……………………52
大阪高判平2・2・6判タ741-238………………………12	広島高判平8・5・23高検速報(平8)-159……………237
最3小決平2・4・20刑集44-3-283……………………45	東京高判平8・7・16高刑49-2-354……………………126
最2小決平2・6・27刑集44-4-385………………………44	大阪高判平8・7・16判時1585-157……………………66,234

東京高判平8・9・3高刑49-3-421‥‥‥‥‥‥‥7
最3小決平8・10・18LEX/DB28080113‥‥‥‥64,65
最3小決平8・10・29刑集50-9-683‥‥‥‥198,201
大阪高判平8・11・27判時1603-151‥‥‥‥‥‥244
最1小判平9・1・30刑集51-1-335‥‥‥‥‥‥58,79
最2小判平9・3・28判時1608-43‥‥‥‥‥‥‥39
大阪地判平9・8・20判タ995-286‥‥‥‥‥‥‥154

平成10〜19年
名古屋高判平10・1・28高刑51-1-70‥‥‥‥‥255
福岡高判平10・2・5判時1642-157‥‥‥‥‥‥244
東京地決平10・2・27判時1637-152‥‥‥‥35,38
最1小決平10・3・12刑集52-2-17‥‥‥‥‥‥111
最2小決平10・5・1刑集52-4-275〔オーム事件〕‥‥38,39
東京高判平10・6・8判タ987-301‥‥‥‥‥‥253
東京高判平10・7・1高刑51-2-129〔ロス疑惑銃撃事件〕
‥‥‥‥‥‥‥‥‥‥‥‥‥‥‥‥‥‥‥‥179
最2小判平10・9・7判時1661-70‥‥‥‥‥‥‥15
最大判平11・3・24民集53-3-514〔安藤・斉藤事件〕
‥‥‥‥‥‥‥‥‥‥‥‥‥‥‥‥84,85,86
東京高判平11・8・23判タ1024-289‥‥‥‥‥‥11
最3小決平11・12・16刑集53-9-1327
‥‥‥‥‥‥‥‥‥‥2,42,54,59,60,61,66,67
最1小判平12・2・7民集54-2-255〔草加事件〕‥‥‥220
高松高判平12・3・31判時1726-130‥‥‥‥‥‥44
東京高決平12・4・20判タ1032-298‥‥‥‥‥‥257
最3小判平12・6・13民集54-5-1635〔第2次内田事件〕
‥‥‥‥‥‥‥‥‥‥‥‥‥‥‥‥‥‥85,88
最1小決平12・6・27刑集54-5-461‥‥‥‥‥‥257
福岡地判平12・6・29判タ1085-308‥‥‥‥‥‥77
最2小決平12・7・12刑集54-6-513‥‥‥‥‥62,63
最2小決平12・7・17刑集54-6-550〔足利幼女殺害事件〕
‥‥‥‥‥‥‥‥‥‥‥‥‥‥‥‥‥‥‥‥194
大阪地判平12・10・19判時1744-152‥‥‥‥‥‥183
最2小決平12・10・31刑集54-8-735〔米国宣誓供述書事件〕
‥‥‥‥‥‥‥‥‥‥‥‥‥‥‥97,226,234
東京地決平12・11・13判タ1067-283‥‥‥‥‥‥77
大阪高判平13・4・6判時1747-171‥‥‥‥‥‥244
最3小決平13・4・11刑集55-3-127
‥‥‥‥‥‥‥‥‥147,151,152,153,154,251,252
札幌高判平14・3・19判時1803-147〔札幌児童殺害事件〕
‥‥‥‥‥‥‥‥‥‥‥‥‥‥‥‥‥‥177,180
最1小決平14・7・18刑集56-6-307‥‥‥‥‥‥115
東京高判平14・9・4東高時報53-1=12-83〔ロザール事件〕
‥‥‥‥‥‥‥‥‥‥‥‥‥‥69,71,74,203,204
最1小決平14・10・4刑集56-8-507‥‥‥‥33,42,43
最2小判平15・2・14刑集57-2-121〔大津覚せい剤事件〕
‥‥‥‥‥‥‥‥‥‥‥‥‥195,196,198,201,202
最2小決平15・2・20判タ1820-149‥‥‥‥‥‥150
横浜地決平15・4・15判時1820-45‥‥‥‥‥‥249
最大判平15・4・23刑集57-4-467‥‥‥‥93,94,98,99

最1小決平15・5・1刑集57-5-507〔スワット事件〕‥‥173
最1小決平15・5・26刑集57-5-620‥‥‥‥‥‥8,11
東京高判平15・8・28判例集等未登載‥‥‥‥‥‥43
広島高判平15・9・2判時1851-155‥‥‥‥‥‥244
最3小判平15・10・7刑集57-9-1002‥‥‥‥99,254,261
最1小決平15・11・26刑集57-10-1057‥‥‥‥226,234
大阪地判平16・4・9判タ1153-296‥‥‥‥‥‥182
最3小決平16・4・13刑集58-4-247
〔都立病院誤薬投与事件〕‥‥‥‥‥‥‥‥78,81
最1小決平16・7・12刑集58-5-333‥‥‥‥‥64,65
東京高決平17・3・10高刑58-1-6‥‥‥‥‥‥249
最1小判平17・4・14刑集59-3-259‥‥‥‥131,146
最3小判平17・4・19民集59-3-563〔定者事件〕‥‥86,88
東京地判平17・6・2判時1930-174‥‥‥‥‥‥54
大阪高判平17・6・28判タ1192-186〔和歌山毒カレー事件〕
‥‥‥‥‥‥‥‥‥‥‥‥‥‥‥‥‥‥‥‥186
最1小決平17・7・19刑集59-6-600‥‥‥‥‥‥57
最1小判平17・8・1刑集59-6-676‥‥‥‥‥‥105
最1小決平17・8・30刑集59-6-726‥‥‥‥‥‥121
最2小判平17・9・27刑集59-7-753‥‥‥‥‥‥236
最1小決平17・10・12刑集59-8-1425‥‥‥‥‥116
東京高判平17・11・16高検速報(平17)-214‥‥‥‥16
最3小決平17・11・29刑集59-9-1847‥‥‥‥‥130
東京高判平17・12・26判時1918-122‥‥‥‥‥‥99
名古屋高判平18・6・26高刑59-2-4‥‥‥‥‥‥148
最3小決平18・11・7刑集60-9-561‥‥‥‥137,246
最3小決平18・11・20刑集60-9-696‥‥‥‥‥‥105
最3小決平18・12・13刑集60-10-857‥‥‥‥‥106
最1小決平19・2・8刑集61-1-1‥‥‥‥‥‥‥33
名古屋高判平19・7・12判時1997-66‥‥‥‥‥‥86
東京高判平19・9・18判タ1273-338‥‥‥‥‥‥7
最1小決平19・10・16刑集61-7-677‥‥‥‥177,179,181
東京高判平19・12・10高刑60-4-1‥‥‥‥‥‥52
最3小決平19・12・13刑集61-9-843‥‥‥‥‥‥257
最3小決平19・12・25刑集61-9-895‥‥‥‥141,142

平成20〜28年
最1小決平20・3・5判タ1266-149‥‥‥‥‥‥131
最2小判平20・3・14刑集62-3-185〔横浜事件〕‥‥‥249
大阪地決平20・3・26判タ1264-343‥‥‥‥‥‥142
東京高判平20・3・27東高時報59-1=12-22‥‥‥‥239
最2小判平20・4・15刑集62-5-1398‥‥‥‥4,5,52,54
最2小判平20・4・25刑集62-5-1559‥‥‥‥‥‥185
東京高判平20・5・15判時2050-103‥‥‥‥‥‥17
名古屋高金沢支判平20・6・5判タ1275-342‥‥‥‥137
最3小決平20・6・25刑集62-6-1886‥‥‥‥141,142
最2小決平20・8・27刑集62-7-2702‥‥‥‥235,237
最1小決平20・9・30刑集62-8-2753‥‥‥‥‥‥142
東京高判平20・10・16高刑61-4-1‥‥‥‥‥‥230
東京高判平20・11・18高刑61-4-6‥‥‥‥‥‥138
最3小判平21・4・14刑集63-4-331‥‥‥‥183,265

判例	頁
東京高判平21・5・25高刑62-2-1	185
東京高決平21・6・23判時2057-168	194
最3小判平21・7・14刑集63-6-623	135
最3小決平21・7・21刑集63-6-762	251, 253, 254
東京高判平21・8・6判タ1342-64	138
最3小決平21・9・28刑集63-7-868	3, 5, 7, 8, 9, 67, 200, 202
最2小判平21・10・16刑集63-8-937〔広島女児殺害事件〕	139, 140
最1小決平21・10・20刑集63-8-1052	107
最1小決平21・10・21刑集63-8-1070	99
横浜地決平22・2・4 LEX/DB25462561	249
最2小判平22・3・17刑集64-2-111	116
宇都宮地判平22・3・26判時2084-157	194
最3小判平22・4・27刑集64-3-233〔大阪母子殺害放火事件〕	177, 180, 181
東京高判平22・11・8高刑63-3-4	7
最大決平23・5・31刑集65-4-373	122
最2小判平23・7・25判時2132-134	183
最1小決平23・9・14刑集65-6-949	236
最1小決平23・10・20刑集65-7-999	24, 66, 234
最大判平23・11・16刑集65-8-1285	122, 123, 136
最2小判平24・1・13刑集66-1-1	123
最1小判平24・2・13刑集66-4-482	177, 183, 265, 266
最2小決平24・2・29刑集66-4-589	151, 152, 154
大阪地決平24・3・7 LEX/DB25480890	246
最2小判平24・9・7刑集66-9-907	186, 187
最1小決平25・2・20刑集67-2-1	187
最1小決平25・3・5刑集67-3-267	267
高松高判平25・4・11判タ1411-253	267
最3小決平25・4・16刑集67-4-549	177, 266
最3小決平25・6・18刑集67-5-653	110
最1小決平25・10・21刑集67-7-755	266
最1小決平26・3・10刑集68-3-87	266
東京高判平26・3・13高刑67-1-1	235
最1小決平26・3・17刑集68-3-368	116, 118
最1小決平26・3・20刑集68-3-499	266
名古屋地岡崎支判平26・3・20判タ2222-130	111
最3小判平26・4・22刑集68-4-730	138, 140
大阪地決平27・1・27判時2288-134	67
最1小決平27・2・2判時2257-109	236
最3小判平27・3・10刑集69-2-219	136
大阪地決平27・6・5判時2288-138	67
名古屋高判平27・11・16LEX/DB25541868	111

●アメリカ合衆国判例

Kepner v. United States, 195 U. S. 100（1904） ……… 264
Kyllo v. United States, 553 U. S. 27, 121 S. Ct. 2038（2001） ……………………………………… 3
Riley v. California, 134 S. Ct. 2473（2014） ……… 67
United States v. Jones, 132 S. Ct. 945（2012） ……… 67

田口守一（たぐち　もりかず）

1944年　岐阜県に生まれる
1967年　早稲田大学法学部卒業
現　在　信州大学大学院法曹法務研究科特任教授
　　　　早稲田大学名誉教授
　　　　法学博士
主　著　『刑事裁判の拘束力』（成文堂・1980）
　　　　『基本論点刑事訴訟法』（法学書院・1989）
　　　　『資料刑事訴訟法』（成文堂・1995、改訂補正版・2000）
　　　　『刑事訴訟法』（弘文堂・1996、第6版・2012）
　　　　『刑事訴訟の目的』（成文堂・2007、増補版・2010）
　　　　『目で見る刑事訴訟法教材』（共編著、有斐閣・2002、
　　　　　第2版・2009）
　　　　『事例研究 刑事法Ⅰ・Ⅱ』（共編著、日本評論社・2010、
　　　　　第2版・2015）

最新重要判例250〔刑事訴訟法〕

2016（平成28）年7月15日　初版1刷発行

著　者　田口　守一
発行者　鯉渕　友南
発行所　株式会社　弘文堂　　101-0062　東京都千代田区神田駿河台1の7
　　　　　　　　　　　　　　TEL 03(3294)4801　　振替 00120-6-53909
　　　　　　　　　　　　　　　　　　http://www.koubundou.co.jp
装　丁　遠山八郎
印　刷　三美印刷
製　本　井上製本所

©2016　Morikazu Taguchi. Printed in Japan

JCOPY 〈(社)出版者著作権管理機構　委託出版物〉
本書の無断複写は著作権法上での例外を除き禁じられています。複写される場合は、そのつど事前に、(社)出版者著作権管理機構（電話03-3513-6969、FAX 03-3513-6979、e-mail：info@jcopy.or.jp）の許諾を得てください。
また本書を代行業者等の第三者に依頼してスキャンやデジタル化することは、たとえ個人や家庭内での利用であっても一切認められておりません。

ISBN978-4-335-30165-0

━━━ 最新重要判例シリーズ ━━━

単独著者が判例を厳選し、1判例を1頁におさめた最強の判例学習書。一貫した視点から重要判例をコンパクトに解説し、判例相互の関連性もよくわかる判例集。判例をすっきり整理し、より深い理解へと導く。

最新重要判例250刑法［第10版］
前田雅英=著

最新重要判例200労働法［第4版］
大内伸哉=著

最新重要判例200商法
弥永真生=著

最新重要判例250刑事訴訟法
田口守一=著

━━━ 弘文堂 ━━━

2016年6月現在

───著者の本───
刑事訴訟法〔第6版〕
田口守一＝著

公訴時効制度および電磁的記録に係る記録媒体をめぐる証拠収集手続に関する叙述をはじめ旧版以降の様々な法改正や重要判例、学説の動向を盛り込んだ最新版。多様な刑事事件の個性に応じた刑事司法システムの総体、このシステムを有効に機能させるための当事者主義、真実主義をわかりやすく解説したスタンダード・テキスト。　Ａ５判　522頁　3600円

第1章　序論
　第1節　刑事訴訟法の意義
　第2節　刑事訴訟法の目的
　第3節　刑事訴訟法の構造
　第4節　刑事訴訟法の法源と
　　　　　適用範囲
第2章　捜査
　第1節　総説
　第2節　捜査の端緒
　第3節　被疑者の身柄保全
　第4節　物的証拠の収集
　第5節　供述証拠の収集
　第6節　被疑者の防御権
　第7節　捜査の終結
第3章　公訴
　第1節　公訴総説
　第2節　検察官の事件処理
　第3節　公訴権と訴訟条件
　第4節　訴訟行為
　第5節　公訴の提起

第4章　公判
　第1節　公判総論
　第2節　公判の原則と構造
　第3節　公判の準備手続
　第4節　公判手続
　第5節　審判の対象
第5章　証拠
　第1節　証拠法総論
　第2節　証拠調べ手続
　第3節　証拠の許容性
　第4節　自白法則
　第5節　伝聞法則
第6章　裁判
　第1節　裁判の意義
　第2節　裁判の内容
　第3節　裁判の効力
　第4節　一事不再理の効力
第7章　救済手続
　第1節　上訴
　第2節　非常手続
第8章　裁判の執行

───弘文堂───

＊定価(税抜)は2016年6月現在

――――― 条解シリーズ ―――――

条解刑事訴訟法〔第4版〕	松尾浩也=監修　松本時夫・土本武司・池田修・酒巻匡=編集代表
条解刑法〔第3版〕	前田雅英=編集代表　松本時夫・池田修・渡邉一弘・大谷直人・河村博=編
条解民事訴訟法〔第2版〕	兼子一=原著　松浦馨・新堂幸司・竹下守夫・高橋宏志・加藤新太郎・上原敏夫・高田裕成
条解破産法〔第2版〕	伊藤眞・岡正晶・田原睦夫・林道晴・松下淳一・森宏司=著
条解民事再生法〔第3版〕	園尾隆司・小林秀之=編
条解会社更生法〔上・中・下〕	兼子一=監修　三ケ月章・竹下守夫・霜島甲一・前田庸・田村諄之輔・青山善充=著（品切れ）
条解不動産登記法	七戸克彦=監修　日本司法書士会連合会・日本土地家屋調査士会連合会=編
条解消費者三法　消費者契約法・特定商取引法・割賦販売法	後藤巻則・齋藤雅弘・池本誠司=著
条解弁護士法〔第4版〕	日本弁護士連合会調査室=編著
条解行政手続法	塩野宏・高木光=著　（品切れ）
条解行政事件訴訟法〔第4版〕	南博方=原編著　高橋滋・市村陽典・山本隆司=編
条解行政情報関連三法　公文書管理法・行政機関情報公開法・行政機関個人情報保護法	高橋滋・斎藤誠・藤井昭夫=編著
条解独占禁止法	村上政博=編集代表　内田晴康・石田英遠・川合弘造・渡邉惠理子=編

――――― 弘 文 堂 ―――――

＊2016年6月現在